21世纪法学系列教材

财税法系列

国际税法学

（第四版）

主　编　刘剑文
撰稿人（按撰写章节先后为序）
　　　　刘剑文　刘永伟　杨慧芳
　　　　张智勇　崔晓静　汤洁茵

图书在版编目(CIP)数据

国际税法学/刘剑文主编. —4 版. —北京：北京大学出版社，2020.7
21 世纪法学系列教材
ISBN 978-7-301-30216-3

Ⅰ. ①国… Ⅱ. ①刘… Ⅲ. ①国际税法—法的理论—高等学校—教材 Ⅳ. ①D996.3

中国版本图书馆 CIP 数据核字(2020)第 088279 号

书　　　名	国际税法学（第四版） GUOJI SHUIFAXUE(DI-SI BAN)
著作责任者	刘剑文　主编
责 任 编 辑	冯益娜
标 准 书 号	ISBN 978-7-301-30216-3
出 版 发 行	北京大学出版社
地　　　址	北京市海淀区成府路 205 号　100871
网　　　址	http://www.pup.cn
电 子 信 箱	law@pup.pku.edu.cn
新 浪 微 博	@北京大学出版社　@北大出版社法律图书
电　　　话	邮购部 010-62752015　发行部 010-62750672　编辑部 010-62752027
印 刷 者	北京虎彩文化传播有限公司
经 销 者	新华书店

730 毫米×980 毫米　16 开本　30.75 印张　590 千字
2004 年 4 月第 1 版　2008 年 8 月第 2 版
2013 年 11 月第 3 版
2020 年 7 月第 4 版　2024 年 1 月第 3 次印刷

定　　价　68.00 元

未经许可，不得以任何方式复制或抄袭本书之部分或全部内容。
版权所有，侵权必究
举报电话：010-62752024　电子信箱：fd@pup.pku.edu.cn
图书如有印装质量问题，请与出版部联系，电话：010-62756370

第四版前言

随着国际经济贸易活动的发展和经济全球化的日益加深,国际税法的地位和价值不断凸显。国际税法既是国际法又是财税法的一个举足轻重的分支,加强国际税法的研究与教学,培养具有系统国际税法知识的复合型法律人才,在当前背景下具有更加重要的意义。

进入21世纪之后,我国在吸引众多国外投资的同时,对外的投资和贸易活动日渐频繁,税收因素对引导资金流向和资源配置的影响更加突出。一方面,中国与其他贸易伙伴国之间的征税权纠纷不断增多,另一方面,跨国纳税人与中国政府、中国居民与外国政府之间的税务争议更是大量发生。在此背景下,国际税法相关规则,包括国内立法中的涉外税收规则和双边税收协定不断增加。因此,国际税法的研习也备受重视。国际税收实践的发展亟须大量熟悉国际税法的基本原理、基础知识和技能并能够在实践中加以运用解决具体国际税收法律问题的高级专业人才。

本书自2013年第三版出版以来,国际税法理论和实践均发生了重要的变化。随着现代科技的发展和经济形式的多样化,各国之间的经贸往来形式也发生了深刻的变化。这些变化对传统的国际税法规则产生了巨大的冲击。国际组织和各国政府为此所采取的积极应对措施,直接推动了国际税法的进一步发展。尤其是税基侵蚀和利润转移(BEPS)项目极大地推动了国际税法规则体系的发展。与此同时,各国在其双边或多边的税收协定的谈签与执行中积累了更多的实践经验,也为国际税收协定的理论发展提供了相应的素材,从而为消除跨境投资与交易活动的双重征税,构建国际税收秩序,加强税收征管互助,协调国家间的税收管辖权提供了更多的制度设计的方案选择。近六七年间也是我国涉外税法规则和税收协定的高速发展时期。在此期间,全国人大加紧收回税收立法权,以法律形式制定的单行税种法和税收征管法已达到10部。其中相关的涉外税法规则也随之进行了调整或重构。同时,我国也加紧了对外谈签税收协定,已签订的双边税收协定达到107个。我国还加入了《多边税收征管互助公约》《金融账户涉税信息自动交换多边主管当局间协议》《实施税收协定相关措施以防止税基侵蚀和利润转移的多边公约》三项多边公约,与巴哈马等10个国家签订了税收情报交换协议,并与香港特别行政区和澳门特别行政区签订了税收安排。这些对我国国际税法的发展和研究产生了积极的影响。为充分展现国际税法理论与实践的最新发展,编者对本书第三版进行了修改。与第三版相比,本次修改有以下重大变化：

（1）本书加强了国际税法基础理论的探讨与研究，有意结合国际税收实践说明国际税法基础理论的发展演进。

（2）本书及时反映了国际税法理论发展和实践的最新变化，其中主要包括近年来影响广泛的BEPS行动计划、经合组织（OECD）和联合国税收协定范本的最新发展。在相关章节中都吸收了国际税法理论和实践发展的内容和新的时代精神。

（3）本书反映了国内外近年来相关法律法规的变化，特别是企业所得税、个人所得税和增值税等领域的变化，以及我国签订的双边税收协定的变化。2018年我国《个人所得税法》等税收法律法规修改的重要内容都在本书第四版中予以了体现。

本书作者分工如下（按撰写章节先后顺序）：

刘剑文，负责撰写第1、6章；

刘永伟，负责撰写第2、12章；

杨慧芳，负责撰写第3、4、5章；

张智勇，负责撰写第7、8、9、14、22章；

崔晓静，负责撰写第10、11、13、16、19、21章；

汤洁茵，负责撰写第15、17、18、20、23章。

本书主编负责全书的统稿工作并最终修改定稿。中国社会科学院大学政法学院副教授汤洁茵协助主编完成了大量的统稿工作。

本书的修改凝结着主编和各位撰稿人对国际税法理论研究的最新成果，同时承载着构建国际税法学理论体系的大胆设想，更寄托着对作为独立学科的财税法学发展和财税法治进程的殷殷期望。当然，无论是本书的体系、内容还是方法、体例，都是我们全新的尝试。受水平和视野所限，书中的错误和不当之处在所难免，诚望读者批评指正！

刘剑文

2020年2月

目 录

第一编 总 论

第一章 国际税法概述 … 1
第一节 国际税法的概念与性质 … 1
第二节 国际税法的宗旨与作用 … 6
第三节 国际税法的地位与体系 … 9
第四节 国际税法的渊源 … 12
第五节 国际税收法律关系 … 16
第六节 国际税法的历史演进 … 21

第二章 国际税法的基本原则 … 27
第一节 国际税法基本原则概述 … 27
第二节 国家税收主权原则 … 28
第三节 国际税收公平原则 … 31
第四节 国际税收中性原则 … 34
第五节 国际税收效率原则 … 35

第二编 税收管辖权

第三章 税收管辖权概述 … 41
第一节 税收管辖权的概念与依据 … 41
第二节 属人性质的税收管辖权 … 43
第三节 属地性质的税收管辖权 … 46
第四节 各国税收管辖权的选择与实施 … 48

第四章 居民税收管辖权 … 55
第一节 自然人居民身份的确定 … 55
第二节 法人居民身份的确定 … 61
第三节 居民与非居民的纳税义务 … 69

第五章 来源地税收管辖权 … 75
第一节 营业所得征税权的划分 … 75
第二节 劳务所得征税权的划分 … 102
第三节 投资所得征税权的划分 … 113

第四节 财产所得征税权的划分 …… 126
第六章 单一税收管辖权问题 …… 136
第一节 实行单一税收管辖权的理论依据 …… 136
第二节 实行单一税收管辖权的可行性 …… 140

第三编 国际双重征税规制

第七章 国际双重征税规制原理 …… 143
第一节 国际双重征税的概念和特征 …… 143
第二节 国际双重征税的规制原理 …… 145
第八章 法律性国际双重征税的消除 …… 157
第一节 免税法 …… 157
第二节 抵免法 …… 159
第三节 免税法与抵免法在国际税收协定中的应用 …… 170
第九章 经济性国际双重征税的消除 …… 176
第一节 消除经济性双重征税的国内措施 …… 176
第二节 税收协定中消除经济性双重征税的措施 …… 186
第三节 欧洲联盟的区域机制 …… 189
第十章 税收饶让抵免税制 …… 193
第一节 税收饶让抵免的基本理论 …… 193
第二节 税收饶让抵免的适用 …… 196
第三节 我国的税收饶让抵免税制 …… 202

第四编 国际逃税与避税规制

第十一章 国际逃税与避税规制原理 …… 211
第一节 国际逃税与避税概述 …… 211
第二节 国际逃避税的手段与形态 …… 214
第三节 国际逃税与避税的法律规制 …… 222
第四节 防止国际逃税与避税的国际合作 …… 229
第十二章 国际转让定价的法律规制 …… 236
第一节 关联企业转让定价制度概述 …… 236
第二节 转让定价方法 …… 241
第三节 国际转让定价的征管程序 …… 261
第四节 中国转让定价法律制度 …… 265

第十三章　国际避税地的法律规制············ 275
- 第一节　国际避税地概述············ 275
- 第二节　国际避税地法律规制中的新税收主权观············ 277
- 第三节　国际避税地法律规制的依据············ 284
- 第四节　国际避税地的规制措施············ 289

第十四章　国际税收协定滥用的法律规制············ 297
- 第一节　国际税收协定滥用的方式及其规制路径············ 297
- 第二节　税收协定中的反滥用条款············ 301
- 第三节　BEPS 行动计划报告中的最低标准············ 307

第十五章　受控外国公司税制············ 313
- 第一节　受控外国公司税制的产生与发展············ 313
- 第二节　受控外国公司税制的基本内容············ 316
- 第三节　我国的受控外国公司税制············ 329

第十六章　资本弱化的税法规制············ 334
- 第一节　资本弱化问题的产生············ 334
- 第二节　资本弱化规则及其新发展············ 336
- 第三节　中国资本弱化规则············ 344

第五编　国际税收协调

第十七章　国际税收协调原理············ 347
- 第一节　国际税收协调概述············ 347
- 第二节　国际税收协调的发展与基本框架············ 350
- 第三节　国际税收协调的基本模式——国际税收协定············ 356

第十八章　所得税国际协调············ 364
- 第一节　所得税国际协调概述············ 364
- 第二节　所得税协定范本············ 366
- 第三节　中国双边所得税协定············ 374
- 第四节　中国内地与特别行政区之间的税收协调············ 378

第十九章　增值税国际协调············ 385
- 第一节　增值税的税收管辖权及其冲突············ 385
- 第二节　经合组织的增值税协调············ 388
- 第三节　欧盟的增值税协调············ 391

第六编　国际税法学新课题

第二十章　国际税收竞争……397
第一节　国际税收竞争概述……397
第二节　有害国际税收竞争的规制实践……402
第三节　规制有害国际税收竞争的主要措施……408

第二十一章　国际税收合作与情报交换……416
第一节　国际税收征管合作概述……416
第二节　税收自动情报交换的国际新标准的确立与发展……422
第三节　我国税收情报交换的现状及发展……434

第二十二章　国际税务争议的解决……444
第一节　概述……444
第二节　国内法机制……445
第三节　税收协定的相互协商程序……450
第四节　仲裁程序……454
第五节　国际司法方式……460

第二十三章　金融衍生品的税收管辖权……464
第一节　跨境金融交易所得的来源地规则……464
第二节　衍生金融产品的来源地管辖权的合法化基础……467
第三节　来源地为基础的衍生金融工具的所得课税的必要性……472
第四节　衍生金融产品的来源地确定规则……476

第一编 总 论

第一章 国际税法概述

第一节 国际税法的概念与性质

一、国际税法的概念与调整对象

国际税法(international tax law)是从国内税法部门中逐渐分离形成和发展起来的新的综合性的税法分支体系,其基本范畴与基本理论尚处在形成时期,关于国际税法的一系列最基本的理论问题如国际税法的调整对象、概念、性质、基本原则、体系与地位等等,学界尚未取得一致观点。我们本着"百花齐放、百家争鸣"的态度,对国际税法的一系列基本理论问题予以评述与研究,以期能推动中国国际税法学基本范畴体系的形成与成熟。

(一)国际税收的概念

国际税法是随着世界经济的发展而逐渐产生和发展起来的,它是一种作为上层建筑的法律制度现象,其产生和发展的基础是国际税收现象的产生与发展。因此,探讨国际税法的概念就不得不首先从国际税收(international taxation)的概念入手。

税收是国家主权的象征,它是一国凭借政治权力,参与社会产品分配而取得财政收入的一种方式,它体现的是以国家为主体的特定分配关系。税收属于一国主权范围内的事,任何国家对于他国的人与事无权行使课税权。但随着国际经济交往的不断发展与各国经济联系的不断加深,特别是自第二次世界大战以来,随着国际经济、技术、贸易、投资、交通、通讯的迅速发展,出现了经济全球化与经济一体化,使得税收关系也突破一国领域而形成国际税收关系。

关于国际税收的概念,学界主要存在两大分歧。第一个分歧是国际税收是否包括涉外税收,在这一分歧中存在两种观点。第一种观点为狭义说。持这种观点的学者认为,国际税收仅指两个或两个以上的国家在凭借政治权力对从事跨国活动的纳税人征税时所形成的国家与国家之间的税收利益分配关系。该观点严格区分国家税收与国际税收,认为一个国家的税收不论其涉及的纳税人是本国人还是外国人,也不论其涉及的课税对象位于本国境内还是位于本国境外,都是该国政府同其本国纳税人之间发生的征纳关系,应属于国内税收的范畴而排除在国际税收概念之外,即国际税收不包括各国的涉外税收。第二种观点为广义说。持这种观点的学者认为,国际税收除了指国家与国家之间的税收利益分配关系外,还包括一国对涉外纳税人进行征税而形成的涉外税收征纳关系,即国际税收除狭义的国际税收外,还应当包括一国的涉外税收。

关于国际税收概念的第二个分歧是间接税是否应包含在国际税收的概念之内,关于这一分歧也有两种观点。第一种观点为狭义说,认为国际税收涉及的税种范围只包括所得税和财产税等直接税,而不包括关税、增值税等流转税。第二种观点为广义说,认为国际税收涉及的税种范围除所得税和财产税外,还应当包括关税等流转税。

通过考察国际税收的产生与发展,我们可以得出以下几个结论:(1) 国际税收产生的基础是国际经济一体化,或者说是跨国经济活动;(2) 各国政府对跨国经济活动的税收协调,其目的不仅仅在于对"税收利益的分配",而且在于通过税收协调促进国际经济的发展并进而促进本国经济的发展;(3) 在消费行为日趋国际化的情况下,商品和服务的跨国交易与消费使得流转税的国际性日益增强,因此,对流转税的国际协调也是国际协调的重要内容;(4) 国际税收的协调最终是通过确立一国政府与跨国纳税人之间的征纳关系来实现的。因此,国际税收的概念理应包括一国的涉外税收,国际税收不能脱离一国的涉外税收而单独存在,因为没有各国的涉外税收征纳关系,不会出现国家间的税收协调关系。①

(二) 学界关于国际税法概念的分歧

理论界对国际税法概念的分歧与上述国际税收概念的分歧是直接对应的,即也存在两大分歧,而每种分歧中也存在广义和狭义两种观点。关于国际税法是否调整涉外税收征纳关系,狭义说认为,国际税法仅仅调整国家间的税收分配关系;而广义说认为,国际税法既调整国家间的税收分配关系,也调整国家与涉外纳税人间的涉外税收征纳关系。关于国际税法的调整对象是否应当包括流转税,狭义说认为仅仅包括直接税,广义说认为涉外性质的关税等流转税也包括其中。

纵观目前中国国际税法学界的观点,主张纯粹狭义说的学者已经基本没有了,所谓纯粹狭义说,是指既认为国际税法不包括涉外税法,又认为国际税法不包括商品税法。绝大多数学者都主张国际税法包括涉外税法,一部分学者主张

---

① 参见邱文华、蔡庆:《国际税收概念与国际税法概念新探》,载《北方经贸》1999年第5期。

国际税法包括商品税法。近年来也有学者提出一种新的观点,认为国际税法不包括涉外税法,但所涉及的税收不仅仅局限在直接税领域,商品税领域只要存在国际税收协调,同样属于国际税法的调整对象。①

(三) 界定国际税法概念的出发点

我们这里主张最广义的国际税法观点,认为国际税法既包括涉外税法也包括商品税法。之所以主张最广义的国际税法观点,是基于以下三点考虑:

(1) 从实用主义的观点出发,国际税法学是研究调整国际税收关系的各种法律规范的学科,目的是为了更好地解决国际税收领域的问题并推动国际税法的发展与完善。而国际税收领域中的问题并不仅仅通过各国所签订的国际税收协定予以解决,各国的涉外税法解决本国政府对具有涉外因素的经济活动的管辖权问题,在一定程度上实现与相关政府的税收利益的协调,并构成国际税收协调与合作的基础。离开了各国的涉外税法,国际税收领域中的问题根本无法解决。同样,国际税收领域中的问题也不仅仅局限在直接税领域,关税、增值税等商品税领域也存在国际税收问题,一样需要解决。因此,为了更好地解决国际税收领域中的法律问题,我们主张把所有与国际税收领域直接相关的法律都划入国际税法的领域。

(2) 从部门法划分的观点出发,一般认为,国际税法属于国际经济法中的一个子部门法,但从另外一个角度来看,国际税法也属于税法的一个子部门法。而且关于国际法与国内法的划分,特别是国际经济法与经济法的划分,其标准很不统一,学界也存在众多分歧,把这些分歧全部拿到国际税法领域中来看,一方面根本无法解决这些分歧,另一方面也阻碍了国际税法自身理论问题的发展。所以,我们主张在这一问题上暂时不争论,而是把这些问题留待国际税法发展的实践去解决。为了不束缚国际税法的发展,我们认为主张最广义的国际税法概念更符合国际税法发展的自身利益。

(3) 关于税法,我们一直主张把税法视为一个综合法律领域②,同样,我们也主张将国际税法视为一个综合法律领域,而不是把国际税法视为一个严格的、纯粹意义上的部门法。国际税法的调整对象与概念并不是一个首先需要解决的问题,而是一个需要最后解决的问题,即把国际税法的基本问题都研究清楚以后再来解决的问题,而不是首先就给国际税法限定一个内涵和外延。应当是概念符合实践的需要,而不是用概念来限定实践的范围。

---

① 参见翟继光:《新国际税法论论纲——兼论广义国际税法论的缺陷》,载《法商研究》2002 年专号。

② 参见刘剑文、熊伟:《二十年来中国税法学研究的回顾与展望》,载刘剑文主编:《财税法论丛》第 1 卷,法律出版社 2002 年版;刘剑文主编:《税法学》(第 2 版),人民出版社 2003 年版,前言。

（四）国际税法的定义

关于国际税法的定义,学界比较有代表性的观点包括以下几种:(1) 国际税法是调整国与国之间因跨国纳税人的所得而产生的国际税收分配关系的法律规范的总称[①];(2) 国际税法是对国际税收关系的法律调整,是协调国际税收法律关系的国际法律原则、规则、规范和规章制度的总和[②];(3) 国际税法是调整国际税收关系,即各国政府从本国的整体(综合)利益出发,为协调与国际经济活动有关的流转税、所得税和财产税而产生的、两个或两个以上的国家与跨国纳税人或征税对象(商品)之间形成的征纳关系的国际法和国内法的各种法律规范的总和[③];(4) 国际税法是适用于调整在跨国征税对象(即跨国所得和跨国财产)上存在的国际税收分配关系的各种法律规范的总称[④];(5) 国际税法是调整国际税收协调关系(两个或两个以上的国家或地区在协调它们之间的税收关系的过程中所产生的各种关系的总称)的法律规范的总称[⑤];(6) 国际税法是调整国家涉外税收征纳关系和国家间税收分配关系的法律规范的总和。[⑥]

根据我们所主张的广义国际税法的概念,首先,国际税法的定义应当能够体现出国际税法的两个调整对象:国际税收分配关系与涉外税收征纳关系;其次,国际税法的定义应当体现国际税法的调整对象不仅局限于直接税,还包括商品税。上述定义有的没有包括涉外税收征纳关系,有的没有体现商品税关系。因此,最适合本书所主张的广义国际税法概念的定义应当是:国际税法是调整在国家与国际社会协调直接税与商品税的过程中所产生的国家涉外税收征纳关系和国家间税收分配关系的法律规范的总称。[⑦]

（五）国际税法的调整对象

国际税法的调整对象,是国家与涉外纳税人之间的涉外税收征纳关系和国家相互之间的税收分配关系。从发展趋势来看,国际税法总是同时对涉外税收征纳关系和税收分配关系进行共同调整的,已经很难明显区分出国际税法只调整其中一种关系而不调整另一种关系。尽管从单个的国际税收法律规范来看,其调整对象的单一性仍然存在,但已显得很模糊了。"国家对跨国纳税人具体

---

① 参见陈大钢:《国际税法原理》,上海财经大学出版社1997年版,第1页。
② 参见那力:《国际税法学》,吉林大学出版社1999年版,第2页。
③ 参见邱文华、蔡庆:《国际税收概念与国际税法概念新探》,载《北方经贸》1999年第5期。
④ 参见廖益新主编:《国际税法学》,高等教育出版社2008年版,第4页。
⑤ 参见翟继光:《新国际税法论论纲——兼论广义国际税法论的缺陷》,载《法商研究》2002年专号。
⑥ 参见刘剑文主编:《国际税法》,北京大学出版社1999年版,第5页。
⑦ 需要强调的是,这里说的是"最适合本书所主张的广义国际税法概念的定义",而并不是强调最正确或最科学的国际税法定义,也不强调是唯一正确的定义,主张其他国际税法概念的学者,也有最适合于他们的定义。

征收的每一项税收,其中既包括了国家对跨国纳税人的跨国经济活动的征纳关系,也涉及国家之间的税收分配关系。"[1]因为无论如何,国际税收条约或协定必然最终要在国家的涉外税法中体现并依据这些涉外税法才得以实施;而国家在制定或修改本国涉外税法时,也必须考虑到本国缔结或参加的国际税收条约和协定以及有关的国际税收惯例,创造本国涉外税收制度与国际税法相衔接的"轨道",从而使本国的涉外税法不可避免地带有"国际性"的烙印。

国家的涉外税收征纳关系和国家间的税收分配关系,二者虽然作为一个整体成为国际税法的调整对象,但在整体的内部,二者的地位又稍有不同:从国际税收关系的形成来看,国家的涉外税收征纳关系的出现早于国家间的税收分配关系的产生,后者以前者为逻辑前提。所以,我们在表述上总是把国家的涉外税收征纳关系放在前面。然而从关系的本质来看,尽管国家的涉外税法具有鲜明的"国际性",但同时也是其国内税法的组成部分之一,涉外税收征纳关系与国内税收征纳关系并无本质不同;而国家间的税收分配关系则从根本上促成了国际税法作为国际经济法的一个独立法律分支的最终形成,并成为其区别于国内税法的本质特征。

二、国际税法的性质

国际税法的性质,是指国际税法区别于其他法律领域的根本属性。关于国际税法的性质问题,学界尚没有学者深入研究。我们认为国际税法的性质是与国际税法的调整对象、概念、渊源、体系和地位等一系列基本理论问题直接相关的,国际税法的性质是国际税法的调整对象以及法律渊源在法律规范上的体现。深入研究这一问题,对于研究国际税法的概念、渊源、体系和地位等基本理论问题都具有重要意义。

关于国际税法的性质,当前仍存在较大的争议。有学者认为国际税法是由约束和规范主权国家的课税行为的国际公法规范所构成,只有那些属于国际公法性质的冲突法规范,才属于国际税法的内容范围。[2] 在持此种观点的学者看来,跨国征税对象产生了两个或两个以上的国家之间的税收权益分配关系,因此,国际税法的主要任务也仅在于协调解决国家的税收管辖权之间的矛盾和冲突。而另有学者认为,国际税法是一个由适用于跨国税收事实的冲突法规范和实体法规范所组成的综合法律体系。[3]

对于这一问题,必须从国际税法的规范目标予以考察。一项跨国经济活动

---

[1] 参见余劲松主编:《国际经济法》,高等教育出版社1994年版,第415页。
[2] 参见高尔森主编:《国际税法》(第2版),法律出版社1993年版,第3页。
[3] 参见廖益新主编:《国际税法学》,高等教育出版社2008年版,第12页。

的发生,首先产生的问题是相关国家对此活动是否享有税收管辖权,而只有在管辖权发生冲突的情况下,才会产生国家与国家之间进行相互协调的必要。从跨国经济活动中保证特定国家所能够取得的税收利益,保护本国的税收主权,实现国家之间的税收利益的公平,固然是各国之间确定国际税法规则的目标,却非唯一目标。事实上,基于一国的税收主权,即使是对跨国发生的经济活动,该国也享有不受他国干预而进行征税的权力,并无进行税收管辖权协调的必要。只是为了避免使跨国经济活动承担重于境内交易的税收负担,实现对跨国纳税人的公平课税,国家之间才产生税收利益协调的必要。更重要的是,国家之间并不会因为协调而发生直接的税收利益的转移,而是表现为一国对纳税人征税权的自我约束与限制,发生增减的实质上是跨国纳税人的实际税负。因此,可以说,国际税法所要实现的是多国政府与跨国纳税人之间的经济利益的公平分配,由此所决定,国际税法中不仅应当包含确定税收事实的分配关系的冲突规范,也应当包括确定划归一国的税收事实将如何被课以税收的税收实体规范,由此才能实现对跨国征税对象的完整的法律调整。如果缺乏实体规范,那么一国也无法对其享有税收管辖权的纳税人进行征税。此种税收实体规范不仅表现为一国国内法中的实体规范,在国际税收协定中,也包含了越来越多的实体性的法律规范。

第二节 国际税法的宗旨与作用

一、国际税法的宗旨

国际税法的宗旨,是国际税法的目的论或价值论范畴,是国际税法所促进的价值与所要实现的目标,研究国际税法的宗旨对于建立完整的国际税法范畴体系具有重要意义。目前学界对于国际税法的宗旨尚没有给予足够的重视,也没有进行深入系统的研究,需要在这方面予以加强。

有学者认为,国际税法的宗旨在于建立公平合理的国际税收秩序,从而为国际经济合作与经贸往来创造良好的条件。[①] 又有学者认为,国际税法的宗旨在于建立公平合理的国际税收关系,从而为国际经济合作和往来创造良好的条件,尤其是为国际投资活动创造良好的条件。[②] 还有学者认为,国际税法的宗旨在于实现对跨国征税对象的公平合理的税收分配关系,促进国际贸易和投资的正

---

① 参见高尔森主编:《国际税法》(第2版),法律出版社1993年版,第11页。
② 参见那力:《国际税法学》,吉林大学出版社1999年版,第15页。

常发展。①

上述几种有代表性的观点都是从国际税法调整对象的角度来论述国际税法的宗旨的,即国际税法是为了更好地调整国际税收关系,实现公平合理的国际税收秩序。我们认为这种概括是不科学的,首先,国际税法的调整对象除了国际税收关系,还包括涉外税收关系,对此,上述观点没有给予充分关注。其次,从抽象的角度可以认为国际税法是为了实现公平合理的国际税收关系,但从具体的角度来讲,任何一个国家的国际税法都是为了维护本国的税收主权以及本国涉外纳税人的基本权利,也就是说都是为了维护本国的利益,并不一定为了公平合理的国际税收秩序的建立,比如有些国家为吸引外资所制定的税收优惠政策就很可能违反公平合理的原则而变成恶性税收竞争。而美国拒绝承认"税收饶让抵免"也很难说有利于公平合理的国际税收秩序的建立。因此,笼统地、抽象地,而且常常是理想化地把国际税法的宗旨看成建立公平合理的国际税收秩序往往并不符合实际,而且也不利于对相关问题进行深入系统的分析。再次,什么是公平合理?说到底也不过是本国自己认为的公平合理而已,不可能存在一个国际税法所追求的各国普遍承认的公平合理的国际税收秩序,国际税收协定领域存在两个范本就是一个明证。综上所述,这种抽象层面的概括是不科学的,也是不可取的。

国际税法的实施最终是为了保证对在两个或两个以上的国家发生的跨境交易行为进行征税。由于各国均独立行使税收征管权,因此,国际税法的宗旨实际上也就是一国的国内税法的宗旨在国际层面上的实现。具体而言,国际税法的宗旨主要包括:

(1) 实现对跨国纳税人的公平课税:课税公平不仅是国内税法所欲达成的目标,在国际层面上同样应当确保实现。这要求跨国纳税人不应当因其经济活动的跨境发生而在税负上遭受不必要的歧视或享受不合理的税收优惠。

(2) 提高本国国内经济的竞争力。一国征税的最终目的既在于确保本国居民的基本权利的实现,而经济增长与发展直接关涉公民的基本权利的实现。因此,国家所采行的国际税法也不得阻碍本国经济的跨国发展,应当避免采取可能削弱其在国际经济中的竞争地位的税收政策。

(3) 确保本国对跨国经济活动的征税主权的实现。税收主权是国家主权在税收领域的体现。国家征税的根本目的在于通过取得财政收入而获取提供公共物品和服务所必需的物质基础。这一目的在任何情况下均必须予以遵守。尽管为避免加重跨国纳税人的税收负担,一国的征税主权可能受到一定的限制,但仍应当确保在跨国所得或财产价值所存在的税收权益,在相关国家之间进行公平

---

① 参见廖益新主编:《国际税法学》,北京大学出版社2001年版,第19页。

的分配,使本国能够从跨境交易产生的收益和价值中分享合理份额的税收收入,并在国际交往中尽可能保护其本国的税基,避免所采取的征税措施造成本国税基的流失。[①]此外,跨国纳税人可能利用各国国内税法的制度差异而实施逃避其跨国所得和财产价值本应承担的纳税义务,这必然损害各国的征税权,由此也促成了各国之间通过确立一定规则进行合作与协调,以防止国际逃避税行为,从而确保征税权的实现。

二、国际税法的作用

国际税法的作用是指其对于国际税收领域所起的影响、效果与效用。国际税法的作用是国际税法在实现其宗旨的过程中所体现出来的,实质是国际税法宗旨的具体化。国际税法的作用也是国际税法的一个基本范畴,但学界对这一问题往往予以忽略,其原因可能是认为这样一个问题不值得讨论或者已经隐含在对其他问题的讨论之中了。我们认为,国际税法的作用与国际税法的宗旨、价值、基本原则等问题都具有密切联系,也是一个值得深入研究的课题。

有学者将国际税法的作用概括为四个方面:(1)避免和消除国际双重征税;(2)防止逃税和避税;(3)保证税收无差别待遇;(4)协调国家间的税收分配关系。[②] 我们认为,保证税收无差别待遇实际上已经蕴涵在前两个作用之中,而协调国家间的税收分配关系与前面三个作用之间具有一定的重合关系。

从国际税法发展的历史可以看出,国际税法最初的任务就是消除和避免国际双重征税。随着国际税法的发展,国际逃税和避税逐渐成了危害国家税收主权和国际税收秩序的大敌。因此,防止国际逃税和避税也逐渐成了国际税法的重要任务之一,这就是传统国际税法的两大主要任务。第二次世界大战以后,国际税务领域的合作与交流越来越频繁,也越来越重要,缺少国际税务领域的合作,传统国际税法的两大任务已经很难完成或很难圆满完成。所以,实现国际税务领域的合作也逐渐成了现代国际税法的重要任务之一。综上,国际税法的作用也主要体现在以下三个方面:消除和避免国际双重征税、防止国际逃避税以及实现国际税务合作。

国际双重征税的存在一方面违背了税收公平原则,使得涉外纳税人承受了双倍的纳税义务;另一方面也不利于国际经济交往的发展,不利于发展国际经济、贸易、投资等活动。国际双重征税无论对于涉外纳税人还是对于国家都没有

---

① 〔美〕Brian J. Arnold、Michael J. McIntyre:《国际税收基础(第二版)》,张志勇等译,中国税务出版社2011年版,第7页。

② 参见张智勇:《国际税法》,人民法院出版社2002年版,第11页。

好处,而且国际双重征税最终有可能走向自身的反面,即国际经济活动的萎缩乃至消失,由此导致国际双重征税因缺少税源可供课征而趋于消灭。因此,国际双重征税现象是必须消除或避免的,承担这一重任的法律就是国际税法。消除和避免国际双重征税是国际税法首要的任务,也是国际税法两大宗旨的必然要求。国际税法中的国际税收协定主要就是避免国际双重征税的协定,而国内税法中的一些制度安排也有助于消除或避免国际双重征税。

在国际税收领域,由于国际经济活动的多样性和复杂性以及各国涉外税法制度的差异和国际税务合作的缺乏,逃税和避税现象往往比国内更加容易,也更加普遍。逃税和避税同样违背了税收公平原则,也不利于国际经济的发展。随着国际税法的不断发展和完善,防止国际逃避税也成了国际税法的一大重任。国际税法的两大传统任务是相辅相成的,实质是一个问题的两个方面,最终都是维护国家的税收主权和涉外纳税人的基本权。

国际税法不同于国内税法,它没有一个统一的执行机构,只能由各个国家的税务主管机关分别在本国内执行。因此,国际税法的实效与国内税法相比会有很大的差距。在国际税法发展的早期,这个问题还不十分严重,但随着国际经济一体化的不断加深,随着国际税收活动越来越复杂,单单靠一个国家已经很难完成国际税法的使命,实现国际税务合作势在必行。因此,现代国际税法又承担起第三个重任:实现国际税务合作。实现国际税务合作是为国际税法的两大传统任务服务的,是为了更好地完成消除和避免国际双重征税以及防止国际逃避税这两大任务的。如果套用实体和程序的模式来讲的话,前两个作用是国际税法在实体方面的作用,而后一个作用则是国际税法在程序方面的作用。当然,程序作用也有其自身独有的价值,并非仅仅为了保证实体作用的实现。在当今强调程序正义的时代,实现国际税务合作同样是维护国家税收主权和涉外纳税人基本权的内在要求。

第三节 国际税法的地位与体系

一、国际税法的地位

国际税法的地位,是指国际税法是不是一个独立的法律部门,以及国际税法在整个法律体系中的重要性如何。国际税法的地位是一个关涉国际税法的独立性以及重要性的重要范畴,它与国际税法的概念、调整对象、体系、渊源等基本范畴都有密切的联系。

目前学界尚没有学者专门论述这一问题,大多都是在论述其他问题的过程中简单提及。应当说,深入研究这一问题不仅对于国际税法基础理论的发展具有重要意义,而且对于国际经济法甚至整个法学关于法律地位问题的研究也具有重要的意义。

关于国际税法的独立性,总体来看,学界持广义国际税法论的学者的观点倾向于国际税法是一个独立的法律部门。[①] 但这种观点是值得商榷的,近来已经有学者指出了这一问题。

该学者认为,广义国际税法论在论证国际税法是一个独立的部门法时有两个难题需要解决,一个是国际税法与国内税法的协调问题,一个是涉外税法自身的范围问题。广义国际税法论在强调涉外税法是国际税法的组成部分时,并不否认涉外税法属于国内税法的组成部分,这样,广义国际税法论就必须回答部门法交叉划分的合理性问题。分类是科学研究的一种十分重要的研究方法,可以说,没有分类就没有近代科学的发展与繁荣,而部门法的划分就是对法律体系的一种具有重大理论价值的分类。科学的分类要求各分类结果之间不能任意交叉,而应该有比较明确和清晰的界限,当然,在各类结果之间的模糊地带总是难以避免的,但对这些模糊地带仍可以将其划分出来单独研究,而不是说这些模糊地带可以任意地归入相邻的分类结果之中。把涉外税法视为国际税法和国内税法的共同组成部分就必须论证这种划分方法的科学性与合理性,而且必须论证国际税法与国内税法之间的关系问题。而对这些问题,广义国际税法论基本上没有予以论证,因此,广义国际税法论的科学性和合理性就大打折扣了。

另外,关于涉外税法的地位问题也需要广义国际税法论给出论证。涉外税法是否是一个相对独立的体系,其范围是否确定等问题,都是需要进一步探讨的。就我国的立法实践来看,单纯的涉外税法只有很有限的一部分,而大部分税法、特别是税收征管法是内外统一适用的;对于那些没有专门涉外税法的国家,所有的税法均是内外统一适用的。这样,涉外税法与非涉外税法实际上是无法区分的,因此,涉外税法本身就是一个范围很不确定的概念,也不是一个相对独立的体系。对于这一点已有国际税法学者指出:"正如涉外税法不是一个独立的法律部门一样,它也不是一个独立的税类体系;而是出于理论研究的需要并考虑到其在实践中的重要意义,才将各个税类法中的有关税种法集合在一起,组成涉外税法体系。"[②] 把这样一个范围很不确定,只是为了研究的便利才集合在一起的法律规范的集合体纳入国际税法的范围,国际税法的范围怎能确定?国际

---

① 参见高尔森主编:《国际税法》(第 2 版),法律出版社 1993 年版,第 1 页;刘剑文主编:《国际税法》,北京大学出版社 1999 年版,第 15 页。

② 刘剑文主编:《国际税法》,北京大学出版社 1999 年版,第 253 页。

税法怎能成为一个独立的法律部门？①

我们认为该学者的批评有一定道理，在前面我们论述国际税法概念的过程中实际上也已经暗含了我们的观点，即我们把国际税法界定为最广义的国际税法并不是从传统部门法的角度出发的，也不是把国际税法视为一个纯粹的部门法，而是从有利于国际税法发展的角度，把国际税法作为一个综合的法律领域来研究的。因此，我们认为，广义国际税法并不是一个独立的法律部门，起码不是一个法学界一般意义上的独立的法律部门，它是一个相对独立的法律领域。

当然，这并不表明国际税法不能或不应该成为一个独立的法律部门，如有些学者坚持的"新国际税法论"就可以成为一个独立的法律部门。我们只是认为，就目前学界所普遍承认的广义国际税法论而言，不将其作为独立的法律部门更能自圆其说。但不能成为独立的法律部门并不代表国际税法不能成为独立的法律领域，因为二者的划分标准是不同的。把国际税法作为独立的法律领域而不作为独立的法律部门更有利于国际税法的发展与完善。

二、国际税法的体系

关于国际税法体系的含义，目前学界主要有两种代表性观点，一种是从规范性文件的体系的角度来界定国际税法体系，认为国际税法体系是由国际税收协定和其他国际条约中有关税收的规定、国际税收惯例以及各国涉外税法所组成的法律体系。② 另一种观点是从部门法的角度来界定国际税法体系，认为国际税法的体系，是指对一国现行生效的所有国际税法规范根据其调整对象之不同划分为不同的法律部门从而组成的一个有机联系的统一整体。国际税法的体系是比照国内法的体系划分而对国际税法规范进行相应划分后所形成的体系。③

关于国际税法体系的组成部分，有学者认为，包括四部分：(1) 该国所缔结或参加的国际税收协定或其他国际条约中有关税收的条款；(2) 该国所承认并接受的国际税收惯例；(3) 该国的涉外税法；(4) 其他国家与该国有关的涉外税法。④ 我们认为，这里所论述的国际税法体系是国际税法的规范性文件体系，与国际税法的渊源差别不大，甚至就是国际税法的渊源，与本书所界定的国际税法体系不同。

还有学者认为，根据国际税法所调整的国际税收协调关系的种类，可以把国

---

① 参见翟继光：《新国际税法论论纲——兼论广义国际税法论的缺陷》，载《法商研究》2002年专号。
② 参见刘剑文主编：《国际税法》，北京大学出版社1999年版，第15页。
③ 参见翟继光：《新国际税法论论纲——兼论广义国际税法论的缺陷》，载《法商研究》2002年专号。
④ 参见刘剑文主编：《国际税法》，北京大学出版社1999年版，第15页。

际税法分为国际税收分配法和国际税收协作法。在国际税收分配法中又可分为避免双重征税法和防止偷漏税法。在国际税收协作法中又可分为国际税制协作法和国际税务争议协作法。① 该学者是主张国际税法不包括涉外税法的,因此,其所讨论的国际税法体系也不包括涉外税法。这种以部门法为出发点的划分方法,为国际税法体系的研究带来了一些新意。

众多国际税法学者都没有探讨国际税法的体系,可能有国际税法基础理论研究薄弱的原因,但是否还有另外一种原因,即国际税法本身尚无体系可言？前面我们也已经指出了,本书所采用的是广义国际税法论的观点,将所有与国际税收有关的国际法和国内法都纳入这一体系,在这种情况下,国际税法本身都不是一个部门法意义上的领域,其组成部分又如何能划分成各个部门法并组成一个完整的体系呢？

鉴于此,我们这里只能从宽泛意义上的部门法角度来对国际税法的组成部分予以划分,即根据国际税法的调整对象及国际税法的主要任务与作用来划分国际税法的组成部分。在第一层次,国际税法由调整国际税收分配关系的狭义国际税法和调整涉外税收征纳关系的涉外税法所组成。在第二层次,狭义国际税法主要由调整国际税收利益分配关系的国际税收分配法和调整国际税务合作关系的国际税务合作法所组成。涉外税法则主要由涉外所得税法和涉外商品税法所组成。在第三层次,国际税收分配法主要由消除和避免国际双重征税法以及防止国际避税法所组成。我们这里只是初步提出这种国际税法体系划分的观点,至于其科学性和合理性还需要学界对这一问题进行深入和广泛的研究和探讨。

第四节 国际税法的渊源

法的渊源,简称法源,在中外法学著作中有各种不同的解释,如法的历史渊源、思想理论渊源、文献渊源、效力渊源、成立渊源、法定渊源等等。著名法理学家凯尔森在其名著《法与国家的一般理论》中就认为,法律的渊源是一个比喻性并且极端模糊不明的说法,它不仅被用来指创造法律的方法,即习惯和立法,而且用来说明法律效力的理由,尤其是最终理由,也有人用来指所有那些实际上影响创造法律机关的观念。② 法学界一般所研究的法律渊源是法律的形式渊源,

---

① 参见翟继光:《新国际税法论论纲——兼论广义国际税法论的缺陷》,载《法商研究》2002年专号。

② 参见〔奥〕汉斯·凯尔森:《法与国家的一般理论》,沈宗灵译,中国大百科全书出版社1996年版,第149页。

即法律规范的创制方式或外部表现形式,如法律、法规、习惯、判例、命令等。我们认为,国际税法的渊源,是指国际税法的外部表现形式。

国际税法的渊源也是国际税法的一个基本范畴,对于这一范畴,学界研究得比较多,而且基本取得了一致观点,这是国际税法学领域研究比较成熟的基本范畴之一。

学界一般认为,国际税法的渊源包括两大类:国际法渊源和国内法渊源。国际法渊源一般包括:(1)国际税收协定以及其他国际税收条约、公约中与税收有关的法律规范;(2)国际税收惯例。国内法渊源一般就是指各国的涉外税法。

一、国际税法的国内法渊源

(一)涉外税法的含义与标准

涉外税法(foreign-related tax law)是指具有涉外因素的税法。涉外因素包括主体涉外、客体涉外和内容涉外三个方面。虽然学界均主张涉外税法是国际税法的渊源,但关于涉外税法的具体范围则有不同的观点。有些学者主张涉外税法主要是涉外所得税法,有些学者主张除了涉外所得税法还包括涉外商品税法。根据本书所主张的广义国际税法论的观点,涉外税法应当包括涉外所得税法和涉外商品税法。

关于涉外税法的标准,有些学者主张凡有可能具有涉外因素的税法都属于涉外税法,如关税法、增值税法、个人所得税法、车船使用税法等等。[①] 也有学者主张涉外税法应当有一定范围,只包括涉外所得税法和关税法。

除《中华人民共和国进出口关税条例》外,当前我国并无单行的税法对具有涉外因素的所得或财产进行征税,即并无纯粹的涉外税法。[②] 涉外税法散见于各个单行税种法和税收征管法,如《中华人民共和国企业所得税法》(以下简称《企业所得税法》)、《中华人民共和国个人所得税法》(以下简称《个人所得税法》)、《中华人民共和国增值税暂行条例》(以下简称《增值税暂行条例》)等,主要包括管辖权的判定规则、避免双重征税规则、涉外主体的税收征管制度等。

(二)涉外税法的效力范围

涉外税法的效力范围,是指涉外税法对于哪些人和哪些事具有效力。从理论上讲,涉外税法属于国内法,只能在本国主权所及的范围内具有效力,超出本

---

① 参见刘隆亨:《中国税法概论》,北京大学出版社1995年版,第281—282页。
② 2008年1月1日起《中华人民共和国外商投资企业和外国企业所得税法》被废止,内外资企业统一适用《中华人民共和国企业所得税法》;2009年1月1日起,实行五十多年的《中华人民共和国城市房地产税暂行条例》被废止,外资企业和外籍个人统一依照《中华人民共和国房产税暂行条例》缴纳房产税。

国主权管辖范围,就不具有法律效力。但在国际经济一体化的大背景下,国际间的资金、人员和物品流动非常频繁,一概否认其他国家的涉外税法在本国的效力并不利于国际经济交往,也不利于国际税收关系的和谐发展。其实,现行的各国税法制度中已经有许多地方体现了对他国涉外税法效力的承认与尊重,比如为避免国际双重征税而采取的各种国内法措施,如抵免法、免税法和抵扣法等等,实际上都是建立在承认和尊重其他国家的涉外税法效力的基础之上的。美国不承认税收饶让抵免,实际上是对其他国家涉外税法效力的部分否定。

二、国际税法的国际法渊源

(一) 国际条约

国际条约(international treaty)是国际税法最主要的国际法渊源,也是最能体现国际税法"国际性"的法律渊源。学界在这一问题上的观点基本上是一致的,即认为国际税法渊源中的国际条约包括国际税收协定以及其他国际条约中与国际税收有关的规定。

国际税收协定是不同国家为协调其相互之间的国际税收分配关系而缔结的国际协定或条约。双边税收协定所组成的协定网络,构筑了一个具有确定原则的国际税法体系。无论是在政策理念上,还是在语言表达上,这些条约的内容极为相似,甚至条文的顺序也基本相同。税收协定不同于国内法的规定可以优先适用,在美国,条约甚至可以推翻与其不同规定的国内法。

目前的国际税收协定主要是综合性双边税收协定,包括税收条约与议定书、政府换文、谅解备忘录及补充行政协定,而且主要集中在所得税领域和关税领域。国际税收协定将来的发展方向是多边税收协定以及税收国际公约,而且所涉及的领域也将突破所得税和关税领域而向其他商品税领域扩展。截至2020年5月,我国已与107个国家和地区签订了双边税收协定,其中101个已经生效,并与香港、澳门特别行政区签订了避免双重征税安排,与台湾地区签订了避免双重征税协议。① 此外,我国也陆续签订了专项的税收条约或政府换文,规定某项特定的税种的国际税收安排,如中国与智利于1987年达成的互免海运税收换文。为提高各国对跨境经济活动实施税收征管的能力,以加强国家间的税收征管合作为目的的税收协定也逐渐增加,如我国近期分别与阿根廷、百慕大群岛、泽西岛、马恩岛、根西等国政府签订了《关于税收情报交换的协定》。

其他国际条约或协定中也有关于税收关系的规定,如在贸易协定、航海通商友好协定,特别是在投资保护协定中有关国家间税收分配关系的规定,这些规定

---

① 资料来源:http://www.chinatax.gov.cn/chinatax/n810341/n810770/index.html,2020年5月22日。

和国际税收协定一样,对国家间的税收分配关系也起着重要的协调作用。

(二) 国际税收惯例

国际税收惯例(international tradition of tax)是在国际经济交往中,源于各国普遍而持续的处理国家间税收权益关系的实践,反复出现并被各国基于法律义务意识而接受并遵循,因而具有法律约束力的税收通例。有学者对国际税收惯例与国际税收习惯进行了区分,认为国际税收习惯是具有法律约束力的惯常行为和做法,而国际税收惯例是不具有法律约束力的惯常行为和做法。① 我们认为,习惯和惯例在内涵上的差别不是很大,如果从具有法律约束力和不具有法律约束力的角度来讲,习惯和惯例都不适宜用来表达具有法律约束力的惯常行为和做法,莫如用习惯法来表述更准确。当然,无论是习惯、惯例还是习惯法都不过是一个指示名词而已,没有什么先验的内涵,其具体含义都需要学者在使用的过程中予以界定。从这个角度来讲,只要我们所研究的是同一个事物,至于具体使用什么名称,似乎并不一定需要强行一致。这里,我们使用惯例来指示具有法律约束力的惯常行为和做法。

居民税收管辖权、对外国人的税收无差别待遇原则、对外交使领馆人员的税收豁免等曾一度被认为构成国际税收惯例。但在1961年和1963年两个《维也纳条约》缔结后,已经成为国际公约的规定。由于国际税法本身历史较短,而国际惯例一般都需要较长的形成过程,再加上国际惯例很容易被国际条约或各国法律所肯定从而失去其作为惯例的特性,所以,作为国际税法渊源的国际税收惯例并不多。

(三) 国际税法渊源的最新发展——"软法"的产生与争议

近年来,一部分国际法学者开始提倡"软法"(soft law)的概念,并在一定的范围内流行。由于作为"实定国际法"的条约和国际习惯法被科以严格的要件②,那么,历来不具有条约形式的"绅士协定"、不具有国际法地位的国际文书、形成过程中的国际法,如OECD于1995年颁布的《跨国公司与税务机关转让定价指南》③或《OECD税收协定范本注释》,是否具有与条约同等的拘束力便引发了诸多的争议。这些规范,与其他国际法领域的"软法"一样,并未划定具体的权利义务关系,而是以一般的、抽象的原则、指针为内容,作为法的规范不够成熟、欠缺规范内容的明确性,不具有法的拘束力或法拘束力稀薄,只达到了缓和

---

① 参见廖益新主编:《国际税法学》,北京大学出版社2001年版,第11页;刘志诚、王诚尧:《正确认识和运用税收国际惯例》,载《涉外税务》1995年第1期。

② 条约必须具有署名、批准等要件行为;国际习惯法则要求"惯行"和"法的确信"的要件要求。

③ Alberto Vega, "International Governance through Soft Law: The Case of the OECD Transfer Pricing Guidelines", Working Paper of the Max Planck Institute for Tax Law and Public Finance, No. 2012-05.

行动的规范的程度,其履行主要依赖于当事人的善意。① 具体而言,在国际税收领域中,具有"软法"性质的规范大致可以分为以下几种:

1. 成文的国际文书

一些义务履行依赖于当事国的善意或信义的文书、义务履行时承认当事国大幅度裁量性保留的文书以及国际组织、国际组织会议的决议、宣言、非拘束性的国际协定等被认为具有"软法"的特征。如 OECD 针对恶性竞争所发布的三个报告,提出了相关的解决措施,包括 1998 年报告《有害税收竞争———一个新兴的全球性课题》、2000 年报告《走向全球税收合作:在识别与消除恶性税收实践中的进展》和 2001 年报告《对有害性税收实践的方案》。这些报告尽管对其成员国和非成员国均无直接的拘束力,也无明确的权利义务规范,但仍使得不少国家或地区,尤其是避税地,积极达到报告所确定的标准与要求。

2. 未形成国际习惯法的不成文规范

如对于金融衍生品交易所产生的所得的税收管辖权,目前尚无明确的协调规范。但各国基于资本流动性等方面的考虑,一般均不对此行使税收管辖权,从而形成居民国的单一税收管辖权。

此外,国际法院,如欧盟法院,有关国际税收争议的判例,一般也被作为"软法"。

国际税收领域中的"软法"被视为"法"与"非法"之间的中间阶段或者灰色地带,被认为有必要予以积极的把握,因为即使是规范性弱的国际税收文书,对当事国在讨论交涉、谈判乃至合意形成时均会产生不同程度的影响。而对产生"软法"的国际组织自身而言,该项文书则几乎具有与法的拘束力一样的效力。更重要的是,"软法"的存在在一些国家促进了国内法的制定或作为国内制裁的判断基准,在定期的"讨论"与"履行确保"过程中,积极地促进了国际税收"硬法"的进化。

第五节 国际税收法律关系

国际税收法律关系(legal relation of international tax law)是国际税法在调整涉外税收征纳关系和国际税收分配关系的过程中所形成的权利义务关系。国际税收法律关系是国际税法学的基本范畴,可以为国际税法基础理论的研究提供基本的理论框架,以它为参照系可以把国际税法的众多基本范畴联系起来,从而能够为国际税法学的基础理论研究提供一种整合的功能与效果。

---

① 〔日〕村濑信也:《国际立法——国际法的法源论》,秦一禾译,中国人民公安大学出版社 2012 年版,第 13 页。

一、国际税收法律关系的要素

(一) 国际税收法律关系的主体①

国际税收法律关系的主体,又称为国际税法主体,是参与国际税收法律关系,在国际税收法律关系中享有权利和承担义务的当事人。有学者将国际税收法律关系的主体分为征税主体、纳税主体和特殊主体,分别指国家、居民和国际组织。② 我们认为,国际组织或者属于纳税主体或者属于征税主体,将其单列为一类主体似乎不妥。

国际税法的主体,从其在国际税收法律关系中所处的地位来看,可以分为国际征税主体、国际纳税主体和国际税收分配主体;从主体的表现形式来看,有国家、国际组织、法人和自然人。目前,国内几乎所有研究国际税法的学者都将国际税法的主体分为国家和跨国纳税人(包括自然人和法人)两种。我们认为,这种分法有失偏颇。基于获得跨国收入的跨国纳税人不足以涵盖在"国家涉外税收征纳关系"中的所有纳税主体,而只是其中的一部分,尽管是其主要部分;当然,在主要涉及所得税的国际协调问题等方面,使用"跨国纳税人"的称谓仍然是可以的。

国家在国际税收法律关系中同时作为征税主体和税收分配主体,这与国家在国内税收法律关系中仅作为征税主体的身份的单一性是不同的,此其一。其二,国家在国际税法和国内税法中分别作为不同主体身份的依据也是不同的。在国内税法中,国家作为唯一的实质意义上的征税主体是国家主权的对内最高权的具体体现之一;而在国际税法中,特别是国家作为国际税收分配主体时,则是国家主权的对外独立权的具体表现。其三,对单个国家而言,国家在国内税法中征税主体的地位是唯一的,在数量上是一元的;而在国际税法中,国家在数量上是多元的,必须存在两个或两个以上的国家,否则就无法构成国际税收法律关系。

自然人和法人在国际税法中和在国内税法中都是纳税主体,而且在国际私法和国际经济法其他分支中也可以作为主体。国家以特殊市场主体的身份直接参加国际经济贸易活动时,也可能成为国际税法的纳税主体。此外,当前特殊的经济组织形式是否构成国际税法的主体正在引起普遍的关注,包括合伙企业(partnership)、信托(trust)、集合投资机构(collective investment vehicle)。以信托

---

① 参见刘剑文、李刚:《国际税法特征之探析》,载《武汉大学学报(哲学社会科学版)》1999年第4期,第16页。

② 参见陈大钢:《国际税法原理》,上海财经大学出版社1997年版,第18—20页。

为例,在中国与爱尔兰①、塞浦路斯②签订的税收协定中,肯定了信托构成协定意义上的"人",而在其他中国签订的协定中,信托却不被作为协定意义上的"人",不能主张协定的适用。同样各国对集合投资机构是否构成协定意义上的"人"也存在争议,OECD 发布的关于"对集合投资机制所得授予协定利益"的报告专门对此进行了探讨。③ 特殊经济组织形式的国际税法主体资格已引发了诸多的国际税收争议,有待于国际税法予以进一步的明确。

(二) 国际税收法律关系的内容

国际税收法律关系的内容,是指国际税收法律关系主体所享有的权利和承担的义务。关于国际税收法律关系内容的特点,有学者认为,它已经不像国内税收法律关系那样,主体之间的权利义务从总体上讲是不对等的和非互惠的,国家与国家之间的权利义务是建立在平等互惠的基础之上的,国家与涉外纳税人之间的权利义务也已经不完全取决于一个征税主体的单方意志了。④ 我们认为这一观点比较科学。

在国家与国家之间的法律关系中,二者权利义务是对等的。一般来讲,国家所享有的权利包括征税权、税收调整权、税务管理权以及根据国际税收协定所规定的其他权利,国家所承担的义务包括限额征税义务、税收减免义务、税务合作义务以及根据国际税收协定所规定的其他义务。

在国家与涉外纳税人之间的法律关系中,二者的权利义务在总体上是不对等的。一般来讲,国家所享有的权利主要包括征税权、税收调整权、税务管理权和税收处罚权等,国家所承担的义务主要包括限额征税义务、税收减免义务、税收服务义务等;涉外纳税人所承担的义务主要包括纳税的义务、接受税收调整的义务、接受税务管理的义务以及接受税收处罚的义务等,涉外纳税人所享有的权利主要包括依法纳税和限额纳税权、税收减免权、享受税收服务权、保守秘密权、税收救济权等。

(三) 国际税收法律关系的客体⑤

国际税收法律关系的客体是国际税法主体权利义务所共同指向的对象。有学者认为,国际税收法律关系的客体就是国际税收的征税对象,是纳税人的跨国

---

① 《中华人民共和国政府和爱尔兰政府关于对所得避免双重征税和防止偷漏税的协定》第 3 条第 1 款。

② 《中华人民共和国政府和塞浦路斯共和国政府关于对所得避免双重征税和防止偷漏税的协定》第 3 条第 1 款。该款也同时肯定遗产、合伙企业和非法人团体构成中塞两国税收协定上的"人"。

③ OECD, the Granting of Treaty Benefits with Respect to the Income of Collective Investment Vehicles, May 2010.

④ 参见廖益新主编:《国际税法学》,北京大学出版社 2001 年版,第 15—16 页。

⑤ 参见刘剑文、李刚:《国际税法特征之探析》,载《武汉大学学报(哲学社会科学版)》1999 年第 4 期,第 15—16 页。

所得或跨国财产价值。[①] 也有学者认为,国际税收法律关系的客体主要指跨国纳税人的跨国所得。[②] 我们认为,把国际税法等同于国际税收的征税对象是不全面的,把国际税收的征税对象局限在跨国所得或跨国财产之上也是不全面的。

  国际税法的客体包含着具有递进关系的两个层面的内容。第一层面,是国际税法的征税对象。在这一问题上,我们赞成广义的国际税法客体说,认为,国际税法所涉及的税种法除了所得税、财产税等直接税以外,还包括关税、增值税等商品税。理由如下:(1) 从国际税法的早期发展历史来看,商品课税的国际经济矛盾及其协调(如关税同盟)比所得课税的国际性协调活动要早,是国际税法产生、形成和发展的整个历史进程的起始环节。如果将关税法等流转税法排除在国际税法的范围之外,无异于割裂了国际税法发展的整个历史过程。因此,应当历史地、整体地看问题,把对在国际商品贸易中于商品流转环节课税的国际协调活动看作是国际税收活动中的一个组成部分,从而将关税法等流转税法一并纳入国际税法的范围。(2) 持狭义的国际税法客体说的学者的理由之一就是国际税收分配关系主要发生在所得税上。但是,国际税收分配关系只是国际税法调整对象的一部分,广义国际税法中国际税法的调整对象还包括国家的涉外税收征纳关系,如果仅以国际税收分配关系所涉及的税种来限定国际税法所涉及的税种,岂不是以偏概全,正好符合了狭义的国际税法说的观点?而实际上,上述学者又都是持广义国际税法说,并且也承认广义的国际税法客体说的合理性,同时对关税等流转税加以论述。[③] (3) 诚然,对商品国际贸易课税,虽然不可能在同一时间对同一纳税人的同一课税对象重复征税,但仍然可能发生不同国家的政府对不同纳税人的同一课税对象(如进出口商品金额等)的重复征税。例如,甲国实行产地征税原则,乙国实行消费地(目的地)征税原则,现甲国向乙国出口一批产品,则两国都会依据各自的税收管辖权对这笔交易额课税,这批产品的所有人也就同时承担了双重纳税义务。而各国实行不同的商品课税政策,如低进口关税或免关税政策,也会引起国际避税或逃税活动的发生。况且随着国际经济交往的深入开展,对国际商品在流转环节的课税和跨国所得课税将会更加密切地交织在一起,其相互转化的趋势也会愈加明显。各国对进出口商品流转额的课税对国际经济活动的影响以及为此采取的一系列国际协调活动,说明这些税收本身作为各国涉外税收的同时,进一步涉及国家与国家间税收利益的

[①] 参见廖益新主编:《国际税法学》,北京大学出版社2001年版,第15页。
[②] 参见陈大钢:《国际税法原理》,上海财经大学出版社1997年版,第20页。
[③] 参见高尔森主编:《国际税法》(第2版),法律出版社1993年版,第8—9页。

分配,反映了国际税收的本质。①

国际税收法律关系第二层面的客体是在国家间进行分配的国际税收收入或称国际税收利益。看起来,这似乎仅仅是国际税收分配关系的客体,将其作为国际税法的客体似乎又犯了以偏概全的错误。其实不然,因为这一国际税收收入正是通过各国行使税收管辖权进行涉外税收征管而获得的,与各国的涉外税收征纳关系有着密不可分的联系。也正因为在国家间进行分配的国际税收利益直接来源于各国对其涉外税种的征税对象的课征,我们才认为后者作为国际税法第一层面的客体与前者作为第二层面的客体间存在着递进关系,从而共同构成了国际税法的双重客体。需要说明的是,并不存在一个超国家的征税主体,对各国涉外税种的征税对象加以课征而获得国际税收收入,再将其分配给有关各国;实际上,这部分税收利益在征收之时就已经通过国际税收协定随着对某一征税对象的征税权的划归而归属于各个主权国家了。因此,从理论上看,国际税收利益是各国的涉外税收收入汇总而形成的整体利益;但从实践上看,国际税收利益并未实际汇总,而是分散于各个主权国家的控制之中。正是由于国际税收利益这种理论上的整体性和实践中的分散性,以及其对各国征税主权乃至相应征税对象的强烈依附,使我们在分析国际税法的客体时容易将其忽视。然而,与其说各国缔结国际税收协定的目的在于划分对某一跨国征税对象的征税主权,不如说其实质目的在于划分从征税对象上可获得的实际的税收利益。故国际税收利益是潜在的,却能够从深层次上反映国际税收法律关系的客体层面。

二、国际税收法律关系的运行

国际税收法律关系的运行,是指国际税收法律关系的产生、变更和消灭的整个过程。国际税收法律关系的要素是从静态的角度揭示国际税收法律关系的构成,而国际税收法律关系的运行则是从动态的角度揭示国际税收法律关系的构成。

(一) 国际税收法律关系的运行状态

国际税收法律关系的产生,是指国际税收法律关系在相关当事人之间的建立,或者说是国际税收权利义务在相关当事人之间的确立。国际税收法律关系的产生需要国际税法的存在以及国际税法所规定的税收要素成立或者启动相关程序的法定要件成立。

国际税收法律关系的变更,是指国际税收法律关系的主体、客体或内容所发生的变化。国际税收法律关系的变更一般需要满足国际税法所规定的法定要件,如涉外纳税人满足税收减免的条件,则相应发生国际税收法律关系内容的

---

① 参见王传纶主编:《国际税收》,中国人民大学出版社1992年版,第13—16页。

变更。

国际税收法律关系的消灭,是指国际税收法律关系所确定的权利义务在相关当事人之间的消失或终结。一般来讲,当相关主体的权利得到实现,义务已经履行,国际税收法律关系完成其历史使命的时候就会发生消灭的结果。如涉外纳税人依法缴纳税款,国家与涉外纳税人之间的权利义务就消灭了;相关国家的税务主管机关依法完成税务合作事项,相关权利义务也就消灭了。

(二) 国际税收法律事实

国际税收法律事实(legal fact of international tax),是指能导致国际税收法律关系产生、变更和消灭效果的客观事实。国际税收法律事实包括国际税收法律行为和国际税收法律事件。前者是体现主体意志或以主体意志为转移的事实,而后者则是不体现主体意志或者不以主体意志为转移的事实。国际税收法律事实主要包括国际税法的制定、涉外纳税人的行为或状态以及国家的行为。国际税法的制定可以导致抽象国际税收法律关系的建立,而涉外纳税人以及国家的行为可以导致具体国际税收法律关系的产生、变更和消灭。

第六节 国际税法的历史演进

国际税法从19世纪末产生以来发展至今仅仅有一百多年的历史。第二次世界大战之前,国际税法已经初步发展,但作为一个相对独立的法律领域则是在"二战"之后才逐渐形成并发展成熟的。

一、"二战"前国际税法的发展

世界上第一项双边税收协定是1843年比利时和法国签订的有关税收情报交换和税务合作的条约。随后,1845年比利时与荷兰也就税务合作与情报交换等问题签订了条约。1872年英国与瑞士就遗产税问题签订了条约。以上这些条约从形式上虽然也可以归入国际税收协定的范畴,但是税收协定的内容比较单一,尚不全面,与现代税收协定的内容有很大差别,只是国际税收协定的萌芽。具有现代意义的国际税收协定是1899年6月21日奥匈帝国与普鲁士签订的关于避免双重征税的协定。其内容涉及划分所得的类型,划分税收管辖权的范围,确定不动产所得、抵押所得、常驻代表机构所得等项目由收入来源地国征税以及其他项目由居住国征税,并通过对税收管辖权的划分和约束来消除双重征税问题。[①]

19世纪末、20世纪初,资本主义从自由竞争阶段发展到垄断阶段,经济活动

---

① 参见陈大钢:《国际税法原理》,上海财经大学出版社1997年版,第12页。

朝着国际化的方向发展,各国的商品、资本、技术、劳动力等生产要素跨国界流动的现象越来越普遍。与此同时,所得税制度迅速在各主要资本主义国家建立。国际投资的发展导致跨国公司的国际所得不断增加,但由于各国均按照居民管辖权和来源地管辖权来征收所得税,跨国公司面临严重的双重征税问题。

有鉴于此,不仅各国开始积极探索解决国际双重征税的问题,国际联盟(League of Nations)根据国际商会的建议于1921年要求四位经济学家就现代税制的建立完成相关的研究报告。在1923年四位经济学家提交的报告中,强调现代税制应当遵循量能课税原则,同时也强调根据经济密切联系原则,某些类型的所得,如产生于不动产的所得,应当由来源地国行使征税权。①

在取得四位经济学家的报告之前,国际联盟还在1922年成立了专家工作组专门研究如何避免和消除所得和财产的国际双重征税的问题。1927年,专家工作组提交了四份避免双重征税与税收情报交换的双边协定的草案。② 原则上这些草案均遵循居民国课税的原则,但保留了来源地国对某些类型所得进行征税的可能性。这些草案在1928年被提交给来自27个国家的代表与会的"双重征税与税收逃避的政府专家一般会议",并作了一些细微的修改。财政委员会陆续进行了若干次的研讨,并达成了一项有利于来源地国的协定草案。1946年,最后一次的财政委员会会议在伦敦召开并提交了另一项有利于居民国课税的协定草案。两份草案均由国际联盟在1946年予以颁布,构成了未来进行国际协调的基础。随着国际联盟的解散,两份草案最终也未能获得进一步的讨论和肯定,但仍对"二战"后国际税法的发展产生了重要的影响。

尽管这一时期国际联盟草拟的避免双重征税协定的草案尚未对国际税收实践产生影响,但各国为解决这一问题,仍积极展开双边税收协定的谈判,仅在"一战"后的一年间,资本主义国家之间就缔结了58个双边税收协定。

二、"二战"后国际税法的发展

第二次世界大战后,发达国家之间相互投资大大增加,跨国公司的数量和规模也有了迅速的发展,世界各国之间的国际税收关系因此而变得更加错综复杂。越来越多的国家通过谈判签订税收条约的方式协调彼此之间与跨国纳税人在跨国征税对象上的利益分配关系,双边税收协定数量迅速增加,并逐步确立了一些调整国际税收关系的共同原则和规则,如禁止税收歧视、外国税收抵免、外交

---

① LN, Report on Double Taxation Submited to the Financial Committee by Professors Bruins, Einaudi, Seligman and Sir Josiah Stamp, League of Nations, Geneva, 1923, E. F. S. 73. F. 19.

② LN, Double Taxation and Tax Evasion, Report Presented by the Committee of Technical Experts on Double Taxation and Tax Evasion, League of Nations, Geneva, 1927, C. 216, M. 85, 1927. II.

税收豁免等。这对于国际税收协定的内容和形式的规范化发展产生了重要的影响。

鉴于各国在双边税收协定谈判中所产生的问题，起草一份能够为国际社会普遍接受并遵循的避免双重征税协定的工作仍在继续。联合国成立后，经济及社会理事会成立了金融与财政事务委员会，本计划由其继续国际联盟财政委员会的工作。然而，联合国成员国的广泛性，严重妨碍了就此达成一致。这一任务由欧洲经济合作组织（OEEC）所接手，后由经济合作与发展组织（也简称为"经合组织"或"OECD"）继续完成。

OEEC 的财政事务委员会的工作进展极为缓慢。在其成立的第一年，该委员会便提交了若干条款范本及其注释，以处理特定类型的所得，并相继在 1958 年、1959 年、1960 年和 1961 年的报告中予以公布。在此基础上，1963 年 OECD 草拟并发布了一个《关于对所得和资本避免双重征税的协定范本》（以下简称"OECD 范本"），并于 1977 年正式发布，供 OECD 成员国之间以及 OECD 成员国与其他非成员国之间签订税收协定时予以参考。这也是国际税收协定第一个比较完善的范本。从 1992 年开始，OECD 定期公布协定范本的修改版本。① 由于 OECD 的成员国都是发达国家，因此，这一范本的内容在税收权益的分配上更有利于作为资本输出国的发达国家。

由于参照 OECD 范本进行国际税收协定的谈判很容易损害发展中国家的税收利益，因此，发展中国家利用其在联合国的多数地位要求联合国采取措施应对这一国际问题。联合国经济及社会理事会为此成立了一个由 8 个发达国家和 10 个发展中国家代表组成的专家小组，于 1979 年拟定通过了《关于发达国家与发展中国家间避免双重征税的协定范本》（以下简称"联合国范本"），并于 1980 年正式公布。相比较而言，联合国范本更倾向于保护来源地国的税收管辖权。但仍有人批评联合国范本在保护发展中国家的税收利益方面有所不足。联合国经济及社会理事会从 1997 年起也开始酝酿对 1980 年联合国范本的修订，2017 年推出了最新修订后的范本。

两个税收协定范本的颁布，对于推动国际税法的发展有着积极意义。从 1977 年开始，国际税收协定的数量迅速增加。据统计，全球的税收协定总数已经超过了 4400 个。尤其值得强调的是，在近十几年来各国所签订的国际税收协定中，80% 为发展中国家与发达国家或发展中国家之间所签订的双边税收协定。

在这一时期，国际税法所涉及的领域也逐步扩大。国际税法从最初的所得税领域和财产税领域逐渐扩大到商品税领域以及税务行政领域。多边国际税收协定开始出现和发展。此外，区域性的税收协调和一体化在 20 世纪 90 年代也

---

① 最新的 OECD 范本公布于 2017 年。

明显加快了发展的步伐,其中尤其以欧共体及后来的欧盟在税收的协调一致方面的进程最具成果。

三、后BEPS时期的国际税收协调

随着近年来全球经济和市场一体化进程不断加快,一个多世纪前创建的国际税收框架正面临严峻的挑战。现行国际税收规则的缺陷为税基侵蚀和利润转移(BEPS)制造了更多的可乘之机。OECD自2013年以来对国际上税基侵蚀和利润转移影响的潜在规模进行了调查。根据调查的不完全估计,税基侵蚀和利润转移导致的全球企业所得税的流失可能占到全球企业所得税总额的4%—10%,即每年达到1000亿—2400亿美元。导致税收流失的原因众多,其中包括跨国企业进行的恶意逃避税、不同国内税收法律法规的相互作用、各国税务机关之间缺乏透明度和合作、有限的国内税收征管资源和有害税收实践。税基侵蚀和利润转移已经造成了严重的经济扭曲,对各国的发展产生了深远的影响。在此背景下,如何抑制有害税收实践、有效打击避税行为、防止企业所得税作为调节资源配置工具的有效性的削弱,为吸引并维持投资提供更具有确定性的国际税收环境、重拾各界对国际税收体系的信心,成为各国政府共同关注的问题。

为了重新建立各国国民对本国税收制度公平性的信心,创造企业间公平的竞争环境,保证各国政府更有效地执行其主权税收政策,同时防止各国各自竞相采取互不协调的单方面措施而弱化国际税收规则,动摇跨境投资赖以发展的稳健框架,2013年9月二十国集团(以下简称"G20")和OECD发起了BEPS行动计划。这一年提出的《应对税基侵蚀和利润转移》报告中认为,税基侵蚀和利润转移并不是由任何一个单一税收法规导致的,而是各种不同问题产生的后果相互交替作用使然。缺乏跨境协调的国内税收法律法规、落后于全球商业环境变迁的国际标准,以及税收管理和政策制定机关缺乏相关信息等种种情况,都为纳税人创造了进行税基侵蚀和利润转移的机会。基于解决这一问题的愿景,OECD和G20所有成员首次在平等合作的基础上共同构思设计应对国际税收所面临的挑战。超过60个国家直接参与了技术小组,而更多国家则通过区域性对话积极参与对各项报告的讨论。各个区域性税收组织,如非洲税务管理局论坛、税务管理当局会晤中心以及美洲税务管理中心等与国际货币基金组织、世界银行及联合国等国际性组织共同致力于应对这一问题的相关工作。发展中国家前所未有地参与到此次规模空前的国际税收标准制定工作中,这本身也是这一行动计划的重大成果之一。

在各方的共同努力下,各国就改善国际税收环境达成了一揽子报告。这一揽子报告一共包括15项行动计划,分别是应对数字经济面临的税收挑战(第1

项)、消除混合错配安排的影响(第2项)、强化受控外国企业规则(第3项)、通过利息扣除和其他金融支出的相关规定限制税基侵蚀(第4项)、关注信息透明度与实质性因素以有效打击有害税收实践(第5项)、防止税收协定优惠的不当授予(第6项)、防止人为规避常设机构的构成(第7项)、无形资产转让定价指引:确保转让定价的结果与价值创造相一致(第8—10项)、评估和监督税基侵蚀和利润转移项目(第11项)、要求纳税人披露恶意税收筹划安排(第12项)、重新审视转让定价文档资料(第13项)、更有效的争端解决机制(第14项)和制定用于修订双边税收协定的多边协议(第15项)。这15项行动计划主要围绕三大支柱展开:保持跨境交易相关国内法规的协调一致,强化已有国际税收规则中的实质性要求以及提高税收透明度和确定性。

这是一个世纪以来首次对国际税收标准进行的重大变革。这次变革不单是应对税基侵蚀和利润转移问题,同时也是确保现行跨境交易的国际税收框架和消除双重征税的可持续性。各方一致同意,解决税基侵蚀和利润转移需要各国协同应对,为此各方承诺遵循所达成的一揽子措施并一致落实,基于国内法和税收协定相互协调实施,并以具有针对性的监督实施以及提升信息透明度为支撑。这一揽子措施包括出台新的最低标准、重新修订现有标准、采取通用方案以缩小各国法规的差异以及基于最佳实践制定指南等。各国同意接受针对性的监督,尤其是对最低标准的实施展开监督。

这一揽子措施将使税基侵蚀和利润转移架构的根源性问题得到解决,从而使众多助长双重不征税的架构随之不攻而破,让利润发生地与经济活动发生地和价值创造地相匹配,利润将在经济活动发生地和价值创造地留存并征税,同时提高税务机关获取信息的能力,使其更有效地执行各个相应的税收法规。随着税基侵蚀和利润转移一揽子报告的逐项落实,OECD和G20成员以及所有参与其中的发展中国家将为现代国际税收框架奠定基础,国际税收合作将得到进一步协调和提升。同时,如何在未来持续一致和连贯地实施这一揽子措施,如何监控双重不征税和双重征税的影响,以及如何发展出更具包容性的框架来支持有关措施的实施和监督,确保措施实施的一致性与协同性,是各方未来继续努力的重点。

本 章 小 结

国际税法是调整在国家与国际社会协调直接税与商品税的过程中所产生的国家涉外税收征纳关系和国家间税收分配关系的法律规范的总称。国际税法具有公法兼私法性质、国际法兼国内法性质、程序法兼实体法性质。国际税法的宗旨为:维护国家税收主权和涉外纳税人基本权利。国际税法的作用主要体现在三个方面:消除和避免国际双重征税、防止国际逃避税以及实现国际税务合作。国际税法的地位是指国际税法是不是一个独立的法律部门,以及国际税法在整个法律体系中的重要性如何。国际税法由调整国际税收分配关系的狭义国际税法和调整涉外税收征纳关系的涉外税法所组成。国际税法的渊源包括两大类:国际法渊源和国内法渊源。国际税收法律关系是国际税法在调整国际税收分配关系和涉外税收征纳关系的过程中所形成的权利义务关系。国际税收法律关系的主体,又称为国际税法主体,是参与国际税收法律关系,在国际税收法律关系中享有权利和承担义务的当事人。国际税收法律关系的内容,是指国际税收法律关系主体所享有的权利和承担的义务。国际税法的客体包含着具有递进关系的两个层面的内容。国际税收法律关系的运行,是指国际税收法律关系的产生、变更和消灭的整个过程。国际税收法律事实,是指能导致国际税收法律关系产生、变更和消灭效果的客观事实。

思考与理解

1. 谈谈你对国际税法概念的理解。
2. 国际税法具有哪些性质?
3. 简述国际税法的宗旨与作用。
4. 国际税法的渊源包括哪些?
5. 简述国际税收法律关系的要素。

第二章 国际税法的基本原则

第一节 国际税法基本原则概述

所谓原则,根据《布莱克法律辞典》的解释,是指法律的基础性真理或原理,为其他规则提供基础性或本源的综合性规则或原理,是法律行为、法律程序、法律决定的决定性规则①;也可以指人们对某一事物、事物发展的因果关系以及如何进行判断的信念或理念。②这种信念或理念往往是指导人们行动的理论基础或指南。

一般地说,原则有大原则和小原则之分,或者基本原则与具体原则之分。在大原则下有小原则,在小原则下还有更小的原则;或者在基本原则下有具体原则,在具体原则下还有更具体的原则,等等。基本原则不同于具体的原则,前者是指构成某一制度基础的原则,贯穿和指导这一制度的各个方面和整个过程;而后者仅适用于某一法律制度的某一方面或局部。基本原则往往要通过具体的规则、规范和标准等表现出来。

关于国际税法基本原则的含义,我们可以理解为:普遍适用于国际税法的各个方面和整个过程,构成国际税法的基础,并对国际税法的立法、守法、执法等均具有指导意义的基本信念。那些只适用于国际税法的某些方面或某些阶段的原则,则是国际税法的具体原则。

国际税法是国际经济法的一个分支。因此,国际税法的基本原则与国际经济法的基本原则存在密切关系。但它们之间又有所不同,二者之间是个别与一般、具体与普遍的关系。国际经济法的基本原则,包括国家经济主权原则、平等互利原则等,是普遍适用于国际经济法各个分支的一般原则;而国际税法的基本原则,则是仅适用于国际税法而不能适用于国际经济法其他分支学科的国际经济法的具体原则。国际税法的基本原则,对于国际经济法而言是具体原则,是国际经济法基本原则在国际税法领域里的具体运用。因此,我们在研究国际税法的基本原则时,应注意与国际经济法的基本原则区别开来,不能把国际经济法或其他分支的基本原则与国际税法的基本原则相混淆。

---

① See *Black's Law Dictionary*, West Publishing Co. 1983, p. 1074.

② Lorraine Eden, *Taxing Multinationals: Transfer Pricing and Corporate Income Taxation in North America*, University of Toronto Press, 1998, p. 64.

此外，我们也必须注意，原则总是与例外相对而言的，有原则就必然会有例外，没有例外也就无所谓原则了。在研究的过程中，我们不能因为某些例外的存在而否定基本原则的存在。比如，我们不能因为涉外税收优惠的存在而否定国际税收中性原则，也不能因此而否定国际税收分配公平原则，等等。其实，例外的出现往往正说明了原则的存在。

关于国际税法究竟包含哪些基本原则，可以说是众说纷纭，见仁见智，不能统一。概括起来可分为以下几种观点：(1) 一元说，即征税公平原则，由高尔森教授在其主编、法律出版社出版的《国际税法》一书中所主张。但该书是把征税公平原则作为国际税法最重要的原则来认识的[1]，根据其含义可能还有其他一些重要原则，只是没有具体列举而已。尽管如此，我们暂且将其称为一元说。(2) 二元说，即国家税收管辖权独立原则和公平原则（包括国家间税收分配关系的公平和涉外税收征纳关系的公平）。[2] (3) 三元说，即国家税收管辖权独立原则、国际税收分配的平等互利原则和税收无差别待遇原则。[3] (4) 四元说，即国家税收管辖权独立原则、避免国际重复征税原则、消除对外国人税收歧视原则以及防止国际逃避税原则[4]，或者国家税收主权原则、国际税收分配公平原则、国际税收中性原则和跨国纳税人税负公平原则。[5]

我们认为，国际税法的基本原则应包括如下几项，即国家税收主权原则、国际税收公平原则、国际税收中性原则和国际税收效率原则等。其中每一项基本原则均反映在国际税法的各个方面，并贯穿于国际税法的始终。上述四项基本原则之间相互区别，同时又互相联系。

第二节 国家税收主权原则

税收主权是国家主权的重要内容之一。早在16世纪末，法国学者博丹在其《论共和国》一书中就指出，征税权是国家主权九个方面的内容之一。本书所指的税收主权原则(principle of tax sovereignty)，除指对内最高的征税权外，主要是指一国在国际税收领域里，在决定其实行怎样的涉外税收制度以及如何实行这一制度等方面享有的不受其他任何国家和组织干涉的完全自主权。在国际税法

---

[1] 参见高尔森主编：《国际税法》（第2版），法律出版社1993年版，第10—11页。
[2] 本书主编曾经有过这种观点，参见刘剑文主编：《国际税法》，北京大学出版社1999年版，第16—20页。
[3] 参见陈大钢：《国际税法原理》，上海财经大学出版社1997年版，第11—24页。
[4] 参见廖益新主编：《国际税法学》，北京大学出版社2001年版，第20—22页；余劲松、吴志攀主编：《国际经济法》，北京大学出版社、高等教育出版社2000年版，第378—380页。
[5] 参见刘永伟：《国际税法基本原则之探讨》，载《法制与社会发展》2002年第1期，第81—85页。

领域,任何人、国家和国际组织都应尊重他国的税收主权。

国家税收主权原则一个最重要的表现是涉外税收制度的立法方面。一个国家可以任意地制定本国的涉外税收法律制度,包括税收管辖权,税基与税率的确定,以及避免双重征税、防止避税与逃税措施的确定等。任何一个国家不能要求他国必须实行某种涉外税收法律制度。在国际税法领域,不存在对国家税收管辖权产生限制的法律①,也不存在对国家税收主权其他方面产生影响的法律。尤其是在美国等一些国家,国际税法被认为是特定国家税法的国际方面。② 国际税法都是国家立法的产物,而不是来自于主权国家的习惯,也不是来自于国际组织的立法。国际税收协定虽然对缔约国有约束力,但如不经国内立法,则不对纳税人产生任何效力。③

目前,各国在税收立法方面各行其是,以致各国税收法律制度之间存在诸多重大差异。例如,在税收管辖权方面,有的国家只实行来源地税收管辖权,有的国家同时实行来源地和居民两种税收管辖权,还有的国家同时实行三种税收管辖权,即来源地税收管辖权、居民税收管辖权和国民税收管辖权。各国之间的税收管辖权相互独立,一国税收管辖权的行使不会对另一国税收管辖权产生影响。又如,在解决国际双重征税方面,有的国家对外国来源所得实行免税制,而有的国家只对来源地国根据来源地税收管辖权而征收的税款进行抵免;在实行抵免制的国家中,有的实行饶让抵免,有的则不实行饶让抵免,等等。而且即使在产生双重征税的情况下,一国是否要采取措施对其进行消除,也完全取决于本国的法律规定。总之,各国究竟实行怎样的税收法律制度,对什么人进行征税、征什么税,以及实行怎样的税率等,国际上并不存在具有约束力的统一法律规范或标准,完全由各国根据本国经济发展的需要予以确定。所有这些都是国家税收主权所决定的。

国际税收协定是国际税法的重要渊源。为了避免双重征税和防止避税与逃税,各国通常都通过签订税收协定进行合作。但由于各国在税收法律制度方面存在重大差异,无法达成如 GATT 这样的多边协定或公约,也更无法成立如 WTO 这样协调各国税收法律制度的国际组织。虽然 OECD 和联合国都分别制定了一个税收协定范本,但这种范本并不具有约束力,只是为各国在缔结双边税收协定时提供可供参考的蓝本。目前,各国在税收合作方面主要是基于互惠原则,通过双边协定的方式进行。由于这些协定都是各国根据本国税法在互惠的

---

① 这是加拿大著名经济学家和国际金融专家 Bird 的观点。See Lorraine Eden, *Taxing Multinationals: Transfer Pricing and Corporate Income Taxation in North America*, University of Toronto Press, 1998, p. 101.

② Brian J. Arnold & Michad J. McIntyre, *International Tax Primer*, Kluwer Law International, 1995, p. 3.

③ Ibid.

基础上达成的,因此,它们在诸多重要内容上都存在一定差异,比如常设机构的范围、居民的定义、预提税率的高低等。这些差异都充分地体现了国家税收主权原则。

在国际税法的执法与守法方面,也充分体现了国家税收主权原则。一国在执行本国税法方面,不受他人或他国的干涉,也不受任何国际组织的干涉。纳税人既要遵守居住国的税收法律制度,服从居住国的居民税收管辖,又要遵守来源地国的税收法律制度,服从来源地国的来源地税收管辖。一国税收管辖权的行使不受他国税收管辖权的影响。

此外,在国际税收争议的解决方面,国家税收主权原则也得到了充分体现。比如,一国所作出的税收裁决,不能在另一国得到当然执行。再比如,在涉及对关联企业转让定价的相应调整时,协定一般只是规定,"如有必要,缔约国双方主管部门应相互协商",但并不要求该协商一定要达成一个解决双重征税的办法。在相互协商程序中,协定一般也只是规定应"设法相互协商解决"等,而没有强制要求。在国际贸易和国际投资等领域,一般都有一个专门解决有关争议的机构,比如 WTO 的争端解决机构(DSB)和华盛顿公约的"解决投资争端国际中心"(ICSID)等。这些机构所作出的决定,对有关国家一般都具有一定的约束力。但在国际税收领域,就不存在任何类似的组织或机构。如果两国之间产生了税务纠纷,只能通过相互协商的途径进行解决,即使协商不成也别无他途。[①] 总之,在国际税收争议中,就是存在双重征税,一国也不能被要求放弃其征税权。

国家税收主权原则是国际经济法经济主权原则在国际税法领域里的具体运用。但它与国际经济法其他法律部门的主权原则又有所不同。在世界经济一体化的今天,国家在其他国际经济活动方面的主权都或多或少地受到某些限制,或者在国际经济合作的过程中,都普遍作了或多或少的让与。比如,在国际贸易领域,各国所采取的关税和非关税措施,对外国产品的待遇等,都受到了 WTO 的严格约束;在 WTO 的争端解决程序中,WTO 对缔约方的争端享有强制管辖权,专家组的报告更可以"自动"通过。在国际投资或国际金融领域也都有类似的情形。但在国际税法领域,这种情形却鲜有存在。国民待遇和最惠国待遇是当今国际经济领域,尤其是国际贸易领域里的两个基本原则。而这两种待遇从一定意义上说都是对国家经济主权的某种削弱,或者说是国家在国际经

[①] 例如,在个别税收协定中,出现了税收争议的仲裁解决条款,如欧盟针对转让定价的双重征税问题于 1990 年通过的《关于避免因调整联属企业利润而引起的双重征税的协定》就已于 1995 年月 1 日生效。此外,美国与德国、墨西哥,德国与法国、瑞典等签订的税收协定也针对税收协定的解释与适用问题规定了仲裁条款,但却未得到过适用,而且也没有得到更多国家的采用。

济合作中对经济主权的一种让与。但在国际税法领域,无论是国民待遇还是最惠国待遇都不构成一项原则。税收协定中"无差别"条款的否定表达方式,也不能成为国民待遇作为一项原则存在的依据①,而且澳大利亚、加拿大、新西兰、法国和英国对"无差别"条款均作出了不同程度的保留②。国民待遇和最惠国待遇原则的排除,高度地维护了国家的税收主权。

第三节 国际税收公平原则

国际税收公平原则(principle of tax equity)包括国际税收分配公平和涉外纳税人税负公平两个方面。这两种公平虽然处于两个不同的层面,但却紧密相连,相互影响。

一、国际税收分配公平原则

国际税收分配公平是指主权国家在其税收管辖权相互独立的基础上公平地参与国际税收利益的分配,使有关国家从对跨国所得等征税对象的课税中获得合理的税收份额。国家间的税收分配关系是国际税法的重要调整对象之一。各国的涉外税收立法及签订税收协定的一个重要目的就在于确保公平的税收分配。经合组织1995年《多国企业与税务当局转让定价指南》在序言中宣称,各成员国均把各国获得适当的税基作为国际税收的基本目标之一,也说明了国际税收分配公平原则的重要性。在国际税收领域,如果没有各国之间公平的税收分配,便没有税收的国际合作。

国际税收分配公平原则是国际经济法公平互利原则在国际税法领域里的具体运用与体现。《各国经济权利和义务宪章》第10条规定,"所有国家在法律上一律平等,并且作为国际社会的平等成员,有权充分且切实有效地参加解决世界性的经济、财政金融以及货币等重要问题的国际决策过程,……并且公平地分享由此而来的各种效益"。将上述"公平地分享由此而来的各种效益"运用到国际税法领域,必然要求国际税收利益分配的公平。

实现国际税收分配公平的最关键因素在于合理地确定各国之间税收管辖权

---

① 联合国税收协定范本和经合组织税收协定范本均在第24条规定了"无差别待遇"条款,根据该条规定,缔约国一方国民、居民、常设机构和资本在缔约国另一方负担的税收和有关条件,不应比缔约国另一国国民、居民、企业和资本在相同情况下,负担或可能负担的税收或有关条件不同或比其更重。其与通常的国民待遇的表达或概念存在明显不同,尤其是"在相同情况下"的限制,使得该条的规定更加模糊。比如外国居民和本国居民本身就被认为是在"不同的情况"下。正因为如此,一国对外资和外国企业等的税收优惠制度才被普遍实行。

② 《经合组织税收协定范本注释》第24条第64、66、67段。

的划分。在一项跨国所得中,一般至少涉及两个国家,即所得来源地国和所得纳税人居住国。该两国可分别根据来源地税收管辖权和居民税收管辖权对同一跨国所得进行征税。为了避免双重征税的发生,就必须对它们的税收管辖权进行划分。但如何进行划分涉及两国税收利益的分配问题;税收管辖权的划分是确定国家之间税收分配关系的基础。强调来源地税收管辖权对所得来源地国或资本输入国较为有利,而强调居民税收管辖权则对居住国或资本输出国更为有利。如果两个或两个以上国家之间的资本输出和输入保持平衡时,无论实行哪一种税收管辖权,都可以实现税收的分配公平;如果这种资本的相互输出与输入是失衡的,则只有对来源地税收管辖权和居民税收管辖权进行合理的划分,才能实现税收分配的公平。

一般来说,发达国家相互之间的资本输出和输入基本上是平衡的,但发展中国家与发达国家则不然,前者处于资本净输入地位,而后者处于资本净输出地位。因此,由发达国家组成的经合组织所颁布的税收协定范本更强调居民税收管辖权,联合国却颁布了以来源地管辖权为主的另一范本,用以指导发展中国家与发达国家间税收协定的签订。因为经合组织范本若适用于发展中国家与发达国家之间,必然会造成税收利益向发达国家倾斜,从而造成税收利益分配的不公平。联合国范本虽然也对来源地税收管辖权进行一定的限制,但与经合组织范本相比,来源地管辖权明显扩大,而居民管辖权则相应缩小,从而有利于实现居住国与来源地国间真正的税收分配公平。比如在建筑安装工程构成常设机构的时间限定上,经合组织范本规定为12个月以上,而联合国范本为6个月以上,在特殊情况下还可以缩短为3个月;再如,经合组织范本把"交付"货物的设施排除在常设机构之外,而联合国范本则规定,经常交付货物或商品的固定营业地点也可构成常设机构;此外,联合国范本还规定,在另一国从事保险业务的雇员也可构成常设机构,等等。总之,联合国范本对两种税收管辖权等作了与经合组织范本不同的规定与协调,从根本上反映了国际税收分配公平这一原则。

在国际税收协定中,预提税率的规定也反映了税收分配公平原则。[①] 目前几乎所有的税收协定都有对消极投资所得的预提税率进行限制的条款。经合组织范本将预提税率限制在15%以内,联合国范本虽然没有规定具体的预提税率,但也主张对预提税率进行限制。对预提税率进行限制,其目的就是要使居住国也能分享到一定的税收利益,而不至于使消极投资所得的税收利益被来源地国独占,从而使来源地国和居住国均获得一定的税收利益。

---

① Lorraine Eden, *Taxing Multinationals: Transfer Pricing and Corporate Income Taxation in North America*, University of Toronto Press, 1998, p. 82.

此外，关联企业转让定价的独立交易原则也在一定程度上反映了国际税收分配公平的原则。关联企业之间通过转让定价进行交易，固然是以减少关联企业集团总税负为目的，但在客观上却减少了有关国家的税基，损害了其税收利益，并扰乱了国家与国家之间的税收分配关系。当关联企业之间进行转让定价时，有关国家便可根据公平成交价格标准对关联交易进行重新定价，使该国从关联交易中获得应得的合理税收份额。

在现行国际税收法律制度与规则中，可以反映国际税收分配公平原则的内容很多，此处不一一列举。可以说，国际税收分配公平原则贯穿了国际税法的全部内容。

二、涉外纳税人税负公平原则

税收是国家对私有财产权的合法剥夺，但这种剥夺必须建立在公平的基础之上。纳税人税负公平包括横向公平与纵向公平。所谓横向公平是指经济情况相同的纳税人承担相同的税收，而纵向公平是指经济情况不同的纳税人应承担与其经济情况相适应的不同的税收。在各国所实行的个人所得税中，累进税率就被认为体现了税负公平原则，其不仅使相同的所得承担相同的税收，不同的所得承担不同的税收，而且所得越高，适用的税率也越高。这里所指的涉外纳税人税负公平是指涉外纳税人承担的税收应当与其他境内纳税人大体相当。一般地说，一项国际税法规则只有符合纳税人税负公平原则，才能使涉外纳税人主动纳税，从而使国际税法有效实施。

在现行国际税收制度中，有很多内容都反映了涉外纳税人的税负公平原则。比如，避免双重征税和防止避税与逃税就反映了涉外纳税人税负公平的原则，也是税负公平原则的直接要求之一。因为双重征税或由避税或逃税引起的征税不足都会造成一种税负不公。前者使双重纳税人本身处于不利的不公平地位，而后者使守法足额交税的纳税人处于不利的不公地位。因此国际税法中涉及避免双重征税和防止避税与逃税的众多制度与规则都反映了涉外纳税人税负公平的原则。

税负公平也是国内税法的一项基本原则，但国际税法领域的税负公平要比国内税法复杂得多。公平是相对而言的。在国内税法中，税负公平以非涉外纳税人为参照对象，参照对象单一，公平较易得到实施。而在国际税法领域，情形则有所不同。因为一个涉外纳税人通常都要既受到来源地国的优先税收管辖，又要受到居住国的最终管辖，有可能要分别在来源地国和居住国两次纳税。这样一来，纳税人税负公平就会有两个标准，即来源地国标准和居住国标准。因此，当以上两个标准不同时，纳税人只能在其中一个国家实现税负公平，而难以同时在两个国家实现税负公平。比如，当居住国对纳税人在来源地国的所得实行免税时,纳税人在来源地国境内的税负是公平的,但与居住国的纳税人相比则不一定公平,因为如果居住国的税率高于来源地国的税率,与该纳税人所得相同的居住国纳税人所负担的税收则要相对较高;当居住国对纳税人的来源地国所得不予免税,而其税率高于来源地国的税率时,纳税人根据税法在居住国要补缴相应税款,这时该纳税人与居住国的纳税人相比实现了税负公平,与来源地国的纳税人相比却又不公平了。因此,当一个国家制定涉外税法时,究竟是只把居民纳税人纳入公平的考虑范畴之内,还是把非居民也纳入考虑范畴之内,是两种不同的公平标准。

事实上,一个国家很难对在本国境内的非居民制定一个公平标准。而对一个纳税人的税负是否公平进行衡量,需要对所有相关国家的税法进行综合全面评估,而不能仅从一国的税法进行判断。

第四节 国际税收中性原则

所谓国际税收中性原则(international neutrality of taxation)是指国际税收体制不应对涉外纳税人跨国经济活动的区位选择以及企业的组织形式等产生影响。一个中性的国际税收体制应既不鼓励、也不妨碍纳税人选择在国内还是向国外进行投资,在国内还是到国外工作,或者消费外国还是本国产品。[①]

税收中性同时也是国内税法的一项基本原则。它要求政府的税收活动不影响企业的经营决策,包括企业的组织形式、税基的分配、债务的比例以及价格的确定等。即使企业的决策不具有经济合理性,也不应通过税收施加影响。在通常情况下,中性往往是衡量国内税法是否为良法的标准之一。在国际税法领域内,税收中性具有同样的重要地位。一个好的国际税法不应妨碍资本、劳务和货物等在国际间的流动,应有助于实现资源在世界范围内合理利用。事实上,目前各国签订税收协定、进行国际税收合作的一个重要目标也就是要促进货物、劳务等生产要素在国际间的交流和资本在国际间的流动。

国际税收中性原则可以从来源地国和居住国两个角度进行衡量。从来源地国的角度看,就是资本输入中性,而从居住国的角度看,就是资本输出中性。资本输出中性(capital export neutrality)要求税法既不鼓励也不阻碍资本的输出,使国内投资者和境外投资者的相同税前所得适用相同的税率;资本输入中性(capital import neutrality)要求位于同一国家内的本国投资者和外国投资者的相同税前所得适用相同的税率。税收协定中的资本无差别,实质上就是资本输入中性。

---

① Lorraine Eden, *Taxing Multinationals: Transfer Pricing and Corporate Income Taxation in North America*, University of Toronto Press, 1998, p. 74.

但资本输出中性与资本输入中性在内容上存在着一定的对立或矛盾,比如前者要求居住国对其居民的全球所得进行征税,并对外国来源所得的外国税收实行抵免,而资本输入中性则要求居住国对所有的外国来源所得实行免税。因此,资本输出中性与资本输入中性在理论上即存在着矛盾,而且难以统一。一国若强调资本输出中性,就可能偏离资本输入中性;反过来,一国若强调资本输入中性,则可能偏离资本输出中性。因而,一个国家究竟应实行怎样的税收政策才能既坚持资本输出中性、又符合资本输入中性,目前尚未形成适当的答案。这也就为一个国家选择符合其自身利益要求的税收政策提供了充分的理由。所以国际税收中性原则往往难以得到严格的执行,偏离国际税收中性的做法可谓比比皆是。

在实践中,一个国家在制定税法时,资本输出中性往往并不是首要标准,而资本输入中性也常常被一些国家为了吸引外资而采取的税收优惠措施所扭曲。一般来说,发达国家的税法比发展中国家的税法更趋向于中性,比如,美国对内资和外资基本上采取了同等的税收政策,对外资没有税收优惠,实行资本输入中性;而对海外投资,一般也不实行税收饶让制度,坚持资本输出中性。而发展中国家由于资金缺乏,其所制定的税收政策往往总是鼓励外资的输入而限制资本的输出。

尽管由于资本输出中性和资本输入中性本身固有的内在矛盾,使得在国际税收实践中偏离税收中性的做法较为常见,但坚持税收中性的做法更为普遍,国际税收中性作为一个基本信念或一项原则仍然存在。避免双重征税和防止避税与逃税目标,总体上就体现了国际税收中性原则。一旦允许双重征税或逃避税,企业投资区位选择的决策必然会受其影响。另外常设机构原则的确定,其中也包含了避免因投资区位和企业组织形式等差异而承担不同的税负,因而也是税收中性原则的体现。

第五节 国际税收效率原则

一、税收效率原则的含义

税收效率原则被认为是西方税法的四大基本原则之一。[①] 税收效率原则,就是以最小的费用获取最大的税收收入,并利用税收的经济调控作用最大限度地促进经济的发展,或者最大限度地减轻税收对经济发展的妨碍。

税收的效率,通常有两层含义:一是行政效率,也就是征税过程本身的效率,

---

① 参见刘剑文:《西方税法基本原则及对我国的借鉴作用》,载《法学评论》1996年第3期。

它要求税收在征收和缴纳过程中耗费成本最小;二是经济效率,就是征税应有利于促进经济效率的提高,或者对经济效率的不利影响应尽可能最小。

税收行政效率,可以税收成本率即税收的行政成本占税收收入的比率来衡量,有效率就是要求以尽可能少的税收行政成本征收尽可能多的税收收入,即税收成本率越低越好。税收行政成本,既包括政府为征税而花费的征收成本,也包括纳税人为纳税而耗费的遵从成本,即西方所称的"奉行成本"。亚当·斯密和瓦格纳所称的"便利、节省"原则,实质上就是税收的行政效率原则。便利原则强调税制应使纳税人缴税方便,包括纳税的时间、方法、手续的简便易行。这无疑有利于节省缴纳成本,符合税收的行政效率要求。而节省原则,即亚当·斯密和瓦格纳所称的"最少征收费用原则",它强调征税费用应尽可能少。亚当·斯密说得很清楚,"一切赋税的征收,须使国民付出的,尽可能等于国家所收入的。"这里的所谓费用,实际只限于政府的征收成本。需要指出的是,税收的征收成本和遵从成本是密切相关的,有时甚至是可以相互转换的,一项税收政策的出台,可能有利于降低征收成本,但同时是以纳税人遵从成本的增加为代价的,反之亦同。这说明,税收的行政效率要对征收成本和遵从成本进行综合考虑,才有真正意义。

税收的经济效率是税收效率原则的更高层次。经济决定税收,税收又反作用于经济。税收分配必然对经济运行和资源配置产生影响,这是必然的客观规律。税收的经济效率要求精简、有效,尽可能地减少税收对社会经济的不良影响,或者最大程度地促进社会经济的良性发展。理解税收的经济效率,可以从以下几个方面把握:

(1) 要求税收的"额外负担"最小。所谓税收的额外负担,简单说就是征税所引起的资源配置效率的下降,它是税收行政成本以外的一种经济损失,即"额外负担",因此,相对于税收行政成本,通常又将其称为税收的经济成本。亚当·斯密虽然没有提出税收的经济效率原则,也没有提出税收额外负担或税收经济成本的概念,但他认为,通过市场这只"看不见的手"进行自我调节的经济运行是最佳的,也就是说,通过市场配置资源的效率是最好的,任何税收的开征,都会对良好的经济运行产生不利的影响,导致资源配置的扭曲。因此,他主张自由放任政策,在税收上认为政府征税应越少越好。这实际上是以税收对经济的影响总是消极的,税收总是不利于经济发展的看法为立论前提的。因此,从逻辑上讲,在政府必然要征税的前提下,自然要求政府征税应尽量减少对经济行为的扭曲。再加上不同的征税方式,对经济的影响或说扭曲程度是不同的,因此,政府应选择合理的征税方式,以使税收的额外负担最小。

(2) 税收经济效率要求保护税本。瓦格纳对亚当·斯密的不干预政策予以了校正,认为税收具有促进经济发展的积极作用,政府征税应尽量避免税收对经济的不利影响,而发挥税收对经济的促进作用。基于此,他提出了税收的国民经济原则,包括税源选择原则和税种选择原则,并认为,为保护和发展国民经济,使税收趋利避害,政府征税应慎重选择税源。原则上,税源应来自国民收入,而不应来自税本,即税收的本源。通常认为,国民生产是税本,国民收入是税源,原则上税收只能参与国民收入的分配,而不能伤及国民生产。

(3) 通过税收分配来提高资源配置的效率,这也是税收效率的最高层次要求。这一层次是基于对税收调控作用的积极认识,认为税收不只是消极地作用于经济。由于市场并没有如亚当·斯密等古典经济学家所说的完美和有效,现实中存在市场失灵,因此,政府有必要进行干预,而税收分配就是政府干预经济的有效手段。从税收本身来说,不合理的税制固然会引起资源配置的扭曲,因而存在税收的经济成本,但若税制设计合理,税收政策运用得当,不仅可以降低税收的经济成本,而且可以弥补市场的缺陷,提高经济的运行效率,使资源配置更加有效。这就是说,不适当的税收会产生额外负担,征税具有经济成本,具体表现为资源配置效率因征税而下降;而适当的、合理的税收,则会产生"额外收益",征税具有经济效益,具体表现为资源配置效率因征税而提高。税收效率原则的高层次要求,就是要积极发挥税收的调控作用,以有效地促进经济的发展。西方现代税收理论中的税收稳定经济原则,实际上就属于这一层次的效率要求。它强调通过税收的内在稳定机制和税收政策的相机抉择来熨平经济波动,以实现经济的稳定增长。

二、国际税收效率原则的含义与内容

税收效率原则是国内税法的一项基本原则,亚当·斯密等在论述税收效率原则时也是针对国内税法而言的,那么在国际税法中是否也存在税收效率原则,即国际税收效率原则呢? 对此,在先前的著述中鲜有所见。但是,我们认为,国际税收效率原则应该是国际税法的一项基本原则。

如前所述,国际税法是一门主要调整涉外税收征纳关系和国际税收分配关系的法律部门。在国际税法所调整的两种关系中,就前者而言,法律的目的是为了使国家在涉外税收中获得较高的份额;而就后者而言,则是为了使参与国际税收分配的有关国家都能获得合理的税收收入。而国家要获得合理的税收收入,就必须要讲究税收的效率。

其实,国际税收效率原则是国内税法的税收效率原则向国际税法领域延伸的结果,因此关于国际税法的效率原则的概念也可作如下表述:以最小的税收成本获取最大的国际(涉外)税收收入,并利用税收的经济调控作用最大限度地促进国际(涉外)经济的发展,或者最大限度地减轻税收对国际(涉外)经济发展的妨碍。当然,与国内税法的税收效率一样,国际税法中的税收效率原则也包括税收行政效率和税收经济效率两个方面。就行政效率而言，要求具有税收管辖权的所有国家应进行税收的征管协调与合作，在对纳税人实现征税的同时，使所有国家的征税成本降至最低；而就经济效率而言，则要求税收的课征应不至于阻碍世界经济的发展。

国际税收的效率原则体现在国际税收法律制度的各个方面。来源地国享有优先税收管辖权，而居住国负有避免双重征税的义务，就既体现了税收的行政效率又体现了税收的经济效率；国家之间缔结税收协定合理划分税收管辖权并进行税务信息交换等，协调税收体制，进行税收征管合作，也都既体现了税收的行政效率又体现了税收的经济效率。避免双重征税实际上就是为了避免双重征税对国际货物和资本的流动造成妨碍，不利于各国经济和世界经济的发展，而防止逃避税则主要是为了避免逃避税造成国家的税收收入的损失；各国根据自己的经济发展需要而采用不同的税收体制，有的国家对外商投资企业采取优惠的税收体制，避免国际恶性税收竞争等，都体现了国际税收的经济效率原则。

国际税收的效率原则与国际税法的其他几项基本原则也是紧密联系的。国家税收管辖权之所以要独立，目的就是为了能使国家获得较高的税收收入，采取有利于本国经济发展的税收体制，税收的公平原则有利于国家获得合理的税收收入，而国际税收之所以要求中性，也是为了不使国际税收对经济造成扭曲，从而阻碍经济的发展。

本 章 小 结

国际税法的基本原则是普遍适用于国际税法的各个方面和整个过程，构成国际税法的基础，并对国际税法的立法、守法、执法等均具有指导意义的基本信念。国际税法有四项基本原则，即国家税收主权原则、国际税收公平原则、国际税收中性原则和国际税收效率原则。国际税收主权原则是指国际税收中一国在决定其实行怎样的涉外税收制度以及如何实行这一制度等方面有完全的自主权，不受其他任何国家和组织的干涉；国际税收公平原则则包括国际税收分配公平和涉外纳税人税负公平两个方面；国际税收中性原则是指国际税收体制不应对涉外纳税人跨国经济活动的区位选择以及企业的组织形式等产生影响；而国际税收效率原则，就是以最小的费用获取最大的税收收入，并利用税收的经济调控作用最大限度地促进世界经济的发展，或者最大限度地减轻税收对世界经济发展的妨碍。

思考与理解

1. 国际税法的基本原则有哪些?
2. 如何理解国家税收主权原则?
3. 如何理解国际税收公平原则?
4. 如何实现国际税收中性原则?
5. 谈谈国际税收效率与国内税收效率的异同。

第二编　税收管辖权

第三章　税收管辖权概述

第一节　税收管辖权的概念与依据

一、税收管辖权的概念

税收管辖权(tax jurisdiction)是国家主权在税收领域的体现,指一国[①]政府独立自主行使的征税权。基于这项权力,一国政府可以决定对哪些人征税,征何种税,征多少税及如何征税。具体而言,税收管辖权的内容包括以下方面:

其一,谁来行使征税权。即谁有权征税,这是税收管辖权的实质与核心。毫无疑问,有权征税的只能是主权国家,只有主权国家才能凭借所拥有的政治权力,向社会组织或个人强制课征税收。国家构成税收管辖权的征税主体。

其二,对谁行使征税权。任何主权国家都有权规定什么人构成本国的纳税实体,即什么人在本国负有纳税义务。负有纳税义务者即纳税人,构成税收管辖权的纳税主体。

其三,对什么行使征税权。此即税收管辖权的客体。一国的征税客体可以是商品或劳务的流转额,可以是所得额,也可以是财产的价值、资源的收益和特定的行为。

其四,征多少税。这里涉及税基和税率的确定,是决定纳税人税收负担的关键因素。

其五,如何行使税收管辖权,涉及征税的日期、地点和方式等。

二、税收管辖权的依据

国家行使税收管辖权的依据在于国家主权。国家主权,是国家的根本属性,

[①] 应予说明的是,一些地区也有独立的征税权,如中国香港、英属维尔京群岛等。为行文方便,后文所指国家也包括有独立征税权的地区。

在国际法上是指国家有独立自主地处理内外事务的权力。① 它具有两方面的特性,即对外的独立权、对内的最高权。税收管辖权是国家主权在税收方面的体现,因此,它也就具有主权的固有属性,即独立性和排他性。这两大特性意味着任何一个国家在税收事务方面行使权力都具有完全的自主性,可以根据本国的经济、政治实际情况和法律传统等因素,按照自己的意志确立税制,不受任何外来的干涉与控制。

但应看到,任何国家都不是一个孤立存在的政治实体,而是置身于国际社会之中。国际社会由主权彼此平等的国家组成,各国的税收管辖权亦是平等的。在各个国家平行行使税收管辖权的情况下,任何国家的税收管辖权都不可能是无限的,而是要受到一定的限制和约束。换言之,一国行使税收管辖权时不得侵犯他国主权,这在事实上构成一种对税收管辖权的约束。② 这种主权约束具体表现在:未经国家间条约的安排或对方国家的事先同意,一国的税务机关不得在另一国境内实施税务行政行为,如向外国境内的纳税人送达纳税通知书,为课税的目的在外国境内收集税务情报等。另外,根据国际法,一国政府也不得对享有税收豁免权的外交代表机构和使领馆人员行使税收管辖权。这既是出于对外交代表所代表的国家的尊重,也是为了方便外交代表有效地执行其职务。外交税收豁免原本是一项国际税收惯例,但已经为1961年的《维也纳外交关系公约》和1963年的《维也纳领事关系公约》所确认。如果一国政府根本拒绝给予外交代表机构及人员税收豁免,在国际法上将被视作一种违法行为。所以,外交税收豁免事实上构成了对国家税收管辖权的一种限制。

我们知道,税收是国家凭借其政治权力征收的,这一本质特征决定了一个国家征税的权力不能超越这个国家政治权力所能达到的范围,即税收管辖权只限于国家管辖权范围内。一般认为,国际法中的国家管辖权指的是国家通过立法、司法和行政的手段对人和事物实行控制的权力。管辖权既是国家的一项基本权力,同时又是国际法赖以解决国家之间权限分配的一项重要制度。③ 国家根据领域和国籍这两个联系因素行使管辖权,即领域管辖和国籍管辖,是各国公认的国际法规则。所谓领域管辖,又称属地管辖,是指国家对其领域内的一切人和物以及所发生的事有权予以管辖。这里所说的领域包括领陆、领空、领海和领海的地下层,也包括大陆架和专属经济区。任何国家对在其领域内的人、物和所发生的事,皆有权根据本国的法律进行管辖,但根据国际法享受外交特权与豁免者除

---

① 参见梁西:《国际法》(第2版),武汉大学出版社2000年版,第64页。
② 参见杨斌:《国际税收》,复旦大学出版社2003年版,第3页。
③ 参见江国青主编:《国际法》,高等教育出版社2010年版,第99页。

外。① 国籍管辖又称属人管辖,是指国家对其国民(不论其处于领域内还是领域外)的管辖权。但因根据领域管辖,国家可对其领域内的一切人行使管辖权,所以严格地讲,国际法中的国籍管辖是指国家对其领域外的本国国民的管辖权。②税收管辖权是国家管辖权在税收领域的体现,各国在主张行使征税权时也应遵循属地原则和属人原则。一国政府如果仅凭主观意愿,对与本国既不存在属地联系也没有属人联系的人或征税对象主张征税权,不仅在国际法上缺乏法律依据,而且在实践中也难以实现。所以,在国际税收实践中,各国都是以纳税人或征税对象与本国的主权存在着某种属人或属地性质的连结因素作为行使税收管辖权的前提或依据,这种属人性质的连结因素就是税收居所,属地性质的连结因素就是来源地。

第二节 属人性质的税收管辖权

税收居所是国家按照属人原则行使税收管辖权的前提条件,也同时决定了纳税主体的无限纳税义务。属人性质的税收管辖权,亦称为从人课税,是指征税国根据税收居所联系对纳税人来自境内境外的全部所得和财产价值予以征税。它可细分为居民税收管辖权和公民税收管辖权。

一、税收居所

所谓税收居所(tax residence),是指纳税人与征税国之间存在着以人身隶属关系为特征的法律事实。在自然人方面,这种隶属关系的形成主要依据个人在征税国境内是否拥有住所、居所或具有征税国的国籍;在法人方面,则主要依据法人是否在征税国注册成立或者总机构、管理控制中心是否设在征税国境内等。一个自然人或法人,如果与征税国存在上述税收居所联系,就是该国税法上的居民纳税人(resident taxpayer),或称税收上的居民,而这个征税国也相应地被称作该纳税人的居住国。反过来,如果一个纳税人不具有某一特定国家的居民身份,则属于该国税法上的非居民(nonresident taxpayer),这个国家对于该纳税人而言则是非居住国。

二、居民税收管辖权和公民税收管辖权

居民税收管辖权(resident jurisdiction to tax),亦称居民课税原则,指征税国

---

① 参见端木正主编:《国际法》(第 2 版),北京大学出版社 1997 年版,第 79—80 页。
② 参见江国青主编:《国际法》,高等教育出版社 2010 年版,第 102 页。

基于纳税人与征税国存在居民身份关系的事实而主张行使的征税权。在这里，居民身份关系的法律事实指满足征税国税法上规定的居民条件，如自然人在征税国存在住所、居所，或停留达到一定时间；法人在征税国注册或在征税国设有总机构或实际管理控制中心。凡是符合一国居民条件的纳税人，即属于该国税法上的居民。

由于居民纳税人与居住国存在居民身份的人身隶属关系，居住国可以主张对居民纳税人世界范围内的一切所得和财产价值征税。因此，在征税国的居民管辖权下，纳税人承担的是无限纳税义务（unlimited tax liability），即纳税人不仅要就来源于居住国境内的所得和财产承担纳税义务，而且还要就来源于居住国境外的所得和财产向其居住国承担纳税义务。[1]

公民税收管辖权（citizen jurisdiction to tax），又称国籍税收管辖权，指一国政府对具有本国国籍者在世界范围内取得的一切所得和财产价值行使征税权。在这种税收管辖权下，征税国所考虑的只是纳税人是否具有本国国籍，不论其与征税国之间是否存在实际的经济利益联系，均要就其世界范围内的一切所得和财产价值征税。

国籍的确定对于国家行使公民税收管辖权具有重要意义。国籍表明一个人同特定国家之间固定的法律联系，涉及国家主权和重要利益。所以，各国都把国籍问题保留在国内管辖的范围内。按照现行国际法，国籍问题属于国内管辖事项，每个国家都有权以自己的法律规定国籍的取得、丧失、恢复等事宜。根据各国的国籍立法和实践，自然人国籍的取得主要有两种方式：一种是因出生而取得国籍，有的国家采用出生地主义，有的国家实行血统主义，有的国家兼采出生地主义和血统主义。另一种是因入籍而取得国籍，具体又可分为自愿申请入籍及因婚姻、收养和领土变更等入籍。

在实行公民税收管辖权的国家，具有该国国籍的自然人负有无限的纳税义务，即使此人不居住在该国境内也不例外。在确定公民税收管辖权方面，美国联邦法院1924年就库克诉泰特一案所作的判决具有重要影响。该判决指出，美国征税权的根据并不取决于纳税人财产的坐落地点，它可以是在美国境内也可以是在美国境外；也不取决于纳税人的住所所在，即使住所在美国境外；而是取决于纳税人与美国的国籍联系。基于这种国籍联系，国籍国有权对其公民征税，尽

---

[1] 参见廖益新主编：《国际税法学》，北京大学出版社2001年版，第30页。

管其住所、取得收益的财产都处在某一外国境内。①

库克诉泰特案②
（1924年）

该案中的原告库克（Cook）是美国公民，后来移居墨西哥。他在墨西哥取得了永久居民身份，一直居住在墨西哥城，并从其拥有的处于墨西哥的财产中获得收入。美国国内收入署马里兰地区收税官泰特（Tait）责令库克就这笔收入向美国缴纳1193.38美元税款，库克依从了这一指令，但同时提出抗议，声明产生该项收入的财产位于墨西哥城，并在支付了第一笔税款298.34美元后向美国联邦法院提起诉讼。原告认为，美国税务机关行使税收管辖权必须满足以下两个条件，即获得收入的个人及产生收入的财产均位于美国境内。因此，美国税务机关无权对一个长住墨西哥城并有住所的美国人就其位于墨西哥城的财产取得的收入征税。但原告的观点没有得到联邦法院的支持。联邦法院指出，征税权的存在不在于当事人的财产是否处于美国境内以及当事人是否是他国的永久居民。这种权力是由政府保护公民及其无论处于何处的财产的本质特征决定的。这种关系决定了美国政府对居住在国外且财产也在国外的美国公民拥有税收管辖权。联邦法院最终判定本案中美国政府的征税是合法的，原告应向美国税务机关缴税。

居民税收管辖权与公民税收管辖权都是管辖权属人主义在税收上的反映。坚持属人性质税收管辖权的主要理由在于：国家对居民或公民及其财产提供法律保护和社会公益，居民或公民理所应当地要向国家履行纳税义务。居民或公民对其居住国或国籍国承担的纳税义务是无限的，即无论其所得或财产价值来自于或存在于该国境内还是境外，都应承担纳税义务。

应当指出的是，目前只有美国、墨西哥、荷兰以及保加利亚等少数国家还主张对自然人依据国籍身份行使征税权。③ 依据公民与国家间的国籍从属关系主张对公民的境内外所得或财产征税，虽然在法律上有充分的根据，而且判断标准简单明了，但应看到，由于生产力的发展，各国的经济生活越来越趋于国际化。尤其是随着跨国公司在全球范围内的迅速崛起和发展壮大，国际上的资本和人

---

① Ray August, *International Business Law*, 3rd Edition, Pearson Education North Asia Limited and Higher Education Press, 2002, pp. 707—708.
② 参见李金龙主编：《税收案例评析》，山东大学出版社2000年版，第124—125页。
③ 参见龙英锋主编：《国际税法案例教程》，立信会计出版社2011年版，第6页。

员流动急剧增加。一国如果完全依据国籍身份对其公民主张无限的征税权,在公民长期居住国外并且主要所得或财产源于或存在于国外的情形下,不仅缺乏经济上的合理性,而且存在实施上的困难,并极易与他国税收管辖权发生摩擦和冲突。而居民与产生所得的经济活动地点往往存在密切联系,依据居民身份主张全面的征税权也具有征收管理上的便利。因此,世界上绝大多数国家都实行居民税收管辖权,而不考虑公民税收管辖权,以至于属人性质的税收管辖权通常就被称为居民税收管辖权。

第三节 属地性质的税收管辖权

来源地是国家根据属地原则行使税收管辖权的前提条件,也同时决定了纳税主体的有限纳税义务。属地性质的税收管辖权是从源课税,又称来源地税收管辖权,是指根据来源地这一连结因素对纳税人来自于本国境内的所得或财产价值主张行使的征税权。

一、来源地

在国际税法中,"来源地"一词是一个广义的概念,指征税对象与之存在经济上的源泉关系的国家或地区。换言之,如果某项所得或财产价值被认为与某国或某地区存在经济利益上的联系,则该项所得或财产价值将被视为源自该国或该地区。

来源地包括所得的来源地(the source of income)和财产的存在地(the situation of property)。在所得税法上,纳税人的各项所得和收益一般划分为四大类,即营业利润、投资所得、劳务所得和财产所得。关于不同性质所得的来源地的确定,并不存在一套有约束性的国际规则。各国往往根据自己的理解,从维护本国利益出发,以法律形式规定对不同性质所得来源地的判定标准。这样一来,就导致了来源地判定标准的不完全一致,从而造成来源地管辖权的冲突。因此,需要建立某种协调规则,使一笔所得只有一个来源国。与所得来源地的确定相比,财产所在地的识别比较简单。如土地、房屋等不动产的所在地在各国税法中均是以其实际坐落地为准,至于各种动产,一般是以其实际存在的地点为其所在地。不过,如船舶、飞机等交通运输工具动产,大多以其注册登记地为其所在地或价值存在地。

二、来源地税收管辖权

来源地税收管辖权(source jurisdiction to tax),是征税国基于所得或财产源自或存在于本国境内的事实而主张行使的征税权。在这种税收管辖权下,征税国只是依据征税对象与本国领域存在经济上的源泉关系这一事实而主张征税权,并不考虑纳税人的居民或国籍身份归属。因此,在实行来源地税收管辖权的国家,一个纳税人若有来源于或存在于该国境内的所得或财产价值,这个国家就可以对其征税,即使这个纳税人是外国的居民或公民也不例外。相反,一个纳税人如果没有来源或存在于该国领土范围内的所得或财产价值,这个国家就不能对其征税,即使这个纳税人是本国的居民或公民。[①] 这种"从源课税",既表现出国家间经济利益分配的合理性,也有利于税收征管。因此,来源地税收管辖权被世界各国普遍采用。但仅有少数国家和地区只实行单一的来源地税收管辖权,规定只对来源于本地区或本国境内的所得或位于本地区、本国的财产征税,来源于境外的所得或位于境外的财产不征税。[②] 巴西、法国虽然在个人所得税的征收上兼采居民税收管辖权和来源地税收管辖权,但在对公司的征税方面只实行来源地税收管辖权,仅对其源于本国境内的所得征税。

依据来源地这一因素,来源地国有权要求有源于本国所得或存在于本国财产价值的人承担纳税义务。这样的人既可以是本国居民纳税人,也可能是本国的非居民纳税人。由于许多国家还同时采用居民税收管辖权,对于本国居民纳税人,征税国基于居民税收管辖权就可以征税,故从这个意义上来讲,来源地税收管辖权可以说是征税国对非居民纳税人行使的征税权。由于非居民纳税人的这部分所得位于来源地国的领域管辖范围内,非居民纳税人只有履行了纳税义务才能将有关所得转移出境。因此,即使非居民纳税人未置身于来源地国境内,来源地国的税收管辖权也是可以实现的。与居民纳税人相比,处于来源地税收管辖权下的非居民纳税人承担的是有限的纳税义务(limited tax liability),因其仅就从来源地国境内获得的那部分所得或财产价值,向来源地国承担纳税义务。至于在其居住国和其他国家的所得或财产价值,则不在来源地国的税收管辖范围内。

如前所述,来源地税收管辖权属于从源征税,是对来源于本国境内的所得和存在于本国境内的财产价值的征税。在单一采用来源地税收管辖权的国家,无居民与非居民之分,这一管辖权适用于所有取得源于本国的所得和财产价值的人,包括本国人和外国人。而在兼采居民税收管辖权和来源地税收管辖权的国家,这一管辖权主要是针对非居民的。这是因为居民的境内外所得和财产均处于居民税收管辖权的控制之下,而非居民并不受制于此,所以需要采用来源地税收管辖权来填补居民税收管辖权留下的空档,对非居民源于该国境内的所得和

[①] 参见王铁军、苑新丽主编:《国际税收》,经济科学出版社2002年版,第27页。
[②] 参见杨斌:《国际税收》,复旦大学出版社2003年版,第3页。

财产予以征税。①

对非居民行使来源地税收管辖权的核心问题,在于纳税人是否取得源于本国的所得。② 因此,对于实行来源地税收管辖权的国家而言,来源地的判定极为关键。并且,来源地的判定对居民税收管辖权的行使也有重要意义。居住国固然可以对居民的境内、境外所得征税,但许多国家为了避免国际重复征税,在对居民的境外所得部分征税时会采取一些相应的措施。所以,实行居民税收管辖权的国家同样有必要判定居民的所得是源于境内还是源于境外。当纳税人的所得具有跨国因素,即所得的来源地与所得收益人的居住地不在同一国境内时,就会出现所得来源地的判定问题。对于不同所得来源地的判定,各国立法和实践中所采纳的标准和原则并不完全一致,也不存在一套有拘束力的国际规范。这样一来,在对跨国所得的征税方面,各国管辖权的冲突就有可能发生。不过,应予说明的是,在某些所得来源地的判定方面,一些为许多国家所采纳的标准已逐渐地被国际社会共同接受。例如,联合国范本和经合组织范本所采纳的来源地认定标准就得到了普遍的认同,对此,本书将在第五章详细阐述。

第四节 各国税收管辖权的选择与实施

税收管辖权的选择与实施不仅直接关系国家的财政利益,而且也涉及国家间的税收利益分配。因此,各国选择并实施何种税收管辖权是引人关注的重要问题。

一、各国对税收管辖权的选择

税收管辖权是国家主权在税收方面的体现,是国家主权的重要内容,任何一个国家都不能强迫他国实行何种税收管辖权。各国可以自行根据本国的国情,从维护本国利益的角度出发,选择适合自己的税收管辖权,并且可以在必要时予以变更。以美国为例,其在企业所得税的征收方面一直实行的是"全球征税制",美国跨国公司留在海外的利润在汇回美国时,需要补缴母国(美国)与东道国的税负差。由于美国企业所得税率普遍高于其他国家,故这些跨国公司的海外利润汇回美国时,多数要补缴较重的企业所得税。2017年年底,美国开始实行税收改革,在大幅降低企业所得税税率③的前提下,将全球征税的属人征税原

---

① 参见王铁军、苑新丽主编:《国际税收》,经济科学出版社2002年版,第40页。
② 在征收一般财产税的国家,还包括纳税人是否拥有存在于本国的一般财产价值。由于征收一般财产税的国家不多,在此方面的管辖权冲突较少发生。
③ 企业所得税税率由税改前的35%降低到21%,下降了40%。

则改为"属地征税制",即未来美国跨国公司在境外的利润仅需在东道国缴税,汇回美国后不再需要补税。①

总体而言,由于经济发展水平的不同,发达国家和发展中国家对税收管辖权的选择也不同。发达国家一般倾向于选择居民税收管辖权,而发展中国家则一般倾向于选择来源地税收管辖权。发达国家资金充裕、技术先进,往往是资本和技术的输出国,其居民大量开展的境外投资和技术输出活动会产生巨大的海外收益,按照属人原则选择税收管辖权显然更有利于维护本国的税收利益。而发展中国家通常面临着资金缺乏、技术落后问题,希望借助于外国投资促进本国经济发展。在与发达国家的经济交往中,发展中国家往往是资本和技术的输入国,发生在本国领土上的外国居民的所得比较多,因此,会理所当然地强调来源地税收管辖权。不过,出于国家间利益对等的原则,发达国家会同时采用来源地税收管辖权,发展中国家也会采用居民税收管辖权,以切实维护本国的税收利益。

二、各国税收管辖权的实施

从各国税收管辖权的实施来看,兼采居民税收管辖权和来源地税收管辖权是普遍现象,有些国家在此之外还主张公民税收管辖权,但也有少数国家仅仅实行单一的来源地税收管辖权。

1. 兼采居民税收管辖权与来源地税收管辖权

在居民税收管辖权与来源地税收管辖权中,后者应该说是比较理想的。它是从源征税,具有合理、方便的优点。但从当今国际税收的实践来看,绝大多数国家都同时行使这两种税收管辖权。这主要是从国家的税收利益来考虑的。在开放的国际经济条件下,一方面是本国资本、技术、劳务的输出,另一方面又会有外国的资本、技术、劳务等的输入。如果一个国家只是单一地行使居民税收管辖权,它就只能对属于本国的居民来自世界范围内的所得、财产价值征税,对其他国家和地区的居民来源于或存在于本国境内的所得或财产价值则不能征税,这样就会丧失本国的一部分财权利益;如果一个国家只是单一地行使来源地税收管辖权,它就只能对来源于本国境内的所得、财产价值征税,而对本国居民来源于其他国家和地区的所得和财产价值则不能征税,这样也会丧失本国一部分财权利益。因此,基于国家税收利益的考虑,同时行使居民税收管辖权与来源地税收管辖权就成为大多数国家的必然选择。即一方面要求本国的居民纳税人就世界范围内的所得和财产价值承担无限纳税义务,另一方面又主张对非居民纳税人取自本国境内的所得和财产价值行使征税权。这意味着该国具有居住国与收入来源地国的双重地位。如我国《个人所得税法》规定,中国居民从中国境内和

---

① 参见汪昊:《特朗普税改:内容、影响与应对》,载《海外投资与出口信贷》2018年第3期,第13页。

境外取得的所得、外国居民从中国境内取得的所得都要缴纳个人所得税。我国《企业所得税法》也规定，居民企业应当就其来源于中国境内、境外的所得缴纳企业所得税，非居民企业应就来源于中国境内的所得缴纳企业所得税。

值得注意的是，在两种基本的税收管辖权中，多数国家都是以其中的一种税收管辖权为主，而以另一种税收管辖权为辅，或者说国家在兼采两种税收管辖权时，会基于本国的经济地位侧重维护其中的某一种税收管辖权。这种情况在发达国家与发展中国家之间表现得比较突出。总体来说，发达国家与发展中国家之间的资本输出关系是单向流动，即由发达国家向发展中国家的流动，发展中国家基本上处于来源地国的地位。因此，发展中国家非常重视和强调来源地管辖权，以免外国投资者的居住国白白征走源于本国境内、本应由本国征收的税款。与此同时，发展中国家为了维护本国权益，一般也不愿放弃对本国居民世界范围所得的征税权。而发达国家从资本输出国的角度来看，大量开展的境外经济活动产生巨大的境外收益，居民来自世界各地的所得很多，从人征税显然更为有利，故大多强调行使居民税收管辖权，以期获得更多的税收利益。但与此同时，鉴于资本输入数额的庞大，发达国家也坚持对非居民源于本国境内的所得主张征税权。不同的税收管辖权体现不同类型国家的税收利益，因而，无论是发达国家还是发展中国家都会要求扩大对其有利的税收管辖权的实施范围。具体而言，发达国家作为资本、技术输出国，多通过延伸居民税收管辖权的深度来减少本国的税收流失；而发展中国家则通过拓展来源地税收管辖权的广度，来维护本国的税收权益。这一点从联合国范本和经合组织范本的差异可以得到充分说明。

在税收管辖权方面，我国也是兼采居民税收管辖权与来源地税收管辖权，但更注重强调来源地税收管辖权。这种选择是出于我国的实际情况。改革开放以来，我国对外经济交往逐步增多。一方面，许多跨国公司在我国投资设厂，进行经营获得利润。与之相伴的是资金、贷款、技术、劳务的大量流入，使源自我国的股息、利息、特许权使用费、劳务报酬等所得大幅增加。在这种情况下，坚持来源地国家拥有征税权才能维护我国的税收权益。另一方面，随着我国经济的发展，越来越多的中国企业开始对外投资，我国居民在境外取得所得的现象也逐渐增多，仅主张来源地税收管辖权将使我国丧失对居民境外所得的征税权。所以，我国也坚持居民税收管辖权。不过，由于我国是发展中国家，在与发达国家的经济交往中更多的是作为接受投资的东道国，源自我国的所得相对较多，因此，我国不仅不能接受由所得取得者为其居民的国家独占征税，而且更要注意坚持来源地税收管辖权。我国在与外国，尤其是发达国家谈签税收协定时所发生的大部分争议，都可以归结为来源地征税权之争，其原因就在于我们要合理地维护我国的权益。① 应当指出的是,有些学者认为,虽然我国居民的境外所得逐步增长,但毕竟不多,且征收不易,所以,我国实施居民税收管辖权的财政意义不是很大。甚至有些学者提出我国可以改采单一的来源地税收管辖权,仅对源自我国境内的所得征税,以有利于更多国际资本的流入。这种观点在特定时期而言不无道理,但从长远来看,随着中国经济的持续高速发展,中国居民来自境外的所得会有大幅增加。以投资为例,随着2001年"走出去"战略的实施,我国的对外投资基本上呈现逐年增长的态势。2014年,我国对外投资金额为1028.9亿美元,与中国吸引外资金额仅相差56.7亿美元,双向投资首次接近平衡。近年的情形也大抵如此,2016年,对外投资金额甚至超过了实际使用外资金额。② 因此,对中国而言,兼采两种税收管辖权仍将是一个正确的选择。

兼采两种税收管辖权是一种普遍现象,这就不可避免地导致了国家间税收管辖权冲突的增多。为此,大多数国家同意并遵循来源地税收管辖权优先的原则,即对同一笔跨国所得,所得来源地国有优先征税的权利。这是势所必然的。因为如果不允许来源地国优先征税,而让非居民纳税人的居住国优先征税,则所得来源地国就不会同意他国居民在其境内投资,就不会产生利润,更谈不上征税。所以,世界上多数国家,特别是发达国家也认识到,既然允许居民向境外投资,从别国赚取所得,那么,就不能不承认来源地国家在征税上的优先权。不过,优先并不等于独占。一方面优先征税是有限制的,所得来源地国并不能对一切非居民的所得都从源征税,而只能对符合一定条件的非居民来源于本国境内的所得征税;另一方面,对可征税的所得也不能完全排斥纳税人居住国的税收管辖权,在来源地国优先征税后,居住国仍有权对居民纳税人进行征税。因此,对于跨国纳税人的跨国所得,其来源地国可以先行征税,然后该纳税人的居住国才能行使其税收管辖权。这在国际税收实践中已为多数国家所承认。③

我国作为世界上最大的发展中国家,既是全球较大的资本、技术和产品输入国,又是新兴的资本、技术和产品输出国,应当本着互惠互利、合作双赢的精神,通过国内法和国际税收协定适度调整税收管辖权的行使范围,进一步理顺国际税收分配关系。

2. 实行单一的来源地税收管辖权

一些国家或地区实行单一的来源地税收管辖权,只对纳税人源于本国境内的所得征税。目前,实行单一来源地税收管辖权的国家和地区主要有巴西、巴拿

---

① 参见王选汇:《避免双重征税协定简论》,中国财经出版社1987年版,第11页。
② 根据2019年商务部网站公布的统计数字,2014年、2015年、2016年、2017年、2018年我国实际使用外资金额分别为1195.6亿美元、1262.7亿美元、1260亿美元、1310.4亿美元、1349.7亿美元;非金融类对外直接投资金额分别为1028.9亿美元、1180.2亿美元、1701.1亿美元、1200.8亿美元、1205亿美元。
③ 参见杨志清:《国际税收》(第2版),北京大学出版社2017年版,第47页。

马、乌拉圭、委内瑞拉、肯尼亚、赞比亚、马来西亚、中国的香港地区等。还有一些国家和地区仅在企业所得税的征收上实行来源地税收管辖权,但个人所得税的征收方面仍然同时实行居民税收管辖权和来源地税收管辖权。

实行单一来源地税收管辖权的多是发展中国家和地区,它们作出这种选择也是从国家和地区的整体利益考虑的。这些国家和地区在经济发展过程中迫切需要吸收外国资本和先进技术,选择单一的来源地税收管辖权是为了给外国投资者提供一种对境外收益不征税的优惠条件,借以达到吸引国际资本和先进技术的目的。这实际上是以牺牲本国一部分税收利益为代价去换取国外投资和先进技术的引进。单一行使来源地税收管辖权,会给国家造成税收利益的损失。正因如此,进入20世纪90年代以后,原来实行单一来源地税收管辖权的拉丁美洲一些国家和地区也开始将税收管辖权扩大到居民,对其居民来自世界范围的所得征税。例如,阿根廷1992年修改了税法,规定阿根廷居民,包括个人和企业,都要申报来源于全世界范围的所得并依法纳税。

还应指出的是,为了防止来源地税收管辖权规则被滥用,有的国家将与国内贸易或经营以及与国内机构有实际联系的所得推定为国内来源所得,尽管非居民纳税人是从境外取得的这笔所得,但也要就其向东道国政府纳税。① 印度、印度尼西亚、马来西亚、葡萄牙、新加坡等国均存在这种规定,我国亦是如此。我国《企业所得税法》第3条中规定:"非居民企业在中国境内设立机构、场所的,应当就其所设机构、场所取得的来源于中国境内的所得,以及发生在中国境外但与其所设机构、场所有实际联系的所得,缴纳企业所得税。"根据此项规定,非居民企业"发生在中国境外但与其所设机构、场所有实际联系的所得"也要在中国承担纳税义务。这里所称"有实际联系",是指非居民企业在中国境内设立的机构、场所拥有据以取得所得的股权、债权,以及拥有、管理、控制据以取得所得的财产等。② 可见,我国税法实际上是将这种所得按照"来源于中国境内的所得"来处理。例如,一家外国企业对中国境外企业的贷款是通过其设在中国境内的机构、场所发放的。对于这类发生在境外的所得,我国税法也推定为来源于中国境内的所得。外国企业在中国境内设立的机构、场所无论是否收到这类所得,都要将其汇总到总利润中,依法向我国政府申报纳税。这实际上意味着中国非居民企业在某些情况下也负有无限纳税义务。当然,这种股息、利息、特许权使用费的境外发生地政府可能也要对其征收预提所得税。这样一来,我国在对外国企业在中国境内设立的机构、场所就这类所得征税时就有可能发生双重征税,也需要采取相应措施予以解决。

---

① 参见朱青编著:《国际税收》(第9版),中国人民大学出版社2018年版,第27页。
② 参见我国《企业所得税法实施条例》第8条。

3. 同时实行来源地税收管辖权、居民税收管辖权和公民税收管辖权

个别国家特别强调本国征税权的范围,在个人所得税的征收方面,除了实行居民税收管辖权、来源地税收管辖权之外,还主张公民税收管辖权,美国就是一个突出代表。

美国坚持公民税收管辖权由来已久,近年更是趋于执行更为严格的公民税收管辖权。2008 年金融危机之后,美国经济低迷,财政赤字严重。与此同时,美国每年却有大量的应税收入隐藏在避税地的账户中。为了堵塞税收漏洞,美国于 2010 年 3 月 18 日颁布了《海外账户税收遵从法案》(Foreign Account Tax Compliance Act, FATCA①),开始实行严格的海外账户税收合规制度。该制度的核心内容是信息报告和预提税制度,不仅规定了美国人对其在海外的账户信息向美国税务主管部门进行报告的义务,而且规定了外国金融机构和非金融机构对美国人的账户信息进行报告的义务②;没有及时申报或者瞒报的美国公民将面临罚款,而不遵守信息报告义务的外国机构在获得来源于美国的某些所得(包括股票红利、利息、保险费等)时将被征收 30% 的惩罚性预提税。美国 FATCA 的颁布,不仅是出于本国打击海外避税、增加国内财政收入的需要,而且旨在谋求建立国际税收情报交换和国际税务合作的新秩序。为在全球实施 FATCA,美国相继和多个国家及地区签订了政府间协议(intergovernmental agreements, IGA)。IGA 有两种模式:通过本国政府向美国政府间接提供信息的"模式 1";外国金融机构和非金融机构直接向美国税务部门提供账户信息的"模式 2"。2014 年 6 月,中美两国就 FATCA 在中国的实施达成初步协议,并将签署模式 1 的 IGA。根据该协议,中国将向美国政府提供美国公民金融账户信息,而美国则会把中国公民在美国的账户信息提供给中国政府。由此可见,公民税收管辖权仍将是美国今后一段时期所要坚持的税收管辖权基础。③

本 章 小 结

税收管辖权是一国政府行使的征税的权力。它是国家主权在税收方面的体现,具有独立性和排他性。各国的税收管辖权是平等的。在各个国家平行行使

---

① 严格说来,FATCA 并非一部独立法案,而是 2010 年 3 月 18 日颁布的《刺激雇佣以恢复就业法案》(Hiring Incentives to Restore Employment Act) 中的一部分,并被收录在美国《国内税收法典》A 分部的第 4 章(第 1471—1474 条)。该法案在 2014 年 7 月 1 日正式启动,并于 2014 年至 2017 年分阶段开始实施。

② 参见崔晓静:《美国海外账户税收合规制度及我国的应对之策》,载《法商研究》2013 年第 1 期,第 112 页。

③ 参见张泽平主编:《国际税法》(第 2 版),北京大学出版社 2016 年版,第 61 页。

税收管辖权的情况下,任何国家的税收管辖权都不可能是无限的,而是要受到一定的限制和约束。在国际税收实践中,各国都是以纳税人或征税对象与本国的主权存在着某种属人或属地性质的连结因素作为行使税收管辖权的前提或依据,这种属人性质的连结因素就是税收居所,属地性质的连结因素就是所得来源地。

税收管辖权包括属人性质的税收管辖权与属地性质的税收管辖权。属人性质的税收管辖权,是指征税国根据税收居所联系对纳税人来自境内、境外的全部所得和财产价值予以征税。它包括居民税收管辖权与公民税收管辖权。由于绝大多数国家都实行居民税收管辖权,而不考虑公民税收管辖权,以至于属人性质的税收管辖权通常就被理解为居民税收管辖权。在居民税收管辖权下,居民对其居住国所承担的纳税义务是无限的。而属地性质的税收管辖权,又称来源地税收管辖权,是指根据来源地这一连结因素对纳税人来自于本国境内的所得或财产价值主张行使的征税权。在来源地税收管辖权下的非居民纳税人承担的是有限的纳税义务。

比较而言,发达国家强调的是居民税收管辖权,发展中国家则更为重视来源地税收管辖权。从各国的税收实践来看,兼采居民税收管辖权与来源地税收管辖权最为常见,并普遍奉行来源地税收管辖权优先的原则,但优先并不意味着来源国独占征税权,税收利益应当在收入来源国和纳税人居住国之间进行合理的分享。

思考与理解

1. 什么是税收管辖权?其依据是什么?
2. 税收居所、来源地的意义何在?
3. 试述税收上的居民与非居民。
4. 试述居民税收管辖权、来源地税收管辖权的概念及区别。
5. 评析公民税收管辖权。
6. 为什么多数国家兼采居民税收管辖权与来源地税收管辖权?

第四章　居民税收管辖权

第一节　自然人居民身份的确定

关于自然人居民身份的确定,在各国税法实践中存在的主要标准有住所标准、居所标准、居住时间标准、国籍标准和意愿标准。

一、住所标准

住所标准(domicile criterion),是指以自然人在征税国境内拥有住所这一法律事实的存在确定其居民纳税人的身份。采用住所标准的国家,主要有中国、日本、法国、德国和瑞士等国。

住所是一个民法上的概念,指自然人参与的各种法律关系集中发生的中心区域。在各国法律中,认定住所的标准不一,归纳起来主要有以下三种主张:一是主观说,认为住所应当以当事人长期居住的意思来决定。如《瑞士民法典》第23条第1项规定:"人之住所,为以久住之意思而居住之处所。"二是客观说,认为应当以客观上实际长期居住的地点为住所。例如《日本民法典》第21条规定:"以个人生活的基本住地为其住所。"三是折衷说,即将当事人长期居住的意思与客观上长期居住的事实结合起来加以考察。①

从各国的税法实践来看,采用客观标准确定自然人住所的国家居多,即一般认为,住所是指一个自然人具有永久性和固定性的居住场所。例如,德国《税收通则法》规定,如果一个人在德国有房屋得以保有和居住,并有证据证明之,这个人即为德国的税收居民。从相关判例来看,德国判断个人居民身份主要考虑以下方面:一个人拥有适合于永久居住的归其支配的房屋;客观事实证明该房屋由该个人保有并使用;该房屋是被连续或经常使用,不是临时住处。②

住所也是中国判定自然人税收居民身份的一项重要标准。我国《个人所得税法》第1条规定,在中国境内有住所的个人应就其从中国境内和境外取得的所得纳税。我国《个人所得税法实施条例》第2条又进一步界定了"在中国境内有住所的个人",即指因户籍、家庭、经济利益关系而在中国境内习惯性居住的个人。所谓习惯性居住,不是指实际居住或在某一个特定时期内的居住地。如

---

① 参见王利明:《民法总则研究》,中国人民大学出版社2003年版,第372页。
② 参见杨斌:《国际税收》,复旦大学出版社2003年版,第22页。

因学习、工作、探亲、旅游等而在中国境外居住的,在其原因消除之后,必须回到中国境内居住的个人,则中国即为该纳税人习惯性居住地。

由于住所具有永久性和固定性的特征,采用住所标准,较易确定纳税人的居民身份。但是,住所不一定反映个人的真实活动场所和实际经济联系,尤其是在国际经济交往日益频繁的现代社会,个人的经济活动范围日益扩大,个人实际从事经济活动场所与住所不一致已成为一种普遍现象。如果单纯以住所标准确定纳税人的居民身份,难免会发生纳税义务的发生地与实际经济活动地相脱节的问题。因此,不少国家通过税法作了补充性的规定。例如,法国《税法典》规定在法国有永久住所的个人是法国居民,对于永久住所主要从个人的经济利益、主要职业活动、个人财富等方面来确认。①

二、居所标准

居所标准(residence criterion),是指以一自然人在征税国境内是否拥有居所这一法律事实,决定其是否为本国居民纳税人的标准。采用该标准的国家主要有英国、加拿大、澳大利亚等国。

居所通常是指一个自然人在某个时期内经常居住的场所,并不具有永久居住的性质。一般认为,居所与住所至少有两点区别:其一,住所是自然人的久住之地,而居所只是自然人因某种原因而暂住或客居之地。其二,住所通常涉及一种意图,即某人打算将某地作为其永久性居住地,而居所则指供个人长期有效使用的房产,强调的是某人在某地已经居住了较长时间或有条件长时期居住。②

与住所标准相比,以居所作为确定自然人居民身份的标准,从理论上说更为恰当,它可以在更大程度上反映自然人与其主要经济活动地之间的联系。但由于居所在许多国家并没有一个严格的法律定义,对居所的判定比较困难,且易导致纳税人与税务机关的争议。为使标准易于实施,不少国家辅之以时间因素。例如依照英国判例法,在英国有可使用的住房且不在国外从事全日制工作者是税收意义上的英国居民。这里的住房不是严格意义上的,只要是可居住的场所,如游艇、猎房等都可作为判断的依据③;可使用的住房也不限于拥有住房,在英国租赁一个可自由支配的住处也会被认定为英国居民。

三、居住时间标准

根据居住时间标准(criterion of resident period),自然人的居民纳税人身份

---

① 法国《税法典》第 4 条 B 项。
② 参见朱青编著:《国际税收》(第 9 版),中国人民大学出版社 2018 年版,第 30 页。
③ 参见杨斌:《国际税收》,复旦大学出版社 2003 年版,第 15—16 页。

完全取决于他在一国境内实际停留(physical presence)的时间,并不考虑其在征税国境内是否拥有住宅或财产等因素。正如1928年英国法院在审理一桩纳税案时所指出的,一个人即使是没有固定住处的流浪汉,经常睡在公园里或马路便道上,也可以是税收居民。

采用这一标准的国家,对取得居民身份所规定的停留时间并不一致,甚至相差很多。多数国家采用半年期标准(通常为183天),如英国、德国、加拿大、澳大利亚等国,也有一些国家采用1年期标准(365天),如日本、韩国和阿根廷。对于取得居民身份停留时间的规定,也可能发生变化。如我国自2019年1月1日起,已将停留时间从365天改为183天。

对于停留时间的计算,一般是按照纳税年度。多数国家采用历年制,以自然人在一个公历年(即每年1月1日起至12月31日止)内居住在本国境内的时间是否达到本国规定的时间为准。但也有国家采用跨年制,如英国是从上年的4月6日至当年的4月5日止;澳大利亚、巴基斯坦、新西兰等国,是从上年的7月1日至当年的6月30日止。如果一个自然人的停留时间虽然达到了一国税法规定的时间,但却分跨两个纳税年度,而且在任何一个纳税年度均未达到规定的时间,则不能将其认定为本国的居民纳税人。不过,如果自然人居住在一国期间出境又返回,离境的天数在符合法定标准时不予以扣除,而是要连续计算其在该国境内的停留天数。

绝大多数国家是根据自然人当年在本国境内停留的天数来决定本年度内其是否具有本国居民身份,但也有少数国家在确定自然人在某一年度是否是本国居民时,不仅要看该年度其在本国停留的天数,而且还要考虑其以前年度在本国停留的天数。也就是说,要把自然人在本年度和以前若干年度在本国停留的时间综合起来进行考虑,目的在于防止自然人采用连续居住但每一年度都不满法定天数的方式避税。例如,印度税法规定,某一纳税年度在印度停留182天以上,或者该年度在印度至少停留了60天而在以前4个年度中在印度停留了365天或365天以上的人,都属于印度的居民。英国除规定一个纳税年度中在英国居住6个月以上的自然人为居民外,还把习惯和实际逗留在英国的自然人视为居民。这里的习惯和实际逗留,是指当事人连续4年里每年在英国逗留91天以上或平均逗留91天以上,或累计在英国逗留1年以上。如果是这种情况,该当事人从第5年起被视为英国居民。倘若当事人从一开始就有成为英国居民的意图,那么,从一开始就可认定其为英国居民。

与前述两种标准相比,居住时间标准更能反映自然人与居住国之间的实际经济联系,而且标准明确固定,对自然人在一国境内的停留时间可以通过出入境登记管理予以掌握,也易于实践中的执行。因而,有越来越多的国家开始采用这一标准。

四、国籍标准

依照国籍标准(citizen criterion),凡具有本国国籍者,不论其居住何处,也不论其与本国是否存在实际的经济利益联系,都是本国税收上的居民。

这一标准纯粹以公民与国籍国之间的法律关系作为行使税收管辖权的依据,居民身份的判定虽然简单,但存在征管上的困难。因为对于一个很少、甚至从未在其国籍国居住,而是经常在他国居住和从事经济活动的自然人,如果仅因为其在法律上是这个国籍国的公民,就由国籍国向这个自然人行使居民税收管辖权,对其来源于和存在于世界范围内的所得和财产征税,显然是不切实际的[1],并且极易与公民的居住国产生税收管辖权的冲突。所以,现在只有美国、墨西哥等极少数国家仍然采用国籍标准。

五、意愿标准

根据意愿标准(criterion of intention),一个自然人在行使居民税收管辖权的国家内有长期居住的主观意图或被认定为有长期居住意愿的,即为该国的居民纳税人。

例如,希腊的税法规定,一个人有在希腊安家或长期居住的意向,就是希腊的税收居民。又如巴西税法规定,凡在巴西居住满1年的个人均是该国税收上的居民,而不问其个人意愿;已取得长期居住签证,并愿意成为巴西居民的外国人,即使其在巴西的居住时间不满1年,也将被视为巴西居民。美国在1984年税收改革法案实施之后,将取得在美国永久居留权的外国人,即绿卡持有者,在税收上视为居民。即使该外国人不在美国居住,从其获得绿卡的次年,也将成为美国的税收居民。因为持有绿卡这一行为本身,就表明该自然人有在美国长期居住的愿望。另外,新到达美国的自然人,如果符合一定的条件[2],可自愿地选择成为美国税收上的居民,从而能够享受税法规定只有居民才能够享受的所得税方面的扣除和宽免,税收负担有可能减轻。这就是第一年的居民选择。

从当前各国税法的规定来看,鲜有国家仅采用一种标准。多数国家同时采用住所(或居所)标准和居住时间标准,纳税人只要符合其中一个标准即被视为

---

[1] 参见王铁军、苑新丽主编:《国际税收》,经济科学出版社2002年版,第32页。

[2] 选择成为美国居民的条件有二:一是本纳税年度至少在美国停留31天。二是从这31天的第一天到本纳税年度终结这段时间里,至少有75%的天数停留在美国,但在计算75%的天数时,可将这段时间里离开美国的5天时间当作在美国的停留天数处理。符合条件者从在美国停留的31天的第一天起可被作为居民看待。选择成为美国居民还需填写美国个人所得税申报表并附一份选择声明。参见 Internal Revenue Service, Department of Treasury, U. S. Tax Guide for Aliens for Use in Preparing 1994 Returns, Publication 519, 1994, p. 8.

该国居民。如我国大陆地区对自然人居民身份的确定采用了住所标准和居住时间标准。我国台湾地区亦采用这两个标准,不过,对于住所的认定,我国大陆地区认为自然人只要符合"在中国境内有住所"这一事实要件,即足以认定其居民身份;而我国台湾地区另外还要依一定事实考察其是否有久住之意思。又如澳大利亚判定自然人居民身份的标准有两个:一是在澳大利亚有长期居所,二是在纳税年度内连续或累计在澳大利亚停留半年以上。此外,还有一些国家采用多种标准,从而进一步扩大了居民范围。如意大利判定自然人居民身份的标准包括:在意大利有居民户口登记;在意大利有经济利益中心;一个纳税年度中在意大利停留达 183 天;居住在国外,但为意大利国家机构和公营单位服务。又如,根据美国税收法规,符合下列条件之一者,即为美国税收上的自然人居民:一是具有美国国籍的自然人,即美国公民。根据美国宪法,美国公民指出生或归化于美国并受其管辖的自然人。此外,在美国境外出生、但其父母一方是美国公民的自然人在一定条件下也属美国公民。二是持有"绿卡"的外国人。三是第一年选择被当作居民看待的外国人。四是在美国实质性居留(substantial presence in the United States)的外国人。"实质性居留"是指当年及过去两年的时间内在美国累计居留达 183 天,其中当年至少在美国居留 31 天。这里的累计不是 3 年时间内在美国实际居留天数的简单相加,而应遵循《国内收入法典》第 7701 条确定的加权平均方法计算,即当年居留天数 + 上年居留天数 × 1/3 + 上上一年居留天数 × 1/6。如一非美国公民本纳税年度在美国居留 124 天,上一纳税年度和上上一纳税年度分别在美国居留 120 天,依照上述方法计算出的其连续 3 年在美国居留的天数累计为 184 天,故该自然人在本纳税年度就是美国税收上的居民。在美国,依照纳税人是否具有美国国籍可划分为美国公民和外国人两大类。外国人中符合美国居民条件者又被合称为居民外国人(resident aliens),其余的外国人则相应地被称为非居民外国人(nonresident aliens)。非居民外国人实际上就是美国的非居民纳税人,他们通常仅需就其源自美国境内的所得向美国承担纳税义务。

由于绝大多数国家在居民身份的确定上实行的都是多重标准,在对跨国纳税人征税时很容易产生认定标准的冲突,导致双重居民身份问题。如某自然人持有美国绿卡,在一个纳税年度中又在英国居住 6 个月以上,就会被美英两国同时认定为本国居民,要求其向本国承担无限纳税义务,从而导致税收负担过重。因此,如何协调国家间的税收利益、解决各国自然人居民身份确定标准的冲突,就成为国际税法必须解决的问题。

律师诉澳大利亚税务机关案①
（1979年）

1979年，澳大利亚高等法院曾审理了律师诉澳大利亚税务机关一案。该案中的律师原在悉尼的一家律师事务所工作，后被派往新赫布里底群岛（即现在的瓦努阿图共和国），管理该事务所在那里的分支机构。这位律师卖掉了他在悉尼的公寓并偕同妻子一起来到该群岛。他们开始住在旅馆里，不久就租住了一所房子，租房合同规定租期为12个月，期满后可续租12个月。另外，他们还在当地取得了允许居住两年的居住许可证。这位律师在该群岛工作了20个月后，因病曾回澳大利亚短期治疗，但很快又返回到群岛工作。最后由于健康原因，他所在的律师事务所派人接替了他在新赫布里底群岛的工作，他同妻子又回到了悉尼。澳大利亚税务机关要求该律师就其从新赫布里底群岛取得的工资收入向澳大利亚纳税。该律师不服，向法院提出起诉，诉称他在新赫布里底群岛工作期间已不再是澳大利亚的居民，澳大利亚不应向非居民的国外所得征税。法院认为，居所应当是纳税人固定和习惯性居住地，居所是他的家，但不是他永久的家，纳税人在居所居住的性质介于永久性与临时性之间。另外，纳税人的居住身份是否具有固定性应当从有关的收入年度来考察，如果纳税人在有关的年度在某一外国取得了一个固定的住所，那么在该年度他就是该国的居民。根据以上观点，法院判定该律师在新赫布里底群岛工作期间已在该群岛取得住所；该律师在新赫布里底群岛工作期间虽然曾返回澳大利亚治病，但属短期停留，并未达到在澳大利亚停留半年以上的标准，因而，在有关的纳税年度内，该律师不是澳大利亚的居民，他从新赫布里底群岛取得的工资收入可以不向澳大利亚政府纳税。

帕瓦罗蒂涉税案②
（1999年）

帕瓦罗蒂是世界上著名的男高音歌唱家，他在世界各地巡回演出，收入颇丰。帕瓦罗蒂原为意大利人，1983年正式登记成为摩纳哥王国蒙特卡洛的合法居民，并在当地拥有一套面积100平方米、价值5亿里拉的公寓。帕瓦罗蒂认为，他是摩纳哥居民，不必就其在意大利境外的所得向意大利纳税。1997年，意大利财政部有关人员开始就帕瓦罗蒂的移居是否有逃税意图展开调查。经过调查发现，帕瓦罗蒂虽然在1983年宣布移居摩纳哥的蒙特卡洛，但他每年在蒙特卡洛的居住时间都未满6个月，大部分时间仍是在意大利度过的。帕瓦罗蒂在

---

① 参见李金龙主编：《税收案例评析》，山东大学出版社2000年版，第125—126页。
② 参见龙英锋主编：《国际税法案例教程》，立信会计出版社2011年版，第10页。

摩纳哥的那套公寓的面积和设施与其身价不符,不能算是一个永久居住的地方;而其在意大利拥有多处住宅、花园和农场,总价值达 121 亿里拉,并且他在意大利还拥有一个价值 43 亿里拉的赛马场,单是在 1995 年他在意大利的银行账户上就存入了 490 亿里拉。意大利财政部认为,从户口登记和居住时间来看,帕瓦罗蒂不构成意大利居民,但他在意大利的财产足以证明其经济利益中心在意大利,因此,帕瓦罗蒂是意大利居民,应就其世界范围所得、而不是仅就其来源于意大利的所得向意大利纳税。意大利财政部据此向法院提出起诉,要追究帕瓦罗蒂的逃税责任。帕瓦罗蒂最终选择了与意大利财政部和解的办法。根据 2000 年 7 月达成的庭外协议,帕瓦罗蒂补交税款 240 亿里拉(可在 3 年内分期缴纳),并从 2002 年开始重新成为意大利公民,在意大利申报收入并缴税。

第二节 法人居民身份的确定

法人是与自然人相对应的民事主体,作为依法成立、有必要的财产和组织机构、能够独立享有民事权利和承担民事义务的社会组织,法人的活动范围更为宽广,经济内容更为丰富。出于法律保护和管辖的双重需要,法人的国籍和居民的概念便应运而生。但从国际税法的角度来看,法人国籍和法人居民身份的概念,在同时实行公民税收管辖权与居民税收管辖权的国家是同等的,如美国判定法人国籍的标准也就是确定法人居民身份的标准。

对于法人居民身份的确定,各国立法中所采用的标准主要有:

一、注册成立地标准

依照注册成立地标准(criterion of the place of incorporation),凡按本国法律在本国注册成立的法人,就是本国的法人居民,应向本国承担无限纳税义务。主张以注册成立地标准确定法人居民身份的观点认为,法人是模拟自然人而由法律赋予其人格的实体,但对法人不能像对自然人那样以吃饭睡觉的地方作为其居住地;由于一个社会组织只有依法登记注册才能取得法人资格,所以法人的居住国应是其注册成立的国家。因此,注册地也被称为法人的"法律住所"(legal domicile)。

美国是采用注册成立地标准的典型。它依据这一标准认定法人的国籍,同时也就确定了法人的居民身份。美国公司所得税的纳税义务人分为本国公司与外国公司。本国公司系指根据任何一州法律成立并向州政府登记注册的公司。不论公司机构设在国内还是国外,也不论其股权归属于美国人还是外国人,都应在美国承担无限纳税义务。而外国公司是指根据外国法律成立并向外国政府登记注册的公司①，不论其设在何处，也不论其股权归属，即使其股权的一部分甚至全部都属于美国人或美国公司，也是外国公司。通常情况下，外国公司仅须就源自美国的所得承担纳税义务。在 1924 年"国民纸张与铅字公司诉鲍尔斯"一案中，法院的判决就明确指出，美国政府有权对美国公司，却无权对外国公司的国外收入征税。

总的来说，注册成立地具有相对确定和容易识别的优点。实行注册成立地标准，也能较有效地防止法人采用某种行为来变更自己的居民身份以逃避税收。因为在此标准下，法人要变更居民身份，必须经注册成立国的同意并办理有关的变更手续。注册地标准的缺陷在于较难反映一个法人的真实活动地。因为在一国注册成立的公司，可以完全脱离该国到其他国家进行经营，注册成立地的税务机关难以对其实施有效的税收征管。另外，法人也可以通过事先选择注册地的方法，达到逃避某国税收管辖权的目的。因此，有些国家虽然采用注册成立地标准，但只是将其作为确定法人是否为本国居民的标准之一。

二、实际管理机构所在地标准

实际管理机构所在地标准(criterion of the place of effective management)是依照法人的实际管理机构所在地确定其居民身份的标准。凡在本国境内设立实际管理机构的法人，无论其在哪个国家注册成立，都是本国的法人居民。

一般来说，实际管理机构是指公司的最高权力机构，它负责公司政策的制定和对公司经营活动的控制。通常认为，权力的行使地应为掌握这些权力的人的居住地或其经常开会以行使这些权力的地点。公司的董事是作出公司业务决策和行使管理权的人，董事会对内管理公司事务，对外代表公司进行活动，是公司的常设领导机构，有关法人经营管理的重要决定多由董事会研究作出。因此，许多国家都根据公司董事或主要董事的居住地或公司董事会开会的地点来确定公司的管理和控制中心所在地。不过，随着经济社会的发展和科技手段的进步，董事会会议的召集地变得越来越难以确定。居于不同国家的董事不必长途跋涉聚集在一起，通过视频会议形式就可以决定公司经营管理中的重大问题。因此，经合组织和联合国对税收协定范本作了新的修订和注释。公司核心账簿的保管地点、对公司管理至关重要的最高决策的作出地点、从经济和功能角度来看对公司管理发挥重要作用的地点等成为用以判断公司管理和控制中心所在地的因素。

实际管理机构所在地也被称为法人的"财政住所"(fiscal domicile)。赞成以此为标准确定法人居民身份的观点认为，公司的注册地固然是决定公司控制地的一个重要因素，但不是决定因素。公司的注册地犹如自然人的出生地，显

---

① 参见董庆铮主编：《外国税制》，中国财政经济出版社 1993 年版，第 91 页。

然，不能将一个人的出生地作为其一生的居住地，对于公司居民身份的认定也就不能只考虑其注册登记地，关键要看它成立以后在哪里开展业务。按照这种观点，法人的居住地取决于其从事经营业务的地点，而经营业务是由管理机构实施的，因此，法人的居住地可以根据其实际管理机构的所在地来确定。英国早在1896年圣保罗（巴西）铁路有限公司诉卡特案中，即已确立判断公司居民身份时管理决策地点要优于实际经营地点的原则。此案中铁路及其营业活动均位于巴西，但管理决策由设在伦敦的董事会作出，账簿保管和股息分红地点也在伦敦，董事会任命现场经理在巴西具体负责经营。法官在判决中指出，实际经营地点与管理决策地点相比，后者才是利润的创造之地，应当以此为标准来判断公司的居民身份。法官最终认定此公司为英国居民公司。这一观点在1906年德·比尔斯联合矿业有限公司诉豪案的审理中进一步得到明确。大法官兼英国上议院议长劳尔伯恩（Lord Lorendburn）就曾经指出："对于所得税而言，一个公司的实际业务在哪里开展，哪里就是它的居住地……公司的实际业务是在其核心管理和控制机构所在地开展的……"在以后的许多判例中，法院就什么是核心管理和控制地作了说明，使这一标准日益明确和具体化。英国的判例法认为，当公司的注册成立地与其实际管理和控制中心所在地不一致时，应以后者作为判定该公司是否为英国居民公司的标准。在决定实际管理和控制中心所在地时，如果实际经营地与主要决策地不一致，则以主要决策地作为依据确定公司的居民身份。①

澳大利亚、德国、新加坡、印度等国也有类似英国的规定。如印度《所得税法》规定，外国公司在纳税年度内，其业务的支配及管理全部在印度者，即为印度的居民。而所谓业务的支配及管理全部在印度，是指董事会行使公司业务管理权的场所，即召开董事会的地点在印度国内。

从理论上讲，根据实际管理机构所在地来判定法人的居民身份确实更为合理，但在实际运用中却存在复杂和不确定的弊病。因为确定实际管理和控制中心往往需要考虑多种因素，而各国对何为最重要的因素并未形成一致的看法。对实际上设在境外的公司征税，也存在征管上的困难。另外，纳税人也易于通过改变决策地点而逃避税收。所以，英国在实行此标准长达90年之后，于1986年3月也开始采用注册成立地标准，即同时采纳实际管理和控制中心所在地与注册成立地标准，只要符合其一，即为英国的居民法人。

---

① 参见杨斌:《国际税收》，复旦大学出版社2003年版，第34页。

德·比尔斯联合矿业有限公司诉豪①
(1906年)

德·比尔斯联合矿业有限公司(De Beers Consolidated Mines, Limited)在南非注册成立,主要在南非从事金刚钻石的开采、加工与销售活动。该公司的总机构设在南非金伯利(Kimberley),并在许多国家设有营业机构。1906年,英国税务机关要求该公司就其全部所得向英国纳税。该公司提出异议,并向英国上议院提出上诉。该公司主张自己是南非的居民,在英国并无生产、经营活动,因而,无须向英国缴纳公司所得税。英国税务机关指出,该公司的大部分董事住在伦敦,董事会大多在伦敦举行,在伦敦举行的董事会会议决定除矿井作业以外的所有经营事项,如金刚石交易合同的谈判、金刚石及其他财产的处置、矿藏的开发、利润的分配及公司经理的任命等。伦敦的董事也总是控制着该公司须以董事的多数票决定的经费事宜,在金伯利的董事只拥有诸如在矿山的工资、原材料等事项上,在有限数额内的决定权。该公司在英国境内外的经营实际上由伦敦控制、管理与指导,因此,其实际管理与控制中心是在伦敦。英国上议院同意税务机关的上述观点,判定原告公司为英国的居民公司,应向英国承担无限纳税义务。

瑞典中心铁路有限公司诉汤普森案②
(1925年)

瑞典中心铁路有限公司(The Swedish Central Railway Company, Limited)的注册地在瑞典,公司原来的股东大会和董事会都在英国召开。1920年,该公司通过决议改变了公司章程,将营业和控制地从英国移到了瑞典,股东大会和董事会改在瑞典召开,并在当年任命了3名董事组成委员会处理公司的财产转让事项。后来,英国税务机关代表汤普森(Thompson)通知该公司按居民身份就其在英国境内和境外的所得在英国申报纳税。公司不服税务机关的决定,诉至英国法院。在法庭上,税务机关举证瑞典中心铁路有限公司自1920年任命3名董事处理公司财产转让事项后,董事会经常在伦敦开会,并在伦敦银行开设账户、转让股票、分配股息。原告公司对此提不出有力的反驳证据。法院因此判定原告公司在伦敦也有居住地,英国有权进行征税。该案说明,英国对法人居民身份的判定,不是根据公司章程规定的内容,而是从公司的经营实质上加以确定。

---

① Ray August, *International Business Law*, 3rd Edition, Pearson Education North Asia Limited and Higher Education Press, 2002, pp. 709—710.

② 参见李金龙主编:《税收案例评析》,山东大学出版社2000年版,第128页。

三、总机构所在地标准

总机构所在地标准(criterion of the place of head office),是以法人是否在本国设有总机构来认定其居民身份。凡在本国设有总机构的法人即是本国的法人居民。

所谓总机构,实际上就是法人的总公司、总厂或总店,是负责管理和控制法人的全部日常经营业务活动并统一核算法人盈亏的中心机构。与实际管理机构所在地标准相比,总机构标准强调的是法人组织结构主体的重要性,而实际管理机构所在地标准确定的是法人权力中心(即法人的实际权力机构和人物)的重要性。

采用总机构标准的主要有法国和日本。如日本《所得税法》规定,在日本设有总店或主要事务所的法人为本国法人。既是法人,就意味着其是在日本按照日本法律登记注册的。因此,日本采用的是总机构所在地和注册成立地复合标准,目的在于防止法人逃避本国的居民管辖。中国也曾长期采用注册成立地和总机构所在地必须同时具备、缺一不可的做法。不过,我国2008年1月1日开始实施的《企业所得税法》在判定企业居民身份的标准方面已经发生了很大的改变。

总机构所在地比较容易确定,但也有国家认为,单纯依照总机构标准认定法人居民身份,易使法人通过改变总机构所在地的手段,达到变更居民身份的目的。因此,采用此标准的国家往往与本国的公司法配合使用,即按本国法律成立的公司,其总机构必须设在本国境内,以此防止法人逃避本国的居民税收管辖权。

四、控股权标准

控股权标准(criterion of holding)又称资本控制标准,即以控制公司表决权的股东的居民身份为依据来确定该公司的居民身份。如果法人的表决权被本国居民股东所掌握,则该公司就是本国的法人居民。例如,澳大利亚就规定,投票权被澳大利亚居民股东控制的公司是澳大利亚法人居民。

采用这一标准,主要是基于以下考虑:法人只不过是覆盖在一群股东身上的薄纱,股东联合起来凝聚成一个法人。法人与被其联合起来的股东实际上密不可分,所以,法人股东的居住地也就是法人的居住地。不过,如果一个法人被若干国家的居民股东所共同控股或公司的股票公开上市交易,此项标准的适用就会很困难。

在上述标准中,各国最为常用的标准是注册成立地标准和实际管理机构所在地标准,较少采用的是控股权标准。在各国的税法中,少数国家只采用一种标准确定法人的居民身份,如美国、法国采用注册成立地标准,新加坡、马来西亚采用实际管理机构所在地标准。但是,为了防止纳税人利用国家间税法的差异套取税收利益,同时为了维护本国的税收权益,大部分国家在确定法人居民身份时采用一种以上的标准。最为常见的是兼采两种标准,即凡符合其中一个标准的法人便是本国的居民法人,如加拿大、德国、英国、瑞士等国采用注册成立地与实际管理机构所在地标准,而巴西、韩国和日本则采用注册成立地与总机构所在地标准。还有少数国家同时采用两种以上的标准,如新西兰和西班牙就采用了注册成立地、总机构所在地与实际管理机构所在地标准,其结果是扩大了本国居民税收管辖权的范围。

中国采用的是注册成立地与实际管理机构所在地相结合的标准。我国《企业所得税法》第2条规定:"本法所称居民企业,是指依法在中国境内成立,或者依照外国(地区)法律成立但实际管理机构在中国境内的企业。"这里的"实际管理机构",该法的《实施条例》第4条明确为"对企业的生产经营、人员、账务、财产等实施实质性全面管理和控制的机构"。由此可见,实际管理机构需要同时符合以下条件:其一,它是对企业有实质性管理和控制的机构。应当依据实质重于形式的原则,确定企业的真实管理中心所在。应深入管理行为的背后,解析公司管理内容、控制程度或影响大小,以确定实质性管理的存在。① 在此方面,可以参考的因素有:负责实施企业日常生产经营管理运作的高层管理人员及其高层管理部门履行职责的主要场所;企业的财务决策和人事决策地点;企业的主要财产、会计账簿、公司印章、董事会和股东会议纪要档案等所在地点;多数有投票权的董事或高层管理人员经常居住的地方。其二,它是对企业实行全面的管理和控制的机构,对企业的整体或者主要的生产经营活动实际控制并负全部和总体责任。其三,管理和控制的内容是企业的生产经营、人员、账务、财产等。② 按照上述判定标准,一家在中国注册成立的公司,即使将实际管理机构迁出了中国,也是中国的税收居民。反之,一个在外国(地区)注册成立的公司,如果其实际管理机构设在中国,那么该公司也是中国的居民企业。根据2009年国家税务总局《关于境外注册中资控股企业依据实际管理机构标准认定为居民企业有关问题的通知》③,对于实际管理机构的判断,应当遵循实质重于形式的原则。由中国境内的企业或企业集团作为主要控股投资者,在境外依据外国(地区)法律注册成立的企业为境外中资企业。境外中资企业同时符合规定条件④的,也应判定其为实际管理机构在中国境内的居民企业,并实施相应的税收管理,就

---

① 参见胡刚:《论居民企业"实际管理机构地"标准的确定》,载《扬州大学税务学院学报》2009年第14卷第3期,第29页。

② 参见《企业所得税法实施条例解读》编写组著:《中华人民共和国企业所得税法实施条例解读》,中国法制出版社2007年版,第14—15页。

③ 国税发[2009]82号。

④ 根据国税发[2009]82号文件第2条的规定,这些条件是:(1)企业负责实施日常生产经营管理运作的高层管理人员及其高层管理部门履行职责的场所主要位于中国境内;(2)企业的财务决策(如借款、放款、融资、财务风险管理等)和人事决策(如任命、解聘和薪酬等)由位于中国境内的机构或人员决定,或需要得到位于中国境内的机构或人员批准;(3)企业的主要财产、会计账簿、公司印章、董事会和股东会议纪要档案等位于或存放于中国境内;(4)企业1/2(含1/2)以上有投票权的董事或高层管理人员经常居住于中国境内。

其来源于中国境内、境外的所得征收企业所得税。

中国国内某集团所属境外企业被认定为中国居民企业案①
（2013 年）

2013 年 4 月，中国国家税务总局发函明确国内某集团所属境外企业被认定为中国居民企业。该集团境外企业系由该集团分别在中国香港、萨摩亚、百慕大、英属维尔京群岛等地依照当地法律注册成立的中资控股公司，其财产主要为其直接或间接拥有的位于中国境内的工厂，其会计账簿、公司印章、董事会和股东会议纪要档案等均存放于中国境内。同时，该集团明确规定，集团下属企业需由集团派出董事，境外企业的财务决策和人事决策均需要得到集团的批准。国家税务总局认定该集团境外企业具备中国居民企业的相关条件，其实际管理机构在中国，应判定其为中国居民企业并实施相应税收管理。

某境外注册企业间接转让中国居民企业股权所得征税案②
（2011 年）

本案中，股权转让方 A 公司是一家在开曼群岛注册的非居民企业，由美国某私募基金拥有。被转让主体 M 公司是一家在开曼群岛注册、在中国香港上市的投资控股公司。购买方是一家在美国上市的知名企业。2011 年 7 月 11 日，买卖双方在境外签订股权收购协议，交易涉及间接转让了被转让主体在中国境内的 J 公司等 4 家中国子公司的股权。根据 2009 年 12 月 10 日国家税务总局发布的《关于加强非居民企业股权转让所得企业所得税管理的通知》③，企业向主管的佳木斯市国税局递交了说明信。说明信强调，A 公司依据开曼群岛的公司法注册成立，不是中国居民企业，其进行股权转让的 M 公司也是非居民企业，股权转让的收入不是来源于中国。此笔股权交易不以税收利益所驱动，也不是

---

① 参见周培勇编著：《国际税收面对面：理论与实务》，机械工业出版社 2015 年版，第 4—5 页。
② 参见易奉菊：《国际税收理论、实务与案例》，立信会计出版社 2017 年版，第 58—59 页。
③ 2015 年 2 月 3 日，国家税务总局发布的《关于非居民企业间接转让财产企业所得税若干问题的公告》明确规定：非居民企业通过实施不具有合理商业目的的安排，间接转让中国居民企业股权等财产，规避企业所得税纳税义务的，应按照企业所得税法第 47 条的规定，重新定性该间接转让交易，确认为直接转让中国居民企业股权等财产。本公告所称中国居民企业股权等财产，是指非居民企业直接持有，且转让取得的所得按照中国税法规定，应在中国缴纳企业所得税的中国境内机构、场所财产，中国境内不动产，在中国居民企业的权益性投资资产等（以下称中国应税财产）。间接转让中国应税财产，是指非居民企业通过转让直接或间接持有中国应税财产的境外企业（不含外注册中国居民企业，以下称境外企业）股权及其他类似权益（以下称股权），产生与直接转让中国应税财产相同或相近实质结果的交易，包括非居民企业重组引起境外企业股东发生变化的情形。间接转让中国应税财产的非居民企业称股权转让方。该《公告》自发布之日起施行，上述《通知》的有关内容被废止。

为了规避中国的纳税义务,美国投资方需要就本次出售股权所得在美国缴纳利得税。佳木斯市国税局希望把征税权留在中国,有两种思路:一种是确认转让的实际标的是中国境内的居民企业,而境外控股公司只是空壳公司。但由于M公司是一家在中国香港上市的投资控股公司,否认其经济实体的性质困难重重,适用国家税务总局上述通知的风险较大。另一种思路是证明M公司的实际管理机构在境内,依据我国《企业所得税法》将M公司认定为中国居民企业,A公司转让M公司股权的实质就是转让中国企业股权,在中国负有纳税义务。办案人员全面审查了本次被转让主体及关联企业6年间的会计资料,调取了境外合同、财务报告、招股说明书等资料,追溯了M公司收购J公司的历史,查阅并获取了M公司在外部网站公布的大量信息和在中国香港股市的披露信息,迫使企业提供了境外企业的年度报告、费用明细、股东名单等新的资料。最终所有证据都指向了JB公司:M公司负责实施日常生产、经营、管理运作的高级管理人员及其高层管理部门履行职责的场所主要位于中国境内的JB公司,JB公司的管理团队对境内企业的生产经营活动起到实际的全面管理控制作用。依据我国《企业所得税法》,M公司可以被认定为境外注册但实际管理机构在中国境内的居民企业。经过反复磋商、取证,2012年7月9日,按照"实质重于形式"原则,税务机关认定A公司通过设立多层跨国公司等组织架构的安排,间接控股J公司等我国居民企业,掩盖了其实际管理机构在中国境内的经济实质,在转让M公司股份时,申请非居民企业间接转让J公司等我国居民企业股权所得享受免税待遇,不符合客观实际,对该集团的避税安排予以重新定性,将M公司认定为中国居民企业,A公司转让M公司股权在中国负有纳税义务。2012年8月2日,本次股权转让所得应缴全部税款及利息2.79亿元人民币汇入国库。

应当指出,除了自然人和法人之外,从事跨国经济活动的还有合伙企业。对于合伙企业居民身份的认定,相对来说有些困难[1],这主要是由于各国对合伙企业的征税方法不同。在比利时、西班牙和墨西哥等少数国家,合伙企业与具有法人资格的公司一样是独立的纳税实体(taxable entity),应就合伙企业的所得缴纳公司所得税,对其居民身份的认定一般依照法人身份的判定标准。但在多数国家所得税法上,合伙企业本身属于税收透明的主体(tax transparent entity),合伙企业的所得应分配到各合伙人的名下,由各合伙人就他们各自的合伙企业所

---

[1] Brian J. Arnold & Michael J. McIntyre, *International Tax Primer*, Kluwer Law International, 1995, p. 22.

得份额计算缴纳相应的所得税。① 英国、德国、荷兰、挪威、奥地利等国采用的就是这种按合伙人征税的办法。中国自2000年1月1日起对合伙企业停止征收企业所得税,改由合伙人就其通过合伙企业取得的生产经营所得缴纳个人所得税。由于合伙企业不是一个独立的纳税单位,因而不存在确定其居民身份的问题。但各个合伙人都有自己的居民身份,所以,每个合伙人的居住国可就本国居民合伙人从合伙企业分得的利润征税。

第三节 居民与非居民的纳税义务

在第一、二两节中,我们分别阐述了自然人和法人居民身份的确定标准。凡符合一国法律所规定的居民条件者,即是该国的居民,否则,就是该国的非居民。居民与非居民所承担的纳税义务是不同的,本节将对此作进一步的阐述。

一、居民的纳税义务

一般来说,实行居民税收管辖权的国家要对本国居民世界范围内的一切所得征税。从纳税人的角度来看,作为一国的居民,不仅要就其来源于居住国境内的所得向该国纳税,而且还要就其来源于居住国境外的所得向该国纳税。所以,居民纳税人的这种要就其世界范围内的所得向居住国纳税的义务又被称为无限纳税义务。在一个采用居民税收管辖权的国家,无论是自然人居民还是法人居民均对居住国负有无限纳税义务。

如前所述,我国在强调来源地税收管辖权的同时,也坚持居民税收管辖权。所以,符合我国居民条件的自然人和法人都向我国承担无限纳税义务,对其境外所得也要如同其境内所得一样在我国申报纳税。对于这种无限纳税义务,我国《企业所得税法》和《个人所得税法》都有明确的规定。例如,我国《企业所得税法》第3条规定:"居民企业应当就其来源于中国境内、境外的所得缴纳企业所得税。"因此,中国的居民企业如在境外设立分支机构,该分支机构取得的生产经营所得和其他所得应由其在中国境内的总机构汇总缴纳企业所得税。又如,我国《个人所得税法》第1条第1款规定:"在中国境内有住所,或者无住所而一个纳税年度内在中国境内居住累计满183天的个人,为居民个人。居民个人从中国境内和境外取得的所得,依照本法规定缴纳个人所得税。"为了加强对在中国境内有住所,并有来源于中国境外所得的个人的税收管理,我国国家税务总局制定了《境外所得个人所得税征税管理暂行办法》。该《办法》第7条规定:纳税

---

① 参见廖益新:《国际税收协定适用于合伙企业及其所得课税的问题》,载《上海财经大学学报》2010年第12卷第4期,第19页。

人受雇于中国境内的公司、企业和其他经济组织以及政府部门并派往境外工作，其所得由境内派出单位支付或负担的，境内派出单位为个人所得税扣缴义务人，税款由境内派出单位负责代扣代缴。其所得由境外任职、受雇的中方机构支付、负担的，可委托其境内派出（投资）机构代征税款。

在税收实践中，有些国家还将自然人居民分为非永久居民与永久居民，二者都承担无限纳税义务，但非永久居民负有条件的无限纳税义务，永久居民则负无条件的无限纳税义务。我国进行了这种区分。如前所述，我国的自然人居民包括在中国境内有住所或者无住所而一个纳税年度在中国境内居住累计满183天的个人。前者无疑是中国的永久居民，后者则可以区分为两种情形。我国《个人所得税法实施条例》第4条规定："在中国境内无住所的个人，在中国境内居住累计满183天的年度连续不满6年的，经向主管税务机关备案，其来源于中国境外且由境外单位或者个人支付的所得，免予缴纳个人所得税；在中国境内居住累计满183天的任一年度中有一次离境超过30天的，其在中国境内居住累计满183天的年度的连续年限重新起算。"这说明我国将在境内无住所但居住累计满183天的年度连续不满6年的个人视为非永久居民，允许其承担有条件的无限纳税义务。依照我国居住时间标准，非永久居民本应就来源于中国境内外的所得都纳税，但经过税务主管机关的批准，对其外国来源所得，可以只就由中国境内公司、企业以及其他经济组织或者个人支付的部分纳税，而不必就由中国境外公司、企业或个人支付的部分纳税。一旦在中国无住所的个人在中国境内居住满6年，则此后的各年度中，只要其在中国境内居住累计满183天的，则应当就来源于中国境内外的全部所得申报纳税，也就是说要开始承担无条件的无限纳税义务。

法人居民的无限纳税义务在一些国家也有一定的特殊性。在英国、加拿大等一些发达国家，法人居民与自然人居民一样要就其境内、境外的一切所得向居住国承担纳税义务。但这些国家同时又规定，本国居民公司来源于境外子公司的股息、红利所得在未汇回本国之前可以先不缴纳本国的所得税，当这些境外所得汇回本国以后，本国居民公司再就其申报纳税。[①] 由于这时居民公司就其境外股息、红利所得的纳税义务并不是在境外所得产生时发生，而是被推迟到境外所得汇回本国以后才产生，所以，上述规定就被称为"递延纳税"。总的来看，递延纳税有利于本国公司的境外投资，但对于本国的税收收入有较大影响，且实践证明这一规定给跨国公司的国际逃避税行为提供了极大便利。正因如此，有些

---

① 参见朱青编著：《国际税收》（第9版），中国人民大学出版社2018年版，第49页。

国家部分取消了推迟纳税的规定，美国即是如此。2017年12月22日，经美国总统特朗普签署，美国《减税和就业法案》完成立法程序，从2018年1月1日起正式实施。这次税改的一项重要内容就是对美国企业境外所得的征税原则从属人原则改为属地原则，对美国企业控股超过10%的海外企业的股息红利所得予以免税，其长期实行的递延纳税制度失去了存在的基础。

二、非居民的纳税义务

如前所述，兼采居民税收管辖权与来源地税收管辖权是一种普遍现象，对于居民，一国可以根据居民税收管辖权对其世界范围内的所得主张征税权，而对于非居民，一国可以凭借来源地税收管辖权对其征税，但这种征税权通常仅限于非居民来源于本国境内的所得。也就是说，非居民仅就来源于该国境内的所得承担纳税义务，所以，这种纳税义务又被称为有限的纳税义务。

不过，非居民的纳税义务在许多国家都有一些例外的情况。

就自然人而言，只要其在非居住国取得了所得，该国就可以根据来源地税收管辖权对其征税，从而使其在该国承担有限纳税义务。但在一些国家，如果非居民在本国停留的时间没有达到规定的标准，则其有限的纳税义务在一定条件下可以免除。例如，我国《个人所得税法实施条例》第5条规定："在中国境内无住所的个人，在一个纳税年度内在中国境内居住累计不超过90天的，其来源于中国境内的所得，由境外雇主支付并且不由该雇主在中国境内的机构、场所负担的部分，免予缴纳个人所得税。"因此，一个在我国境内无住所但在一个纳税年度中在我国境内居住累计不超过90天的个人，可仅就其实际在华工作期间由中国雇主支付的或由境外雇主在中国境内的机构、场所负担的工资、薪金所得承担纳税义务。又如在美国，非居民外国人的个人劳务所得在同时符合如下条件的情况下可免予在美国纳税：作为非居民外国人、外国合伙企业或外国公司的雇员在美国从事个人劳务；一个纳税年度中在美国从事劳务不超过90天且所得报酬不超过3000美元。[①] 不过，非居民外国人的某些源于美国境外的收入，如股息、利息、特许权使用费等，若可归属于其在美国设立的办事处或营业场所（指这些办事处或营业场所的贸易或经营活动是其所得得以实现的关键因素），将被认为是与在美国的贸易或经营存在实际联系的所得（effectively connected income，ECI），也应在美国承担纳税义务。这实际上意味着非居民外国人纳税义务的

[①] Internal Revenue Service, Department of Treasury, U.S. Tax Guide for Aliens for Use in Preparing 1994 Return, Publication 519, 1994, p.15.

扩大。

非居民法人如在非居住国设立分公司进行生产经营活动,非居住国通常会要求其承担有限纳税义务。分公司隶属于总公司,在法律上无独立性,因此,如果总公司、分公司均设在一个国家境内,许多国家允许总公司汇总纳税,而不对分公司单独征税。但在总公司、分公司分别设在不同国家的情况下,各国为了维护自身的经济利益,一般都把外国公司设在本国境内的分公司作为一个独立的纳税实体来看待,要就该分公司来源于本国境内的所得行使征税权。换言之,该分公司在东道国一般只负有限纳税义务。为了避免非居民企业利用这一征税规则偷逃税款,一些国家规定非居民法人也应就某种境外来源的所得在本国申报纳税,从而使非居民法人在某种程度上也负有无限纳税义务。① 如我国《企业所得税法》第 3 条就规定:非居民企业在中国境内设立机构、场所的,应当就其所设机构、场所取得的来源于中国境内的所得,以及发生在中国境外但与其所设机构、场所有实际联系的所得,缴纳企业所得税。可见,在中国境内设立机构、场所的非居民企业境外取得的所得与其所设立的机构、场所有无实际联系,直接关系到该非居民企业在华纳税义务的大小:有实际联系的,即应就其境外所得纳税;没有实际联系的,就不必纳税。根据《企业所得税法实施条例》第 8 条,实际联系是指非居民企业在中国境内设立的机构、场所拥有据以取得所得的股权、债权,以及拥有、管理、控制据以取得所得的财产等。例如,非居民企业通过该机构、场所对其他企业进行股权、债权等权益性或债权性投资而获得的股息、红利或者利息收入。又如非居民企业将设备租给一家境外公司所获得的租金收入。

美国不仅对非居民外国人有某种无限纳税义务的要求,对非居民公司也是如此。美国规定,如非居民公司境外的股息、利息、特许权使用费等所得是因其在美国设立的办事处或营业场所的积极经营活动而产生的,则其在美国的办事处或营业场所应就这些所得向美国承担纳税义务。例如,一家外国公司通过其在美国的办事处向墨西哥转让专利使用权或商标权,墨西哥方面向该办事处支付的使用费就可以归属于该办事处,因而也就是与在美国的贸易或经营存在实际联系的所得,应在美国纳税;又如,一家在美国开设分行的日本银行通过向加拿大申请者贷款取得利息,若此项收益属于该分行(即这些贷款由该分行贷给),则此家银行拥有与在美国的贸易或经营存在实际联系的收入②,应向美国

---

① 参见朱青编著:《国际税收》(第 9 版),中国人民大学出版社 2018 年版,第 54 页。
② 参见〔美〕理查德·L. 多恩伯格:《国际税法概要》,马康明、李金早等译,中国社会科学出版社 1999 年版,第 25 页。

承担纳税义务;再如,一家主要从事证券交易的外国公司设在美国的分公司也要就可归属于它的从美国境外取得的股息及其他证券投资所得向美国纳税。另外,外国公司通过其设在美国的办事处或经营场所销售位于美国境外存货的所得亦应在美国承担纳税义务。

本 章 小 结

居民税收管辖权是征税国基于纳税人与征税国之间存在居民身份关系的法律事实而主张行使的征税权。居民身份的确定,涉及自然人、法人两个方面。在这两个方面,并未形成公认的统一规则,各国都是以国内法的形式规定本国对居民身份的确定标准。

关于自然人居民身份的确定,较为常见的有住所标准、居所标准、居住时间标准、国籍标准和意愿标准。从当前各国税法规定来看,很少有国家仅采用一种标准。多数国家同时采用住所(或居所)标准和居住时间标准,纳税人只要符合其中一个标准即被视为该国居民。此外,还有一些国家采用多种标准。

对于法人居民身份的认定,各国立法中所采用的标准主要有注册成立地、实际管理机构所在地、总机构所在地和控股权标准。在这些标准中,各国最为常用的是注册成立地标准和实际管理机构所在地标准,较少采用的是控股权标准。许多国家兼采注册地、实际管理机构所在地两种标准,即凡符合其中一个标准的法人便是本国的居民法人。但有一些国家或是只采用一种标准,或是同时采用两种以上标准。另外,还有一些国家实行复合标准以防止法人逃避本国的居民管辖。

凡符合一国法律所规定的居民标准者,即是该国的居民,否则,即是该国的非居民。居民与非居民所承担的纳税义务是不同的。在一个采用居民税收管辖权的国家,无论是自然人居民还是法人居民,对居住国都应承担无限纳税义务。不过,在税收实践中,有些国家还将自然人居民分为永久居民与非永久居民,永久居民所负的无限纳税义务是无条件的,而非永久居民所负的无限纳税义务则是附条件的。法人居民的无限纳税义务在一些国家也有一定的特殊性。在单一或同时主张来源地税收管辖权的国家,作为非居民的自然人或法人一般都负有限纳税义务,不过,也有一些例外的情况。在不少国家,如果非居民自然人在本国停留的时间没有达到规定的标准,则其有限纳税义务在一定条件下也可以免除。而在个别国家,作为非居民的自然人和法人在一定情形下还需就源于该国境外的某些所得承担纳税义务。

思考与理解

1. 确定居民身份的意义何在?
2. 在自然人居民身份的确定方面主要存在哪些标准?
3. 在法人居民身份的确定方面主要存在哪些标准?
4. 试述居民与非居民的纳税义务。
5. 试述我国《个人所得税法》中确定自然人居民身份的标准。
6. 试述我国《企业所得税法》中确定居民企业的标准。

第五章　来源地税收管辖权

第一节　营业所得征税权的划分

一、营业所得的概念及来源地的判定

营业所得(business income)，又称营业利润(business profit)，是指纳税人从事各种工商业经营性质的活动所取得的纯收益。一笔所得是否为纳税人的营业所得，关键是看取得这项所得的经营活动是否为纳税人的主要经济活动。例如，一家证券公司因从事证券投资而取得的股息、利息收入属于该公司的营业所得，但一家制造业公司因持有其他公司的股权、债权而取得的股息、利息收入就不属于其营业所得，而是属于投资所得。

关于营业所得来源地的判定，英美法系国家比较侧重以交易地来判定经营所得的来源地。例如，英国的法律规定，只有在英国进行的交易所取得的收入才是来源于英国的所得。这里的交易泛指各类贸易、制造等经营活动。在确定贸易活动是否在英国境内进行时，主要依据合同的订立地点是否在英国，而对于制造利润则是以制造活动发生地为所得的来源地。[①] 美国税法也规定，在美国从事贸易或经营活动所取得的利润属于来源于美国的所得。美国在判定制造利润来源地时与英国相同，但在判定贸易利润来源地时是以货物的实际销售地为来源地，并不注重合同的签订地。而大陆法系国家一般从营业主体的角度来确定其收入的来源地，只有在一个国家建立了从事营业活动的机构场所，才能确定其有来源于该国的营业所得；如果没有建立从事营业活动的机构场所，即使货物在该国销售、服务在该国提供、产品在该国制造，也不能认为相关营业所得来源于该国。此即所谓常设机构标准。

由于常设机构标准更具有合理性和可操作性，得到了经合组织范本和联合国范本的采纳。即如果非居民的营业活动是通过在本国境内设立的某种营业机构或固定场所实施，并由此获得营业所得，那么就可以判定这笔营业所得源自本国。

我国在营业所得来源地的判定上采用的也是常设机构标准。我国《企业所得税法》第3条第2款规定，非居民企业在中国境内设立机构、场所的，应当就其

[①] 参见朱青编著：《国际税收》(第9版)，中国人民大学出版社2018年版，第40页。

所设机构、场所取得的来源于中国境内的所得,以及发生在中国境外但与其所设机构、场所有实际联系的所得,缴纳企业所得税。

二、划分营业所得征税权的基本原则——常设机构原则

对营业所得的征税,在没有签订国际税收协定的情况下,作为取得者为其居民的国家和营业所得来源地的国家都拥有征税权。为了协调由此导致的税收管辖权冲突,各国在签订国际税收协定时,通常都采用联合国范本和经合组织范本所建议的"常设机构原则"(the principle of permanent establishment),并据以对非居民的营业所得行使征税权。

联合国范本和经合组织范本均在各自的第7条第1款规定:"缔约国一方企业的利润应仅在该国征税,但该企业通过设在缔约国另一方的常设机构进行营业的除外。如果该企业通过在缔约国另一方的常设机构进行营业,其利润可以在另一国征税,……"

一国企业在另一国设立了常设机构,说明该企业参与另一国的经济生活达到了一定程度。因此,在缔约国一方企业于缔约国另一方境内设有常设机构的情况下,缔约国另一方拥有征税权,但仅能对非居民通过设在其境内的常设机构获得的营业利润征税,对于非居民的那些不通过设在其境内的常设机构获得的营业利润,则不予征税,由其居住国独占征税权。

例如,一家英国居民公司根据合同向我国一家公司销售一批货物,该合同的签订地是英国伦敦。如该英国公司在我国设有常设机构,且这批货物是通过该常设机构销售的,那么按照常设机构原则,我国享有对这批货物销售利润的征税权。但是,如果这家英国公司在我国没有设立常设机构,或者虽然设有常设机构但这笔货物的销售并未通过该常设机构进行,而是由英国居民公司直接将货物出售给我国的公司,则我国就不能对这笔营业利润征税。对该英国居民公司取得的这笔营业利润,英国享有独占征税权。

由此可见,常设机构原则将非居住国对营业所得的征税权限制在非居民纳税人在本国设立常设机构、且通过该常设机构的活动获得利润的条件之下。但同时也应注意到,常设机构原则并未排除非居民居住国一方的征税权,也就是说,居住国仍可依据居民税收管辖权进行征税。只是由于常设机构所在国享有的征税权优先,居住国通常要承担避免由此产生的国际双重征税的义务。

简而言之,常设机构原则限定了来源地税收管辖权的实行范围,使居住国也能从本国居民企业从事的跨国经济活动中获得税收利益,既为避免国际双重征税创造基础又能兼顾有关国家利益。但在具体贯彻和实施这一原则的过程中,还需要解决以下问题:首先,什么是常设机构?在哪些情形之下可以认定缔约国一方居民在缔约国另一方境内的营业活动构成常设机构?其次,如何确定可归

属于常设机构的利润？最后,怎样计算常设机构的利润？下面分别说明国际税法上关于上述问题的处理规则。

三、常设机构的概念与范围

"常设机构"这一概念,最早出现于1845年德意志联邦中的普鲁士王国颁布的工业法典中,用以指从事营业活动的空间。后来,一些欧洲国家出于避免双重征税的目的,开始在国内立法和相互间签订的税收协定中引入"常设机构"的概念。1899年6月21日奥匈帝国与普鲁士王国达成的一项协定,被看作是第一个综合性国际税收协定。根据该协定,一国纳税人通过常设机构在另一国取得的营业利润需要在另一国纳税。1909年,德国为了避免各州对州际经济活动的双重征税,通过了双重征税法案。该法案明确规定,"本法意义上的常设机构是指为企业的固定营业活动服务的有固定地点的企业组织。设在公司总部以外的下列场所被视为常设机构：分支机构、生产机构、采购和销售场所、办事处、企业主本人及其合伙人用于经营活动和公司事务的其他经营组织或常设代表"。在这一定义中,营业场所的存在、该场所位置的固定性以及营业活动的持久性成为常设机构概念的三个核心因素,在现代国际税收协定中被保留下来。①

第一次世界大战后,随着经济国际化程度的提高,双重征税问题日益增多,迫切需要制订解决这一问题的国际规则。国际联盟、联合国以及经合组织为此都曾经进行过积极的工作,在常设机构概念的统一化方面也取得了进展。1977年,经合组织在其通过的税收协定范本中正式使用了"常设机构"这一概念,以此作为划分营业利润来源地的标准,并明确来源地税收管辖权的征税界线。此后,该范本曾经过数次修订,在某些方面对常设机构概念的内涵和外延产生了重要影响。联合国也在1980年发布的税收协定范本中使用了"常设机构"概念。比较而言,经合组织范本和联合国范本关于常设机构的定义方法是相同的,即先就常设机构的内涵作出规定,再明确其外延。但是,联合国范本所定义的常设机构在范围上有所扩大,那些根据经合组织范本规定不构成常设机构的固定营业场所或营业代理人,按照联合国范本的规定可能构成常设机构。

对常设机构认定标准的宽与窄决定了来源国对非居民营业利润征税权范围的大小。② 因此,这一问题在双边税收协定的谈判中历来都是缔约双方争论的焦点。总的来看,发展中国家一般主张扩大常设机构的范围,以便能把非居民纳税人更多的营业活动纳入常设机构,获得更多的税收利益；而发达国家则极力主

---

① 参见杨斌：《国际税收》,复旦大学出版社2003年版,第53页。
② 参见何杨、嵇绍军：《2008年OECD税收协定范本新规解析》,载《涉外税务》2008年第10期,第37页。

张从严限定常设机构的范围,以保护居住国的税收利益。他们的不同主张分别在联合国范本、经合组织范本中得到了充分的体现。

根据经合组织范本和联合国范本关于常设机构的定义,缔约国一方居民在缔约国另一方境内从事营业活动,可能基于某种物的因素或人的因素构成常设机构的存在。这里物的因素是指在缔约国另一方有进行经营活动的固定营业场所,而人的因素则是指在缔约国另一方有营业代理人的活动。

(一) 构成常设机构的固定营业场所

在经合组织范本和联合国范本第5条第1款中,"常设机构"一语是指"一个企业进行全部或部分营业的固定营业场所"。从这一定义可以看出,构成常设机构的营业场所(或称"场所型常设机构")必须同时具备以下三个要素:

(1) 存在一个受有关企业支配的营业场所。

通常情况下,一国企业要在其他国家从事营业活动,需要一个营业场所。何谓"营业场所",联合国范本和经合组织范本中都没有规定。不过,经合组织范本注释第5条第4段指出,"营业场所"一语包括企业用于从事营业活动的任何场所、设施或设备,而不论该场所、设施或设备是否专门用于企业的营业活动。可见,对这种营业场所没有任何规模与形式的限制,也不要求具有完整性,只要能够用于企业的经营活动目的即可。所谓受企业支配,并不意味着企业要对该营业场所拥有所有权,也就是说该营业场所可以是企业自有的,也可以是企业向他人租用的,甚至可以是不存在租赁关系的情况下企业占用的一个摊位。只要对这一营业场所,有关企业在进行经营活动期间拥有控制权即可。相反,企业对某一营业场所拥有所有权这一事实,并不必然意味着该营业场所构成该企业的常设机构。例如,缔约国一方企业将其拥有所有权的位于缔约国另一方境内的某座厂房出租给其他企业使用。在这种情况下,并不能认为该厂房是该缔约国一方企业在缔约国另一方境内设立的常设机构,因为出租的厂房正处于承租人的支配之下,并服务于承租人的营业活动目的。[①] 如果该厂房的承租人系第三国居民,倒有可能构成第三国居民在缔约国另一方境内的常设机构。

(2) 该营业场所是固定的。

营业场所的固定性,具有两方面的含义。一方面是空间上的固定,即营业场所具有特定的地理位置。在一国境内,非居民没有确定地点的经营活动通常不构成常设机构。但在确定的地点进行的营业活动如有暂时的间断或停顿,不影响其作为常设机构而存在。另一方面是时间上的持久,即营业场所具有一定程度的永久性。构成常设机构的营业场所应具有长期经营的性质,那些出于短暂、临时和偶然的经营活动需要而设置的营业场所不构成常设机构。因此,如本计

---

① 参见廖益新主编:《国际税法学》,北京大学出版社2001年版,第176页。

划短期使用,但实际使用超出了临时性范围,可以追溯为常设机构;如是以长久性为目的的营业场所,因特殊情况的发生,如投资失败导致提前清算,即使只存在了很短的时间,同样可以从它的设立起就构成常设机构。

(3) 企业通过该固定营业场所开展营业活动。

一个固定的营业场所不一定就是常设机构,还要看该固定场所开展活动的性质及在企业获取利润中的功能。一般而言,该固定营业场所的活动应当属于整个企业活动中的主要或重要组成部分。如果企业在该营业场所进行的活动仅限于某种准备性或辅助性活动,且这种活动在企业实现利润的过程中所起作用甚微,则一般不构成常设机构。例如,那些专用于储存或陈列商品的场所,或搜集情报、进行市场调研的场所就不构成常设机构。

经合组织范本和联合国范本在对常设机构进行上述概括性规定之后,为使这一概念具体化,又都在第5条第2款对常设机构作出了列举性解释。该款指出,"常设机构"一语特别包括:管理场所(place of management);分支机构(branch);办事处(office);工厂(factory);车间(作业场所)(workshop);矿场、油井或气井、采石场或者任何其他开采自然资源的场所(mine, oil, gas well, quarry or any other place of extraction of natural resources)。应当指出的是,第2款的上述规定是列举而不是限定。也就是说,并非只有范本中列举的这几种营业场所才构成常设机构,不在列举之内的营业场所就不是常设机构。所谓"特别包括",其意思很明确,是仅从几个重点方面列举属于常设机构的场所,并不影响对其他机构场所(如种植园、养殖场等)按照概括性的定义判断为常设机构。相反,对一些使用范本中所列举的"办事处""分支机构"等名称的营业场所,也并不能一概认定为常设机构,而应视其是否具备范本第5条第1款所规定的三个要素,来决定其是否真正构成范本意义上的常设机构。应当指出的是,以上列举中的"管理场所",是指对企业的营业活动进行管理的场所,不同于居民企业认定中的总机构和管理机构。因为以企业总机构或实际管理机构为标准所确定的居民企业,其本身就负有无限纳税义务,不存在限制所得来源地的征税范围问题。另外,上述列举中所说的"矿场、油井或气井、采石场或者开采自然资源的场所",是指经过投资,拥有开采经营权,从事生产经营的场所,不包括为上述矿藏的勘探开发承包作业。对承包工程作业,一般是以其持续日期的长短来判断构成常设机构与否。但这并不妨碍按照缔约国的意愿作出一些特别规定。如我国与英国签订的避免双重征税协定就明确规定,"勘探或开发自然资源所使用的装置或设施"构成常设机构。这里所说的装置或设备(如钻井船、打井机械设备),是指承包商直接使用于所承包的工程作业中的装置或设备,既可以是承包商自有的,也可以是其从租赁公司租来的。但租赁公司将装置或设备出租给承包商使用,即便该租赁公司拥有这些装置或设备的所有权,也不能仅此就视为该租赁公司设有常设机构,而应视为一般的租赁贸易。

由于跨国经营活动的多样性和复杂性,在某些情形下常设机构的认定具有特殊性,需要单独予以明确。经合组织范本和联合国范本中就规定了如下两种情形:

一是关于建筑工地、建筑或安装工程构成常设机构的认定。

从事建筑、安装工程通常存在进行作业活动的场所,但这种场所不像设立分支机构那样具有固定性和永久性,而是要随着工程的进展不断变动,竣工移交或作业完毕后即撤离,因此,很难用固定场所判定其是否构成常设机构。但是,从事建筑、安装工程显然属于营业性质的活动,所以,联合国范本和经合组织范本都在第5条第3款规定持续达到一定时间的建筑、安装工程可以构成常设机构。根据经合组织范本,"常设机构"一语包括建筑工地、建筑或安装工程,但仅以该工地或工程延续①12个月以上为限。联合国范本则将12个月的时间门槛调低至6个月,还将"装配"以及与建筑工地、建筑、装配或安装工程有关的监督管理活动作为判定构成常设机构的可能条件,以更多地照顾发展中国家的利益。②此外,联合国范本第5条第3款第2项还规定,企业通过雇员或雇佣的其他人员基于上述目的提供的服务(包括咨询劳务),如果在该缔约国一方(为同一项目或相关联项目)任何12个月中连续或累计超过183天,也构成常设机构。很多发展中国家认为,管理和咨询服务应包括在内,因为发达国家的企业通过这种服务在发展中国家能够产生巨额的利润。而经合组织范本没有此项规定,这实际上意味着将这类跨国劳务活动视作一般的营业活动。因此,只有当企业通过在非居住国的某种固定营业场所提供这种劳务的情形下方可构成常设机构;若企业仅仅是派遣雇员到非居住国提供这种劳务,则不存在构成常设机构的可能。

从各国签订的税收协定来看,对于构成常设机构所采用的时间标准也不一致,短的仅有3个月,长的却达24个月。由此可见,期限的长短可由缔约国具体商定,并无一定之规。对于建筑工地、建筑、装配或安装工程,我国以往对外所签的税收协定中参照的是联合国范本,即采用6个月的期限标准。但在个别协定中也有一些例外。③ 随着我国企业对外承包工程不断增多,较短的时间标准也

---

① 延续时间的计算,一般是从承包商在工程所在地国一方开始其工作(包括建立筹备处等任何准备工作)之日起算,直到工程作业全部完工或被永久性地放弃为止。中途因故停止作业的时间,仍应计算在工程的持续时间以内。

② 参见雷霆编著:《国际税收实务与协定适用指南》(上),法律出版社2018年版,第153页。

③ 如中国与美国、挪威的税收协定都确定为勘探或开采自然资源所使用的装置、钻井机或船只,以使用3个月以上的为设有常设机构;中国与奥地利、罗马尼亚的税收协定中规定了持续12个月以上的时间标准;中国与俄罗斯、白俄罗斯等国的税收协定中适用的是18个月以上的标准;而中国与阿拉伯联合酋长国的税收协定中则采用了24个月以上的标准。

可能使我国企业在境外来源国被认定为常设机构从而缴纳企业所得税。① 因此,2000年以来我国在新签和修订的税收协定中,将认定常设机构的时间标准修改为经合组织范本的12个月。而且根据这些新协定,劳务活动可以构成常设机构,即使没有固定营业场所的存在。如修订后的《中德税收协定》②第5条第3款第1项规定,"常设机构"一语还包括:建筑工地,建筑、装配或安装工程,或者与其有关的监督管理活动,但仅以该工地、工程或活动连续超过12个月的为限;缔约国一方企业通过雇员或雇用的其他人员在缔约国另一方提供劳务,包括咨询劳务,但仅以该性质的活动(为同一或相关联的项目)在任何12个月中连续或累计超过183天的为限。修订后的中英、中法等税收协定③中,也有类似规定。

二是常设机构例外的范围。

一国企业要在另一国全面开展营业活动,一般都要进行必要的前期准备工作,如展示商品、搜集情报、了解市场、推出广告,有时企业在另一国设立固定营业场所,目的仅在于开展一些辅助性工作,如科学研究、提供服务、采购货物等。这些活动虽然是为企业生产经营服务的,对企业而言是必需的,但在企业实现利润的过程中所起的作用微乎其微,也很难估计。将这些活动列为常设机构的例外,就可避免所在国对这类场所确定利润数额征税的困难。各国为了便利国际经济交往的发展,在国际税收协定中通常把为企业的营业进行准备性质或辅助性质活动的场所排除在常设机构之外。联合国范本和经合组织范本均在第5条第4款中列举了不应视为常设机构的情形,相同的有如下六种:第一,专为储存、陈列本企业货物或商品的目的而使用的场所;第二,专为储存、陈列的目的而保存本企业货物或商品的库存;第三,专为通过另一企业加工的目的而保存本企业货物或商品的库存;第四,专为本企业采购货物或商品或者收集情报而设有的营业固定场所;第五,专为本企业进行其他准备性或辅助性活动的目的而设有的固定营业场所;第六,专为以上各项活动的结合而设有的固定营业场所,如果这种结合使该固定营业场所的全部活动属于准备性或辅助性的。④ 不同之处在于联合国范本删除了第1项和第2项中的"交付货物"一语,就是不把交付货物的活动视为准备性或辅助性活动。这样一来,就相应地扩大了常设机构的认定范围,有利于所得来源国的税收利益。

---

① 参见雷霆编著:《国际税收实务与协定适用指南》(下),法律出版社2018年版,第1930页。
② 该协定2014年3月28日签署,2016年4月6日生效。
③ 中英税收协定2011年6月27日签署,2013年12月13日生效;中法税收协定2013年11月26日签署,2014年12月28日生效。
④ 1980年联合国范本中没有第6项,2000年修订添加了此项。在2011年发布的修订中,保留了此项。

需要指出的是,2017 年经合组织范本对第 5 条第 4 款的内容进行了如下修订:一是删除了第 5 项、第 6 项中"准备性或辅助性"的措辞,二是在该款最后增加了一段措辞:"倘若上述活动或第 6 项所述的固定营业场所的全部活动属于准备性或辅助性的"。这次修订的目的在于确保各项例外情形仅限于准备性或辅助性的活动。2017 年经合组织范本注释还进一步明确指出,区分一个活动是经营性的还是准备性或辅助性的,决定性的标准是固定营业场所的活动本身是否构成企业整体活动的基本和重要的部分。每一个案件都需要根据其具体情况加以判定。任何情况下,若某个固定营业场所的主要目的与整个企业的目的相同,那么该场所的活动就不是准备性或辅助性的。①

我国对于"准备性或辅助性"活动的判定,基本上与经合组织一致。2010 年 7 月 26 日,国家税务总局印发了《〈中华人民共和国政府和新加坡共和国政府关于对所得避免双重征税和防止偷漏税的协定〉及议定书条文解释》(以下简称《中新协定条文解释》)的通知②,全面解释了协定各条款的内涵,以及各条款之间的关系,同时兼顾了国内法的有关规定。《中新协定条文解释》第 5 条第 4 款是对第 1 款常设机构的定义范围作出的例外规定,即缔约国一方企业在缔约国另一方仅由于仓储、展览、采购及信息收集等活动的目的设立的具有准备性或辅助性的固定场所,不应被认定为常设机构。从事"准备性或辅助性"活动的场所通常具备以下特点:一是该场所不独立从事经营活动,且其活动也不构成企业整体活动基本或重要的组成部分;二是该场所进行第 4 款列举的活动时,仅为本企业服务,不为其他企业服务;三是其职责限于事务性服务,且不起直接营利作用。

荷兰股份有限公司"输油管"案③

一家荷兰股份有限公司通过它设置的荷兰至德国的地下管道向德国两个地点供应石油与石油产品。所有油管归荷兰公司所有,对德国境内输送石油是通过在荷兰境内的电子计算机遥控。荷兰公司没有向德国派驻人员,所有技术、推销人员都在荷兰。在德国地段油管的维护与修理均由独立的承包商担任。德国税务机关认为,荷兰公司利用德国境内油管输送石油已构成常设机构,遂决定向荷兰公司征税。荷兰公司起诉至德国税务法院,申辩不存在设置常设机构的问

---

① OECD, Commentary on Article 5: Concerning the Definition of Permanent Establishment, 2017, para.59.
② 根据此项通知,我国对外所签协定有关条款规定与《中新协定条文解释》规定内容一致的,《中新协定条文解释》规定同样适用于其他协定相同条款的解释及执行;《中新协定条文解释》与此前下发的有关税收协定解释和执行文件不同的,以《中新协定条文解释》为准。
③ 参见李金龙主编:《税收案例评析》,山东大学出版社 2000 年版,第 134、139—140 页。

题,其在德国也没有应税的经营资产。但德国税务法院驳回了其申辩。荷兰公司又上诉到德国最高税务法院。德国是采用常设机构标准判定非居民所得来源地的国家,根据德国法律,常设机构是进行类似于公司主要机构营业活动的场所;构成常设机构需满足三个条件,即经营性、固定性和时间上的连续性。德国最高税务法院据此裁定,荷兰公司设在德国境内的地下输油管道符合常设机构标准,构成在德国的常设机构,应在德国承担纳税义务。

(二) 构成常设机构的营业代理人

依照联合国范本和经合组织范本,常设机构既可因上述固定营业场所这种物的因素而构成,也可因营业代理人这种人的因素而存在。也就是说,尽管缔约国一方企业在缔约国另一方境内并未通过某个固定营业场所从事经营活动,但如果它在缔约国另一方境内通过营业代理人开展业务,仍有可能构成常设机构的存在。为了与上述通过固定营业场所进行经营所构成的常设机构(即场所型常设机构)相区别,人们又把这种常设机构称为"代理型常设机构"。

在国际税法上,判断企业在另一国的代理人是否为该企业的常设机构,要撇开形式而从内在的实际经济关系层面考察企业与其代理人是否为同一实体。如果被认定为同一实体,就意味着该代理人是该企业的常设机构,否则就不是。[①]两个税收协定范本就是从代理的实际经济关系这一层次着眼,把营业代理人区分为独立地位代理人与非独立地位代理人。非独立地位代理人,是指在法律上或经济上依附于其所代理企业的代理人,尤其指作为被代理企业的雇员。非独立地位代理人的代理行为,大体上相当于大陆法系国家民法意义上的直接代理,他们在代理权限范围内,以被代理人的名义进行民事法律行为,其效力直接及于被代理人。而独立地位代理人则是指在法律上和经济上独立于其所代理企业的代理人。独立地位代理人的代理行为与大陆法系国家民法意义上的间接代理比较接近,他们是以自己的名义、为被代理人的利益进行民事法律行为,日后将其权利义务移转于被代理人。[②]

由上述可见,是否在法律和经济上独立于其所代理的企业是划分这两类代理人的界限。尤其要强调的是,一个代理人是否具备成为一家外国企业的常设机构的条件,是独立的还是非独立的,不仅看其法律地位,更主要看其经济地位。[③] "经济独立",即一个人是否独立于所代表的企业,取决于其对该企业承担

[①] 参见杨斌:《国际税收》,复旦大学出版社 2003 年版,第 71 页。
[②] 英美法系国家虽无直接代理与间接代理的概念,但也存在与此对应的制度。详细内容参见沈四宝、王军、焦津洪编著:《国际商法》,对外经济贸易大学出版社 2002 年版,第 38—40 页。
[③] 参见杨斌:《国际税收》,复旦大学出版社 2003 年版,第 75 页。

义务和风险的程度。具体而言,判断代理人的独立性通常采用以下两个标准:其一,代理人的代理活动是否自主。在代理关系中,代理人是代表被代理人的利益进行活动,为了使得代理人的活动符合被代理人的利益,被代理人对于代理人进行指示和控制是必不可少的。也就是说,无论是独立地位代理人还是非独立地位代理人,在一定程度上都要根据被代理人的意旨行事并接受其控制。因此,关键问题在于这种指示和控制的程度。按照经合组织范本的注释,如果代理人的代理活动必须接受被代理人的具体指导或受到被代理人的全面控制,代理人的自由处置权受到了根本上的限制,这种情况下的代理人不能认为是独立于被代理企业的代理人。这里所谓"具体指导"和"全面控制"是指代理人不仅在代理活动的结果方面,而且在代理活动的方式、方法和资金费用等方面也要服从被代理人的指示和接受其控制。其二,代理人是否独立承担责任和风险。如果代理人在法律上要直接就代理活动对第三人承担责任风险,而不是由被代理人直接负责,一般应认为此种代理人具有独立于被代理人的法律地位。如果代理人的代理活动产生的法律责任和商业风险直接由被代理人承担而非由代理人负担,则不能认为该代理人在法律上独立于被代理企业。

1. 非独立地位代理人

根据经合组织范本和联合国范本的规定,并不是所有的跨国企业为了在国际经济关系中获得利益而通过非独立地位代理人在另一国开展活动的行为,均被认定为设有常设机构。换言之,非独立地位代理人构成一家外国企业的常设机构还要符合其他一些条件。

根据 2017 年经合组织范本第 5 条第 5 款,如果一个人在缔约国一方代表缔约国另一方的企业进行活动,有权以该企业的名义签订合同并经常行使这种权力,对于此人为该企业所进行的任何活动,应认为该企业在该缔约国一方设有常设机构,除非此人的活动限于第 4 款提及的活动。这表明非独立代理人构成常设机构需要符合以下条件:其从事的是营业性质的活动,有权以被代理人名义与第三人签订合同并经常行使这种缔约权。应注意的是,企业授权非独立地位代理人所签的合同,并非泛指任何内容的合同,而是必须与企业的主要经营业务相关联的合同。所谓有权签订合同,从通常意义上来讲,是指代理人有权代表被代理人在最后达成的合同上签字以确认合同的约束力。但在税收协定中,这一用语是指代理人有权代表该企业参与合同的谈判,商定交易条款的具体内容。其谈判的最终结果对被代理企业具有约束力,即便代理人不是合同的最后签署人,也应认定该代理人具有签订合同的权力。如果该非独立地位代理人所从事的活动属于第 5 条第 4 款中那种准备性或辅助性的活动,则不能认为该企业在该国设有常设机构。例如,甲国公司 A 在乙国设有一个办事处,该办事处的工作范围仅是为 A 公司来乙国人员提供翻译、住宿和交通等帮助,同时还进行广告和市场分析工作。该办事处的工作显然具有辅助性质,故不属于 A 公司在乙国设立的常设机构,乙国不能对该办事处征税。

联合国范本除了主张以签约权作为将非独立代理人认定构成常设机构的决定条件外,还提出即使非独立地位代理人没有得到以该企业的名义签订合同的授权,但经常为该企业在缔约国另一方保管货物或商品的库存,并经常代表该企业从该库存中交付货物或商品,也应视为该企业在缔约国另一方设立的常设机构。另外,联合国范本第 5 条第 6 款还特别规定,缔约国一方保险企业通过非独立代理人在缔约国另一方收取保险费或接受保险业务(再保险除外),也应认为该保险企业在缔约国另一方设有常设机构。① 由此可见,在认定构成常设机构的非独立代理人范围上,联合国范本的规定比经合组织范本宽泛,表现出更多维护所得来源地国税收权益的倾向。

值得注意的是,2017 年经合组织范本第 5 条第 5 款发生了重大变化,强化了非独立地位代理人构成常设机构的规则。按照新的规则,认定一个人构成某企业的非独立地位代理人需要满足如下三个条件:一是该人在缔约国一方代表缔约国另一方的企业进行活动;二是在此过程中,该人经常性地订立合同,或在合同的订立中起主要作用,而该合同无需该企业实质性修改即可惯常订立;三是这些合同以该企业的名义订立,或为该企业拥有的财产的所有权转让或其有权使用的财产使用权的授予而订立,或为该企业服务的提供而订立。可见,新规则在一定程度上扩大了非独立地位代理人的适用范围。

2. 独立地位代理人

根据经合组织范本和联合国范本,并不是所有代理人进行第 5 条第 5 款规定的活动都将使其构成代理企业的常设机构,第 6 款规定的独立地位代理人即为例外。缔约国一方企业通过代理人在缔约国另一方进行营业时,如果该代理人是专门从事代理业务的,则不应因此视其代理的企业在缔约国另一方构成常设机构。这类专门从事代理业务的代理人一般称作独立地位代理人,其不仅为某一个企业代理业务,也为其他企业提供代理服务。

2014 年经合组织范本第 5 条第 6 款明确规定,如果缔约国一方企业仅通过经纪人、一般佣金代理人和其他独立地位代理人在缔约国另一方进行营业,而这些代理人又按常规进行其本身业务的,应不认为在该国设有常设机构。按照上述规定,如果独立地位代理人代理委托企业进行的活动符合其营业常规,原则上不构成该企业在缔约国另一方的常设机构。但是,如果独立地位代理人的活动

---

① 只收取保险费通常被视为从事辅助性业务。如果没有联合国范本第 5 条第 6 款的规定,缔约国一方保险企业在缔约国另一方通过代理人只收取保险费将不构成在缔约国另一方常设机构的存在。对于跨国保险活动的所得,收入来源国将无权征税。

超越了其本身的营业常规时,则有可能被认定为丧失独立地位,构成被代理人的常设机构。因此,判断独立地位代理人的活动是否符合其本身的营业常规就非常关键。就此问题经合组织范本没有明确具体的判断标准,不过,该范本注释从否定的角度作出了一个解释说明,即如果代理人从事的活动从经济上看属于被代理企业的业务活动,而不在代理人本身的业务活动范围之内,则不能认为该代理人是按其营业常规进行活动。例如,一个佣金代理人不仅以自己的名义销售某个企业的产品,而且还经常以该企业具有签订合同权利的代理人的身份进行活动,代理人的这种代表委托人签订合同的行为超出了其作为一般佣金代理人的常规业务范围,只要这种签约活动的内容并非仅限于准备或辅助性质,该独立地位代理人的这种活动应认为构成常设机构。

1971 年荷兰保险案①

在本案中,一家美国保险公司通过荷兰保险经纪人,在荷兰一家机场向航班乘客出售保单。顾客可以在该保险公司准备的标准保单中选择。出售保单时,代理人必须遵循也是由保险公司准备的一份"免赔手册"中的指示。荷兰经纪人的业务活动就是解释两份合同的区别,代表保险公司签订合同,收取保费。同样的活动由保险公司授权的旅行代理人在荷兰其他地方进行。由于保险经纪人和旅行代理人以保险公司的名义签订合同,并且营业活动完全在保险公司的指导下进行,法院裁决经纪人和旅行代理人的活动超出了这些代理人的正常营业过程,美国公司被认为在荷兰有常设机构。

从国际税收协定的实践来看,对独立地位代理人的活动是否属于其营业常规范围的认定,通常由缔约国的税务部门和法院依个案具体情况决定。英国法院在其受理的 Fleming v. London Produce Co. Ltd. 案中,就认定一家肉类销售佣金代理商——伦敦农产品有限公司,构成一家南非公司在英国的常设机构。该公司主张其作为佣金销售商是向所有客户提供服务,而并非只为那家南非公司服务,并且,它从该南非公司取得的佣金也是正常贸易条件下所应取得的佣金。但是,法院认为,该公司为南非公司支付货物的运费、安排货物运输并支付保险费、收取货款以及保管净收入等活动,超出了肉类销售佣金代理商行业的常规活动范围,因此被认为构成南非在英国的常设机构。②

---

① Arvid A Skaar, *Permanent Establishment*, Kluwer Law and Taxation Publishers, 1991, p. 517. 转引自杨斌:《国际税收》,复旦大学出版社 2003 年版,第 77 页。
② 参见廖益新主编:《国际税法学》,北京大学出版社 2001 年版,第 193—194 页。

联合国范本第 5 条第 7 款也有与经合组织范本相同的前述规定。为了防止独立代理人条款被滥用(比如,某些企业自身的代理人自称为独立代理人以避免构成常设机构),该款还要求对代理人身份或代理人地位是否独立进行判定。如果代理人的活动全部或几乎全部代表被代理企业,并且该代理人和企业之间在商业和财务上有密切依附关系,则不应认定该代理人为本款所指的独立代理人。显然,在独立地位代理人的活动全部或几乎全部是代表缔约国一方企业时,该代理人在经济上对于被代理企业存在着很强的依赖性,从而丧失其独立性,变成依附于缔约国一方企业的非独立地位代理人,构成在缔约国另一方的常设机构。

为了防范企业利用独立地位代理人地位在其他国家人为规避成为常设机构,2017 年经合组织范本也收紧了独立地位代理人的范围。其第 5 条第 6 款条文发生了根本性的变化,主要体现在以下三个方面:首先,删除了"经纪人、一般佣金代理人和其他独立地位代理人"的表述,这与前述第 5 款扩大非独立地位代理人的适用范围保持一致。也就是说,即使这些代理人在法律形式上具有独立地位,但只要他们代表缔约国一方的企业在缔约国另一方从事营业活动,且经济实质上不属于独立地位代理人的,亦可能被认定为非独立地位代理人。其次,强调了适用第 6 款例外的两个要件:一是该人必须是独立地位代理人;二是为该企业,该人按自身营业常规进行活动。最后,针对实践中跨国公司通过其关联公司作为"佣金代理人"安排人为规避构成常设机构的情形,引入了新的机制。①即"如果某人专门或几乎专门代表一个或多个与之紧密关联的企业进行活动,不应视为该人是这些企业中任何一个的本款意义上的独立代理人。"

经合组织范本和联合国范本中都规定了子公司条款②,其规定如下:缔约国一方的居民公司控制或被控制于缔约国另一方居民公司或者在该缔约国另一方进行营业的公司(不论是否通过常设机构),此项事实本身不能使任何一方公司构成另一方公司的常设机构。在判断子公司作为母公司的代理人是否具有法律上的依附性时,母公司以子公司的股东身份所施加的控制并不是决定因素。③从税收角度看,子公司本身是一个独立的法人实体,即使它在贸易或业务上受母公司管理,也不能视作母公司的常设机构。作出上述规定,可以保障一方缔约国的公司不因接受缔约国另一方公司的投资而影响其作为居民公司的地位;还可以避免缔约国一方公司不至于仅仅因投资于缔约国另一方公司而被视为在对方设有常设机构,使其投资所得只能按营业利润处理。但是,由于母子公司之间的

---

① 参见雷霆编著:《国际税收实务与协定适用指南》(中),法律出版社 2018 年版,第 1259 页。
② 2017 年经合组织范本第 5 条第 7 款、2017 年联合国范本第 5 条第 8 款。
③ 参见雷霆编著:《国际税收实务与协定适用指南》(上),法律出版社 2018 年版,第 175 页。

特殊关系,在现实经济活动中,母子公司常存在较为复杂的跨境人员及业务往来。因此,在某些情形下,有可能认定母公司在其子公司拥有营业场所的国家设有常设机构。例如,如果被投资公司的活动符合上述非独立地位代理人的条件,即缔约国一方的子公司在境内代表缔约国另一方的母公司进行活动,有权并经常以母公司的名义签订合同,则该子公司构成母公司在子公司所在国常设机构的存在。如果某公司的一个子公司为该公司的另一个子公司进行上述活动,亦作同样处理。

还应指出,为了适应不断发展的国际经济交往的需要,经合组织范本进行过多次修订。虽然没有对常设机构的概念作任何修改,但对范本中其他条款的修订影响到对常设机构概念的理解。如在2000年的修订中,删除了第14条关于独立个人劳务所得征税权划分的规定;同时,在第3条定义条款中明确,"企业"一语是指开展任何营业活动,"营业"一语包括从事专业性劳务或其他独立性劳务。这两项修订意味着将独立劳务所得直接并入营业所得,使得常设机构原则适用范围进一步扩大,即常设机构原则不仅适用于原有的工商业活动,而且适用于独立个人劳务。2017年经合组织范本的最新修订中依然沿袭了这一做法①,不过,联合国范本对此一直未予涉及。

由于经合组织范本和联合国范本都使用了常设机构这一概念,它在国家间签订的双边税收协定中得到了极为普遍的采用。但值得注意的是,各税收协定对常设机构范围的界定是不尽一致的。

在国内税法中,许多国家也都使用了常设机构这一名称,但有些国家却有所不同,如美国就称之为"在美国从事贸易或经营活动"(engaged in trade or business in the United States)。至于常设机构范围的界定,大部分国家为了避免不确定性,在国内税法中采用了列举的办法。例如,德国的《法人税法》规定,非居民公司设在德国境内的营业场所所取得的利润为境内所得。这里的营业场所是指为经营业务所使用的建筑物和固定场所,包括工厂、分公司、仓库、采购站、贩卖所、办事处、船舶公司、码头和为经营活动提供的其他营业设备,以及持续时间在6个月以上的建筑工地。日本《所得税法》规定,非居民设在本国境内的分公司、工厂、商店以及其他固定场所,超过1年的建筑安装工程均为设在本国的常设机构。②

在我国的《企业所得税法》中,与税收协定中的常设机构相对应的概念是机构、场所。我国《企业所得税法实施条例》第5条规定,机构、场所是指在中国境内从事生产经营活动的机构、场所,包括管理机构、营业机构、办事机构;工厂、农

---

① 2017年经合组织范本第3条第1款第3项、第8项。
② 参见王铁军、苑新丽主编:《国际税收》,经济科学出版社2002年版,第42—43页。

场、开采自然资源的场所；提供劳务的场所；从事建筑、安装、装配、修理、勘探等工程作业的场所；其他从事生产经营活动的机构、场所。非居民企业委托营业代理人在中国境内从事生产经营活动的，包括委托单位或者个人经常代其签订合同，或者储存、交付货物等，该营业代理人视为非居民企业在中国境内设立的机构、场所。从我国签订的税收协定来看，常设机构的定义与经合组织范本基本保持一致，对于独立地位代理人条款大多采用联合国范本的表述，对于非独立地位代理人条款则在经合组织范本的基础上作了扩大化解释。《中新协定条文解释》第5条第5款第2项规定：对"以该企业的名义签订合同"应作广义理解，包括不是以企业名义签订合同，但其所签合同对企业具有约束力的情形。"签订"不仅指合同的签署行为本身，也包括代理人有权代表被代理企业参与合同谈判，商定合同条文等。针对非居民企业仅派其雇员或其雇佣的其他人员到中国境内提供劳务是否构成常设机构问题，《中新协定条文解释》第5条第3款第2项明确规定，任何12个月内这些人员为从事劳务活动在中国境内停留连续或累计超过183天的，构成常设机构。在实务工作中还时常发生如下情形，即境外机构（一般为境外母公司）派遣人员到我国境内外资企业（一般为境外母公司在境内的子公司或其他合资、合作企业）担任高层领导、技术人员和其他职位，我国境内企业向境外机构支付派遣费用。这种情况下，母公司在子公司的活动是否导致母公司在子公司所在国设立常设机构，《中新协定条文解释》第5条第7款指出应从以下几个方面掌握：(1) 应子公司要求，由母公司派人员到子公司为子公司工作，这些人员受雇于子公司，子公司对其工作有指挥权，工作责任及风险与母公司无关，而是由子公司承担，那么，这些人员的活动不构成母公司在子公司所在国的常设机构。此种情况下，子公司向此类人员支付的费用，不论是直接支付还是通过母公司转支付，都应视为子公司内部人员收入分配，对支付的人员费用予以列支，其所支付的人员费用应为个人所得，按子公司所在国有关个人所得税法相关规定，以及协定第15条（非独立个人劳务）的有关规定征收个人所得税。(2) 母公司派人员到子公司为母公司工作时，应按本条第1款（常设机构的一般定义）或第3款（承包工程和提供劳务两种情况下常设机构的判定标准）的规定判断母公司是否在子公司所在国构成常设机构。符合下列标准之一时，可判断这些人员为母公司工作：母公司对上述人员的工作拥有指挥权，并承担风险和责任；被派往子公司工作的人员的数量和标准由母公司决定；上述人员的工资由母公司负担；母公司因派人员到子公司从事活动而从子公司获取利润。此种情况下，母公司向子公司收取有关服务费时，应按独立企业公平交易原则，确认母子公司上述费用的合理性后，再对子公司上述费用予以列支。如果上述活动使母公司在子公司所在国构成常设机构，则该子公司所在国可按本协定第7条（营业利润）的规定，对母公司向子公司收取的费用征收企业所得税。(3) 子公司有权并经常以母公司名义签订合同,符合"非独立代理人"有关条件的,子公司构成母公司的常设机构。

荷兰国际酒店管理公司劳务派遣常设机构认定案①

2010年江苏省某市工业园区国税局在针对涉外酒店的非居民企业专项检查中,发现某家星级酒店纳税存在问题。该星级酒店2002年注册成立,主要从事综合性旅游宾馆及配套服务。酒店业主通过与荷兰国际酒店管理公司签署管理合同来约定双方的权利和义务,为期30年。酒店的经营交由荷兰国际酒店管理公司独家监督和控制,酒店业主定期向其支付管理费。该酒店自2008年每月计提并支付管理费(营业收入的2%+运营毛利的5%),且已按30%核定利润率代扣代缴了企业所得税。从表面上看,酒店履行了代扣代缴义务,扣减了非居民企业荷兰国际酒店管理公司的所得税。但税务人员在进一步检查酒店管理合同和账户凭证时发现,酒店有3名香港籍员工担任酒店高级管理人员(总经理、营运总监、财务总监),负责酒店的经营决策和运营管理。这3名香港籍员工的工资薪金都在酒店领取,酒店还负责其往来香港的机票费用。经核对酒店相关售付汇备案材料,税务人员还发现酒店的对外实际支付金额大于合同约定计算的管理费金额,包括了3名香港籍员工在境外缴纳的养老保险金。税务人员还仔细查看了合同条款,其中约定"除管理公司决定某些重要酒店员工属于管理公司外,其他所有酒店员工在任何时候均须作为业主的雇员","每月的例会总经理代表国际管理公司出席会议"。该工业园区国税局由此感觉其中可能存在荷兰国际酒店管理公司在中国设有常设机构问题。经多方查证,在事实面前,酒店最终承认3名香港籍员工与荷兰国际酒店管理公司签有劳动合同,养老保险金由酒店业主境外缴纳,存在着事实上的劳动关系。基于《中荷税收协定》第5条第3款②和我国相关法律规定,国税局责成荷兰国际酒店管理公司办理常设机构登记手续,将酒店支付给3名香港籍员工的工资薪金和报酬费用约149万元计入该常设机构所得征收企业所得税,并按规定加征滞纳金。

(三)电子商务中常设机构的认定

与传统商务相比,在电子商务条件下,交易所需要的信息不是通过面对面的

---

① 参见龙英锋主编:《国际税法案例教程》,立信会计出版社2011年版,第46—47页。
② 该款规定:"缔约国一方企业通过雇员或者雇佣的其他人员,在缔约国另一方为同一项目或相关联的项目提供的劳务,包括咨询劳务,仅以在任何12个月中连续或累计超过6个月为限。"

谈判或交换来处理,而是通过无纸化的电子数据传输方式进行的。① 通常情况下,销售商在自己拥有的计算机上建立并保持自己的网址。该计算机被称为服务器,可以通过国际互联网被访问。而那些预期客户则通过他们的计算机和调制解调器,通过国际互联网访问提供商提供的访问进入国际互联网,与销售商会合交易。由于国际互联网的全球性,网络提供商以及使用国际互联网的销售商可以向外国客户提供访问或销售产品,由此产生境外收益。对于这一所得,所得取得者的居住国和所得来源国都享有征税权。② 在划分征税权时,由于电子商务是在无形的电子空间内完成的,往往不具有"场所"和"固定性"特征,对于是否使用传统的常设机构认定规则,在学者和国家间存在较大争议。经合组织经过多次的讨论,于2000年12月22日发布了题为《常设机构在电子商务中的适用说明》的报告,在经合组织范本第5条注释第42段后增设了"电子商务"一节,通过10段条文表明了经合组织对电子商务环境下常设机构认定的立场和措施。其主要内容是:

(1) 网址本身不能构成常设机构。

经合组织认为,网址只是计算机软件和电子数据的结合,本身并不构成有形资产,也没有类似场地、机器或设备等设施,所以网址不具备可以构成营业场所的处所。换言之,网址本身不能构成营业场所,因此更谈不上构成常设机构。

(2) 服务器可以构成常设机构。

经合组织认为,与网址不同,服务器是由一系列机器设备构成的,总是建立在某一处所。对于操纵服务器的企业而言,该有形处所可以构成企业的固定营业场所。因此,维持网址的服务器可以被认定为通过网址从事经营活动的企业所设立的常设机构。

但该增订注释指出,服务器构成常设机构必须满足如下条件:第一,服务器必须处于企业支配之下,即通过网址从事经营的企业必须自己拥有维持网址的服务器或者租赁他人的服务器以维持网址。第二,服务器必须是固定的,即服务器必须在某一确定地点存在足够长的一段时间。至于"足够长的一段时间"到底是多长,注释未予明确。第三,企业的营业必须全部或部分地通过服务器进行。对于如何评判企业的营业是否全部或部分地通过其支配的服务器进行,注释并未提供一个可供考量的客观标准,而是认为应当根据每笔业务的具体情况个案分析。第四,服务器所进行的活动不属于准备性或辅助性的活动,如提供通讯连接、进行商品和服务的广告宣传、为了保证安全和追求效益通过镜像服务器转载信息、为企业收集市场行情并提供信息等。不过,如果上述活动结合成一个

---

① 参见杨斌:《国际税收》,复旦大学出版社2003年版,第83页。
② 参见朱炎生:《国际税收协定中常设机构原则研究》,法律出版社2006年版,第197—198页。

整体构成企业的主要或重要活动,或者企业还通过该服务器从事其他重要活动,则该服务器所进行的活动不属于准备性或辅助性活动。

（3）网络提供商可能成为非独立地位代理人。

网络提供商在其拥有的服务器上向其他企业提供网址维持服务,是其常规营业活动,这一事实本身说明网络提供商是独立地位代理人。此外,网络提供商向其他企业提供网络服务时,无权以该企业的名义与他人签订合同。因此,通常情况下,网络提供商不构成那些通过在其服务器上维持网址场所从事电子商务的企业的常设机构。但是,如果网络提供商在向某企业提供维持网址服务的同时,还有权以该企业的名义与他人签订合同并经常行使此权利,那么该网络提供商将构成该企业的常设机构。

四、可归属于常设机构的利润的确定

按照常设机构原则,来源地国只有当非居民纳税人在本国设有常设机构、且通过该常设机构的经营活动获得利润时才能征税;对于非居民纳税人的那些未通过常设机构的经营活动所产生的利润则不能行使课税权。这一原则明确了应认定哪个国家为跨国营业所得的来源地国,以及来源地税收管辖权的实行限度。

作为常设机构原则的自然延伸,来源地对非居民纳税人营业所得的征税只能以归属于常设机构的利润为限,对不归属于常设机构的利润只能由取得者为其居民的国家征税。① 也就是说,来源国的征税权并不扩及该企业可能从本国境内获得的但并不属于常设机构的利润。②

就可归属于常设机构的利润的确定问题,联合国范本和经合组织范本作出了不同的规定,国际上由此也就存在两种不同的观点。

（一）实际联系原则

实际联系原则(the principle of effective connection)是经合组织范本倡议的确定可归属于常设机构的利润应遵循的原则。

经合组织范本第 7 条是关于对营业所得征税的专门条款。该条第 1 款规定,缔约国一方企业的利润应仅在该缔约国征税,但该企业通过设在缔约国另一方的常设机构在该缔约国另一方进行营业的除外。如果该企业通过设在该缔约国另一方的常设机构在该缔约国另一方进行营业,可归属于该常设机构的利润可以在该缔约国另一方征税。这意味着常设机构所在国可以征税的利润范围仅仅限于非居民企业通过常设机构产生的那部分利润,非居民企业通过常设机构以外的其他途径取得的利润,则不并入常设机构的经营利润进行征税。经合组

---

① 参见杨斌:《国际税收》,复旦大学出版社 2003 年版,第 95 页。
② 参见雷霆编著:《国际税收实务与协定适用指南》(上),法律出版社 2018 年版,第 195 页。

织认为,营业所得的获取应当与常设机构本身的经营活动有关,因此,只有通过常设机构本身的经营活动取得的营业所得,来源国才有权将其归属于常设机构并据以征税。

现实中的国际经济生活往往是纷繁复杂的。常设机构除了本身的生产经营,还有可能向其他企业投资、贷款和转让无形财产。这样一来,常设机构除获得营业所得外,还有可能取得股息、利息和特许权使用费,即各种消极投资所得。这些投资所得虽然与营业所得的性质不同,但其取得与常设机构有实际联系。这些与常设机构有实际联系的股息、利息和特许权使用费,依照经合组织范本第10条(股息)、第11条(利息)和第12条(特许权使用费)的规定,均可归属于常设机构。许多国家在税收实践中也将这些所得归属于常设机构的利润范围进行征税。在国际税法上,这种不仅将常设机构本身的营业所得,而且将与常设机构有实际联系的所得归属于常设机构利润范围进行征税的做法,被称为"实际联系原则"。

根据实际联系原则,只有那些通过常设机构进行的生产经营活动取得的营业所得和与常设机构有实际联系的所得,才能确定为可归属于该常设机构的利润范围,由来源地国征税;对于未通过常设机构实施的经营活动实现的营业所得和与常设机构并无实际联系的其他所得,则应从常设机构的利润范围中排除,适用税收协定的其他有关条款予以处理。例如,甲国公司A在乙国设有一个分公司,该分公司向乙国B公司转让技术并获得转让费5万美元,这5万美元属于与分公司有实际联系的所得,乙国有权予以征税。但如果这一技术是由甲国公司A直接向乙国B公司转让的,则乙国不能将其获得的转让费归属于分公司予以征税,通常情况下应视为单纯的财产转让所得,按照甲、乙两国间税收协定的规定征收预提所得税。

(二) 引力原则

引力原则(the principle of the force of attraction)是联合国范本建议的确定可归属于常设机构的利润范围所应遵守的原则。

联合国范本第7条第1款规定,如果缔约国一方企业通过在缔约国另一方的常设机构进行营业,其利润可以在另一国征税,但其利润应仅属于:(1) 该常设机构;(2) 在另一国销售的货物或商品与通过常设机构销售的货物或商品相同或类似;(3) 在另一国进行的其他与通过常设机构进行的经营活动相同或类似交易活动。

由上述可见,根据联合国范本,常设机构所在国可以征税的范围,不仅包括归属于该常设机构的营业所得,而且还包括非居民不通过常设机构、自行在常设机构所在国开展营业活动所取得的如下所得:销售与通过常设机构销售的货物或商品相同或类似的货物或商品;进行与通过常设机构进行的经营活动相同或类似的经营活动。并且,根据联合国范本第10条(股息)、第11条(利息)和第12条(特许权使用费)的规定,与常设机构有实际联系的股息、利息和特许权使用费,同样可以归属于常设机构。这实际上是一种有限的"引力原则"。

从理论上来讲,与实际联系原则相比,引力原则扩大了可归属于常设机构的利润范围,更有利于维护来源地国的税收权益。但在实践中,执行引力原则会面临许多困难。税务机关在税收征管中,除了确定常设机构的经营情况,还必须掌握非居民纳税人未通过常设机构而进行的每笔经营活动。毫无疑问,这是一项极为费时费力的工作,不仅造成征税成本的增加,而且也难以保证准确性。尤其在一个领土辽阔的国家,情况更是如此。因此,尽管引力原则能够扩大来源地国的征税范围,但在税收实践中很少有国家采用,即使是发展中国家。在我国目前对外谈判签订的税收协定中,仅与巴基斯坦和印度的税收协定采用了引力原则。[①] 目前,只有澳大利亚、新西兰、菲律宾等极少数国家采用引力原则。美国曾经采用过引力原则,并且是极为彻底的引力原则。根据美国联邦所得税法的规定,外国公司或非居民个人在任何纳税年度内,只要"在美国从事贸易或经营活动",那么,其所有来源于美国境内的所得都应与其在美国从事贸易或经营活动中获得的所得合并计征纳税。进入20世纪60年代后,美国在向外输出资本的同时,也开始注重引入外国资本,借以推动本国经济的发展。此时,其所实行的引力原则受到指责,被认为阻碍了外国企业在美国的证券投资。因为依照引力原则,只要外国企业"在美国从事贸易或经营活动",其所获得的股息即使与其在美国的贸易或经营活动没有实际联系,也要归入其在美国从事贸易或经营活动的所得合并纳税,而合并纳税的税率往往高于许多国家对非居民纳税人所获股息征税所适用的预提税税率。所以,美国从1967年开始放弃了这种引力原则,对股息、利息和特许费改为适用实际联系原则征税。[②] 一些税收协定中虽然采纳了引力原则,但却附加了很严格的限制条件,如只能用于解决避税问题。德国与菲律宾、印度、墨西哥等国签订的税收协定中就规定,如果能证明总机构在常设机构所在国所进行的与常设机构相同或类似的直接交易是为了避免常设机构所在国的税收,那么常设机构所在国可以对该直接交易所获得的所得课税。

当前,在确定可归属于常设机构的利润方面,实际联系原则是大多数双边税收协定所采用的原则。我国对外所签的税收协定在此问题的规定上,与经合组

---

① 参见雷霆编著:《国际税收实务与协定适用指南》(上),法律出版社2018年版,第197页。
② 参见陈安主编:《国际税法》,鹭江出版社1987年版,第44页。

织范本保持一致。①

在具体适用实际联系原则的过程中,还存在一个关键性的问题,那就是怎样确定某种所得与常设机构存在实际联系。对此,联合国范本、经合组织范本及其注释均未予以明确,国家间签订的税收协定一般也缺乏规定。这样一来,如何确定某种所得与常设机构有实际联系,就往往取决于有关国家国内税法的规定以及税务机关的解释和税务法院的裁决。有些国家的国内税法对此确有规定,如美国《国内收入法典》第864节。该节规定,非居民纳税人源自美国的投资所得(如股息、利息、租金、特许权使用费等)是否构成与在美国的贸易或经营(即在美国的常设机构)存在实际联系的所得,应依照"经营活动检验法"或"资产使用检验法"加以判定。如果非居民纳税人在美国进行的贸易或经营活动是此种所得产生的关键因素,或非居民纳税人的此种所得来源于其在美国进行贸易或经营所使用的资产,则上述所得将被认定为与在美国的贸易或经营存在实际联系的所得。按照这两个标准,甚至非居民纳税人来源于境外的投资所得也有可能被判定为与在美国的贸易或经营存在实际联系。

五、常设机构利润的计算

常设机构利润范围确定之后,还应进一步解决常设机构利润的计算问题。因为从法律上来看,常设机构不是一个独立的法人,而是依附于其总机构,其经营受控于总机构,利润分配也由总机构决定。为了便于贯彻常设机构原则,使收入来源地国的税收管辖权得以实施,双边税收协定中一般规定在常设机构利润的计算上应当实行如下两项原则:

(一)独立企业原则

所谓独立企业原则,是指把常设机构作为一个独立的纳税实体来对待,按独立企业进行盈亏计算,把作为一个独立企业所可能得到的利润归属于常设机构。依此原则,常设机构不论是同其总机构的营业往来,还是同总机构的其他分支机构的营业往来,都应按公开的市场交易价格计价,并据以计算各自应得的利润。

---

① 例如,《中新协定条文解释》第7条第1款规定如下:
本条是对缔约国一方企业在缔约国另一方的营业活动产生的利润划分征税权的规定。明确缔约国一方企业在缔约国另一方的营业活动只有在构成常设机构前提下,缔约国另一方才能征税,并且只能就归属于常设机构的利润征税。
按照第1款的规定,新加坡企业在中国境内构成常设机构的,中国对该常设机构取得的利润拥有征税权,但应仅以归属于该常设机构的利润为限。这里所称的"归属于该常设机构的利润"不仅包括该常设机构取得的来源于中国境内的利润,还包括其在中国境内外取得的与该常设机构有实际联系的各类所得,包括股息、利息、租金和特许权使用费等所得。这里所说的实际联系一般是指对股份、债权、工业产权、设备及相关活动等,具有直接拥有关系或实际经营管理等关系。

《中新协定条文解释》中亦有同样解释。①

由于常设机构是总机构的一部分,不是一个具有法人地位的独立实体,它与总机构以及总机构的其他分支机构之间的交易价格属于内部的协议价格,常设机构的账目利润不一定能够真实反映同类交易的公平利润水平,所以,常设机构所在国的税务机关有权在相同或类似条件下,按照公开市场上相同或类似交易正常收取的价格或费用标准,对常设机构账面上反映的利润进行调整。在常设机构未单独设置营业账簿进行盈亏计算,或常设机构的账册凭证缺乏完整性与准确性以致难以合理计算其利润的情况下,税务机关可以采用核定的方法来计算常设机构的利润,即依照常设机构的营业额或产品的销售额,参照同行业或类似行业的利润水平核定其利润率,计算出常设机构的应纳税所得额。

(二) 费用扣除和合理分摊原则

将常设机构视同独立企业看待的核心问题是费用扣除。由于客观上常设机构的确是总机构的组成部分,因此,在计算常设机构的利润时,除了按照一般的损益原则进行费用扣除外,还应当合理处理常设机构与总机构关联的有关费用扣除问题。

首先,应当允许扣除常设机构进行营业所发生的各项费用。所得税的客体是纳税人的应税所得,而应税所得是纳税人的总所得减去准予扣除的费用支出之后的余额,也就是纳税人的净收益。在对常设机构进行征税时,同样也应遵循净所得原则,即对归属于常设机构的利润,准许扣除与取得该项利润有关的费用支出,确定其应税所得,再以应税所得按照来源地国国内税法所规定的税率计算出应纳税额。至于哪些费用允许扣除,国家间签订的税收协定一般不作具体规定,而是依照常设机构所在地国家国内税法的有关规定。

其次,常设机构还应当合理地分摊总机构的一般管理费用,即对于常设机构支付给其总机构的、与常设机构生产经营有关的管理费用,应准许从其营业所得中扣除。虽然对常设机构要按独立企业计算利润,但常设机构与其总机构毕竟同属于一个实体,其利润的取得与总机构的决策指挥和监督管理分不开,因此,常设机构适当分担一部分总机构的管理费支出是合理的。基于这种考虑,各国在税收协定实践中通常都允许常设机构扣除其应分担的那部分境外总机构的管理费支出。但对于常设机构分担总机构管理费的数额如何确定,税收协定中一般都缺乏明确规定,往往要根据常设机构所在国国内税法的规定。

---

① 《中新协定条文解释》第7条第2款解释道:协定并没有明确规定计算营业利润的具体方法,只是规定了在计算时应遵守的若干原则。第2款就确立了独立企业原则,即对常设机构要作为一个独立的纳税实体对待,常设机构不论是同其总机构的营业往来,还是同该企业的其他常设机构之间的营业往来,都应按公平交易原则,以公平市场价格为依据计算归属于该常设机构的利润。

我国《企业所得税法实施条例》第 50 条规定:"非居民企业在中国境内设立的机构、场所,就其中国境外总机构发生的与该机构、场所生产经营有关的费用,能够提供总机构出具的费用汇集范围、定额、分配依据和方法等证明文件,并合理分摊的,准予扣除。"这表明我国允许非居民企业向其在中国境内设立的机构、场所分摊有关费用,但是应满足以下要求:一是相关性原则,即所分摊的费用必须是由中国境外的总机构发生的,且与其中国境内设立的机构、场所生产经营有关的。二是必须履行证明义务,即在中国境内设立的机构、场所能够提供总机构出具的费用汇集范围、定额、分配依据和方法等证明文件。三是合理性原则,即有关费用必须是合理分摊的,才准予扣除。[1] 可见,我国税法只是规定了常设机构可以列支总机构管理费的条件和程序,但对管理费分摊的方法没有限定。从税收实践来看,许多国家对于常设机构应承担的费用额是按惯例进行估算,如按照常设机构的资产额、营业额或利润额占企业全部资产额、营业额或利润额的比例予以分摊,或是依照常设机构雇佣人员占企业雇员总额的比例来确定。就此问题《中新协定条文解释》第 7 条第 3 款作了如下解释:在计算常设机构利润时,为该常设机构发生的费用,不论发生于何处,都应允许扣除。包括有些不是直接体现为常设机构实际发生的费用,如总机构向常设机构分摊的行政和一般管理费用等。但这些费用必须是因常设机构发生的且分摊比例应在合理范围内。实际执行中,企业应提供费用汇集范围、费用定额、分配依据和方法等资料,以证明费用的合理性。

不过,常设机构与总机构或其他办事处之间发生的某些费用往来,在计算常设机构应税所得时通常不得予以扣除。这些费用往来包括:由于使用总机构提供的专利权或其他权利而支付的特许权使用费;由于接受总机构提供的特别劳务或管理而支付的报酬或佣金手续费;由于使用总机构提供的贷款而支付的利息。之所以不允许常设机构列支上述费用,是因为常设机构事实上已经分担了总机构的部分管理费用,更重要的是,常设机构与总机构同属一个整体,总机构向常设机构提供专利技术、资金或劳务,实际上是一个企业将其自有资产投入不同的组成部分去运作营利。如果总机构要求常设机构支付特许权使用费、利息或劳务费,允许常设机构从其应税所得中扣除这些费用,其结果是将常设机构经营所实现的利润转化为总机构的利润[2],从而背离了独立地计算常设机构与总机构各自所实现的经营利润这一原则。但是,如果常设机构向总机构的支付属于偿还总机构代垫实际发生的费用,则应允许其在计算应税所得时予以列支。

---

[1] 《企业所得税法实施条例解读》编写组:《中华人民共和国企业所得税法实施条例解读》,中国法制出版社 2007 年版,第 157 页。

[2] 参见廖益新主编:《国际税法学》,北京大学出版社 2001 年版,第 208—209 页。

例如,总机构为其境外某常设机构筹措贷款并因此垫付利息,如该笔贷款确实为该常设机构营运使用,则已由总机构先行垫付的利息实属该常设机构应予支付的开支,因此,常设机构向总机构偿还代垫利息所支付的款项应准予其作为费用扣除。另外,如果所涉及的企业是银行企业,上述列支限制也不适用。例如,一家银行总行向其境外分行提供贷款,在计算分行应税所得时应允许其扣除向总行支付的利息。因为银行经营的主要内容就是货币资金的贷放,银行总行与分行之间的货币资金流动就如同一般企业之间的货物交易。既然一般企业之间的货物交易是计价的,那么,也应允许对银行总行、分行间的货币资金流动作同一性质的处理。还应说明的是,由于不允许常设机构扣除向总机构支付的上述款项,在计算常设机构利润时,也不应考虑其因向总机构或其他办事处提供专利、借款等所收取的上述款项。

在常设机构利润的计算方面,独立企业原则、费用扣除和合理分摊原则曾经都是联合国范本和经合组织范本所倡导的原则。不过,2010年修订的经合组织范本关于营业利润的第7条规定简化为4款,未再明确提及费用扣除问题,但要求使用功能和事实分析法去检验常设机构是否是一个明显的独立企业,并采用和1995年《经合组织转让定价指南》一致的独立交易原则确定属于常设机构的利润。无论是常设机构与其总机构的营业往来,还是常设机构与该企业的其他常设机构、关联公司及其所属的常设机构之间的营业往来,都应该以公开公平的市场交易价格为依据。[①]

联合国范本与经合组织范本的另一处不同在于其还规定了基于比例分配法来计算常设机构的利润。我们知道,总机构的经营管理活动与常设机构的业务活动是紧密相连的,往往很难在常设机构的账册上严格划分清楚;而跨国经营的方式又是多种多样的,且总、分支机构之间以及各分支机构之间的交往频繁而复杂,对于税务机关而言,要查明常设机构的账册是否如实反映了企业的经营情况显然有相当的难度。为此,联合国范本第7条第4款规定,如果缔约国一方习惯于以企业总利润按一定比例分配给所属各部门的方法来确定常设机构的利润,则独立企业原则并不妨碍该缔约国按这种习惯分配方法确定常设机构的应税利润。不过,采用这种分配方法所得到的结果应与独立企业的原则一致。依照这种比例分配法,税务机关可以把企业的总利润按一定比例分配给其所属的各分支机构,从而计算出各分支机构的应税所得。这里的"按一定比例",既可以是依照各分支机构营业额或资产额占企业总营业额或总资产额的比例,也可以是

[①] 早在2008年7月17日,经合组织理事会就发布了《常设机构利润归属研究报告》,该报告为企业如何利用公平交易原则决定常设机构利润归属问题进行了具体指导。因此,2010年经合组织范本此处的修订是一种延续。

根据各分支机构雇佣人员工资额占企业全部雇佣人员工资总额的比例。然而，采用比例分配法也会遇到一些实际困难。首先面临的一个难题是确定企业的总利润。由于总、分支机构分设在不同国家，不同国家国内税法上有关费用扣除的范围及条件存在差异，因而，一国税务机关依本国税法规定计算出的总利润及建议采用的某种分配比例，未必能得到其他有关国家的认同。更为关键的是，由于利润分配直接关系到相关国家的税收利益，故一国满意的利润分配结果很有可能不为另一国所接受，后者有可能坚持自己的做法。甚至一些国家主张即使跨国公司在本国的常设机构本身无营业利润，本国也可依据来源地税收管辖权进行征税。[①] 这样一来，就极易导致国际双重征税的发生。另外，按一定比例分配在实际适用过程中也有许多变数。如企业的资产、营业额或雇佣人员等情况并非一成不变，因而分配的比例关系也会不断有所变化；采用不同比例计算显然会得出不同的结果，按哪种比例计算最为精确合理也是很难判定的。对于上述问题的解决，联合国范本中没有具体规定，但是要求采用比例分配法所得到的结果应尽可能与按独立企业征税的原则相一致。所以，从某种意义上来讲，比例分配法只是一个替代性的做法。此外，联合国范本第7条第6款还规定，在常设机构利润计算方面应保持稳定性，不能轻易改变确定常设机构利润的方法。即无论采用何种方式，除非有适当和充分的理由需要变动，每年应采取相同的方法计算常设机构的利润，以保持常设机构税收待遇的稳定性。

六、常设机构原则的例外——对国际运输利润的征税

在国际税收协定中，常设机构原则是适用于对非居民纳税人跨国营业所得征税的基本原则，但对国际运输利润的征税例外。

根据联合国范本第3条第4款的解释，"国际运输"（international traffic）一词是指在缔约国一方设有实际管理机构的企业以船舶或飞机经营的运输，但以船舶或飞机仅在缔约国另一方各地之间经营的除外。

由此可见，联合国范本所称的国际运输包括国际航海运输和国际航空运输。国际运输利润，主要是指从事国际客、货运输所取得的收益。除此之外，与营运所得性质相似或密切相关的所得，如出租设备齐全并配有人员和装置的船舶或飞机取得的租金、经营从市区或仓库至机场或港口码头的送客送货服务和船舶、飞机上的饮食服务所获得的收益等，亦属于运输所得。与其他企业相比，从事国

---

① 有些常设机构只从事接洽、通信联络等事宜，并不从事经营，故本身无营业利润，只有费用发生。对于这样的常设机构，既然其无营业所得，本不应予以征税。但是，常设机构费用的发生乃企业取得营业利润的代价，既有费用的发生，就必有相应的利润，只不过此时的利润保留在外国总机构的账上，没有直接体现在常设机构的账上。因此，总机构也应向这样的常设机构分配利润。常设机构所在国可就分配给常设机构的这笔利润行使征税权。

际运输的企业的经营活动别具特色。这类企业的船舶或飞机因用于国际运输而来往于不同的国家或地区之间,所以,企业的经营活动涉及众多国家。为了便于管理,国际运输企业往往会在许多国家设立常设机构处理运输业务。由于船舶或飞机即使在某一个航程中也往往会在数个国家的境内停留,因此,按照常设机构原则课税面临的首要困难,就是如何将企业的运输利润适当地分配给处于不同国家的常设机构。即使能够进行这种分配,各常设机构所在国征税上的各行其是也会导致以下后果:同样的运输利润在不同国家的税收待遇有异;国际运输企业对税收结果难以预料;征税成本的上升和效率的低下等。长此以往,将有碍于国际运输业的发展。正因如此,对于国际运输利润的征税,联合国范本和经合组织范本都规定不适用常设机构原则。但在具体的征税规则上,2014年经合组织范本有部分内容与联合国范本相同,而2017年的修订发生了较大变化。

2014年经合组织范本第8条第1款规定,以船舶或飞机从事国际运输取得的利润,应仅在企业的实际管理机构所在地缔约国征税。这意味着对从事国际航海运输和国际航空运输企业的利润,企业的实际管理机构所在的缔约国享有独占征税权。该条第3款进一步规定,如果航海运输企业的实际管理机构设在船舶上,应以船舶母港所在缔约国为所在国。在船舶没有母港的情形下,应以船舶经营者为其居民的缔约国为所在国。

联合国范本对国际运输利润征税权的划分,提出了可供选择的A与B两个方案。A方案与经合组织范本的规定完全相同;B方案中,对国际航空运输利润同样规定应由企业实际管理机构所在缔约国征税,但对国际航海运输利润则提出,如果企业经常在缔约国另一方(指非企业实际管理机构所在缔约国)从事业务,那么缔约国双方均可征税。B方案的提出可以说是发展中国家努力的结果,因为发展中国家缺少以本国为实际管理机构所在地的航运公司,将B方案列入范本有利于维护发展中国家的税收利益。

2017年经合组织范本对国际运输征税规则作出了重大修订,将企业的实际管理机构所在缔约国独占征税权改为居住国独占征税权①。其第8条第1款规定:缔约国一方企业以船舶或飞机从事国际运输取得的利润,应仅在该缔约国征税。该款的目的是确保以船舶或飞机从事国际运输取得的利润,仅在缔约国一方征税。之所以豁免在来源国征税,是存在一个假定的前提:国际运输企业从事运营并取得利润,需要遵从很多国家的税法而很可能导致双重征税,或者最好的情形是需要面临在不同国家之间进行划分的难题。同时,各国都按照本国税法征税的话,则在各国所缴纳税款的总和可能超过可征税的利润总额。此外,如果

---

① 需要说明的是,2017年经合组织范本注释也提供了实际管理机构所在国独占征税权的替代条文,以便有这种倾向的国家在确定税收协定时采用。

国际运输企业总体为无收益或很少收益时,在来源国豁免而不是在其居住国豁免税收可以确保企业不会在外国被征税。① 我国对外签订的大多数税收协定采用的也是居住国独占征税权原则。例如中国与新加坡所签税收协定第 8 条第 1 款②的内容与上述经合组织范本的规定相同。

综上所述,在跨国营业所得征税权的划分上,常设机构原则是基本原则,它决定了常设机构所在国能否实施来源地税收管辖权,即来源地国对跨国营业所得征税的条件。在此基础上,实际联系原则明确了常设机构利润的范围,独立企业原则、费用扣除和合理分摊原则解决了常设机构的利润核算问题,两方面结合起来,共同制约着来源地税收管辖权的施行深度。

英国广播公司印度涉税案③
(2010 年)

英国广播公司(British Broadcast Company, BBC)指定其印度子公司(BBC 印度)为其广告销售时段拉取订单,并已收到广告商支付的广告费,BBC 印度也获取了 15% 的佣金。印度新德里税务机关认为,BBC 印度是 BBC 在印度的常设机构,BBC 的广告收入属于来源于印度境内的所得,应予征收 20% 的预提所得税。BBC 认为,广告收入是它的营业利润,因其在印度没有设立常设机构,根据英国和印度所签税收协定,这笔收入在印度不应该是应税所得。因此,向印度所得税上诉法庭(ITAT)提起了上诉,诉称"即使公司在印度的国内代理机构按照独立企业原则获取了收入,作为外国公司也没有义务向印度当局缴纳所得税。" ITAT 受理了此案。其经过调查发现,支付给在印度的外国电视广播代理机构的佣金通常是收入的 15%,BBC 印度在代理广告业务时收取的 15% 的佣金与 BBC 支付给印度其他公司的佣金比例是一样的。法庭认为,首先,BBC 印度是 BBC 的一个子公司而不是分公司,BBC 的广告费收入不应计入 BBC 印度的所得中计征所得税。其次,BBC 印度与 BBC 虽然是关联公司,但彼此间的业务往来秉持了公平交易原则,即佣金的数额是一个公平的市场交易价格。最后,根

---

① 参见雷霆编著:《国际税收实务与协定适用指南》(上),法律出版社 2018 年版,第 541—542 页。
② 《中新协定条文解释》第 8 条第 1 款对此解释道:根据本条及协定议定书的规定,缔约国一方企业以船舶或飞机从事国际运输业务从缔约国另一方取得的收入,在另一方免于征税。具体是指:(1) 新加坡居民企业以船舶或飞机从事国际运输业务,从中国取得的收入,在中国豁免企业所得税和营业税。(2) 中国居民企业以船舶或飞机从事国际运输业务,从新加坡取得的收入,在新加坡除免征所得税外,其应税劳务在新加坡可以零税率适用货物与劳务税,且服务接受方就该应税劳务支付的进项税额在新加坡可于全额抵扣。
③ 参见郑琳编著:《国际税法学》,北京师范大学出版社 2012 年版,第 62—63 页。

据印度直接税中心署(the Central Board of Direct Taxes)发布的一份文件,通过独立代理机构或通过合同在印度境内的销售不被认定为来源于印度境内的所得,而视为印度境外所得。所以,BBC的这笔广告收入在印度不负有纳税义务。

第二节 劳务所得征税权的划分

一、劳务所得的概念及来源地的判定

劳务所得即自然人从事劳务活动而取得的报酬,故又称个人劳务所得。

个人劳务所得可分为独立个人劳务所得与非独立个人劳务所得。独立个人劳务所得是指自由职业者从事某种专业性劳务或其他独立性活动所取得的报酬。这里的专业性劳务或其他独立性活动是指个人从事医师、律师、建筑师、会计师等专业性劳务以及其他独立的科学、文学、艺术、教育等活动。个人独立从事工业、商业经营活动不在此列,个人由此而获取的工商经营所得一般划归营业所得。提供独立劳务者是凭借自己所具有的某种专长,以自己的名义独立进行活动;他没有固定的雇主,自行负担担保劳务服务相应发生的费用,并就所提供的劳务服务对劳务的接受方承担质量责任;他获得的报酬是劳务的接受方就其所提供的专项劳务而支付的诊疗费、律师费、设计费、咨询费、稿费、讲课费等。非独立个人劳务所得又称受雇所得,是指个人由于受雇提供劳务而取得的报酬,如工资、薪金、津贴、奖金等。非独立个人劳务与独立个人劳务的显著区别在于:提供非独立劳务者是受雇于他人,其劳动不能违背雇主的意愿而独立进行;提供非独立劳务者对雇主负责,不直接对劳务的接受方承担质量责任,其在履行劳务工作过程中发生的有关成本、费用通常由其雇主承担。

在劳务所得来源地的判定上,也存在多种主张,其中较为重要的是:

(一) 劳务提供地标准

依照劳务提供地标准,个人在哪个国家提供劳务,其所获得的劳务报酬即为来源于哪个国家的所得,亦即劳务所得的来源地就是劳务的提供地。不过,劳务的提供地对于从事独立劳务者和非独立劳务者含义是有所不同的。就从事独立劳务者而言,劳务提供地的判断主要是看他用以提供劳务的固定基地(如诊所、律师事务所、会计师事务所等)设在哪个国家。如果他在某国设有这样的固定基地,那么,他通过该固定基地所获取的收入就被视为来源于该国。但对于非独立劳务者来说,主要是看他受雇提供劳务的地点,他提供劳务的行为发生在哪个国家,其就此获得的劳务报酬就来源于哪个国家。如美国规定,就个人劳务而言,只要是在美国境内提供的,由此得到的收入即属美国来源的所得,而不问付

报酬者的居住地、付款地或者劳务合同的签订地。

在根据劳务提供地判定劳务所得来源地方面还有一些例外。其中,一个普遍认可的例外是:在跨国提供劳务的情况下,为一国政府工作而取得的报酬被视为来源于其本国。例如,甲国某人在甲国驻乙国的大使馆工作,他虽然在乙国提供劳务,但由此获得的报酬仍被视为来源于甲国。

(二) 劳务所得支付地标准

劳务所得支付地标准以支付劳务所得的居民或固定基地、常设机构的所在国为劳务所得的来源地国。即如果某跨国提供劳务者的劳务所得是由本国居民支付的,或是由本国非居民设在本国的固定基地或常设机构支付的,其该项劳务所得的来源地是本国。例如,英国法院就一直坚持受雇所得的来源地应为所得的支付地。

目前,许多国家都采用劳务提供地标准。相对而言,这一标准更能反映劳务所得与劳务提供地的真正联系,而且在税收征管上比较可行。我国对个人劳务所得来源地的判定也采用劳务提供地标准。根据我国《个人所得税法实施条例》第3条第1款,因任职、受雇、履约等而在中国境内提供劳务的所得,不论支付地点是否在中国境内,均为来源于中国境内的所得。

在国际税法上,跨国劳务所得是指作为一国居民的个人因从事跨国的劳务活动所取得的来源于居住国境外的所得。对于此项所得,不仅劳务提供者的居住国要予以征税,主张劳务所得来源于本国境内的国家也要行使税收管辖权。由此导致的税收管辖权冲突,仅仅依靠某一个国家难以妥善处理,需要国家之间的税收协调。在联合国范本和经合组织范本这两个范本中,均有近 1/3 的条款与划分缔约国双方各自对劳务所得的征税权有关。从国家间签订的税收协定来看,通常是就独立个人劳务所得与非独立个人劳务所得的征税问题分别制定规则,其后,再就一些特殊类型的个人劳务所得作出专门的规定。

二、独立个人劳务所得征税权的划分

在对独立个人劳务所得的征税方面,一项普遍遵行的原则是固定基地原则(the principle of a fixed base)。2000 年前的经合组织范本在第 14 条(独立个人劳务)就单独陈述了对独立个人劳务所得的征税规则,即缔约国一方居民由于专业性劳务或其他独立性活动取得的所得,应仅在该缔约国征税。但在缔约国另一方为从事其活动的目的设有经常使用的固定基地的,也可以在缔约另一方征税。

对于上述固定基地,缔约国另一方可以对仅属于该固定基地的所得征税。根据此项原则,一国对非居民独立个人劳务所得的征税,是以其在本国境内设有固定基地为前提,并以可归属于该固定基地的所得为限。这里的固定基地,是指类似于医生的诊所、律师或会计师的事务所这样的个人用于从事独立个人劳务的固定场所或设施。固定基地这一概念接近于常设机构,只不过固定基地是个人从事独立劳务活动的场所,而常设机构是企业进行经营活动的场所。可见,在对跨国的独立个人劳务所得的征税中,固定基地原则的作用类似于对跨国营业所得征税中的常设机构原则。来源地国对跨国独立个人劳务所得的征税范围,被限定在可归属于该固定基地的所得。也就是说,非居民纳税人通过设在其境内的固定基地从事劳务活动所取得的那部分所得,以及与该固定基地存在实际联系的其他所得。在确定固定基地的应税所得时,同样应遵循独立企业原则予以核算,对于固定基地发生的与其业务活动有关的费用支出也应允许扣除。

显然,仅仅依照固定基地原则划定居住国与来源地国对跨国独立个人劳务所得的征税权,会过多地限制所得来源地国一方的税收管辖范围,不合理地影响其税收权益。因为来源地国只有当非居民纳税人在本国设有固定基地的情况下才能征税,并且只能对属于该固定基地的所得征税。因此,发展中国家提出仅仅依照固定基地原则是不可取的,理应扩大所得来源地国可予征税的范围。

发展中国家的这一立场在联合国范本中得到了反映。该范本第14条在采用固定基地原则的基础上,进一步放宽了对来源地国征税的限制。根据该条规定,即使非居民纳税人未在来源地国境内设有固定基地,但只要具备下列两个条件之一,来源地国仍有权对非居民纳税人的独立个人劳务所得进行征税:其一,非居民纳税人在有关会计年度内在来源地国境内停留累计等于或超过183天(以下简称"停留时间规则")。其二,非居民的个人劳务所得是由本国居民支付的,或是由设在本国的常设机构或固定基地所负担的,并且其金额在某一会计年度内超过一定的数额①(以下简称"支付或负担规则")。这里的"由设在本国的常设机构或固定基地所负担",是指常设机构或固定基地支付给非居民纳税人的独立劳务所得,可以作为该常设机构或固定基地的一项费用支出予以扣除。②可见,根据联合国范本的规定,来源地国在三种情况下可以对非居民纳税人的独立个人劳务所得进行征税。所以,发展中国家在对外谈签税收协定时一般都坚持采纳联合国范本的有关规定。不过,从一些已签订的国际税收协定来看,同时限定上述三个条件的不多,一般是采用固定基地原则和停留时间规则这两个条件。至于支付或负担规则,虽然具有合理性,但执行起来较为困难,采用的不多。

中国对外所签的税收协定一般采纳固定基地原则与停留时间规则。但在采

---

① 根据联合国范本的规定,具体金额由缔约双方在协定谈判时确定。

② 费用扣除的结果是该常设机构或固定基地应税所得的减少,在税率一定的情况下,其应纳税额会相应地减少。对常设机构或固定基地所在国而言,则意味着可征税款的减少。正因如此,在非居民的独立个人劳务所得由设在本国的常设机构或固定基地负担的情况下,允许来源国对这种劳务所得征税才显得较为合理。

用停留时间这一条件时,对 183 天的计算有不同的处理。大多数协定限于一个历年(即公历年度),而中国与英国签订的税收协定按一个会计年度计算,中国与澳大利亚、挪威签订的税收协定则规定以任何 12 个月计算。在与少数国家所签的税收协定中,也兼采了支付或负担规则。

值得注意的是,2000 年经合组织修订其税收协定范本时,删除了第 14 条关于独立个人劳务所得的征税规则。其原因在于:在独立个人劳务中所用的固定基地概念与营业所得中所用的常设机构概念之间没有明显不同,常常无法清楚区分独立劳务所得和营业所得,且两者之间利润的计算和所得税的计算方法也没有明显的不同,这给实际操作带来困惑而难以执行。[①] 删除之后,即可将独立个人劳务所得纳入营业所得中,按照常设机构原则来划分个人独立劳务的征税权。这样一来,劳务所得部分只剩下非独立个人劳务所得,经合组织范本将第 15 条的标题"非独立个人劳务所得"相应地改为"受雇所得"(income from employment)。2017 年经合组织范本的修订依然沿袭了上述做法。

概括而言,对于缔约一方居民以独立身份到缔约国另一方从事劳务活动取得的所得,总的征税原则是由其居住国征税。但在满足一定条件的情况下,来源国也可以征税。

三、非独立个人劳务所得征税权的划分

在对非独立个人劳务所得的征税权划分方面,联合国范本与经合组织范本采用了基本一致的原则,即所得来源国(从事受雇活动的所在国)享有征税权,但在例外情形下应仅由受雇佣者的居住国独占征税权。

两个范本均在第 15 条(受雇所得)第 1 款规定:"缔约国一方的居民由于受雇取得的薪金、工资和其他类似的报酬,除了受雇于缔约国另一方的以外,应仅在该国纳税。如果受雇于缔约国另一方取得的该项报酬,可以在另一国征税。"第 15 条第 2 款又规定,在下列情况下,应仅在首先提及的国家征税:收款人在有关会计年度中在缔约国另一方停留累计不超过 183 天,同时该项报酬是由并非缔约国另一方居民的雇主支付或代表雇主支付,且不由雇主设在另一国的常设机构或固定基地所负担。

据此规定,当缔约国一方的居民受雇于缔约国另一方,即在非居住国提供劳务的情况下,缔约国另一方也可以征税。不过,如果同时符合上述三个条件,应仅由缔约国一方(即该居民的居住国)征税,缔约国另一方(即来源地国)不得征税。意即缔约国一方享有独占的征税权,即使缔约国另一方根据本国税法认为此笔劳务所得来源于本国。当然,在未同时符合上述条件的情况下,缔约国另一

---

① 参见郑琳编著:《国际税法学》,北京师范大学出版社 2012 年版,第 71—72 页。

方享有征税权。例如,只要缔约国一方居民在缔约国另一方的停留时间达到183天,则无论其报酬是否由缔约国另一方的雇主支付或是否由雇主设在缔约国另一方的常设机构或固定基地负担,缔约国另一方都有权征税。在这种情形下,缔约国一方居民在缔约国另一方提供的劳务不再是临时的、短暂的,其由此获得的劳务报酬与劳务的提供地,即缔约国另一方存在密切的经济联系。因此,要求缔约国另一方继续放弃征税权、仍由缔约国一方独占行使征税权,显然有失公平。又如,在缔约国一方居民的报酬是由缔约国另一方居民支付或由雇主设在缔约国另一方的常设机构或固定基地负担的情况下,即使该居民在缔约国另一方的停留未达到183天,缔约国另一方也可行使税收管辖权。这是因为缔约国另一方在计算雇主、常设机构或固定基地的应税所得时,通常允许其将所支付的劳务报酬(包括向非居民支付的劳务报酬)作为费用予以扣除。在这种情况下,继续限制缔约国另一方的征税权,必然对其税收权益产生不合理影响。所以,从各国所签订的税收协定来看,一般都规定只要非居民纳税人在缔约国另一方的停留达到183天,或其所得由作为雇主的缔约国另一方居民所支付、或由雇主设在缔约国另一方的常设机构或固定基地负担,作为劳务提供地的缔约国另一方就有权对非居民纳税人的非独立个人劳务所得进行征税。我国对外签订的税收协定也是如此。

客观地讲,这种规定符合非独立个人劳务的特点。非独立个人劳务提供者的劳务不能违背雇主的意愿独立地进行,其所得正是受雇于非居住国而取得的。如果其在非居住国停留达到相当长的时间,或其所得系由非居住国的雇主支付,或其所得由雇主设在非居住国的常设机构或固定基地负担,非居住国据以行使税收管辖权,应当说是顺理成章、合情合理的。应注意的是,缔约国另一方所享有的征税权不具有独占性,即在其优先行使征税权之后,作为居住国的缔约国一方仍可依据居民税收管辖权予以征税,只是其在进行征税时,应根据税收协定的规定承担避免国际重复征税的义务。

对非独立个人劳务所得征税的上述协调规则也有例外。联合国范本及2014年经合组织范本第15条第3款均规定,如果在缔约国一方企业经营国际运输的船舶或飞机上从事受雇的活动取得的报酬,可以在该企业实际管理机构所在的缔约国征税。如前所述,对国际运输利润的征税不适用常设机构原则,国际运输企业实际管理机构所在的缔约国享有独占征税权,并且该国对因受雇在从事国际运输的船舶或飞机上工作的人员所取得的报酬也有权征税,且不受有关人员在该国境内停留时间的长短、雇主的居民身份归属以及其报酬是否为设在本国境内的常设机构或固定基地所负担这些因素的限制。这一规定显然也有利于国际运输企业实际管理机构所在的缔约国一方。

需要说明的是,2017年经合组织范本修改了第15条第3款,将企业实际管理机构所在国享有征税权改为由受雇者居住国独占征税权,这与前述国际运输的征税规则变化保持了一致。我国对外签订的税收协定中的受雇所得条款基本借鉴了经合组织范本的相关条款。

四、对特殊类型个人劳务所得的征税规则

以上分别论述了对跨国独立个人劳务所得和非独立个人劳务所得征税的一般规则,明确了在什么条件下应仅由劳务提供者的居住国征税,在什么条件下可以在来源地国征税。但应看到,国家间人员交往的情况纷繁复杂,其从事的活动方式存在较大差异,并且各国政府政策上的需要也有所不同,因此,对某些劳务所得不能完全适用一般的征税规则,需要作出特殊处理。从各国签订的税收协定来看,往往专设条文规定特殊个人劳务所得的征税问题,现分述之。

(一) 董事费

董事费是公司支付给其决策领导机构——董事会的组成人员的劳务酬金。公司的董事既不同于公司的一般雇员,也有别于从事专业性和其他独立性劳务活动的自由职业者。他们虽然从公司取得数额可观的劳务报酬,但并不像公司一般雇员那样经常在公司里工作。在当前国际交通和信息传递极为便捷的条件下,担任跨国公司董事者更是如此。他们处理公司的事务或召开董事会,无须固定在其任职公司的所在国进行,往往更多的是在自己的居住国或某个第三国,而且,他们还经常在公司所在国以外从事其本身的职业活动。由于董事的流动性较大,按照劳务提供地标准很难判断董事费报酬究竟是因其在哪个国家提供的劳务而产生的。因此,在就董事费的征税问题上,联合国范本和经合组织范本都主张背离对劳务所得的一般征税原则,按照所得支付地标准确认支付董事费的公司所在国有权征税。两个范本都在第 16 条规定,"缔约国一方居民,作为缔约国另一方居民公司的董事会成员取得的董事费和其他类似款项,可以在另一国征税。"亦即在就跨国董事费所得的征税问题上,允许支付该项酬金的公司所在国行使征税权,而不必考虑该董事在本国的停留时间长短、其实际的劳务提供地何在。从各国已签订的税收协定来看,两个范本的上述处理规则已得到普遍的采纳。应注意的是,两个范本规定的是对跨国董事费所得"可以在另一国征税",这意味着公司所在国不能独占征税权,董事的居民身份所属国也保有征税权。

此外,联合国范本还规定,在公司中担任高级管理职务的人员与董事存在着相同的情况,对一方居民担任缔约国另一方居民公司高级管理人员所取得的薪金、工资或其他类似款项,也可在缔约国另一方征税,同样不必考虑此类人员在本国的停留时间及其劳务的提供地点。这实际上是将上述征税规则从董事费扩展至高级管理人员所取得的所得。但是,这种规定在实际签订的税收协定中很少被采用。这是因为许多国家认为,此类人员是公司的高级职员,其所获得的薪金、工资或其他类似款项明显属于非独立个人劳务性质的所得,应按对非独立个人劳务所得的一般征税规则予以课征。

在我国对外所签的税收协定中,对董事费都明确规定支付公司所在国可以征税。在我国与挪威、加拿大、瑞典、葡萄牙签订的协定中,董事费条款也适用于公司高级管理人员的所得,甚至适用于公司监事会或其他类似机构成员的所得。

(二) 艺术家、运动员所得

作为缔约国一方居民的艺术家、运动员,在缔约国另一方从事各种艺术表演活动或者参加各种体育比赛活动,停留时间通常比较短暂,少则数小时,多则也不过十几天或数十天,一般不会超过183天。他们不必、也不会设立固定基地,但短暂的停留表演往往使他们获得可观的收益。因此,如果按照税收协定中有关独立个人劳务所得和非独立个人劳务所得征税的一般规则,所得的来源地国实际上将征不到税。为了避免这种不合理的现象,协调来源地国与艺术家、运动员居住国双方的税收利益,税收协定中通常要专列条文,明确对艺术家、运动员跨国所得征税的特殊处理规则。

联合国范本和经合组织范本对跨国表演所得的征税问题作出了相同的规定。根据两个范本第17条第1款,缔约国一方居民,作为表演者,如戏剧、电影、广播或电视艺术家,或音乐家,或者作为运动员,在缔约国另一方从事其个人活动取得的所得,可以在缔约国另一方征税。范本中所称的表演者,包括但不限于戏剧、电影、广播或电视艺术家以及音乐家,凡是从事具有公众表演娱乐性质的各种文化艺术活动的人员都在表演者之列。所谓运动员,则泛指参加各种体育竞赛或表演活动者,不论其是职业运动员还是业余运动员。作为缔约国一方居民的表演者或运动员,如在缔约国另一方进行艺术、体育表演活动并获得收入,缔约国另一方可行使优先征税权。表演者或运动员的居住国虽然仍可依据居民税收管辖权予以征税,但应根据税收协定的有关规定采取避免国际重复征税措施。

在现实中,作为缔约国一方居民的表演者和运动员前往缔约国另一方从事表演活动,有时并非是以独立的个人名义,而是以受雇于他人[①]的非独立身份。在这种情况下,因表演活动所产生的收入并不归属于表演者或运动员本人,而是归属于他人。由此就产生了对这种表演活动所得究竟应按营业利润征税,还是应按劳务所得征税的问题。对此,经合组织范本和联合国范本都在第17条第2款明确规定,即使表演者或运动员的所得归属于他人,也可以在缔约国另一方征税,不受协定第7条(营业利润)、第14条(独立个人劳务)和第15条(非独立个

---

① 这里的"他人",可以是一家公司或企业团体,也可以是个人。

人劳务)有关课税规则的限制。其含义是对表演者或运动员的所得,缔约国另一方既可以不依照协定对劳务所得的一般征税原则处理,即不限于只能对设有固定基地或停留达183天者才能征税;也可以不按照对营业利润的征税原则对待,即不限于只有当其雇主在该国设有常设机构时才能予以征税。这样规定的意义主要体现在三个方面:其一,有利于维护所得来源地国的税收权益。在表演者或运动员的表演活动所得不归属于其本人,而是归属于他人的情况下,表演者或运动员通常只能取得少量的报酬。没有上述规定,来源地国就只能对表演者或运动员取得的少量的报酬征税。而有了上述规定,则不论表演活动所得的归属如何,来源地国都可以对这笔表演活动所得的全部金额主张征税权。其二,有利于防止逃避税行为。如无上述规定,表演者或运动员可能假借受雇于他人的名义从事表演活动。倘若其在表演活动所在国未设固定基地,停留时间也未达到183天,或其假借的雇主在表演活动所在国也未设立常设机构,则表演活动所在国对其表演收入就不能征税,这样一来,就可规避表演活动所在国的税收管辖。在有上述规定的情况下,表演活动所在国就可以对任何表演者或运动员因在本国从事表演活动获得的收入进行征税,除非协定中另有规定。其三,有助于避免双重免税。如前所述,有些国家对居民的境外所得实行免税。如表演者或运动员因从事表演活动获得的所得可归属于这些国家的公司或个人,而该公司或个人在表演活动所在国并未设立常设机构或固定基地,则表演活动所在国也不能征税,这样就会造成双重免税的结果。有了上述规定,这种双重免税的不合理现象将得以消除。

上述对跨国表演所得征税的规则也是有例外的。许多税收协定都规定,对缔约国一方居民作为表演者或运动员按照缔约国双方政府间的文化及体育交流计划,或者是受缔约国一方中央或地方政府公共基金的资助,到缔约国另一方进行表演活动的所得,不论是归属于本人还是归属于他人,该缔约国另一方都应给予免税。这是因为,按照政府间文化及体育交流计划或者受政府公共基金资助的表演活动通常不具有营利性质,而且有利于缔约国之间的文化、体育交流。[①]

(三) 退休金

退休金是个人因以前的雇佣关系在退休以后取得的一种劳动报偿所得。如果一国的居民因过去在另一国的雇佣关系而从另一国取得退休金,就会产生对这种收入由受益人当前的居住国征税还是由来源地国(即支付者所在国)征税的问题。

一些国家主张应仅由受益人居住国征税。因为受益人退休后已不再在原先受雇国境内居住,其在目前的居住国纳税更为便利。另一些国家则主张应由来源

---

① 参见王选汇:《避免国际双重征税协定简论》,中国财政经济出版社1987年版,第99—101页。

地国征税,其理由在于:退休金实际上是受益人因过去在雇佣关系所在国提供劳务所取得的一种延期支付性质的劳动报酬[①],应与一般的非独立个人劳务所得一样,原则上可由所得来源地,即劳务的提供地征税。由于观点不同,各国在税收协定中对此问题的处理也不一致,经合组织范本与联合国范本的规定也有差异。

经合组织范本第19条(退休金)规定:"由于过去的雇佣支付给缔约国一方居民的退休金和其他类似的报酬,应仅在该国征税。"由此可见,在就跨国退休金的征税问题上,经合组织范本总的处理原则是由受益人居住国征税,即缔约国一方居民因以前在缔约国另一方的雇佣关系而由缔约国另一方支付的退休金和其他类似报酬,应仅在受益人为其居民的缔约国一方征税,不以过去的劳务提供地为征税依据。这种征税处理可以说是背离了所得来源地的征税规则。在联合国范本中,对跨国退休金的征税问题提供了两个方案以供选择。方案A与经合组织范本的规定相同,但在上述规定的基础上增补了一项例外规定,即如缔约国一方居民从缔约国另一方取得的退休金和其他类似报酬,是从缔约国另一方政府或地方当局按照公共福利计划建立的社会保险基金中支付的款项,则应仅在缔约国另一方,即支付者所在国征税,缔约国一方,即受益人居住国应予免税。方案B第1款则规定对退休金所得可以在缔约国一方征税,即可以在受益人居住国征税。但在第2款明确规定,如果退休金由缔约国另一方的居民或者设在该国的常设机构支付,也可以在另一国征税。这表明按照方案B,退休金所得受益人的居住国和支付者所在地国均享有征税权。该方案第3款也有如同方案A的例外规定,即凡系从一缔约国政府和地方当局建立的社会保险基金中支付的退休金和类似报酬,应仅由该缔约国征税,即该缔约国享有独占征税权。

从我国对外签订的税收协定来看,有些采用了经合组织范本所建议的规则,有些选用了联合国范本第19条方案A,还有些则未予涉及,在这种情形下,只能依照税收协定中有关非独立个人劳务所得的一般规则征税。

(四) 为政府服务所得

与一般劳务所得相比,政府服务所得的特殊性在于涉及为政府服务,是政府职员为该国政府提供跨国服务取得的工资、薪金或其他报酬。由于此项所得完全来自于政府所在国的行政经费支出,因此,国际上通行的做法是,认定此项所得来源于支付服务报酬所得的政府所在国,由支付服务报酬所得的政府所在国行使征税权。联合国范本和经合组织范本第19条也都规定,缔约国一方政府支付给向其提供服务的个人的工资、薪金所得,应仅在该国征税。但是,如果该个人在缔约国另一方提供以上服务,且该个人是缔约国另一方的居民和国民,或者基于提供以上服务以外的其他事由而成为该缔约国另一方的居民,那么该类报

---

① 参见廖益新主编:《国际税法学》,北京大学出版社2001年版,第246页。

酬应当由缔约国另一方独占征税。[①]

对于政府职员的退休金,两个范本原则上规定应由受益人的居住国征税。但是,如系缔约国一方政府或地方当局以其所建立的基金向为其提供服务的个人支付的退休金,应仅在该缔约国一方征税,也就是说,应仅由支付该项退休金的政府所在国一方独占征税。然而,如果在缔约国另一方为缔约国一方政府提供服务的个人既是缔约国另一方的国民,又是缔约国另一方的居民,在此情形下,其退休金所得应仅由作为该个人的国籍国和居住国的缔约国另一方独占征税。

(五) 学生和学徒所得

在税收协定中,学生和学徒的所得,是指跨国求学和接受培训的学生和学徒在接受教育与培训期间所取得的所得。对这类所得的征税,税收协定中往往有特别的规定,目的在于促进国际间文化、教育和科技的交流,照顾跨国求学和接受培训的学生和学徒的生活。

经合组织范本第20条规定:"学生或企业学徒是,在直接前往缔约国一方访问前,曾是缔约国另一方居民,仅由于接受教育或培训的目的停留在首先提及的国家,其为维持生活、教育或培训收到的来源于该国以外的款项,该国不应征税。"根据此条规定,作为缔约国另一方居民的学生或学徒,仅出于接受教育、培训或获取技术经验的目的前往并暂时居住在缔约国一方,对其从缔约国一方以外取得的,用以维持生活、教育或培训的收入,该缔约国一方不得予以征税。这一免税待遇适用的首要条件是学生或学徒在紧接着前往缔约国一方之前必须是缔约国另一方的居民。之所以作如此要求,是为了保证税收协定的免税待遇只给予缔约国居民。因为有些国家税法规定,居民移居国外一年以后,即丧失本国居民身份。而这些移居到另一国家的个人在该国居住半年或一年以上,又有可能成为另一国家的居民。为了防止成为另一国家即缔约国以外的第三国居民的个人不合理地享受协定中规定的免税待遇,就需要明确学生或学徒在紧接着到缔约国一方之前必须是缔约国另一方的居民。其次,学生或学徒前往并居住在缔约国一方的唯一目的是为了接受教育或培训。当然,这并不排除这些学生或学徒在接受教育或培训之余,提供劳务获取报酬以弥补其在缔约国一方境内学习和生活费用的不足。至于免税的范围,仅限于学生或学徒从缔约国一方境外收到的款项。即只有来源于缔约国另一方或第三方的款项,才能依协定规定在缔约国一方享受免税待遇。并且,境外这些款项的支付是为了维持学生或学徒的生活、教育或培训。

联合国范本第20条第1款也采用了经合组织范本的上述规定,但在第2款

[①] 参见陈安主编:《国际经济法学》(第七版),北京大学出版社2017年版,第420页。

中又指出,"第1款所述学生或企业学徒取得不包括在第1款的赠款、奖学金和雇佣报酬,在教育和培训期间,应与其所停留国居民享受同样的免税、优惠和减税。"基于这一规定,学生或学徒在停留地提供劳务所取得的报酬,应与具有缔约国一方居民身份的学生或学徒取得的报酬享有同等的税收待遇。

我国签订的税收协定,一般都采用了联合国范本的规定,但就学生或学徒有关所得的免税问题,处理的方式不尽相同。另外,我国还一直坚持在协定中增设"教师和研究人员的所得"这一条文,规定对缔约国一方居民个人到缔约国另一方的大学、学院、学校或其他公认的教育机构从事教学、讲学或研究取得的报酬,该缔约国另一方应给予定期的免税待遇。如《中日税收协定》第22条规定,缔约国任何一方的教师、研究人员到缔约国对方的大学、学院、学校和其他公认的教育机构从事教学、讲学或研究,从其第一次到达之日起停留时间不超过3年的,缔约国对方应对其由于教学、讲学或研究取得的报酬免予征税。

某日本公民涉税案①
(1996年)

乙公司是日本公司甲在我国福建省福州市投资设立的一家日商独资企业。A具有日本国籍,在日本有住所,是甲公司的股东、董事、副社长。1995年3月1日至1996年2月29日间,A被派往乙公司担任总经理、副董事长。任职期间,A未离开过中国,在甲公司也没有担任职务。其间,A分别获得了甲公司支付的年俸和乙公司支付的报酬。1996年10月,福州市税务机关在对乙公司进行税收检查时发现,A任职期间取得的工资、薪金未向税务机关申报纳税,于是责令A补缴个人所得税。这是一起涉外个人所得税纠纷案,首先应考虑A是否可享受税收协定待遇。由于《中日税收协定》已于1985年1月1日开始执行,A是日本公民且是在此之后到中国境内企业任职工作,因此,A在中国境内任职期间取得的所得,可以享受税收协定的待遇。在此基础之上,需要解决的问题有五:一是A的税收身份。根据《中日税收协定》第4条第1款的规定,居民身份的判定按照有关缔约国的法律确定。A具有日本国籍,在日本有住所,是日本税收上的居民。但不是中国税收上的居民,因A在乙公司任职期间,1995年在中国境内连续累计停留306天,1996年则为56天,均未满365日,故只需就源自中国境内的所得向中国纳税。二是A在中国任职期间所得的性质。A受雇于甲公司,并被派往中国工作,其提供的劳务应是非独立个人劳务。经过查证,A已就1995年度的所得在日本申报纳税。根据A提供的1995年在日缴税的税单,其所得项

---

① 参见李金龙主编:《税收案例评析》,山东大学出版社2000年版,第71—72、77—78页。

目填具的是"给予、赏与"。而按照日本个人所得税法的规定,"给予、赏与",是指包括工资、年金和奖金等有偿的报酬。显然,A 在乙公司工作期间从日本甲公司和福州乙公司取得的报酬均属于工资薪金所得。即使乙公司支付给 A 的报酬是以董事费的名义,按照《中日税收协定》第 16 条(董事费)的规定,中国作为支付董事费的公司所在地一方仍享有征税权。另需说明的是,即使 A 在中国工作期间从甲公司取得的是董事费收入,也不能援引适用《中日税收协定》第 16 条有关董事费征税的规定,因为 A 是日本税收上的居民,他是日本甲公司的董事,是从日本甲公司获得的董事费。三是所得来源地的确定。A 虽是日本税收上的居民,但他是在中国境内提供劳务,所以,其在中国任职期间从日本甲公司和福州乙公司获得的报酬,均属于来源于中国境内的所得,中国有权依据来源地税收管辖权予以征税。四是在中国应纳税款的计算。根据《中日税收协定》第 15 条[①]和中国《个人所得税法》的有关规定,A 在福州乙公司工作期间取得的由乙公司和日本甲公司支付的报酬,属于 1995 年这一年度的,应合并计算纳税;属于 1996 年 1 月 1 日至 1996 年 2 月 29 日这一时期的,应仅就由福州乙公司支付部分计征税款。[②] 经过计算,福州税务机关要求 A 在我国补缴个人所得税税款共计人民币 234051 元。五是双重征税的避免。依照《中日税收协定》第 23 条第 2 款的规定,日本对其居民在中国已纳的税款应给予税收抵免待遇。据此,A 可向日本税务机关提出相关申请。

第三节 投资所得征税权的划分

一、投资所得的概念及来源地的判定

(一)投资所得的概念

投资所得(income from investment),是指纳税人从事各种间接投资活动所获得的收益。与前述营业所得不同的是,投资所得是投资者将其资金、财产或权利提供给他人使用所获取的收益,投资者不直接参与企业的经营管理活动,具有消极和被动的性质,因而投资所得又被称为消极投资所得。

投资所得主要包括利息、股息和特许权使用费。利息是指凭借各种债权所

---

① 此条系关于对非独立个人劳务所得征税的协调规则,与前述联合国范本和经合组织范本第 15 条的规定相同。

② 因 1996 年度 A 在中国境内停留未超过 90 天,并且,日本甲公司给付的报酬是在日本支付的,即是在中国境外支付且不是由甲公司在中国境内的机构、场所负担的。

取得的所得,股息是因拥有被投资企业的股份、股权或其他可以分享利润非侵权性质的权利而取得的所得,而特许权使用费则是提供专利、商标、专有技术等无形财产的使用权所取得的收益。由上述可见,投资所得集中体现在一个"权"字上,利息反映债权,股息反映所有者权益,特许权使用费反映的则是各种无形财产的使用权。当这些权利的提供者和使用者,即投资所得的取得者和支付者都处于一个国家境内时,投资所得的来源地无疑就是该国。但当这些权利的提供者和使用者分处不同国家时,所得来源地的确定问题就随之而来。

(二) 投资所得来源地的判定

对于各项投资所得来源地的判定,主要采用以下两种标准:

(1) 权利提供地标准。主张权利提供地标准(又称权利发生标准)者认为,跨国利息、股息和特许权使用费等投资所得来源于提供债权、股权、特许权的居民所在国,因此,提供上述权利的自然人或法人是哪国的居民,则因这些权利而产生的股息、利息和特许权使用费就来源于哪个国家。

(2) 权利使用地标准。主张权利使用地标准者认为,权利在哪个国家使用就应判定因此项权利产生的所得来源于哪个国家。例如,甲国一公司向乙国某公司转让一项技术,该项技术在乙国境内使用。依据权利使用地标准,甲国公司从乙国取得的特许权使用费就来源于乙国。由于权利的使用地往往与所得的支付地是一致的,权利的使用方往往就是利息、股息和特许权使用费的支付方,因而,权利使用地标准又被称为实际支付地标准。

不同的标准体现了不同的利益,比较而言,权利发生地标准反映了居住国的利益,权利使用地标准则代表了非居住国的利益。不过,在各国的税收实践中,对于股息所得来源地的判定渐趋一致,即以支付股息公司的居民身份所属国为来源地国。但由于各国对法人居民身份的判定所持标准不同,对股息来源地的确定仍会有分歧。对于利息和特许权使用费,较多倾向于以利息、特许权使用费的支付地为来源地。

以美国为例,利息来源地的判定取决于利息支付者的所在地,即只要利息支付者在美国,受付人的这笔利息收入就构成美国来源的所得。至于股息收入,其来源主要取决于支付股息公司的居住地。特许权的使用如在美国,则取得的特许权使用费收入属于美国来源的所得。

又如根据我国《企业所得税法实施条例》第7条第4项、第5项的规定,股息、红利等权益性投资所得,按照分配所得的企业所在地确定;利息所得、租金所得、特许权使用费所得,按照负担、支付所得的企业或者机构、场所所在地确定,或者按照负担、支付所得的个人的住所地确定。①

布雷诉美国国内收入局局长案②
（1984年）

　　法国人皮埃尔·布雷是管弦乐指挥,他为美国CBS唱片公司录制唱片。录制在美国进行,布雷的报酬是他录制唱片零售额的一定百分比,他在1975年纳税年度获得这笔收入。如果以提供劳务为名,该收入就是源于美国的收入,因为其服务是在美国提供的。但是,如果以特许权使用费的名义,依据美国与法国签订的税收协定,双方相互免除对方居民来自于本国的特许权使用费的税收,那么布雷的这笔收入就可以免税。不过,美、法税收协定并未明确如何对收入进行分类。美国国内收入署按劳务所得要求布雷就这笔收入纳税,布雷不服,向美国税务法院提出诉讼。原告主张,他与CBS唱片公司在1969年签订的合同中规定,原告许可给CBS唱片公司一项在唱片中的财产权益,且原告因此有权取得"特许权使用费"。但是,双方当事人的合同内容不很清楚。一方面,该合同一直将拟支付给原告的报酬称为"特许权使用费";另一方面,从该合同通篇所使用的语言来看,双方签订的是私人服务合同。法院认为,对于合同的性质,不能简单地从其标签性文字上分析,而要深入分析实质交易的内容。双方合同的第1段即明确规定CBS唱片公司聘用原告提供排他性的服务。合同第3段要求原告每年为该公司录制一定数量的唱片。最重要的是合同第4段,CBS唱片公司认为原告的服务是该合同的核心内容:原告承诺在合同期内不为他人灌制类似的唱片。合同第5段规定,唱片一经灌制,由CBS唱片公司拥有全部所有权,原告和其他当事人不得提出任何权利要求。可见在该合同中,没有任何内容规定原告将唱片中的财产权益转移给CBS唱片公司,因此,CBS唱片公司拥有所灌制唱片的全部所有权。尤为关键的是,该合同第13段规定,CBS唱片公司有权在下列情况下中止或终结支付费用,"如果由于疾病、伤痛或罢工原因,你不能依协议条款为我方履行义务"。所以,从合同整体内容出发,法院认定双方当事人签订的合同属于私人服务合同,而非许可财产权的合同。在明确了该笔收入的性质之后,关于美国是否有权对该笔收入征税的问题就容易解决了。对于劳务所得的来源地,美国采用劳务提供地标准,即只要是在美国境内提供劳务,由此

---

　　① 我国《个人所得税法实施条例》第3条第4项、第5项中有类似的规定。即不论支付地点是否在中国境内,许可各种特许权在中国境内使用而取得的所得,从中国境内的公司、事业单位、其他经济组织或居民个人取得的利息、股息、红利所得,是来源于中国境内的所得。

　　② 参见李金龙主编:《税收案例评析》,山东大学出版社2000年版,第135、136、141页。

获得的所得均属于来源于美国的所得,应在美国纳税。1984年,美国税务法院据此裁决CBS唱片公司支付给原告的报酬为来源于美国的收入,应向美国缴纳所得税。

二、划分投资所得征税权的基本原则——税收分享原则

(一) 对投资所得征税的特点

从各国税法来看,对投资所得的征税往往不同于对营业所得的征税。这是投资所得的特点所决定的。如前所述,投资所得具有消极与被动的性质,是投资者通过向企业投资入股、购买股票或债券、提供贷款、转让工业产权或专用技术的使用权等方式取得的收益。投资所得的支付者往往有固定的营业场所,而所得的取得者(即所得的受益人)则相对分散。在跨国投资的情况下,这种分散性表现得更为突出。例如,一个股份有限公司的股东可能分布在许多国家,由于股票的转让,又会产生股东的变化,进而导致股东分布的不确定性。

从来源地国的角度来看,非居民纳税人投资所得的取得可以概括为三种情况:一是未在来源地国设立常设机构或固定基地的情况下取得;二是虽然在来源地国设有常设机构或固定基地,但取得的投资所得按实际联系原则并不归属于该常设机构或固定基地;三是在来源地国设有常设机构或固定基地,取得的投资所得按实际联系原则可归属于该常设机构或固定基地。对于第三种情况,如前所述,国际上的普遍做法是将这部分投资所得并入该常设机构或固定基地的营业所得或劳务所得中,在扣除有关成本费用后,统一计征企业所得税或个人所得税。但在前两种情况下,如果像对营业所得和劳务所得征税那样,要求所得的取得者直接申报纳税和按照通常的规则计算应纳税所得额,既不便于税收征管,也存在征管的困难,并极易导致逃避税收行为的发生。因此,各国通常采取以投资所得全额按较低比例税率计税,并采用源泉扣缴的征收方式。之所以以所得的全额作为应纳税所得额,一个重要原因在于避免考虑投资所得所含成本费用的计算问题。众所周知,投资所得成本费用的计算十分复杂,在许多情况下,投资者以外的第三人(包括被投资企业和税务机关)往往无从把握。不过,也正是由于对投资所得按全额征税,不扣除任何成本费用,各国对投资所得征税的税率往往低于对营业所得征税的税率。从各国的税收实践来看,从5%至35%不等,大多为10%至20%。源泉扣缴是指以所得取得者为纳税人,以所得支付者为扣缴义务人,扣缴义务人应在每次支付有关所得款项时代为扣缴所得取得者应纳的税款。由于以这种源泉扣缴的方式征收的所得税具有估定预征的性质,故又被称为预提所得税,简称预提税。按照这种方式征税时,来源地国税款的征收以及

非居民纳税人纳税义务的履行,都要通过扣缴义务人这一中间环节。

(二) 税收分享原则

在没有签订税收协定的情况下,对于一笔跨国投资所得,投资者的居住国和非居住国都可以行使征税权。在对跨国投资所得的征税问题上,发达国家与发展中国家之间的矛盾十分尖锐。发达国家因大多处于居住国地位,强调的是如果没有投资、贷款和使用权转让,就不会产生股息、利息和特许权使用费,所以,投资所得应仅由投资者的居住国征税。而发展中国家因多处于非居住国(即来源地国)地位,主张投资所得来源于被投资者、债务人和特许权受让者的价值创造,没有上述主体利用资金或权利进行积极活动,就谈不上什么所得。因此,只有来源地国才应享有对投资所得的征税权。如果居住国与非居住国各持己见,必然会发生税收管辖权的重叠行使,引起国际重复征税。

客观地讲,无论是纳税人的居住国还是所得的来源地国,都不应要求对跨国投资所得的独占征税权。作为投资所得的来源地国,由于有关的资金、财产或技术在其境内得到实际运用,所得的实现与在来源地国进行的经济活动密切相关,因而,来源地国有充分的理由对非居民来源于其境内的各项投资所得行使管辖权。对于纳税人的居住国而言,虽然产生投资所得的资金、财产或技术并未在本国境内实际运用,但毕竟有关资金的筹集、财产的购置和技术的开发研究在很大程度上是在本国境内进行的,并且,这些投资的成本费用往往已经在本国得以摊销,所以,也应保证纳税人的居住国对其居民来自境外的投资所得享受适当的税收利益。正因如此,比较可行且容易被接受的做法是承认居住国和来源地国对于投资所得都有征税权。在此种情况下,自然要求对来源地国征税的税率加以适当的限制,因为来源地国可以利用支付所在地的有利条件,优先行使征税权。如果不对其征税税率加以限制,受益所有人居住国的居民税收管辖权就会落空。

在投资所得征税权的划分方面,联合国范本和经合组织范本都采取了税收分享原则。所谓"税收分享原则",是指对于跨国投资所得,所得受益人的居住国与所得的来源地国都可以行使征税权。所得受益人居住国应承认所得来源地国拥有优先征税权;所得来源地国则接受税收协定对行使来源地税收管辖权设定的限制。这里的条件限制是指税收协定中对所得来源地国征税规定的最高额度,即限制税率。这是非常必要的,唯其如此,才能保证居住国能够分享到一定的税收利益。

经合组织范本和联合国范本关于对跨国投资所得征税的税收分享原则,具体体现在第10条(股息)、第11条(利息)和第12条(特许权使用费)中。

关于股息所得,两个范本都首先规定,缔约国一方居民公司支付给缔约国另一方居民的股息,可以在缔约国另一方征税。然而,这些股息也可以在支付股息公司为其居民的缔约国,按照该国法律征税。经合组织范本还明确规定了支付股息公司为其居民的缔约国征税的税率,即当股息受益所有人是直接持有支付股息公司至少25%资本的公司(不是合伙企业),税率不应超过5%①;在其他情况下,税率不应超过15%。缔约国双方主管当局应通过相互协商,确定实施该限制税率的方式。联合国范本也分两种情况,其一,受益所有人是直接持有支付股息公司至少10%资本的公司(不是合伙企业②),其二,在其他情况下。但联合国范本没有规定支付股息公司居住国征税的税率,而是将其留待缔约国通过双边谈判确定。

关于跨国利息所得,经合组织范本规定,发生于缔约国一方并支付给缔约国另一方居民的利息,可以在来源地国征税。然而,这些利息也可以在其发生的缔约国,按照该国法律征税。但是,如果利息受益所有人是缔约国另一方居民,所征税款不应超过利息总额的10%。不过,就此比例,联合国范本仍然没有明确限定。

关于跨国特许权使用费所得,两个范本的差异较大。经合组织范本规定,发生于缔约国一方并支付给缔约国另一方居民的特许权使用费,如果该居民是特许权使用费的受益所有人,应仅在另一国征税。然而,联合国范本还进一步规定,这些特许权使用费也可以在其发生的缔约国,按照该国法律征税。但是,如果特许权使用费受益所有人是缔约国另一方居民,所征税款不应超过特许权使用费总额的一定比例,该比例通过双边谈判确定。由此可见,在对跨国特许权使用费所得征税问题上,经合组织范本是将征税权划归受益所有人的居住国,并未实行税收分享原则。而联合国范本采纳的依然是税收分享原则。客观而言,就特许权使用费共享征税权是一种双赢的选择。原因在于让来源地国(特别是发展中国家)享有优先征税权,可以鼓励他们引进先进技术的积极性,这也有利于发达国家的长期经济发展和技术进步。此外,在来源地国征税也便利税收征收管理,减少逃税。但涉及知识产权的很多开发费用的确都发生在受益所有人的居住国,这些国家对知识产权的形成提供了服务,也承担了风险。因此,受益所有人的居住国也应当享有一定的征税权,从而在一定程度上起到鼓励政府支持技术出口和扩大开发的效果。③

概括而言,经合组织范本和联合国范本对跨国股息、利息所得,规定可以在受益所有人的居住国征税,也可以在收入来源地国征税;但对跨国特许权使用费

---

① 在此方面,2017年经合组织范本增加了"365天"期间持有资本要求,即在包含股息支付日在内的整个365天期间直接持有。

② 2017年经合组织范本删除了受益所有人"不是合伙企业"的要求。原因在于:随着对合伙企业协定资格认识的调整,如果合伙企业所在地缔约国将合伙企业视为一个"公司"的话,则缔约国另一方授予该合伙企业的直接投资股息优惠税率待遇就是恰当的、必要的。

③ 参见杨斌:《国际税收》,复旦大学出版社2003年版,第106页。

所得,经合组织范本主张应由居住国独占征税,而联合国范本则坚持受益所有人居住国和收入来源地国分享征税权原则。

应予说明的是,两个范本中关于股息"也可以在支付股息公司为其居民的缔约国,按照该国法律征税",以及利息和特许权使用费"也可以在其发生的缔约国,按照该国法律征税"的规定,其含义是遵从来源地国国内法的规定,即来源地国可以根据本国国内税法的规定,决定是否征收预提税,也就是并不要求另一国必须征税。有些国家并非对各项投资所得都征收预提税。如德国、瑞典、奥地利等国只对股息和特许权使用费征收预提税,对利息不征预提税;荷兰、丹麦、挪威等国则是只对股息征收预提税,对利息和特许权使用费不征预提税;而澳大利亚、瑞士只对股息、利息征收预提税,对特许权使用费不征预提税。因此,如果来源地国税法规定对投资所得不征税,或是对某项投资所得不征税,则并不因签订了税收协定,而必须依照上述条款进行征税,仍可以适用其国内税法的规定行使征税权。①

三、税收分享原则的实施

由于经合组织范本和联合国范本的倡导,在对跨国投资所得的征税方面,税收分享原则已在国际税收协定中得到了普遍的采纳。

然而,仅仅明确来源地国与居住国都有权对跨国投资所得征税,尚不能圆满解决双方征税权的冲突。在各国所得税法中,对股息、利息和特许权使用费的界定并不一致,就其来源地的认定也存在不同主张。由于来源地国一方处于对跨国投资所得优先课税的地位,如不对其来源地管辖权加以明确限定,就很难保证税收分享原则能够切实起到协调来源地国与居住国税收管辖关系的作用。也就是说,要真正实施税收分享原则,还必须进一步对来源地国的征税权加以明确限定。联合国范本和经合组织范本在此方面都有较为详细的规定,这些规定对国家间签订税收协定具有重要的参考作用。概括起来,两个范本中对来源地国征税权限定的主要内容是:

(一) 界定各项投资所得的范围

各国所得税法中对股息、利息和特许权使用费的界定往往并不一致,甚至可能存在较大的差异。例如,有的国家将技术咨询服务费纳入特许权使用费范围征收预提税;有的国家认为附有不动产抵押担保的贷款利息属于营业所得;还有些国家则将公司向兼任董事职务的股东支付的董事费视为股息分配课税。因此,要有效解决缔约国间的征税权冲突,应当对投资所得概括出能被共同接受的一般判断准则。对此,联合国范本和经合组织范本是以用语定义的方式,对股

---

① 参见王选汇:《避免国际双重征税协定简论》,中国财政经济出版社1987年版,第69页。

息、利息和特许权使用费加以明确。

税收协定意义上的股息,是指凭借股份或其他非债权性质的可以分享被投资企业利润的权利所取得的各项所得。考虑到缔约国之间法律规定可能存在的差别,两个范本还规定,股息亦包括按照分配利润公司是其居民的国家的法律,视同股份所得征税的其他公司权利取得的所得。例如从被投资企业取得的分红、公司清算所得以及其他变相的利润分配等,只要依照支付这些款项公司的居住国一方缔约国税法规定视为股息分配,都应当纳入股息的范畴。这样规定的结果,不仅遵从了支付股息公司居住国国内税法的规定,而且也限定了股息必须是因非债权关系参与被投资企业利润分配所取得的所得。由此还可以得出这样一个结论,即支付股息公司居住国国内税法规定视为股息分配的所得,也是协定意义上的股息所得,即使这些所得在缔约国另一方国内税法中不被视为股息范围内的所得。

税收协定中"利息"一语,是指从各种债权取得的所得,不论有无抵押担保或者是否有权分享债务人的利润。凡是由于拥有债权(如放贷、垫付和分期收款等而拥有的债权关系)而获取的收益,以及从公债、债券或信用债券取得的所得,包括附属于这些证券、债券和信用债券的溢价和奖金,都属于利息所得。但对延期支付所处的罚息,不应视为利息。根据上述规定,附有不动产抵押担保的债权所得显然属于利息所得,而不是营业所得。一般来讲,如果纳税人的有关所得符合税收协定中"利息"的概念范围,有关缔约国应将其识别为利息并据以征税。但是,当利息的支付人与受益所有人之间或者他们双方与其他人之间存在特殊关系(即所谓关联企业关系)时,如就有关债权支付的利息数额超出其间没有上述关系(即属于独立企业之间的关系)所能同意的数额,那么,尽管支付款项的超出部分符合税收协定关于利息的概念范围,有关缔约国仍有权按本国国内税法识别该部分所得的性质并据以征税。不过,在这一过程中,该缔约国应适当考虑税收协定的其他规定。

至于"特许权使用费",两个范本的规定不完全一致。在经合组织范本中,特许权使用费是指由于使用,或有权使用任何文学、艺术或科学著作,包括电影影片的版权,任何专利、商标、设计或模型、计划、秘密配方或程序作为报酬的各种款项;或有关工业、商业或科学实验的情报作为报酬的各种款项。① 而联合国范本在以上内容基础上,又特别指出提供磁带、无线电或电视广播使用的胶片的

---

① 1992年修改后的经合组织范本将出租工业、商业和科学设备所取得的租金收入从特许权使用费中删除。这一修改是根据经合组织税务委员会1983年关于设备租赁问题的研究报告作出的,该报告认为,这类有形财产的租赁收入含有融资成本、折旧等费用因素,且其使用权在同一时期只能提供给一个承租人使用,不像无形财产那样可同时授予数个被许可人使用。因此,将出租这类财产的租金所得列入营业所得处理更为恰当。

使用权而收取的款项,或者由于提供工业、商业或科学设备的使用权而获得的报酬也属于特许权使用费。以上规定表明,协定范本意义上的特许权使用费,是指提供各种财产或权利的使用权而收取的各种款项。另外,两个范本还都规定,由于支付人与受益所有人之间或者他们双方与其他人之间的特殊关系,就有关使用、权利或情报,支付的特许权使用费数额超出支付人与受益所有人没有上述关系所能同意的数额时,协定中的有关规定应仅适用于后来提及的数额。在这种情况下,支付款项的超出部分,仍应按各缔约国的法律征税,但应适当考虑协定的其他规定。

由上述可见,联合国范本和经合组织范本中对股息、利息和特许权使用费的解释是指股权、债权和使用权所得,皆属于权利金性质的收入。这样的规定显然有利于与营业所得和劳务所得相区别,从而避免适用税收协定时发生紊乱。

两个范本关于股息、利息和特许权使用费的定义已在许多国际税收协定中得到了采用。不过,也有一些国家在签订税收协定时,结合缔约国双方各自国内税法的规定和谈判的实际情况,对范本中的概念范围加以限制或予以补充。例如,美国在与奥地利签订的税收协定中将设有不动产抵押担保的贷款利息排除在利息范围之外;在其与英国签订的协定中则规定,某些能够参与分享债务人利润分配的债权利息也可以视为股息收益。就缔约国双方而言,一旦其间签订的税收协定对股息、利息和特许权使用费作出了界定,就应依照协定的规定予以执行。

(二) 协调对所得来源地的判定

如前所述,各国国内税法上对投资所得来源地的判定存在较大差异。有的国家主张权利提供地标准,有的国家则主张权利使用地标准。如果缔约国双方所持标准不同,而其间所签税收协定又缺乏统一规定,则不仅会给协定的执行带来困难,还有可能造成一笔投资所得被双重征税或双重免税的结果。因此,在税收协定中有必要协调缔约国对所得来源地的确定规则。

在股息所得来源地的判定方面,由于能够直接分配股息的一般是具有独立法人地位的公司,而这种公司的总机构或实际管理机构又必然是设在缔约国一方而成为该国的居民公司,所以,联合国范本和经合组织范本采取了以居民公司支付为准的原则,凡是缔约国一方居民公司支付的股息,即应认为该股息发生在该缔约国。从缔约国的角度而言,凡本国居民公司支付给缔约国另一方居民股东的股息,系来源于本国境内的股息,可以依照税收协定规定的限制税率课征预提税。若常设机构将取得的利润汇给总机构,再由总机构支付股息,应认定该股息的发生地在总机构所在的缔约国。对于利息来源地,两个范本的确定规则一致,即以支付人的居住地为准。只要支付利息的人是缔约国居民,即应认为该利息发生在该缔约国,该缔约国有权进行源泉征税。至于特许权使用费的来源地,经合组织范本未予规定。因为该范本将对特许权使用费的征税权完全划归受益人的居住国一方，非居住国实际上失去了对这种所得予以征税的权利，所以，没有必要明确这种所得来源地何在。联合国范本就特许权使用费来源地的判定确定了标准，规定应如同利息一样，以支付该项费用者的居住地为发生地。凡由缔约国一方居民支付的特许权使用费，应认定该缔约国是此项所得的来源地，该缔约国由此有权源泉扣缴税收。不过，如支付利息或特许权使用费的人在缔约国一方设有常设机构或固定基地，支付利息或特许权使用费的义务与该常设机构或固定基地有联系，并由其负担该项利息或特许权使用费，则不论支付利息或特许权使用费的人是否是该缔约国的居民，应认为该项利息或特许权使用费发生在该缔约国，即常设机构或固定基地所在的缔约国。上述所得来源地规则的确立，使来源地国行使来源地税收管辖权得以明晰和确定，这样一来，就避免了缔约国在适用协定过程中因对投资所得来源地判定标准不同而可能发生的争议。

（三）限定预提征税的范围

对于投资所得，国际税收协定中之所以要列出专门条文以协调缔约国之间的税收管辖关系，是因为协定允许来源地国优先行使征税权，即允许来源地国对投资所得实行源泉控制，征收预提税。但在实践中，来源地国并不是在任何情况下都可以征收预提税，来源地国用预提方式进行征税的范围实际上受到一定的限制。这种限制主要表现在两个方面：

一是对与在来源地国设立的常设机构或固定基地有实际联系的投资所得不得征收预提税。依照联合国范本和经合组织范本第 10 条第 4 款的规定，作为缔约国一方居民的受益所有人，如果在缔约国另一方（即所得来源地国）设有常设机构进行营业或者设有固定基地从事独立个人劳务，并且据以支付股息、利息和特许权使用费的股权、债权和特许权与该常设机构或固定基地有实际联系，则不适用协定中对投资所得征收预提税的规定，而应适用协定中有关营业所得或独立劳务所得的征税条款。① 也就是说，如果缔约国一方居民取得的投资所得与其在缔约国另一方境内设立的常设机构或固定基地有实际联系，则缔约国另一方应将这些投资所得并入该常设机构的营业利润或固定基地的劳务所得中，在扣除有关成本费用后，统一计征公司所得税或个人所得税，而不是征收预提税。依照这一规定，虽然与常设机构或固定基地有实际联系的股息、利息或特许权使用费属于协定意义上的投资所得，但对这些股息、利息或特许权使用费的征税可以背离对投资所得征税的基本原则——税收分享原则。因此，对与常设机构或固定基地有实际联系的投资所得的征税当属上述分享原则适用的例外。之所以

---

① 2000 年修订的经合组织范本已将独立个人劳务所得纳入营业所得中，按照常设机构原则来划分独立个人劳务所得的征税权。

如此,一来与大多数国家将与常设机构或固定基地有实际联系的投资所得归属于该常设机构或固定基地的税收实践相符,二来也是对两个范本第 7 条第 2 款规定的独立企业原则的必要补充。按照独立企业原则,应将常设机构视作一个独立实体,常设机构不论是同其总机构的营业往来,还是同总机构的其他分支机构的营业往来,都应按公开的市场交易价格计价,并据以计算各自应得的利润。当缔约国一方居民的投资所得与其在缔约国另一方境内设立的常设机构或固定基地有实际联系[①]时,缔约国另一方根据独立企业原则,自然可以将这些投资所得计入该常设机构的利润范围一并征税,而不必以源泉扣缴的预提所得税作为最终税收。另需说明的是,有些国家为了加强税收征管,在国内税法中规定对投资所得普遍实行源泉扣缴征税。在这些国家,对非居民纳税人取得的与设在本国境内的常设机构或固定基地有实际联系的投资所得,在支付人支付时予以扣缴的预提税并非是最终税收。这些国家还要将上述投资所得并入常设机构的营业所得或固定基地的个人劳务所得中,统一计征公司所得税或个人所得税,但通常允许从中扣除已缴纳的预提税税款。所以,从本质上来讲,这些国家对与常设机构或固定基地有实际联系的投资所得征税的做法并不违反税收协定的有关规定,只是方式不同而已。

二是对常设机构的利润不得征收预提税。联合国范本和经合组织范本都在第 10 条第 5 款明确规定,缔约国一方居民公司从缔约国另一方取得的利润或所得,另一国不得对该公司支付的股息征收任何税收。这一规定的含义是,缔约国各方只能对本国居民公司分配的股息向股息受益人征税,缔约国一方不得对缔约国另一方居民公司分配的股息征收预提所得税。也就是说,缔约国各方应仅限于对本国居民公司分配股息课征预提所得税,对缔约国对方居民公司通过设在本国境内的分公司取得的利润所得,应以课征公司所得税为最终税收;对分公司税后利润,无论是汇往境外总机构或是留存分公司,都不得再课征预提所得税。[②] 上述规定与大多数国家的做法是一致的。即本国居民公司在分配股息时作为扣缴义务人,以股息受益人为纳税人征收预提税;对在本国境内有生产经营的非居民公司,除对公司本身利润征收公司所得税外,不再对其税后利润的分配征收预提税。这种做法的目的在于减少或避免多层次的国际重复征税,促进跨国投资。但是,也有少数国家对境内非居民公司税后利润向境外的汇出征收类似预提税性质的税收。这些国家如在对外签订税收协定时坚持保留这种税收的征税权,应通过谈判取得缔约国他方的认可,并在税收协定中加以明确。

[①] 即指产生这些投资所得的股权、债权、财产属于该常设机构、固定基地直接拥有的资产,或常设机构、固定基地与产生这些投资所得的资产存在实际经营管理关系。

[②] 参见廖益新主编:《国际税法学》,北京大学出版社 2001 年版,第 282、284 页。

（四）实行限制税率

按照税收分享原则，跨国投资所得受益人的居住国与所得的来源地国均可行使征税权。税收协定通常赋予来源地国可对非居民纳税人源自其境内的投资所得优先行使征税权，如果税收协定没同时对来源地国征收预提税的税率加以限定，在来源地国预提税税率较高的情况下，承担避免双重征税义务的居住国在对其居民纳税人已缴的来源地国预提税给予税收抵免后，实际上将难以分享到适当的税收利益。因此，税收协定中都对来源地国征收预提税的税率加以限定，即规定来源地国征收预提税的税率不得超过有关投资所得总额的一定比例。

如前所述，联合国范本和经合组织范本都主张限定来源地国征收预提税的最高税率，但具体做法不同。根据联合国范本，来源地国可予征税的最高税率皆由缔约国通过双边谈判确定。经合组织范本明确规定了来源地国对于股息、利息征税的最高税率，对于特许权使用费则主张由受益人的居住国独享征税权。值得注意的是，经合组织范本关于特许权使用费应仅由受益人的居住国独占征税的分配规则，通常只在经济技术发展水平相当且互有往来的发达国家之间的税收协定中得以采用。因为他们彼此的经济技术发展水平相当，缔约国双方都是既有技术的输出，又有技术的输入，因此，相互免除缔约国对方居民纳税人源自本国境内特许权使用费的预提税，规定对特许权使用费应仅由受益人的居住国征税，最终得到的国际税收分配结果是大体相当的。但在经济技术发展水平相差较大的国家之间签订的税收协定中，如仍采用由受益人的居住国独占征税的规则，会产生形式上公平，但实质上不平等的结果。如在发达国家与发展中国家之间，由于后者往往是技术的引进方，如果将对特许权使用费的征税权完全划归受益人的居住国一方，发展中国家必然丧失对特许权使用费的征税权；而与此同时，发展中国家因鲜有向发达国家的技术输出，其居民纳税人实际上享受不到发达国家以较低预提税税率征税的好处，也就是说最终的国际税收分配结果对发展中国家而言是不利的。所以，发展中国家在与发达国家签订税收协定时，一般都主张参照联合国范本，坚持对特许权使用费所得的征税也要遵循税收分享原则。

两个范本所建议的限定来源地国征税的最高税率以实现税收分享的原则，已为绝大多数国际税收协定所采用。应予说明的是，税收协定中的限制税率，是来源地国征收预提税的最高限度。它约束缔约国双方的征税不能超过所定的限制税率，但并不妨碍缔约国基于本国经济政策实行从低征税，即以低于协定限制税率的税率对缔约国他方居民纳税人源自本国境内的投资所得征收预提税；也不影响缔约国将来把目前本国税法上规定的较协定限制税率为低的税率，调整到与协定限制税率相等的水平。不过，如果一缔约国国内税法中规定的预提税税率低于协定中所确定的限制税率，则该缔约国对缔约国对方居民纳税人源自本国境内投资所得的征税仍应适用国内税法规定的税率,而不能主张适用协定所确定的税率,除非该缔约国通过正常立法程序修改了税法,提高了预提税税率。但无论国内税法如何变动,任一缔约国对缔约国他方居民纳税人源自本国境内投资所得征收预提税的税率,不得超过其间所签税收协定所确定的税率。另需指出的是,虽然两个范本都规定投资所得的来源地国应实行限制税率,经合组织范本甚至还明确规定了对股息和利息征税的限制税率,但两个范本毕竟不具有拘束力。任何国家之间在谈签税收协定时,缔约双方都有权经过谈判自行确定限制税率,既可对各项投资所得规定统一的限制税率,也可分项规定不同的限制税率。总之,限制税率是国家间谈签税收协定需要切实妥善解决的重要问题,它不仅关系到国家间税收权益的划分,而且关系到国家间的资金流动和技术交流,所以,各国对此问题都是极为重视的。

作为最大的发展中国家,我国目前仍需要大量引进外资与先进技术。因此,在对外谈签税收协定时,就对投资所得的征税问题,我国始终坚持按联合国范本有关条款体现的税收分享原则协调与缔约国对方的税收分配关系,一般不接受投资所得受益人居住国独占征税权的做法。在对投资所得的来源地国征收预提税税率的限定上,采取因国而异区别对待的原则,一种模式是对各项投资所得都采用10%的限制税率,另一种模式则是区分投资所得类型规定不同的税率。①

科威特中东银行预提所得税案②
(1996 年)

甲公司是一家参与中国海洋石油开发和生产的外国参股公司。该公司参股莺歌海区块的石油开发,并于1992年11月7日与中国海洋石油公司签订了关于某块气田的开发和生产协议。该协议规定,开发期各自应负担的投资由各方自行筹集,如需贷款,也由各方自己负担利息。甲公司于1993年11月3日与科威特中东银行签订了贷款1.2亿美元的合同。至1996年10月3日止,甲公司累计向中东银行支付利息1775.22万美元。1996年,中国海洋石油税务管理局湛江分局在税务检查中发现甲公司在向中东银行支付利息时未予扣缴预提所得税。根据我国《外商投资企业和外国企业所得税法》③的规定,利息的预提税税率为20%。这意味着中东银行应就所获利息全额向中国缴纳20%的预提所得税,这部分税款应由甲公司在支付利息时代扣代缴。不过,中国已与科威特签订

---

① 参见杨斌:《国际税收》,复旦大学出版社2003年版,第107页。
② 参见李金龙主编:《税收案例评析》,山东大学出版社2000年版,第138页。
③ 该法已于2008年1月1日我国《企业所得税法》施行之日废止。

了避免双重征税协定。根据该协定第 11 条第 3 款,缔约国任何一方应对缔约国他方居民源自本国境内的利息所得实行 5% 的限制税率。所以,该案中我国对科威特中东银行的这笔利息所得应按 5% 的税率征收。湛江分局最终确认,甲公司应向中国补缴利息所得税 93.43 万美元,折合人民币 775.56 万元。甲公司于 1996 年 10 月履行了该项义务。

第四节 财产所得征税权的划分

一、财产所得的概念及来源地的判定

财产所得(income from property)包括不动产所得和财产收益。

不动产所得是指在不转移不动产所有权的情况下,通过利用不动产所取得的所得。它通常有两种形式:一是纳税人直接使用或以其他方式使用不动产所获得的收益,如自己开办或聘用他人开办农场或林场,进行农业生产或林业种植所获得的收益。二是纳税人将自己拥有所有权的不动产,以出租的形式提供给他人使用所获得的租金性质的收益。无论纳税人使用还是出租不动产,由此所取得的收益总是与不动产所处的地理位置紧密相连,因而在不动产所得来源地的判定上,各国一般都采用不动产所在地标准,即以不动产所在地为不动产所得的来源地。

财产收益是指转移财产的所有权所获取的收益,即转让财产取得的收入扣除财产的购置成本和有关的转让费用后的余额。财产收益又可分为不动产转让所得和动产转让所得。对于不动产转让所得来源地的认定,各国一般也是以不动产的所在地为准。但在转让不动产以外其他财产所得的来源地,各国主张的判定标准有所不同。有的国家以动产的销售或转让地(动产所有权的转移地点)为来源地,有的国家以动产转让者的居住地为来源地,还有一些国家以被转让动产的实际所在地为来源地。我国对动产转让来源地的判定采用转让地标准和转让者居住地标准。① 根据我国《个人所得税法实施条例》第 3 条第 4 项规定,转让中国境内的不动产等财产或者在中国境内转让其他财产取得的所得,均为来源于中国境内的所得。所谓财产在中国境内转让,是指财产的过户手续是在中国境内办理的。我国《企业所得税法实施条例》第 7 条第 3 项规定:转让财产所得,不动产转让所得按照不动产所在地确定,动产转让所得按照转让动产的

---

① 朱青编著:《国际税收》(第 9 版),中国人民大学出版社 2018 年版,第 45—46 页。

企业或者机构、场所所在地确定①,权益性投资资产转让所得按照被投资企业所在地确定。

尽管各国对不动产以外其他财产所得来源地的判定存在差异,但对转让属于在非居住国的常设机构和固定基地的动产所得,从各国签订的税收协定的有关规定来看,通常是以常设机构或固定基地所在国为来源地。另外,对于转让从事国际运输的船舶、飞机,内河运输的船只或附属于经营上述船舶、飞机或船只的动产所取得的收益,在国际税收协定中一般规定应以这些所得所属企业的实际管理机构所在地为来源地。与一般的动产转让所得相比,公司股权或股票的转让收益具有一定的特殊性,在其来源地的确定问题上,各国的分歧较大。有的国家主张应以转让人居住国为来源地,有的国家则以被转让股份公司的所在国为来源地,还有的国家坚持以转让行为发生地为来源地。

新加坡张先生房产转让收入纳税案②

新加坡商人张先生 1997 年 7 月 1 日来北京工作,次年 10 月任期届满返回新加坡。在北京工作期间,张先生在东郊购置了一栋房产。回国前,为了及时处置这栋房产,张先生将其转让给了一家美国公司驻华代表机构并获得了一笔数目可观的收入。我国税务机关要求张先生就该笔房产转让收入向中国纳税。而张先生认为,自己是新加坡人,所取得的该笔房产转让收入是由美国公司驻华代表机构支付的,故不应在中国纳税。那么,张先生是否应在中国纳税呢?要解决此问题,首先应判断其是否为中国税收上的居民。从本案来看,在 1997 年和 1998 年这两个纳税年度中,张先生在中国境内的停留都未达到 365 天,故不是中国税收上的居民,而是中国税收上的非居民。非居民仅需就来源于我国境内的所得在我国承担纳税义务。单就张先生取得的该笔房产转让收入而言,由于该房产位于中国境内,所以转让房产的收入是来源于中国境内的所得。因为我国对不动产转让所得来源地的认定,同其他国家一样,也是以不动产的所在地为准。既然张先生该笔房产转让收入的来源地在中国,我国对此当然享有征税权。

在许多国家,财产所得都是所得税的征税对象。由于很多国家兼采居民税收管辖权与来源地税收管辖权,既对居民取得的来源于境外的财产所得征税,又

---

① 由于动产是随时可以移动的财产,难以确定其所在地,而且动产与其所有人的关系最为密切,因此动产转让所得按照转让动产的企业或者机构、场所的所在地确定。如果非居民企业在中国境内设立机构、场所,并从该机构、场所转让财产给其他单位或个人的,也应认定为来源于境内的所得。

② 该案例为作者自行编写。

要对非居民源自本国境内的财产所得征税。所以,在对跨国财产所得的征税方面也存在国家之间税收管辖权的冲突,需要对各国的征税权予以协调。在联合国范本和经合组织范本中,与对财产所得征税有关的规范有三条,即第 6 条、第 13 条和第 22 条。两个范本的第 22 条实际上是关于对跨国财产价值征税的协调规则,但因在这方面的管辖权冲突较少发生,该规则在国家间签订的税收协定中被采纳的也就不多。以下将根据两个范本的有关规定,重点阐述对跨国财产所得的征税规则,并在其后介绍对跨国财产价值征税的主要规则。

二、不动产所得征税权的划分

对于不动产所得征税权的划分,各国间签订的税收协定普遍采用了联合国范本和经合组织范本所建议的规则。

根据两个范本第 6 条第 1 款的规定,"缔约国一方居民从位于缔约国另一方的不动产取得的所得(包括农业和林业所得),可以在另一国征税。"这意味着作为不动产所在地国的缔约国另一方,对缔约国一方居民纳税人源自本国境内的不动产所得享有征税权。在这一原则之下,缔约国另一方,即不动产所得来源地国,可以根据本国国内税法的规定决定是否对非居民纳税人的不动产所得征税。由于协定并未对来源地国征税加以任何限定,来源地国还可以进一步决定征税的相关事宜。例如,来源地国可以自行决定对非居民纳税人源自本国境内不动产所得的征税方式。不过,在国际税收实践中,各国通常采用以下做法:不动产所得若是非居民纳税人通过设在本国境内的常设机构利用不动产所取得的收益,将其并入该常设机构的营业利润征收企业所得税;不动产所得如系提供独立个人劳务的非居民个人通过设在本国境内的固定基地运用不动产所取得的收益,对该项所得征个人所得税;当不动产所得是非居民纳税人在本国既未设立常设机构也未设立固定基地的情况下取得时,则往往采用源泉扣缴的方式课征预提所得税。又如征税的税率,来源地国完全可以依照国内税法的有关规定执行,即便在征收预提所得税的情况下也是如此,因为税收协定并未规定来源地国对不动产所得的征税必须采用类似对投资所得征税那样的限制税率。应注意的是,根据两个范本的规定,来源地国所享有的只是对非居民纳税人不动产所得的优先征税权,而非独占征税权。作为利用不动产收益取得者的居住国,仍然可以依据居民税收管辖权对其居民纳税人在境外取得的不动产所得予以征税,但其在行使这一征税权时,应当承担避免双重征税的义务。

在适用两个范本所确定的原则划分不动产所得征税权时,还应明确的一个先决问题是不动产的内涵和外延。不动产在各国国内税法中都是一个重要的概念,但其具体含义在不同国家可能并不相同。在缔约国对不动产理解不同的情况下,如果税收协定中对此也没有明确的界定,在协定的执行过程中就有可能产生争议。正因如此,两个范本在第 6 条第 2 款指出,"不动产"一语应具有财产所在地的缔约国法律所规定的含义。这意味着对不动产的解释,原则上应以财产所在地缔约国的法律规定为准。也就是说,对于一项财产,只要财产所在地的缔约国一方认定为不动产,即为税收协定意义上的不动产,而不论缔约国另一方对此项财产作何认定。这种规定具有对等性,因而易于被缔约国双方所接受。不过,应当看到,如果缔约国一方国内税法关于不动产的含义过于宽泛,而缔约国另一方规定得相对狭窄时,上述对等性的规定也有可能导致征税权的不对等行使,从而产生税收权益分配不均的现象。有鉴于此,两个范本又进一步指出,"不动产"一语在任何情况下应包括附属于不动产的财产,农业和林业所使用的牲畜和设备,有关地产的一般法律规定所适用的权利,不动产的收益权以及由于开采和有权开采矿藏和其他自然资源取得的不固定或固定收入的权利,亦即凡是通常被视为不动产的财产和权利,都应明确为不动产。但在任何情况下,不应将船舶和飞机视为不动产。这样既有利于避免由于缔约国双方理解悬殊过大而可能引起的争议,也不妨碍缔约国任何一方根据本国法律缩小对不动产的征税范围。[①] 从各国间签订的税收协定来看,两个范本对不动产的解释方式已被广泛采用。

三、财产收益征税权的划分

长期以来,由于各国奉行的所得税立法指导思想不同,就财产收益是否应予征税的问题存在争议。不过,从目前各国所得税法发展的趋势来看,越来越多的国家开始对财产收益进行征税,但在征税的方式、范围和程度上仍有较大的不同。有的国家单立税种征税,如英国设有财产收益税这一税种,对其居民境内外的财产转让所得,除了属于转让个人住宅、政府公债的所得或转让所得在 1000 英镑以下的不征税以外,都按 30% 的税率征税。但转让所得额在 5000 英镑及以下的,按其一半金额依率征税;超过 5000 英镑的,一律按扣除 2500 英镑后的金额计征征收。有的国家则对财产收益单定税率征税。以美国为例,其对财产收益的征税,系根据转让者拥有财产期限的长短分别处理。转让者拥有财产在 6 个月以内的,其转让所得可并入转让者的营业利润或个人的所得中,按照普通的税率征收公司所得税或个人所得税;转让者拥有财产期限超过 6 个月的,对其转让所得适用单独的税率征税,这一税率又因转让者身份(公司或个人)的不同而有所差别。

跨国财产收益是一国居民取得的来源于非居住国境内的财产转让所得。在对跨国财产收益的征税问题上,因各国税法规定存在较大差异,征税权的冲突更

[①] 参见王选汇:《避免国际双重征税协定简论》,中国财政经济出版社 1987 年版,第 87 页。

易发生,所以,通过国际税收协定协调国家间的税收管辖关系显得尤为重要。联合国范本和经合组织范本均在第 13 条对此作出了规定,经合组织范本共有 5 款,联合国范本则有 6 款。总的来说,如缔约国一方居民从缔约国另一方境内取得财产收益,在若干情况下缔约国双方都享有对此项财产收益进行征税的权利,除此之外,应仅由转让者为其居民的缔约国一方征税。应予指出的是,虽然税收协定中规定某种财产转让所得可以在缔约国一方征税,但如该缔约国的国内税法并无对此种财产收益征税的规定,则税收协定中的上述规定不应理解为赋予该缔约国对此种财产收益的征税权。

对于跨国不动产转让所得的征税,经合组织范本和联合国范本都在第 13 条第 1 款规定,缔约国一方居民转让其位于缔约国另一方境内的不动产取得的收益,可以在缔约国另一方征税。根据这一规则,作为缔约国一方居民的企业或个人转让其位于缔约国另一方境内的不动产所产生的所得,不动产所在地的缔约国另一方享有优先征税的权利,即可以按照其国内税法的有关规定予以征税。作为该企业或个人居住国的缔约国一方,如其国内税法中确有对不动产转让所得征税的相应规定,则可基于居民税收管辖权对上述跨国不动产转让所得进行课税,但应依照税收协定的规定采取必要的避免双重征税措施。

关于对转让常设机构营业财产部分的动产的征税,经合组织范本和联合国范本都在第 13 条第 2 款规定,转让缔约国一方企业在缔约国另一方的常设机构营业财产部分的动产,包括转让整个常设机构(单独或随同整个企业)取得的收益,可以在缔约国另一方征税。这意味着在转让常设机构营业财产的动产的情况下,不论是单独转让,还是随同整个企业一起转让,只要是转让属于该常设机构的财产所取得的收益,都可以由该常设机构所在的缔约国征税。即使上述财产并不存在于常设机构所在的缔约国境内,该国仍享有征税权。当然,如果转让的是常设机构财产范围内的不动产所得,仍应适用上述不动产转让所得的征税规则。应注意的是,常设机构所在缔约国享有的只是优先征税权,而非独占征税权。

不过,在国际运输中经营船舶或飞机的缔约国一方企业转让这些船舶或飞机,或附属于经营这些船舶或飞机的动产取得的收益,2014 年经合组织范本和联合国范本第 13 条第 3 款都明确规定,应仅由该企业的实际管理机构所在地缔约国征税。这种特殊处理与两个范本中关于经营从事国际运输的船舶、飞机所取得的营业利润的征税协调规则是一致的。但 2017 年经合组织范本第 13 条第 3 款作了如下修订:在国际运输中经营船舶或飞机的缔约国一方企业转让这些船舶或飞机,或附属于经营这些船舶或飞机的动产取得的收益,应仅在该缔约国征税。在这里,将企业实际管理机构所在国独占征税权修改为企业居住国独占征税权,与前述第 8 条第 1 款的修改保持了一致。

从国际税收协定的实践来看,联合国范本和经合组织范本第 13 条第 1、2、3 款所确定的上述协调规则已被普遍采纳。目前,分歧依然较大的问题是对转让公司股权或股票所获收益的征税。按照 2003 年修订前的经合组织范本,转让公司股权的收益由转让者居住国独占征税。而 2003 年修订的经合组织范本第 13 条第 4 款则规定,缔约国一方居民从转让股份获得的收益,如果该股份 50% 以上的价值直接或间接来自于缔约国另一方的不动产,该收益可以在另一国征税。2017 年经合组织范本第 13 条第 4 款①又进行了两处大的修订:一是在股份的基础上,考虑到合伙企业或信托等实体已具备协定主体资格,相应地增加了在合伙企业或信托的权益这样的同等权益;二是增加了"在转让前 365 天内的任何时间内"的期间要求②。联合国范本则在第 4 款和第 5 款提出区分两种情况处理:其一,转让一个公司股份或合伙企业、信托或遗产的权益取得的收益,如果该公司的财产又主要由不动产组成(指该不动产价值超过公司、合伙企业、信托或遗产拥有的资产总价值的 50%),可以在不动产所在国征税。其二,转让公司的其他股票取得的收益,如果该项股票又达到该公司股权的一定比例(该百分比通过双边谈判确定),亦可以由该公司为其居民的缔约国一方征税。对持有股权低于谈判所确定的比例的转让所得,将征税权保留给所得来源地。③ 对于在税收协定中没有作出明确规定的其他财产转让所得的征税权划分问题,经合组织范本第 13 条第 5 款、联合国范本第 13 条第 6 款都规定,应仅在转让者为其居民的缔约国征税。

从我国签订的税收协定来看,在不动产转让或常设机构营业财产部分的动产转让上,与经合组织范本的条款完全一致,皆采用了可以在不动产所在国、常设机构所在国征税的原则。在运输工具及其附属动产转让征税权的划分上,我国所签的大多数税收协定采用仅在经营运输工具的企业为其居民的国家征税。④ 在有关其价值主要由不动产构成的股份转让所得的征税权的划分上,基本借鉴了经合组织范本的相同条文;除上述权益以外其他股份的转让所得方面,则与联合国范本的相应条款保持了一致,而且把股权百分比定为 25%,如中美、中法、中意等税收协定。就其他财产转让的征税权划分,一般规定应仅在转让者为其居民的缔约国一方征税。我国对财产收益征税权划分的立场,在《中新协

---

① 其原文是:缔约国一方居民转让股份或同等权益(如合伙企业或信托中的权益)取得收益,如果在转让前 365 天内任何时间,这些股份或同等权益 50% 以上的价值直接或间接来自于第 6 条定义的位于缔约国另一方的不动产,可在缔约国另一方征税。

② 参见雷霆编著:《国际税收实务与协定适用指南》(上),法律出版社 2018 年版,第 398—399 页。

③ 就此问题,经合组织范本没有单列一款进行规定,而是将其纳入第 5 款的其他财产中,划分给转让人的居住国独占征税权。

④ 参见雷霆编著:《国际税收实务与协定适用指南》(上),法律出版社 2018 年版,第 396 页。

定条文解释》第 13 条也有全面的表述。如其第 4 款第 2 项规定：如缔约国一方居民持有某公司的股份，不论该公司是缔约一方的公司还是缔约对方的公司，只要该公司的股份价值的 50% 以上（不含 50%）直接或者间接由位于缔约对方的不动产所构成，则缔约国一方居民转让该公司股份取得的收益，无论其持股比例是多少，不动产所在国对股份转让收益都有权征税。例如，新加坡居民拥有中国公司的股份（或购买在新加坡上市的中国公司的股份），如该中国公司股份价值的 50% 以上直接或间接由位于中国的不动产所组成，那么，不论该新加坡居民持有中国公司股份比例如何，中国对该新加坡居民转让该公司股份取得的收益都可以征税。再如，如果新加坡居民拥有某中国境外公司的股份，如果该公司股份价值的 50% 以上直接或间接由位于中国的不动产所构成，则上述新加坡居民转让该中国境外公司股份（股票）取得的收益，中国作为不动产所在国根据本款规定拥有征税权（但一般情况下如果不动产所在国国内法对此类情形下的转让收益不征税，即使协定规定有征税权，也并不意味着不动产所在国一定要征税）。

四、财产价值征税权的划分

跨国财产价值是一国居民拥有的存在于非居住国境内的那部分财产价值。这里的财产价值仅指一般财产价值，即纳税人所有的一切财产在货币价值形式上的综合表现。以一般财产价值为征税对象课征的税为一般财产税，由于一般财产价值不与具体的财产标的物相联系，而是与财产所有人直接相联系，所以，开征一般财产税的国家在对一般财产价值征税时，大多如同对所得的征税那样，同时主张居民税收管辖权和来源地税收管辖权，既要对其居民世界范围的全部财产价值征税，又要对其非居民存在于该国境内的那部分财产价值征税。如在美国的遗产税中，美国居民（包括美国公民和居民外国人）应为其死亡时所拥有或被认定拥有的在任何地方的全部财产缴纳遗产税，美国非居民（即非居民外国人）只为其死亡时在美国境内的被认定财产缴纳美国遗产税。[①] 这样一来，在开征一般财产税的国家之间，就会在跨国财产价值的征税问题上产生冲突，导致国际重复征税。因此，也有必要予以协调。

应当看到，对财产的征税往往具有所得税的补充性质。因为一个人拥有的财产规模，在很多情况下与其所得的取得和积累分不开。然而，财产税毕竟不是对所得的征税，不能简单地套用对所得征税的规则。所以，联合国范本和经合组织范本都专门规定了对一般财产价值征税的协调规则。应予指出的是，两个范

---

① 参见〔美〕理查德·L. 多恩伯格：《国际税法概要》，马康明等译，中国社会科学出版社 1999 年版，第 250 页。

本的协调规则主要适用于跨国一般静态财产价值,如对自然人征收的财富税、富裕税,对法人征收的资本税等。至于对跨国动态财产价值的征税协调,各国通常是签订专项性的双边税收协定来处理的,如关于避免对遗产、继承或赠与的重复征税的协定。①

根据两个范本第22条第1款、第2款的规定,为缔约国一方居民所有并坐落于缔约国另一方境内的不动产,以及构成缔约国一方居民设在缔约国另一方境内的常设机构营业财产部分的动产,或附属于缔约国一方居民设在缔约国另一方从事独立个人劳务的固定基地的动产②,均可在缔约国另一方征税。不动产具有不可移动性,总是固定存在于某一国家的领土范围内,因此,把不动产的存在地明确为以跨国不动产为代表的那部分财产价值的存在地显然较为合理。这意味着只要不动产存在于某一缔约国,该缔约国即可认定这部分财产价值系存在于本国,并依据来源地税收管辖权征税。动产是指性质上不须破坏、变更而能够自由移动其位置的财产。动产的这种可移动性,使其不具备不动产那种存在地的确定性,因而也就不宜以动产的存在地为该部分财产价值的存在地。为此,两个范本明确应以跨国动产价值所属的常设机构(或固定基地)所在的缔约国为其存在地,可由这个所在国(即非居住国)按属地原则行使征税权,而不论所涉及的动产是否一直存在于这个国家。当然,在上述两种情况之下,作为纳税人居住国的缔约国一方也有权依据居民税收管辖权进行征税,但应承担税收协定规定的避免双重征税的义务。关于从事国际运输的船舶、飞机或从事内河运输的船只,以及与经营上述船舶、飞机或船只有关的动产价值的征税,联合国范本第22条第3款明确应以这些动产价值所属企业的实际管理机构所在的缔约国为存在地,由该缔约国行使独占征税权。这种规定与对来自这些动产的跨国营业所得或财产收益的征税规则是一致的。经合组织范本原本采用相同的规定,但在2017年的修订中,第22条第3款修改为:从事国际运输的船舶、飞机,以及附属于这些船舶、飞机经营活动的动产,应仅在企业所在国征税。这一规定与第8条(国际海运和空运)和第13条(财产收益)确立的原则保持一致。

至于对上述以外其他财产价值的征税,联合国范本和经合组织范本的规定有所不同。经合组织范本明确应由居住国行使独占征税权,而联合国范本对此却有一定保留。即缔约国双方可通过谈判自行决定是由作为居住国的缔约国一方独占行使居民税收管辖权,还是由有关财产价值坐落地的缔约国另一方(即非居住国)优先行使来源地税收管辖权。应当指出,在缔约国双方互有存在于

---

① 参见廖益新主编:《国际税法学》,北京大学出版社2001年版,第297页。
② 经合组织范本中没有关于固定基地的规定,因其已将独立个人劳务所得划入营业所得,依照对营业所得征税的规则。

对方国家的财产价值的条件下,采用经合组织范本建议的规则对于缔约双方的财政利益将是对等的,否则,经合组织范本所建议的规则实际上将是对非居住国税收管辖权的单方面限制。①

本章小结

在兼采居民税收管辖权与来源地税收管辖权的国家,来源地税收管辖权主要针对的是非居民纳税人,是对非居民纳税人源于或存在于该国境内的所得和财产行使的征税权。对非居民纳税人行使来源地税收管辖权的核心问题之一,在于确定纳税人是否取得源于或存在于本国境内的所得。跨国所得大体上可分为四大类,即营业所得、劳务所得、投资所得和财产所得。对各项跨国所得来源地的判定,国家间存在不同主张。但是,一些为许多国家所采纳的标准已逐渐地被国际社会所共同接受,并在经合组织范本和联合国范本中得到明确。如对跨国营业所得采纳的常设机构标准,在跨国劳务所得方面所采用的劳务提供地标准。

对非居民纳税人行使来源地税收管辖权的另一核心问题是来源地国与居住国征税权的划分。在此方面,联合国范本和经合组织范本都有比较详细的规定,因而成为各国签订双边税收协定时的重要参考和指南。但比较而言,联合国范本更为注重维护来源地税收管辖权。因此,在对外签订税收协定时,多处于来源地国地位的发展中国家往往参照联合国范本,而多处于居住国地位的发达国家则更倾向于以经合组织范本为蓝本。

在跨国营业所得征税权的划分上,常设机构原则是基本原则,它决定了常设机构所在国能否实施来源地税收管辖权,即来源地国对营业所得征税的条件。在此基础上,实际联系原则明确了常设机构利润的范围,独立企业原则、费用扣除和合理分摊原则解决了常设机构的利润核算问题。对于跨国劳务所得的征税,从国家间签订的税收协定来看,通常是就独立个人劳务所得与非独立个人劳务所得的征税权划分分别制定规则,而后,再就一些特殊类型的个人劳务所得作出专门的规定。对于跨国投资所得,联合国范本和经合组织范本都建议按照税收分享原则划分投资者居住国与来源地国的征税权。按照税收分享原则,所得受益人的居住国与所得的来源地国均可行使征税权。不过,作为所得受益人的居住国一方,应当承认所得的来源地国拥有优先征税权;而作为所得的来源地国,要接受税收协定对所得的来源地国征税所作的限制。至于跨国财产所得及价值征税权的划分,也应遵循一定的规则。

---

① 参见葛惟熹主编:《国际税收教程》,中国财政经济出版社1987年版,第113—114页。

思考与理解

1. 在各项跨国所得来源地的判定上主要存在哪些标准？
2. 什么是"常设机构原则"？其意义何在？
3. 经合组织范本和联合国范本认定常设机构的规则差异何在？
4. 试述"场所型常设机构"的概念与特征。
5. 关于非独立地位代理人构成常设机构的条件经合组织范本和联合国范本的规定有何不同？
6. 如何区分独立地位代理人与非独立地位代理人？
7. 如何确定可归属于常设机构的利润范围？
8. 对常设机构利润的核算应遵循什么原则？
9. 经合组织范本和联合国范本在营业所得征税权的划分方面有何不同？
10. 试述联合国范本关于个人劳务所得征税权的划分规则。
11. 划分投资所得征税权的基本原则是什么？如何实施？
12. 经合组织范本和联合国范本在投资所得征税权的划分方面有何不同？

第六章 单一税收管辖权问题

在国际所得税法领域,现行多种税收管辖权并存的做法有诸多缺陷,实行单一的收入来源地税收管辖权有其理论依据和实践价值。本章将对实行单一税收管辖权的相关问题予以论述。

第一节 实行单一税收管辖权的理论依据

一、两种税收管辖权的冲突与协调

目前,在所得税收管辖权方面,世界上绝大多数国家实行了收入来源地税收管辖权,并兼行了居民(或公民)税收管辖权。两种税收管辖权并存的格局,有其国际税法理论和实践方面的根源。理论上是源于国家主权,源于国际法的基本原则。实践上则是因为国际经济的发展,国家间经济交往的日益频繁,跨国纳税人的剧增,各国立法本土性的需要。从一定意义上讲,两种税收管辖权都是国家主权的重要体现,都符合国际法的基本原则,故有其存在的合理性。但是,随着各国经济的不断发展和国家之间经贸往来关系的加深,这一两种税收管辖权并存的体制终将面临改革。

事实上,一些国家或地区为了更有效地解决国际双重征税问题,促进国际经济的发展,都已率先实行了单一的收入来源地税收管辖权制度。如美国国家经济发展与税制改革委员会于1996年建议国会尽早考虑美国实行单一的收入来源地税收管辖权原则,主张只就收入来源地的所得征税,放弃境外所得的征税权。[1]

众所周知,从国际税法的实践看,目前大多数国家同时行使的居民税收管辖权和收入来源地税收管辖权,在一定意义上加剧了国际双重征税问题,诱发了国际避逃税行为的发生。现行两种税收管辖权并存的最大弊端即在于它阻碍了国际经济、技术交流与合作,阻碍了经济国际化的发展,导致跨国投资者和国内投资者的不公平竞争。在国际双重征税情形下,由于跨国投资者要比国内投资者多负担税款,因而往往处于不利的竞争地位;同时,还诱发纳税人进行国际逃税或国际避税。无疑,现行税收管辖权制度不仅导致国际双重征税,给跨国纳税人

---

[1] 参见杨志清:《国际税收理论与实践》,北京出版社1998年版,第361页。

带来沉重的税收负担,也是国际逃税和国际避税的重要动因。只要国际上存在着两种不同的税收管辖权,国际双重征税问题就不可避免,国际逃税及国际避税问题也会大量存在。越来越多的国家都已逐渐认识到了国际双重征税的危害性,并在实践中直接或间接地采取一些法律措施,对居民税收管辖权加以适当限制。然而,时下避免国际双重征税协定等法律措施都只是区域性和临时性的,国际社会应该寻求一条更彻底的避免国际双重征税的法律途径。我们认为,最佳途径就是在世界范围内倡导单一的收入来源地税收管辖权,即一国政府只对来自或被认为是来自本国境内的所得和财产享有征税权。在这种情况下,一国政府税收管辖权的行使,不是基于收入者的居住地或纳税人的身份,而是以其收入的来源地为依据,即对于跨国纳税人来源于本国境内的收入和境内的财产或在本国境内从事经济活动,不区分本国人或外国人,一概行使税收管辖权,依照本国法律课税。

二、实行单一收入来源地税收管辖权的法理依据

我们认为,实行单一收入来源地税收管辖权的法理依据,就是国际税法的效率原则、公平原则以及税收本质理论。

从国际税法的效率原则出发,要使纳税人拥有的资本不受税法的影响,能够正常地在国家之间自由流动,充分发挥市场机制的作用,必然首先改革现行两种税收管辖权并行的体制,在全球范围内统一税收管辖权原则,实行单一的税收管辖权。而两种税收管辖权冲突的局面使跨国纳税人始终处于国际双重征税的困境之中,资本的国际流动必然受阻。那么,在国际税法实践上,究竟哪一种税收管辖权更符合效率原则呢?首先,从两种税收管辖权行使的关键问题看,税法上的居民在各国的规定不一,认定起来容易产生冲突,而收入来源地的认定则比较容易达成一致的标准,因而认定方便。其次,从税收征管制度看,一国居民在他国投资的收入只有在来源地国纳税后才能从他国移入本国,这样,采用收入来源地税收管辖权就容易对应纳税收入进行源泉控制,避免国际避税和防止国际逃税,并且征收程序简便、易行。如果采用居民税收管辖权,就要涉及对本国居民在外国收入的数额进行查证核实等技术问题。可见,收入来源地税收管辖权比起居民税收管辖权更方便、更有效。各国应当缔结《国际税收公约》,统一实行收入来源地税收管辖权,然后再逐步统一各国所得税法,包括依法统一收入来源地的确定标准、税基的计算方法以及税率等。

公平原则不仅要求跨国纳税人与国内纳税人之间的税收负担要公平,而且要求国家与国家之间的税收权益分配也要公平。纳税人之间的税负公平包括横向公平和纵向公平。那么,在国际税法上,究竟哪一种税收管辖权原则更符合纳税人之间的税负公平呢?首先从收入来源地所在国看,来自不同国家的跨国纳税人，其收入多少不一，在收入来源地国实行"从源课税"，能够最终达到"相同的纳税人缴纳相同的税款"和"不相同的纳税人缴纳不相同的税款"的目标。从居民所在国看，由于纳税能力是各种来源收入的综合，理应包括境内外收入。收入来源地所在国政府仅对非居民境内收入征税，而对其境外收入不具有征税权，不能综合纳税人的全部收入征税。故居民所在国要真正实现税收的横向公平和纵向公平，必须由居住国政府采取境内外所得全面征税的居民税收管辖权。可见，收入来源地所在国与居民所在国在此问题上的分歧较大。

应该看到，在充分体现国际税法"纵向公平"方面，实行单一的收入来源地税收管辖权原则的确有一定的局限性。因为这一原则要求掌握的对纳税人所具有的"纳税能力"以及税收的"社会总效用"等问题是收入来源地国难以掌握的。对此，许多税法专家提出了"累进免税"的补救方案。居民所在国对境外收入免税，但对境内收入适用的累进税率则要按境内外的收入总额来确定。经合组织范本和联合国范本的第23条均有此规定，对境外所得免税，但对境内所得征税确定适用税率时，可将免税的所得予以考虑。我国对外缔结的避免双重征税协定也采取了这一做法。显然，适用单一收入来源地税收管辖权可以满足对跨国纳税人之间的税负横向公平与纵向公平的要求。但两种税收管辖权并存与冲突所引发的国际双重征税必然会破坏这种公平。

从国家之间的税收权益分配看，由于各国经济发展水平的差距甚大，在国际市场的竞争中，发达国家比发展中国家具有明显的优势，对发展中国家而言，则为"形式上的公平，实质上的不公平"。居民税收管辖权和收入来源地税收管辖权并行的情况，又正好加深了这种不公平的程度。众所周知，在国际投资市场上，发达国家是世界资本多数的拥有者，资本、技术、物资、信息在发达国家与发展中国家之间的流动，基本上是单向的。发达国家大量对外投资，而发展中国家则主要吸引外资。两种税收管辖权并行使发达国家行使对境内外收入的征税权，而发展中国家实际上只行使对境内收入的征税权。显然，这种税收权益的国际分配在向发达国家倾斜，造成国际竞争中实质上不公平的现象。要改变这种不公平的状况，唯有在全球范围内统一实行单一的收入来源地税收管辖权。

从税收公平的机会原则看，税收负担也应按纳税人取得收入的机会大小来分摊。发达国家的居民到发展中国家投资，并获取利润。尽管作为居民所在地的发达国为其提供了一定"机会"，但对获取利润起决定性作用的"机会"却是广大发展中国家提供的。如果使用居民税收管辖权，发展中国家所作出的努力和牺牲将一无所获，这显然不公平。而行使收入来源地税收管辖权，在国际投资或国际竞争中，就能够在跨国纳税人和国内纳税人之间实现真正的公平。[①]

---

① 参见杨志清：《国际税收理论与实践》，北京出版社1998年版，第362—367页。

此外，从税收本质的角度分析，实行单一收入来源地管辖权也是有其依据的。在税收理论的发展过程中，关于税收本质的学说有公需说、保险费说、义务说、利益说、新利益说等。所谓公需说，可以理解为国家有增进公共福利的职能，在执行这种职能时，为满足必要的公共需要，就必须征税。但这一学说并没有解决国家为什么有权"必须征税"的问题。保险费说认为，国家像保险公司，而国民像被保险者，国家为国民保障其生命、财产，税收是国民缴纳给国家的相应对价，相当于保险费。义务说是以德国哲学家黑格尔等的国家有机体论作为基础的学说。他们认为，为了维持国家生存而支付税收，是每个国民的当然义务。该说也被称为牺牲说。之所以称为牺牲说，是由于它不是对接受国家利益的一种返还，而完全是无偿的，也就是牺牲性的给付。[①] 早期比较重要的学说是由英国哲学家霍布斯首次提出，英国著名思想家洛克予以发展的利益说，也叫交换说。霍布斯从资产阶级人文主义出发，率先探究了国家建立及其人民应当向政府缴纳税收的原因。他吸收了古希腊先哲伊壁鸠鲁关于社会契约的思想，将政治契约与普通契约相类比，使契约成为一种法律事件：人们转让自己的权利如同售出商品一样，应当获得相应的等价补偿——国家对人民生命财产安全的保障。他认为，人民为公共事业缴纳税款，无非是为了换取和平而付出的代价。[②] 他提到："主权者向人民征收的税不过是公家给予保卫平民各安生业的带甲者的薪饷。"[③]洛克根据发展资产阶级议会民主制度的要求，考察了国家课税权与国民财产权的关系。他分析这一问题的前提是，政府是由人民建立的，政府的主要职责就是保护人民的私有财产。他的结论是：政府只能站在议会赞助权的立场上，按照法律规定的赋税条例行使课税权。洛克的学说为近代西方国家立宪依法征税提供了理论依据。[④] 他认为："诚然，政府没有巨大的经费就不能维持，凡享受保护的人都应该从他的产业中支出他的一份来维持政府。但是这仍须得到他的同意，即由他们自己或他们所选出的代表所表示的大多数的同意。因为如果任何人凭着自己的权势，主张有权向人民征课税赋而无需取得人民的那种同意，他就侵犯了有关财产权的基本规定，破坏了政府的目的。""未经人民自己或其代表同意，绝不应该对人民的财产课税。"孟德斯鸠、密尔等思想家也持类似的观点。利益说把税收的本质看作是政府和纳税人之间的利益交换，从而将商品交换的法则引入了财政税收理论，奠定了近现代财政税收理论的基础，其影响力一

[①] 参见〔日〕井手文雄：《日本现代财政学》，陈秉良译，中国财政经济出版社1990年版，第262—263页。
[②] 参见李九龙主编：《西方税收思想》，东北财经大学出版社1992年版，第5页。
[③] 〔英〕霍布斯：《利维坦》，黎思复、黎廷弼译，商务印书馆1985年版，第269页。
[④] 参见李九龙主编：《西方税收思想》，东北财经大学出版社1992年版，第8页。

直延续到今天。①

目前适应现代市场经济的发展,对税收本质作出比较合理解释的是新利益说,这一学说也被称为"税收价格论"。它将税收视为人们享受国家(政府)提供的公共产品而支付的价格费用。国家(政府)提供的公共产品,由社会成员消费和享受,国家(政府)由此而付出的费用也就必须由社会成员通过纳税来补偿。私人为了自身消费而支付费用的现象,正是典型的市场等价交换行为在公共财政活动中的反映,从而税收也就具有了公共产品"价格"的性质。② 股息、利息、特许权使用费等所得都是在所得来源地取得的,这些所得的取得必定耗用了所得来源地国所提供的公共产品;为了进行费用补偿,就必须对其予以征税。因此,实行单一的收入来源地管辖权是符合税收本质理论的逻辑的。

在全球范围内倡导各国实行单一的收入来源地管辖权,既有其法理依据,在实践中也十分必要。它有利于跨国投资者与国内投资者之间开展公平竞争。两种税收管辖权并行容易造成不公平的竞争,通常是跨国投资者处于不利的竞争地位并造成国际双重征税、国际逃税或国际避税。实行单一的收入来源地税收管辖权则能在一定程度上防止国际逃税或国际避税行为的发生,不仅会促进国际经济的发展,也会给国际税收征管工作带来极大的便利。

第二节　实行单一税收管辖权的可行性

一、从国际税法的发展趋势角度考察

从国际税法的发展趋势看,各国统一实行收入来源地税收管辖权是可行的。到 1997 年年底,世界绝大多数国家都已通过国内立法、签订双边或多边避免国际双重征税协定等方式,对居民税收管辖权加以限制。这种限制大体上包括③:一是放弃居民税收管辖权,实际上只行使单一的收入来源地税收管辖权。④ 如有的国家或地区全面放弃居民境外所得的征税权,不论居民还是非居民,一律仅就来源于境内的收入征税。二是从纳税主体的范围上进行限制,即对居民公司仅实行单一的收入来源地税收管辖权,对居民自然人行使居民税收管辖权。⑤ 有的国家放弃居民公司境外所得的征税权,但对居民自然人仍坚持境内外所得

---

① 参见刘剑文主编:《税法学》(第 2 版),人民出版社 2003 年版,第 96 页。
② 参见张馨:《公共财政论纲》,经济科学出版社 1999 年版,第 232 页。
③ 参见杨志清:《国际税收理论与实践》,北京出版社 1998 年版,第 368—369 页。
④ 如拉丁美洲的许多国家、赞比亚、肯尼亚、埃塞俄比亚以及我国香港、澳门等国家或地区便是采取这种做法。
⑤ 如法国、巴西等即采取这种做法。

全面征税。三是从纳税客体上加以限制。有的国家对居民境外的某些收入免税,如瑞士对居民公司在境外设立的常设机构所取得的营业利润,以及居民纳税人坐落在国外的不动产所取得的收入,均免予征税。四是从时间上进行限制。有的国家对居民境外所得采取有时限区别的特殊免税政策。如日本规定,在境内居住1年以上不满5年的居民个人,其境外所得仅就汇入部分征税。英国则规定,在英国居住6个月以上不满3年的居民个人,其境外所得仅就汇入部分征税。① 五是采取"递延法"进行限制。有的国家对居民在境外设立的子公司,只要其在国外已构成他国的法人实体,其实现的税后所得未汇回前,免予征税。母公司一旦收到子公司的股息,均应还原为应税所得,合并母公司计税。六是从计算方法上间接地进行限制。有的国家对居民(主要是自然人)纳税人来自境外的收入课税时予以较为优惠的宽减。如美国税法规定本国居民(公民)如因在国外居留时间较长而成为外国的居民纳税人时,其在国外的所得(包括工资、薪金、劳务报酬、佣金等)合并计税时,允许年扣除免征额7万美元和超过定额的住房费用。此外,许多国家通过缔结避免国际双重征税协定对居民境外某些收入项目实行免税。②

我国与其他国家签订的避免国际双重征税协定中也有一些免税的条款。如中国和比利时签订的税收协定规定,比利时只对股息(除符合免税条件以外)、利息和特许权使用费保留居民的征税权并给予税收抵免,其他凡是按协定可以在中国征税的所得,比利时都给予免税。中国与德国、挪威、波兰等国签订的避免国际双重征税协定均有类似的免税规定。据此,世界各国几乎没有纯粹实行居民税收管辖权的,对居民纳税人的境外所得均给予了或多或少的宽减,限制征税权已达成某些共识。由此可见,在国际上,许多国家的税收立法实践呈现放弃居民税收管辖权,倡导实行单一的收入来源地税收管辖权的趋势。

二、从财政收入等角度考察

采取单一收入来源地税收管辖权并不会减少各国的财政收入。如前所述,许多国家直接或间接地限制了居民税收管辖权,有些国家甚至放弃了居民税收管辖权。这些税收立法实践表明了这些国家的财政收入并不依赖于居民税收管辖权的行使。相反,采用单一收入来源地税收管辖权可以减少资源的浪费,促进各国经济的发展,并使各国从中得到比原来行使两种税收管辖权时更多的税收

---

① 新加坡也有类似规定。
② 经合组织范本和联合国范本的第23条一致规定:"当缔约国一方居民取得的所得或拥有的财产,按照本协定的规定可以在缔约国另一方征税时,首先提及的缔约国一方应对该项所得或财产给予免税。"

利益。放弃居民税收管辖权并不侵犯国家的主权。有学者认为征税权是国家主权的重要体现,而限制或放弃居民税收管辖权是对国家主权的侵犯。然而,虽然两种税收管辖权都是国家主权的引申,但如果各国为了共同的政治利益和经济利益而共同限制各自的主权行使范围,如实行税收外交豁免,就不能认为是侵犯了国家的主权。① 发达国家从自身利益考虑也不应阻碍税收管辖权的统一。因为从国际投资市场的现状来看,虽然发达国家多处于投资国的地位,会反对取消居民税收管辖权而仅仅适用收入来源地税收管辖权的做法,但从发展的眼光看,这种统一的结果对发达国家也是有利的,完全符合发达国家一直提倡的资本应在世界各国之间自由流动的宗旨。从国际经济一体化的角度考察,发达国家的发展离不开发展中国家的发展;发展中国家的经济发展有助于全球经济的良性运行。就目前来看,应该说,实行收入来源地管辖权对发展中国家更为有利;但从长远来看,实行单一收入来源地管辖权有助于增强发展中国家的经济实力,使其为全球经济发展作出更大贡献,更为重要的是,可以消除国际重复征税,为全球经济发展创造良好的税收宏观环境。②

总之,实行单一的收入来源地管辖权能有效地解决国际双重征税问题,且适应了经济国际化、投资跨国化、贸易全球化的需要。目前,一些国家(或地区)已率先实行了单一的收入来源地管辖权制度,我们深信 21 世纪这一制度将会在全世界范围得到更广泛的推行。

本 章 小 结

在国际所得税领域,现行多种税收管辖权并存的做法造成了诸多弊端,有必要实行单一的收入来源地税收管辖权。从国际税法的效率原则和公平原则,以及税收的本质等角度进行论证,都表明实行单一的收入来源地税收管辖权具有充分的理论依据。同时,从国际税法的发展趋势、对财政收入的影响、对国家主权的限制等角度进行考察,也表明实行单一的收入来源地税收管辖权是有其实践可能性的。

思考与理解

1. 试述实行单一收入来源地税收管辖权的理论依据。
2. 试述实行单一收入来源地税收管辖权的可行性。

---

① 参见杨志清:《国际税收理论与实践》,北京出版社 1998 年版,第 370 页。
② 在关税领域实行的普惠制也具有类似的价值。

第三编　国际双重征税规制

第七章　国际双重征税规制原理

第一节　国际双重征税的概念和特征

一、国际双重征税的概念

由于国际上存在多个税收管辖权①，纳税人的所得就面临被多重(次)征税的情况。在此先看两个例子：

示例1：作为甲国居民纳税人的A公司在乙国设有一个分公司B，B分公司构成乙国的常设机构，为非居民纳税人。B分公司的营业利润要在乙国缴纳所得税，而A公司在甲国缴纳所得税时要将B分公司的营业利润计算在内，这样B分公司的营业利润就在甲国和乙国被征收了两次税。

示例2：作为甲国居民纳税人的A公司在乙国设有一个子公司B，B公司构成乙国的居民纳税人。B公司的所得要在乙国缴纳所得税，之后A公司可从B公司的税后利润中分配到股息。A公司收取的股息在A国也要纳税。因此，B公司的这笔所得也要在甲国和乙国被征两次税。

上述两个例子是所得税领域国际间多重(次)征税的典型情况。由于这种情况多呈现为两个税收管辖权的重叠，本书统称为"国际双重征税"，但并不因此排除多重管辖权导致多重(次)征税的情况。

不过，上述两种类型的双重征税是有区别的。第一种情况下，由于分公司并不具有独立的法律地位，其税收由总公司最终承担，即纳税主体为同一纳税人；第二种情况则不同，由于子公司具有独立的法律地位，构成其所在国的居民纳税

---

① 需要明确的是，现实中具有税收管辖权的主体并不局限于主权国家，特定的地区也享有税收权利。比如，我国《香港特别行政区基本法》第108条规定，香港特别行政区实行独立的税收制度，香港特别行政区自行立法规定税种、税率、税收宽免和其他税务事项。在本书中，为叙述方便，在出现国家的用语时，也将特定地区包括在内，但并不表明将特定地区认定为主权国家。

人,尽管子公司的同一笔所得纳税后在分配股息时母公司也要纳税,但承担税负的纳税主体不止一个,涉及母公司和子公司两个纳税主体。

因此,理论上对这两种情况又作了具体区分。第一种情况称为法律性国际双重征税,经合组织(OECD)将其定义为"两个或两个以上的国家对同一纳税人的同一课税对象在同一征税期内征收类似种类的税"(the imposition of comparable taxes in two or more states on the same taxpayer in respect of the same subject matter and for identical periods)。① 第二种情况则称为经济性国际双重征税,指两个或两个以上的国家或地区对属于不同纳税人的来源于同一税源的课税对象在同一征税期内征税。②

当然,对于上述两类国际双重征税,学者们也可以采用不同的称谓或作不同的界定。比如,有学者用国际重复征税来表述法律性国际双重征税,用国际重叠征税来表述经济性国际双重征税。③ 再比如,也有学者认为没有必要区分法律性双重征税和经济性双重征税。经济性双重征税事实上也是法律性双重征税,因为任何双重征税均导致纳税人的经济利益或财产的直接减少,也会涉及征税国经济利益的增减,从这个意义上讲,均属经济意义上的双重征税。但这两种双重征税均是由于法律制定的原因所造成的结果。④ 我们认为这样的分析不无道理。不过,由于这两种双重征税确实存在区别,经合组织关于法律性双重征税的定义业已被广泛接受,从约定俗成和概念区别的角度考虑,本书中仍然采用法律性双重征税和经济性双重征税的称谓和区分。

二、国际双重征税的特征

从经合组织的定义看,法律性国际双重征税具有下列特征:

(1)涉及两个或多个国家的税收管辖权。⑤ 在实践中,这些国家主张的管辖权可能是相同的(比如都主张居民税收管辖权),或是不同的(比如一国主张居民税收管辖权,另一国主张来源地税收管辖权),但都体现为两个不同国家的征税主体行使管辖权。这是该种双重征税"国际"性的体现。

(2)纳税主体只有一个。在前面的示例1中,一国纳税人可能通过在另一国的常设机构获得经营所得,尽管另一国可对常设机构征税,但常设机构的所得

---

① 参见2017年经合组织范本引言部分第1段。除非另有说明,本章所引用的经合组织范本均为2017年经合组织范本。
② Arnold A. Knechtle, *Basic Problems in International Fiscal Law*, translated from the German by W. E. Weisflog, Kluwer, 1979, p. 32.
③ 参见高尔森主编:《国际税法》,法律出版社1988年版,第57页和第74页。
④ 参见刘剑文:《国际所得税法研究》,中国政法大学出版社2000年版,第82—83页。
⑤ 为叙述方便起见,本章主要根据两国的情况进行论述。

和税收负担仍然由总机构承担,因此仍然只有一个纳税人,只是在不同国家纳税而已。另外,该纳税人可能被两个或两个以上的国家认定为其居民纳税人,但纳税人依然是同一个纳税主体。

(3) 对同一课税对象征收类似的税种。这是指两国对同一纳税人的同一笔所得征税,而且适用的税种是相同或类似的。比如一国居民公司在另一国的常设机构的经营所得向当地缴纳所得税,而该笔所得还要并入居民所得汇总向其居住国缴纳所得税。假如常设机构所在国对常设机构在销售产品中实现的增值额征收增值税,但对其实现的经营所得免征所得税时,居住国如果对常设机构的所得征税,尽管涉及两国征税主体,但并不存在所得税的双重征税,因为两国的课税对象和适用税种不同。

(4) 在同一征税期。这是指两国对同一纳税人在同一个征税期间内的所得征税。这意味着同一纳税人的同一笔所得如果是在不同征税期间被两国征税,并不构成双重征税。

经济性国际双重征税也具有法律性国际双重征税的上述第(1)、(3)、(4)特征,但不同的是经济性国际双重征税的纳税人是对不同纳税人的课税对象征税。此外,经济性国际双重征税涉及的不同纳税人可能都是公司,也可能一方是公司,另一方是自然人。在涉及自然人和公司时,适用的税种分别为个人所得税和公司所得税。

第二节 国际双重征税的规制原理

一、法律性国际双重征税的规制

(一) 法律性国际双重征税的表现形式

所得税方面的税收管辖权有属人管辖权和属地管辖权两类,当纳税人有跨国经济活动并存在跨国所得时,就会产生以下三种形式的法律性国际双重征税。

(1) 属人管辖权和属地管辖权重叠导致的双重征税。

属人管辖权包括居民税收管辖权和公民税收管辖权,其与属地管辖权重叠时又可表现为:居民税收管辖权与属地税收管辖权的重叠;公民税收管辖权与属地管辖权之间的重叠。

实行居民税收管辖权的国家要对本国居民纳税人来自境内外的全部所得征税,而居民纳税人在境外的所得也要在当地国按照来源地税收管辖权的要求纳税。前文的示例1就是这方面的例子。

一国的公民纳税人要承担无限纳税义务,其在境外的所得在来源地国也要纳税,因此这种双重征税产生的原理与居民管辖权和属地管辖权的叠加是相同的。

不过，由于大多数国家采用居民税收管辖权，只有少数国家（比如美国）采用公民税收管辖权，因此居民税收管辖权与属地税收管辖权的重叠是最常见的国际双重征税。

（2）属人管辖权和属人管辖权重叠导致的双重征税。

这类双重征税表现为三种情况：居民税收管辖权与居民税收管辖权的重叠；居民税收管辖权与公民税收管辖权的重叠；公民税收管辖权与公民税收管辖权的重叠。

由于各国对居民标准认定的不同，一个自然人或公司可能被不同的国家同时认定为其各自的居民纳税人，在这种情况下该纳税人要在两个国家承担无限纳税义务。比如，A国对自然人居民采用住所标准，B国则规定如果外国人在当地停留时间达到183天也构成居民纳税人。这样，如果某自然人在A国有住所，在B国停留时间超过183天，就会同时被A国和B国认定为居民纳税人。再比如，甲国A公司在乙国注册成立了一个子公司B。乙国对居民公司的认定采用注册地标准，因此B公司为乙国居民纳税人。此外，甲国对居民公司的认定还采用实际管理机构标准，即依照外国法律成立但实际管理机构在该国境内的公司也是甲国的居民纳税人。如果B公司的实际管理机构在甲国，则B公司同时也是甲国的居民公司。这样，B公司的境内外全部所得要同时向甲国和乙国纳税。

在一国实行公民税收管辖权而另一国实行居民税收管辖权的情况下，前一个国家的公民如果也符合第二个国家居民纳税人的标准，也要在这两个国家承担无限纳税义务。在一个人具备双重国籍身份，而这两个国家都实行公民税收管辖权时，就会出现两个国家的公民税收管辖权叠加的情况，该自然人也要在两国承担无限纳税义务。

不过，由于采用公民税收管辖权的国家很少，因此属人管辖权与属人管辖权的重叠主要表现为居民税收管辖权与居民税收管辖权的重叠。

（3）属地管辖权和属地管辖权重叠导致的双重征税。

这种情况表现为：A国的居民纳税人有来源于B国的所得，B国对此主张属地管辖权，同时C国认为这笔所得也来自当地，也主张属地管辖权，比如，甲国A银行向乙国B公司发放一笔贷款，B公司将贷款交给其在丙国的分公司C（C构成B公司在丙国的常设机构）使用，利息由分公司C承担和支付。如果乙国对利息的来源认定标准为借款人为居民的所在地，丙国采用常设机构标准，则A银行的该笔利息要同时被乙、丙两国主张来源地管辖权从而被双重征税。

以上对国际双重征税表现形式的分析主要限定在两国之间。在实践中，还可能出现两个以上税收管辖权叠加的情况。事实上，对于属地管辖权和属地管辖权重叠的情况,如果把纳税人所在国的属人管辖权考虑在内,就是三个税收管辖权的重叠,这在国际税法上也被称为三角情况。①本书主要以两个税收管辖权叠加产生的法律性国际双重征税为阐述内容,因为解决此类问题的国际税收协定基本是双边的。在本书相关内容中,属人管辖权以居民税收管辖权为研究对象,纳税人为居民纳税人的国家称为"居民国",主张属地管辖权的国家称为"来源地国"。

(二)法律性国际双重征税对国际经济交往的负面影响

在纳税人存在跨国所得和各国普遍征收所得税的背景下,国际双重征税的产生是一种必然现象,但这种现象也对国际经济交往产生了负面影响。这体现在:

(1)法律性国际双重征税违背了税收公平原则。

税收公平原则是指税收应基于纳税人的纳税能力,平等地由国民予以分摊,包括横向公平和纵向公平。横向公平是指两个处境相似的纳税人被相等地课税;纵向公平是指不同境况的纳税人纳税不同,但与纳税人的纳税能力成比例。②但是,对于有跨国所得的纳税人来讲,如果其纳税能力与没有跨国所得的纳税人相同,在国际双重征税存在的情况下,跨国纳税人的税收负担将比没有跨国所得的纳税人重。

举例来讲:某纳税年度,A国的居民公司境内外全部所得为300万元,其中境内所得200万元,来自B国的境外所得为100万元,假设B国所得税率为20%,A国所得税率为30%,该公司的税负为:在B国纳税20万元,在A国纳税90万元,总税负为110万元。但是,如果A国的另外一个居民公司的所得也是300万元,但全部来自境内,没有境外所得,此时其税负为90万元。相比之外,纳税人的所得相同,但税负却不同。

(2)国际双重征税有悖于税收中性原则。

税收中性指税收不应干预或影响纳税人的投资取向和经营决策。纳税人对投资区域、行业和经营方式的选择,主要应由价值规律和市场竞争因素来支配。③ 但是,双重征税的存在却可能使得纳税人取消对外投资的计划,对国际投资和国际经济交往产生了扭曲影响。

(3)国际双重征税影响了国家间的利益分配。

法律性国际双重征税是税收管辖权之间的重叠造成的,而税收管辖权的重叠也反映了国家之间的税收利益之争。如果各国都坚持其各自的税收管辖权而

---

① 有关三角情况的详细阐述,参见〔美〕罗伊·罗哈吉:《国际税收基础》,林海宁、范文祥译,北京大学出版社2006年版,第591—596页。

② 参见〔美〕凯文·墨菲、马克·希金斯:《美国联邦税制》,解学智等译,东北财经大学出版社2001年版,第6页。

③ 参见廖益新:《国际税法学》,北京大学出版社2001年版,第133页。

不作出让步,将不利于国际经济的交往,最终各国的税收收入也会受到影响。对资本输入国来讲,在本国需要吸引境外的资金和技术发展经济时,如果过分主张属地管辖权,将达不到吸引外资的目的,从而不利于该国经济的发展。对于资本输出国来讲,在本国市场饱和以及资本过剩的情况下,对外投资是企业生存发展的必要,如果不对居民的境外所得采取消除双重征税的措施,本国公司将没有对外投资的积极性,也就缺乏利润增长点,政府税收实际上也无法增长。因此,消除国际双重征税,对于居民国和来源地国同样重要。

(三) 法律性国际双重征税的消除

既然法律性国际双重征税根源于各国税收管辖权的叠加,那么消除此种国际双重征税就需要各国限制或放弃一定的税收管辖权。各国限制或放弃税收管辖权可以通过一国单方面的做法实现,称为单边措施;也可以通过相关国家共同采取措施来实现,称为双边或多边措施。

1. 单边措施

单边措施是指一国在国内法中单方面采取消除双重征税的措施。从居民国角度讲,可以对本国居民的境外所得采用免税法、抵免法、扣除法等方法。有关这些方法的基本原理和实践,本书将在第八章予以详细阐述。对于来源地国,也可以采取放弃或限制来源地税收管辖权的措施。下面以我国为例先作简要的说明。

从居民国的角度,根据我国《企业所得税法》第23条的规定,我国居民企业来源于中国境外的应税所得已在境外缴纳的所得税税额,可以从其当期应纳税额中抵免。我国《个人所得税法》第7条对居民个人从中国境外取得的所得,也允许从其应纳税额中抵免已在境外缴纳的个人所得税税额。

从来源地国的角度,根据我国《企业所得税法》第3条第3款和第4条第2款的规定,非居民企业在中国境内未设立机构、场所的,或者虽设立机构、场所但取得的所得与其所设机构、场所没有实际联系的,应当就其来源于中国境内的所得缴纳企业所得税,适用税率为20%。不过,我国《企业所得税法实施条例》第91条规定减按10%的税率征收企业所得税。此外,该条还规定下列所得免征企业所得税:外国政府向中国政府提供贷款取得的利息所得;国际金融组织向中国政府和居民企业提供优惠贷款取得的利息所得;经国务院批准的其他所得。

单边措施的优点在于一国可以基于自身的需要来决定管辖权的限制或放弃,具有自主性和主动性。不过,这种做法也存在缺点。国际双重征税是两国税收管辖权重叠的结果,单靠一国的措施,在该国放弃或限制本国税收管辖权而减少税收收入的情况下,本国的居民纳税人却不一定真正获益。比如,在居民国采用免税法放弃居民纳税人境外所得的征税权时,尽管居民纳税人免除了双重征税,但如果来源地国不限制税率,纳税人在当地的税负并未减轻,来源地国没有税收损失,损失的是居民国的税收利益。再比如,在两个居民管辖权重叠时,一国也不能因为其他国家将本国居民纳税人也认定为居民纳税人时而放弃本国的居民管辖权。因此,居民国采取措施时,也需要另一国采取相应的措施,这就需要消除双重征税的双边措施。

2. 双边措施

消除法律性国际双重征税的双边措施主要是通过国家间签订双边税收协定来实现的。双边税收协定消除法律性国际双重征税的机制如下：

(1)居民管辖权重叠导致的法律性双重征税的消除。

对于居民管辖权重叠导致的法律性双重征税,税收协定的通常做法是根据相关标准来确定仅由一国行使居民税收管辖权。税收协定的相关规定还就个人和非个人纳税人被同时认定为缔约国双方的居民的情况分别作出了规定。

以中英税收协定为例,对于同时为缔约国双方居民的个人,其第4条第2款规定其身份应按以下规则确定：① 应认为是其有永久性住所所在国的居民;如果在两个国家同时有永久性住所,应认为是其个人和经济关系更密切(重要利益中心)的国家的居民;② 如果其重要利益中心所在国无法确定,或者在任何一国都没有永久性住所,应认为是其有习惯性居处所在国的居民;③ 如果其在两个国家都有,或者都没有习惯性居处,应被认为仅是其国籍所属缔约国一方的居民;④ 如果其在缔约国双方都有或者都没有国民身份,缔约国双方主管当局应通过协商解决。该协定第4条第3款还规定：除个人以外,同时为缔约国双方居民的人,应被认为仅是其实际管理机构所在缔约国一方的居民。

需要指出的是,对于将同时为缔约国双方居民的个人确定由一国行使居民管辖权的规则,税收协定之间差别不大。不过,对于个人之外的同时被认定为缔约国双方的纳税人而言,税收协定确定由一国行使居民管辖权时,其规则是存在差异的。比如,我国和柬埔寨的税收协定第4条第3款规定,除个人以外的人同时为缔约国双方居民,缔约国双方主管当局应通过协商解决。这与前述的中英税收协定是不同的。再比如,我国和阿根廷的税收协定第4条第3款规定：除个人以外的人同时为缔约国双方居民,缔约国双方主管当局应考虑其实际管理机构所在地、注册地或成立地以及任何其他相关因素,努力通过相互协商确定其在适用该协定时的居民身份。如未能达成一致,则该人不得享受本协定规定的任何税收减免优惠,但缔约国双方主管当局就其享受协定待遇的程度和方式达成一致意见的情况除外。①

还需要指出的是,根据税收协定的上述条款不再主张居民管辖权的缔约国,其国内法中关于居民身份认定的规则并不因此改变,该国的来源地管辖权也不

---

① 我国与阿根廷的税收协定签署于2018年12月2日,尚未生效。该协定第4条第3款的内容与2017年经合组织范本相同。

受影响。不过,当解决了居民管辖权重叠导致的双重征税之后,税收协定还需要消除居民管辖权和来源地管辖权重叠导致的双重征税。

(2) 居民管辖权和来源地管辖权重叠导致的双重征税的消除。

对于居民管辖权和来源地管辖权重叠所导致的双重征税。税收协定首先在缔约国之间划分征税权,如果征税权划归居住国或来源地国单独享有,就从根本上消除了双重征税。比如经合组织范本第 12 条规定:"发生于缔约国一方的特许权使用费,如果收取它的受益所有人是缔约国另一方的居民,则应仅由该缔约国另一方征税。"这意味着特许权使用费的来源地国不能对此行使征税权,或者说征税权划归居民国独享。

不过,在大多数情况下,税收协定是把征税权划归两国共享。此时,居民国要采取免税法或抵免法等措施,而来源地国的征税范围或税率一般要进行限制。

比如,就营业利润而言,我国和法国的税收协定第 7 条第 1 款规定:缔约国一方企业的利润应仅在该缔约国纳税,但该企业通过设在缔约国另一方的常设机构进行营业的除外,如果该企业通过在缔约国另一方的常设机构进行营业,其利润可以在另一国征税,但其利润应仅以归属于常设机构的为限。这就将营业利润的征税权划归居民国和来源地国共享。这种情况下,依然存在两个税收管辖权的重叠。不过,来源地国对居民国企业的营业利润的征税是有前提条件的:如果居民国企业有来自来源地国的营业利润,在有常设机构的情况下,来源地国仅限于对可归属于常设机构的营业利润征税。

就利息而言,我国和法国的税收协定第 11 条第 1 款和第 2 款规定如下:发生于缔约国一方而支付给缔约国另一方居民的利息,可以在该缔约国另一方征税。然而,这些利息也可以在其发生的缔约国,按照该缔约国的法律征税。但是,如果利息受益所有人是缔约国另一方居民,则所征税款不应超过利息总额的 10%。缔约国双方主管当局应协商确定实施限制税率的方式。因此,利息的管辖权也是划归居民国和来源地国共享的。

在来源地国对所得课税之后,由于居民国也共享征税权,此时就需要居民国采取措施来消除双重征税。①

需要指出的是,对于税收协定中在居民国和来源地国分配征税权的条款,有的学者将其称为"分配规范"②,有的学者将其称为"冲突规范"③。本书倾向于

---

① 比如经合组织范本第 23 条规定了居民国可采用的免税法或抵免法。

② Klaus Vogel, *Klaus Vogel on Double Taxation Conventions*, 3rd Edition, Kluwer Law International Ltd, 1997, p. 27.

③ 参见高尔森主编:《国际税法》,法律出版社 1988 年版,第 7—8 页;刘剑文主编:《国际税法》,北京大学出版社 1999 年版,第 11 页;Arnold A. Knechtle, *Basic Problems in International Fiscal Law*, translated from the German by W. E. Weisflog, Kluwer, 1979, pp. 11—16.

采用"分配规范"这一称谓,因为"冲突规范"是国际私法中的概念。不过,即使在国际税法中采用"冲突规范"的称谓,也应当将其与国际私法中的"冲突规范"区别开来:首先,国际私法中的冲突规范是法律适用规范,或称法律选择规范,是指在法律冲突的情况下确定适用哪国法律的规范;而国际税法中划分国家间征税权的法律规范则并不是确定要适用的法律,而是划分征税权,是国家间税收利益的分配和协调。其次,根据国际私法中的冲突规范而适用的法律可能是外国法;而根据国际税法中划分国家间征税权的法律规范,一国如果有权征税,是根据其自己的国内法征税,而不是根据外国税法征税,即不会出现适用外国法的情况。再次,国际私法的冲突规范允许涉外民事法律关系的当事人选择适用的准据法,而国际税法中划分征税权的法律规范则与跨国纳税人的意志无关。

(3) 来源地管辖权与来源地管辖权重叠导致的双重征税的消除。

对于来源地管辖权与来源地管辖权重叠的情况,双边税收协定一般是无法解决的,因为其适用于"缔约国一方或缔约国双方居民的人"[1]。这样,A国居民来源于B国的所得如果同时也被C国主张来源地税收管辖权,A国居民无法适用B国和C国之间的税收协定来消除双重征税,因为A国居民在B国和C国都是非居民。在这种情况下,A国和B国以及A国和C国的双边税收协定需要作出特殊规定。比如,在A国居民有来源于B国居民支付的利息,但该利息与B国居民在C国的常设机构有实际联系且C国也主张来源地管辖权的情况下,经合组织范本关于第11条的注释第30段推荐A国和B国之间的税收协定中作如下的特殊安排:"如果利息支付人不论其是否缔约国一方居民,只要其支付利息的债务与其设在其居民国以外的国家的常设机构有实际联系,且利息由常设机构承担,那么利息可视为发生在常设机构所在国。"这样,B国就放弃利息的来源地管辖权,A国可通过与C国的税收协定来消除利息的双重征税。在双边协定没有对此作出专门约定的情况下,一种方法是A国与B国和C国基于它们之间的税收协定中的相互协商程序磋商解决[2],另一种方法是借助多边税收协定。

3. 多边措施

消除双重征税的多边措施主要是签订多边税收协定。1983年,丹麦、芬兰、冰岛、挪威和瑞典等国缔结了以避免对所得和财产双重征税为主要内容的北欧税收协定(The Treaty between the Nordic Countries for the Avoidance of Double Taxation with Respect to Taxes on Income and Capital),同年12月生效,之后并经

---

[1] 参见经合组织范本第1条。

[2] 比如经合组织范本第25条规定,缔约国主管当局可以为了避免税收协定未规定的双重征税进行协商。关于相互协商程序,请参见本书第二十二章"国际税务争议的解决"中的相关内容。

数次修改，法罗群岛随后也加入。①

北欧税收协定与双边税收协定相比，在处理多个居民税收管辖权重叠和多个来源地税收管辖权重叠时具有优势：

（1）解决多个居民税收管辖权的重叠。假如一个人在丹麦、瑞典和挪威都有住所。他通过在芬兰的常设机构获得收入。根据芬兰和丹麦、挪威、瑞典的双边税收协定，芬兰作为来源地国，而根据丹麦、瑞典和挪威的国内法，三国都为居民国。丹麦和瑞典协商后，可将丹麦确定为居民国；挪威和瑞典协商后，可将瑞典确定为居民国；丹麦和挪威协商后，可将丹麦定为居民国。这样，就存在丹麦和瑞典都为居民国的情况。尽管这一问题可通过双边税收协定中的相互协商程序解决，但并不一定就能达成协议。但是，多边税收协定可专门规定对此问题的处理方法。

（2）解决多个来源地税收管辖权重叠的问题。假设冰岛一家公司支付的股息与一家瑞典公司在挪威的常设机构存在实际联系。如果冰岛和瑞典之间签订有类似经合组织范本的双边协定，则在瑞典公司直接持有冰岛公司至少25%股权的情况下，冰岛对股息的征税不得超过股息的5%。由于常设机构在挪威，挪威也可行使征税权。假如挪威和瑞典也签订有经合组织范本那样的双边协定。经合组织范本第21条第1款规定，对于该范本协定未划分征税权的居民的所得，应仅由该居住国征税。由于冰岛支付的股息为源于非缔约国所得，根据第21条应由居住国瑞典征税。但是，第21条第2款进一步规定，如果收取股息的人为缔约国一方居民，通过设在另一缔约国的常设机构营业，应适用营业利润的一般规定。由于冰岛公司支付的股息与在挪威的常设机构存在实际联系，挪威就有权对可归属挪威境内的瑞典公司的常设机构的股息征税。不过，如果挪威根据其与冰岛的双边税收协定对本国居民公司收取的境外股息免税，瑞典公司是否可基于其与挪威的税收协定中的常设机构无差别条款也请求挪威免税呢？答案可能是否定的，因为挪威公司享受的免税待遇来自于挪威与冰岛的税收协定，只有挪威居民才能主张，而瑞典公司在挪威的常设机构并非挪威居民。但是，北欧税收协定第10条第2段的规定就解决了这一问题。根据该条款之规定：如果股息的受益所有人是缔约国一方居民，通过设在其居住国以外的缔约国的常设机构营业，如支付的股息与常设机构存在实际联系的，征税权由支付股息的居民公司所在国和常设机构所在国行使。这样，如果挪威公司收取的股息是免税的，则瑞典公司取得的与其在挪威的常设机构存在实际联系的股息也应当享受同样的免税待遇。

---

① 本章关于北欧税收协定的介绍主要参考了 Nils Mattsson, Multilateral Tax Treaties—A Model for the Future, *Intertax*, Vol.28, Issue 8/9, 2000.

不过,实践中的国际税收协定基本是双边的,缔结多边税收协定要求缔约国间所得税制相对趋同。双边税收协定的缔约方作出的对等减让可能难以适用于经济关系和资本流动状况不同的第三方。① 对于某类所得在居民国和来源地国之间税收管辖权的分配,在缔约国双方都是发达国家和一方为发达国家而另一方为发展中国家时,具体方案也会有所不同。② 经合组织也认为,在消除双重征税方面,双边税收协定仍是更适合的方式。③

二、经济性国际双重征税的规制

(一) 经济性国际双重征税的表现形式

前述示例2是经济性国际双重征税的典型例子,这种双重征税实际上与各国的税制相关,当各国对公司利润和股东股息都征收所得税时,一国居民纳税人来源于境外的股息还会面临经济性双重征税。

此外,各国税务机关对以转让定价方式避税的纳税人进行应税所得调整时,也会出现经济性双重征税的问题。

转让定价又称公司内部定价,是指关联企业间对内部交易的作价。通过转让定价形成的价格称为转让价格。④ 转让价格不是市场交易的正常价格,而是关联企业内部人为的定价。关联企业之间通过人为制定偏离市场独立交易价格的低价,可以获得税收利益。

关联企业使用转让定价避税可以通过以下例子说明:

A公司为甲国居民公司,甲国所得税税率为40%,A公司在乙国有全资子公司B,乙国税率为30%。A公司卖给B公司一批成本80万美元的货物,正常作价100万美元,B公司再以120万美元卖给第三者。按照正常做法,A公司和B公司各获利20万美元,其分别缴纳的税款为8万美元和6万美元。A公司和B公司作为关联企业,其总体税负为14万美元。但是,假如A公司将这批货物以80万美元的价格卖给B公司,B公司仍以120万美元价格卖给第三者,则A公司没有利润,不用纳税,B公司利润为40万美元,B公司缴纳税款12万美元。这样,A公司和B公司的总体税负反而减轻了,为12万美元。

---

① UNCTAD, "Taxation", UNCTAD Series on Issues in International Investment Agreements, UNCTAD/ITE/IIT/16, 2000.

② 以特许权使用费为例,经合组织范本第12条将缔约国一方居民来源于缔约国另一方的特许权使用费的征税权划归该居民国单独享有,来源地国不再行使征税权。但是,联合国范本第12条则是主张由来源地国和居民国共享征税权。

③ 参见经合组织范本注释引言部分第37—40段。

④ Sylvain Plasschaert, Transnational Corporations: Transfer Pricing and Taxation (The United Nations Library), *On Transnational Corporations*, Vol. 14, Routledge, 1994, p. 1.

由于纳税人通过转让定价改变了本应承担的税负,税务机关就要对关联企业的定价进行调整。① 不过,如果一国调增了本国企业的应税所得,而这个企业的境外关联企业所在国税务当局并不因此调减该关联企业的应税所得并退还多缴纳的税额,则转让定价的调整就会造成被调整利润的国际双重征税。在这两个关联企业分别为各自所在国的居民公司时,就是一种经济性双重征税的体现,即同一笔所得被两个国家主张征税权,税收负担由两个不同的纳税主体承担。

(二) 经济性国际双重征税的消除

1. 对公司利润和股东股息同时征税而产生的经济性双重征税的消除

对于如何消除因对公司利润和股东股息同时征税而产生的经济性双重征税,理论上存在着不同观点。事实上,这种双重征税在一国国内也是存在的。

一些国家认为没有必要在一国之内消除经济上的双重征税。有的还认为对公司和股东分别课税是合理的,因为公司所得税和个人所得税两者不仅纳税人各异,征税对象不同,税基也不同。② 经合组织也认为,对经济性双重征税如在国内不予以缓解,那么在国际上也不必予以解决。③

主张消除经济性双重征税的观点认为:分别对公司的利润和股东的股息征税,尽管在法律上合法有据,但从经济上看却不合理。从经济意义上说,公司实质上由各个股东组成,公司的资本是各个股东持有股份的总和,公司的利润是股东分得股息的源泉,二者是同一事物的两个不同侧面。因此,一方面对公司的利润征税,另一方面又对作为公司税后利润分配的股息再征税,这明显是对同一征税对象或称同一税源进行了重复征税。从经济效果来讲,对公司利润征收的所得税,最终还是按股份比例由各个股东承担。这与对同一纳税人的同一所得的重复征税实质上并无区别。④

还有观点甚至对公司税的存在提出了异议,提出了归并课税论,即只课征个人所得税。这种观点认为所有的税收归根结底都要由个人来承担,公平课税的概念只能应用于个人纳税人。因此,在个人所得税之外征收公司所得税是不合理的,应当把所得作为一个整体来课税,而与所得的来源无关。公司税的存在却导致利润被征了两次税。在个人所得税取代公司所得税的情况下,可对来源于公司的所得征收的个人所得税也应当实行源泉扣缴。但是,也有相反看法,即独立课税论的观点,认为归并课税的方法是那些建立在对公司的不现实认识的基础上的。大量的股权极其分散的公司并不仅仅是个人获得所得的"管道"。公

---

① 转让定价调整的原则、方法等问题,参见本书第十二章"国际转让定价的法律规制"的内容。
② 参见刘剑文主编:《国际税法》,北京大学出版社1999年版,第72页。
③ 参见经合组织范本关于第10条的注释第41—42段。
④ 参见葛惟熹主编:《国际税收教程》,中国财政经济出版社1987年版,第58页。转引自廖益新主编:《国际税法学》,北京大学出版社2001年版,第131页。

司是一个独立存在的法人实体,是进行经济和社会决策的一个强有力部门,它由专业人员进行管理,而几乎不受个人股东的支配。从这一观点,他们的结论是,作为一个独立的实体,公司也有独立的纳税能力,可适当地课以独立的税种。①

不过,即使在维持公司所得税的前提下,也无法否认这样的客观事实:股东的股息来源于公司利润,所有税收归根到底都是由股东承担的。

另外,国际间经济性双重征税的存在也带来了消极影响:妨碍国际投资的积极性;使得公司不分配股息或尽量少分配股息,股东无法按时取得投资收益;使得公司尽量利用借贷资本,较少吸收股份资本,这将影响公司资本结构,并增加成本。② 因此,消除经济性双重征税也有客观需要。

由于经济性双重征税存在的法律原因是股息个人所得税和公司利润所得税的并存,因此,从理论上讲,要消除这种双重征税,不外乎以下几种思路:取消公司所得税,只对股东股息征税;只征收公司所得税,不对股东股息征税;同时对公司利润和股东股息征税,但在公司环节或股东环节给予相应的减免优惠措施。

就上述方式来讲,取消对公司利润的征税或者取消对股东股息征税的做法并没有被普遍接受,因为公司和股东毕竟是存在差异的主体,而且也都是政府财政收入的来源。另外,归并课税论是建立在税后利润是全部作为股息分配给股东的假定上的,但事实并非如此。③

因此,在国内层面,消除经济性双重征税的措施基本是在维持对公司利润和股东股息所得同时征税的情况下,分别从公司或股东层面来采取措施:比如在公司层次实行股息扣除制(dividend deduction system)或分劈税率制(split rate system);在股东层次实行归集抵免制(imputation system)等。④

这些方法属于国内法措施,通常不适用于非居民,也不适用于居民收取的来自境外的股息。因此,对于国际间的经济性双重征税,有的国家在国内法或双边税收协定中采取免税法或间接抵免法。此外,也存在少数国家将国内法中的分劈税率制和归集抵免制等做法通过税收协定扩充适用于非居民的实践。⑤

2. 转让定价调整导致的经济性国际双重征税的消除

对于转让定价调整而导致的经济性国际双重征税,需要相关国家税务机关的配合。通常做法是在税收协定中约定,在一国税务当局进行了调整之后,另一

---

① 参见〔美〕理查德·R. 马斯格雷夫、佩吉·B. 马斯格雷夫:《财政理论与实践》,邓子基、邓力平译校,中国财政经济出版社2003年版,第388—389页。
② 参见高尔森主编:《国际税法》,法律出版社1988年版,第77页。
③ 参见〔美〕理查德·R. 马斯格雷夫、佩吉·B. 马斯格雷夫:《财政理论与实践》,邓子基、邓力平译校,中国财政经济出版社2003年版,第389页。
④ 参见唐腾翔、唐问:《税收筹划》,中国财政经济出版社1994年版,第106页。
⑤ 参见陈红彦:《跨国股息征税问题研究》,科学出版社2011年版,第133—138页。

国税务机关也应作必要的调整，或根据相互协商程序进行必要的调整。

对于上述消除双重征税的具体做法，本书将在第八章和第九章分别进行详细论述。

本 章 小 结

本章阐述了国际双重征税的一般原理。国际双重征税包括法律性国际双重征税和经济性国际双重征税。

法律性国际双重征税产生的原因是多个税收管辖权叠加的结果。消除此类双重征税应当从协调国家的税收管辖权入手，不论是采取单边、双边或多边措施。一国可以主动放弃税收管辖权，或者通过双边税收协定将征税权划归一国独享。在征税权仍由两国共享时，在承认来源地国管辖权优先并进行适当限制的情况下，居民国应采用免税法或抵免法等措施来消除双重征税。双边税收协定无法解决多个居民税收管辖权重叠或者多个来源地税收管辖权重叠造成的双重征税，这需要多边措施来解决。

各国对公司所得和股东股息同时征税则会产生经济性双重征税。这种类型的双重征税与各国税制结构有关，既存在于一国国内，也存在于国家之间。国内法中消除经济性双重征税的措施可以从公司所得和股东所得环节分别入手。在国际层面上，可在税收协定中给予间接抵免或将国内法中的措施扩充适用于非居民。

此外，各国税务当局在对纳税人进行转让定价调整时也可能导致经济性国际双重征税的产生。为此，也需要在税收协定中确立相应的解决机制。

思考与理解

1. 如何界定国际双重征税的概念？

2. 法律性国际双重征税有哪些表现形式？消除法律性国际双重征税的基本思路是什么？

3. 经济性国际双重征税有哪些表现形式？消除经济性国际双重征税的基本思路是什么？

第八章 法律性国际双重征税的消除

第一节 免 税 法

免税法全称为"外国税收豁免"(foreign tax exemption),是指居民国对本国居民来源于境外的所得或财产免于征税。在具体的实践中,免税法又可分为无条件免税法和有条件免税法,以及全额免税法和累进免税法。

一、无条件免税法和有条件免税法

无条件免税法是指居民国对本国居民纳税人来源于境外的所得和财产免于征税而不附加任何条件。这样,居民国只对本国居民纳税人的境内所得征税,是彻底消除国际双重征税的做法。

由于无条件免税法使一国完全放弃对居民纳税人境外所得的税收,实践中大多数国家并不采用。在采用免税法的国家中,一般要附加一定条件,即采用有条件免税法。

有条件免税法是指一国对本国居民纳税人来源于境外的、符合特定条件的所得或财产免税。比如,能够享受免税的国外所得必须来自于课征与本国相似的所得税的国家,而对来自不征所得税或税率很低的国家或地区的所得不给予免税。再比如,享受免税的国外所得应为本国纳税人从国外分公司取得的利润或从参股达到一定比例和相应持股期限的外国居民公司分得的股息、红利(也称"参与免税")。①

二、全额免税法和累进免税法

所得税的税率可以采用比例税率,也可采用累进税率。② 因此,免税法也存在全额免税法和累进免税法的不同做法。

全额免税法和累进免税法在计算居民的应税所得时,都为"境内外全部应税所得减去境外应税所得的免税部分",但在确定该应税所得适用的税率方面

---

① 参见朱青编著:《国际税收》(第六版),中国人民大学出版社2014年版,第66页。
② 累进税率有全额累进税率、超额累进税率、全率累进税率和超率累进税率等多种方式。本章采用全额累进税率来进行计算。所谓全额累进税率,是指同一征税对象的全部数额都直接与相应的最高等级的税率计征,也就是在征税对象数额增加到需要提高一个等级时,应就全部征税对象按高一级税率计算应纳税额。这样,一定的征税对象的数额只适用一个等级的税率。

有区别:(1)按照全额免税法,在决定应税所得的适用税率时不考虑免税所得,即不把免税的所得列入全部所得中计算税率纳税。(2)按照累进免税法,计算居民应纳税所得额时,要适用该居民境内外全部应税所得对应的税率,即将免税所得列入总收入决定其余收入的税率,这是为了避免适用免税法的纳税人获得税率累进优势。

全额免税法和累进免税法的区别可以通过下面的例子予以说明①:

某个居民纳税人的全球所得为10万元,其中8万元为其居民国R国的所得,2万元为来源地国S国的所得。假设R国对10万元的所得适用35%的税率,对8万元的所得适用30%的税率。同时假设S国的税率分别为20%和40%两种情况,则该纳税人在S国的应纳税额分别为4000元和8000元。如果该纳税人的全部10万元所得都来自R国时,其税负为3.5万元。但是,在本例中当纳税人有境外所得时,如果不采用消除双重征税的措施,其总税负分别为3.9万元(S国税率为20%时)或4.3万元(S国税率为40%时)。此时该纳税人就面临着双重征税。

当R国采用全额免税法时,只对纳税人在R国的8万元所得课税,且税率为8万元对应的30%,此时纳税人向R国纳税2.4万元。加上纳税人在S国的税负,其总税负分别为2.8万元或3.2万元(S国税率分别为20%或40%时)。此时,不论S国税率高低,R国放弃的税收均为1.1万元。

当R国采用累进免税法时,虽然也只对纳税人在R国的8万元所得课税,但适用的税率则为纳税人全部所得10万元所对应的税率35%。此时纳税人向R国纳税2.8万元。加上纳税人在S国的税负,其总税负分别为3.2万元或3.6万元(S国税率分别为20%或40%时)。此时,不论S国税率高低,R国放弃的税收均为7000元。

以上情况可用表格总结如下:

全额免税法	第一种情况	第二种情况
R国对80000元适用30%税率	24000元	24000元
R国放弃的税收(与未采用全额免税法时R国对100000元所得的课税35000元相比)	11000(35000-24000)元	11000(35000-24000)元
S国对20000元的课税	4000元(S国税率20%)	8000元(S国税率40%)
R国采用全额免税法后纳税人的全球税负	28000(24000+4000)元	32000(24000+8000)元
R国采用全额免税法前后纳税人的全球税负差异	11000(39000-28000)元	11000(43000-32000)元

---

① 该例子参见经合组织范本关于第23A条和第23B条的注释第18—22段。

累进免税法	第一种情况	第二种情况
R 国对 80000 元适用 35% 税率	28000 元	28000 元
R 国放弃的税收（与未采用全额免税法时 R 国对 100000 元所得的课税 35000 元相比）	7000（35000 – 28000）元	7000（35000 – 28000）元
S 国对 20000 元的课税	4000 元（S 国税率 20%）	8000 元（S 国税率 40%）
R 国采用全额免税法后纳税人的全球税负	32000（28000 + 4000）元	36000（28000 + 8000）元
R 国采用全额免税法前后纳税人的全球税负差异	7000（39000 – 32000）元	7000（43000 – 36000）元

三、免税法的特点

通过上面的例子，可以归纳出免税法的下列特点：

首先，由于居民国放弃了对本国居民纳税人境外所得的征税权，只有来源地国行使税收管辖权，故而免税法具有消除双重征税的作用。假如居民国的免税法不附加条件，在来源地国也不主张或行使管辖权时，居民国居民纳税人的境外所得还会出现双重不征税的情况。

其次，来源地国的税率水平不影响居民国放弃的税收，无论来源地国税率高于或低于居民国税率，居民国放弃的税收都是一样的。

再次，居民国实行全额免税法时，纳税人的税负比采用累进免税法时要轻，即全额免税法对居民纳税人更有利。

此外，当来源地国税率低于居民国税率时，有境外所得的纳税人的税负要比全部所得来自于居民国的纳税人轻；当来源地国税率高于居民国税率时，情况相反。或者说，居民国采用免税法时，纳税人的总体税负因来源地国税率高低而有所不同。

第二节 抵 免 法

抵免法的全称为"外国税收抵免"（foreign tax credit），是指居民纳税人在其居民国以其境内外全部所得为应税所得，应税所得乘以应适用的税率减去该居民纳税人已在境外实际缴纳的所得税额为其在居民国的应纳税额。实践中，抵免法可分为全额抵免法与限额抵免法。限额抵免法又分为分国限额抵免法、综合限额抵免法、分项限额抵免法等。

一、全额抵免法和限额抵免法

(一) 全额抵免法

全额抵免是指居民国允许其居民纳税人将境外实际缴纳的全部税额从其境内外全部所得应向居民国缴纳的应纳税额中予以扣除,即使境外所得在境外缴纳的税额超过该笔所得应在本国缴纳的税额。全额抵免可用下面的例子说明。

A 国的居民公司 R 在 B 国有一家分公司。对 R 公司来讲,A 国是其居民国,B 国是来源地国,R 公司在 B 国的分公司构成其在 B 国的常设机构。在某纳税年度,R 公司的全部应税所得为 300 万元,其中来自 A 国 200 万元,来自 B 国 100 万元。假定 A 国对于 300 万元适用的所得税税率为 35%。B 国税率分别假定 20% 和 40% 两种情况。

(1) A 国未采取消除双重征税的措施,R 公司总税负为:

B 国:$100 \times 20\% = 20$(万元),或 $100 \times 40\% = 40$(万元)

A 国:$300 \times 35\% = 105$(万元)

总税负:$105 + 20 = 125$(万元),或 $105 + 40 = 145$(万元)

R 公司相同的全部所得均来自于 A 国时的税负:$300 \times 35\% = 105$(万元)

由于对 R 公司来源于 B 国的所得存在双重征税,R 公司的税负比其相同的全部所得均来自 A 国境内要重,不论 B 国税率是否比 A 国低或高。

(2) A 国采用全额抵免法时,R 公司总税负为:

B 国:$100 \times 20\% = 20$(万元),或 $100 \times 40\% = 40$(万元)

A 国:$300 \times 35\% - 20 = 85$(万元),或 $300 \times 35\% - 40 = 65$(万元)

总税负:$85 + 20 = 105$(万元),或 $65 + 40 = 105$(万元)

R 国放弃的税收:$105 - 85 = 20$(万元),或 $105 - 65 = 40$(万元)

由此可以看出,全额抵免法具有下列特点:

首先,由于居民纳税人可将其在来源地国实际缴纳的税款从其全部所得应向居民国缴纳的税款中扣除,这意味着对居民纳税人的境外所得只有来源地国实际对此征税,这样就消除了该笔境外所得的双重征税。

其次,来源地国税率高于或低于居民国税率时,居民纳税人的实际税负与等额的全部所得均来自于居民国的纳税人都是一样的。

再次,居民国放弃的税收因来源地国的税率不同而有所变化,来源地国税率高时居民国放弃的税收多。

由于来源地国税率高于居民国税率时,居民国放弃的税收将大于其对该笔所得按本国税率征收的税款,居民国税收利益出现损失。因此实践中就出现了限额抵免法。

（二）限额抵免法

限额抵免，又称普通抵免，是指居民纳税人在境外实际缴纳的税额，仅允许其抵免不超过该笔境外所得依居民国税率计算的应纳税额（即抵免限额）的抵免。

需要指出的是，抵免限额是允许居民纳税人抵免本国税款的最高数额，它并不一定就等于纳税人的实际抵免额。纳税人被允许的实际抵免额为抵免限额与其在外国已缴纳税款中的较小者。在居民国和来源地国的所得税率不同的情况下，有三种情况：（1）居民国和来源地国的所得税率相同，则抵免限额等于其在来源地国缴纳的所得税额。此时，全额抵免和限额抵免没有实质区别。（2）在居民国的所得税率高于来源地国所得税率的情况下，抵免限额就大于其在来源地国缴纳的税额。在计算该居民纳税人在居民国实际应缴纳的税额时可予抵免的为该笔境外所得在来源地国缴纳的税款。此时，居民纳税人在来源地国缴纳的税款得到了全额抵免，但其抵免限额没有用足。（3）在居民国的所得税率低于来源地国的所得税率的情况下，抵免限额就小于其在来源地国缴纳的税额。此时，在计算该居民纳税人在居民国实际应缴纳的税额时可予抵免的为抵免限额，即境外缴纳的税额不能得到全额抵免。

对于该居民纳税人在国外缴纳的税款超过抵免限额的部分（即超限额），许多国家允许当年不能抵免的超限额可以向以后年度结转并冲抵国内税收，以后年度的不足限额可以冲抵以前年度的超限额。比如，A 国居民 R 公司第一年有外国来源所得 100 万元，缴纳外国税收 50 万元，但 100 万元外国来源所得的抵免限额为 30 万元，这样 R 公司有 20 万元的外国税收不能在当年抵免，即存在 20 万元的超限额。R 公司第二年又有 100 万元的外国来源所得，缴纳的外国税收为 25 万元，由于抵免限额为 30 万元，这样第二年的 25 万元外国税收和第一年结转的超限额 5 万元能够被抵免，R 公司剩余的未抵免的 15 万元超限额可结转到以后年度。[①]

限额抵免法的关键是计算出抵免限额。抵免限额的计算公式为：

外国税收抵免限额 = 居民纳税人境内外全部所得按居民国税法计算的应纳税总额 × （境外应税所得/境内外全部应税所得）

上述公式中，居民纳税人在居民国的应纳税额的计算方式为境内外全部应税所得乘以按居民国税法应适用的税率，这样计算抵免限额的公式中纳税人的"全部应税所得"就出现了两次，分别在公式的分母和分子中。需要强调的是，在居民国实行超额累进税率的情况下，不能对"全部应税所得"进行简单的约分

---

① 参见〔美〕阿诺德、麦金太尔：《国际税收基础》（第二版），国家税务总局国际司张志勇等译，中国税务出版社 2005 年版，第 61 页。

处理。这是因为超额累进税率下，应税所得中的不同数量等级的应税所得要适用不同档次的税率。因此，计算境外所得在居民国的应纳税额时，也不能将其简单乘以单一税率，需要先计算境内外全部应税所得的应纳税额，然后根据境外所得占境内外全部所得的比例来推算境外所得按居民国税法的应纳税额。

在居民国采用比例税率时，由于境内外全部应税所得只对应一个税率，因此抵免限额的计算公式可以进行简化：

外国税收抵免限额 = 境外应税所得 × 居民国税率

限额抵免法可以用下面的例子来说明。在此，仍采用前面说明全额抵免法的例子中的设定条件。

A国采用限额抵免法时，R公司总税负为：

B国：$100 \times 20\% = 20$（万元），或 $100 \times 40\% = 40$（万元）

抵免限额 = $300 \times 35\% \times (100/300) = 35$（万元）

R公司应向A国缴纳的税款：$300 \times 35\% - 20 = 85$（万元），或 $300 \times 35\% - 35 = 70$（万元）

请注意，由于B国税率为40%时，R公司的分公司在B国境内的税款大于抵免限额，故在扣除A国应纳税款时，只能扣除35万元，而非实际缴纳的40万元。

R公司总税负：$85 + 20 = 105$（万元），或 $70 + 40 = 110$（万元）

A国放弃的税收：$105 - 85 = 20$（万元），或 $105 - 70 = 35$（万元）

全额免税法和限额免税法的差别如下表所示。

R公司税负一览表　　　　　　　　　　　单位：万元

全部所得(300)来源于A国的总税负	105	
所得来自A国和B国 A国：200 B国：100	B国税率	B国税率
	20%	40%
A国未采取消除双重征税时的总税负	125	145
A国采用全额抵免法时的总税负 A国放弃的税收	105 20	105 40
A国采用限额抵免法时的总税负 A国放弃的税收	105 20	110 35

从上表可以看出，在来源地国税率低于居民国税率的情况下，全额抵免法和限额抵免法没有区别，纳税人的税负是相同的，而且该纳税人与应税所得金额相同但全部来自于境内的纳税人的税负也是相同的。另外，居民国放弃的税收为境外所得在来源地国实际缴纳的税款。

但是，在来源地国税率高于居民国税率的情况下，全额抵免法和限额抵免法存在区别:适用全额抵免法时纳税人的税负比采用限额免税法低,而且有境外所得的纳税人的税负在适用限额免税法时要高于与应税所得金额相同但全部来自于境内的纳税人的税负。另外,居民国放弃的税收为境外所得根据居民国税率所应缴纳的税款,而非来源地国实际缴纳的税款。

(三) 限额抵免的具体做法

在实践中,限额抵免还有不同的做法,主要有分国限额抵免法、综合限额抵免法以及分项限额抵免法。

分国限额抵免法是指,当居民纳税人有来自多个来源地国的所得时,以每个国家为单位,分国计算抵免限额,即来自于每个来源地国的所得都有一个抵免限额。分国抵免限额的计算公式为:

分国抵免限额 = (某一外国的应税所得 / 居民国内外的全部应税所得) × 居民国内外的全部应税所得按居民国税率计算的应纳税总额

综合限额抵免法则是将居民纳税人来自于境外的全部所得汇总相加,作为一个整体计算抵免限额,即只有一个统一的抵免限额。其计算公式为:

综合抵免限额 = (国外全部应税所得 / 居民国内外全部应税所得) × 居民国内外的全部应税所得按居民国税率计算的应纳税总额

分项限额抵免法是指,居民纳税人来源于境外的某些特定项目的所得单独计算抵免限额,与其他项目分开,纳税人就各类境外所得在来源地国缴纳的税款只能在同项抵免限额内抵免。其计算公式为:

分项抵免限额 = (国外某一专项的应税所得 / 居民国内外全部应税所得) × 居民国内外的全部应税所得按居民国税率计算的应纳税总额

采用分项限额抵免法与居民国的税制相关。当居民国对所得是分项征税时,居民纳税人来自境外的所得也要与境内所得一样分项计算。

分国限额抵免和综合限额抵免的计算可以通过下面的例子说明:

假如 A 国居民公司 R 在 B 国有分公司 B,在 C 国有分公司 C。在某一纳税年度,R 公司境内外全部应税所得为 1000 万元,其中来自于 A 国的应税所得为 600 万元,来自 B 国的应税所得为 200 万元,来自 C 国的应税所得 200 万元。A 国对 1000 万元税率为 40%,B 国和 C 国对来自于当地所得适用的税率分别为 30% 和 50%。

(1) 在抵免前,R 公司总税负为:

应向 A 国纳税:$1000 \times 40\% = 400$(万元)

分公司 B 在 B 国纳税:$200 \times 30\% = 60$(万元)

分公司 C 在 C 国纳税:$200 \times 50\% = 100$(万元)

R 公司在抵免前的总税负为 $400 + 60 + 100 = 560$(万元),而所得同为 1000 万元但均来自 A 国的居民纳税人的税负为 400 万元。

(2) A 国采用综合限额抵免法时,R 公司总税负为:

抵免限额为:400×[(200+200)/1000]=160(万元)

R 公司在 B 国和 C 国实际纳税总额为 60+100=160(万元),等于抵免限额,可全部抵免。

R 公司向 A 国实际缴纳的税款:400-160=240(万元)

采用限额抵免后 R 公司总税负:240+60+100=400(万元)

(3) A 国采用分国限额抵免法时,R 公司总税负为:

B 国所得的抵免限额:400×(200/1000)=80(万元),分公司 B 在 B 国实际纳税 60 万元,小于抵免限额,可全部抵免。

C 国所得的抵免限额:400×(200/1000)=80(万元),分公司 C 在 C 国实际纳税 100 万元,大于抵免限额,只能抵免 80 万元。

R 公司在 A 国应纳税款为 400-60-80=260(万元)

采用限额抵免后 R 公司总税负:260+60+100=420(万元)

综上所述,在国外分公司都盈利的情况下,对纳税人来讲,综合限额抵免法比分国限额抵免法更有利。因为在分国限额抵免法下,各个国家的抵免限额不能相互调剂使用,纳税人在所得税率高于其居民国的来源地国缴纳的税款就不能得到全部抵免。不过,在综合限额抵免法下,纳税人可以把在境外缴纳的税款汇总起来抵免,税率低于居民国的来源地国所没有用足的限额可用来抵免税率高于居民国税率时所不能抵免的实际已纳税额。

当国外分公司有的盈利有的亏损时,如果居民国允许居民纳税人以境外亏损冲抵境内所得,则分国限额抵免法对纳税人更为有利。但是,综合限额抵免法下由于用一个境外的亏损去冲减另一个境外应税所得,纳税人的全部境外收入就减小,计算公式中的分子减小,从而会减少抵免限额。我们还是用上述例子设定的条件来说明,唯一变化是 C 公司亏损 100 万元。

R 公司全部应税所得为 600+200-100=700(万元)

在 B 国纳税:60 万元

C 国由于 C 公司亏损,不存在纳税和抵免问题。

R 公司在抵免前应在 A 国纳税 700×50%=350(万元)

(1) 用分国限额抵免法计算 R 公司的抵免限额:

B 国抵免限额为:350×(200/700)=100(万元),实际纳税 60 万元,可全部抵免。

R 公司抵免后应在 A 国缴纳的税款为 350-60=290(万元)。

(2) 用综合限额抵免法计算 A 公司的抵免限额:

350×[(200-100)/700]=50(万元),实际境外纳税 60 万元,大于抵免限额,只能抵免 50 万元。

R公司抵免后应在A国缴纳的税款为350 – 50 = 300(万元)。

以上说明了分国限额抵免法和综合限额抵免法对纳税人的不同影响。不过,分国限额抵免法和综合限额抵免法哪种方式对于纳税人有利,并没有统一的结论,因为这要根据纳税人居民国和来源地国的税率,以及纳税人的境外和境内所得是否盈利或亏损的具体情况而定。

二、直接抵免法和间接抵免法

以上抵免法适用于消除法律性国际双重征税。由于法律性国际双重征税是对同一纳税人的同一笔所得的重复征税,故抵免法此时又称为直接抵免法。在实践中,由于还存在经济性国际双重征税,抵免法也可用于消除经济性国际双重征税,此时抵免法称为间接抵免法。

(一) 直接抵免法

直接抵免是指居民纳税人在其居民国用其在来源地国缴纳的税款抵免其在居民国应缴纳的税款。直接抵免法适用于具有同一纳税人身份的居民下列双重征税的消除:自然人居民就源自国外的所得缴纳的个人所得税;居民公司通过在国外的常设机构取得的营业利润缴纳的公司所得税;居民公司在境外取得股息、利息或者特许权使用费等消极投资所得缴纳的预提税。

需要指出的是,预提税并不是一个独立的税种,而是按预提方式(即由所得支付人在向所得受益人支付所得时为其代扣代缴税款)课征的一种个人所得税或公司所得税。一国居民公司从境外取得股息、利息和特许权使用费等消极投资所得一般以预提税的方式缴纳所得税,当消极投资所得汇总到居民国纳税时,存在着法律性双重征税的情况。比如,子公司向境外母公司分配股息时需要扣缴该笔股息的预提税。预提税虽然由子公司扣缴,但属于替母公司代缴,纳税人仍为母公司。由于直接抵免法适用于同一纳税人身份的居民,因此它是消除法律性国际双重征税的做法。

(二) 间接抵免法

间接抵免是指居民纳税人在其居民国用其间接缴纳的外国税款抵免其在居民国应缴纳的税款。所谓居民纳税人在国外间接缴纳的税款,是指由国外的与纳税人不具有同一身份但存在某种法定股权关系的纳税人缴纳的税款,视同居民纳税人在国外自己缴纳的税款,因而予以抵免。间接抵免法主要适用于母公司和子公司之间的税收抵免。母公司从境外子公司获得的股息来自于该子公司的税后利润,因此母公司获得的股息事实上已在当地负担了税款,尽管该税款是子公司在公司所得税环节上缴纳的。母公司在其居民国纳税时仍要将股息并入所得中缴纳所得税。由于母公司和子公司是不同的居民纳税人,因此母公司得到的股息在当地实际负担的税款就不能得到直接抵免,所以需要间接抵免。因此,间接抵免法是消除经济性国际双重征税的措施。需要指出的是,母公司分得的股息在子公司所在国要缴纳预提税,但如前所述预提税属于直接抵免,只有股息在子公司所在国负担的公司所得税才能适用间接抵免。关于间接抵免的计算方法,本书将在第九章具体阐述。

三、免税法和抵免法的比较

免税法和抵免法都具有消除双重征税的作用,但也存在以下不同之处:

(1) 消除双重征税的思路不同。

在未消除双重征税之前,纳税人在居民国纳税时是以境内外全部应税所得乘以所适用的税率。

理论上讲,减轻纳税人税负的途径有减少其应税所得、降低适用的税率以及扣减应纳税额等。免税法采用了减少纳税人应税所得的思路,对纳税人的境外所得免税,在采用全额免税法时,不仅减少了应税所得,还降低了适用的税率;抵免法采用的思路是扣减应纳税额。

(2) 消除双重征税的效果存在差异。

在实行限额抵免的情况下,当来源地国税率高于居民国税率时,纳税人境外缴纳的税款不能得到全部抵免。对于免税法来讲,在来源地国的税率高于居民国时,纳税人的境外所得也不会被居民国征税,即使采用累进方式,也只是影响纳税人境内所得适用的税率,纳税人的境外所得仍只在来源地国征税。

(3) 对实现纳税人税负公平存在差异。

从税负公平考虑,抵免法能够保证居民纳税人的公平待遇,有境外所得的纳税人与所得相同但仅来源于境内的纳税人总税负是相同的。当然,也可能会出现有境外所得的纳税人税负为多的情况,但这只发生于采用限额抵免时来源地国税率高于居民国的情况下,纳税人仍可选择到税率低于居民国的国家投资。但是,在免税法下,只要纳税人到税率低于居民国的国家投资,其总体税负就一定比相同所得均来自居民国的纳税人税负为轻。因此,免税法容易产生对只取得国内所得的居民纳税人的不公平待遇。

(4) 对资本输出的影响不同。

免税法会促使国内资金和所得流向税率低的国家,也会为纳税人将境内所得转移到境外低税国产生诱因。当来源地国对来自不同国家的投资者在当地的所得给予同等税收待遇并与来源地国居民之间不存在歧视时,居民国采取免税法能够实现资本输入中性,因为在来源地国的来自不同国家的外国投资者在当地的税负不再受其居民国的影响。

抵免法则体现了资本输出中性,因为来源地国的税率高低并不影响居民纳税人实际的总体税负,纳税人向低税国投资并不能因此减少总体税负。因此,抵免法本身不会对资本的跨国流向产生影响。

居民国究竟应采用抵免法还是免税法,国际上并没有定论。如果一国的资本输出和资本流入是大致相当的,而另一国基本是资本输入国,其考虑的角度也是不同的。经合组织范本也是同时推荐了免税法和抵免法。

四、我国的抵免法

我国《企业所得税法》和《个人所得税法》均采用了分国限额抵免法。

(一)我国《企业所得税法》的规定

我国《企业所得税法》第23条规定:企业取得的下列所得已在境外缴纳的所得税税额,可以从其当期应纳税额中抵免,抵免限额为该项所得依照本法规定计算的应纳税额;超过抵免限额的部分,可以在以后5个年度内,用每年度抵免限额抵免当年应抵税额后的余额进行抵补:(1)居民企业来源于中国境外的应税所得;(2)非居民企业在中国境内设立机构、场所,取得发生在中国境外但与该机构、场所有实际联系的应税所得。①

因此,我国的居民企业和非居民企业在我国境内设立的机构、场所都能够主张抵免来消除双重征税,并且境外缴纳税额超过抵免限额的部分能够向后结转。不过,"企业已在境外缴纳的所得税税额"如何认定、抵免限额是分国计算还是综合计算以及"5个年度"如何理解等问题,《企业所得税法》并没有进一步规定,而是在《企业所得税法实施条例》中进行了明确。

根据我国《企业所得税法实施条例》第77条的规定,企业已在境外缴纳的所得税税额,是指企业来源于中国境外的所得依照中国境外税收法律以及相关规定应当缴纳并已经实际缴纳的企业所得税性质的税款。

根据我国《企业所得税法实施条例》第78条的规定,除国务院财政、税务主管部门另有规定外,该抵免限额应当分国(地区)不分项计算,计算公式为:

抵免限额 = 中国境内、境外所得依照企业所得税法及其实施条例计算的应纳税总额 × 来源于某国(地区)的应纳税所得额 ÷ 中国境内、境外应纳税所得总额。

根据我国《企业所得税法实施条例》第79条的规定,5个年度,是指从企业取得的来源于中国境外的所得,已经在中国境外缴纳的企业所得税性质的税额超过抵免限额的当年的次年起连续5个纳税年度。

此外,根据财政部、国家税务总局《关于完善企业境外所得税收抵免政策问题的通知》(财税[2017]84号),企业可以选择按国(地区)别分别计算[即"分国(地区)不分项"],或者不按国(地区)别汇总计算[即"不分国(地区)不分

---

① 需要指出的是,我国《企业所得税法》第17条规定,企业在汇总计算缴纳企业所得税时,其境外营业机构的亏损不得抵减境内营业机构的盈利。

项"]其来源于境外的应纳税所得额,并按照财税[2009]125号文件第8条规定的税率,分别计算其可抵免境外所得税税额和抵免限额。上述方式一经选择,5年内不得改变。根据财政部、国家税务总局《关于企业境外所得税收抵免有关问题的通知》(财税[2009]125号),在汇总计算境外应纳税所得额时,企业在境外同一国家(地区)设立不具有独立纳税地位的分支机构,按照《企业所得税法》及其《实施条例》的有关规定计算的亏损,不得抵减其境内或他国(地区)的应纳税所得额,但可以用同一国家(地区)其他项目或以后年度的所得按规定弥补。

(二) 我国《个人所得税法》的规定

我国《个人所得税法》第2条规定,下列各项个人所得,应当缴纳个人所得税:(1) 工资、薪金所得;(2) 劳务报酬所得;(3) 稿酬所得;(4) 特许权使用费所得;(5) 经营所得;(6) 利息、股息、红利所得;(7) 财产租赁所得;(8) 财产转让所得;(9) 偶然所得。其中,第(1)—(4)项所得统称为"综合所得",居民个人取得综合所得按纳税年度合并计算个人所得税,非居民个人取得综合所得,按月或者按次分项计算个人所得税。纳税人取得第(5)—(9)项所得,分别计算个人所得税。

根据我国《个人所得税法》第7条,居民个人从中国境外取得的所得,可以从其应纳税额中抵免已在境外缴纳的个人所得税税额,但抵免额不得超过该纳税人境外所得依照本法规定计算的应纳税额。不过,如何认定纳税人在中国的应纳税额和在境外缴纳的税额、抵免限额是分国计算还是综合计算以及超限额的境外税额能否结转,我国《个人所得税法》也缺乏具体规定,也是在《个人所得税法实施条例》中明确的。

我国《个人所得税法实施条例》第20条规定,居民个人从中国境内和境外取得的综合所得、经营所得,应当分别合并计算应纳税额;从中国境内和境外取得的其他所得,应当分别单独计算应纳税额。

根据我国《个人所得税法实施条例》第21条,已在境外缴纳的个人所得税税额,是指居民个人来源于中国境外的所得,依照该所得来源国家(地区)的法律应当缴纳并且实际已经缴纳的所得税税额。抵免限额是居民个人抵免已在境外缴纳的综合所得、经营所得以及其他所得的所得税税额的限额。除国务院财政、税务主管部门另有规定外,来源于中国境外一个国家(地区)的综合所得抵免限额、经营所得抵免限额以及其他所得抵免限额之和,为来源于该国家(地区)所得的抵免限额。居民个人在中国境外一个国家(地区)实际已经缴纳的个人所得税税额,低于依来源于该国家(地区)所得的抵免限额的,应当在中国缴纳差额部分的税款;超过来源于该国家(地区)所得的抵免限额的,其超过部分不得在本纳税年度的应纳税额中抵免,但是可以在以后纳税年度来源于该国家(地区)所得的抵免限额的余额中补扣。补扣期限最长不得超过5年。

五、关于其他消除法律性国际双重征税的方法的简要说明

除了免税法和抵免法之外,消除法律性国际双重征税的措施还有扣除法等其他方法。

扣除法,是指在计算本国居民纳税人的应纳税所得额时将本国居民在国外已缴纳的所得税作为纳税人在外国从事经营并取得所得的当期费用扣除。这是最不彻底的消除双重征税的方法。许多国家在初建所得税税制时采用扣除法。那时各国税率较低,扣除法还可以被接受。第二次世界大战后各国所得税税率相继提高,多数国家采用了免税法或抵免法作为消除双重征税的基本方法。[①] 扣除法的计算公式为:

居民国应纳税额 =(居民纳税人的国内外全部应税所得 – 国外已纳税额)
× 居民国税率

扣除法可用下面的例子予以说明。A 国居民公司 R 在某一纳税年度的总所得为 300 万元,其中源自 A 国的所得为 200 万元,源自 B 国的收入为 100 万元。A 国所得税率为 35%,B 国所得税率为 20% 和 40% 两种情况。

(1)采用扣除法之前:

R 公司在 A 国的纳税额为 300 × 35% = 105(万元),在 B 国的纳税额为 20 万元或 40 万元。这样,R 公司的总税负为 125 万元或 145 万元。

(2)实行扣除法的情况:

当 B 国税率为 20% 时,R 公司在 A 国的应纳税额为(300 – 20)× 35% = 98 万元,其总税负为 98 + 20 = 118(万元)。

当 B 国税率为 40% 时,R 公司在 A 国的应纳税额为(300 – 40)× 35% = 91 万元,其总税负为 91 + 20 = 111(万元)。

由此可见,扣除法具有下列特点:首先,来源地国税率低于居民国税率时,纳税人的税负减轻程度要小于来源地国税率高于居民国税率的情况。其次,消除双重征税的效果有限。扣除法只能减轻双重征税,不能彻底消除双重征税,因为居民国没有对境外所得免税,也没有将境外缴纳税款在本国的应纳税款中扣除。因此,有境外所得的纳税人的税负仍然高于所得金额相同但仅来源于境内的纳税人的税负。

扣除法与免税法的不同在于:首先,扣除法允许居民纳税人从其全部应税所得中减去境外已缴纳的税额;而免税法是允许居民纳税人从其全部应税所得中减去境外应税所得。因此,扣除法只能减轻双重征税而不能如免税法那样消除

[①] 参见〔美〕阿诺德、麦金太尔:《国际税收基础》(第二版),国家税务总局国际司张志勇等译,中国税务出版社 2005 年版,第 52 页。

双重征税。其次,扣除法实施的前提是居民纳税人在境外已缴纳税款;而免税法则不问居民纳税人是否在境外缴纳所得税(除非法律设定了条件)。

扣除法和抵免法的不同在于:首先,使用扣除法时,居民纳税人总的应税所得减少;而抵免法并不减少居民纳税人总的应税所得。其次,扣除法并不能将居民纳税人在境外缴纳的税款从其在居民国的应纳税额中扣除;而抵免法则可以用居民纳税人在境外缴纳的税额抵扣其在居民国的应纳税额。

除了扣除法外,还存在低税法。低税法又称减免法或减税法,是指一国对本国居民的国外所得在标准税率的基础上减免一定比例,按较低的税率征税;对其国内所得则按正常的标准税率征税。这样,一国对本国居民来源于国外的所得征税的税率越低,越有利于缓解国际双重征税。不过,由于低税法只是居民国对已缴纳外国税款的国外所得按较低的税率征税,而不是完全对其免税,所以与扣除法一样,只能减轻而不能免除国际双重征税。①

此外,也有观点认为属地课税也是消除双重征税的一种方法。属地课税是指居民国放弃对其居民外国来源所得的课税权,从而不坚持对该部分所得的税收管辖权。属地课税方法的效果与免税法类似,但事实上这并非消除双重征税的方法,因为在此情形中并不存在双重征税的前提。② 或者说,一国之所以采取免税法,是因为对本国居民境外所得主张管辖权从而导致双重征税时所采取的消除双重征税的做法。

第三节　免税法与抵免法在国际税收协定中的应用

居民国国内法采取免税法或抵免法是消除双重征税的单边措施。不过,居民国与不同来源地国之间的经济关系可能是不同的,不同来源地国的税收制度也是存在差异的,因此单纯的单边措施不能完全适合居民国与不同来源地国之间的双边情况。由于双重征税是两个税收管辖权重叠的结果,通过税收协定明确居民国消除双重征税的措施,能够与来源地国的税制进行有效结合,体现两国间的互惠、对等和利益平衡,并为投资者提供税收待遇的确定性。鉴于经合组织范本的广泛影响,下面主要结合 2017 年经合组织范本来阐述居民国消除双重征税的做法。

---

①　参见朱青编著:《国际税收》(第六版),中国人民大学出版社 2014 年版,第 65 页;高尔森主编:《国际税法》(第 2 版),法律出版社 1993 年版,第 95—96 页。

②　参见〔奥地利〕维罗尼卡·道尔:《税收协定与发展中国家》,熊伟、毛杰译,商务印书馆 2018 年版,第 13 页。

一、经合组织范本中的免税法和抵免法

经合组织范本第 23 条推荐了免税法和抵免法两种方法,分别规定在第 23A 条和第 23B 条之中,供缔约国选择。需要指出的是,第 23 条属于该范本的第五章,而范本的第三章和第四章的相关条款已就居民国和来源地国对相关所得和财产的税收管辖权进行了分配,并对来源地国的税收管辖权进行了限定[①]。因此,第 23 条是居民国在来源地国根据第三章和第四章行使管辖权之后应当采取的消除双重征税的措施。

(一)第 23A 条的免税法

第 23A 条是关于免税法的规定,其文本如下:

"一、当缔约国一方居民取得的所得或财产是缔约国另一方可根据本协定的条款征税情况下(除非这些条款只是由于该所得或财产也是缔约国另一方居民的所得或财产从而允许缔约国另一方征税),首先提及的缔约国一方应对该项所得或财产免税。但第 2 款和第 3 款的规定除外。

二、缔约国一方居民取得的各项所得,按照第 10 条和第 11 条的规定可以在缔约国另一方征税时(除非这些条款只是由于该所得或财产也是缔约国另一方居民的所得或财产从而允许缔约国另一方征税),首先提及的缔约国一方应允许从该居民的所得的课税额中扣除,其金额相当于在缔约国另一方所缴纳的税款。但该项扣除,不应超过可在缔约国另一方征税的所得或财产在首先提及的缔约国在扣除前所归属缴纳的税额。

三、按照本协定的任何规定,缔约国一方居民取得的所得或财产在该国纳税时,该国在计算该居民其余所得或财产的税额时,可将免税的所得或财产考虑在内。

四、缔约国一方居民取得的所得或财产,当缔约国另一方适用本协定对该所得或财产免税时,或缔约国另一方适用第 10 条第 2 款或第 11 条第 2 款的规定时,本条第 1 款就不适用。"

从上述文本看,第 1 款要求居民国采用免税法。不过,居民国是采用完全免税法还是累进免税法,第 1 款并未作进一步规定。

第 2 款实际上并非免税法,而是限额抵免法,适用于消除股息和利息的双重征税。也就是说,居民国采取免税法并不一定适用于居民纳税人的所有类型境外所得,可以就股息和利息作出例外规定,即股息和利息适用抵免法来消除双重征税。股息和利息属于消极投资所得,这样的规定也与采取免税法的国家一般

[①] 比如第 7 条的常设机构征税原则,第 10 条对股息预提税税率的限定。

适用于积极投资所得的实践相符。①

第3款允许居民国采用累进免税法。

第4款是为了避免纳税人的境外所得在居民国和来源地国双重不征税的情况。此外,对于股息和利息,该款再次明确了可不适用免税法。

因此,第23A条实际上是以免税法为主,抵免法为辅。

(二) 第23B条的抵免法

第23B条是关于抵免法的规定,其文本如下:

"一、缔约国一方居民取得的所得或财产,按照本协定的规定,可以在缔约国另一方征税时(除非这些条款只是由于该所得或财产也是缔约国另一方居民的所得或财产从而允许缔约国另一方征税),首先提及的缔约国一方应当允许:

(1) 从对该居民的所得的课税额中扣除,其数额等于在缔约国另一方所缴纳的所得税额;

(2) 从对该居民的财产所课税额中扣除,其数额等于在缔约国另一方所缴纳的所得税额。

但上述扣除,不应超过来自于可在缔约国另一方征税的所得或财产在首先提及的缔约国在扣除前所归属缴纳的税额。

二、按照本协定的规定,缔约国一方居民取得的所得或拥有的财产,在该国免税时,该国在计算该居民其余所得或财产的税额时,可将免税的所得或财产考虑在内。"

第1款即为居民国采取限额抵免法的规定,第2款实际上是关于累进免税法的规定。因此,第23B条是以抵免法为主,免税法为辅。

经合组织范本体现了抵免法和免税法综合使用的特点。一国在税收协定中是采用抵免法还是免税法,还是二者相结合,不同国家根据各自的情况有不同的考虑。比如,美国与我国签订的税收协定中美国作为居民国时采用抵免法②;德国与我国签订的税收协定中,德国作为居民国时则采取了免税法与抵免法相结合的方式,即免税法为一般原则,但对利息和特许权使用费等个别所得适用抵免法。③

---

① 特许权使用费也属于消极投资所得,不过经合组织范本第23A条并没有提及。这是因为经合组织范本第12条将特许权使用费的征税权划归居民国独享,来源地国不再享有征税权,业已消除了双重征税。相比之下,联合国范本第12条则将特许权使用费的征税权划归居民国和来源地国共享,因此联合国范本第23A条关于免税法的规定中,则提出可对股息、利息和特许权使用费采取抵免法。

② 参见中美税收协定第22条。

③ 参见中德税收协定第23条。

二、国际税收协定与国内法中的免税法、抵免法的关系

国际税收协定中规定的免税法或抵免法与国内法中规定的免税法和抵免法既有联系也有区别：

其一，税收协定规定缔约国采用免税法或抵免法的情况下，缔约国的国内法必须予以实施，这是履行税收协定义务的要求。

其二，税收协定中只是规定了一国采取抵免法或免税法。至于具体如何行使，还需要根据国内法来实施。比如适用范围、条件和程序，以及计算公式和规则等具体事项，则取决于缔约国国内法中有关此种方法的具体规定。[①]

其三，税收协定只适用于该协定的缔约国双方。在本国居民有来源于没有税收协定的外国所得时，仍然需要根据国内法措施来消除双重征税。

其四，税收协定并不能解决所有的双重征税问题。对于税收协定没有规定的双重征税事项，也需要国内法来解决。[②]

还需要明确的是，即使税收协定规定了免税法或抵免法，在适用相关国内法的规定时，仍然可能出现双重征税问题。

以免税法为例[③]：

假设居民国对所得税的征收以居民纳税人的全部净所得为基础，即总所得减去允许的扣除额。这样，居民国给予免税的所得额为纳税人在来源地国的总所得减去与其相关的扣除额。不过，各国法律中往往还对总所得或某些特殊项目的所得规定了额外的扣除额。比如：

(1) 在居民国的国内所得（总额减去允许扣除的费用）　　　100

(2) 从另一国取得的所得（总额减去允许扣除的费用）　　　100

(3) 全部所得　　　200

(4) 居民国法律规定的与第(1)项和第(2)项所得无关的其他费用扣除额，比如保险费、向福利机构的捐款　　　−20

(5) 净所得　　　180

(6) 个人和家庭扣除额　　　−30

(7) 应纳税所得　　　150

问题是，适用免税法时，应该给予免税的数额应是下列中的哪一个？

——选择第(2)项的100，这样第(7)项的应税所得扣除100后，剩余的可适

---

① 参见廖益新主编：《国际税法学》，北京大学出版社2001年版，第299页。

② 虽然税收协定中的相互协商程序也规定缔约国双方税务当局可就税收协定未包括的双重征税进行磋商，但相互协商程序下缔约国并没有义务必须达成协议。

③ 参见经合组织范本关于第23条的注释第41段。

用免税法的应税所得为50；

——选择90，即第(5)项的一半，按第(2)项和第(3)项的比率得出，剩余的应税所得为60，即第(6)项的数额全部从境内所得中扣除；

——选择75，即第(7)项的一半，按第(2)项和第(3)项的比率得出，剩余的应税所得为75；

——或者任何其他数额。

经合组织的资料显示，经合组织成员国的做法存在很大不同。由于各国在确定征税，特别是扣除、减免税及其他优惠税收政策和措施方面差异很大，不宜在协定范本中制定一项明确统一的解决方案，留待各缔约国适用各自法律和措施解决更为合适。当然，缔约国各方也可在双边协定中解决这些特殊问题。①

三、我国签订的税收协定中的做法

我国自20世纪80年代开始谈签税收协定时就一直采用限额抵免法。

以早期的中日税收协定为例②，其第23条第1款规定：中国居民从日本国取得的所得，按照本协定规定对该项所得缴纳的日本国税收数额，应允许在对该居民征收的中国税收中抵免。但是，抵免额不应超过对该项所得按照中国税法和规章计算的相应中国税收数额。

再以近年来签署的税收协定为例。我国和柬埔寨签订的税收协定③第23条第2款第1项规定：中国居民从柬埔寨取得的所得，按照本协定规定在柬埔寨的应纳税额，可以在对该居民征收的中国税收中抵免。但是，抵免额不应超过对该项所得按照中国税法和规章计算的中国税收数额。我国和阿根廷签订的税收协定④第23条第1款第1项规定：中国居民从阿根廷取得的所得，按照本协定规定在阿根廷的应纳所得税额（仅由于该所得也被认定为阿根廷居民取得的所得，或该财产也是阿根廷居民拥有的财产，而按照本协定规定允许阿根廷征税的情况除外），可以在对该居民征收的中国税收中抵免。但是，抵免额不应超过该项所得按照中国税法和规章计算的中国税收数额。

需要指出的是，税收协定适用的税种既包括企业所得税也包括个人所得税，也适用于税收协定签订之日后缔约国增加或者代替现行税种的相同或者实质相似的税收。因此，对于我国居民企业和居民个人如何适用抵免法消除国际双重征税，还需要根据我国《企业所得税法》和《个人所得税法》的具体规定来计算。

---

① 参见经合组织范本关于第23条的注释第42—43段。
② 1983年9月6日签署，1984年6月26日生效，自1985年1月1日起执行。
③ 2016年10月13日签署，2018年1月26日生效，自2019年1月1日起执行。
④ 2018年12月2日签署，尚未生效。

本 章 小 结

本章讲授了免税法、抵免法、扣除法、低税法等消除法律性国际双重征税的措施。居民国经常采用的是免税法和抵免法。免税法有全额免税法和累进免税法等具体方式。抵免法也有全额抵免法和限额抵免法之分。限额抵免法又有综合限额抵免法和分国限额抵免法等不同做法。免税法和抵免法都具有消除国际双重征税的效果,但各有其特点。居民国可在国内法中单方面采用免税法或抵免法来消除国际双重征税,也可在税收协定中作出规定。我国《企业所得税法》和《个人所得税法》均采用了分国限额抵免法,但具体规定也存在差异,而且个人所得税还存在分项抵免的情况。我国签订的税收协定中也规定我国作为居民国时采用限额抵免法来消除国际双重征税。

思考与理解

1. 免税法有哪些特点和具体做法?
2. 抵免法有哪些特点和具体做法?
3. 比较免税法和抵免法。
4. 国际税收协定中的免税法和抵免法有哪些特点?
5. 我国近年来开始鼓励企业"走出去",海外投资逐渐增多。你认为我国现行的抵免法制度是否需要改进?

第九章 经济性国际双重征税的消除

第一节 消除经济性双重征税的国内措施

一、消除国内经济性双重征税的措施

国内的经济性双重征税是由于对公司所得和股东股息同时征税所造成的，消除此类双重征税通常从公司层面或股东环节入手。

（一）从公司层面消除经济性双重征税

这方面的措施主要有股息扣除制和分劈税率制。

1. 股息扣除制

股息扣除制是指在计征公司所得税时允许把支付的股息在公司应税所得中扣除。这样，支付股息的利润实际上免征了公司所得税，只对收取股息的股东征税。[1]

2. 分劈税率制

分劈税率制是指对分配股息的利润和未分配股息的留存利润采取不同的公司税率。一般说来，对分配股息的利润适用的公司税率要比留存利润适用的税率为低，因为前者还要承担股东的个人所得税。比如，奥地利曾经采用分劈税率制，公司留存的利润按 52% 的税率征税，对于分配股息的利润按 26% 的税率征税。[2]

（二）从股东环节消除经济性双重征税

1. 归集抵免制

归集抵免制的原理如下：公司的利润，不论其是否用于分配股息，都要缴纳公司所得税。但是，公司用于分配股息的那部分利润已缴纳的公司所得税的一部分或全部（归集抵免额），计入股东的股息计算应纳税额，并且归集抵免额可用来抵免股息的应纳税额；如果该部分所得税额超过股息应缴纳的所得税额，超过部分还要退还给股东。归集抵免制是通过减轻股东税负的办法来消除经济性双重征税的，其将公司缴纳的所得税视为股东预先的纳税，因此应给予股东抵免。

---

[1] 参见唐腾翔、唐问：《税收筹划》，中国财政经济出版社 1994 年版，第 112 页。

[2] Arnold A. Knechtle, *Basic Problems in International Fiscal Law*, translated from the German by W. E. Weisflog, Kluwer, 1979, p. 85.

比如,法国曾采取的归集抵免制是这样计算的①:

应税公司利润	200	
公司所得税(税率50%)	100	
可供分配利润	100	
分配股息	100	
股东的归集抵免额(股息的50%)②	50	
股东基于股份的应税所得	150(50+100)	
股东的所得税	60(税率为40%时)、30(税率为20%时)	
减去归集抵免额	50	50
股东实际应纳税	10	—
退税	—	20

2. 股息的免税或扣除

这种做法是对股东收取的股息免征所得税或将股息的一部分从股东应税所得中扣除。实践中采取此种做法的国家会设定一些条件。比如,美国允许母公司从其100%控股的子公司收取的股息从母公司的应税所得中全部扣除,但对于持股在20%以下的公司,则扣除股息的70%。日本的做法与美国类似,公司从持股比例达到25%或以上的关联公司收取的股息可以全部从该公司的应税所得中扣除。加拿大则没有持股比例的要求而可以全部免税或扣除。③

上述消除经济性双重征税的措施一般适用于国内情况,并不当然适用于居民从境外收取的股息,也不适用于非居民在当地的常设机构从当地居民企业收取的股息。比如,实行归集抵免制的国家允许股息负担的国内公司所得税可冲抵一部分个人所得税,但没有将其扩大到适用于外国公司所得税。④ 当然,也存在一国在特定条件下通过税收协定适用于非居民的情况。

二、消除国际间经济性双重征税的措施

国际间的经济性双重征税也是对公司所得和股东股息同时征税的结果,不过此时公司税和股东税是由不同的国家来征收的。对于此类经济性双重征税,

---

① Arnold A. Knechtle, *Basic Problems in International Fiscal Law*, translated from the German by W. E. Weisflog, Kluwer, 1979, p.224.

② 这意味着法国公司支付给股东的股息可享受分配股息额一半的税收抵免。参见解学智主编:《公司所得税》,中国财政经济出版社2003年版,第146页。

③ Hugh Ault and Brain Arnold, *Comparative Income Taxation: A Structural Analysis*, Second Edition, Aspen Publishers, 2004, pp.292—293.

④ 参见朱青编著:《国际税收》(第六版),中国人民大学出版社2014年版,第66页。

国内法上的措施一般有：

（一）参与免税法

作为消除法律性国际双重征税的做法，免税法通常适用于跨国积极投资所得，而不适用于股息等消极投资所得。不过，对于持股达到一定比例的公司之间分配的股息，可以视为来自于直接投资的所得，有的国家因此也将免税法适用于此类情况下的股息，这也称为参与免税。欧洲大陆不少国家（如奥地利、丹麦、德国、法国、荷兰等）的国内税法都有参与免税的规定，但各国享受免税的参股比例并不完全相同。日本2009年税制改革也出台了一项规定，即如果日本公司在一家外国公司中直接持有具有投票权的股份达到25%或以上，且在股息支付日之前连续持有该笔股份至少6个月，则其从该外国公司取得的股息、红利可以有95%不计入当年的应税所得。[1]

因此，将免税法适用于控股达到一定比例的关联公司之间，具有同时消除法律性双重征税和经济性双重征税的效果。

（二）间接抵免法

间接抵免实际上是借助于直接抵免的模式来消除经济性双重征税，即将股息所承担的公司税视为股东在公司所在国所缴纳的税收，从股东向其居住国的应纳税款中扣除。不过，间接抵免一般适用于公司之间并有达到一定持股比例的要求。

间接抵免分为单层抵免和多层抵免。单层抵免是指母公司和子公司之间的抵免；多层抵免是指母公司有来自于孙公司以及重孙公司等多级附属公司股息的抵免。间接抵免的计算比直接抵免复杂。间接抵免也存在抵免限额问题。下面以单层抵免说明具体计算方法。

单层抵免的计算分为三个步骤：

（1）要计算出母公司所得股息在子公司所在国间接缴纳的税款，即视为纳税额。其计算公式为：

视为纳税额 = 子公司在其所在国缴纳的公司所得税
× （母公司所得毛股息 / 子公司税后所得）

（2）计算出母公司来自子公司的所得额。适用抵免法时要根据母公司的税前所得计算其应纳税额，而子公司是从税后利润中分配股息，因此母公司得到的毛股息（该笔股息还会在子公司所在国缴纳预提税）并不就等于母公司从子公司得到的应税所得。因此，其计算公式为：

母公司来自子公司的应税所得 = 母公司所获得股息 + 视为纳税额

（3）计算出母公司在其居住国的间接抵免限额，即母公司来自子公司的所

---

[1] 参见陈红彦：《跨国股息征税问题研究》，科学出版社2011年版，第129—130页。

得按母公司居住国税率计算的应纳税额。由于实践中母公司分得的股息要在子公司所在国缴纳预提税,因此母公司的税收抵免一般是直接抵免和间接抵免同时进行。下面举例说明:

甲国母公司 A 在乙国设立子公司 B,并拥有其 50% 的股份。在某一纳税年度,A 公司来自甲国的应税所得为 200 万元,B 公司在乙国的应税所得 100 万元。B 公司在缴纳公司所得税后,按股权比例向母公司分配股息,并缴纳预提税。A 国公司所得税率为 40%,B 国公司所得税率为 30%,预提税率为 5%。

B 公司缴纳的所得税为 100 × 30% = 30(万元)

B 公司税后利润为 100 - 30 = 70(万元)

B 公司分配给 A 公司股息 70 × 50% = 35(万元)

B 公司分配给 A 公司的股息在 B 国缴纳的预提税为 35 × 5% = 1.75(万元)

A 公司的视为纳税额为 (35/70) × (100 × 30%) = 15(万元)

A 公司来自 B 公司的所得为 35 + 15 = 50(万元)

A 公司股息抵免限额为 [50/(200 + 50)] × [(200 + 50) × 40%] = 20(万元)

由于 A 公司间接和直接在 B 国缴纳税款为 15 + 1.75 = 16.75 万元,小于抵免限额,因此实际抵免额为 16.75 万元。

A 公司抵免前应在 A 国纳税 (200 + 50) × 40% = 100(万元)

A 公司抵免后应在 A 国纳税 100 - 16.75 = 83.25(万元)

三、我国的消除经济性重复征税的措施

对于国内的经济性双重征税,我国《企业所得税法》第 26 条规定,符合条件的居民企业之间的股息、红利等权益性投资收益为免税收入。根据我国《企业所得税法实施条例》第 83 条的规定,符合条件的居民企业之间的股息、红利等权益性投资收益,是指居民企业直接投资于其他居民企业取得的投资收益。此外,股息、红利等权益性投资收益,不包括连续持有居民企业公开发行并上市流通的股票不足 12 个月取得的投资收益。

因此,我国对于居民企业间的免税股息是满足持股期限的要求并来自直接投资的股息。此外,我国《企业所得税法》第 26 条还规定,在中国境内设立机构、场所的非居民企业从居民企业取得与该机构、场所有实际联系的股息、红利等权益性投资收益均为免税收入。这就将免税待遇扩充适用于在我国境内设立有机构、场所的非居民企业。

对于国际间的经济性双重征税,我国《企业所得税法》第 24 条规定,居民企业从其直接或者间接控制的外国企业分得的来源于中国境外的股息、红利等权益性投资收益,外国企业在境外实际缴纳的所得税税额中属于该项所得负担的

部分,可以作为该居民企业的可抵免境外所得税税额,在本法第23条规定的抵免限额内抵免。根据我国《企业所得税法实施条例》第80条的规定,直接控制是指居民企业直接持有外国企业20%以上股份。间接控制,是指居民企业以间接持股方式持有外国企业20%以上股份,具体认定办法由国务院财政、税务主管部门另行制定。因此,我国的间接抵免法也是限额抵免。也就是说,股息在境外负担的公司所得税以及股息预提税的总和超过抵免限额的部分不能抵免。

不过,我国税法并没有消除个人股东经济性双重征税的措施。

根据2010年国家税务总局《企业境外所得税收抵免操作指南》第5条(关于境外所得间接负担税额的计算),居民企业在按照《企业所得税法》第24条规定用境外所得间接负担的税额进行税收抵免时,其取得的境外投资收益实际间接负担的税额,是指根据直接或者间接持股方式合计持股20%以上(含20%)的规定层级的外国企业股份,由此应分得的股息、红利等权益性投资收益中,从最低一层外国企业起逐层计算的属于由上一层企业负担的税额,其计算公式如下:本层企业所纳税额属于由一家上一层企业负担的税额 = (本层企业就利润和投资收益所实际缴纳的税额 + 符合本通知规定的由本层企业间接负担的税额) × 本层企业向一家上一层企业分配的股息(红利) ÷ 本层企业所得税后利润额。关于适用间接抵免的外国企业持股比例的计算,该《指南》第6条(关于适用间接抵免的外国企业持股比例的计算)规定,除国务院财政、税务主管部门另有规定外,由居民企业直接或者间接持有20%以上股份的外国企业,限于符合以下持股方式的三层外国企业:第一层:单一居民企业直接持有20%以上股份的外国企业;第二层:单一第一层外国企业直接持有20%以上股份,且由单一居民企业直接持有或通过一个或多个符合本条规定持股条件的外国企业间接持有总和达到20%以上股份的外国企业;第三层:单一第二层外国企业直接持有20%以上股份,且由单一居民企业直接持有或通过一个或多个符合本条规定持股条件的外国企业间接持有总和达到20%以上股份的外国企业。该《指南》还附了相关示例,阐述了如何认定给予间接抵免的条件和间接抵免负担税额的计算。现节录部分示例说明如下:

1. 多层持股条件的综合判定

中国居民企业A分别控股了四家公司甲国B1、甲国B2、乙国B3、乙国B4,持股比例分别为50%、50%、100%、100%;B1持有丙国C1公司30%股份,B2持有丙国C2公司50%股份,B3持有丁国C3公司50%股份,B4持有丁国C4公司50%股份;C1、C2、C3、C4分别持有戊国D公司20%、40%、25%、15%股份;D公司持有戊国E公司100%股份。

(1) B层各公司间接抵免持股条件的判定:

B1、B2、B3、B4 公司分别直接被 A 公司控股 50%、50%、100%、100%，均符合间接抵免第一层公司的持股条件。

(2) C 层各公司间接抵免持股条件的判定：

① C1 公司虽然被符合条件的上一层公司 B1 控股 30%，但仅受居民企业 A 间接控股 15%(50%×30%)，因此，属于不符合间接抵免持股条件的公司(但如果协定的规定为 10%，则符合间接抵免条件)；

② C2 公司被符合条件的上一层公司 B2 控股 50%，且被居民企业 A 间接控股达到 25%(50%×50%)，因此，属于符合间接抵免持股条件的公司；

③ C3 公司被符合条件的上一层公司 B3 控股 50%，且被居民企业 A 间接控股达到 50%(100%×50%)，因此，属于符合间接抵免持股条件的公司；

④ C4 公司情形与 C3 公司相同，属于符合间接抵免持股条件的公司。

(3) D 公司间接抵免持股条件的判定：

① 虽然 D 公司被 C1 控股达到了 20%，但由于 C1 属于不符合持股条件的公司，所以，C1 对 D 公司的 20% 持股也不得再计入 D 公司间接抵免持股条件的范围，来源于 D 公司 20% 部分的所得的已纳税额不能进入居民企业 A 的抵免范畴；

② D 公司被 C2 控股达到 40%，但被 A 通过符合条件的 B2、C2 间接持股仅 10%，未达到 20%，因此，还不能由此判定 D 是否符合间接抵免条件；

③ D 公司被 C3 控股达到 25%，且由 A 通过符合条件的 B3、C3 间接控股达 12.5%(100%×50%×25%)，加上 A 通过 B2、C2 的间接控股 10%，间接控股总和达到 22.5%。因此，D 公司符合间接抵免条件，其所纳税额中属于向 C2 和 C3 公司分配的 65% 股息所负担的部分，可进入 A 公司的间接抵免范畴。

④ D 公司被 C4 控股 15%，虽然 C4 自身为符合持股条件的公司，但其对 D 公司的持股不符合直接控股达 20% 的持股条件。因此，该 C4 公司对 D 公司 15% 的持股，不能计入居民企业 A 对 D 公司符合条件的间接持股总和之中；同时，D 公司所纳税额中属于向 C4 公司按其持股 15% 分配的股息所负担的部分，也不能进入居民企业 A 的间接抵免范畴。

(4) E 公司间接抵免持股条件的判定：

居民企业 A 通过其他公司对 E 公司的间接控制由于超过了三层[居民企业 A→B2(B3)→C2(C3)→D→E，E 公司处于向下四层]，因此，E 公司不能纳入 A 公司的间接抵免范畴；即使 D 公司和 E 公司在戊国实行集团合并(汇总)纳税，D 公司就 E 公司所得所汇总缴纳的税额部分，也须在计算 A 公司间接负担税额时在 D 公司合并(汇总)税额中扣除。

2. 间接抵免负担税额的计算

在上面的持股结构下，A 公司可进行抵免的间接负担的境外所得税额如下：

(1) 计算甲国 B1 及其下层各企业已纳税额中属于 A 公司可予抵免的间接负担税额：

① C1 公司及其对 D 公司 20% 持股税额的计算

由于 C1 不符合 A 公司的间接抵免条件，因此，其就利润所纳税额及其按持有 D 公司 20% 股份而分得股息直接缴纳的预提所得税及该股息所包含的 D 公司税额，均不应计算为由 A 公司可予抵免的间接负担税额。

② B1 公司税额的计算

B1 公司符合 A 公司的间接抵免持股条件。B1 公司应纳税所得总额为 1000 万元（假设该"应纳税所得总额"中在 B1 公司所在国计算税额抵免时已包含投资收益还原计算的间接税额，下同），其中来自 C1 公司的投资收益为 300 万元，按 10% 缴纳 C1 公司所在国预提所得税为 30 万元（300 万 × 10%），无符合抵免条件的间接税额；

B1 公司适用税率为 30%，其当年在所在国按该国境外税收抵免规定计算后实际缴纳所在国所得税额为 210 万元；B1 公司当年税前利润为 1000 万元，则其当年税后利润为 760 万元（税前利润 1000 万 − 实际缴纳所在国税额 210 万 − 缴纳预提税额 30 万），且全部分配；

B1 公司向 A 公司按其持股比例 50% 分配股息 380 万元；

将上述数据代入《通知》第 5 条公式[本层企业所纳税额属于由一家上一层企业负担的税额 = (本层企业就利润和投资收益所实际缴纳的税额 + 符合本通知规定的由本层企业间接负担的税额) × 本层企业向一家上一层企业分配的股息(红利) ÷ 本层企业所得税后利润额，下同]计算，A 公司就从 B1 公司分得股息间接负担的可在我国应纳税额中抵免的税额为 120 万元：

$(210 + 30 + 0) \times 380 \div 760 = 120$(万元)

(2) 计算甲国 B2 及其下层各企业已纳税额中属于 A 公司可予抵免的间接负担税额：

① D 公司税额的计算

D 公司符合 A 公司的间接抵免持股条件。D 公司应纳税所得总额和税前会计利润均为 1250 万元，适用税率为 20%，无投资收益和缴纳预提所得税项目。当年 D 公司在所在国缴纳企业所得税为 250 万元；D 公司将当年税后利润 1000 万元全部分配；

D 公司向 C2 公司按其持股比例 40% 分配股息 400 万元；

将上述数据代入《通知》第 5 条公式计算，D 公司已纳税额属于可由 C2 公司就分得股息间接负担的税额为 100 万元：

$(250 + 0 + 0) \times 400 \div 1000 = 100$(万元)

② C2 公司税额的计算

C2 公司符合 A 公司的间接抵免持股条件。C2 公司应纳税所得总额为 2000 万元;其中从 D 公司分得股息 400 万元,按 10% 缴纳 D 公司所在国预提所得税额为 40 万元(400 万×10%),符合条件的间接负担下层公司税额 100 万元;

C2 公司适用税率为 25%,假设其当年享受直接和间接抵免后实际缴纳所在国所得税额为 360 万元;当年税前利润为 2000 万元,则其税后利润为 1600 万元(2000 万 - 360 万 - 40 万);

C2 公司将当年税后利润的一半用于分配,C2 公司向 B2 公司按其持股比例 50% 分配股息 400 万元(1600 万×50%×50%);同时,将该公司 2008 年年未分配税后利润 1600 万元(实际缴纳所得税额为 400 万元,且无投资收益和缴纳预提所得税项目)一并分配,向 B2 公司按其持股比例 50% 分配股息 800 万元(1600 万×50%);

C2 公司向 B2 公司按其持股比例分配股息 1200 万元;

将上述数据代入《通知》第 5 条公式计算,C2 公司已纳税额属于可由 B2 公司就 2009 年度分得股息间接负担的税额共计为 325 万元,其中以 2009 年度利润分配股息间接负担的税额 125 万元[(360 + 40 + 100)×400÷1600 = 125(万元)];以 2008 年度利润分配股息间接负担的税额 200 万元[(400 + 0 + 0)×800÷1600 = 200(万元)]。

③ B2 公司税额的计算

B2 公司符合 A 公司的间接抵免持股条件。B2 公司应纳税所得总额为 5000 万元,其中来自 C2 公司的投资收益为 1200 万元,按 10% 缴纳 C2 公司所在国预提所得税额为 120 万元(1200 万×10%),符合条件的间接负担下层公司税额 325 万元;

B2 公司适用税率为 30%,假设其当年享受直接和间接抵免后实际缴纳所在国所得税额为 1140 万元;当年税前利润为 5000 万元,则其税后利润为 3740 万元(5000 万 - 1140 万 - 120 万),且全部分配;

B2 公司向 A 公司按其持股比例 50% 分配股息 1870 万元;

将上述数据代入《通知》第 5 条公式计算,A 公司就从 B2 公司分得股息间接负担的可在我国应纳税额中抵免的税额为 792.5 万元:

(1140 + 120 + 325)×1870÷3740 = 792.5(万元)

(3) 计算乙国 B3 及其下层各企业已纳税额中属于 A 公司可予抵免的间接负担税额:

① D 公司税额的计算

D 公司符合 A 公司的间接抵免持股条件。D 公司应纳税所得总额为 1250

万元,适用税率为20%,无投资收益和缴纳预提所得税项目。当年 D 公司在所在国缴纳企业所得税为 250 万元;D 公司将当年税后利润 1000 万元全部分配;

D 公司向 C3 公司按其持股比例 25% 分配股息 250 万元;

将上述数据代入《通知》第 5 条公式计算,D 公司已纳税额属于可由 C3 公司就分得股息间接负担的税额为 62.5 万元:

$(250 + 0 + 0) \times 250 \div 1000 = 62.5 (万元)$

② C3 公司税额的计算

C3 公司符合 A 公司的间接抵免持股条件。C3 公司应纳税所得总额为 1000 万元;其中从 D 公司分得股息 250 万元,按 10% 缴纳 D 公司所在国预提所得税额为 25 万元(250 万 × 10%),符合条件的间接负担下层公司税额 62.5 万元;

C3 公司适用税率为 30%,假设其当年享受直接和间接抵免后实际缴纳所在国所得税额为 245 万元;当年税前利润为 1000 万元,则其税后利润为 730 万元(1000 万 - 245 万 - 25 万),且全部分配;

C3 公司向 B3 公司按其持股比例 50% 分配股息 365 万元;

将上述数据代入《通知》第 5 条公式计算,C3 公司已纳税额属于可由 B3 公司就分得股息间接负担的税额为 166.25 万元:

$(245 + 25 + 62.5) \times 365 \div 730 = 166.25 (万元)$

③ B3 公司税额的计算

B3 公司符合 A 公司的间接抵免持股条件。B3 公司应纳税所得总额为 2000 万元,其中来自 C3 公司的投资收益为 365 万元,按 10% 缴纳 C3 公司所在国预提所得税额为 36.5 万元(365 万 × 10%),符合条件的间接负担下层公司税额 166.25 万元;

B3 公司适用税率为 30%,假设其当年享受直接和间接抵免后实际缴纳所在国所得税额为 463.5 万元;当年税前利润为 2000 万元,则其税后利润为 1500 万元(2000 万 - 463.5 万 - 36.5 万),且全部分配;

B3 公司向 A 公司按其持股比例 100% 分配股息 1500 万元。

将上述数据代入《通知》第 5 条公式计算,A 公司就从 B3 公司分得股息间接负担的可在我国应纳税额中抵免的税额为 666.25 万元:

$(463.5 + 36.5 + 166.25) \times 1500 \div 1500 = 666.25 (万元)$

(4) 计算乙国 B4 及其下层各企业已纳税额中属于 A 公司可予抵免的间接负担税额:

① D 公司税额的计算

D 公司被 C4 公司持有的 15% 股份不符合 A 公司享受间接抵免的持股比例条件,因此,其所纳税额中属于该 15% 股息负担的部分不能通过 C4 等公司计入

A 公司可予抵免的间接负担税额。

② C4 公司税额的计算

C4 公司符合 A 公司的间接抵免持股条件。C4 公司应纳税所得总额为 1000 万元；其中从 D 公司分得股息 150 万元，其按 10% 直接缴纳 D 公司所在国的预提所得税额 15 万元(150 万×10%)属于可计算 A 公司间接抵免的税额，无符合条件的间接负担税额；

C4 公司适用税率为 25%，假设其当年享受直接和间接抵免后实际缴纳所在国所得税额为 235 万元；当年税前利润为 1000 万元，则其税后利润为 750 万元(1000 万 - 235 万 - 15 万)，且全部分配；

C4 公司向 B4 公司按其持股比例 50% 分配股息 375 万元；

将上述数据代入《通知》第 5 条公式计算，C4 公司已纳税额属于可由 B4 公司就分得股息间接负担的税额为 125 万元：

$(235+15+0) \times 375 \div 750 = 125(万元)$

③ B4 公司税额的计算

B4 公司符合 A 公司的间接抵免持股条件。B4 公司应纳税所得总额为 2000 万元，其中来自 C4 公司的投资收益为 375 万元，按 10% 缴纳 C4 公司所在国预提所得税额为 37.5 万元(375 万×10%)，符合条件的间接负担下层公司税额 125 万元；

B4 公司适用税率为 30%，假设其当年享受直接和间接抵免后实际缴纳所在国所得税额为 462.5 万元；当年税前利润为 2000 万元，则其税后利润为 1500 万元(2000 万 - 462.5 万 - 37.5 万)，且全部分配；

B4 公司向 A 公司按其持股比例 100% 分配股息 1500 万元；

将上述数据代入《通知》第 5 条公式计算，A 公司就从 B4 公司分得股息间接负担的可在我国应纳税额中抵免的税额为 625 万元：

$(462.5+37.5+125) \times (1500 \div 1500) = 625(万元)$

(5) 上述计算后，A 公司可适用间接抵免的境外所得及间接负担的境外已纳税额分别为：

① 可适用间接抵免的境外所得(含直接所缴预提所得税但未含间接负担的税额)为 5250 万元，其中：

来自甲国的境外所得为 2250 万元(B1 股息 380 万 + B2 股息 1870 万)；

来自乙国的境外所得为 3000 万元(B3 股息 1500 万 + B4 股息 1500 万)；

② 可抵免的间接负担境外已纳税额为 2203.75 万元，其中：

来自甲国的可抵免间接负担境外已纳税额为 912.5 万元(间接负担 B1 税额 120 万 + 间接负担 B2 税额 792.5 万)；

来自乙国的可抵免间接负担境外已纳税额为 1291.25 万元(间接负担 B3

税额 666.25 万 + 间接负担 B4 税额 625 万)

(6) 计算 A 公司可适用抵免的全部境外所得税额为:

① 假设上项境外所得在来源国均按 10% 税率直接缴纳境外预提所得税合计为 525 万元,其中:

缴纳甲国预提所得税为 225 万元(2250 万 × 10%);

缴纳乙国预提所得税为 300 万元(3000 万 × 10%);

② 来自甲乙两国所得的全部可抵免税额分别为:

甲国:直接缴纳 225 万元 + 间接负担 912.5 万元 = 1137.5 万元

乙国:直接缴纳 300 万元 + 间接负担 1291.25 万元 = 1591.25 万元

第二节 税收协定中消除经济性双重征税的措施

分劈税率制和归集抵免制等消除国内经济性双重征税措施难以适用于非居民,因为其制度设计是与国内税制相结合的。分劈税率制的实施是考虑到了日后对股息的征税,而归集抵免制的实施则是认为公司所得税是对股东所得税的提前支付。如果将其适用于国际间的经济性双重征税,就会产生一些问题,因为此时公司所得和股东所得是由不同国家征税的。因此,实践中将分劈税率制和归集抵免制通过税收协定适用于非居民股息的做法是很少见的。① 相比之下,免税法和间接抵免法作为消除国际间经济性双重征税的国内法措施,将其适用于税收协定并没有障碍。

一、税收协定中的免税法和间接抵免法

税收协定中的免税法和间接抵免法一般适用于关联公司之间的股息分配,并且有持股比例的要求。由于税收协定的双边性,关于持股比例等条件的要求可能比国内法的条件要低。

以我国签订的税收协定为例。

根据 2014 年我国与德国的税收协定第 23 条第 2 款,德国对德国居民收取的来自中国的股息实行累进免税法。不过,应仅适用于中国居民公司支付给直接拥有该公司至少 25% 资本的德国居民公司(不包括合伙企业)的股息,且该股息在计算股息支付公司的利润时未作扣除。

根据 2007 年我国与新加坡的税收协定第 22 条第 2 款,新加坡对新加坡居

---

① 为了促进非居民在本国的投资,德国等国家也有过在税收协定中将分劈税率制和归集抵免制适用于非居民收取股息的情况。关于这方面的详细论述,可参见陈红彦:《跨国股息征税问题研究》,科学出版社 2011 年版,第 133—138 页。

民从中国取得的所得在中国缴纳的税款予以抵免。当该项所得是中国居民公司支付给新加坡居民公司的股息,且该新加坡公司直接或间接拥有中国居民公司股本不少于10%的,该项抵免应考虑支付该股息公司就据以支付股息部分的利润所缴纳的中国税收。

在我国是居民国的情况下,我国签订的税收协定中对关联公司间的股息采用的是间接抵免法。

比如,2007年我国与新加坡签订的税收协定第22条第1款规定,我国居民公司从新加坡取得的所得适用限额抵免。我国居民公司从新加坡取得新加坡居民公司支付的股息,同时中国居民公司拥有支付股息公司股份不少于10%的,该项抵免应考虑支付该股息公司就其所得缴纳的新加坡税收。

从持股比例条件来看,我国《企业所得税法实施条例》第80条中对直接持股的要求是20%,而税收协定的条件则放宽为10%。根据我国《企业所得税法》第58条的规定,中华人民共和国政府同外国政府订立的有关税收的协定与本法有不同规定的,依照协定的规定办理。不过,我国近年来签署的税收协定已经将持股比例提高到20%,采取了与国内法一样的标准。比如,根据2014年我国与德国签订的税收协定第23条第1款,我国居民公司从德国居民公司取得的股息,并且该中国居民公司拥有支付股息公司股份不少于20%的,该项抵免应考虑支付该股息的公司就该项所得缴纳的德意志联邦共和国税收。

二、对转让定价调整中出现的经济性双重征税的解决

各国税务机关对以转让定价方式避税的纳税人进行应税所得调整时,也会出现经济性双重征税的问题。这种类型的经济性双重征税需要相关国家税务机关的合作才能消除。通常做法是在税收协定中约定,在一国税务机关进行了调整之后,另一国税务机关也应作必要的调整,或根据相互协商程序进行必要的调整。

比如,根据经合组织范本第9条第1款,当关联企业之间的商业或财务股息不同于独立企业之间的关系,利润本应由其中一个企业取得,由于这些情况而没有取得的,可以计入该企业的利润内,并据以征税。该条第2款进一步规定,当缔约国一方将缔约国另一方已征税的企业利润,计入在该国企业的利润并且加以征税时,如果这部分利润应由首先提及的国家的企业取得,且此种情况发生在两个独立企业之间,另一国应对这部分利润所征收的税额加以适当调整,应适当考虑本协定的前提规定,如有必要,缔约国双方主管部门应相互协商。

但是,第9条的规定在实际执行中有以下困难:在缔约国一方对企业的利润进行调整时,缔约国另一方并没有义务自动调整其境内相关企业的应税所得,只有缔约国另一方认为对方是按独立企业原则进行了反映交易真实情况的调整后才会考虑。而且,第9条并没有规定缔约国另一方进行相应调整的具体方法。

在实践中,当一国根据独立企业原则调高了其境内关联企业的利润时,另一国可采取对其境内关联企业的利润重新核定并调低其应税所得的做法;或者根据经合组织范本第 23 条关于消除法律性双重征税的做法,将本国企业在境外关联企业在境外被调高利润部分的税款视为本国企业在境外的纳税,从而给予免税或抵免。① 不过,如果缔约国另一方对缔约国一方所作的调整并不认可,那么该国就不会作相应的调整。

虽然经合组织范本第 9 条第 2 款还要求缔约国双方主管部门进行协商,但缔约国双方在第 25 条下并没有就协商问题必须达成协议的法律义务。不过,有学者认为,如果将经合组织范本第 7 条第 1 款和第 9 条第 1、2 款结合起来理解,那么缔约国双方就应有义务就此达成同意。根据第 7 条第 1 款的规定,缔约国一方企业的利润应仅在该国纳税,但该国企业通过设在缔约国另一方的常设机构进行营业的除外。因此,第 9 条第 1 款就是为了进一步确定哪些利润属于缔约国一方企业,以便缔约国行使征税权。为了尊重他国的征税权和履行税收协定义务,缔约国双方就应达成同意。②

在实践中,有的国家并不愿意承担这方面的义务,因为这会减少该国的税收,而且有的国家认为本国纳税人的纳税义务是根据本国的国内法确定的,不能因其他国家的调整而改变。事实上,有的国家还担心承担这方面的义务会在客观上助长关联企业的转让定价。因此,有的国家并不愿意在税收协定中完全复制经合组织范本第 9 条。比如,捷克、意大利、澳大利亚、匈牙利和斯洛文尼亚等国都对经合组织范本第 9 条第 2 款作出了保留。匈牙利和斯洛文尼亚则表示只有当其认为缔约另一方的调整是正当和有理由时才作相应调整。③

我国的税收协定在转让定价调整方面也存在与经合组织范本第 9 条类似的规定。比如,2007 年我国与新加坡签订的税收协定第 9 条第 1 款规定,如果两个企业之间建立商业或财务关系的条件不同于独立企业之间建立商业或财务关系的条件,并且由于这些条件的存在,导致其中一个企业没有取得其本应取得的利润,则可以将这部分利润计入该企业的所得,并据以征税。第 9 条第 2 款进一步规定,缔约国一方将缔约国另一方已征税的企业利润(在两个企业之间的关系是独立企业之间关系的情况下,这部分利润本应由该缔约国一方企业取得)包括在该缔约国一方企业的利润内征税时,该缔约国另一方应对这部分利润所征收的税额加以调整。在确定该调整时,应对本协定其他规定予以注意,如有必

---

① 参见 2017 年经合组织范本关于第 9 条的注释第 6—7 段。
② Klaus Vogel, *Klaus Vogel on Double Taxation Conventions*, 3rd Edition, Kluwer Law International, 1997, p. 1348. 2017 年经合组织范本的第 9 条与该注释文献当时的范本第 9 条没有区别。
③ 参见 2010 年经合组织范本关于第 9 条的注释第 16—19 段。

要,缔约国双方主管当局应相互协商。

第三节 欧洲联盟的区域机制

除了上述国内法和税收协定中的措施之外,欧洲联盟(也简称为"欧盟")还创设了消除双重征税的区域性机制。

建立一个货物、人员、服务和资本自由流动内部市场是欧盟的目标之一。[①]为了消除成员国所得税法对内部市场造成的壁垒,欧盟一方面通过颁布指令来进一步消除双重征税,另一方面通过欧洲联盟法院(也简称为"欧盟法院")[②]的判例把成员国国内法中原本不适用于非居民的消除双重征税的措施也扩展到适用于非居民。

一、欧盟指令

根据《欧洲联盟运转条约》第115条的规定,理事会应当在一致同意的基础上,在会商欧洲议会以及欧洲经济和社会委员会后颁布指令,对成员国直接影响内部市场建立和运转的法律、法规和行政措施进行协调。

指令是欧盟二级立法[③]的一种,具有高于成员国国内法和税收协定的效力[④]。

以欧盟的母子公司税收指令[⑤]为例。该母子公司税收指令的目的在于位于不同成员国的子公司分配给母公司的股息等所得免除子公司所在国的预提税,

---

[①] 参见《欧洲联盟条约》(Treaty on European Union)第3条第3款以及《欧洲联盟运转条约》(Treaty on the Function of European Union)第26条。

[②] 欧盟法院(Court of Justice of the European Union)是《里斯本条约》生效后的欧盟司法机构的称谓。《里斯本条约》之前的司法机构称为"欧洲共同体法院",包括欧洲法院(Court of Justice)以及初审法院(Court of First Instance)。根据《欧洲联盟条约》第19条,欧盟法院包括欧洲法院(Court of Justice)、综合法院(General Court)和专门法院(Specialized Courts)。为叙述方便,本章统一采用欧盟法院的称谓。

[③] 二级立法是与《欧洲联盟条约》和《欧洲联盟运转条约》等基础条约相对应的。根据《欧洲联盟运转条约》第288条(原《欧共体条约》第249条),欧盟二级立法包括规则(regulation)、指令(directive)、决定(decision)、建议(recommendation)和意见(opinion)等形式。这些二级立法不能与基础条约相抵触。指令在其要达到的目标上对该指令指向的成员国有约束力,但成员国有权自行决定为实现指令的目标所采用的方式或方法。因此,指令所设定目标的实施是通过成员国国内法来实现的。

[④] 这也称为欧盟法的最高效力。这是欧盟法院通过判例确立的。有关欧盟法最高效力的论述,参见 Alisa Kaczoska, *European Law: 150 Leading Cases*, Old Bailey Press, 2000, pp. 129—130.

[⑤] 1990年,欧盟理事会颁布了位于不同成员国之间的母子公司共同税制的指令(Council Directive 90/435/EEC of 23 July 1990 on the Common System of Taxation Applicable in the Case of Parent Companies and Subsidiaries of Different Member States)。该指令随后也经过几次修订。2011年11月,欧盟理事会对1990年的指令和后续的修订进行了重新编撰,发布了新的指令,Council Directive 2011/96/EU of 30 November 2011 on the Common System of Taxation Applicable in the Case of Parent Companies and Subsidiaries of Different Member States (Recast)。该指令随后也经过了几次修改。

并在母公司所在国消除双重征税。

指令第1条第1款规定的适用范围是：一个成员国的公司从位于其他成员国的子公司收取的利润；一个成员国的公司向其他成员国的公司分配的利润，二者都是某公司的子公司；一个成员国的公司在另一成员国有常设机构，常设机构收到的该公司非位于常设机构所在国的子公司分配的利润；一个成员国的公司向另一成员国公司的常设机构分配利润，这两个公司都是某一公司的子公司。

根据指令第2条，适用的公司应符合如下条件：采取指令附件列出的成员国法律下的公司形式；属于成员国税法上的居民以及根据成员国与第三国的税收协定不属于欧盟以外的居民；在成员国缴纳附件所列的公司税。指令第3条规定，认定母子公司的标准为一个成员国公司最低持有另一成员国公司10%的股份。如果一个成员国的公司持有本国另一公司至少10%的股份，且该股份由前一公司在另一成员国的常设机构持有时，前一公司也具有母公司的地位。此外，成员国可通过双边协定以投票权比例替代10%持股要求，或者不适用于不间断持股未达到至少2年的公司。

对于指令第1条所适用的利润分配，指令第5条要求子公司所在国免除对母公司收取的股息的预提税。指令第4条第1款要求母公司或常设机构所在国对母公司或常设机构收取的位于另一成员国的子公司分配的利润采用免税法或抵免法。采用免税法的前提是母公司或常设机构取得的利润不属于子公司可扣除的利润。① 当母公司或常设机构所在国采用抵免法时，应给予间接和多层抵免，即扣除该项分配利润在子公司所在国所承担的公司所得税，并包括该子公司从其位于其他成员国的子公司收取的利润所承担的公司所得税。② 因此，该种抵免还具有消除经济性双重征税的作用。显然，该指令对双重征税的消除比一般的税收协定更为彻底。

二、欧盟法院的判例③

由于《欧洲联盟运转条约》缺乏直接协调成员国所得税的条文可供解释，欧盟法院就借助于该条约中关于开业自由、服务提供自由、人员自由流动和资本自由流动的规则来消除成员国所得税法中的歧视措施。欧盟法院在 Wielockx 案（Case C-80/94）中指出：尽管所得税属于成员国权限，但成员国税收法律规范不能与自由流动规则相冲突，不能实施基于国籍的歧视措施。同时，欧盟法院还发

---

① 如果该利润是可在子公司的所得中扣除的，母公司或常设机构所在国是应当征税的。这样规定的目的是防止该部分利润在子公司所在国和母公司以及常设机构所在国都不征税（双重免税）。

② 此时各级公司及其子公司都应当符合指令第2条和第3条的条件，且抵免的税款不能超过抵免限额。

③ 有关欧盟法院在税务案件中的司法职能的具体论述，请参见本书第二十二章。

展了其判决的先例效力。

以归集抵免制为例。在双边税收协定没有将此扩展到非居民公司时,一国将其限定于居民纳税人也是税收主权的体现。由于居民和非居民的纳税义务不同,一国不将给予居民纳税人的税收待遇给予非居民纳税人也是被广泛认同的。但是,在 Commission v. France 案(Case 270/83)中,欧盟法院裁决法国不给予另一成员国的保险公司在法国的分支机构以归集抵免优惠的做法违反了《欧洲联盟运转条约》第 49 条关于开业自由的要求。[①]

法国税法给予获得法国公司分配股息的股东以归集抵免,但仅限于在法国有惯常居所的人或是在法国注册登记的公司。因此,在法国注册的保险公司,包括外国保险公司在法国设立的子公司,都可以享受归集抵免。但是,在其他欧盟成员国注册的保险公司在法国设立的分支机构则不能享受。

欧盟委员会认为法国的做法对在其他成员国注册的保险公司在法国的分支机构造成了歧视,构成对自由设立经营企业形式的限制。外国保险公司的分支机构因此在法国经营时处于税收上的劣势,有诱使外国公司在法国设立子公司的作用,但外国公司本可自由选择设立子公司或是分支机构,这就间接限制了外国保险公司在法国开业的自由。

法国政府抗辩道:这种税收优惠上的区别对待是有客观理由的。在法国注册的保险公司不同于外国保险公司在法国的分支机构。这种区分体现为税法上的"居民"和"非居民"。这是任何国家税法上都有的,也是为国际社会所接受的。这是税法上一个本质的区分。另外,外国公司的分支机构相对于法国公司,也享有某些税收优惠,这将抵消不能适用归集抵免对其造成的不利。再者,如果外国公司选择在法国设立子公司就能够享受归集抵免制。

欧盟法院首先强调,如果允许成员国仅仅根据公司在其他成员国注册而与本国公司区别对待,开业自由就失去了意义。

欧盟法院接着分析道:即便税法中根据公司的注册地或自然人的居所地进行区分是有理由的,但在本案中,法国税法在核定公司的应税所得时,并没有区分注册地在法国的公司和外国公司在法国的分支机构。这样,确定给予归集抵免优惠时,也不应在法国的公司和外国公司在法国的分支机构之间采取歧视措施。另外,即使外国公司的分支机构根据法国税法也享受某些优惠,但这也不能作为在归集抵免方面歧视外国公司分支机构的理由,因为这构成了对其他成员国国民或公司的歧视。最后,法国认为外国公司可通过设立子公司来享受归集

[①] 《欧洲联盟运转条约》是对原《欧洲共同体条约》的更新,而《欧洲共同体条约》的前身则是《欧洲经济共同体条约》。该案件审理时适用的是《欧洲经济共同体条约》。开业自由的条文序号在《欧洲经济共同体条约》中是第 43 条,在《欧洲共同体条约》中是第 52 条,在《欧洲联盟运转条约》中是第 49 条。

抵免的观点同样不能作为在税法上区别对待的理由,因为开业自由不能被歧视性的税收待遇所限制。

因此,法国税法不给予在其他成员国注册的保险公司在法国的分支机构归集抵免的歧视做法,构成了对在其他成员国注册的保险公司的开业自由的限制。

三、转让定价调整中经济性双重征税的解决

对于转让定价调整中产生的经济性双重征税的情况,欧盟成员国之间还缔结了《消除关联企业利润调整中的双重征税的公约》(Convention on the Elimination of Double Taxation in Connection with the Adjustment of Profits of Associated Enterprises)。如果纳税人对于税务机关的调整存在异议,可要求其所在国或其常设机构所在国的税务机关与其他相关国家的税务机关进行相互协商。如果税务机关在法定期限内不能达成解决方案,该《公约》确立了强制性的仲裁机制。关于该《公约》的具体内容,将在本书第二十二章"国际税务争议的解决"中阐述。

本 章 小 结

国内经济性双重征税产生的一个主要原因是对股东和公司所得同时课税,对是否需要消除经济性双重征税仍然存在争议。由于股东的股息来源于公司的税后利润,所以公司税收负担最终还是由股东承担,故消除经济性双重征税也是必要的。尽管从理论上讲,消除经济性双重征税最彻底的做法是取消公司税,但实践中在依然维持对公司所得和股东所得同时课税的情况下,可以从公司层面或股东环节分别采取措施,比如采取分劈税率制、归集抵免制等做法。国际上经济性双重征税的产生也与对公司所得和股东所得同时课税有关,但是在两个不同国家课税,这与国内经济性双重征税有所不同。因此,消除国内经济性双重征税的措施难以适用于国际之间的情况。从国内法来讲,对居民公司从境外关联公司取得的股息予以免税或间接抵免是能够消除国际间的经济性双重征税的。此外,税收协定中也可约定对关联公司之间的股息适用免税法或间接抵免法。转让定价调整中产生的经济性双重征税比较特殊,需要两国税务机关就利润的调整进行合作。欧盟在消除双重征税方面还有其区域性的机制。

思考与理解

1. 试述消除经济性双重征税的思路。
2. 试述参与免税法的作用。
3. 试述间接抵免法的作用。

第十章 税收饶让抵免税制

第一节 税收饶让抵免的基本理论

一、税收饶让抵免的概念和特征

税收饶让抵免,又称"税收饶让",是指一国政府(居民国政府)对本国纳税人来源于国外的所得由收入来源地国减免的那部分税款,视同已经缴纳,同样给予税收抵免待遇的一种制度。

税收饶让抵免的特征主要体现在以下几个方面:

(1)税收饶让抵免是以税收抵免为基础和前提的一项特殊抵免制度。这是对二者关系的最本质认识。税收饶让抵免实际上是税收抵免的延伸,以税收抵免为前提,如果没有税收抵免,就谈不上税收饶让抵免。税收饶让抵免与一般税收抵免的根本区别就在于,前者是居民国政府对其居民纳税人在来源地国减免的那部分税收(实际上并未真正缴纳),视同已经缴纳;而后者则是对已经在来源地国实际缴纳的所得税税款的抵免。税收饶让抵免的实质,是居民国对来源地国为鼓励外国投资、通过减免税或降低税率而放弃的收入,给予认可,并不是对实纳税额的抵免,所以,税收饶让抵免又称作虚构抵免或"影子税收抵免"。

(2)税收饶让抵免是一项国家间的措施,是缔约国之间意志妥协的产物,必须通过双边或多边安排方能实现。从国际税收管辖权方面看,税收饶让抵免并不影响居民国政府行使其居民税收管辖权,因为这部分税收饶让抵免的税款,原本就在来源地国政府征税权管辖范围之内。故就国际税收关系来讲,实行税收饶让抵免,并不损及居民国政府的税收权益。但如果居民国政府不予合作,不给予相应的税收饶让抵免,则来源地国所减免的那部分税款,就会被居民国政府取得,纳税人无法真正享受税收优惠,而居民国则取得了全部税收优惠的好处。

税收饶让抵免制度一般反映在各国所缔结的双边税收协定中,且大多约定由发达国家单方面承担税收饶让的义务。其原因在于:第一,发展中国家在缩小来源地国征税范围和对投资所得(包括股息、利息和特许权使用费)实行限制税率等方面作出让步;第二,发达国家很少有鼓励投资的减免税规定,要求发展中国家承担税收饶让义务没有重要的实际意义。当然,发展中国家之间为了有利于发展经济合作,也有相互实行税收饶让抵免的做法。一般的税收抵免虽然也可在双边税收协定中规定,但也有的国家实行单边抵免,即在没有双边税收协定的情况下,其居民纳税人同样能享受抵免的待遇。①

(3) 税收饶让抵免的目的并不在于避免和消除法律性或经济性的国际双重征税,而是由居民国配合来源地国吸引外资的税收优惠政策的实施,使其能够真正产生实际的政策效果。税收饶让抵免和一般税收抵免一同规定在双边税收协定中消除双重征税的方法这一条款中。一般税收抵免的作用是为了消除国际双重征税,而税收饶让抵免则是居民国对其本国居民纳税人从事跨国投资所采取的一种税收优惠,以鼓励其对外投资,同时也是为了实现来源地国吸引外资、发展经济的目标。没有居民国政府提供税收饶让抵免作为屏障,来源地国对跨国投资者的税收减免优惠,就会被居民国政府在计算抵免限额时所抵消,来源地国的税收优惠措施就无从发挥真正效用。

(4) 在具体实施中,税收饶让抵免和一般税收抵免也存在较大差别。首先是抵免额,税收饶让中的抵免额一般要大于纳税人在来源地国实际缴纳的税额,一般税收抵免中的抵免额则等于或小于纳税人在来源地国实际缴纳的税额。其次在实施方式方面,一般税收抵免所适用的范围,各国基本相同。但在税收饶让方面,各国适用的范围却不尽相同。有的税收协定中只规定对营业利润和个人劳务所得给予税收饶让抵免,有的税收协定则将税收饶让的范围扩大到投资所得。②

税收饶让抵免的优点在于:(1) 对于来源地国,税收饶让抵免的实施可以促进来源地国的资本输入。如果居民国和来源地国之间签订有税收饶让条款,那么居民国企业将更愿意在该来源地国投资。(2) 对于居民国,税收饶让抵免的实施能够提高本国投资者在来源地国的竞争能力。居民国给予来源地国税收饶让待遇有助于减轻本国输出资本的税负,增强境外企业的成本优势。(3) 对于纳税人,税收饶让抵免的实施可以给予其实际的税收优惠。

税收饶让抵免的缺点在于:税收饶让制度在一定程度上有悖于资本输出中性原则,如果居民国过度地实行税收饶让,鼓励企业境外投资,就会使本国的就业机会转移,影响本国经济的发展。同时,税收饶让抵免的计算方法较为复杂,这在一定程度上增加了税务机关的征管成本。

二、税收饶让抵免的产生与发展

税收饶让抵免是由西方发达国家于20世纪50年代提出并首先倡导的。英国皇家委员会于1953年向议会提交报告,首先提出对发展中国家的涉外税收优

---

① 参见王选汇:《避免双重征税协定》,中国财政经济出版社1987年版,第19页。
② 参见刘剑文主编:《国际税法学》,北京大学出版社2013年版,第183—184页。

惠实施饶让抵免,旨在"通过税收政策促进英国对外投资"。该提议经过议会的多轮辩论,终于在1961年获得批准并形成立法。美国的改革家们也几乎在同一时期提出实施饶让抵免的主张,并在1957年将饶让抵免条款写入美国与巴基斯坦签订的税收协定草案中。这是饶让抵免第一次见诸国际双边税收协定。然而,由于参议院的极力反对,美国和巴基斯坦签订的税收协定以及美国在20世纪50年代末与其他几个国家,如印度和以色列等国签订的含有饶让抵免条款的协定一直未能生效。时至今日,美国正式对外签订的四十多个税收协定中,均未包含税收饶让抵免的条款。尽管如此,美国和巴基斯坦签订的税收协定的饶让条款却成为示范,在20世纪60年代和70年代被广泛应用于双边税收协定。不仅发达国家单方面给予发展中国家税收饶让,就是在经合组织成员国之间也经常相互或单方面给予税收饶让待遇。经合组织成员国中经济相对落后的希腊、爱尔兰、意大利、韩国、墨西哥、葡萄牙和土耳其7个国家,因其与其他成员国的经贸交往中,更多地表现为资本或技术的输入,因此一般它们是税收饶让的受惠国。

尤其是在20世纪60年代和70年代,亚洲和拉丁美洲一批新兴工业化国家与地区在发展经济过程中都面临着资金的短缺、基础设施的不完善和法律制度的不健全等投资环境的劣势。为了弥补投资环境的不足,这些国家纷纷采取涉外税收优惠措施以吸引国外资金和先进技术,带动本国产业的发展。发达国家给予饶让抵免,使得前来投资的纳税人直接取得税收利益,保证了税收优惠的效果,可以说,发展中国家的涉外税收优惠措施是饶让抵免产生的基础,同时由于发达国家的积极配合,也使饶让抵免的广泛实施成为可能。①

进入20世纪90年代以后,随着经济全球化的发展和各国传统的贸易投资壁垒的逐渐降低和消除,发达国家阵营内否定实行税收饶让的作用和意义的倾向有所发展。近些年来,一些发达国家认为,税收饶让是一种不适当的援助发展中国家经济发展的措施,税收协定中的饶让抵免条款容易为纳税人滥用以进行国际避税安排,且随着一些发展中国家经济地位的提高,资本输出国与资本输入国之间已经不再有明显的界限,实行饶让抵免的基本前提已逐渐改变。②

1997年春,经合组织决定对在税收协定中采用税收饶让的效果进行一项调查。1998年3月,经合组织公布了其调查报告。该报告质疑了税收饶让制度普遍存在的一些基本假设,认为通过促使利润汇回国内,税收饶让达不到预期的效果,反而会使外国投资者仅专注于短期投资项目。此外,税收饶让条款也有潜在

---

① 参见王晓悦:《税收饶让抵免的考察与政策选择(上)》,载《涉外税务》2001年第11期。
② 参见廖益新主编:《国际税法学》,北京大学出版社2001年版,第334页。

的有害影响：它们为税收筹划和避税提供了充分的机会，侵蚀了居住国的税源和税基，而且它们原则上不符合抵免方法的初衷，因为在税收方面，它们使得海外投资比国内投资更有利，违反了资本输出中性原则。① 报告认为，采用税收饶让具有以下问题：(1) 税收饶让容易被纳税人利用，借此避税。有些国家已经发现了数额巨大的利用税收饶让逃避税收的情况。(2) 原先世界各国之间存在发达的资本输出国和发展中的资本输入国的划分，但现在这两类国家之间的界限日益模糊，有必要对实行税收饶让的前提进行重新审查。(3) 一些国家认为，税收饶让在促进国际经济发展方面作用并不明显。② 经合组织建议各国谨慎使用税收饶让条款，同时介绍了一系列设计税收饶让条款的"最佳实践"，如在税收协定中加入专门的反避税条款和设置税收饶让抵免的期限等。自从经合组织报告发布之后，税收协定中纳入税收饶让条款与之前相比就没有那么频繁了。

当时的倡导者们或许不会想到，时至今日，税收饶让抵免更为发展中国家所拥戴，并在协定谈判中成为发展中国家向发达国家要求的重要条款；发达国家一般不主动建议饶让，而是将饶让抵免作为谈判"筹码"，在给予饶让以促进本国对外投资的同时，也换来了较低的限制税率，可谓"双赢"。③

第二节 税收饶让抵免的适用

一、税收饶让抵免的适用范围

纵观国际税收饶让抵免的实践，处于居民国地位的发达国家大都出于自身国内税收政策的考虑，对税收饶让抵免的范围作出了限定。大致有如下三种情况：

(1) 对股息、利息和特许权使用费等预提税的减免税予以税收饶让抵免。在实践中有两种做法：一是对来源地国在按其国内税法规定的预提税税率范围内所作出的减免税，视同已经缴纳，给予饶让抵免。例如，在中国和日本所签订的双边税收协定中，对我国给予合资企业的日方合营者的股息所得和特许权使用费所得减免征收的预提税，日本政府予以饶让抵免。二是对在税收协定降低的预提税税率范围内所作出的减免税，视为已经缴纳，给予税收饶让。在上述中日双边税收协定中也规定了，对我国在协定中降低的预提税税率范围内所作的减免税，日本政府予以饶让抵免。

(2) 对营业所得的减免税给予税收饶让抵免。如中国和埃塞俄比亚签订

---

① Georg Kofler, Article 23B—Methods for Elimination of Double Taxation, IBFD, 2019.
② Tax Sparing: A Reconsideration, Report by the Committee on Fiscal Affairs, OECD, 1998.
③ 参见王晓悦：《税收饶让抵免的考察与政策选择（上）》，载《涉外税务》2001年第11期。

的双边税收协定第23条第3款规定:"在本条中,产生于缔约国一方的营业利润,根据该国的法律和规章,在限定期间内被免税或减税的,则该营业利润在该国被减免的税收,应在该营业利润的受益所有人为其居民的缔约国一方纳税时抵免。"

(3) 对税收协定缔结以后,来源地国政府依据国内税法规定的新出台的税收优惠措施所作出的减免税,经缔约国双方一致同意,给予饶让抵免。如上述中日税收协定中曾就这方面达成了协议。

上述三方面的税收饶让抵免,在有关国家所缔结的双边税收协定中,有的只限于其中的一个或两个方面,有的则兼而有之。

二、税收饶让抵免的方式

如前所述,税收饶让抵免一般需要通过有关国家之间签订的双边税收协定确立并执行,由于各国的所得税制和具体国情不同,彼此间通过双边协定确定采用的税收饶让方式和给予饶让抵免的范围也不一致。综合各国税收协定实践,居民国给予税收饶让抵免的具体做法,大体可以分为以下五种类型:

(一) 普通饶让抵免

普通饶让抵免,又称一般饶让抵免或传统的饶让抵免,是指居民国对本国居民纳税人在缔约国对方获得的税法规定的各种减免税优惠,只要是符合税收协定规定适用的税种范围,不区分所得的种类性质,均视同纳税人已实际缴纳而给予抵免。在中国同日本、新加坡签订的双边税收协定中,所规定的对中国税收的饶让抵免都属于这种类型。例如,中国与新加坡签订的双边税收协定第22条消除双重征税中,关于税收饶让的条款规定:在本条第2款规定的抵免中,缴纳的中国税收应视为包括假如没有按《中华人民共和国企业所得税法》及其《实施条例》规定给予免除、减少或退还而可能缴纳的中国税收数额。这种类型的饶让抵免对纳税人取得的境外所得种类的限制较少,适用范围较宽,对从事跨国积极性投资经营活动的居民纳税人而言,能充分、实际地享受到来源地国广泛提供的各种减免税优惠的利益,在国际税收协定实践中被多数国家所采用。

(二) 差额饶让抵免

差额饶让抵免,是指在缔约国对方税法规定的税率高于缔约国双方协定中规定的限制税率的情况下,缔约国一方(饶让给予国)对本国居民纳税人在缔约国对方(饶让受惠国),按税收协定限制税率所缴纳的税额,与按缔约国对方国内税法规定税率计算的税额之间的差额,视同纳税人已实际在缔约国对方缴纳的税额一样给予抵免。

例如,甲国国内税法规定,对非居民纳税人来源于境内的特许权使用费所得适用的预提所得税税率为20%,但甲国与乙国之间的税收协定规定此类特许权使用费所得的限制预提税率为10%。在乙国对甲国实行差额饶让抵免的情况下,尽管甲国对乙国居民纳税人取得的来源于甲国境内的特许权使用费实际上是按协定中的限制税率10%课征预提所得税,但乙国对其居民纳税人的上述所得仍视同在甲国已按20%税率纳税一样给予抵免,即对甲国国内税法规定的税率高于协定税率的那部分税收差额,虽然纳税人并未向甲国缴纳,乙国方面也视同已实际缴纳准予从居民纳税人应纳本国税额中抵扣。

这种差额饶让抵免的方式近似于抵免法和免税法的结合体,因为它事实上是居民国政府对其本国居民纳税人的境外所得给予了部分免税优惠待遇,免税额就等于视同已纳税额和实际应纳税额的差额。其结果和意义就是,如果甲国对乙国的投资者提供了税收优惠的话,那么乙国所实行的差额饶让抵免措施就更加强化和加大了甲国税收优惠的程度和深度;如果甲国对乙国的投资者没有提供特别的税收优惠,但在差额饶让抵免措施的配合下,投资甲国的乙国纳税人仍然相当于取得了一定程度的税收优惠待遇,获得了一定数额的税收减免利益。所以,差额饶让抵免又被称为扩展型饶让抵免。

差额饶让抵免的提供,还与缔约国执行的税收协定政策有密切的关系。相关国家为了在谈判签订的双边税收协定中,将有关投资所得的协定限制税率限定在一定程度,往往应缔约国对方的要求实行此种饶让抵免。相对普通饶让抵免而言,差额饶让抵免的适用范围较窄,通常仅限于股息、利息和特许权使用费等消极投资所得。

(三) 定率饶让抵免

定率饶让抵免,是指居民国一方不考虑本国居民纳税人在缔约国对方实际获得多少减免税优惠,均按照双边税收协定中确定的固定抵免税率给予税收饶让。例如,在中国和越南签订的双边税收协定第23条中规定,在股息、利息和特许权使用费的情况下,抵免税额应视为股息、利息和特许权使用费总额的10%。在这种饶让抵免方式下,纳税人的有关所得是否得到了饶让抵免以及受益于饶让抵免的程度,取决于税收协定中对各类所得规定的固定抵免税率的高低。如果纳税人在缔约国对方实际适用的税率大于或等于固定抵免税率,则该纳税人未能受益于饶让抵免优惠;如果纳税人在缔约国对方实际适用的税率小于固定抵免税率,则该纳税人得到了饶让抵免,固定抵免税率越高,则受益于饶让抵免的程度越大。协定中的固定抵免税率就是确定税收饶让的界限和标准,而不管纳税人的所得在缔约国对方实际缴纳税额的多少。

定率饶让抵免方式的优点是避免了缔约国双方因各自税制的不同,从而引起在税基、计税方法和税收优惠等方面的差异所导致的税收饶让抵免的复杂性。同时,相较前述差额饶让抵免方式而言,居民国采用这种方式实行饶让抵免,能较好地控制跨国纳税人取得饶让抵免的受益程度,防止从事境内投资活动的纳税人与从事境外投资活动的纳税人的税负之间产生较大的不平衡。因此,定率饶让抵免得到了国际社会的重视和推荐,在多国的双边税收协定实践中得到了广泛的运用。

(四) 限制饶让抵免

限制饶让抵免,是指居民国政府在决定给予本国居民纳税人的境外所得以税收饶让抵免时,不考虑其在境外实际已纳或应纳多少税款,而是在此类所得在国内按照本国税法应纳多少税款的基础上,再核定一个比率,根据这个比率部分或全部地给予税收饶让抵免。

例如,对直接投资所得即营业所得,居民国国内税法规定其税率为30%,那么对本国纳税人在境外取得的同类所得不论其在境外适用税率的高低、应纳税额的多少,均按照本国税率的一半即15%计算视同已纳税额而考虑予以税收饶让抵免。这种方式,多发生在未签订双边税收协定的发达国家和发展中国家之间。但是,被公认为"避税地"的一些国家和地区被排除在外。

(五) "荷兰式"饶让抵免

之所以被称为"荷兰式"饶让抵免,是因为这一类型是由荷兰在其对外签订的双边税收协定中首创的。这种类型实际上是居民国政府通过税收协定不仅承认了收入来源地国征税的优先权和特惠权,而且对应于收入来源地国的某些措施,还作出了相应的税收牺牲。我们可以通过以下两个实例来说明:

(1) 在荷兰与印度尼西亚签订的税收协定中,规定对利息收入按10%税率征收预提税,但是在荷兰对来源于印度尼西亚的利息收入给予税收饶让时,将考虑到如下情况:如印度尼西亚对利息收入的实际税率低于10%时,则以印度尼西亚的实际税率和实际税率与10%的名义税率之间差额的两倍之和,作为荷兰给予税收饶让抵免的税率。用公式表示,设荷兰对从印度尼西亚取得利息收入的税收饶让抵免税率为S,印度尼西亚对利息收入征税的实际税率为T,则 $S = T + 2 \times (10\% - T)$。

(2) 荷兰与南美的苏里南所签订的税收协定中,规定荷兰对其本国纳税人从苏里南取得的利息、特许权使用费可以按照15%的税率计算视同已纳税额予以饶让抵免。但是,如果苏里南议会为促进本国经济发展而专门立法或制定有关法规,允许苏里南对利息、特许权使用费收入按照低于5%的税率征税,那么,以5%为限,税率每降低一个百分点,视同税收饶让抵免的税率就以15%为基数增加一个百分点。也就是说,如果苏里南对利息、特许权使用费收入按照4%的税率征收,则荷兰就可给予16%的税收饶让抵免;如苏里南税率为1%,荷兰就可给予19%的税收饶让。这种类型受到了许多发展中国家的欢迎,但大多数资本输出国却无意采纳。①

三、普通饶让抵免的计算方法

居民国实行税收饶让抵免有直接饶让抵免与间接饶让抵免之分,但其计算原理和方法与没有饶让条件下的直接抵免和间接抵免相同,差别仅在于居民国在确认其居民纳税人已缴来源地国税额和外国子公司已缴所在国公司所得税税额时,应包括实际缴纳的税额和视同已经缴纳的减免税额在内。以下举例加以说明。

(一) 普通饶让抵免条件下的直接抵免计算

兹有甲国居民公司 A 在某纳税年度内获得所得 150 万元,其中 50 万元为来自设在乙国境内的分公司 B 的经营所得。已知甲国公司所得税税率为 40%,乙国的公司所得税税率为 30%,分公司 B 的 50 万元所得在乙国享受减半征税的优惠,实际缴纳乙国所得税税额 7.5 万元。在甲乙两国间的税收协定中规定甲国应实行饶让抵免的条件下,甲国对其居民公司 A 在该纳税年度境内外所得应征所得税额的计算方法和结果如下:

(1) 确定甲国对 A 公司来源于乙国所得的抵免限额为:

抵免限额 = 乙国分公司所得 × 甲国税率 = 50 × 40% = 20(万元)

(2) 确定甲国实际允许直接抵免的 A 公司已缴乙国所得税税额:

已缴乙国税额 = 实缴乙国税额 + 视同已缴乙国减免税额 = 7.5 + 7.5 = 15(万元)

因为在甲国实行饶让抵免的条件下,认定纳税人 A 公司在来源地国乙国已缴所得税额应包括 A 公司实际在乙国缴纳的税额和视同已经缴纳的减免税额。故应认定 A 公司已缴乙国所得税税额为 15 万元。

由于 A 公司已缴乙国税额 15 万元低于前述按甲国税率计算出的抵免限额 20 万元,故甲国实际允许抵免的 A 公司已缴乙国税额为 15 万元。

(3) 计算甲国最终应征收 A 公司所得税税额为:

A 公司应纳甲国税额 = A 公司总所得 × 甲国税率 − A 公司已缴乙国税额(直接饶让抵免税额) = 150 × 40% − 15 = 45(万元)

由上述计算过程可知,尽管 A 公司实际缴纳乙国税额为 7.5 万元,但居民国甲国在实行饶让抵免的情况下,实际允许 A 公司直接抵免的乙国税额中包括了因享受减免税优惠而未缴纳的 7.5 万元税款。如果甲国不提供税收饶让抵免,认定 A 公司已缴乙国税额仅限于其实际缴纳的 7.5 万元,并依此数额进行

---

① 参见廖益新主编:《国际税法学》,北京大学出版社 2001 年版,第 335—337 页;史建民:《税收饶让的不同类型及分析》,载《涉外税务》1995 年第 11 期。

抵扣,则 A 公司最终应纳居民国甲国税额将为 52.5 万元。与甲国实行饶让抵免情况下的结果 45 万元相比,相差 7.5 万元。这表明在居民国甲国没有实行饶让抵免的情况下,作为来源地国的乙国给予 A 公司的减免税优惠 7.5 万元,并未使跨国纳税人 A 公司真正受惠,而是全部转化为居民国甲国的税收收入。

(二) 普通饶让抵免条件下的间接抵免计算

兹有甲国居民公司 A 在某纳税年度内有来源于甲国境内所得 100 万元,同年又收到其在乙国的子公司 B 支付的股息 70 万元。已知甲国税率为 40% 的比例税率,乙国子公司 B 在该纳税年度内获取所得为 200 万元,因属于受乙国政府鼓励发展的高新技术企业,乙国政府在 30% 的正常公司所得税税率的基础上,给予子公司 B 按正常税率减半征收的优惠,即按 15% 的优惠税率实缴乙国税额为 30 万元,享受减免税额为 30 万元。在甲乙两国间的税收协定中,规定甲国应对其居民公司收取的乙国居民公司支付的股息,给予间接饶让抵免。因此,甲国 A 公司在该纳税年度内就其境内外所得最终应向甲国政府缴纳的所得税税额计算结果如下:

(1) 首先需要确定应由甲国母公司 A 承担的乙国子公司 B 已缴乙国公司所得税税额:

按照普通饶让抵免的原理,甲国在认定乙国 B 公司已缴乙国所得税税额时,应当包括 B 公司因享受税收优惠并未实际缴纳的那部分减免税额。因此,本例中子公司 B 已缴乙国所得税税额应认定为 60 万元(即实际缴纳乙国税额 30 万元 + 视同已缴的减免税额 30 万元),其中应由甲国母公司 A 承担的乙国子公司 B 已缴乙国税额为:

应由母公司承担的子公司已缴乙国所得税税额 = 子公司已缴乙国税额 × (子公司分给母公司的股息 ÷ 母公司税后所得) = 60 × [70 ÷ (200 − 60)] = 30 (万元)

(2) 确定应并入甲国母公司 A 的乙国子公司 B 所得为 100 万元,即母公司 A 分得的股息 70 万元 + 应由母公司 A 承担的外国子公司 B 已缴税额 30 万元,或者:

应并入母公司的子公司所得 = 母公司收到的股息 ÷ (1 − 子公司所在国税率) = 70 ÷ (1 − 30%) = 100(万元)

(3) 确定甲国对母公司 A 来自乙国子公司 B 的所得额的抵免限额为:

抵免限额 = 应并入母公司的子公司所得 × 母公司所在国税率 = 100 × 40% = 40(万元)

(4) 已知 A 公司就其来自乙国子公司 B 的所得间接承担的乙国所得税税额为 30 万元(此处为简化叙述未将乙国对 A 公司取得 B 公司支付的股息 70 万元还要征收一道预提所得税这一因素考虑在内),低于上述抵免限额,故甲国允许母公司A可以间接抵免的税额为30万元。

(5) 母公司A最终应缴纳居民国甲国的税额为：

母公司应纳甲国所得税税额=(母公司甲国境内所得+应并入母公司的子公司所得)×甲国税率-间接饶让抵免税额=(100+100)×40%-30=50(万元)

从上述计算过程和结果可知，由于居民国甲国实行间接饶让抵免，虽然本例中的乙国子公司B实际缴纳乙国税额只有30万元，但甲国在计算确定应由母公司A承担的子公司B已缴乙国税额时，仍将子公司B因享受减免税优惠未实际缴纳的30万元税额视同已经缴纳，从而认定子公司B已缴乙国税额为60万元，并据此计算确定母公司A应承担乙国子公司B已缴乙国税额为30万元。

如果甲国不实行税收饶让，仅按子公司B实缴乙国税额30万元来计算确定其中应由母公司A承担的税额部分，则母公司A应承担乙国子公司B已缴乙国税额只有12.4万元(30×[70÷(200-30)]≈12.4万元)。相应地，母公司A来自子公司B的所得额为82.4万元(70+12.4=82.4万元)。按此计算抵免限额为32.96万元(100+82.4)×40%×[82.4÷(100+82.4)]=32.96万元)。这样，母公司A最终应纳居民国甲国的税额为60.56万元((100+82.4)×40%-12.4=60.56万元)。由此结果可知，在甲国不提供间接饶让抵免的情况下，由于甲国仅按子公司B实际缴纳乙国税额30万元计算确定应由母公司A承担的子公司B已缴乙国税额，尽管相应减少了应由母公司A承担的子公司B已缴乙国税额，但乙国对子公司B的减免税优惠并不能使作为子公司B的投资人A公司受益，相反增加了母公司A的税收负担和母公司A所在国甲国的税收收入。①

第三节 我国的税收饶让抵免税制

一、我国税收饶让抵免制度发展概况

从税收饶让产生和发展历程可以看出，20世纪60年代和70年代是税收饶让政策的鼎盛时期，到了20世纪80年代，随着世界经济格局和发达国家宏观经济政策的变化，发达国家逐渐改变了对税收饶让的态度。我国从20世纪80年代才开始对外谈判签订税收协定，可以说已错过了发达国家支持税收饶让的最好时期，因此税收饶让的谈判一直比较困难，而且发达国家对此的要价也较

---

① 参见廖益新主编：《国际税法学》，北京大学出版社2001年版，第337—341页。

高。① 我国第一个包含税收饶让条款的协定是中日双边税收协定。在改革开放的早期,我国没有充分认识到税收饶让的特殊意义,因此在和其他国家,尤其是主要作为资本输出国的发达国家谈签双边税收协定时,忽视了对协定中税收饶让条款的谈判和确定,导致我国给予涉外企业纳税人的税收优惠额度,当其将在我国获得的所得汇回其母国时,倒流回了母国,不仅纳税人没有真正享受到我国涉外税收优惠的实际利益,而且我国的税收利益也被其母国所"侵占"。

2008年企业所得税"两法合并"前,我国《外商投资企业和外国企业所得税法》为外商投资企业和外国企业提供了大量税收优惠,我国从所得来源国(也即东道国)的角度,希望在税收协定中纳入饶让抵免,以确保我国给予的税收优惠真正为企业享受而非让渡给企业居民国。从1983年我国签署第一个税收协定至2007年底,我国共签署了92个税收协定,其中48个包含饶让抵免规定。

2008年1月1日起,我国开始实施统一的《企业所得税法》。由于《企业所得税法》取消了针对外商投资企业和外国企业的税收优惠,我国从所得来源国的角度不再需要饶让抵免,税收协定政策也作了相应调整。2008年至2020年,我国共签署了30个税收协定(含14个覆盖老协定的新协定),其中只有与埃塞俄比亚和柬埔寨签订的税收协定,在对方极力坚持并在其他条款作出重大让步的情况下,纳入了饶让抵免规定。我国所签订的双边税收协定中税收饶让抵免的变化,可以在一定程度上反映出我国已由早期纯粹的资本输入国向兼具资本输入国和资本输出国地位的方向转变。

为了配合国家改革开放吸引外资的需要,我国在税收政策上制定了一系列对外资的优惠措施,为了使投资于我国的跨国投资者真正受惠于我国提供的涉外税收优惠,我国在与发达国家谈判的过程中,坚持对方给予我方税收饶让。目前经合组织34个成员国都与我国签订了双边税收协定,其中5个国家单方面给予我国税收饶让,分别是日本、加拿大、新西兰、澳大利亚和卢森堡。在德国、法国、瑞典、西班牙、比利时等国与我国签订的双边税收协定中,由于这些国家对其居民纳税人来源于我国境内的营业利润等所得采用免税法消除双重征税,因而无需在这些协定中再规定税收饶让措施。由于美国一贯反对税收饶让,在中美双边税收协定第22条关于税收抵免的规定中未涉及税收饶让,仅在换文中写明双方同意,如美国今后修改有关税收饶让的法律,或美国

---

① 参见王晓悦:《税收饶让抵免的考察和政策选择(下)》,载《涉外税务》2001年第12期。

同其他任何国家对税收饶让的规定达成协议时,中美双边税收协定即应修改列入税收饶让规定。

对于一些来我国投资较多或鼓励引进外资的发展中国家,我们也坚持对方给予饶让或相互给予饶让。如在我国与非 OECD 成员国签订的 31 个包含有税收饶让条款的双边税收协定中,相互给予税收饶让的有我国与马来西亚、泰国、保加利亚、巴基斯坦、塞浦路斯、巴布亚新几内亚、印度、毛里求斯、越南、牙买加、波斯尼亚和黑塞哥维那、塞尔维亚和黑山、马其顿、塞舌尔、古巴、阿曼、突尼斯、斯里兰卡、特立尼达和多巴哥、摩洛哥、文莱、沙特阿拉伯、尼泊尔、埃塞俄比亚、科威特和柬埔寨的双边税收协定;对方单方给予我国税收饶让的有新加坡和阿联酋。我国迄今从未单方给予其他国家税收饶让。

中国缔结双边税收协定中涉及税收饶让条款情形统计表①

缔约对方国家(地区)	是否饶让	数量
美国、法国、英国、德国、挪威、丹麦、瑞典、荷兰、捷克斯洛伐克、波兰、瑞士、西班牙、罗马尼亚、奥地利、巴西、蒙古、匈牙利、俄罗斯、克罗地亚、白俄罗斯、斯洛文尼亚、以色列、土耳其、乌克兰、亚美尼亚、冰岛、立陶宛、拉脱维亚、乌兹别克斯坦、孟加拉国、苏丹、阿尔及利亚、埃及、老挝、爱沙尼亚、菲律宾、南非、爱尔兰、巴巴多斯、摩尔多瓦、哈萨克斯坦、印度尼西亚、伊朗、巴林、吉尔吉斯斯坦、委内瑞拉、阿尔巴尼亚、阿塞拜疆、格鲁吉亚、墨西哥、希腊、卡塔尔、尼日利亚、塔吉克斯坦、土库曼斯坦、比利时、芬兰、捷克、赞比亚、马耳他、叙利亚、乌干达(未生效)、博茨瓦纳(未生效)、厄瓜多尔、智利、津巴布韦、肯尼亚(未生效)、加蓬(未生效)、刚果(布)(未生效)、安哥拉(未生效)、阿根廷(未生效);香港地区、澳门地区、台湾地区(未生效)	未规定	71+3
日本、新加坡、加拿大、新西兰、澳大利亚、阿联酋、卢森堡	单边饶让	7
马来西亚、泰国、意大利、保加利亚、巴基斯坦、塞浦路斯、韩国、巴布亚新几内亚、印度、毛里求斯、越南、牙买加、波黑、塞尔维亚和黑山、马其顿、葡萄牙、塞舌尔、古巴、阿曼、突尼斯、斯里兰卡、特立尼达和多巴哥、摩洛哥、科威特、文莱、沙特阿拉伯、尼泊尔、埃塞俄比亚、柬埔寨	双边饶让	29
	合计	107+3

① 根据 2019 年 11 月 30 日国家税务总局官网最新资料整理。已经生效的续签协定以新协定为准,未生效的续签协定以旧协定为准。

二、我国双边税收协定中税收饶让抵免条款的现状

目前,我国对外谈签的双边税收协定中税收饶让条款呈现两个基本特点[①]:第一,包含税收饶让条款的税收协定占比偏低。截至 2020 年 5 月,我国已与 107 个国家和地区签订了双边税收协定,其中 101 个已经生效,并与我国香港地区、澳门地区签订了避免双重征税安排,与台湾地区签订了避免双重征税协议。其中包含税收饶让条款的有 44 个(根据统计现行有效的仅有 36 个[②]),占比约为 40%。第二,早期谈签的税收协定包含税收饶让条款的比例明显高于近期谈签的比例,我国在 1983—1994 年间签订的 40 个税收协定中,有税收饶让条款的有 35 个,占比约为 88%;1995 年以后签订的 67 个税收协定中(不包含续签更新),有税收饶让条款的仅有 18 个,占比约为 27%,比例大幅下降。2009 年以后,我国与一些发达国家(如比利时、芬兰、瑞士、丹麦、英国、荷兰、法国和德国等)重新签订税收协定时,虽然与这些国家的旧协定中都含有税收饶让条款,但新协定中没有再约定税收饶让。此外,我国与一些发达国家(如卢森堡、瑞典、澳大利亚、葡萄牙、西班牙等)所签订的税收饶让条款规定了 10 年或 15 年的存续期,在存续期到期之后,没有公开文件说明我国是否已经与这些缔约国续期。[③] 也就是说,税收饶让条款的有效期届满之后,如果不再续期,则相应的税收饶让条款就失效了。我国与"一带一路"沿线国家签订了 54 个双边税收协定,其中包含税收饶让条款的有 22 个,整体占比较低,且以双方相互饶让形式为主。从签订时间分布来看,包含税收饶让条款的双边税收协定占比随着时间呈不断下降趋势。税收饶让条款多数未约定执行期限,多数未限定饶让条款适用的所得类型,多数未明确规定可抵免的国外已缴纳税额的计算方法。[④] 我国在与"一带一路"沿线国签订的避免双重征税协定中,税收饶让抵免分为两种情况:一是我国对国外来源所得在东道国免税或被以较低税率课税时,给予一个固定比例的税收抵免,这种情况适用于股息、利息和特许权使用费;二是我国对国外来源所得在东道国免税或被以较低税率课税时,视同减免的税款

[①] 参见尹淑平、尹超:《"一带一路"背景下对我国税收饶让制度的审视》,载《税务研究》2018 年第 11 期。

[②] 国家税务总局:《我国签订的双边税收条约》,at http://www.chinatax.gov.cn/chinatax/n810341/n810770/index.html,2020 年 5 月 21 日。

[③] 参见李娜:《税收饶让制度与推动对外投资》,载《国际税收》2016 年第 7 期。

[④] 参见尹淑平、尹超:《"一带一路"背景下对我国税收饶让制度的审视》,载《税务研究》2018 年第 11 期。

在东道国已经缴纳,可以抵免,这种情况适用于除股息、利息和特许权使用费以外的收入。[①]

我国与"一带一路"沿线国家税收协定中承担税收饶让抵免义务的情况[②]

国家	收入类型	抵免税率	其他限制	抵免方式
新加坡	所有收入	无	无	单边饶让
马来西亚	所有收入	无	无	双边饶让
泰国	所有收入	无	无	双边饶让
阿联酋	所有收入	无	无	单边饶让
科威特	所有收入	无	无	双边饶让
文莱	所有收入	无	自协定生效之日起10年内有效,但缔约国双方主管当局可通过协商延长该期限。	双边饶让
保加利亚	营业利润	无	无	双边饶让
古巴	所有收入	无	无	双边饶让
塞浦路斯	所有收入	股息、利息和特许权使用费总额的10%	无	双边饶让
印度	所有收入	无	无	双边饶让
马其顿	所有收入	无	无	双边饶让
尼泊尔	所有收入	无	无	双边饶让
阿曼	所有收入	无	无	双边饶让
巴基斯坦	所有收入	股息15%、利息10%、特许权使用费15%和技术服务费15%	无	双边饶让
斯里兰卡	所有收入	无	自本协定生效之日起10年内有效,经缔约国双方主管当局相互协商后方可延期。	双边饶让
越南	所有收入	股息、利息和特许权使用费总额的10%	无	双边饶让
沙特阿拉伯	所有收入	无	自本协定生效年度起10年内有效。	双边饶让

---

① 参见肖学旺、赵军等:《税收因素对我国企业境外直接投资的影响——基于"一带一路"沿线国家的实证研究》,载《税收经济研究》2019年第2期。

② 根据2020年5月20日国家税务总局官网最新资料整理。

(续表)

国家	收入类型	抵免税率	其他限制	抵免方式
柬埔寨	所有收入	无	自本协定生效之日起10年内有效,但缔约国双方主管当局可通过协商延长该期限。	双边饶让
波斯尼亚和黑塞哥维那	所有收入	无	无	双边饶让
塞尔维亚和黑山	所有收入	无	无	双边饶让

三、我国现行税收饶让抵免法律规定

目前我国的税收饶让抵免主要存在于企业所得税法领域,2008年随着我国《企业所得税法》的颁布,我国在税收饶让抵免方面的规则也开始统一,不再区分内外资企业的不同而给予差别待遇。目前主要的法律规则包括以下两个规定:

(1)财政部、国家税务总局《关于企业境外所得税收抵免有关问题的通知》(财税[2009]125号)。该《通知》第7条规定:"居民企业从与我国政府订立税收协定(或安排)的国家(地区)取得的所得,按照该国(地区)税收法律享受了免税或减税待遇,且该免税或减税的数额按照税收协定规定,应视同已缴税额在中国的应纳税额中抵免的,该免税或减税数额可作为企业实际缴纳的境外所得税额用于办理税收抵免。"第10条规定:"属于下列情形的,经企业申请,主管税务机关核准,可以采取简易办法对境外所得已纳税额计算抵免:(一)企业从境外取得营业利润所得以及符合境外税额间接抵免条件的股息所得,虽有所得来源国(地区)政府机关核发的具有纳税性质的凭证或证明,但因客观原因无法真实、准确地确认应当缴纳并已经实际缴纳的境外所得税额的,除就该所得直接缴纳及间接负担的税额在所得来源国(地区)的实际有效税率低于我国企业所得税法第4条第1款规定税率50%以上的外,可按境外应纳税所得额的12.5%作为抵免限额,企业按该国(地区)税务机关或政府机关核发具有纳税性质凭证或证明的金额,其不超过抵免限额的部分,准予抵免;超过的部分不得抵免。属于本款规定以外的股息、利息、租金、特许权使用费、转让财产等投资性所得,均应按本通知的其他规定计算境外税额抵免。(二)企业从境外取得营业利润所得以及符合境外税额间接抵免条件的股息所得,凡就该所得缴纳及间接负担的税额在所得来源国(地区)的法定税率且其实际有效税率明显高于我国的,可直接以按本通知规定计算的境外应纳税所得额和我国企业所得税法规定的税率计

算的抵免限额作为可抵免的已在境外实际缴纳的企业所得税税额。具体国家（地区）名单见附件。财政部、国家税务总局可根据实际情况适时对名单进行调整。属于本款规定以外的股息、利息、租金、特许权使用费、转让财产等投资性所得，均应按本通知的其他规定计算境外税额抵免。"

（2）国家税务总局《关于发布〈企业境外所得税收抵免操作指南〉的公告》（国家税务总局公告2010年第1号）所发布的《企业境外所得税收抵免操作指南》。该《指南》对上述《通知》的第7条的解释如下：

第22段："我国企业所得税法目前尚未单方面规定税收饶让抵免，但我国与有关国家签订的税收协定规定有税收饶让抵免安排，本条对此进行了重申。居民企业从与我国订立税收协定（或安排）的对方国家取得所得，并按该国税收法律享受了免税或减税待遇，且该所得已享受的免税或减税数额按照税收协定（或安排）规定应视同已缴税额在我国应纳税额中抵免的，经企业主管税务机关确认，可在其申报境外所得税额时视为已缴税额。"

第23段："税收饶让抵免应区别下列情况进行计算：(1) 税收协定规定定率饶让抵免的，饶让抵免税额为按该定率计算的应纳境外所得税额超过实际缴纳的境外所得税额的数额；(2) 税收协定规定列举一国税收优惠额给予饶让抵免的，饶让抵免税额为按协定国家（地区）税收法律规定税率计算的应纳所得税额超过实际缴纳税额的数额，即实际税收优惠额。"

第24段："境外所得采用财税《通知》第10条规定的简易办法计算抵免额的，不适用饶让抵免。"

第25段："企业取得的境外所得根据来源国税收法律法规不判定为所在国应税所得，而按中国税收法律法规规定属于应税所得的，不属于税收饶让抵免范畴，应全额按中国税收法律法规规定缴纳企业所得税。"

本 章 小 结

税收饶让抵免，是指一国政府（居住国政府）对本国纳税人来源于国外的所得由收入来源地国减免的那部分税款，视同已经缴纳，同样给予税收抵免待遇的一种制度。税收饶让抵免是自20世纪60年代和70年代在税收抵免方式的基础上，由西方发达国家提出并首先倡导的一种特殊的抵免方法，其目的在于使来源地国利用外资的涉外税收优惠政策与措施能够真正收到实际效果，已为国际双边税收协定广泛采用。美国作为最早将税收饶让抵免条款写入其国际双边税收协定草案的国家，却一直未实施税收饶让，对美国反对税收饶让的理由应全面、客观地分析，应从预防和防范的角度去看待利用税收饶让避税的问题，而不是因噎废食，完全否定税收饶让的合理性。我国在对外谈判签订税收协定时，一般都要求对方或双方互相给予税收饶让,以保障我国实行的涉外税收优惠政策等措施真正收到实效。

税收饶让抵免的范围,大致有如下三种情况:(1)对股息、利息和特许权使用费等预提税的减免税予以税收饶让抵免;(2)对营业所得的减免税给予税收饶让抵免;(3)对税收协定缔结以后,来源地国政府依据国内税法规定的新出台的税收优惠措施所作出的减免税,经缔约国双方一致同意,给予饶让抵免。其具体做法,大体可以分为普通饶让抵免、差额饶让抵免、定率饶让抵免、限制饶让抵免和"荷兰式"饶让抵免五种类型。在计算上,同样有直接抵免和间接抵免之分。

思考与理解

1. 什么是税收饶让抵免?
2. 税收饶让抵免有哪些类型?
3. 论述我国目前签订的税收协定中税收饶让条款的具体情况。

第四编 国际逃税与避税规制

第十一章 国际逃税与避税规制原理

第一节 国际逃税与避税概述

一、国际逃税与避税的概念

逃税是指个人或实体故意避免缴纳税款的行为。逃税是违法行为,严重的逃税行为还构成犯罪。逃税的手段以欺诈行为为主,如隐匿应税收入、作假账、伪造单据等。许多国家的司法实践中,对逃税者的起诉往往是几个罪名,除逃税罪外,还有制作假文件罪等。

避税是指纳税人利用法律方法改变其财务状况,以减少其所需缴纳税款的行为。避税并不直接违法,更不构成犯罪。避税行为在经济发达的国家大量存在,在纳税人中已成为一种较普遍的现象,税务筹划甚至制订避税计划等咨询服务业早已应运而生。由于缺乏明晰、统一的标准,同一交易可能在一国被认为是符合税法的,而在另一国被认为与其税法相悖。因此,要把握避税的概念,除了了解其理论上的基本属性之外,还要在具体个案中去甄别。

将逃税、避税活动延伸至国际层面,则出现了国际逃税与国际避税的行为。国际逃税是指纳税人采取某种非法的手段与措施,减少或逃避就其跨国所得应该承担的纳税义务的行为;国际避税则是指跨国纳税人通过某种不违法的方式,减少或避免就其跨国所得应该承担的纳税义务的行为。

二、国际逃税与避税的区别

从严格的法律意义上讲,逃税和避税是两种行为,在性质、手段以及由此可能产生的法律后果等方面,都存在着本质上的明显差别。我们可以从以下两段联合国税收专家小组有关逃税和避税概念的比较中看出这些差别。

"严格意义上的逃税,是指纳税人故意或有意识地不遵守征税国法律的行为。从广义上说,逃税行为一般也包括那种纳税人因疏忽或过失而没有履行法律规定应尽的纳税义务的情形,尽管纳税人没有为逃税目的而采取有意的隐蔽手段。"

"避税相对而言则是一个比较不明确的概念,很难用能够为人们普遍接受的措辞对它作出定义。但是,一般地说,避税可以认为是采取某种利用法律上的漏洞或含糊之处的方式来安排自己的事务。虽然避税行为可能被认为是不道德的。但避税所使用的方式是合法的,而且纳税人的行为不具有欺诈的性质。"①

从历史上看,避税概念的提出较逃税晚,避税是税制发展到一定阶段,达到相当复杂的程度,特别是税收有了一定程度的国际化才出现的。英国1906年第一次出现"合法避税"的用语。此后百余年来,避税这一用语从来没有在有关税收、金融的法律中消失过。近年逐步推进的OECD/G20税基侵蚀和利润转移项目(BEPS)也是致力于遏制跨国企业规避全球纳税义务、侵蚀各国税基的行为。② 反避税是现代税制和税法的重要组成部分。

逃税与避税的区别,还表现在给行为人带来的不同法律后果方面。

逃税行为的法律性质是非法行为,因此,逃税行为被有关机关调查,纳税人就要为此承担相应的法律责任。在各国税法上,根据逃税情节的轻重,有关当局可以追究行为人的行政、民事以及刑事等不同形式的责任。

各国有关当局和部门的主要反避税措施是修改、完善税法和其他有关法律,堵塞避税得以产生的制度漏洞。另外,根据法律规定纠正避税,补征税款并收取相应的利息,也是反避税的重要方面和措施。每个国家都有自己的反避税政策和规则,都面临界定合法节税行为和非法避税行为的问题。

但是,逃税和避税造成的损害后果几乎是相同的,即国家税收收入的流失,守法纳税人与逃避税者之间的不公平竞争,以及由此造成社会分配不公等。因此,对国家来说,规制避税与规制逃税具有同样重要的意义。

三、中国法中的逃税与避税的概念

中国法律中有偷税、漏税、骗税、抗税、避税等概念,还有骗取出口退税等罪名。我国2009年《刑法修正案(七)》将《刑法》第201条由原来的偷税罪修正为逃税罪。根据该条规定,逃税是指纳税人采取欺骗、隐瞒手段进行虚假纳税申报或者不申报,逃避缴纳税款数额较大并且占应纳税额10%以上的行为,或者扣缴义务人采取前述所列手段,不缴或者少缴已扣、已收税款,数额较大的行为。

---

① 参见联合国秘书处国际经济社会事务部:《发达国家与发展中国家之间谈判双边税收条约手册》(英文版),纽约,1979年,第22页。
② BEPS项目是二十国集团(G20)领导人在2013年圣彼得堡峰会委托经合组织(OECD)启动实施的国际税收改革项目,旨在修改国际税收规则、遏制跨国企业规避全球纳税义务、侵蚀各国税基的行为。BEPS项目成果包括15项行动计划报告和一份解释性声明。

但《税收征收管理法》尚未作出相应的修改，仍然使用"偷税"这一概念。即偷税是指纳税人伪造、变造、隐匿、擅自销毁账簿、记账凭证，或者在账簿上多列支出或者不列、少列收入，或者经税务机关通知申报而拒不申报或者进行虚假的纳税申报，不缴或者少缴应纳税款的行为。偷税情节严重，达到一定数额，构成逃税罪。漏税是指纳税义务人并非故意而未缴或少缴税款。如我国《税收征收管理法》第52条规定，因纳税人、扣缴义务人计算错误等失误，未缴或者少缴税款的，税务机关在3年内可以追征税款、滞纳金；有特殊情况的，追征期可以延长到5年。偷税是知法犯法，漏税是不知法而违法。二者在很多方面有区别，如纳税人的主观故意、引起的法律后果、行为的性质等。但是，多数国家的法律中对二者不加区分，而统称之为逃税。

此外，根据我国《刑法》第202条的规定，抗税是以暴力、威胁方法拒不缴纳税款的行为。根据我国《刑法》第204条的规定，骗取出口退税是利用中国实行的出口退税政策，以假造出口合同、报关单等假报出口或者其他欺骗手段，骗取国家出口退税款，数额较大的行为。我国《刑法》还规定了逃避追缴欠税罪，虚开增值税专用发票、用于骗取出口退税、抵扣税款发票罪等。

而避税的定义，法律并未明确予以规定，但我国已开始不断探索反避税措施。我国《企业所得税法》单设一章"特别纳税调整"，使我国的反避税立法由单一转让定价税制，逐渐转向更全面发展的反避税法律体系。在此基础上，2009年1月8日国家税务总局发布的《特别纳税调整实施办法（试行）》对关联方定义、关联申报内容、关联交易类型、转让定价调查程序、预约定价、成本分摊协议、受控外国公司、资本弱化、一般反避税等分别予以规定，以期形成指导税务机关执法和企业遵从的程序性规定和操作规范。在BEPS项目成果发布后，国家税务总局又相继颁布了《关于完善关联申报和同期资料管理有关事项的公告》（国家税务总局公告2016年第42号）、《关于完善预约定价安排管理有关事项的公告》（国家税务总局公告2016年第64号）和《关于发布〈特别纳税调查调整及相互协商程序管理办法〉的公告》（国家税务总局公告2017年第6号）等规范性文件，以融入BEPS行动计划的新要求。此外，我国2018年修订的《个人所得税法》增加了第8条关于个人所得税转让定价、受控外国公司和一般反避税条款等规则，进一步加强了我国所得税的反避税规则。

总的来说，我国反逃避税的法律制度和体系还很不健全，对逃避税行为的具体纠正措施、规则和程序，法律上缺乏明确、清晰、易于操作的具体规则。我们要加强税收法制建设，使之适应市场经济和全球化发展的需要。同时，他国或地区以及国际税收协定中的反逃避税制度，也值得我们参考和借鉴。

第二节 国际逃避税的手段与形态

一、国际逃税的主要手段

跨国纳税人进行国际逃税的手段多种多样,比较常见的主要有以下几种:

(一)不向税务机关报送纳税资料

不向税务机关报送纳税资料主要是不向税务机关提交纳税申报表,匿报应该纳税的财产和收入。

提交纳税申报表,是纳税人的一项基本的协力义务。如果纳税人不依法填报纳税申报表,这种行为本身就是违法的。如果没有申报应该纳税的财产和收入达到一定程度,将会构成逃税罪。匿报应纳税的财产和所得,通常发生在纳税人在国外拥有财产或获得的股息、利息以及薪金所得和报酬等项收入上。例如,纳税人对实物加以隐瞒,纳税人选择投资于无记名证券以隐匿在国外的股息、利息和租金等收入。在这方面,银行往往为纳税人转移和隐匿财产提供了便利条件。银行有为客户保密的义务,纳税人将收入转入某家银行的秘密账户,使财产逃避纳税申报和税务检查,从而达到逃税的目的。国外有些银行往往通过为客户提供保密服务来吸引客户。比如瑞士的银行以提供高度保密的服务著称于世,使瑞士银行成为很多非法来源的"黑"钱的洗钱场所,也成为逃税的避难地。

(二)谎报所得和虚构可扣除费用

谎报所得是指纳税人没有如实地说明所得的真实性质,仅是为了获得税收利益而将一种所得谎报为另一种所得。例如,接受外来投资的公司,可能将股息分配谎报成利息,因为利息可以作为费用扣除,而股息是不能作为费用扣除的。如此,增加了费用扣除,减少了应税所得,少缴纳了税款,达到了逃税的目的。

虚构可扣除费用,是纳税人最为常用的逃税方式。应税所得等于毛收入减去可以扣除的项目。任何虚构和非法的列支都将增加可扣除的金额,将造成应纳税所得额的减少,直接减少应纳税额,造成国家税收的流失。在国际逃税问题上,由于各国经济制度的差别和国际市场的行情多变,加上一些国家的经济制度、法律制度和税收制度不够健全和完善,缺乏严格的开支标准和统一的收付凭证,一国的税务机关难以掌握跨国交易的真实成本、费用、价格等。纳税人在各项支出上都可能多报,或无中生有地伪报,以实现逃避税收的目的。如高报购入原料价格、虚构工资支出、虚构招待费用、虚报投资额以增加股权比例、多摊销或折旧扣除,将股东私人支出如购买个人房产谎报为公司支出等,都是减少应税所得以达到逃税目的的方式。

(三)作假账和伪造收付凭证

有些纳税人采取设立两套甚至两套以上账簿的办法,应付税务机关的账目账簿监督和核查,以假账来欺骗审计、税务等部门,其根本目的在于逃税。在收付凭证上做文章,也是重要的逃税方法。伪造、篡改收付凭证主要是在购入发票上多开金额,以增加支出额;在销售发票上少开金额,以减少收入额;销售货物不开发票,以隐匿销售收入。有的国家在法律上将作假账单独作为刑法中的一个罪名来处理。

二、国际避税的基本形态

国际避税的产生是内外因共同作用的结果。首先,在内因方面,国际避税的出现是企业追求利润最大化的产物。通过规避纳税义务以实现税后利润最大化,是跨国纳税人实现经营战略目标的重要手段。与非法的逃税方式相比,避税行为更具隐蔽性,因此更加为跨国纳税人所青睐。其次,国际避税又是外在因素影响的产物。这些外在因素主要表现为各国税收制度的差异,如关于税收管辖权标准、征税对象和税率、税收优惠等方面的差异。跨国纳税人正是利用这些差异来实施避税。国际避税在形式上可以分为如下几种类型:

第一,利用纳税主体的跨国移动进行避税。这一方式主要是通过改变纳税主体在居民税收管辖权和公民税收管辖权方面的连结点,以期获得相应的税收利益,其具体表现形式依自然人和法人两类不同的纳税主体而有所不同。从自然人角度来说,由于一国一般以国籍、住所或居住时间为实施税收管辖权的依据,跨国纳税人可以借助改变国籍、迁移住所或者人为地缩短居住时间等方式来规避一国税收管辖权的适用,从而达到避税目的;从法人角度来说,由于不同国家对于法人的管辖权适用不同的认定标准,跨国纳税人(主要是跨国公司)可以人为地选择法人登记注册地,或者改变法人的实际管理中心或控制中心所在地,将法人的注册地、实际管理中心或者控制中心调整到低税国甚至无税国,从而有效规避在高税国境内的纳税义务,以达到减轻税负的目的。

第二,利用征税对象的跨国移动进行避税。各国税务机关广泛关注的主要是以下两种形式:一种是利用国际避税地进行避税。跨国纳税人通过在国际避税地设立"基地公司",将在避税地境外获取的财产和收入汇集到基地公司的账户下,从而利用避税地的低税率或者免税优惠达到避税的目的。另一种是跨国关联企业通过转让定价进行国际避税,这主要体现于跨国企业利用关联企业所在国家征税税率上的差异,人为地将利润从高税负国转移到低税负国,从而大大减轻自身税负,获得高额的税后利润。

第三,通过改变征税对象的性质进行避税。这种形式在当前税收征管实践中主要体现为改变企业的资本结构,即利用债务资本和股权资本在税收待遇方面的差别,人为地调整债务资本和股权资本在公司资本结构中的比例。由于债务资本所需支付的利息可以作为费用在税前扣除,而股息不仅不允许扣除反而可能面临经济性双重征税。更多的企业选择通过提高债务资本的比例,实行所谓的"资本弱化",来实现减轻税负、增加企业税后利润的目的。

通过以上几种形式,国际避税呈现出的基本形态主要包括纳税主体的跨国移动、避税地与基地公司、转让定价、资本弱化和滥用税收协定等。

(一) 纳税主体的跨国移动

1. 自然人的跨国移动

在对自然人进行征税方面,各国一般以国籍和个人在境内拥有住所、居所或停留达到一定期限等法律事实,作为行使居民税收管辖权的依据。因此,纳税人往往采取改变国籍、移居国外、缩短在某一国居留时间等方式,变更其税收居所,达到规避在某一国家的纳税义务的目的。

(1) 自然人变更国籍。如在美国,自然人的纳税义务由其国籍决定。自然人想摆脱公民税收管辖权的制约,唯一的途径就是放弃其原国籍,获得别国国籍。国籍变更要受到有关国家的国籍法和移民法的制约。公民改变国籍迁往境外对税收是有影响的,因此,国家一般对此实行严格管理。

(2) 自然人住所、居所的迁移。居住在高税收国的自然人为了避免居住国的高税负,可以将其居所或住所迁往低税国。这种纯粹为了躲避高税收而移居国外的现象,国际上称为税收流亡。例如,高税国的居民纳税人退休以后,移居到气候和环境条件较好的避税地或低税国。

(3) 住所的短期迁移。高税国居民纳税人为了达到某项特定的避税目的,短期移居国外,待实现了特定的避税目的之后,再迁回原居民国,所以又称为假移居。例如,加拿大在1971年税制改革以前,对资本所得完全不征税。一个荷兰人为了既能出售其在某个荷兰公司的大量股份,又能躲避荷兰20%的资本利得税,他移居加拿大,在加拿大出售其股份,荷兰和加拿大之间的税收协定规定这类收入只能由居民国征税。此人移居加拿大后出售其股份可以全部规避荷兰的资本利得税。

(4) 缩短居住时间和短期离境。居所判定标准在很大程度上与一个人在一国的居住时间长短有关,自然人可以采取在一国居住不满法定期限的方法来避免在有关国家构成居所。针对连续居住半年或一年的居所判断标准,可以中途离境,使居住时间达不到法定的连续居住天数。例如,通过在各国间旅行,经常变换居住地点,以避免在任何一国形成居所而受居民税收管辖权管辖。国际上常常使用"税收难民"(tax refugees)一词,来称呼这些为躲避居民税收管辖权而东奔西走的人。

(5) 成为临时纳税人。临时在其他国家工作的自然人,往往能够得到临时工作所在国减免所得税的特殊优惠,或者享受到在该国只有临时住所或第二住所的税收优惠。对此,国际上称为"临时移民"的税收待遇。这两种税收优惠都可以被用来进行国际避税。例如,荷兰为了吸引外国专家到本国工作,从20世纪50年代起对外国公司派驻在荷兰的雇员,提供很多减免所得税优惠。

2. 法人的跨国移动

法人可以通过以下方式选择或改变税收居所进行避税。

(1) 法人可以通过事先选择在低税或无税的避税地注册登记的办法规避成为某一国的居民纳税人。

(2) 转移与虚假迁出。在以法人的实际管理和控制中心为标准的国家里,法人可以通过改变董事会的开会地点等方式把企业的实际管理中心转移到低税收国家,或通过变更登记而将总机构变为分支机构,将新的董事会或总管理机构设在低税收国家。

(3) 居所的真正迁移。将一个跨国法人的实际管理机构或实际控制管理中心真正从一个高税国转移到低税国,是跨国法人摆脱高税收国家居民税收管辖权的最彻底方式。但是要真正实施是相当困难的。跨国法人可能要承担巨额的搬迁费用、停工停业损失以及在当地处置财产所得需要缴纳的资本利得税等。

(4) 主体的变相转移。主体的变相转移是指纳税人本身并不转移出其高税收居住国,而是通过精心安排其境外经营活动形式和渠道,将其实际经济利益转移到低税收国家,从而在一定程度上达到摆脱高税国居民税收管辖权的目的。主体的变相转移,实际上是借助于课税客体的转移进行的。最常见的手法是在国外建立信箱公司和开展中介业务。

信箱公司是指仅在所在国完成必要的注册登记手续,拥有法律所要求的组织形式的纸面上的公司。信箱公司在所在国只是一块招牌,而公司所从事的业务,如制造、经销、管理等实质性活动,都在他国境内进行。因此,信箱公司又称招牌公司。信箱公司一般都设在避税地。

中介业务是指在所得或收入来源与其最终获得者或受益人之间,插入一项业务环节,在二者之间形成一个积累中心。这一中心通常处于避税地,或者实行特殊优惠政策的低税收国家,或者对利息和特许权使用费给予特别税收优惠的国家。这种以中介业务为主要形式的积累中心,一般以公司的形式出现。

(二) 避税地与基地公司

各国对避税地的理解不尽相同,但对各国所列出的避税地进行分析,大致可以认为避税地一般是指那些对所得和财产不征税或者按很低的税率征的国家和地区,这些国家或地区一般具有低税优势明显、政治格局稳定、保密制度严格和交通便利的特点。著名的避税地,主要分布在三个区域,即靠近北美洲的大西洋和加勒比海地区、欧洲中南部、亚洲太平洋地区,分别是北美、欧洲和亚太经济发达国家的避税地。理论上对国际避税地的评价褒贬不一。在2008年金融危机爆发后,发达国家的财政难以为继,避税地税收不透明、拒绝税收合作给国际税收征管带来的问题更加突出,与在岸国的矛盾愈发严重。

所谓基地公司,是指在避税地设立而实际受外国股东控制的公司。跨国纳税人通过在避税地建立"基地公司",将财产、所得和收入汇集到基地公司中,从而达到躲避国际税收的目的。这类公司的全部或主要的经营活动是在避税地以外进行的。建立基地公司的目的,主要是为了用基地公司来聚集、接收收入。基地公司有多种形式,如持股公司、投资公司、财务公司、专有权持股公司、受控保险公司、信托公司、海运公司和空运公司等。

利用基地公司进行避税有种种方式,略举几种如下:

第一,利用基地公司虚构、中转销售业务,实现利润跨国转移。例如,甲国公司将一批产品出售给乙国的客户。为了规避甲国较高的税负,通过在避税地丙国设立的基地公司中转销售,由基地公司以市场价格出售给乙国客户,出售产品的部分甚至全部利润转移到基地公司账上,从而使甲国公司获得税收利益。

第二,以基地公司为持股公司,将关联企业在各地的子公司的利润以股息形式汇到基地持股公司账下,以逃避母公司所在国对股息的征税。持股公司可以运用这些资金在避税地或其他地区从事各种交易,赚取更多的利润。

第三,以基地公司为信托公司,将在避税地外的财产虚构为基地公司的信托财产,这样纳税人可以将实际经营这些信托财产的所得名义上归属于基地信托公司,并逐步转移到避税地,取得免税或减税的利益。日后因信托人逝世而将财产转归受益人时,还可以规避全部或大部分遗产税。

(三) 关联企业与转让定价

利用转让定价进行国际避税,主要发生在跨国关联企业之间。从国际税收的角度来定义,所谓关联企业,是指资本股权和财务税收相互关联达到一定程度,需要在国际税收上加以规制的企业。

联合国和经合组织两个税收协定范本对关联企业的界定完全相同:在以下任何一种情况下,两个企业之间的商业或财务关系不同于独立企业之间的关系:(1)缔约国一方的企业,直接或间接地参与缔约国另一方企业的管理、控制或运营;(2)相同的人直接或间接参与缔约国一方企业和缔约国另一方企业的管理、控制或运营。"参与管理、控制或运营"要达到一定程度才能在税收上形成关联性。各国一般都在其税法中规定了关联程度。多数国家以控制有选举权或决定权的股份比例作为判定标准。如日本规定国内的母公司拥有设在外国的子公司股权超过25%的,构成关联企业。就居民国来说,认定跨国纳税人与外国的企业存在关联关系后,可以调整关联企业之间的收入和费用,对一些企业还可以直接行使居民税收管辖权,对其国外收入征税。就收入来源地国来说,认定跨国纳税人与国外企业存在关联关系之后,同样可以调整收入、费用的分配,防止税基的侵蚀,使收入来源地税收管辖权能够切实实现。

从税收的角度对国际关联企业作出界定,其基本原因是由于关联企业之间的经济往来、经营关系和财务关系不同于独立企业。独立企业之间的交易往来是基于市场原则进行的,彼此之间销售货物或转让财产,按市场行情估价定价,双方自愿达成交易,能够体现等价有偿;借贷款项,按市场利率计息;提供劳务,按市场标准付费。但是,关联企业之间的交易往来不完全遵循市场原则,将会发生种种扭曲市场原则,人为转移和分配利润的情况。

转让定价是关联企业之间出于避税的目的,违背市场原则,进行人为分配的主要方法。以下举例说明转让定价如何在关联企业之间发生:

A国A公司是一个以生产销售汽车为主的跨国企业,A国的公司所得税税率为48%,属于高税率。A公司在世界各地有若干个关联企业。一批本公司产品汽车出售给B国的B公司,实际售出价格为1.5万美元/辆。为了减少这笔收入在A国的高税收,A公司通过设立在C国的关联企业AC公司来中转这笔交易。A公司以每辆1.2万美元的价格将这批车卖给AC公司,再由AC公司以每辆1.5万美元的价格卖给B公司。3000美元的销售所得记在AC公司的账上。由于AC公司所在的C国是低税国,税率为30%,这3000美元的销售收入避免了A国的高税收,少纳税 $3000 \times (48\% - 30\%) = 540$ 美元。再结合其他因素的支持,如A国允许国外收入延迟纳税,AC公司处于免税期等,将使A公司的这笔收入获得税收利益。

以上是在产品售出、公司取得收入方面进行转让定价的典型情况。在购入原材料、公司支出方面同样可以通过转让定价获取税收利益。

上例中的A公司,从设在B国的B公司购买橡胶制品用于汽车轮胎,实际购入价为每吨500美元,为了在账目上扩大这笔支出,达到减少应纳税额的目的,A公司让其设在C国的关联企业AC公司出面购买这批橡胶制品。AC公司以每吨500美元的价格从B公司购买,再以每吨550美元的价格卖给A公司。在A公司的账目上,这笔支出为550美元,人为扩大了费用和支出,减少了应税所得额,也就减少了在A国的纳税额。

(四) 资本弱化

公司企业经营所需资金主要来自于股东的股权投资或借款。为企业筹资是选择股权投资形式还是债权投资形式,其中股权和债权各占多少比例,主要考虑经营和经济因素,如盈利性和风险性。税收方面的考虑,一般来说并不是重要的考虑因素。但是,在现代跨国投资环境中,由于各国对跨国股息所得和对借贷利息的税务处理存在很大差别,跨国投资者常常会利用这种差别待遇,减少股权资本的投入,尽量多利用借贷资本,以达到避税的目的。这种避税形式已经引起国际上和各国税务机关的关注和重视。

公司获得股权投资后从事生产经营活动取得的利润,应首先在公司层面缴纳所得税。其后进行利润分配，股东取得股息收入还应缴纳所得税，从而产生重复征税。各国对跨国股息的分配一般都要征收预提所得税。而如果公司以借贷方式筹集资金，借款利息在各国税法上一般都可以在税前予以扣除。因为只需要在债权人的手中纳税，不会产生重复征税的问题。

因此，跨国公司出于税收的考量，往往尽量多地利用借贷资本融资，而较少利用股权资本融资，或者把本来是股东的股权资本伪装为借贷资本，从而逃避或减轻了其本来应该承担的税负。这类避税安排在国际税法上称为"隐蔽的股权投资"或"资本弱化"。

（五）滥用税收协定

在国际税收实践中，由于各主权国家的税收政策之间存在着差异，导致纳税人在进行跨国投资和贸易时往往会遇到双重征税的问题。双重征税会加重纳税人的税负，抑制国际投资和贸易的发展。为避免这种双重征税现象，各国均采取了不同的措施，其中，最常见也是最有效的方法便是签订税收协定。税收协定的签订促进了全球贸易和投资的发展，在充分尊重国家税收主权的同时又兼顾了跨国纳税人的利益保障。

迄今为止，税收协定以双边形式居多，但并非所有国家之间都签订了双边税收协定。按照互惠原则，通常只有协定缔约国的居民才能享受协定规定的税收优惠或抵免政策，非协定缔约国居民则不能享受这些优惠政策。于是，一些非缔约国居民采取各种手段，通过在协定缔约国境内设立非实际经营的公司，从而取得本不能享受的税收优惠，这种行为便是滥用国际税收协定。简而言之，滥用税收协定是指非税收协定缔约国的居民，通过在税收协定缔约国设立中介公司的做法，获取其本不应享有的税收协定利益。这些税收优惠通常包括税收抵免、递延纳税、差别优惠税率，等等。

滥用国际税收协定具有多方面的危害性，具体体现为以下几个方面：

首先，滥用税收协定使得有关国家蒙受巨大的税收损失。税收是各国主要的财政收入，没有稳定的税收来源，国家财政支出就很难维系。然而，滥用税收协定的行为显然会使有关国家税收收入减少，导致财政赤字甚至财政危机，影响到国家机构的正常运转。

其次，滥用税收协定违背了缔约双方的缔约初衷。税收协定是缔约国双方在对等互惠原则的基础上经过谈判确定的。其适用的纳税人范围，应仅限于具有缔约国一方居民身份的纳税人。如果第三国居民能够通过某种途径享受协定下的优惠，则有违缔约国双方签订协定的初衷，损害有关国家的税收利益。

最后，滥用税收协定不利于其他国家之间签订更多的税收协定。由于滥用税收协定现象的存在，导致非协定缔约国居民也可以利用协定提供的便利，这种"搭便车"的现象会使各国在签订税收协定之时产生更多的担忧，丧失签订协定的积极性。

纳税人滥用税收协定的方式主要可分为以下两种:

第一,设立直接导管公司,即营业地在第三国的纳税人通过在某一缔约国内设立非实际营业的导管公司,利用该公司所处国家与目标公司所处国家之间税收协定所提供的税收优惠待遇,达到避税的目的。如图一所示,营业地在 A 国的 A 公司与营业地在 B 国的 B 公司进行国际贸易。由于 AB 两国之间并无税收协定,A 公司选择在与 AB 两国均有税收协定的 C 国内建立导管公司 C 公司,通过 C 公司与 B 公司进行贸易。如此一来,A 公司便享受到了本不能享受的税收优惠。该 C 公司即为直接导管公司。

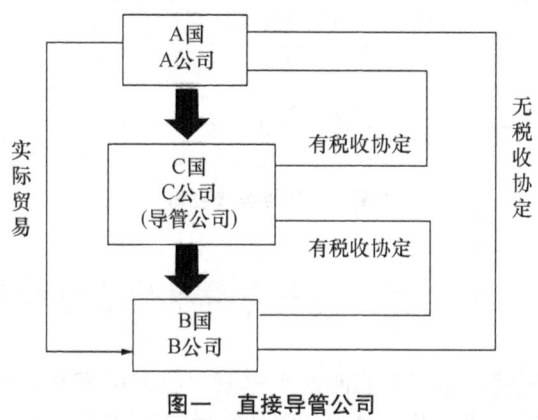

图一 直接导管公司

在选择导管公司所在地时,通常要综合考虑以下因素:一是税率较低,或者完全放弃对外来收入的征税权的国家或地区;二是该国家或地区与有关国家之间签订有关于税收抵免的税收协定。设立直接导管公司的避税方法表面上看是正常的商业行为,但它毕竟以套取税收利益为目的,不仅会扭曲跨国投资和贸易的流向,影响正常的经济秩序,对其他纳税人也有失公允。

第二,设立间接导管公司。相较于设立直接导管公司,设立间接导管公司则更为隐秘和间接。设立间接导管公司是利用两个以上的非实际营业的导管公司进行避税的行为。这种税收协定滥用的做法往往涉及多个国家。纳税人为了逃避与本国并无税收协定的国家的税收,往往在两个甚至更多的国家设立空壳公司。通过利用这些国家相互之间的税收协定中关于税收抵免等税收优惠条款,达到避税目的。如图二所示,营业地在 A 国的 A 公司与营业地在 B 国的 B 公司进行国际贸易。由于 AB 两国之间并无税收协定,而设立直接导管公司的情形并不能使 A 公司达到避税的目的,于是 A 公司选择在 C 国、D 国、E 国等若干国家境内设立多个导管公司,导管公司之间并没有实质性的商业交易。其中,A 与 C、C 与 D、D 与 E 等相邻国家均有税收协定。A 公司通过这一系列的导管公司,利用这些国家间的税收协定提供的便利和优惠,完成与 B 公司之间的交易,享受了其本不应享有的税收优惠。

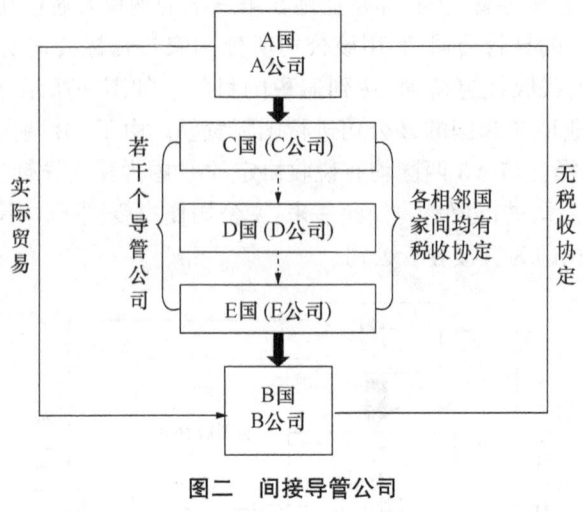

图二　间接导管公司

第三节　国际逃税与避税的法律规制

国际逃避税驱使大量资金流向易于逃避税收的国家和地区,造成资本的非正常流动。国际逃避税活动对维护一国的征税权益,实行公平竞争,维持公正有序的税收征管秩序和市场竞争秩序是非常不利的。鉴于国际逃税与避税的危害性,各国政府纷纷制定了防止国际逃税与避税的法律措施,并不断加强和完善税收法制建设。许多国家在实践中根据自己的情况和特点形成了各具特色的防范逃税和避税的措施,主要是通过法律手段,在国内税收的立法、执法和司法等各方面形成了国内法规制体系。同时,国家间也通过双边或多边的税收征管合作来堵塞国际税收中的漏洞。

一、国际逃税与避税的国内法规制

各国税法上防止国际逃避税的一般措施主要是健全税收征管制度,加强对税收情报的收集和对跨国纳税人的经济交易活动的税收征管。目前,有关国家采取的措施主要有以下几种:

(一) 加强国际纳税申报制度

各国税法一般都规定居民纳税人要向居民国提供其在国外进行经营活动的情况,这是一项法定义务。这种义务可能规定在税收法规的条款中,也可能作为判例法、普通法的一部分存在。在反避税法律规制中最严格的形式,是规定对某些行为纳税人需要事先取得税务机关的同意。例如,英国的所得税法和公司税法规定,纳税人将英国境内的法人住所迁移到国外,或将国内资产转移到由其支配的外国法人名下,必须事先经过财政部同意,否则会受到惩罚,即该纳税人必须像未迁出前一样,仍然向英国纳税,并且受到一定的经济处罚。美国的税法中也有类似的规定。例如,跨国纳税人进行某些交易时,有义务事先向美国税务机关提交证据,证明其主要目的不是为了逃避税。

在程序法方面,也有特殊的规定和措施来加强对逃避税行为的惩治和遏制。例如在举证责任问题上,一些国家在立法中对税务案件的举证责任作了转移,由纳税人证明自己行为的合法性,以利于税务机关对逃避税案件的查处。如果纳税人不能证明自己的清白,则推定其行为为不法或犯罪。一般来说,纳税人至少要对以下两种情况提供证据:一是在案件涉及国外事实的情况下,纳税人要对之提供证据;二是纳税人要对某些跨境交易的正常营业状态提供证据。例如,美国法律明确规定纳税人有举证责任;比利时《所得税法》和法国《税法典》都规定,除非纳税人能够提供相反的证据,某些支付,特别是对避税地的支付,被认为是虚构的,不允许税前扣除。有些国家虽然没有明确规定纳税人有举证责任,但是规定纳税人有义务配合税务机关的调查,并提供必要的所需资料。

(二) 加强税务调查

税务机关需要通过税务调查搜集情报,打击逃避税活动。这是对纳税人自行申报制度的必要补充。税务调查需要国际合作。很多国家的银行保密法律是税务调查国际合作的重大障碍。特别是像瑞士银行或国际避税地的银行,如果对他国税务机关进行的当事人情况调查不予合作,调查难以取得结果,也达不到掌握必要信息资料、遏制国际逃避税活动的目的。近年来,有些国家以及国际社会致力于推动国际合作,反有组织犯罪、反恐怖主义的国际法在反洗钱、要求银行披露有关信息方面有了很大进展,客观上推动了税务调查的国际合作。

(三) 强化会计审查制度

对纳税实行会计审查制度,是加强对跨国纳税人的经营活动进行税务监督的一种重要手段。许多国家在有关法律中规定,公司企业、特别是股份有限公司的纳税申报,必须经过会计师的审核。英国、美国、加拿大、日本等发达国家,都有健全的税务报表的会计审查制度。中国对外资企业的税务审查制度正在建设和健全之中。中国在有关法律中规定,外资企业报送会计决算报表时,除国家另有规定外,应当附送中国注册会计师的审计报告。

(四) 建立所得核定制度

许多国家对于不能提供准确的成本费用凭证,因而无法正确计算其应税所得的纳税人,以及每年所得数额较小的纳税人,采取核定所得纳税制度。从某种意义上来说,这种核定所得纳税制度是一种防范纳税人逃避税的办法。

例如，在比利时和法国，某些小型的个体企业、商号、自由职业者，由于对其经营情况比较难以进行监督和控制，往往按照同行业纳税人的正常利润水平或平均利润水平核定其应税所得。法国税法对那些在两年期间内营业总额不超过15万法郎的贸易企业和不动产出租企业，以及营业额不超过15万法郎的其他企业，按照这些企业在正常情况下预计可以获得的利润进行征税。

当纳税人不能提供准确的成本和费用凭证，或者由于经营活动的性质，难以计算所得数额时，采用核定所得进行征税是一项可行的办法。各国对开发海洋石油资源的承包作业，通常按照承包收入核定利润率办法进行征税。对国际运输收入的征税，按照收入一定比例课征所得税。

二、一般纳税主体国际逃税与避税规制的国内法特别措施

（一）对自然人国际逃税与避税的规制

1. 对自然人避税性移居的制约

要限制自然人的移居避税，并非易事。根据国际法的一般原则，一国政府不应禁止其国民（公民）或居民、外侨移居出境。联合国一直支持制定一项民事和政治权利的多边条约，并将个人自由流动包括在内。除了这些国际规则外，许多国家的宪法也或明或暗地承认个人的移居权利。这些国际公法和国家法律所保障的个人移居自由，很容易被跨国自然人用来逃避税收。有关国家可以利用对自由流动原则的例外规定，来禁止其离境。例如，许多国家规定欠税者不得出境。但是，对于并没有违法的有避税意图的移居者，则不能用禁止离境的简单方法加以阻止。针对以避税为动机的自然人的国际迁移，某些国家采取了退出税等强硬措施，使移居出境者在移居后的很长一段时间内，在其原居民国或国籍国仍负有纳税义务。

退出税是针对纳税人通过移居他国或者改变国籍等方式，使其应税财产或所得脱离母国而导致纳税义务发生改变，由此母国对其即将丧失征税管辖权的财产或所得采取的一系列特别税收安排。例如，一贯以征收"个人退出税或退籍税"为主的美国，从1966年起，就在其《国内收入法典》第877节规定，如果一个美国人以逃避美国联邦所得税为主要目的而放弃美国国籍移居他国，美国在该人移居后的10年内保留对其征税权。美国税务机关通过对该人滞留在美国境内的银行存款、房地产等财产行使留置权，对该人实行有效的征管。如果该人不纳税，则可以从其在美国的财产中加以扣缴。联邦德国对自然人迁移出境的避税方式，也有类似措施。1972年联邦德国公布了专门直接针对移居避税的反避税法。移居到避税地或不在任何国家取得居民身份并与联邦德国保持实质性经济联系的德国国民，将负有扩大的有限纳税义务。移居者将从其丧失联邦德国居民身份的当年年末起算的10年内，就其在原具备德税收居民身份时来源

于德国的全部所得,负有扩大的有限纳税义务。对这类所得将按适用于这类纳税人全部全球所得的正常累进税率征税。

随着世界全球化的发展,人们越来越频繁地从一个国家转移到另一个国家。人们对居住地的选择越来越灵活,搬离或脱离原国籍国或居住国的情况时有发生。各国为了应对资产和财产转移,以及因此导致的税收流失,纷纷开始设立退出税法案。尤其是 2008 年金融危机以来,退出税的发展和应用有了长足的进展。2015 年以后,各国及国际组织开始出台规范化的退出税制度,并将退出税从单纯的国内法规引入与他国签订的双边税收协定之中。2015 年经合组织发布的 BEPS 第六项行动计划防止税收协定优惠的不当获取,也重提了对纳税人转移其财产或变更其税收身份至海外的反避税措施,对退出税进行明确界定并明确其协定下的合法性,指出"只要相关纳税义务仅产生于该居民仍保有该缔约国居民身份的期间内,且不会扩大到对其停止该国的居民身份后产生的所得进行征税"。继 BEPS 行动计划之后,欧盟议会于 2016 年 7 月通过了《反避税指令》,其中的退出税规则规定,当纳税人的财产离开一个国家时,该国有权就该财产在这个国家已经积累但尚未被征过税的价值(以资产的公允价值与计税价值的差额为基数计算)进行征税,以保护母国已经产生但尚未实现的税基。退出税制度在与国际反避税趋势一致的前提下,向更为严格和相互协调的国际统一性方向发展。

2. 不承认假移居与严格对居住天数的计算

对各种以避税为目的的假移居和临时移居,原居民国可以采取不予承认的方法来加以约束。例如,英国财政部曾有非正式的规定,在某些情况下,一个移居出境者仍保持 3 年的居民身份,该人只被认为是临时移居出境。根据该规定,如果一个人要求放弃在英国的居民身份,并能为此提供证据(例如,卖掉在英国的房子并在国外建立一个永久住宅),通常从其离境之日起,暂时批准其要求。只有该人在国外居留到一个完整的纳税年度之后,且在这段时间内对英国的访问天数全年累计不超过 3 个月时,才正式认定其移居。然而,如果该人不能提供充分的证据,对其放弃英国居民身份要求的批准决定将延期 3 年,然后将依据纳税期间内实际发生的情况,再作出决定。在这 3 年时间内,将以其保留在英国的居民身份为基础,临时计算其纳税义务。

(二) 对法人国际逃税与避税的规制

1. 加强对迁移出境的控制

英国在法人的迁移出境方面采取了最强硬的措施。在英国,一家英国居民公司若要结束其居民身份迁移出境,必须事先得到财政部的批准,这是英国 1970 年税收法令中的规定。在没有得到财政部允许的情况下一家英国公司不能利用避税地从事经营,不论是通过迁移,还是转移部分营业或建立一个避税地子公司。违反这一规定将受到惩罚,包括当事人可能受到两年监禁,也可能受到总额为应纳税额 3 倍的罚款,而在计算其应税所得时,要将公司在违法前 36 个月内产生的资本利得也计入在内。2016 年修订的美国《所得税协定范本》引入其《国内收入法典》下的"移居的海外实体",剥夺"移居的海外实体"享受税收协定下的税收抵免等权益,在跨国企业母公司退出美国之日起的 10 年内征收其预提所得税,以规避跨国公司通过反向并购进行避税的行为。

2. 对转移营业和资产的限制

为防止法人利用向避税地实体转移营业和资产进行避税,许多国家采取了一系列限制措施。例如,英国法律明文规定,居民公司将贸易或经营转让给非居民,居民母公司允许非居民子公司发行股票或债券以及出售子公司等行为,必须事先得到财政部的批准,否则将受到处罚,尤其是在避税地。

对于向国外转移资产,也予以一定的约束。例如,美国规定,美国个人或公司,如果把任何增值资产转移给企业或用以对外投资时,均应就转移财产增值缴纳 35% 的国内消费税,以防止把增值财产转移到美国税收管辖权以外的国家或地区而达到避税目的。

3. 防止法人利用公司重组进行避税

在跨国经营中,公司的组建、改建、兼并或清算是经常发生的,为防止跨国法人利用这些形式进行避税,对这类活动在税务上可能引起的问题均作出了明确规定。美国《国内收入法典》规定,凡有外国公司参与的财产转让交易,上述公司在组建、改组或清算等业务中产生的利得,均应当纳税,除非美国机关裁定该项转让交易确实不构成避税安排。

英国对其国内公司集团的内部改组,一般给予某些特殊待遇,使集团内的企业分立或兼并等活动不必立即缴纳资本利得税。然而,当这种活动涉及非居民公司时则不能享受此种优惠。英国居民公司与非居民公司组成公司集团时,不得享受集团税收待遇(如合并申报、成员间盈亏互抵)。正在清算中的居民公司将贸易转让给非居民公司,在该非居民公司向居民公司股东发行股份作为对价的情况下,其资本利得税不能延期缴纳;如果转让公司或被转让的子公司为非居民公司时,不适用对居民公司的各类规定。

4. 取消递延纳税节制对避税地公司的使用

取消递延纳税是指居住国对作为避税地公司股东的本国法人或自然人,按其控股比例,对在避税地公司中的所得,不论是否以股息形式汇回,一律计入当年所得征税。取消其递延纳税,并不是对避税地公司本身直接征税,而是对其本国股东的征税,使其无法凭借独立的法人身份积累所得而避税。这是某些发达国家抑制避税地活动的一项有力措施。

美国在取消递延纳税方面走得最远。针对美国纳税人以避税地为依托,设立外国基地公司,借以推延或逃避在美国纳税的行为,美国在1962年制定了《国内收入法典》"F分部"这一著名的反避税措施。作为受控外国公司,其按持股比例应该分配给美国股东的利润,即使当年不分配,不汇回美国,也要确认为美国股东的所得,视同当年分配的股息计入当年应纳税所得额中征税。

2018年,面对经济增长乏力、跨境逃避税猖獗、税基流失等严峻局面,美国通过《减税与就业法案》进行了一系列税改措施,其中就包括扩大"F分部"中受控外国公司及其美国股东的定义。例如,规定在一个纳税年度中任何一天,一家外国公司的美国股东直接、间接或推定拥有该公司50%以上的投票权或股份价值,则可被认定为受控外国公司。同时,增加了拥有受控外国公司所有类别股份总价值10%以上的美国股东情形,即美国股东是指拥有(或被视为拥有)受控外国公司10%以上具有表决权股份或所有类别股份总价值的美国人。

F分部的规定对一些国家的税收立法产生了深远的影响。如日本1978年关于避税地的立法,以F分部为模本。西班牙从1994年开始取消西班牙股东源于税率不及西班牙税率75%的国家或地区的股息的递延纳税待遇。印度尼西亚于1994年作出规定,凡是在巴哈马、阿根廷、香港和澳门等32个国家或地区设立受控外国公司的印度尼西亚居民,必须在年度终了的4个月内申报应分配的利润,不得作递延纳税处理。

5. 在税收征管与税务司法中运用"实质重于形式"的原则

"实质重于形式"是一项重要司法原则,即法律上不承认那些形式上合法而实质上违背立法意图的行为和安排。这一原则现已被一些国家运用于对某些避税问题的处理。尤其是在税务司法中,法院不承认那些形式上符合法律要求却没有充分商业理由的公司和交易。这样一来,以公司形式进行的交易,可能被认为是由个人进行的,公司的收入直接归属于股东。通过第三方进行的转售交易,也可能被认为是仅涉及两方的直接交易等。

依此原则,税务机关可以不承认不具有合理商业目的的活动,不接受某些不正常的中介活动,忽视虚假的交易。例如,法国的法律规定,公司的经营方式必须是可行的。否则,税务机关一旦查出虚假的避税交易,举证责任转由纳税人承担。这就迫使纳税人按一般商业常规从事经营活动。

近年来,实质重于形式的原则在英国、美国等发达国家的税务司法实践中得到较多的运用,使税务机关在涉及避税争议的诉讼中,处于更为有利的地位,增加了获胜的机会。

6. 消除经营形式选择上带来的税收利益

许多国家通过制定新的法规逐步消除了选择经营形式可能带来的税收套利机会。比如,美国规定,对本国公司在国外以分公司形式从事经营的初期损失,仍允许美国公司加以扣除,但在国外的分公司盈利后转变为子公司,美国公司要退还以前获得的扣除额,以防美国公司从损失扣除和递延纳税两方面均获利。

此外,转让定价是跨国纳税人进行客体转移避税的最重要、最常见的手段之一。因此,对转让定价进行规制是反避税中的关键问题。

(三) 跨国企业国际逃税与避税规制的国内法特别措施

针对国际逃避税活动的行为模式和类型,结合经济全球化时代这一活动的特点,各国采取了各种反逃避税措施。企业法人的国际避税活动是规制的重点,特别是跨国公司的避税活动更是重要的规制对象。由于国际逃避税活动的形态和方式不断变化,反逃避税的对策和措施也在不断发展和变化。例如,电子商务催生了转让定价等避税方式的变化,要求有相应的立法予以应对。有时促使反避税法律发生变化的因素来自其他相关的国际法。例如,防止滥用避税地,要求披露金融与银行信息的立法,由于反洗钱国际条约的发展,而使对国际逃避税活动的规制得到加强。

各国采取的反避税措施可以主要归纳如下:

(1) 外汇管制。有的国家采用外汇管制规制本国居民的海外投资和交易。尽管一系列的外汇管制措施针对的是海外投资的经济效果,它却能有效地防止国际避税。一国的外汇审批机构针对本国居民纳税人在海外设立公司的投资活动需要审批核准用汇,在此过程中,居民纳税人的资金流动也会因此受到不同程度的限制与监管,从而在规制居民纳税人海外投资与交易的同时,压缩其进行国际避税行为的空间。如我国《外汇管理条例》第 39 条规定:有违反规定将境内外汇转移境外,或者以欺骗手段将境内资本转移境外等逃汇行为的,由外汇管理机关责令限期调回外汇,处逃汇金额 30% 以下的罚款;情节严重的,处逃汇金额 30% 以上等值以下的罚款;构成犯罪的,依法追究刑事责任。

(2) 防止滥用避税地。设在避税地的销售基地公司若不从事任何真正的交易活动,国家将不承认其存在。根据法国法,除非法国纳税人能证明交易是真实的,否则,在避税地的利息、特许权使用费和服务费支出不能作税前扣除。换言之,纳税人负有证明这类扣除的实际发生的举证责任。德国对那些将户籍迁至避税地的人们课以一种特别税。

(3) 转让定价措施。大多数国家采用关联企业或者转让定价规则,防止关联纳税人在交易时为将收入或者支出转移到境外而人为地抬高或者降低价格。

(4) 受控外国公司立法。有的国家采用受控外国公司规则防止将某些收入或该收入的累积额转移到设立在避税地的受控公司。有的国家对外国信托公司也采用类似的规定。

(5) 离岸投资基金规则。有的国家采用海外或外国投资基金规则防止投资于国外对冲基金或者信托的居民迟延缴纳本国税。

(6) 反协定滥用规定。滥用税收协定具有多重危害性,为了防止和消除这些危害,各国依据本国法中的一般反避税规则或特别反避税规则来加以规制。经合组织和联合国税收协定范本及其注释也详细规定了在条约层面防止滥用税收协定的措施。条约层面的规制措施大体上可分为一般反滥用税收协定条款和特别反滥用税收协定条款。一般反滥用税收协定条款是普遍适用的,不针对特定对象的协定滥用规制措施,具体包括透视法、征税法、渠道法、善意条款和主要目的测试规则等。特别反滥用税收协定条款则是指针对特定纳税人或者特定收益类型的反滥用措施,主要包括利益限制条款和受益所有人概念等。

(7) 反资本弱化规则。借贷融资应支付利息,利息是可以合法地进行税前扣除的。而对资本投资进行股息分配,则不能进行税前扣除。为此有的国家采取反资本弱化规则,防止居民公司的非居民股东过多使用借贷融资来达到避税目的。

(8) 外流财产纳税。当居民企业的财产被转移到非居民关联企业,一些国家认为该项财产已按其合理的市场价值售出,因而产生的利润应当纳税。否则,对这部分的本国税收可能全部被规避。而且,有些国家在纳税人丧失本国居民身份时,要对这部分利润征税。

第四节 防止国际逃税与避税的国际合作

各国在国际税收征管中逐步认识到,单靠一个国家防止国际逃避税难以实现预期的效果,而必须借助于各国政府、国际组织和跨国公司之间的广泛合作。近几十年来,国际社会在这方面进行了不懈的努力,特别是以经合组织和G20为代表的国际组织在全球税收治理中发挥了重要作用,奠定了现今以国家与国家合作、国家与跨国企业合作等为主要形式,以情报交换、合作征管和预约定价等为主要措施的防止国际逃税与避税的国际合作的现实基础。

一、防止国际逃税与避税的国际合作的历史发展

各国对防止逃避税的国际合作重要性的认识经历了一个渐进过程。早在1927年,有关国家召开了关于避免双重征税和防止国际逃税的政府专家会议,第一次通过了一个有关税务行政协助的双边协定范本和一个关于征税方面的司法协助协定文本。[①] 虽然当时这两个文件并没有得到多数国家的认可,但是,通过国际协定防止国际逃税的意义开始为世界各国所重视。

---

① See the Committee of Technical Experts on Double Taxation and Tax Evasion, Report Presented to the Financial Committee of the League of Nations by the Committee of Technical Experts on Double Taxation and Tax Evasion. London, April 12, 1927.

第一次世界大战以后，国际联盟开始着手拟订税收协定范本，专门用来处理所得税的国际问题。1946年，国际联盟税务委员会提出了《关于就所得、财产遗产和继承征税实现互惠的行政协助双边协定范本》，其主要内容是缔约国之间在税额评定及税款征收方面互相交换情报和给予协助。之后经合组织接手开展这方面的工作，于1977年颁布《关于对所得和财产避免双重征税的协定范本》(第26条)专门规定了缔约国之间交换税收情报的制度。在此基础上经合组织理事会正式通过一项建议，要求成员国充分利用现有的国际税收协定，并寻求新的双边或多边安排，促进成员国税务机关之间的情报交换，交流防止国际逃避税的方法与经验。20世纪70年代以来，联合国在主持制定《跨国公司行动守则》的工作中，对如何有效地控制跨国关联企业通过转移定价逃避国际税收问题，提出了一系列的建议和措施。联合国税收专家小组拟订并于1979年公布了联合国范本，其第26条特别强调缔约国之间要互相交换有关防止欺诈和逃税的情报。1983年12月在日内瓦召开的国际税务临时专家小组第二次会议上，发表了专家小组的工作报告和关于国际合作防止逃避税的指南，对国际逃税和避税的概念及其主要形式进行全面的分析，并提出了国际合作的指导原则。

1975年，欧洲共同体理事会(the Council of European Community)通过了《关于对付国际逃税和避税的措施》的决议，提出了理事会将逐步实施有关防止国际逃税与避税的国际合作的建议。主要内容包括各成员国之间相互交换税务情报；为正确地评定税额由一个成员国代表另一个成员国进行税务调查；为一国的税务官员在另一成员国境内的工作提供便利等。为贯彻该决议，共同体在1977年12月发布了《关于成员国主管当局在直接税方面的相互协助的指令》。几十年来，各国在运用有关国际协定应对国际逃税和避税方面取得了较大的进展。瑞典、芬兰、挪威和丹麦四国于1943年至1956年间分别签订了税务行政互助的双边协定；该四国和冰岛之间又于1972年签订了多边的税务行政互助协定。美国、英国、法国和加拿大也就防止国际逃税达成协议。美国于1985年和1986年还分别与巴拿马、牙买加以及格林纳达签订了交换税收情报的协定。

综上所述，国际逃税和避税越来越成为需要全世界共同应对的问题，各国对防止逃税与避税的国际合作越来越成熟，这种国际合作对于规范国际税收秩序，保证各个国家的税收利益具有十分重要的作用。

二、国际合作的主要措施：国家与国家之间的合作

纵观防止国际逃税与避税的国际合作历程，国家与国家之间合作是主要的形式。在合作方式上，经历了从各自为战到双边国家合作，再到多边国家合作的历程，国家之间通过签订有关公约和协定达到防止国际逃避税的目的；在合作内容上，主要是情报交换和合作征管。

（一）国家与国家之间合作的方式

1. 单边管制

单边管制，是指一国政府单方面采取措施，以立法形式防止与其他国家有税收联系的非居民纳税人利用本国税收优惠以及本国与其他国家签订的税收协定中的有关条款实施国际逃避税。

2. 双边合作

双边合作，是指两个国家通过谈判签订的国际税收协定或税收条约中包括有加强应对国际逃避税合作的条款，由两国税务机关遵守执行。目前，这方面的合作主要是相互交换国际税务情报，为对方税务机关提供在本国进行税务调查的协助。

3. 多边合作

多边合作，是有关国家通过多边国际税收协定或条约中的税务合作条款，或通过国际性组织进行的反国际逃税和避税方面的合作。

（二）国家与国家之间合作的内容

1. 情报交换

情报交换，是指各有关国家为加强国际税收征管合作，相互交换实施税收协定所需要的情报以及与税收协定有关的各国国内税种的情报。双边税收协定中应对国际逃避税的条款，主要体现在相互交换有关税收情报方面。目前，经合组织范本和联合国范本在相应条款中，规定了缔约国之间相互交换情报的一般原则。

关于情报交换的范围，通常由缔约国通过谈判在协定或公约中具体确定，各国在协定实践中一般都规定若干限制。相互提供的情报仅限于按照缔约国一方或另一方的法律和一般正常的行政渠道所能取得的情报；缔约国没有义务提供可能泄露任何贸易、营业、工商业或职业秘密的情报，以及与本国的公共政策相违背的情报。在这里，情报交换条款的效力很可能与缔约国一方国内保护商业秘密和银行客户信息的法律相冲突。缔约国只有在其国内法律明文规定保护此类情报，而且法律禁止税务机关获得该类情报时，才有拒绝提供的权利。情报交换的方法因有关情报资料的差异而不同，在情报交换实践中，缔约国之间一般采用的方法有三种：例行交换、经特别请求的交换和自动交换。

2. 合作征管

合作征管，是指在国际税收管理领域，为更加有效地防止国际逃避税行为，缔约国一方代表另一方执行某些征税行为。主要内容包括代为送达纳税通知书、在纳税义务未确定前对有关纳税人及其财产代为实施某种税收保全措施等。

国际税收合作征管的实践进展并不顺利。与情报交换相比，合作征管的广度和深度都很有限。这是因为，跨国纳税人往往通过将财产或利润由高税负国转移到低税负国来实现减轻税负的目的,可能的结果是减少了高税负国家的税收,但却在一定程度上增加了低税负国家的税收。在跨国税收调整的基础上重新安排征税,势必会影响到有关国家的税收收入和主权的行使,因此,这种税收协助实际上已触及各国税收利益的重新分配问题,其开展因此困难重重。

三、各国税务机关与跨国公司合作防止国际避税的措施:预约定价安排

当前,跨国纳税人进行国际避税的方式呈现多样化和复杂化趋势,对国际避税的防范主要由各国国内法规定。由于各国传统税法规定和执法环境之间存在的诸多差异,很难在国际法的层面上制定全面应对国际避税的措施,只能从转让定价这一局部领域着手进行国际合作。长期以来,防止跨国关联企业利用转让定价的方法逃避税收一直是各国税收征管工作中的难题,各国采取传统的比较价格法和现代的比较利润法来事后调整转让定价行为,但实施效果并不理想。20世纪预约定价协议的出现及其之后的实践表明,防止跨国关联企业之间通过转让定价进行国际避税的最好办法,是事先预防关联企业内部交易中产生不符合独立交易原则的转让定价,从而根本上消除其国际避税的基础。

(一) 关于预约定价安排的基本概念

预约定价安排(Advance Pricing Agreement, APA),作为一种事先预防关联企业转让定价的途径,具体表现为目前某些国家与跨国公司之间实行的"双边预约定价安排"(Bilateral Advance Pricing Agreement, BAPA)。预约定价安排是指跨国纳税人事先将其和境外关联企业之间的内部交易与财务收支往来所涉及的转让定价的价格和具体方法,向其内部交易所涉及国家主管税务机关申报,作为计征所得税的会计依据,取得其对转让定价的认可,并遵照由此签订的预约定价协议所规定的条款进行交易,以避免税务机关对转让定价进行事后调整。预约定价协议的核心在于税务机关对跨国公司内部交易定价的事先确认,其实质是纳税人和税务机关之间就关联企业间的转让定价方法,通过谈判达成的一项谅解。在协议中,可以具体列明收入、费用、折让摊销、补贴等分配或分摊,转让定价如何决策以及一系列的独立交易结果等。该协议一经达成,对征纳双方皆具有约束力,凡符合协议上规定的交易事项都适用协议中的转让定价方法,而税务机关则不能予以调整。

(二) 预约定价安排的作用及其分析

预约定价安排为防止跨国关联企业通过转让定价进行国际避税,提供了很好的解决方案,有效地弥补了通过传统的比较价格法和比较利润法对转让定价进行事后调整的不足,在妥善解决转让定价的复杂性问题上发挥了不可替代的重要作用,其制度优势主要体现在以下几个方面:

首先,预约定价安排有利于维护跨国纳税人国内法定权利的确定性。通过

签订 APA,跨国企业纳税人的法定权利在协议中已经明确规定,纳税人遵守协议的行为结果也具备了一定的确定性,这有利于维护纳税人的合法利益;同时,跨国企业纳税人事先就转让定价的方法与税务机关达成协议,就能准确地预测其交易的税收后果以及在 APA 有效期间税额调整的基本方向,从而避免了审计的风险和成本开支;由于跨国纳税人依照他们事先同意的价格进行内部交易,所以也不存在违背独立交易原则而需事后调整的问题,可以节约大量税务机关事后审查的费用,而且还可以避免由于转让定价调整而引起的诉讼,乃至可能被科处的罚款。

其次,预约定价安排有利于避免不同国家对同一转让定价交易所得的经济性国际重复征税。通过双边或多边的 APA 的签订,可以避免未订立协议前各国税务机关各自行使自己的税收管辖权而形成对跨国企业的双重征税问题。在签订了 APA 的情况下,当 APA 涉及在外国的关联企业交易,而这个外国又同本国订有双边协定时,纳税人可以将已订的 APA 报送税务机关,请求其与缔约国税务机关谈判签订一项协定作为 APA 的平行协定,以利于原有 APA 的执行,从而避免国际双重征税的产生。

最后,预约定价安排有利于构建跨国纳税人和税务机关之间的良好关系。传统的调整定价方法,实质上是税务机关对实施转让定价行为的关联企业的一种事后调整方法,税务机关往往以行政或法律的手段来约束存在转让定价行为的企业,是自上而下的管束与被管束的不平等关系,并容易形成对立。而 APA 的签订是在纳税人与税务机关之间通过协商所达成的一种具有双向约束力的协议,双方的法律地位基本上是平等的。因而,签订 APA 协议的纳税人往往能够自觉履行协议,从而减轻了税务机关的工作,降低了税务机关的执法成本,维护了国家的税收利益。同时,这种良好的合作关系也促使纳税人长期投资,为其所在国创造更多的收益。

然而,还应该清醒地认识到预约定价安排仍然存在一定的局限性,在一定程度上限制了它在国际范围内的广泛应用。具体而言,这种局限包括:一是缔结 APA 的成本较高,阻碍了它的广泛采用。纳税人要提出 APA 的申请,必须先将有关转让定价方法的各种情况向税务机关报告,而且还须经过会谈、磋商、评审、提交年度报告等程序,这要花费纳税人大量的人力、物力和财力。二是信息披露的要求有可能造成跨国关联企业纳税人的损失从而阻碍 APA 的发展。在订立 APA 的过程中,纳税人必须首先向国家税务机关披露有关转让定价方法的必要信息,其中很可能包含一些对纳税人来说是机密或敏感的信息,一旦泄露,将对纳税人造成难以弥补的损失。三是 APA 的实施存在局限性。各国的实践表明,花费大量物力、财力和人力订立的 APA 的有效期比较短暂;APA 所涉交易中的关键性因素变化可能导致 APA 变更或无效。此外,可能存在政府干涉企业商业决定的风险。由于 APA 的签订是纳税人预先向税务机关提起 APA 的申请,由税务机关审核认可,而税务机关又是国家政府机关的一部分,国家政府的意志体现在税务机关的行为上,从而可能干涉企业的商业决定,这将导致纳税人不愿通过 APA 来解决转让定价的征税问题。

总之,预约定价安排作为一种调整转让定价行为的相对新颖而有效的方法,正在普遍为各国税务机关所采用。特别是随着跨国企业的迅速发展及转让定价行为的日益频繁,各国纷纷采取有效的措施调整转让定价行为,防止国际逃税和避税,APA 就是目前解决转让定价问题的较为有效的机制之一。但是,APA 的局限性和发展不足致使跨国投资人对 APA 持消极或不合作态度,主动参与该机制的跨国公司数量仍旧不多,APA 仍须进一步完善。

本 章 小 结

在经济全球化迅猛发展的背景下,国际逃避税活动愈演愈烈,严重损害了各国的税收主权与税收利益,破坏了国际税收秩序,许多国家和以 G20 与经合组织为代表的国际组织日益关注这一问题。

国际逃税与避税的目的和动机都是为了减轻或消除税负,但二者的性质却不同。前者以各种非法手段逃避税负,具有欺诈的性质,是非法行为;而后者的合法性是不明晰的,避税行为人往往利用合法的形式进行避税,至少并不直接违反法律。在行为手段与形态上,二者也有不同:国际逃税多表现为不向税务机关报送纳税资料,谎报所得和虚构可扣除费用,作假账和伪造收付凭证等;国际避税包括纳税主体的跨国移动、通过避税地与基地公司避税、转让定价、资本弱化和滥用税收协定等。

各国在反国际逃避税法律规制方面形成了各具特色的实践。在国内法方面,国际逃避税的规制措施包括加强国际纳税申报制度,加强税务调查,强化会计审查制度与建立所得核定制度。各国也在国内法中针对自然人、法人尤其是跨国企业的国际逃避税行为采取了不同的特别措施,包括防止滥用避税地、转让定价措施、受控外国公司立法、反协定滥用规定、反弱化资本投资规则等。

各国在长期的反国际逃避税实践中逐步认识到,单靠一个国家防止国际逃避税是很难奏效的,只有通过各国政府、国际组织和跨国公司之间的广泛合作才有可能更加有效。在情报交换与征税协助等方面的双边或多边合作是国家间合作的主要形式;各国税务机关与跨国公司通过预约定价安排,在避免国际重复征税的同时,也促进构建了跨国纳税人和税务行政机关之间良好的关系。此外,近年来经合组织与 G20 在税基侵蚀与利润转移项目中所作的不懈努力也在全球税收治理中发挥了重要作用。

对我国来说,这些措施、规则、方法与合作路径对我们认识国际反逃避税问题,参与相关国际合作,以及对我国的反逃避税实践和立法都有越来越重要的意义。

思考与理解

1. 逃税与避税有哪些异同?其在法律上的区分意义何在?
2. 通过纳税主体的跨国移动进行避税的方式有哪些?
3. 其他几种避税方式的发生机制和条件是什么?
4. 各国反避税的基本措施有哪些?
5. 怎样归纳反避税的基本思路?

第十二章 国际转让定价的法律规制

第一节 关联企业转让定价制度概述

一、关联企业的概念

关联企业是转让定价制度中的一个重要概念。如果税务机关对两个企业之间交易的价格不予认可,而欲另行确定另一价格作为征税基础,那么必须首先证明或确定这两个企业属于关联企业。因为转让定价制度只能适用于关联企业之间。① 如果两个企业之间不属于关联企业,那么即使它们之间的交易价格明显不合理,税务机关也不能对其进行调整而据以征税。

所谓关联企业,是指存在关联关系的企业。关于关联关系的存在,各国税法一般都有规定,但判断标准却存在一定的差异。美国《国内收入法典》第482条规定:"任何……两个或两个以上的组织、贸易主体或经营主体共同隶属于同一利益主体,或者直接、间接地受控制于此同一利益主体",即被视为具有关联关系。

日本《特别税收措施法》第66条规定,关联企业特指日本公司及其国外联属公司。国外联属公司仅指公司、公司组织及合作社组织,而不包括个人、合伙及非公司组织;其将关联企业定义为:(1)两家公司直接或间接拥有另一家公司流通在外股份至少50%②;(2)两家公司各自流通在外总股份的50%或以上直接或间接由同一人或个体所拥有;(3)基于特别关系,一家公司在实质上拥有另一家公司经营事项之部分或全部决定权。

联合国、经合组织税收协定范本都在第9条第1款对关联企业进行了界定。根据该款规定,凡是缔约国一方企业直接或间接参与缔约国另一方企业的管理、控制或资本,或者同一人直接或间接参与缔约国一方企业和缔约国另一方企业

---

① 高尔森教授认为,"正常交易原则只适用于关联企业,在非关联企业之间不可能发生通过转让定价来转移利润的问题……"高尔森:《论各国税法处置转让定价的基本原则》,载《国际经济法文选》,天津人民出版社1994年版,第101页。我们将其推而广之认为,转让定价制度只能适用于关联企业之间。

② 日本在计算持股比例时采用归原原则,例如甲公司持有乙公司60%的股份,乙公司持有丙公司70%的股份,则甲公司视同持有丙公司70%的股份而非42%的股份。

的管理、控制或资本,那么该企业就可被认为与另一企业具有关联关系。① 在实践中,各国之间所签订的税收协定关于关联企业的规定也大多与此类似。

关于关联企业或关联关系的认定,一般有两大标准:(1)股权控制标准;(2)企业经营管理或决策人员的人身关系标准。至于具体标准则由各国国内法进行规定。

此外,有些国家在采用上述两个标准的同时,还采用其他一些标准,如资金、技术上的依赖标准等。美国税法规定,两个企业之间只要有人为转移利润的情形,其即可被认定为关联企业,等等。② 一般地说,一国税法关于关联关系标准规定得越低,关联关系的认定就会越加容易,其所实行的转让定价制度就越严格;反之就越宽松。

二、转让定价的概念

关于转让定价,并不存在一个在国际范围内被普遍接受的定义。经合组织1995年《转让定价指南》在"术语解释"中对34个重要的术语作出了定义,但却没有包括转让定价。其实,我们在对转让定价制度进行研究的过程中发现,西方的学者基本上均未对转让定价这一概念进行过定义。

在转让定价制度中存在着几个互相联系但又有所不同的概念,如转让定价、转让价格以及不当操纵转让价格或不当操纵转让定价等。在阐述转让定价的概念之前,有必要对这些相关概念予以澄清。转让价格与转让定价不同,前者是一个用数字表示的数量关系,而后者则是一种行为。转让定价是一个中性概念。就关联企业本身而言,即使不是出于纳税的要求,而只是出于它们自身的会计核算或经营管理上的需要,也会按照一定的标准进行计价收款、登账入账,以便核算各自的经营成果。转让定价是一个正常的、合法的,事实上也是一个必需的行为。但是,关联企业在对内部交易进行定价时,往往会利用其内部控制的优势,不按照市场价格水平进行定价,即不当操纵转让定价。

并非所有的关联企业的内部交易的价格都偏离市场价格。也就是说,关联企业在进行内部交易时,并非均不当操纵转让定价。但是,无论关联企业是否对内部交易的价格进行了不当操纵,其对内部交易进行定价的行为都应称为转让

---

① 经合组织与联合国的两个税收协定范本第9条均认为:"在上述任何一种情况下,两个企业之间的商业或财务关系不同于独立企业之间的关系。"对于其中的"不同于独立企业之间的关系",我们认为如果采用另一种方式来表达,就可以表达为"两个企业属于关联企业"。

② 联合国范本与经合组织范本的第9条实际上只采用了控股标准和人身关系标准,因此一些国家(包括我国在内)所规定的其他标准超出了该两个范本所规定的范围。

定价。①

总之,关联企业在内部交易定价的实践中,既可能存在按照市场价格水平进行定价的情形,也可能存在背离市场价格而不当操纵价格的情形。但无论是哪一种情形,都是对内部交易进行的定价,即都是转让定价。因此,所谓转让定价就是指对关联企业间的交易进行定价的行为。

三、独立交易原则

(一) 独立交易原则的概念

独立交易原则,也称为正常交易原则或公平交易原则,是转让定价制度的核心原则。竞争是市场经济的本质所在,没有竞争便没有市场经济。只有符合市场竞争价格的交易,才能被认为是公平交易或独立交易。

在转让定价制度中,独立交易价格是一个重要概念,其一般是指非关联企业之间在公开市场上相同或类似情况下从事相同或类似的交易可能会接受的价格。② 美国《国内收入法典第482条实施细则》认为,所谓独立交易价格是指非关联企业之间在类似的情况下所同意的价格。③

当然,也有一些国家把独立交易价格理解为合理价格。所谓合理价格,是指一个理智的人在通常情况下可能同意的价格。德国基本上就是采用这样的一个标准。原联邦德国《国际税收法令》的附件认为,独立交易价格"是该行业中有理智的商人在正常的范围内审慎抉择的价格"。加拿大《所得税法》第69条第2款和第3款关于企业内部跨国交易也采用"相同情况下合理"这一概念;第2款规定企业内部的跨国支付不应超过合理的数额,而第3款则坚持企业内部跨国收付不应低于合理数额。在加拿大的转让定价规则中,关键的标准是一项特定交易的转让价格在考虑到所有事项的情况下是否合理。此外,瑞士、印度、丹麦和荷兰等国也认为独立交易价格就是合理价格。但这里的合理价格实际上也就是公开市场上的价格,因为通常情况只能被理解为公开市场上的情况而不能是其他情况。

---

① 其实,转让定价又称为内部交易定价,因此"转让"和"内部交易"应为同义语。转让定价中的"转让"(transfer)一词,也应被理解为关联企业间财产等的转让。在西方学者关于转让定价的著作中,transfer 一词通常也都是指财产的转让。如联合国贸易与发展委员会关于国际投资协议的系列著作之一《转让定价》一书就是如此。该书的第7页第2段写道:"The pricing of transfers of goods, services or other assets within a TNC network creates considerable management and accounting problems."但在我国以前的学术著作中,通常将 transfer 翻译为"转移",并"顾名思义"而将"转移"理解为利润的转移。这或许是我国部分学者以"转移"利润为标准对转让定价进行定义的原因所在。目前我国统一采用"转让定价"这一术语,我们认为较为科学,也有利于对转让定价的概念进行准确的理解。
② OECD Guidelines, 1979, para.7.
③ U.S. Regs. §1. 482-2(E)(2)(i).

理解了独立交易或独立交易价格，也就容易理解独立交易原则了。简单地说，所谓独立交易原则即是关联企业间进行内部定价应遵循的原则。但是，这也是税务机关对关联企业的定价进行调整所应遵守的原则，更是税收协定缔约国一方对另一方的初步调整是否需要进行相应调整以避免双重征税所应遵守的原则。避免双重征税协定的用意即是后者，即如果缔约国另一方的初步调整符合独立交易原则，那么缔约一方就应进行相应调整，从而避免双重征税。

美国于1917年引入转让定价制度，但直到1935年才制定规则将独立交易原则作为转让定价制度的基本原则规定下来。[①] 经合组织范本在第7条"营业利润"和第9条"关联企业"中采纳了独立交易原则，而且在第7条的注释中特别对这一原则进行了阐释。现今，独立交易原则已被经合组织所有成员国以及几乎所有其他工业发达国家和大部分发展中国家所接受。[②] 但关于独立交易原则的概念，各国或有关组织并没有给予一个定义性的表述。美国《国内收入法典》第482条也只是规定，对于关联企业之间的交易，财政部部长为防止逃税的发生，或为正确反映所得，可以对关联企业的总所得、扣除额、抵扣额或准备额等加以重新分配或调整。联合国范本与经合组织范本的第9条也规定：关联企业之间的商业或财务关系不同于独立企业之间的关系；由于交易是在关联企业间进行，本应由其中一个企业取得的利润而没有由其取得，那么税务机关可以将这些利润计入该企业的利润内。

经合组织1979年《转让定价指南》试图对独立交易原则下一个定义，指出，"在判断某一转让定价是否符合独立交易原则时，最好是直接参照彼此独立的企业之间或集团公司与非关联企业之间可比的交易价格。"[③]经合组织1995年的《转让定价指南》在讨论独立交易原则时认为，经合组织范本第9条是独立交易原则的权威表述。但本书认为，以上这些表述与其说是独立交易原则的定义，还不如说是对如何运用独立交易原则而提出的一种指导。然而从这些"指导"中，我们已经能或多或少地体会出独立交易原则的含义了。

（二）独立交易原则的运用及其发展趋势

独立交易原则的核心是比较，即将独立企业之间的交易与关联企业之间的交易进行比较。这一原则几乎被所有的国家接受了下来，而且形成了相同的转让定价方法。传统上适用正常交易原则的方法（转让定价方法）主要有可比非受控价格法（comparable uncontrolled price method）、再销售价格法（resale price

---

[①] Richard M. Hammer, Will the Arm's length Standard Stand the Test of Time? *Intertax*, No. 1, 1996, p. 2.

[②] Ibid., p. 3.

[③] OECD Guidelines, 1979, para. 11.

method)和成本加成法(cost plus method)等。其中可比非受控价格法被认为最具有代表性,是独立交易原则最理想的体现。在早期的转让定价制度中,各国均把可比非受控价格法放在最优先适用的地位,只有在该方法不适用的情况下,才可以依次适用再销售价格法和成本加成法;如果这三种方法均不能适用,则适用其他方法或第四类方法。①

但由于独立交易原则所存在的缺陷,即寻找可比交易非常困难,使得这一原则越来越受到了明显的挑战。这种挑战主要体现在基于该原则的三种定价方法的使用比率和其他方法的使用比率的变化。据统计,美国在20世纪80年代初上述三种方法的使用率合计接近于60%或55%,而其他方法(或第四类方法)则占40%以下;而到了20世纪80年代中后期,第四类方法的使用率则增至近60%;就连最能体现独立交易原则的可比非受控价格法的使用率,在1985年也只有28%。② 其他方法实际上是一些未规定具体内容的方法,税务机关在适用这些方法的时候,具有很大的随意性。虽然原则上其他方法也应该遵循独立交易原则,但从四种定价方法的排列顺序上看,第四类方法与前三种方法相比,其在体现独立交易原则方面是最不理想的。有时,第四类方法的适用可能会严重偏离独立交易原则。

在实践中第四类方法的适用的确在一定程度上偏离了独立交易原则。根据这一原则,转让定价方法应建立在交易的基础之上,同在公开市场上进行的交易的价格进行比较。可比非受控价格法、再销售价格法和成本加成法等三种具体的定价方法都是在不同程度上对市场价格进行比较的,符合独立交易原则,而在第四类方法中,除去上述三种方法的变换形态外,均不与市场价格进行比较。③ 可见,其他方法,尤其是那些不与市场价格进行比较的方法,就相对偏离了独立交易原则。这种对独立交易原则的偏离,形成了对该原则的挑战。

在对独立交易原则的挑战中,主要体现为分配法的运用。具体的分配法包括公式分配法、全球方法、利润分割法、综合法和全球联合申报法等。其中最具代表性的就是全球方法。根据该方法,首先将整个关联企业集团在世界范围内的利润按照事先确定的公式分配给集团的各个成员,有关国家再据以征税。由于这一方法无异于由一国税务机关来决定另一国的税基,因此几乎没有哪个国家愿意接受。经合组织1979年报告针对全球方法曾经指出:全球利润分配法"不符合经合组织双边税收条约范本的第7条与第9条","这种方法必然是武

---

① 在经合组织的《转让定价指南》以及有关国家的转让定价法律文件中,其他方法也被称为第四类方法,因此我们将其作为同义语使用。
② 参见高尔森:《论各国税法处置转让定价的基本原则》,载《国际经济法文选》,天津人民出版社1994年版,第109页。
③ 参见同上书,第108页。

断的,忽视市场条件和各个企业的特殊情况……有可能将利润分配给实际亏损的实体,或者,对实际盈利的实体则不分利润。"①

分配法中的综合法也是基于一定的比例对企业集团的全部所得进行分配。该方法一般适用于国内所得,但在美国却有几个州,尤其是加利福尼亚州将其也适用于世界范围内的所得,称为全球范围综合申报。

在所有的分配法中,使用较多的是利润分割法。利润分割法是美国法院经常采用的方法。采用这一方法是根据一定的标准和比例将企业集团的利润在各实体之间进行分配。

由于独立交易原则面临的挑战,经合组织 1995 年《转让定价指南》用大量的篇幅对这一问题进行了讨论。该《指南》在第一章"独立交易原则阐述"中明确指出,应保持该原则为国际上的共识。②《指南》认为,独立交易原则在理论上是完美的,偏离这一原则的任何行为都可能严重增加双重征税的概率,全球公式分配法也不能被接受。③

在经合组织发布的 15 项 BEPS 行动计划中,与转让定价密切相关的成果包括第 8 项、第 9 项和第 13 项。该三项行动计划中的重点是无形资产的转让定价、转让定价文档监管与国别报告两大方面。其中无形资产转让定价指引特别强调了利润分割法,似乎使得利润分割法已经合法化了。虽然行动计划强调了利润分割法须与产生利润的经济活动相匹配,以确保转让定价结果与价值创造相匹配,但随着知识产权等无形资产在全球价值创造和分配中所占比例的提高,这一原则将来还能发挥多大的作用,也是一个值得关注的问题。④

第二节 转让定价方法

一、有形财产交易的转让定价方法

(一) 有形财产的概念

所谓有形财产,顾名思义,就是指具有一定的形状,可以看得见、摸得着的财产。因此,有形财产的范围甚广,举凡原料、加工品、制成品、机器设备、不动产及有价证券等均属之。⑤ 我们认为,其中的加工品、制成品也包括气体、电力等。

---

① OECD Guidelines, 1979, para. 14.
② See OECD Guidelines, 1995, Chapter One, B, ii.
③ See OECD Guidelines, 1995, paras. 1.13—1.14.
④ 这些项目是否是美国等发达国家为强化知识产权保护而在税收领域采取的措施,或许应引起我们的关注。
⑤ 参见凌忠嫄、简锦红、李怡慧:《转移定价问题之研究》,载台湾《财税研究》1992 年第 6 期,第 6 页。

因此可以说凡是可以用重量、体积、度数或其他计量单位计量的财产都属于有形财产的范围。

有形财产一般总会涉及原材料、产品的制作、加工和销售等环节；由于每一个环节的功能及价值贡献、产品的功能及使用价值等均有相对的可确定性，因而也具有一定的可比性。这种可比性正是建立转让定价方法的基础。

(二) 转让定价方法的概念

在转让定价制度中，存在着一些诸如可比非受控价格法、利润分割法等所谓的"方法"，而这些方法如何称谓、是"什么"方法，并没有一个权威的说法。但综合国内外有关的法律文本用语，这些方法的表述主要有以下几种：

(1) 评估方法。美国《国内收入法典第482条实施细则》在描述这些方法时大多采用"评估"一词，因此似乎可以把这些方法称为"评估方法"。

(2) 适用独立交易原则的方法。经合组织1995年《转让定价指南》的第二章"传统交易方法"在"概说"部分指出，这些方法"被用来适用独立交易原则"，因此把这些方法称为"适用独立交易原则的方法"也未尝不可。

(3) 调整方法。我国早期曾经使用过这一术语，如国家税务总局1992年颁布的《关联企业间业务往来税务管理规程(试行)》在对这些方法进行规定时，采用的是"调整方法"一词，如该规程第四章的标题就是"调整方法的选用"。

(4) 转让定价方法。经合组织1995年《转让定价指南》在术语释义中一般都将这些方法称为"转让定价方法"，例如对可比非受控价格法的释义是："对受控交易中转让的财产或服务的价格与在可比情况下的可比非受控交易中转让的财产或服务的价格进行比较的一种转让定价方法"。

此外，还有学者采用其他术语，如"确定独立交易价格的方法"[1]等。

其实，无论是在各国的有关法律文件中还是在有关学者的论述中，采用"转让定价方法"这一术语是最经常出现的。

(三) 传统的转让定价方法

1. 传统的转让定价方法的含义

传统的转让定价方法就是指可比交易法或可比交易价格法，其具体指可比非受控价格法、再销售价格法和成本加成法等三种方法。

美国是世界上制定关联企业转让定价税收法律制度最早的国家，也是最早制定转让定价方法的国家。1968年美国财政部根据参议院的授权，制定和颁布了《国内收入法典第482条实施细则》。该《实施细则》的(e)部分就有形财产的交易规定了上述三种定价方法，并规定按先后顺序适用，只有在上述三种方法均

---

[1] 参见王铁军编著：《转让定价及税务处理上的国际惯例》，中国财政经济出版社1989年版，第180页。

不能适用的情况下才能适用其他方法或称第四类方法。该《实施细则》后虽经多次修订,但该三种定价方法却基本保持未变。加拿大、日本等国的有关规定也与美国大同小异。

经合组织1979年《转让定价指南》规定了四种转让定价方法,即可比非受控价格法、再销售价格法、成本加成法和其他方法。1995年《转让定价指南》在上述方法的基础上增加了利润分割法和交易净利润法,并把可比非受控价格法、再销售价格法和成本加成法称为传统交易法,而把利润分割法和交易净利润法称为利润法或"其他方法"。1995年《转让定价指南》建议传统方法仍是基本方法,利润法只是作为最后的手段[1],而且当局在适用利润法时应保持相当的谨慎。[2]

我国《企业所得税法实施条例》第111条规定,转让定价方法包括可比非受控价格法、再销售价格法、成本加成法、交易净利润法、利润分割法和其他符合独立交易原则的方法。其中前三种方法就是传统方法。

总之,各国的税法及经合组织《转让定价指南》仍把可比非受控价格法、再销售价格法和成本加成法作为基本的转让定价方法加以规定,并赋予该三种方法基本相同的含义。

2. 可比非受控价格法

可比非受控价格法也被称为市场价格法[3],通过对一个可比非受控交易的价格的参考而评估受控交易是否属于独立交易。[4] 如果二者之间存在差异,则说明受控交易不属于独立交易,且应以非受控交易的价格作为该受控交易的价格。[5]

根据美国的做法,非受控交易可以是关联一方与非关联第三方购买或销售可比产品的交易,或其他两个非关联方之间在相同或类似情况下购销可比产品的交易。[6] 具体包括以下三种情况:第一,关联一方向非关联方销售可比产品的价格;第二,关联一方向非关联方购买可比产品的价格;第三,两个非关联方之间购销可比产品的价格。

可比非受控价格法在对石油、铁矿、小麦以及其他在公开商品市场销售的货

---

[1] OECD Guidelines, 1995, para. 3.50.
[2] OECD Guidelines, 1995, para. 3.56.
[3] UNCTAD, *Transfer Pricing*, Kluwer Law International, 1999, p. 10.
[4] U.S. Regs. §1.482-3(b)(1).
[5] OECD Guidelines, 1995, para. 2.6.
[6] U.S. Regs. §1.482.(e)(2)(ii).

物等的定价方面被广泛地应用。① 之所以如此,不仅是因为这些交易之间容易建立可比性,还因为这些交易的销售量一般都很大。

(1) 可比非受控价格法的适用条件。可比非受控价格法是可比交易法的一种,因此所选择的非受控交易与受控交易之间具有可比性是其被适用的最基本条件。不具有交易可比性的价格不能作为受控交易价格的参照。其次,作为可比交易法的一种,可比非受控价格法更注重交易产品的可比性,其有时被称为产品可比法。

至于如何才能确定两项交易之间具有可比性,一种最典型的情况就是两项交易除交易当事方不同外,所有其他情况都相同。另外还有两种情况可以认定可比性的存在:被比较的两项交易之间或从事这些交易的企业之间的差异(如果存在的话)在公开市场上不会对价格产生实质性的影响,或者可以通过合理的调整以消除这些差异对价格的实质性影响。②

在实际经济活动中,各种事实和情况均完全相同的交易几乎是不存在的。而交易方面的任何差异均有可能对价格产生一定的影响。对交易的可比性产生影响的因素多种多样,对这些因素所造成的差异进行调整则也是一项复杂的工作。

(2) 可比因素差异的调整。产品的可比性在适用可比非受控价格法中占有非常重要的地位,如果在产品方面存在差异,则由差异所造成的价格影响均应进行相应的调整。具有可比性的产品被称为可比产品。可比产品可通过两种途径寻找,一种是关联企业与非关联方之间的交易中购买或销售的相同产品;另一种是在两个非关联企业之间在相同或类似情况下交易的相同或类似产品。③

但是在考虑受控交易与非受控交易是否可比时,也不应局限于产品的可比性,还应考虑更广泛的因素。④ 美国的做法是,在适用可比非受控价格法时通常注重以下八个方面⑤:产品的质量;合同的条件;市场环节(如批发、零售等);发生交易的区域市场;交易的日期;与销售相关的无形资产;外汇风险;可供买方选择的替代产品。

产品的质量是决定产品交易价格的关键因素,因此适用可比非受控价格法

---

① Brain J. Arnold & Michael J. McIntyre, *International Tax Primer*, Kluwer Law International, 1995, p. 158.

② OECD Guidelines, 1995, para. 2.7.

③ Lorraine Eden, *Taxing Multinationals: Transfer Pricing And Corporate Income Taxation in North America*, University of Toronto Press, 1998, p. 37. 所谓相同产品,一般是指物理性能、外观形态、商标标识等均相同的产品。但对于类似产品,一般并没有一个确切的定义,但如果在物理性能等方面存在着足够的相似性,则可被认为是类似产品。

④ OECD Guidelines, 1995, para. 2.9.

⑤ U.S. Regs. §1.482-3(b)(2)(ii)(B).

时,如存在差异,则应基于产品质量的差异进行调整。在考察产品的质量时,应同时考察产品的原材料以及产品的品牌、商标等知识产权因素。

关于合同的条件,一般地说凡是影响利润与成本的条件均需认真考虑,一般包括收取或支付货款的形式、提供担保的范围与条件、销售或购买的数量、信用条件、运输条件、变更合同的权利、相关许可证、合同或其他协议的有效期以及终止和重新谈判的权利、在买卖方之间的并行交易或正在进行的商务关系(包括售前和售后服务的提供)等。对合同条件的考察应注意区分有书面协议和没有书面协议两种情况。在前一种情况下,如果合同条件与交易的经济实质一致,书面条件应被认可;否则税务机关应另行确定与交易的经济实质相一致的合同条件。至于交易的经济实质,应主要对交易方的实际行为和法律权利进行评估。

至于市场环节,发生交易的区域市场(包括市场规模、市场的地理位置和竞争程度等)和交易的日期等可归属于交易的经济环境。交易所处的经济环境不同也将会对价格产生不同的影响。除上述几个因素外,交易的经济环境还包括特殊产业市场的走向、产品的市场占有率等其他因素。

经合组织1995年《转让定价指南》对企业的市场战略也予以了考虑。进行转让定价有时也可能是跨国关联企业在考虑生产经营战略时所执行的一种非税务动机的经营战略。为了进入新的市场或提高产品的市场份额,企业可能会在短时间内增加销售成本或降低销售价格。但是这些战略是否反映在交易价格中,取决于关联交易中哪一方承担这种价格战略的成本。在实践中可能还会对其他一些因素也进行考虑,如广告的宣传、卖方为买方提供的辅助服务、卖方定价的连贯性等。①

3. 再销售价格法

根据经合组织《转让定价指南》的定义,再销售价格法是指以从关联企业购进的产品再销售给一个独立企业的价格为基础的一种转让定价方法。再销售价格法最基本的逻辑是关联方之间的交易是一种虚假交易,关联买方在整个交易中只起到了关联卖方的代理商的作用,他们之间的价格不能作为独立交易价格。关联买方将从关联卖方购进的产品再销售给无关联的第三方的价格才被认为是真正的市场价格或独立交易价格。

根据再销售价格法确定关联买方与关联卖方的独立交易价格时,一般要从关联买方的再销售价格中扣除其销售费用及正常利润。这种销售费用及正常利润就是关联买方的再销售利润,代表了关联买方通过销售收回其活动成本并获得一定投资和承担风险的回报。再销售价格法意在衡量由关联买方实施的经营

---

① 参见王铁军编著:《转让定价及税务处理上的国际惯例》,中国财政经济出版社1989年版,第186—187页。

功能的价值。关联买方(再销售者)再销售利润的数额可根据其在可比非受控交易中的加价来确定。如果不存在这种情形,也可以以独立企业在可比非受控交易中的加价作为参考。① 在前一种情况下,可比非受控交易的产品并不一定要与在受控交易中的产品相同或类似②;但在后一种情况下,交易产品应具有较高的可比性。在实际生活中,关联方之间的交易可能会销售数次,此时就应以最后一个关联方向非受控买方出售产品的价格为基础。

一般地说,与其他定价方法相比,再销售价格法在营销活动中可能最为有用。③ 如果某一跨国企业在进口国没有专门的销售公司以销售其生产的出口产品,那么再销售价格法则可能会被经常采用。

(1) 再销售价格法的适用条件。在较早时期,再销售价格法的适用仅次于可比非受控价格法;只要在可比非受控价格法不能适用的情况下,就可以考虑适用再销售价格法。

如果关联企业由生产性企业和分销性企业联属组成,而且没有真正的可比产品存在,却有分销类似产品的独立分销商的存在,那么就可以适用再销售价格法。④ 尤其是在分销商对产品只增加相对较小价值的情况下,再销售价格法的适用最为适当。⑤ 因为分销商对产品增加的价值越小,分销商的作用也就越明确,分销商应获得的利润或应增加的价值也就越容易确定。如果在再销售之前,分销商对产品作进一步的加工或组装成另一更复杂的产品,以至于不再能分辨出原产品在最终产品中的价值,或者分销商对最终产品增加了大量的价值以至于不能简单地对其贡献进行判断,再销售价格法则不宜适用。

一般地说,分销商可以在两种情况下对产品增加大量的价值,一种是对产品外观的物理改变,另一种是分销商对产品使用其无形资产。⑥ 前者如进一步加工、组装等,后者如在产品上贴上销售商标等。但是分销商对产品的包装、再包装、贴上标签或者微小的组装通常不构成对产品的物理改变。⑦

选择再销售价格法时还需要另外一个条件,即受控交易与可比交易之间功能的可比性。因为在市场竞争中,类似的功能应获得类似的利润。功能的可比

---

① OECD Guidelines, 1995, para. 2.5; U. S. Regs. 1.482-3(c)(3)(ii).
② 关于产品是否需要相同或类似,经合组织《转让定价指南》和美国的实施细则均未明确规定。
③ OECD Guidelines, 1995, para. 2.14.
④ Lorraine Eden, *Taxing Multinationals*: *Transfer Pricing And Corporate Income Taxation in North America*, University of Toronto Press, 1998, p. 232.
⑤ Ibid., p. 40.
⑥ See OECD Guidelines, 1995, para. 2.22.
⑦ U. S. Regs. § 1.482-3(c)(1).

性是适用再销售价格法的核心条件和关键所在。①

（2）可比因素差异的调整。如果说可比非受控价格法在考察交易的可比性时较为注重交易产品的可比性的话，再销售价格法在考察交易的可比性时则更注重受控企业与非受控企业功能的可比性。注重功能的可比性的理论基础是独立企业在特定交易中所交换的对价应与每一方从事的有助于从交易中实现收益的"增值活动"相对应。②至于非受控再销售者与受控再销售者的功能是否存在可比性要受到诸多因素的影响，包括他们所从事的活动、经济环境、利用的资产以及承担的风险等等。在考虑再销售商功能的可比性时，对所有这些因素都要进行分析与比较。

企业所从事的活动主要包括产品的研究与开发、产品的设计、制造与装配、原料的采购与管理、市场的经营与销售、产品的运输与仓储以及企业内部的行政管理等。一个像运输商那样仅提供少量服务的再销售者与一个对货物承担全部风险，并提供对货物的广告宣传、销售担保、存货资金以及其他相关服务的再销售者相比，他们所获得的加价显然就不应相同；在利用资产方面，如果受控的再销售者拥有价值昂贵的无形资产，而非受控的再销售者却没有这种无形资产，那么他们所应获得的加价也应不同；此外，如果受控再销售者与非受控再销售者在是否拥有专有销售权方面不同，他们所应获得的加价也不应相同。

企业所承担的风险是考察功能可比性的重要因素。其主要在于按照独立交易原则进行交易的双方主体将通过谈判确认和分配他们在交易活动中承担的内在风险，并通过交易价格反映出他们在交易中的不同功能以及希望所获得的报酬。在内部交易与独立交易中，应分析的风险包括：市场风险，如成本、需求、价格、存货水平的波动；与研究开发活动的成败相联系的风险、财务风险等。

当然，在对非受控再销售者和受控再销售者所获利润进行比较时，还应考虑他们在会计方法上的不同。不同的会计方法会导致不同的利润结果。

再销售价格法是注重交易功能可比性的一种转让定价方法，对交易产品可比性的要求比可比非受控价格法较低。在适用再销售价格法时因产品的差异所作的调整要比适用可比非受控价格法时要小，因为微小的产品差异对利润的影响不如对价格的影响那么大。③ 经营不同的产品也可能会获得相近的利润。

尽管在适用再销售价格法时允许有较大的产品差异，但对受控交易与非受控交易的产品也须进行比较。产品的重大差异可能会说明受控再销售者与非受

---

① Lorraine Eden, *Taxing Multinationals*: Transfer Pricing And Corporate Income Taxation in North America, University of Toronto Press, 1998, p. 233.

② 参见廖益新主编：《国际税法学》，北京大学出版社2001年版，第380页。

③ OECD Guidelines, 1995, para. 2.16.

控再销售者在功能方面的重大差异。产品价值上的重大差异也会影响比较的可靠性。产品的可比性越高,比较的结果也就越可靠。

4. 成本加成法

根据经合组织《转让定价指南》的定义,成本加成法是指运用产品的提供者在受控交易中所花费的成本的一种转让定价方法。根据市场情况及所履行的功能,在成本之上再加上适当的利润加成,所计算出的结果可被视为受控交易的独立交易价格。① 简单地说,就是将关联企业中卖方的产品成本加上正常的利润作为公平成交价格。由成本加成法计算出来的独立交易价格由成本和"加成"(利润)两部分组成。该方法虽然涉及利润,但成本是核心和基础,在计算独立交易价格中处于主要地位,与以利润为核心的交易利润法不同,属于可比交易法的一种。

适当的利润可根据成本与适当利润率的乘积得出。适当的利润率可由两种途径获得,一种是该销售者在与非受控方的交易中所获得的毛利润率,另一种是可比的非关联方(可以是一个独立的企业,也可以是关联企业的一个实体)与另一非关联方的交易中所获得的利润率。②

在适用成本加成法的实践中,如果能找到并利用关联卖方与非关联方进行交易的利润率,那么得出的独立交易价格则较为理想,因为在销售方面可以找到更多的可比性;如不存在这一情形,而须利用可比非受控卖方的利润率作为参考时,则需要根据那些可比性的因素差异进行更多的调整。

(1) 成本加成法的适用条件。如果关联买方在购进产品后作进一步加工然后出售,那么采用成本加成法可能就比较适当。经合组织《转让定价指南》认为,当关联企业之间进行半成品销售或者签订有联合使用设施协议或长期购买与供应安排,成本加成法最为有用。③ 此外,一些特殊的承包工程也适宜于采用成本加成法,如提供军事装备的政府合同以及某些交钥匙合同等④承包性质的生产。

(2) 可比因素差异的调整。成本加成法是可比交易法的一种,因此关于交易可比性的原则,成本加成法应同样予以遵守。在成本加成法下,如果两项交易之间不存在对成本加成产生重大影响的差异,问题则容易得多;但实践中往往并非如此,所选择的可比交易与关联交易之间一般总是存在着一定的差异,这就需

---

① OECD Guidelines, 1995, para. 2.32.
② OECD Guidelines, 1995, para. 2.33; Brian J. Arnold & Michael J. McIntyre, *International Tax Primer*, Kluwer Law International, 1998, p.59.
③ OECD Guidelines, 1995, para. 2.32.
④ 参见王铁军编著:《转让定价及税务处理上的国际惯例》,中国财政经济出版社1989年版,第192页。

要基于所存在的差异进行调整。由于成本加成法也是一种功能可比法,因此在影响交易可比性的诸因素中,对产品可比性的要求较低,而对加价(利润)影响较大的其他因素的可比性的要求则相对较高。根据美国的做法,这些其他因素主要包括上节所述的影响功能的可比性因素以及所承担的风险、合同的条件等。[1] 此外,一些对价格影响不大的其他因素,也可能会对利润产生较大的影响,如成本结构、经营经验、管理效率等。如果可比交易在这些因素方面与受控交易存在差异,则需要进行相应的调整。

一般地说,成本利润的高低与成本的大小存在着密切的联系。如果计算出的成本越高,利润就越低,反之亦然。因此在选择可比成本利润时,必须采用统一的方法对成本进行核算。成本的核算属于会计问题。不同的会计方法对同一产品可能会得出不同的核算结果。由于各国之间,甚至企业之间的会计方法都会有所不同,因此使受控交易与可比交易的成本核算采取一致的会计方法是适用成本加成法的又一关键。

核算成本的会计方法多种多样,但为了使受控交易与非受控交易的成本利润率具有可比性,需要使两者的会计成本核算方法保持一致。因此在计算受控交易产品的成本时,应采取哪种会计方法,必须要有一个具体的规定。因为不同的会计方法会得出不同的成本,从而产生不同的独立交易价格。

(四) 交易利润定价法

所谓利润定价法是指以关联企业或非关联企业在可比非受控交易中所获得的利润为基础确定关联企业在非独立交易中的独立交易价格。由于该方法以利润为基础,同时又要求交易具有一定的可比性,因此又称交易利润定价法。

根据上一节我们可知,传统上关于关联企业受控交易的定价方法主要是可比非受控价格法、再销售价格法和成本加成法等三种方法。这三种方法都可谓是标准的方法,只能分别适用于符合一定条件的交易。但是在实际生活中,具体交易的形式和种类可谓纷繁多样,符合"标准"的交易往往只能是一小部分,还有很大一部分交易不符合"标准"。在这些不符合"标准"的交易中,有的通过不同程度的调整尚可采用其中的一种方法,但有的交易却无法通过调整而适用其中的任何一种方法。对这些交易,只能采用其他方法进行调整,所以各国在立法实践中,往往还规定一种不明确的"其他方法"以作为补充。也有的将"其他方法"称为"第四类方法"。比如1988年美国财政部对1968年的《国内收入法典第482条实施细则》修订时规定,在上述三种方法均不能适用的情况下,可以适

---

[1] See U. S. Regs. § 1.482-3(d)(3)(ii)(A).

用该三种方法以外的其他方法或该三种方法的变种。① 这些方法包括合理回报率法、合理利润分割法等。② 美国还有学者认为其他方法包括可比利润法等十几种方法。③ 其他国家的转让定价制度一般也规定有与美国相类似的"其他方法"或"第四类方法",比如加拿大、日本、韩国、德国等。④

从立法者的本意来看,其他方法或第四类方法应是可比非受控价格法等三种交易方法的补充,只有在少数例外的情况下适用,但在现实生活中情况并非如此。美国国内收入局于 1973 年和 1982 年对第 482 条的实施情况进行了调查,结果表明 1968—1969、1980—1981 年度其他方法的适用占所有方法适用的比例分别为 40.8% 和 45.4%。⑤ 另据 1985 年的调查,第四类方法的适用更增至近 60%。⑥ 在这种情况下,美国首先对"其他方法"或"第四类方法"进行了明确和具体化。后来经合组织为了协调有关国家的做法,也对交易利润定价法进行了规定。

1992 年美国财政部在起草《国内收入法典第 482 条实施细则》新的建议稿时,明确规定可比利润法作为转让定价的一种方法。1994 年,利润分割法被正式规定在该实施细则中。几乎与此同时,经合组织也对其《转让定价指南》进行了修订;其于 1995 年颁布的指南就在可比非受控价格法等三种方法的基础上增加了利润分割法和交易净利润法两种方法。这些新增加的方法都有一个共同的特点,就是以利润为基础,因而被称为利润定价法。其实这些方法就是原先"第四类方法"的具体化。

经合组织 1979 年《转让定价指南》也提到了利润定价方法,但其解释却含糊其词,使人难以得其要领。该《指南》的第 13 段指出,"现实经营的复杂性"可能要求运用不同于传统交易法的"其他方法"。但《指南》并未对其他方法加以解释。《指南》第 70 段同样提到,当可比非受控价格法等方法的适用不能令人满意时,为了确定独立交易价格而可能使用"其他合理方法"。《指南》对"实践

---

① It is stipulated that, "where none of the three methods of pricing described in subdivision (ii) of this paragraph can reasonably be applied under the facts and circumstances as they exist in a particular case, some appropriate method of pricing other than those described in subdivision (ii) of this subparagraph, or variations on such methods, can be used." See U.S. Regs. §1.482-1(e)(1)(iii).

② 参见凌忠嫄、简锦红、李怡慧:《转移定价问题之研究》,载台湾《财税研究》1992 年第 6 期,第 20 页。

③ 但其所指为所有种类交易的定价方法,包括无形资产的转让、劳务的提供等。其中有些方法不适用于有形财产的交易,如应税所得匹配法等。

④ 参见凌忠嫄、简锦红、李怡慧,《转移定价问题之研究》,载台湾《财税研究》1992 年第 6 期,第 27—34 页。

⑤ 转引自高尔森:《论各国税法处置转让定价的基本原则》,载《国际经济法文选》,天津人民出版社 1994 年版,第 109 页。

⑥ 转引自同上书,第 109 页。

中使用的"方法作了描述,但却说"并不限于此"。那些在实践中使用的方法包括可比利润法、利润分割法和资本回报率法。总之,1979年《指南》虽然指出在一定情况下可以使用利润定价方法,但综而观之,其对利润定价法更倾向于否定。

但1994年《转让定价指南(讨论稿)》明确了利润定价法的地位,其第三章的标题就是"其他方法",也就是说该指南将其他方法作为一章进行了讨论。该章的第一部分"利润方法"具体地讨论了利润分割法和可比利润法两种利润定价方法。经合组织1995年发布的《转让定价指南》在"利润方法"之前增加了"交易的"一词,使之成为"交易利润法"。与1994年的讨论稿不同,该《指南》正式文本拒绝了可比利润法,而采用了一种新的方法,即交易净利润法,并认为只有像利润分割法和交易净利润法这样的方法才符合独立交易原则。但该《指南》仍规定交易利润法应作为最后的手段。

1. 利润分割法

所谓利润分割法是指核算出所有联属企业在一受控交易中获得的全部利润,然后在关联各方之间进行分配;该分配建立在一定的经济依据的基础之上,即事先被期望并在正常情况下达成的协议中反映出来的一种分配。① 在一般情况下是根据关联各方对全部利润贡献的大小按比例进行分配。利润分割法根据关联各方分配的利润推出独立交易价格。

(1) 利润分割法的适用条件。根据美国税务法院对转让定价案件审判的传统经验,当可比非受控价格法等三种基本方法均不能适用时,一般就采用利润分割法。一般地说,当一系列交易相互紧密联系时,很难对它们独立地进行评估。在这种类似情况下,独立的企业可能决定建立一种合伙关系并达成一种利润的分配②,因此在具有上述情况的受控交易中,适用利润分割法确定独立交易价格则是适当的。

1993年美国财政部提出利润分割法的建议稿时曾列举了适用该方法的几个条件,比如利润分割法只有在其能提供最精确的衡量独立交易结果的标准的情况下适用。企业在选择这一方法时应当慎重,一旦选定,则在随后的几个纳税年度内均具有约束力;企业必须提供文件证明关联各方的全部利润或损失,并证明他们之间存在一系列的重要交易,以及每一方均拥有高价值的、独一无二的、自己开发的无形资产,而这些无形资产对获得总利润作出了重要贡献,等等。③

---

① OECD Guidelines, 1995, para. 3.5.

② Ibid.

③ Lorraine Eden, *Taxing Multinationals: Transfer Pricing And Corporate Income Taxation in North America*, University of Toronto Press, 1998, p. 431.

(2) 利润的分割。利润分割法是将从受控交易中所获得的总利润在关联各方之间进行分配,但如何进行分配,经合组织《转让定价指南》规定了两种具体分析方法,即贡献分析法和余值分析法。① 此外,美国还规定有可比利润分割法等,以下分别予以简要介绍。

A. 贡献分析法。贡献分析法是经合组织《转让定价指南》所讨论的第一种利润分割法。《指南》对贡献分析法所作的定义是:根据各关联企业所履行的职能的相对价值,并尽量参考外部市场上独立企业之间在类似情况下的分配利润,将从受控交易所获得的总利润在关联各方之间进行分配的方法。②

B. 余值分析法。在采用余值分析法时,对关联交易利润的分割需要采取两个阶段,即基本利润分割阶段和剩余利润分割阶段。在有形财产的交易中,如果涉及具有价值的无形资产,那么在该交易的总利润中有一部分是可归属于有形财产的基本利润,另一部分是剩余的可归属于无形资产的利润。第一阶段的分割就是对可归属于有形财产交易的基本利润的分割,使足够的利润被分配给关联各方以弥补其成本并提供与其从事的基本活动相当的报酬。这一报酬可以通过参考独立企业从事类似活动所取得的报酬来确定。由于这一阶段的分配是基于在市场上获得的正常报酬,没有考虑可归属于企业所使用的无形资产的任何超常报酬,因此可以合理地假定,该阶段分配后的剩余利润应当归属于无形资产。

至于分割的第二阶段,即对可归属于无形资产的剩余利润的分割,通常以开发无形资产的成本为参考。但也并非总是如此。因为无形资产的价值并不总是与创造该无形资产的成本密切相关,而且不同类型的无形资产使用寿命也不相同。对创造不同类型的无形资产成本采用不同的利润摊提率可能会更加合理。

其实,对剩余利润的分割也是以关联各方的无形资产对利润贡献的评估为基础的,因此也可把剩余利润分割视为一种特殊形式的贡献加以分析。在第一阶段,利润是基于每一方的"正常"贡献加以分配的,而第二阶段则是以各方"超常"的贡献为基础对剩余利润进行分配的。

关于基本利润和剩余利润的分割,应采用不同的方法。关联各方从受控交易中获得的正常所得可根据可比非受控价格法等传统交易方法进行确定,也可采用其他方法进行分割。美国的经验是,由于利润分割法被运用于找不到可比

---

① 美国财政部于1993年提出利润分割法的建议时,共提出四种规则,即剩余利润分割规则、被利用的资本分配规则、可比利润分配规则和其他规则。但1994年的最终规则却只保留了可比利润分割规则和剩余利润分割规则两种,被利用的资本分配规则和其他规则被删去。美国的可比利润法就相当于经合组织的贡献分析法。

② OECD Guidelines, para. 3.16.

非受控交易的情况中,对于第一阶段而言,交易净利润法有时是唯一可用的方法。① 有时由于无形资产估价的困难,剩余部分的利润可参照独立企业可能的分配方法进行分配,但每一方无形资产的贡献及谈判地位能起到一定的指导作用。如果在交易中只有一方使用了无形资产,那么分割就容易多了。

C. 可比利润分割法。可比利润分割法是美国所规定的适用利润分割法时的一种分析方法。其以与受控纳税人之间的交易类似的独立纳税人所获得的经营利润为依据,根据独立纳税人对其合并经营利润或损失进行分配的比例对受控纳税人的总利润进行分割。②

2. 可比利润法

所谓可比利润法,是指以非关联可比企业的利润水平作为关联方的利润水平,然后根据"利润=销售价格-成本"这一公式倒推出关联交易的公平成交价格。

可比利润法基于对非受控交易纳税人在类似情况下从事类似经营活动获利情况的客观衡量以确定某一受控交易收取的价款是否正常。③ 可比利润法基于这样一种观点:"处境类似的纳税人在一段合理时间内趋于获得相当的利润。"④ 关于可比交易的外部资料不可靠时适用该法。美国比较倾向于采用可比利润法。

在适用可比利润法时,税务机关应首先选择若干可比独立企业,分别计算出其利润水平,并确定正常利润范围。如果受控纳税人的申报利润在该范围之内,那么其价格将被税务机关接受;如果申报利润在范围之外,税务机关将对其进行调整使其利润在正常范围之内,通常是将其调至正常范围的中间水平。

3. 交易净利润法

交易净利润法是经合组织1995年《转让定价指南》所采取的利润法的一种,美国并没有规定和采用这一方法。根据经合组织《转让定价指南》,交易净利润法对纳税人从受控交易(或几个可以累积的受控交易)中所获得的相对于适当基础(如成本、销售额、资产)的净利润额进行审查,并与独立企业于类似情况下所产生的净利润进行比较,进而确定受控交易的独立交易价格。交易净利润法的运作与再销售价格法和成本加成法相类似。

经合组织1995年《转让定价指南》第一次规定了用以取代可比利润法的交易净利润法,即如果关联企业直接参与受控交易,且没有投入独特之无形资产,

---

① 参见王铁军译:《利润分割法》,载《税收译丛》1997年第2期,第14页。
② U.S. Regs. §1.482-6(c)(2)(i).
③ U.S. Regs. §1.482-5(a).
④ U.S. Regs. 482-T93,36.

此时适用交易净利润法则较为适当。

此外,从交易净利润法的历史演变可以看出,这一方法是在可比利润法的基础上变化而来的,因此交易净利润法与可比利润法具有很大的相似性。[1] 但二者也存在很大的不同,其中最重要的是前者是建立在交易的基础上,后者则是建立在企业的基础上,因而有人主张可比利润法不如交易净利润法符合独立交易原则。

(1) 交易净利润法的适用。交易净利润法的适用与成本加成法和再销售价格法的适用相类似。纳税人从受控交易中获得的净利润应通过参考以下两种方式确定:一是该纳税人在可比或类似情况下的非受控交易中所获得的净利润;二是在上述情况不存在时,独立企业在可比交易中所获得的净利润也可以作为参考。[2] 同样,在上述两种情况下,应对该受控纳税人或独立企业的功能进行分析以确定交易是否可比以及应作何种调整。

在实践中,有时运用交易净利润法可能比适用可比非受控价格法或再销售价格法等更加合理。比如公司分别通过子公司和独立分销商在两个国家销售其产品,独立分销商在销售产品时向客户提供技术支持,而专门销售公司产品的子公司并不提供这种支持。在对货物销售成本进行申报时,独立分销商不能将技术成本独立核算。这时,由于产品和市场的差异,可比非受控价格法不能适用,适用再销售价格法的结果也不足够可信,因为独立分销商需要获得更高的毛利润以反映额外的技术支持成本。在这种情况下,对净利润进行考察以反映功能上的差异可能会更加可信。

(2) 差异因素的调整。价格容易受到产品差异的影响,毛利润容易受到功能差异的影响,但是经营利润或净利润却很少受到这种影响。因此如果仅仅是企业功能上的类似,还不足于构成交易净利润法上的交易可比性。当以独立企业间的交易作为可比交易时,交易的可比性更需要多方面的要求,产品和功能以外的诸多因素都可能对净利润产生重要影响。

在影响交易可比性的诸因素当中,有些因素对价格和毛利润影响较大,但对净利润影响不大,有的因素正好相反,也有的因素对价格、毛利润和净利润的影响都很大,比如竞争地位等。有些因素所造成的影响可以通过合理的调整而被消除,但也有些影响则难以消除。在适用传统交易法时,这些因素所造成的影响可以通过产品和功能的更高的相似性而被消除。

---

[1] 关于交易净利润法与可比利润法的相同点,参见廖益新主编:《国际税法学》,北京大学出版社2001年版,第401页。该书列出了三个方面的共同点,即:(1) 两种方法的比较对象是一致的;(2) 两种方法都以"可比性"为中心地位;(3) 经合组织国家的交易净利润法适用于联合交易,这与美国允许可比利润法适用于"相关商业活动"(relevant business activity)是一致的。

[2] OECD Guidelines, 1995, para. 3.26.

关联企业的净利润固然会受到转让定价的影响,但往往也会受到许多其他因素的影响,如新进入者的威胁、竞争地位、管理效率与特殊的战略、不同的成本结构、资本成本的差异以及经营经验(如是否处于开创阶段)等。而其中的每一种因素反过来又会受到其他各种因素的影响。例如新进入者的威胁程度可能会取决于产品的差异程度、资本要求、政府补贴与管制等。

在适用交易净利润法时,以上因素,尤其是在利用独立企业可比交易的净利润来确立受控纳税人的净利润时,受控企业与独立企业间存在的对净利润产生重要影响的因素,如有差异均须考虑以适当调整。对这些因素调整的程度将影响适用交易净利润法相关分析的相对可信性。[1]

当然,还有其他一些问题也需要在适用交易净利润法时予以注意,例如交易净利润法所适用的企业的选择,其是否是受控交易所涉及的最不复杂的企业且没有价值较大的无形资产或独特资产;另外,应该对联属企业和独立企业的若干年度内的情况予以考虑,以反映产品生命周期的影响;正常结果的值域也是值得考虑的一方面,等等。

二、非有形资产交易的转让定价方法

(一) 非有形资产交易的转让定价概述

非有形资产并非税法和转让定价制度中的一个专有名词,也不是一个含义明确的法律概念,我们在此将其作为一个概念使用,主要是与有形财产的转让定价问题相呼应,以便于说明。这里的"非有形资产"除无形资产以外,还包括劳务、电子商务等。而劳务、电子商务等其本身并不是一种财产,比如劳务仅仅是交易的一种对象或客体,尚不足以作为一种财产,而电子商务则仅仅是一种交易方式。

早期的转让定价制度主要适用于有形资产交易,但随着科学技术的发展,尤其是随着知识经济时代的到来,无形资产在产品的生产、营销过程中越来越起着重要的作用,企业集团内部无形资产的交易也明显增加,因此企业集团内部无形资产的转让定价问题也日益受到重视。在西方发达国家中,美国较早对无形资产的转让定价问题进行了规定,而且最具有代表性。早在1982年,美国就通过立法对无形资产的转让进行规范,此后又在1988年公布的关于转让定价的白皮书中用了大量的篇幅对无形资产的转让定价作出了详细的规定。至1995年美国财政部就无形资产开发成本的分摊与利益的分配安排专门发布了一项规则,基本完成了无形资产转让定价的立法工作。美国的立法涉及无形资产独立交易原则的适用、转让定价的方法、成本分摊安排以及定期调整等问题。

---

[1] OECD Guidelines, 1995, para. 3.40.

经合组织在 1995 年《转让定价指南》中就无形资产转让定价问题第一次作出了规定，即第六章"关于无形资产的特殊考虑"。该章就无形资产的含义、种类、特征、独立交易原则的适用、定价的方法以及成本分摊的安排等进行了较为详细的说明。BEPS 行动计划第 8 项更是将转让定价问题集中于无形资产，强调转让定价的结果应与价值创造相一致。

其次，劳务的提供在现代的产品生产和营销中也越来越起着重要作用。企业集团内部劳务的提供也涉及定价问题。经合组织 1979 年、1984 年的《转让定价指南》也涉及了这一问题，但并没有能够深入。经合组织也是在 1995 年的《转让定价指南》才开始针对劳务专门进行了规定，即第七章"集团内部劳务的特殊考虑"。

随着知识经济的到来，电子商务迅速发展，因而电子商务的转让定价问题也引起了人们的注意。虽然有关的法律文件尚未对电子商务的转让定价问题作出明确的规定，但在不远的将来这个问题是不可回避的。

在现行的转让定价制度中，还存在诸如有形资产的租赁、资金的融通等问题，但由于这些问题在实践中尚未引起人们普遍的关注，因此本书不再进行专门的介绍。

(二) 无形资产的转让定价法律问题

1. 无形资产的概念与特点

关于无形资产，对其很难下一个精确的定义。经合组织的《转让定价指南》以及其他有关国家的法律一般也没有对无形资产进行定义，而是采取列举的方式说明无形资产的范围。经合组织 1995 年《转让定价指南》指出，所谓"无形资产"一词包括使用工业资产如专利、商标、商号、设计或模型的权利，还包括文学和艺术财产权利以及诸如专有技术、商业秘密之类的知识产权。[①] 而根据美国《国内收入法典》的规定，无形资产的范围更广，可以包括专利、发明、公式、程序、设计、模型、专有技术、方法、版权、文学、音乐、艺术创作、商标等六大项近 30 种。[②] BEPS 行动计划第 8 项目将无形资产定义为"企业在商业活动中可以拥有或控制的非实物形态的非金融资产，而且该种资产的使用或者转移如果发生在独立交易的情况下是需要得到补偿的"。BEPS 关于无形资产的定义比先前明显更为宽泛。

与有形资产相比，无形资产存在以下几个特点：(1) 无形资产独一无二的特性，常常使之缺乏可比财产或交易，并在估价上存在困难；(2) 跨国关联企业为

---

① OECD Guidelines, 1995, para. 6.2.
② U.S. Regs. §1.482-4(b).其中第 6 项规定的是"其他类似项目"，即从智力内容获得价值的项目或从其他无形资产而非从有形财产获得价值的项目。

使利润最大化,需要将高价无形资产置于其控制之下;(3) 事实上,某些无形资产只有通过在关联企业内部保密才能得到保护;(4) 某些无形资产有时只适用于一个企业的特定目标,如有关营销方面的无形资产等。

尽管无形资产及其交易与有形资产存在诸多不同,但美国《国内收入法典第482条实施细则》规定,无形资产的销售与许可同样适用独立交易原则,而且规定了相同的适用方法。但纳税人通常可以通过其他安排规避这一规定。此种情形则使得对无形资产转让定价的规定形成一个漏洞。进入20世纪80年代以后,美国国会对这一漏洞越来越关注,于是在制定1986年《税收改革法》时,针对无形资产的所得问题,要求关联企业之间无形资产的许可或转让的支付应与从这些无形资产所获得的所得相匹配。为了使这一标准得以实施,财政部和国内收入局通过研究,由财政部于1988年颁布了一份题为"公司内部定价研究"的白皮书,提出了无形资产交易的几个具体的定价方法。美国国内收入局1994年制定的第482条实施细则针对无形资产的交易规定了两类定价方法,一类是根据与所得相匹配标准而制定的四种定价方法,即可比非受控交易法①、可比利润法②、利润分割法③和未明确的方法④;另一类是成本分摊安排。⑤ 在这些方法中,尽管可比非受控价格法、可比利润法和利润分割法也适用于有形资产,但与有形资产的转让定价制度相比,无形资产的转让定价制度仍具有一定的独特性。后来经合组织在制定《转让定价指南》时也将无形资产部分单独规定,与有形财产形成了对照。

2. OECD《转让定价指南》关于无形资产的特殊考虑

(1) 独立交易原则适用的特点。经合组织《转让定价指南》针对无形资产的转让定价规定了两种适用独立交易原则的方法:一种是在外部市场可以发现可比交易时,建议继续适用传统的交易方法,如可比非受控价格法等;另一种是如果技术仅仅是在关联企业内部研发的,则采用成本分摊这一特殊的方法。

《指南》认为,适用于有形资产的独立交易原则总体上也适用于无形资产,但对无形资产的转让或使用进行估价时需要特别的考虑。比如《指南》认为,在确定无形资产的独立交易价格时,可比性要求既要从出让方的角度考虑,又要从受让方的角度进行考虑。从出让方的角度看,独立交易原则确定的价格应当是可比独立企业愿意转让该无形资产的价格;从受让方角度看,可比独立企业是根据无形资产在其营业中的价值和用途来决定是否愿意支付该价格。在有其他选

---

① U. S. Regs. § 1.482-4.
② U. S. Regs. § 1.482-5.
③ U. S. Regs. § 1.482-6.
④ U. S. Regs. § 1.482-4.
⑤ U. S. Regs. § 1.482-7.

择的情况下,受让方如果合理预见到从无形资产的使用获得的利益是令人满意的,一般会支付这一价格。

(2) 无形资产转让安排的确认。无形资产的转让可以是无形资产本身的销售,或者更为常见的是根据无形资产权利许可协议支付特许权使用费。特许权使用费通常是以使用者的产量、销售为基础的经常性支付,或在极个别的情况下以利润为基础进行支付。例如,特许权使用费根据被许可方的流转额的不同而有所差别。此外,在某些情况下,事实和情况的改变,如新设计、商标所有人增加广告活动等,也会导致报酬条款的修改。

经合组织《转让定价指南》认为对无形资产的定价往往是和其他财产的定价混杂在一起的,亦即使用无形资产的报酬可能包括在商品销售的价款里,如某企业将半成品销售给另一企业,并同时将进一步加工这些产品的经验告知该企业。在某些情况下,无形资产也被捆绑在包括专利权、商标权、贸易秘密权或专有技术权的一揽子合同中。

3. BEPS 行动计划关于无形资产的转让定价问题

无形资产的转让定价是 BEPS 行动计划重点关注的问题之一,其主要体现在 BEPS 行动计划第 8 项"无形资产"、第 9 项"风险与资本"和第 10 项"其他高风险交易"中。晚近以来,西方发达国家大力倡导全球价值链理论,并强调无形资产在价值创造和分配中的作用和地位,强调利润分配方法在涉及无形资产转让定价调整中的应用。BEPS 行动计划就在很大程度上反映了该种理论。BEPS 行动计划一方面采用了更宽泛的概念定义无形资产,扩大无形资产的范围;另一方面也同时突出了无形资产在价值创造中的作用和地位。但无形资产对价值创造究竟能起到多大的作用,应占多大的比例,实际上难以准确量化。过于夸大无形资产的作用和比例而低估生产环节和市场销售的利润贡献,显然更加符合发达国家一直以来所追求的某种目标。

针对无形资产转让定价进行调整,BEPS 行动计划明确规定应采用可比非受控价格法和交易利润分割法。前者以非关联企业在进行同类产品交易时的价格,或者无此类价格时以企业所在地同类交易的一般市场价格为依据,后者是将多个关联企业共同参与的交易所产生的利润,以各关联企业对该项交易贡献的大小为依据,将利润分配给参与各方。

虽然 BEPS 行动计划在对无形资产进行定义时使用了"独立交易"这一术语,而且将可比非受控价格法列为第一种调整方法,但是由于无形资产及其交易所具有的特殊性,在实践中几乎不可能找到非关联企业间或企业当地的同类交易,因此可比非受控价格法几乎可以说就是一种虚设;将来真正会被大量采用的必将是利润分割法,即依据一些无法量化和标准化的因素对交易价格进行调整。这也为税务机关滥用调整规则提供了更多的可能。

BEPS 行动计划得到了世界主要发达国家和发展中国家的大力支持，经合组织《转让定价指南》也将据其进行修订。尤其是随着有形财产对无形资产的进一步依赖，或者无形资产对有形财产的进一步渗透，BEPS 行动计划关于无形资产转让定价的报告将来可能会发生相当大的变化。

(三) 提供劳务的转让定价法律问题

几乎每一跨国企业集团都会向其成员提供范围广泛的劳务，特别是行政性、技术性、财务性和商业性劳务。这些劳务可能包括整个集团的管理、协调和控制。某一需要劳务的跨国企业集团成员可以从独立企业直接或间接接受劳务，或接受同一跨国企业集团的一个或多个关联企业提供的劳务，也可以自行提供劳务。集团内部劳务通常包括那些典型的可从外部独立企业获得的劳务，如法律和会计服务，以及那些通常在内部发生的劳务，如审计、融资建议、员工培训等。

根据独立交易原则，集团某一成员在为另一个或多个集团成员开展活动时是否提供了集团内部劳务，将取决于活动是否给各个集团成员带来可以优化其商业地位的经济或商业价值。这可以通过考虑独立企业在可比情形下是否愿意通过支付报酬以让其他企业为其提供劳务或在内部自行提供劳务加以判断。如果劳务的提供不是独立企业愿意支付或自行完成的，那么该劳务在独立交易原则下通常不被视为集团内部劳务。在某些情况下，是否存在集团内部劳务的提供往往比较容易判断，例如某一关联企业对集团另一成员用于生产的设备进行修理，则通常可认为构成集团内部劳务。

根据《转让定价指南》的规定，集团内部劳务的提供也要符合独立交易原则。

(四) 成本分摊安排

美国 1988 年白皮书在对无形资产进行讨论时提出了"成本分摊协议"的概念，其英文是"cost sharing agreement"，后来经合组织采用的是"成本分摊安排"这一术语，即"cost contribution arrangement"。本书采用的是经合组织的概念。

成本分摊安排是企业间达成的分摊开发、生产或取得资产、劳务或权利的成本与风险，以及确定各参与方对这些资产、劳务或权利享有的利益的性质和范围的框架协议。成本分摊安排的每个参与方都有权以实际所有人的身份，而非被许可人的身份对自己在成本分摊安排中的利益单独加以利用，无需为此向其他方支付特许权使用费或其他报酬。反过来，其他各方如果使用了该参与方的全部或部分利益，则应向其支付一定报酬，如特许权使用费。

最为常见的成本分摊安排是无形资产的联合开发。在联合开发中，每个参与方对开发出的无形资产享有一定份额的权利。所获得的权利可能构成（全体参与方）实际上的法律所有权。在参与方之一获得成本分摊安排开发出的财产的实际所有权利益以及成本分摊的比例适当的情况下,无需为使用开发出的资产(该使用与参与方获得的利益相一致)而支付特许权使用费或其他报酬。

虽然研究和开发无形资产的成本分摊安排可能是最为常见的,但成本分摊安排也可存在于共同出资或分担成本和风险、开发或取得财产以及获得劳务。例如,企业为获得集中的管理劳务,或为开展全体参与方共同需要的广告活动而决定汇集人力和物力资源。

(五) 跨国企业重组的转让定价问题

2010年7月,经合组织发布了修订后的《转让定价指南》,在第九章中新增了对企业重组的转让定价问题的讨论。所谓企业重组,是指跨国企业的功能、资产以及风险的跨国重新分配,包括无形资产的跨国转让、对已有协议的终止或重新谈判。企业重组可能涉及重组企业合理化、专业化和去专业化的活动,也可能导致重组企业缩小经营规模或停止经营。跨国企业可以自由组织它们认为合适的商业经营活动,税务机关无权命令跨国企业如何设计其结构或将商业经营活动分配在何处。然而,在企业重组过程中,有关企业的利润可能会由于重组而受到影响,进而对有关国家的税收利益产生影响,因此税务机关有权根据独立交易原则确定跨国企业重组的税收后果。对于不符合独立交易原则的企业重组分配,税务机关有权作出调整并进行征税。

企业重组的转让定价问题主要涉及利润重新分配符合独立交易原则的程度,重组后受控交易的报酬以及对风险的特殊考虑等。以下对经合组织《转让定价指南》关于企业重组的主要内容予以简要介绍。

1. 企业重组中的独立交易原则

对重组是否应该进行纳税调整,焦点在于通过可比性分析,判断企业重组交易中附加的条件是否符合独立交易原则,其关键在于判断与可比非受控交易是否一致。当存在与重组交易潜在可比的非受控交易时,需要进行可比性分析,并进行合理调整。当不存在可比非受控交易时,需要确定独立企业在类似情况下是否会作出类似的安排。

当企业重组涉及存货的转让时,位于不同税收管辖区域的关联企业之间的存货转让应符合独立交易原则。企业重组还可能涉及关联企业之间转让无形资产、持续经营活动、终止或重新谈判已有协议的补偿等,这些补偿也应符合独立交易原则。潜在利润的分配可用以确定补偿是否符合独立交易原则。

经合组织认为,独立交易原则应同等地用于重组后的交易和初始交易,以免在重组企业与未重组企业之间造成竞争性扭曲。重组后的交易和初始交易转让定价方法的选择和实际应用都应该依据相同的可比性标准。

2. 对风险的特殊考虑

在企业重组中,风险是一个关键问题。重组的分配与风险的大小具有密切联系。对此,关联方之间的合同条款往往会作出规定。在关联交易及涉及的风险发生之前,关联企业一般会采取书面方式记录风险承担或转移的情况,以及由此风险产生收益的分配决定。当关联方在合同中约定的风险分配情况不符合交易的经济实质时,税务机关有权提出质疑。如果不存在成文的条款,税务机关只能从关联方的经营行为和决定以及独立企业之间关系的经济原则来推断关联方的合同关系。

在考察关联企业之间的风险分配和转让定价结果时,除合同条款之外,税务机关还需要注意关联企业的经营行为是否与合同中所分配的风险一致。关联企业之间可能不存在独立企业之间的一些利益分歧,因此,必须考察合同双方是否遵守合同条款,或各方行为是否表明合同条款仅作为表象而事实上并没有被执行。

受控交易中的风险分配是否符合独立交易原则,也是税务机关需要考虑的问题。如果收集到的可比数据显示合同中关联企业的风险分配类似于可比非受控交易中的风险分配,可以认定受控交易中的风险分配符合独立交易原则。经合组织《转让定价指南》指出,可比数据可以来源于以下两种交易:一是交易的一方为受控交易的当事人,另一方为独立的第三方(内部可比);二是交易双方均为独立企业(外部可比)。当可比数据无法找到时,可通过考察独立企业在类似情况下是否会同意协议中的风险分配情况。一般来说,在受控交易中承担风险的一方,应该承担管理风险、降低风险的成本和风险发生时可能导致的损失,并通常会在预计增长的回报中得到补偿。

(六) 电子商务的转让定价问题

转让定价制度是建立在传统的交易方式基础之上的,因此电子商务给转让定价制度所带来的挑战与其给国际税法其他方面所带来的挑战相比,从本质上看并没有什么不同。然而,电子商务却有可能使转让定价问题变得比在传统交易方式下更为困难和普遍。

在经合组织1998年渥太华电子商务会议上,电子商务对转让定价造成的影响受到关注。财政事务委员会向大会提交了一份讨论稿,认为电子商务并没有改变转让定价的性质或带来全新的问题,但是其有可能使一些棘手的转让定价问题变得更为普遍化。电子商务的转让定价问题可能会成为经合组织和二十国集团下一步关注的焦点之一。

第三节 国际转让定价的征管程序

一、转让定价征管程序的概念

关联企业之间在进行交易时之所以不当操纵转让定价,其主要原因往往都是为了减轻税负。在实施转让定价制度时,加强征管尤其重要。一般地说,各国税法除对税种、税率、征税环节等进行详细规定外,还要规定税务机关对税收进行征收与管理的程序。这些程序包括纳税人的纳税申报、税务机关的调查审计、税务机关对纳税人的税务处罚以及有关税务争议的解决等。

转让定价的征管程序就是税务机关为了有效实施转让定价制度而采取的一系列程序性措施。这些程序性措施主要有预约定价安排、纳税人的申报、税务机关的调查与审计、对转让定价争议的解决等。BEPS行动计划第13项行动计划报告,即重新审视转让定价文档资料,进一步强化了纳税人申报、税务机关的征管等程序。

二、预约定价安排

(一)预约定价安排的概念与历史发展

预约定价安排(advance pricing arrangement, APA)是经合组织所采用的术语,在美国被称为预约定价协议,是指税务机关和纳税人在受控交易发生之前,就一定期限内的那些交易的转让定价问题而确定一套适当的标准和重要假设的安排。预约定价安排可分为单边安排和双边或多边安排:前者指没有涉及相互协商程序的安排,后者则指涉及相互协商程序的安排。[1]

1987年,日本采用事先确认制度,即只要日本纳税人与外国公司的交易价格被税务机关确认为独立交易价格,税务机关对其将不再进行检查。[2] 这是预约定价安排最初的立法体现。[3] 由于日本对这一制度的成功运用,美国对其进行了进一步的发展。[4] 1990年,美国国内收入局发布事先确定裁决程序草案(Draft Procedure on Advance Determination Ruling),并于1991年以"税收程序"(Revenue Procedure)[5]这一名称予以发布,即91-22税收程序(Revenue Procedure 91-22)。1995年国内收入局对该程序进行了增补,并于1996年年底颁布了国内收入局关于预约定价安排的96-53税收程序(The IRS Revenue Procedure 96-53 on APAs),取代91-22税收程序。鉴于美国的成功经验,现已有不少国家都采纳了这一制度,包括澳大利亚、加拿大、德国、比利时、日本、荷兰和西班牙等国。

---

[1] OECD, Guidelines for Conducting Advance Pricing Arrangements Under the Mutual Agreement Procedure, para. 5.

[2] See Akamatsu, A. And Thomas, G. M. Japan's NTA Announces More flexible Implementation of Transfer Pricing Ruling Procedure, *Tax Notes International*, No. 6, 1993, p. 571.

[3] See José M. Calderón, *Advance Pricing Agreements: A Global Analysis*, Kluwer Law International, 1998, p. 23.

[4] See ibid.

[5] 美国的税收程序与税收裁定具有相同的法律效力。但税收程序可以构成联邦税法的一个渊源。

随着美国等国家相继采纳预约定价协议这一程序,经合组织也开始重视预约定价协议问题。1995 年经合组织《转让定价指南》第四章对其进行了初步讨论,并将这一术语正式定为"预约定价安排"。该《指南》对 APA 的优点和缺点进行了较充分的分析和阐述。《指南》认为,到目前(1995 年)为止,有关国家的经验令人满意,可望进一步发展,并指出"在采用 APAs 程序的国家之间,更加一致的 APA 做法将对税务机关和纳税人均为有利"[①]。也正为了这一目的,经过数年的努力,经合组织于 1999 年 10 月发布了《相互协商程序下实施预约定价安排指南》(Guidelines for Conducting Advance Pricing Arrangements Under the Mutual Agreement Procedure,"MAP APAs",以下简称《预约定价安排》)。

(二) 预约定价安排程序的主要内容

美国关于预约定价安排程序的运用经验丰富,其影响也最为广泛。其他一些国家的法律都是以美国的规定为蓝本而制定的,经合组织《转让定价指南》也基本上是对美国经验的总结。[②]

美国国内收入局关于预约定价安排程序共由 15 个条文构成[③],其中第 3、4、5、6、11 条等最为重要。根据该安排,达成一项协议一般要经过以下过程:企业被邀请参加初步协商会议或申请前会议,国内收入局和纳税人非正式地讨论适用 APA 的可能性;如果纳税人愿意遵从 APA 的要求,则他必须向国内收入局提供一套资料,以及 2.5 万美元的使用者费;所有被要求的材料都将成为国内收入局的档案且不予退回;在文件被提交后,纳税人提出转让定价方法的建议及所有的支持文件;国内收入局组成一个多功能小组或 APA 评估与协商委员会,对建议进行评估。该委员会可能会接受、修改或拒绝纳税人的建议;如果纳税人的建议被接受,纳税人即可与国内收入局达成 APA。达成 APA 后,国内收入局发布一个有效期为 3 年的裁定,APA 开始生效;在该 3 年内,如果事实和情况没有发生变化,期限届满后还可延长。

申请前会议的目的旨在允许纳税人探索适用 APA 的适当性,为纳税人免费提供一个与税务机关明确有关内容,甚至达成协议的机会。会议所讨论的内容一般由纳税人在会议举行前至少一个星期向 APA 办公室提出。由于该会议是非正式的,因此在该会议上达成的任何协议均不具有法律约束力,至多是一个

[①] OECD Guidelines, 1995, para. 4.165.

[②] José M. Calderón, *Advance Pricing Agreements: A Global Analysis*, Kluwer Law International, 1998, p. 2.

[③] 第 1 条:目的;第 2 条:概览;第 3 条:APA 程序的原则;第 4 条:申请前会议;第 5 条:APA 申请的内容;第 6 条:APA 申请的处理;第 7 条:当局考虑;第 8 条:追溯;第 9 条:独立专家意见;第 10 条:法律效力;第 11 条:APA 管理;第 12 条:泄露;第 13 条:对其他文件的影响;第 14 条:生效日期;第 15 条:书面工作减少法。

"君子协定"。如果需要,也可以举行两次或更多的申请前会议。

如果申请前会议取得了成功,纳税人在会议结束之后可向税务机关提出正式申请,同时提交一套解释和支持 APA 建议的文件。申请应就其所选择的转让定价方法及有关的重要设想提出建议。另外,根据"税收程序"的规定,除非在申请前会议上另外达成协议,申请还应就 11 个方面的事实问题进行说明。① 在纳税人的申请中,最为核心的问题就是转让定价方法的选择。纳税人可以选择法定以外的方法,但其应对所建议的方法予以详细的解释与分析,并证明所选择的方法是"最佳方法"。

如果涉及双边或多边安排,纳税人还需要向外国税务机关提出类似的 APA 建议。税务机关对纳税人提供的资料应给予保密。纳税人在提交申请时,应同时缴纳以纳税人毛所得为基数的一定比例的使用者费。②

在美国,APA 只是对确定转让定价的方法及可接受的转让定价范围进行确认,而不确定实际价格本身。协议主要包括以下三个方面的内容:(1) 一套转让定价的方法;(2) 所期望的正常结果的范围;(3) 这种方法的重要经济分析。

一旦达成 APA,纳税人应认真履行。纳税人每年必须向国内收入局提供年度报告以确保其履行了协议的条款。如果纳税人的价格在可接受的范围之内,APA 不会被撤销。纳税人还要接受正常检查和国内收入局的审计。但审计只限于以下五个方面:(1) 纳税人善意地履行了 APA 的条款和条件;(2) APA 谈判期间的重要陈述和年度报告仍然有效;(3) 适用转让定价方法所使用的支持资料及分析是正确的;(4) 重要假设仍然有效;(5) 企业一直在适用转让定价方法及重要假设。

APA 的有效期一般为 3 年,还可向前追溯。③ 如各方同意,纳税人缴纳 7500 美元的费用后,APA 即可续展,但仍须提供相应的分析和支持材料。如果纳税人没能遵守 APA 的条款和条件,APA 可以被撤销。④ 经合组织的规定与美国的做法基本相同。

三、BEPS 转让定价国别报告机制

2014 年 9 月 16 日,经合组织发布了 BEPS 第 13 项行动计划报告,即重新审视转让定价文档资料,并作为独立的章节被纳入经合组织《转让定价指南》。该

---

① See Sec. 5.03 of the Revenue Procedure 96—53.
② 具体数额参见《税收程序》第 5 条第 14 款第 10 项的费用表格。当纳税人的毛所得在 1 亿美元以下时,使用者费为 5000 美元,毛所得在 10 亿以上,使用者费为 2.5 万美元,毛所得在 1—10 亿之间,使用者费为 1.5 万美元。同时还有其他几项费用。
③ See Sec. 8 of the Revenue Procedure 96—53.
④ See Sec. 11.06-08 of the Revenue Procedure 96—53.

项行动计划报告包含了转让定价报告的新标准,提出了转让定价报告的三层结构,即包含跨国集团全球信息的核心资料、包含某一特定集团子公司信息的本地资料和包含集团全球信息概要的国别报告表。跨国集团全球信息的核心资料报告旨在提供跨国企业的全球运营信息概览,包括全球组织架构、业务描述、无形资产使用情况、集团内部融资情况和财务状况。本地资料报告包括跨国企业与特定国家关联企业之间具体关联交易的详细信息,以及企业对于这些交易所作的转让定价分析。国别报告,以国家为单位,报告跨国企业在各业务开展国的收入分配、纳税、雇员、资产等方面的具体情况,该报告有助于税务机关从整体上评估转让定价以及其他与 BEPS 相关的风险。此后经合组织又就国别报告问题连续发布指导性文件,形成了国别报告机制。该机制被认为将在税务机关对转让定价及其他税收风险进行评估中发挥重要作用。

  2015 年 2 月,经合组织特别就第 13 项行动所要求的国别报告发布了一项指南,指出国别报告一般需在跨国集团的母公司所在国提供,并通过税务情报交换与其他关联公司所属国家的税务机关共享。该指南同时也提到了免于报告的最低标准及关于如何实施核心资料和本地资料报送的问题。同年 6 月,经合组织又就第 13 项行动计划中关于国别报告问题发布了进一步的指导文件,即《第 13 项行动:国别报告实施方案》。该《实施方案》包括各国可以借鉴的关于实施国别报告的示范性立法,以及促进各国主管税务机关之间进行国别报告情报交换的示范性协议。《实施方案》还指出,经合组织或将进一步提供指引,以方便国别信息报告在各国税务机关之间通过电子文件形式进行交换。可以说,经合组织就转让定价国别报告机制基本上已经构建了较为完整的制度体系,有效地强化了税务机关对跨国关联企业通过转让定价逃避税收的监管。

第四节　中国转让定价法律制度

一、中国转让定价制度的历史发展

  1991 年 4 月,我国全国人民代表大会通过《外商投资企业和外国企业所得税法》。该法第 13 条规定:"外商投资企业或者外国企业在中国境内设立的从事生产、经营的机构、场所与其关联企业之间的业务往来,应当按照独立企业之间的业务往来收取或者支付价款、费用。不按照独立企业之间的业务往来收取或者支付价款、费用,而减少其应纳税的所得额的,税务机关有权进行合理调整。"同年 6 月,国务院在《外商投资企业和外国企业所得税法实施细则》第 52 条至第 58 条对转让定价问题进行了更具体的规定。这是我国关于转让定价的最早立法。

1992年9月4日,我国全国人大常委会通过了《税收征收管理法》,其第24条也对转让定价问题作了相关规定。该条的规定与《外商投资企业和外国企业所得税法》第13条相比,除了将转让定价制度适用对象由"外商投资企业和外国企业"扩大到"企业或者外国企业"外,其他内容完全相同。2002年,《税收征收管理法实施细则》第36条至第41条又对《税收征收管理法》的第24条作了具体规定。1992年,国家税务总局曾专门针对转让定价问题发布了《关联企业间业务往来税务管理实施办法》(以下简称《实施办法》)及其几个具体问题的通知,作为主管税务机关具体操作的依据。至此,初步形成了关于转让定价问题的法律体系。

此后国家税务总局于1998年4月根据上述立法及有关税收协定的规定,并借鉴国际上的通常做法,结合我国的实际,在《实施办法》的基础上颁布了《关联企业间业务往来税务管理规程(试行)》。2001年4月28日,第九届全国人大常委会第二十一次会议对《税收征收管理法》进行了修订。修订的《税收征收管理法》将关联企业交易问题规定在第36条中,但其内容并未发生变化。2002年9月7日国务院根据修订后的《税收征收管理法》颁布了《税收征收管理法实施细则》,该《实施细则》在第51—56条对转让定价问题进行了规定。2004年,国家税务总局对上述管理规程作出了修订。同年9月,国家税务总局又专门针对预约定价问题发布了《关联企业间业务往来预约定价实施规则(试行)》。

2007年3月,我国第十届全国人大常委会第五次会议通过了《企业所得税法》,将转让定价制度规定在第六章"特别纳税调整"中的第41—44条;《企业所得税法实施条例》第109—115条对其又作了更具体的规定。2009年1月,国家税务总局根据《企业所得税法》及其《实施条例》和《税收征收管理法》及其《实施细则》等,发布了《特别纳税调整实施办法(试行)》,自2008年1月1日起实施。

为了配合BEPS行动计划的实施,以进一步完善关联申报和同期资料管理,国家税务总局于2016年6月颁布了《关于完善关联申报和同期资料管理有关事项的公告》。该《公告》虽然旨在完善关联申报和同期资料管理,但其内容涉及了关联关系的构成、关联交易的范围、成本分摊协议、预约定价安排等内容。2017年3月,国家税务总局又发布了《特别纳税调查调整及相互协商程序管理办法》。该《办法》共62条,涵盖了转让定价的方法、特别纳税调整的要求与程序以及相互协商程序的管理等。《特别纳税调整实施办法(试行)》的有关内容相应地被废止。上述文件连同《企业所得税法》及其《实施条例》共同构成了我国关于转让定价制度的内容。

二、我国转让定价制度的主要内容

根据我国现行有关税法规定,我国的转让定价制度应具体包括有形资产、无形资产、提供劳务转让定价、技术开发成本分摊以及包括预约定价在内的征管程序等内容。

和其他国家一样,我国的转让定价制度也仅适用于关联企业之间。我国《企业所得税法》第41条第1款规定:"企业与其关联方之间的业务往来,不符合独立交易原则而减少企业或者其关联方应纳税收入或者所得额的,税务机关有权按照合理方法调整。"非关联企业之间的交易不适用转让定价制度。

关于关联企业的认定,根据我国《企业所得税法实施条例》第109条的规定,关联方是指与企业有下列关联关系之一的企业、其他组织或者个人:(1) 在资金、经营、购销等方面存在直接或者间接的控制关系;(2) 直接或者间接地同为第三者控制;(3) 在利益上具有相关联的其他关系。根据《关于完善关联申报和同期资料管理有关事项的公告》第2条的规定,以下几种情况均可认定关联关系的存在:

(1) 一方直接或者间接持有另一方的股份总和达到25%以上;双方直接或者间接同为第三方所持有的股份达到25%以上。如果一方通过中间方对另一方间接持有股份,只要其对中间方持股比例达到25%以上,则其对另一方的持股比例按照中间方对另一方的持股比例计算。两个以上具有夫妻、直系血亲、兄弟姐妹以及其他抚养、赡养关系的自然人共同持股同一企业,在判定关联关系时持股比例合并计算。(2) 双方存在持股关系或者同为第三方持股,虽持股比例未达到第(1)项规定,但双方之间借贷资金总额占任一方实收资本比例达到50%以上,或者一方全部借贷资金总额的10%以上由另一方担保(与独立金融机构之间的借贷或者担保除外)。(3) 双方存在持股关系或者同为第三方持股,虽持股比例未达到第(1)项规定,但一方的生产经营活动必须由另一方提供专利权、非专利技术、商标权、著作权等特许权才能正常进行。(4) 双方存在持股关系或者同为第三方持股,虽持股比例未达到第(1)项规定,但一方的购买、销售、接受劳务、提供劳务等经营活动由另一方控制。(5) 一方半数以上董事或者半数以上高级管理人员(包括上市公司董事会秘书、经理、副经理、财务负责人和公司章程规定的其他人员)由另一方任命或者委派,或者同时担任另一方的董事或者高级管理人员;或者双方各自半数以上董事或者半数以上高级管理人员同为第三方任命或者委派。(6) 具有夫妻、直系血亲、兄弟姐妹以及其他抚养、赡养关系的两个自然人分别与双方具有上述第(1)至(5)项关系之一。(7) 双方在实质上具有其他共同利益。

《公告》第3条同时规定,仅因国家持股或者由国有资产管理部门委派董事、高级管理人员而存在上述第(1)至(5)项关系的,不构成关联关系。

我国转让定价制度强调遵循独立交易原则,即关联方之间的交易须根据没有关联关系的交易各方,按照公平成交价格和营业常规进行业务往来所遵循的定价原则进行定价。《特别纳税调查调整及相互协商程序管理办法》第22条在规定转让定价的其他方法时也特别强调符合独立交易原则。我国的转让定价制度既适用于跨国关联企业之间,也适用于国内关联企业之间。但实际税负相同的境内关联方之间的交易,只要该交易没有直接或间接导致国家总体税收收入的减少,原则上不作转让定价调查、调整。

三、转让定价方法

《特别纳税调查调整及相互协商程序管理办法》在第17条至第22条对有关转让定价方法的适用进行了详细的规定,包括可比非受控价格法、再销售价格法、成本加成法、交易净利润法、利润分割法以及其他方法。

根据《管理办法》第17条,可比非受控价格法以非关联方之间进行的与关联交易相同或者类似业务活动所收取的价格作为关联交易的公平成交价格。可比非受控价格法可以适用于所有类型的关联交易,包括有形资产使用权或者所有权的转让、金融资产的转让、无形资产使用权或所有权的转让、资金融通以及劳务交易等。

可比非受控价格法的可比性分析,应当按照不同交易类型,特别考察关联交易与非关联交易中交易资产或者劳务的特性、合同条款、经济环境和经营策略上的差异。关联交易与非关联交易在以上方面存在重大差异的,应当就该差异对价格的影响进行合理调整,无法合理调整的,应当选择其他合理的转让定价方法。

《管理办法》第18条规定了再销售价格法,即以关联方购进商品再销售给非关联方的价格减去可比非关联交易毛利后的金额作为关联方购进商品的公平成交价格。其计算公式为:公平成交价格 = 再销售给非关联方的价格 × (1 − 可比非关联交易毛利率)。可比非关联交易毛利率 = 可比非关联交易毛利/可比非关联交易收入净额 × 100%。再销售价格法一般适用于再销售者未对商品进行改变外形、性能、结构或者更换商标等实质性增值加工的简单加工或者单纯购销业务。

再销售价格法的可比性分析,应当特别考察关联交易与非关联交易中企业执行的功能、承担的风险、使用的资产和合同条款上的差异,以及影响毛利率的其他因素,具体包括营销、分销、产品保障及服务功能,存货风险,机器、设备的价值及使用年限,无形资产的使用及价值,有价值的营销型无形资产,批发或者零售环节,商业经验,会计处理及管理效率等。关联交易与非关联交易在以上方面存在重大差异的,应当就该差异对毛利率的影响进行合理调整,无法合理调整的,应当选择其他合理的转让定价方法。

成本加成法以关联交易发生的合理成本加上可比非关联交易毛利后的金额作为关联交易的公平成交价格。其计算公式为:公平成交价格＝关联交易发生的合理成本×(1＋可比非关联交易成本加成率)。可比非关联交易成本加成率＝可比非关联交易毛利/可比非关联交易成本×100%。

成本加成法一般适用于有形资产使用权或者所有权的转让、资金融通、劳务交易等关联交易。成本加成法的可比性分析,应当特别考察关联交易与非关联交易中企业执行的功能、承担的风险、使用的资产和合同条款上的差异,以及影响成本加成率的其他因素,具体包括制造、加工、安装及测试功能,市场及汇兑风险,机器、设备的价值及使用年限,无形资产的使用及价值,商业经验,会计处理,生产及管理效率等。关联交易与非关联交易在以上方面存在重大差异的,应当就该差异对成本加成率的影响进行合理调整,无法合理调整的,应当选择其他合理的转让定价方法。

《管理办法》第 20 条和第 21 条分别规定了交易净利润法和利润分割法。交易净利润法以可比非关联交易的利润指标确定关联交易的利润。利润指标包括息税前利润率、完全成本加成率、资产收益率等。利润指标的选取应当反映交易各方执行的功能、承担的风险和使用的资产。利润指标的计算以企业会计处理为基础,必要时可以对指标口径进行合理调整。

交易净利润法一般适用于不拥有重大价值无形资产企业的有形资产使用权或者所有权的转让和受让、无形资产使用权受让以及劳务交易等关联交易。交易净利润法的可比性分析,应当特别考察关联交易与非关联交易中企业执行的功能、承担的风险和使用的资产,经济环境上的差异,以及影响利润的其他因素,具体包括行业和市场情况,经营规模,经济周期和产品生命周期,收入、成本、费用和资产在各交易间的分配,会计处理及经营管理效率等。关联交易与非关联交易在以上方面存在重大差异的,应当就该差异对利润的影响进行合理调整,无法合理调整的,应当选择其他合理的转让定价方法。

利润分割法根据企业与其关联方对关联交易合并利润(实际或者预计)的贡献计算各自应当分配的利润额。利润分割法主要包括一般利润分割法和剩余利润分割法。一般利润分割法通常根据关联交易各方所执行的功能、承担的风险和使用的资产,采用符合独立交易原则的利润分割方式,确定各方应当取得的合理利润;当难以获取可比交易信息但能合理确定合并利润时,可以结合实际情况考虑与价值贡献相关的收入、成本、费用、资产、雇员人数等因素,分析关联交易各方对价值作出的贡献,将利润在各方之间进行分配。剩余利润分割法将关联交易各方的合并利润减去分配给各方的常规利润后的余额作为剩余利润,再根据各方对剩余利润的贡献程度进行分配。

利润分割法一般适用于企业及其关联方均对利润创造具有独特贡献,业务高度整合且难以单独评估各方交易结果的关联交易。利润分割法的适用应当体现利润应在经济活动发生地和价值创造地征税的基本原则。利润分割法的可比性分析,应当特别考察关联交易各方执行的功能、承担的风险和使用的资产,收入、成本、费用和资产在各方之间的分配,成本节约、市场溢价等地域特殊因素,以及其他价值贡献因素,确定各方对剩余利润贡献所使用的信息和假设条件的可靠性等。

根据《管理办法》第22条,其他符合独立交易原则的方法包括成本法、市场法和收益法等资产评估方法,以及其他能够反映利润与经济活动发生地和价值创造地相匹配原则的方法。成本法是以替代或者重置原则为基础,通过在当前市场价格下创造一项相似资产所发生的支出确定评估标的价值的评估方法。成本法适用于能够被替代的资产价值评估。市场法是利用市场上相同或者相似资产的近期交易价格,经过直接比较或者类比分析以确定评估标的价值的评估方法。市场法适用于在市场上能找到与评估标的相同或者相似的非关联可比交易信息时的资产价值评估。收益法是通过评估标的未来预期收益现值来确定其价值的评估方法。收益法适用于企业整体资产和可预期未来收益的单项资产评估。

四、转让定价的征管程序

综合《特别纳税调整实施办法(试行)》《关于完善关联申报和同期资料管理有关事项的公告》和《特别纳税调查调整及相互协商程序管理办法》,转让定价的征管程序主要可以分为关联申报与同期资料管理、特别纳税调查与调整、预约定价安排和为解决由转让定价调整造成的双重征税而引发的相互协商程序。由于对相互协商程序在第二十二章有专门介绍,故本部分只简要介绍前面几种程序。

(一) 关联申报与同期资料管理

根据《关于完善关联申报和同期资料管理有关事项的公告》的规定,实行查账征收的居民企业和在中国境内设立机构、场所并据实申报缴纳企业所得税的非居民企业向税务机关报送年度企业所得税纳税申报表时,应当就其与关联方之间的业务往来进行关联申报。其中如果该居民企业为跨国企业集团的最终控股企业,且其上一会计年度合并财务报表中的各类收入金额合计超过55亿元,或者该居民企业被跨国企业集团指定为国别报告的报送企业,那么其在报送年度关联业务往来报告表时,应填报国别报告。

国别报告主要披露最终控股企业所属跨国企业集团所有成员实体的全球所

得、税收和业务活动的国别分布情况。如果最终控股企业为中国居民企业的跨国企业集团,其信息涉及国家安全的,可以按照国家有关规定,豁免填报部分或者全部国别报告。税务机关可以按照我国对外签订的协定、协议或者安排实施国别报告的信息交换。企业虽不属于公告第 5 条规定填报国别报告的范围,但其所属跨国企业集团按照其他国家有关规定应当准备国别报告,且符合下列条件之一的,税务机关可以在实施特别纳税调查时要求企业提供国别报告:(1) 跨国企业集团未向任何国家提供国别报告。(2) 虽然跨国企业集团已向其他国家提供国别报告,但我国与该国尚未建立国别报告信息交换机制。(3) 虽然跨国企业集团已向其他国家提供国别报告,且我国与该国已建立国别报告信息交换机制,但国别报告实际未成功交换至我国。

企业应当依据《企业所得税法实施条例》第114 条的规定,按纳税年度准备并按税务机关要求提供其关联交易的同期资料。同期资料包括主体文档、本地文档和特殊事项文档。符合下列条件之一的企业,应当准备主体文档:(1) 年度发生跨境关联交易,且合并该企业财务报表的最终控股企业所属企业集团已准备主体文档。(2) 年度关联交易总额超过 10 亿元。主体文档主要披露最终控股企业所属企业集团的全球业务整体情况,包括组织架构、企业集团业务、无形资产、融资活动以及财务与税务状况。

年度关联交易金额符合下列条件之一的企业,应当准备本地文档:(1) 有形资产所有权转让金额(来料加工业务按照年度进出口报关价格计算)超过 2 亿元。(2) 金融资产转让金额超过 1 亿元。(3) 无形资产所有权转让金额超过 1 亿元。(4) 其他关联交易金额合计超过 4000 万元。本地文档主要披露企业关联交易的详细信息,包括企业概况、关联关系、关联交易、可比性分析以及转让定价方法的选择和使用等。

特殊事项文档包括成本分摊协议特殊事项文档和资本弱化特殊事项文档。企业签订或者执行成本分摊协议的,应当准备成本分摊协议特殊事项文档。企业关联债资比例超过标准比例需要说明符合独立交易原则的,应当准备资本弱化特殊事项文档。

主体文档应当在企业集团最终控股企业会计年度终了之日起 12 个月内准备完毕;本地文档和特殊事项文档应当在关联交易发生年度次年 6 月 30 日之前准备完毕。同期资料应当自税务机关要求之日起 30 日内提供。企业因不可抗力无法按期提供同期资料的,应当在不可抗力消除后 30 日内提供同期资料。

(二) 特别纳税调查与调整

根据《特别纳税调查调整及相互协商程序管理办法》的规定,税务机关通过关联申报审核、同期资料管理和利润水平监控等手段,发现企业存在特别纳税调整风险的,可以实施特别纳税调查。尤其是对于关联交易金额较大或者类型较多;存在长期亏损、微利或者跳跃性盈利;低于同行业利润水平;利润水平与其所承担的功能风险不相匹配,或者分享的收益与分摊的成本不相配比;与低税国家(地区)关联方发生关联交易或未按照规定进行关联申报或者准备同期资料等具有风险特征的企业,税务机关应当重点关注。

税务机关应当向已确定立案调查的企业送达《税务检查通知书》,要求被调查企业及其关联方,或者与调查有关的其他企业提供相关资料;被调查企业及其关联方以及与调查有关的其他企业应当按照税务机关要求提供真实、完整的相关资料。

税务机关实施特别纳税调查时,应当按照法定权限和程序进行,可以采用实地调查、检查纸质或者电子数据资料、调取账簿、询问、查询存款账户或者储蓄存款、发函协查、国际税收信息交换、异地协查等方式,收集能够证明案件事实的证据材料。被调查企业不提供特别纳税调查相关资料,或者提供虚假、不完整资料的,由税务机关责令限期改正,逾期仍未改正的,税务机关按照《税收征收管理法》及其《实施细则》有关规定进行处理,并依法核定其应纳税所得额。

经调查,税务机关未发现企业存在特别纳税调整问题的,应当作出特别纳税调查结论,并向企业送达《特别纳税调查结论通知书》。如果发现企业存在特别纳税调整问题的,应当按照以下程序实施调整:(1) 在测算、论证、可比性分析的基础上,拟定特别纳税调查调整方案。(2) 根据拟定调整方案与企业协商谈判,双方均应当指定主谈人,调查人员应当做好《协商内容记录》,并由双方主谈人签字确认。企业拒签的,税务机关调查人员(两名以上)应当注明。企业拒绝协商谈判的,税务机关向企业送达《特别纳税调查初步调整通知书》。(3) 协商谈判过程中,企业对拟定调整方案有异议的,应当在税务机关规定的期限内进一步提供相关资料。税务机关收到资料后,应当认真审议,并作出审议结论。根据审议结论,需要进行特别纳税调整的,税务机关应当形成初步调整方案,向企业送达《特别纳税调查初步调整通知书》。(4) 企业收到《特别纳税调查初步调整通知书》后有异议的,应当自收到通知书之日起7日内书面提出。税务机关收到企业意见后,应当再次协商、审议。根据审议结论,需要进行特别纳税调整,并形成最终调整方案的,税务机关应当向企业送达《特别纳税调查调整通知书》。

企业收到《特别纳税调查初步调整通知书》后,在规定期限内未提出异议的,或者提出异议后又拒绝协商的,或者虽提出异议但经税务机关审议后不予采纳的,税务机关应当以初步调整方案作为最终调整方案,向企业送达《特别纳税调查调整通知书》。企业收到《特别纳税调查调整通知书》后有异议的,可以在依照《特别纳税调查调整通知书》缴纳或者解缴税款、利息、滞纳金或者提供相应的担保后,依法申请行政复议。对行政复议决定不服的,可以依法向人民法院提起行政诉讼。

(三) 预约定价安排

《特别纳税调整实施办法(试行)》第六章规定了预约定价安排及其相关程序。预约定价安排是指企业与税务机关就企业未来年度关联交易的定价原则和计算方法达成一种协议。预约定价安排的谈签与执行通常经过预备会谈、正式申请、审核评估、磋商、签订安排和监控执行六个阶段。

预约定价安排包括单边、双边和多边三种类型。单边安排是指企业与一个国家的税务机关达成的安排,双边或多边安排则是指企业与两个或以上国家的税务机关达成的安排。单边与双边或多边安排的主要区别在于所达成安排的内容能否得到两个或以上国家税务机关的认可。单边安排一般很难得到另一相关国家的认可,容易产生双重征税。

根据《特别纳税调整实施办法(试行)》第48条的规定,预约定价安排一般适用于同时满足以下条件的企业:(1) 年度发生的关联交易金额在4000万元人民币以上;(2) 依法履行关联申报义务;(3) 按规定准备、保存和提供同期资料。预约定价安排适用于自企业提交正式书面申请年度的次年起3至5个连续年度的关联交易。预约定价安排的谈签不影响税务机关对企业提交预约定价安排正式书面申请当年或以前年度关联交易的转让定价调查调整。如果企业申请当年或以前年度的关联交易与预约定价安排适用年度相同或类似,经企业申请,税务机关批准,可将预约定价安排确定的定价原则和计算方法适用于申请当年或以前年度关联交易的评估和调整。

税务机关与企业就单边预约定价安排草案内容达成一致后,双方的法定代表人或法定代表人授权的代表正式签订单边预约定价安排。国家税务总局与税收条约缔约对方税务主管当局就双边或多边预约定价安排草案内容达成一致后,双方或多方税务主管当局授权的代表正式签订双边或多边预约定价安排。主管税务机关根据双边或多边预约定价安排与企业签订《双边(多边)预约定价安排执行协议书》,并建立监控管理制度,监控预约定价安排的执行情况。

本 章 小 结

转让定价制度的核心原则是独立交易原则。独立交易原则具有两个方面的功能,一是税务机关据以对关联企业不符合独立交易原则的定价进行调整以防止关联企业利用有关国家的税制差异进行避税;二是税务机关据以对协定国家的转让定价调整进行相应调整以避免双重征税。转让定价调整是通过一定的转让定价方法实施的。传统的转让定价制度针对的主要是有形资产交易,但随着跨国企业的发展、知识经济的到来以及劳务等重要性的提高,有关非有形资产交易的转让定价制度也应运而生。就有形资产交易而言,传统的转让定价方法主要有可比非受控价格法、再销售价格法、成本加成法等。而由于交易的独特性的增强,适用这些定价方法的条件往往又难以满足,因此晚近又发展了其他定价方法,主要有利润分割法、可比利润法、交易净利润法等。至于非有形资产的转让定价,同样也应适用独立交易原则,但西方一些国家也都作出了一些特殊的规定,如美国的与所得相匹配法等。

在转让定价制度中,税务机关针对关联交易实施的税收征管程序非常重要。这些征管程序主要包括关联申报与同期资料管理、特别纳税调查与调整、预约定价安排以及相互协商程序等。

我国已经建立了较为完善的转让定价制度,为防止关联企业通过转让定价逃避我国税收以及避免由其他国家的转让定价调整而引起的双重征税提供了法律保障。

思考与理解

1. 转让定价的含义是什么?
2. 什么是独立交易原则,你如何理解?
3. 利润定价方法与传统的可比交易法相比,有何优缺点?
4. BEPS 行动计划对转让定价作出了哪些规定?
5. 转让定价的征管程序主要有哪些?

第十三章　国际避税地的法律规制

第一节　国际避税地概述

一、国际避税地的概念

国际避税地没有一个绝对的标准概念，因为国家之间的不对称和税收制度差异才是国际避税地存在的根本原因，所以国际避税地只能是一个相对概念。每一个征税主体的税制总是在不断变化更新中，故其相对性也是处于不断更新中。经合组织2006年6月在《确定和消除有害税收活动进展报告》中认为：如果一个国家为非居民纳税人提供便利，并成为非居民纳税人逃避其居住国税收的场所，则该国家可以称为是"避税天堂"。美国政府问责办公室（Government Accountability Office）提出国际避税地具有以下特点：一是实施免税或低税率；二是信息不透明，拒绝向他国的税务机关提供信息；三是修改法律的目的不是真正吸引外资，而是为了方便外资避税。

二、国际避税地的特征

尽管各个国家对国际避税地的界定不尽相同，但根据各国列出的避税地进行总体分析，不难发现各个避税地之所以会成为所谓的"避税天堂"，是由它以下几个特征决定的。

（1）低税优势明显。国际避税地之所以会吸引大量外来投资，首先肯定是因为它具有低税率甚至无税的特点。这其中，无税地区主要是以加勒比海诸岛为代表，如百慕大群岛、开曼群岛，均不征收任何所得税和财产税；低税率地区则以瑞士、爱尔兰、列支敦士登等欧洲国家为代表，如爱尔兰公司所得税税率仅为12.5%，相比世界上其他国家的所得税税率，这是非常低的。

（2）政治格局稳定。稳定的政局是经济发展的前提，税收政策的落实也需要以稳定的政局作为保障。现今的国际避税地主要分布在政局稳定的地区，而在非洲和中东几乎没有国际避税地，除了这些区域的很多政府没有成为避税地的计划，另一个原因是这些区域的政局相对并不稳定。例如，黎巴嫩2000年前曾经是亚洲著名避税天堂，但进入21世纪后，其国内战火不断，政局不稳，最终失去了投资者的青睐。而开曼群岛、巴哈马、瑞士、英属维尔京群岛、卢森堡等著名国际避税地不仅政治稳定，甚至没有本土的军队，大大降低了政治动乱的风险,从而吸引了全球资金的不断进入。

(3) 保密制度严格。所谓避税地的保密制度,即是为在本土成立离岸公司的企业的信息保密,这些信息包括利润信息、经营信息等。很明显,作为非避税地的实体企业,不能将其真正转移到国际避税地的利润,及其不存在实体的离岸公司暴露给非避税地的税务机关,否则避税行为将失去意义。瑞士的银行保密制度是世界闻名的,在充足保密信用的刺激下,大量资金流入瑞士的银行,而开曼群岛、巴哈马等地区制定了银行保密法,百慕大群岛、中国香港在内的一些地区虽然没有制定针对性的保密法,但也规定区域内相关机构不得随意泄露企业信息。良好的保密制度维护了国际避税地在企业心目中的地位,却削弱了非避税地国家或地区的税收征管能力。所以,近年来,基于税收协定的税收情报交换在发达国家税务机关之间屡见不鲜,这也是 BEPS 行动计划和共同申报准则(CRS)重点关注和解决的一项内容。

(4) 交通相当便利。是否拥有良好的交通是投资者关注的主要因素之一,尤其是对于将避税地离岸公司作为利润中转站的企业来说,他们需要人为地在两地奔波办理各种手续,以达到避税目的。大部分著名的国际避税地都交通便利,如开曼群岛、百慕大群岛都建有国际机场,航班班次辐射到世界大多数主要国家,这为投资者创造了便利条件。有些地区,虽然也拥有低税优势,但交通不甚便利,很难吸引投资者而成为避税地。

另外,大多数的避税地领土面积、人口和经济实力方面规模较小,地理上也与外界相对隔绝。经合组织开始认为有 41 个国家(地区)符合其避税地的标准。这 41 个国家(地区)的地理面积总和小于新西兰,总人口甚至少于美国伊利诺伊州的人口。避税地的小规模以及相对隔绝使得即使像在岸国一样对雇佣者征收所得税,也难以获得稳定的财政收入。避税地的政府服务相对比较便宜,并且不需要在岸国那么多的费用。通常避税地政府可以通过向进口商品征收关税来满足其财政需求。由于大多数避税地是岛国,它们更容易减少税收流失的现象——税务机关只需要检测在本国卸货的船舶即可。一般情况下这一体系运行良好并且比那些拥有昂贵的印刷、申报、审计和记录要求的系统更有效率。

三、对国际避税地的评价

理论上对国际避税地的评价褒贬不一。

赞成说认为:(1) 国际避税地作为主权国家或地区,其税率高低和税收政策的制定是其内政,其他国家无权责难,更无权干预或反对。(2) 现代经济学对人类行为的考察构建在"经济理性人"的假定之上①,跨国纳税人在有限理性的条件下追求经济利益最大化是造成国际避税的内在动因;为了寻求利益最大化,跨国纳税人享有在任何时间或空间使用并处分自己财产的自由;实行高税率的主权国家如果认为国内政府的财政利益受到损害,可以考虑降低税率或利用国内法来限制这种自由,而不应侵犯避税地国家或地区的主权。

反对说认为:(1)国际避税地的存在使高税率主权国家蒙受巨额的财政损失,额外负担高昂的反避税成本,这是对全球资源的浪费。(2)国际避税地特殊的地理和财政税收条件,使其他国家面临"有害的税收竞争",对全球经济的良性运作产生不利影响。无论从经济学还是法学角度,国际避税地的存在都有诸多不合理因素,在全球化程度日益加深的背景下,国际避税地对主权国家乃至全球经济社会发展的影响总体上弊大于利。低税率是一国的税收主权的体现,各国都应表示尊重。但是最重要的是避税地的税收不透明,拒绝进行国家税收行政合作,这将侵蚀在岸国的税基,损害他国的税收主权的完整,因此遭到了很多发达的在岸国家坚决反对,尤其在 2008 年的金融危机爆发后,发达国家的财政难以为继,在岸国和国际避税地的矛盾更加突出。

第二节 国际避税地法律规制中的新税收主权观

主权理论自诞生以来就一直是广受争议的热门话题,对于国际税收问题的解决至关重要,几乎所有的国际税收争议都涉及税收主权。全球金融危机爆发后,国际避税地规制这个原本属于法律和税收的问题,却成为应对金融危机的有效措施和手段,引起了各国政府和首脑在政治上的关注,各国的税收主权观也悄然发生变化。

一、传统税收主权观的局限性

在传统的国际法理论与实践层面,主权往往被区分为对内主权和对外主权。对内主权意味着国家在国内社会的最高性和排他性,对外主权则被解释为国家在国际社会里的独立自主性。主权意味着实际控制、管辖上的各种权力或能力,以及作出排他性的最高权威决策的权力。在一个实力和资源绝对不平等的国际社会中,主权已经成为维护、谋取本国利益的基本手段和保障。从传统的主权观

---

① 参见卢现祥:《西方新制度经济学》,中国发展出版社 1996 年版,第 88—89 页。纳税人具有"经济人"的基本特征,其行为目的在于追求自身利益的最大化。制度经济学认为"经济人"具有"有限理性"。由于环境的不确定性、信息的不完全性以及人的认识能力的有限性,每个人对环境反应所建立的主观模型也不大一样,从而导致人们选择上的差别和制度规则上的差别。

念来看，一方面，维护、谋取本国利益是一国拥有和行使主权的正当目的和责任所在，只要不违反《联合国宪章》所确立的基本准则和强行法规范；另一方面，除非存在着相应的利益协调方面的条约义务或习惯法义务，一国拥有和行使主权没有必须考虑他国的利益得失的强制义务或责任。在国际实践中，主权国家总是力图把主权保留在自己手中，而不轻易地移交出去或接受外来的干预，以追求和实现自身权力与利益的最大化。除非主权国家经过利益权衡自愿地让渡或限制其部分的主权，国际法并不能予以强迫。因此，根据传统的主权观念，一国拥有和行使主权具有绝对性或不可损抑性。

（一）传统税收主权观的绝对性

与其他领域的具体主权相比，税收主权更加明显地具有绝对性或不可损抑性。第一，税收领域的独立自主性意味着在主权国家之上没有也不允许存在更高的税收管辖权。事实上，即便与其他领域已存在的国际协调机制相比，税收领域至今也没有形成强有力的国际协调机制。因此，主权国家完全可以独立自主地制定本国的税收制度，作出相关的税收决策和采取税收执法行动。第二，税收领域的独立自主性意味着主权国家在税收领域不接受任何外来的干预和强迫，由于税收制度的建立和执行是一国推进社会、经济发展等政策目标的重要手段，制定国内税收政策、法规以及对其遵守执行等事项明显属于一国内政，主权国家完全可以按照自己的意愿和利益自主地决策和行动。只有在平等协商的基础上，主权国家的税收制度、法规和行动才能得到调整、变更。第三，税收领域的独立自主性意味着，除国际关系基本准则和强行法规范之外，一国享有和行使税收主权不存在其他的约束和限制。即便是存在着相应的利益协调方面的条约义务或习惯法义务，那也是主权国家自愿接受或国际实践中所普遍认可的，因此，主权国家在税收管辖领域拥有广泛的立法和行动自由。

除了独立自主性这一基本内涵之外，税收主权同时意味着国家在税收领域的实际控制、管辖上的各种权力或能力，以及作出排他性的最高权威决策的权力。一国拥有和行使税收主权尤其具有绝对性或不可损抑性。国家之间的税收争议通常都涉及主权权力问题。如发生税收管辖权冲突，是否就某税收事项达成合作，在多大程度上屈服于对方的意志，这都关系着主权权力的行使与维护。征税是主权身份固有的权利或权益，主权身份似乎涵盖了某种形式的税收权利，所以对税收权利的侵犯就是对主权本身的侵犯。[①] 而且有人认为税收对主权尤其重要，所以设计税制时的自治比其他管辖领域的自治更值得保护。

---

① See Allison Christians, Sovereignty, Taxation and Social Contract, *Minnesota Journal of International Law*, Vol.18, 2009, pp.99,112.

(二) 传统税收主权的非合作性

当各国经济事务等方面很难获得绝对排他性时,各国已经开始在独立自治和合作之间进行权衡和协调。一国的税收主权通常被认为不是绝对排他性而具有相互关联性。最明显的表现就是,各国通常不会阻止他国向其境外国民或在其领土范围内向他国国民征税,前提是其他国家对所征税的项目或个人能够提出合理关联。为此,诸多国家之间已经签订了有关避免重复征税的协定。这意味着各国对他国税收主权的尊重和相互协调。这种尊重和相互协调可以被界定为税收主权在最低限度上的合作性,但是,对于经济全球化所提出的合作协调要求,在绝大多数情况下,税收主权表现的是明显的非合作性。在全球化背景下,传统税收主权的绝对性与非合作性已经明显地不利于争议的和平解决,无法调和各国由于税收利益分配而产生的矛盾,不利于各国精诚合作以达到互利共赢的局面。

二、新税收主权观的形成与内涵

(一) 新税收主权观形成的背景

传统税收主权观的局限性日益凸显,已越来越不能适应时代的需要,无益于纷繁复杂的国际税收争议的解决。由主权理论的发展轨迹可知,主权并不是一个一成不变的哲学式教条,而是一个应时而变的政治和法律概念。随着社会现实的改变,主权内涵的改变也势在必行。如今,社会政治经济已发生了深刻变化,税收主权观的转变不可避免。

(1) 经济全球化对传统税收主权的冲击。经济全球化的目的是加强各国间的经济联系,并最终建立一个全球市场。经济全球化的广泛发展要求打破国别界限,这势必会对存在于国家之上的主权造成冲击。具体来说,经济全球化对传统国家主权的冲击表现在三个方面:第一,来自于国际组织(协定)的冲击。在经济全球化背景下,一项经济活动可能会跨越国界,涉及多个国家。单个国家立法无法对这种经济活动实行有效的监管,这就需要制定相应的国际规则及执行这些规则的国际组织。然而,在国家同意制定相关的国际规则后,就要受到这些规则的约束,无法像以前一样随心所欲。这意味着,国家通过制定国际规则,同意将一部分主权让渡给国际组织,以便国际组织履行其职能。如此,增加了国际组织的权力,却限制了国家主权。第二,来自跨国公司的冲击。跨国公司是全球化的最大受益者,它通过一系列的全球战略,在世界范围内积累财富,具有雄厚的经济实力。跨国公司对主权的冲击主要体现在:利用其强劲的经济实力和庞大的全球网络,逃脱母国和东道国的控制;通过直接施加压力和寻求或培植代理人,影响东道国和母国的决策;通过"公司文化"的营造和推广,传播管理方式、价值观念、文化意识等,改变东道国和母国的旧有传统价值;通过培训超越国籍和种族的"公司公民",形成"无国界经济"或"无国籍企业",将对公司的忠诚提升到对国家的忠诚之上;通过跨国公司创造的税收,更使单一民族国家从原先的国有化运动转向主动限制主权,形成与整个世界竞争。第三,来自非政府组织的冲击。非政府组织往往是一国内的非国家利益主体结成的公开支持或反对全球化运动的组织。非政府组织往往从自身利益出发,对政府决策施加压力,从而影响国家主权的行使。

主权与经济全球化有着内在的根本矛盾,作为主权的一个方面和具体表现形式之一,税收主权与经济全球化也存在相似的矛盾。但在与经济全球化的关系中,税收主权既有主权普遍具有的属性,也有自身的特殊之处。如传统主权的基本出发点是权力,税收主权作为主权的固有部分,当然也是彰显权力的途径。但税收毕竟是获得财政收入、支撑国家机器正常运行的重要手段,因而税收主权也以利益为考量点,行使权力是为了获得利益和再分配利益。从这一点上来看,税收主权与完全由利益推动的经济全球化是相通的。

税收主权虽然并未消亡,却亟待改变。传统的税收主权观建立在各国经济相对独立的基础上,强调绝对性、独占性。但经济全球化却使各国经济联系日益紧密,使各国的税收政策日益相关。一国实行什么样的税制往往会影响其他相关国家的税收能力,从而产生溢出效应。此时如果再坚持绝对的税收主权观,势必在国家间形成主权对抗,造成两败俱伤的局面。因此,经济全球化呼吁"新税收主权观"的出现。

(2) 经合组织的活动加速了新税收主权观的形成。经合组织可谓是挑战传统税收主权的急先锋。早在 1996 年,经合组织就开始了规制有害税收竞争的活动,并于 1998 年发布了《有害税收竞争:一个新兴的全球性课题》的报告(以下简称"OECD 税收竞争报告")。该报告确定了识别有害优惠税制和避税地的标准。在 2000 年发布的后续报告中,经合组织更是公布了一份符合避税地标准的国家和地区的名单,并要求它们承诺消除有害税收,否则将其列入不合作避税地的名单中。尽管经合组织的这一行动遭到了避税地国家或地区的激烈反对,并受到多方批评和指责,却引发了有关税收主权的有益探讨。经合组织在回应避税地国家或地区指责其干涉主权的时候提出了一种值得探讨的观点,即主权不仅包括免受外在干涉,还包含不损害其他主权国家法律的附随责任。经合组织突破了传统税收主权观的藩篱,为税收主权的内涵分析提供了一种新的视角,其开展的各项税收活动直接或间接地推动了税收主权观的转变。

(3) 金融危机的爆发是新税收主权观最终形成的直接动因。2008 年,全球金融危机爆发,并以迅雷不及掩耳之势向全世界蔓延。一些发达国家的国库本就捉襟见肘,又常年入不敷出,债台高筑,金融危机的爆发更恶化了这一状况。为了度过危机,增加财政收入,这些国家选择向避税天堂开刀,规制国际避税的热情明显高涨。而危机的迅速蔓延也让避税地认识到各国的经济息息相关,对抗只能两败俱伤,合作才能谋求共赢。在随后的一年里,各国纷纷采纳了经合组织有关透明度和税收情报交换的国际标准,并积极与相关国家开展双边税收协定的谈判。新税收主权观的时代已经来临。

(二) 新税收主权观的法理基础

(1) 主权责任理论。现代国际法已经对各国行使主权提出了一个基本的原则性限制,即行使主权应不损害他国权益以及国际社会的共同利益。在20世纪进入尾声时,国际社会出现了一种新的观点——主权权力伴随着主权责任,即要建立一种负责任的主权。负责任主权是由非洲政治家、学者弗朗西斯·邓在20世纪90年代最先提出的。他认为负责任主权意味着国家政府有义务保障国民最低水准的安全和社会福祉,对本国国民和国际社会均负有责任。负责任主权与传统主权不同,传统主权强调不干涉原则,而负责任主权则认为国家对于本国国民和其他国家均负有责任。在随后的发展中,负责任主权的内涵被进一步拓展,负责任主权号召所有国家对自己那些产生国际影响的行为负责任,要求国家将相互负责作为重建和扩展国际秩序基础的核心原则、作为国家为本国国民提供福祉的核心原则。在一个安全相互依存的世界上,国家在履行对国民责任的同时,必然与其他国家发生关联。负责任主权还意味着世界强国负有积极的责任,帮助弱小的国家加强行使主权的能力,这就是建设责任。① 拓展后的负责任主权更加强化了一国对于其他国家和国际社会的责任。

国际社会里的主权既不是神赐的先验性的绝对权力,也不算世俗世界凭空拥有的权力魔杖。它是一定条件下国际社会既存的共同规则约束下的产物,不能脱离它赖以产生的客观环境和社会规则。因此,在全球化的今天,主权不仅意味着权力,而且意味着责任。主权意味着双重的责任:对外是尊重别国的主权,对内是尊重国内所有人的尊严和基本权利。在某种程度上作为责任的主权,在国际实践中日益得到广泛承认。②

税收主权作为主权的一种具体形式,也要强调其责任性。事实上,由于税收具有关联性,一国的税制往往会对其他国家造成影响,从而产生溢出效应。出于主权责任理论,一国要尽量减少本国税收政策的负外部性。强调税收主权的负责任性,不是为了削弱各国的税收主权,恰恰是让各国更好地维护它。

(2) 全球社会契约理论。社会契约理论最早是由霍布斯提出的,该理论指

---

① 参见〔美〕布鲁斯·琼斯、卡洛斯·帕斯夸尔、斯蒂芬·约翰·斯特德曼:《权力与责任:构建跨国威胁时代的国际秩序》,秦亚青、朱立群、王燕、魏玲译,世界知识出版社2009年版,第9页。

② 参见余敏友:《全球治理与中国》,载曾令良、余敏友主编:《全球化时代的国际法——基础、结构与挑战》,武汉大学出版社2005年版,第5页。

出在国家产生以前,人类处于一种互相对抗的原初自然状态,在这种自然状态下,人人平等而自由,却又可能因为利益而不断争斗,为了保障安全,人们在自然法的指引下签订契约,将属于自己所有的一部分权利让渡给一个人或一些人,从此人类脱离原初的自然状态,开始进入政治社会。这个政治社会就是国家,接受原初状态下的人类让渡的权利的人就是这个国家的统治者,他拥有最高权力,所有订立契约的人都得服从他的意志。社会契约理论阐述了主权权力的合法性来源,论证了国家统治的正当性。

美国学者约翰·罗尔斯进一步把社会契约的自由观念拓展到万民法。根据罗尔斯的理论,人类结成契约、摆脱原初状态后组成了主权国家。然而,在全球层面来看,各自拥有主权的国家又进入了第二层次的原初状态。为了摆脱这种原初状态,国家间选择订立契约来限制自己的一部分主权权力。在没有签订全球社会契约以前,各国在税收领域处于自由竞争的无序状态,并利用各自的主权互相进行对抗。在意识到各国税收政策具有相关性、一国的税收主权要依靠其他国家的尊重才能实现时,主权国家纷纷选择摆脱这种无序的原初状态,主动与其他国家订立契约,限制自己的一部分主权权力。这样,通过订立全球社会契约,各国逐渐放弃绝对的税收主权观,转而青睐负责任的新税收主权观。

(三) 新税收主权观的内涵

在经济全球化的大背景下,各国的税收越来越具有相关性。一国的税收制度往往不只对国内产生影响,还会影响其他国家的税收主权。传统税收主权观由于其绝对性和非合作性,已不能解决现今愈演愈烈的税收矛盾和争议,甚至会阻碍国际税收行政合作的发展。在这种情况下,税收主权观的嬗变势在必然,新的税收主权观应运而生。

新的税收主权观是一种负责任的主权观。对于它的理解有两个要点:一方面税收是一国保障政府持续运行、推进财政政策以调控经济和维护社会公平的重要资源和手段,因此,新税收主权观首先承认各国拥有税收主权,承认一国有根据自己的经济发展目标确立税收制度的权力;另一方面税收的相关性使各国税收政策的溢出效应增强,为了减少一国税制的负外部影响,新税收主权观在强调税收主权的同时指出这种权力不是绝对的、不受限制的,它要受到责任观点的制约——不仅要对本国国民负责,也要对其他国家和整个国际社会负责。

新的负责任的税收主权观要求各国不仅要关注国内税收利益,更要关注国际税收利益;不仅要着眼于眼前利益,更要协调规划长远利益;不仅要推动本国的经济社会发展,更要致力于国际社会的共同发展。负责任的税收主权并不意味着硬性限制税收主权,它赋予主权以一种弹性的平衡调整性质,其效果是产生一种结构性的规范约束效力,从而促使各国在享有税收决策自由的同时,与相关各方进行必要的协调平衡。①

(1) 负责任性。新的税收主权观在主权理论中引入了责任观点,并且认为一国在设计其税制时不仅要对本国国民负责,还要对其他国家和国际社会负责。经合组织作为推进国际税收协调、促进税收主权观转变的主要机构,对于责任标准虽然并未予以明确的定义,却可以从历年发布的报告中一窥端倪。第一,任何国家不得为其他国家的居民提供逃税、避税的便利条件,侵蚀其他国家的税基;第二,主权国家有责任采纳国际税收透明度标准,维护税收中性原则;第三,任何国家不得追求无保障的竞争优势,削弱其他国家的税收自治权;第四,主权国家有责任遵守某些公认的国际标准,并利用国际网络推广这些标准。

对主权责任标准应严格解释,防止相关国家作扩大化解释,从而将其作为攻击其他国家主权的工具。负责任并不是弱国对强国所负的单方面责任,而是建立在平等基础上的互负责任。然而,由于在政治、经济和军事实力上的差距,每个国家维护自己主权的能力存在差异,在谈判中所处的地位也不尽相同,在实践中容易发生强国利用其相对优势强迫弱国作出让步,变相损害其主权的现象,这是与负责任的税收主权观背道而驰的。为了防止这种现象的发生,有必要通过一个具有广泛代表性的平台,在保证相关国家充分参与并有效讨论的前提下,讨论责任的标准问题。

(2) 合作性。根据传统的税收主权观,一国有权根据自己的国情和经济发展目标独立自主地制定本国的税收制度,而不受其他任何国家和国际组织的干涉。可见,传统税收主权主要着眼于国内,强调国家对本国税制的最高控制权,并不要求各国在税收事项上进行合作。而新的税收主权观则强调负责任性——不仅要对本国国民负责,还要对其他国家和国际社会负责,减少本国税收制度的负外部性。根据负责任的税收主权观,一国在制定税收政策时不仅要着眼于国内,更要放眼国际,防止对其他国家的税收政策造成冲击。要完成这一目标,各国必须要在税收事项上进行合作,在国际层面上进行税收协调。可见,合作性实则是负责任性的内在要求。

综上,负责任的新税收主权观所强调的是,各国行使税收主权应当充分考虑其外部效应,尤其是对他国税收的不利影响,负责任地制定和实施国内税收政策与法规,并与他国进行充分地协调合作。但是,需要进一步指出的是,新税收主权观所提出的要求必须以利益的平衡协调为目的和基础,而不是简单地对一国税收主权予以硬性限制。对于广大的发展中国家或小国而言,这尤为必要。如果缺乏利益的平衡协调,新税收主权观所要求的负责任性和合作性将丧失公正

---

① 参见崔晓静:《论国际税收协调法律机制之构建——以负责任税收主权为基础》,载《法学评论》2010年第5期。

合理性。在一个实力和资源都绝对不平等的国际社会中,缺乏利益的平衡协调,新税收主权观将只能成为强国损害弱国税收主权和国际利益的工具。

利益的平衡协调并非只是新税收主权观的一个抽象的原则基础,而是现实的具体利益的平衡。在对各国税收主权提出负责任性和合作性的具体要求时,应考虑到各国的不同具体情况和利益需求,区分发达和发展中国家的不同的责任能力,以及发展中国家的利益和特殊需要。对发展中国家而言,由于科技、经济和社会条件的落后与发展阶段的不同,某些适用于发达国家的税收主权责任标准不一定适合于发展中国家,甚至是一种难以实现的责任负担。同时,发达国家由于处于优势地位在经济全球化中谋取了更多的利益。因此,在利益均衡上应承担更多的责任,这也体现了实质正义的基本要求。当然,这并不排除发展中国家随着责任能力和利益获取的增加而在税收合作领域逐步承担更多的责任。从深层次上讲,利益的平衡协调不是单纯就税收主权问题进行孤立封闭的博弈协商,它所要面对的是,国家依据其税收主权谋求本国正当权益和国际责任负担之间的广泛而深刻的矛盾的平衡,因此,利益的平衡协调应放在"建立一个和谐公正的国际政治经济秩序"的宏观背景和框架中予以处理。

第三节 国际避税地法律规制的依据

一、国际避税地法律规制的经济分析

(一) 国际避税地对全球经济的不利影响

早在20世纪50年代中期,在岸国就开始监测到有大量资本从其境内流入国际避税地。国际避税地仅对海外投资课征少量税收或者不征税,同时其银行保密法使得在岸国很难发现投资收益并对其征税。在其后的几十年里,由于许多国际避税地部分或者完全解除了外汇管制,加之银行业与科技的发展,资本的全球流动更加便捷,从在岸国向国际避税地的转移资本大幅增长。国际避税地利用税收优惠政策所引发的有害税收竞争既影响了主权国家税收政策的制定,又扭曲了跨国纳税人正常投融资活动的选择。

在岸国自然人居民比较常用的方法是将能产生消极收入的资产(诸如现金、证券)转入在国际避税地设立的银行账户或者信托基金,国际避税地通常情况下不会对这些收入征税。尽管一些在岸国(如中国、美国)对其居民纳税人在全球范围的所得征税,其国内法规定受益人在国际避税地取得的消极收入须进行申报并缴纳所得税,但是许多在岸国居民仍利用复杂的分层结构和国际避税地的银行保密法不合法地进行逃税、避税,以达到阻止在岸国发现他们离岸收入的目的。

就法人公司而言,大多数在岸国将公司的设立地或管理控制中心地作为确定居民纳税人身份的标准,而不是以公司资产或活动所在地为标准,这样在岸国可以对大多数公司行使居民税收管辖权和来源地税收管辖权。为逃避居民税收管辖权,公司就会选择在国际避税地注册登记,已成立的在岸公司可以通过在国际避税地新设机构并转移其管理控制功能达到同样的目的。为逃避来源地税收管辖权,在岸国外国公司,可以通过向第三国(国际避税地)所设子公司转移资产或利用转让定价的方法进行避税。

由此观之,跨国纳税人利用国际避税地规避的纳税义务不仅限于居住国,而且包括所得的来源地国,其目的不单是为减轻在某一国的税收负担,而是为了减轻全球范围内的总体税负。所以,此行为对国际避税地本国及在岸国的国民经济与国际整体金融秩序都将产生负面影响。

(1) 侵蚀税基与破坏税收政策。主权国家的税收政策是根据本国的基本国情,综合政治、经济、社会、历史等因素制定的。健全的税收政策有利于保障税基的稳定,而稳定的税基又是国家充足财政来源的前提。在岸国的税率较高,跨国纳税人将大量资金转移至国际避税地,由于两国间缺乏情报交换机制,在岸国难以获取信息并恰当行使税收管辖权,必然因税基受到侵蚀而蒙受巨额财政损失,此外,由于国际贸易活动越来越多地通过网络空间进行,因此交易活动通过国际避税地中转进行而使在岸国税基受到侵蚀的可能性大大增加。国际避税地不透明优惠税制引发的有害税收竞争行为极大地限制了在岸国税收制度的实施,迫使其改变税收制度来弥补税收收入的损失,或是对税基中剩余的资本提高税率,或是对缺乏流动性因素的款项(如消费)征收更高的赋税。前一种选择会加剧资本流失的状况,而后一种选择则会削弱税制结构的完整性与公平性。

(2) 造成公共物品的搭便车现象。公共物品是由公共经济部门提供的、用以满足人类公共欲望的资产。由于无论是否付费和付费多少,各类主体对公共物品均可获得等量且相同的消费,公共物品消费方面普遍存在搭便车现象,因此各类市场主体都不愿意投资于公共物品,因此,依据政治经济学理论,搭便车的问题反映了集体中的个人倾向于让其他成员采取惠及整个集体的行为。[1] 集体成员数量越少,相互间的责任就越重,他们会为集体福利相互协助并作出应有而均衡的贡献。成员数量如果增多,单个成员的自治权相应膨胀,相互间责任变轻。一部分成员为集体福利作出贡献时,另一部分则坐享其成。公共物品具有非排他性和不可分割性,因而很难形成市场价格,所以公共物品的提供既是国家的基本职能又是其征税的直接目的。在岸国政府主要通过征税来保证公共物品

---

[1] See Ruben P. Mendez, *International Public Finance: A New Perspective on Global Relations*, Oxford University Press, 1992, p.54.

(如国防、教育、社会安全以及交通基础设施)的提供。国际避税地的有害税收竞争行为诱使在岸国居民纳税人向其境内转移资产以减少税收负担,与此同时潜在减少了本应由其承担的公共物品的成本份额。① 税收和公共支出的预期水平及组合被改变后,避税者在居住国获取的社会公共物品大部分需要由其他足额纳税的居民来提供。

(3)减少了所得累进税。国际避税地引发的税收竞争会减少在岸国税收体系中的累进税。所得税税基通常包括资本收入,与其他不包括资本收入的税种(例如消费税)相比,所得税具有明显的累进性。如果在岸国的公司和富豪将其资本收入转移至国际避税地,那么在岸国的大部分税负将由其他具有非流动性因素的主体来承担,累进税的总额将大幅减少。累进税的正当性在于,法人公司与富豪比一般民众占有更多资本,它们与税收收入支持的公共物品间有更为明显的利害关系,如果政府不提供这些公共商品,法人公司和富豪的损失会更大。在某种程度上,累进税的减少,不仅破坏在岸国原有税收结构的平衡,而且不恰当地减少了法人公司及富豪的税收负担,中低收入阶层既要弥补财政收入的缺口,还要为法人公司及富豪消费的公共物品付费。这样一来,只有最富有的社会成员才会从税收竞争中获益,社会公平度和税制的认同度都会随之降低,长此以往,还会影响社会的和谐与稳定。

(4)增加了税收管理的成本。国家征税应以最小的税收成本去获取最大的税收收入,以便使税收的名义收入和实际收入差额最小。只有这样才能提高税收的行政效率。而国际避税地实行的严格银行保密法及缺乏透明度的税收制度,一方面,阻碍了在岸国税务机关和其他执法部门对构成洗钱犯罪行为的部分金融交易进行调整;另一方面,阻碍了税务机关在实施税务调查时进行相关信息的有效交换。此外,由于许多国际避税地不是所得税协定的缔约国,因此它们没有义务也不会向其他主权国家提供税收情报。这些不良效应从不同方面增加了在岸国反避税的难度,在岸国政府被迫投入更多的人力、物力、财力进行反避税工作。除了进行强化跨国纳税人信息申报义务的税收立法外,还需要同国际避税地签订税收协定,建立情报交换机制。有害税收竞争会降低纳税人自愿守法的积极性,当守法纳税人意识到一些社会成员利用巨额财富进行逃避税时,税法有效遵守便得不到保障。在岸国为了保障充足的税收收入会被迫加大管理的成本,对纳税人进行守法教育宣传。税收征管成本的过度支出,对于资源配置或经济运行均会产生负面影响,税收制度和政策就不能很好地服务于社会经济目标。

---

① See David Hume, *A Treatise of Human Nature*, edited by Ernest C. Mossner, Penguin Books, 1986, pp.589—590.

(二) 金融危机与国际避税地法律规制

国际避税地对金融危机的发生与蔓延起着推波助澜的作用。同时，金融危机之后国际和国内层面对国际避税地法律规制的方式都发生了变革。

从国际避税地开始兴盛之时，在岸国政府就对"结构性融资"造成的避税机会持警惕态度①，但由于复杂的结构和交易链涉及严格的银行保密制度，在岸国只能对国际避税地进行无关痛痒的指责。造成全球经济和金融危机的主要因素是负债。孕育巨额债务的温床是大量存在于国际避税地的影子银行，这个庞大金融体包含的企业将借贷而来的资金用于放贷，以便从中获取收益，这些企业游离于普通银行的监管制度之外。与此同时，资本外流使许多国家的债务危机更加严重。这是因为国家外汇资源的流失迫使当局政府从国外借债，但从税收中获取的收益是外部融资（援助或借债不稳定，容易受外界因素影响）所无法替代的，有害税收竞争行为增加了国家财政赤字，迫使在岸国提高其国内居民税率、削减社会福利支出。此外，国际避税地疲软的监管环境为不透明高风险金融产品的发展及其在世界范围内的扩散提供了便利条件，加大了对于在国际避税地拥有资产的金融机构和涉及国际避税地金融活动的风险评估难度。

国际避税地鼓吹其税收竞争行为会促进全球市场的效率，但所谓效率的核心就是这些国家自由而宽松的监管环境，其政治却早已被金融资本的利益所吞噬。国际避税地在金融危机中发挥的消极作用主要表现三个方面：其一，通过人为循环交易进行避税之后将资金用于借贷，只是表面上改善了金融业的资产负债表和股票价值，却没有实际增加全球经济的价值，这只会进一步加剧全球资产的泡沫。其二，国际避税地还是大部分基金（公募基金、对冲基金、私募股权基金）的天堂。这些基金投资于高收益的证券和高度杠杆化的股东投资，一定程度上驱动了危机前的信贷扩张。其三，循环的"双减税"融资安排使跨国公司在母国和国际避税地都获得了财务优势，这样一来，借贷融资的正常税收优惠被过分放大，导致很多债务和高风险投资都获得了本不合理的税收补贴。

大量资本在国际金融市场内的非正常流动，不仅会威胁国际避税地经济发展的稳定性，容易引起汇率波动、国际收支不平衡的现象，而且会扰乱正常的国际经济秩序，加大国际金融监管的难度，并妨碍全球有限资源的有效使用与合理配置，加剧南北的贫富差距。更为严重的是，由于国际避税地对账户信息采取的一系列保护措施，为洗钱提供了方便，助长了金融犯罪和恐怖主义融资，加大了打击金融上游犯罪的难度，破坏了世界整体和局部地区的稳定。为了克服这些缺点而改革税收体制，就需要国际社会以公开、公正的方式通力合作。

然而，国际避税地法律规制的普遍化和优化还有很长的路要走，在发达国家

---

① 结构性融资是指通过改变公司的股本结构、债权结构达到融资的目的。

内部,尚且对税收协定存在某些争议问题,国际间反避税的规则及协议是否能合理保护发展中国家的利益更是一个问题。

二、国际避税地法律规制的法理依据

税收是纳税人向国家无偿缴纳的法定给付,基于无偿性,国家就应保证税收的公平与中性,不能因国家的税收法律与政策而剥夺任何人的福利,或使任何人在税收中处于不利地位,更不能在税收之外给纳税人增加额外负担。在国际税收关系中,一国不能仅根据自己的眼前利益,制定有损于他国财政收入与税收主权的税收法律或政策。国际避税地的存在不仅使正常纳税的跨国纳税主体处于不利地位,而且在岸国从国际避税地获取信息,会额外增加行政管理成本与财政预算开支,最终在岸国只能提高其他税种的税率来保证财政收入的取得,在岸国国内居民纳税人不得不承担额外的本不应当由其负担的税收以填补流失的税收。这明显违背了税收中性与税收公平原则。

(一) 税收中性原则

国际税收中性原则是指国际税收体制不应对跨国纳税人跨国经济活动的区位选择以及企业的组织形式等产生影响。此原则有两层含义:一是国家征税使社会所付出的代价以税款为限,尽可能不给纳税人或社会带来其他的额外损失或负担;二是国家征税应避免对市场经济正常运行的干扰,尤其是不能使税收超越市场机制而成为资源配置的决定因素。①

国际避税地所引发的有害税收竞争行为,总体上降低了资源配置的效率。在国家层面,国际避税地仅利用税收优惠和低税率来吸引外资,而不重视投资环境与税收制度的优化,这不利于本国经济的长远发展。在岸国为了维持税基,不得不提高其他税种的税率,这将会增加经济成本,干扰财政计划的实施,税收的公共财政职能与社会分配职能就无法正常发挥作用。在纳税人层面,跨国纳税人进行税收筹划时,聘请大量专业人员进行不必要的交易安排,不仅会增加成本开支,也将造成社会资源的浪费。此外,其投资地域选择的决策也会受到影响。

对于国际避税地的法律规制,就是要使资本输入尽量中性化,以减少税收竞争行为对市场在资源配置方面基础性作用的扭曲,减少对经济运行的干扰。同时,鼓励国际避税地改善投资环境,改革税制结构,以谋求长远发展。

(二) 税收公平原则

国际税收公平原则包括涉外纳税人税负公平和国际税收分配公平两个方面,是指跨国纳税人所承担的税收与其所得的负担能力相适应。各个纳税人之间的负担水平应保持相对均衡,经济条件相同的纳税人承担相同的税负,经济状

---

① 参见许多奇、廉洁:《国际税收情报交换中的纳税人信息权保护》,载《税务研究》2018年第5期。

况存在差异的纳税人承担不同税负。这是一种按比例的结果公平或实质上的公平,是一种追求最大多数社会成员之福祉的公平观。累进税率就充分体现了税收公平原则,所得越多,税率和税负越高。上升到国际层面,各主权国家应当在国际税收利益分配及协调相互税收关系时地位平等,尊重对方的税收管辖权。无论国际税收协定,还是国内税法,只有符合税收公平原则,才能鼓励跨国纳税人自觉纳税,从而保障协定与税法的有效实施。没有税收分配的相对公平,便没有税收国际合作的可能性,国际税收协定也就失去了存在的基础。

国际避税地的存在,破坏了税收公平,扰乱正常的国际税收利益的分配秩序。跨国纳税人将资产转移至国际避税地,并利用多种避税手段,使其与在岸国表面上脱离经济关系,进而免予向在岸国纳税。其行为打破了原本由国内税法创设的公平税收环境,累进税的非正常减少,更是相对提高了守法纳税人的税收负担。规制国际避税地的目的是维护各国的税收利益并规范国际税收关系,无论是国际组织还是主权国家都应将国际税收公平原则作为衡量规制措施的标准。国家之间应当加强磋商与合作,特别是加强南北对话,兼顾发达国家与发展中国家两者的税收利益,妥善安排相互之间的税收政策,理顺各国间税收差异,形成一个国际社会基本认同,且对国际税收关系有一定规范力或约束力的国际税法体系,使各个国家在主权平等的原则下分享税收利益。这样才可以消除有害税收竞争行为,保障国际资本的正常流动,为国际贸易与投资扫清障碍,发达国家才能进一步扩大投资领域、提高投资质量,发展中国家也才能更有效地吸引外资和引进外国先进技术。

第四节 国际避税地的规制措施

国际避税地法律规制的核心内容是各国互相协作,促进各国充分执行税收透明度标准。因此,国际避税地法律规制的有效开展,离不开税收透明度标准的发展和进步。2002 年《经合组织税收情报交换协议范本》(以下简称《税收情报交换协议范本》)以及 2004 年修订的经合组织范本第 26 条,确定了国际税收透明度和情报交换标准,即"被请求提供信息一方必须提供可预见性相关信息"的原则,2004 年在柏林举行的二十国集团财长和央行行长会议上通过了此标准。

国际税收透明度标准从产生到逐步完善,再到获得全球范围内的普遍认同,经历了一个渐进发展的过程。它产生于经合组织打击有害税收竞争的实践,逐步完善于经合组织与众多避税地的博弈之中,并针对那些传统的有害于税收透明和信息共享的障碍进行了大胆的应对,最后在金融危机全面爆发后获得了全球性的认同,成为了打击国际避税地,促进国际税收标准贯彻执行的有力工具。

一、国际避税地法律监管的放任阶段

在经济全球化的背景下,各国经济环境日益由封闭走向开放,跨国投资也逐渐增加。然而,伴随着跨国投资的逐步发展,众多的"避税地"也应运而生,它们为跨境投资者逃避税负提供了强大的庇护。在短短半个世纪的时间内,避税地不仅繁衍到了美洲、欧洲和亚太地区,而且形成了一套十分健全的法规制度和运作机制。伴随着避税地对国际金融与经济秩序负面影响的日益加剧,国际社会已经很难容忍离岸金融中心完全游离于监管之外,对离岸金融中心的国际监管呼声日渐强烈,富有针对性和惩罚性的政策开始不断出台。

1996年,经合组织应各成员国部长的要求开始关注有害税收竞争的问题,并于1998年在经合组织财政事务委员会召开的"税收竞争特别会议"上提交了报告。经合组织在报告中认定有害税收竞争是超出国家税收主权界限的行为,谴责避税地和优惠制度为"有害的税收竞争",并在报告中提出了认定有害优惠税制和避税地的关键要素。根据报告,确认一项优惠税制是否属于有害优惠税制的四个关键要素包括:(1)没有或仅有名义上的税收;(2)制度的"围栏"效应,它是指优惠税制的部分或全部与实施该税制的国内市场脱节,主要包括两种方式,第一种是在税制中明确或不明确地排除本国居民受惠于该税制,第二种是受惠于该税制的企业可以明确或不明确地被禁止在国内市场经营;(3)缺乏透明度;(4)缺少有效的情报交换。

根据经合组织报告,认定避税地的关键要素包括:(1)没有或仅有名义上的税收,这是界定避税地的起点;(2)缺少有效的情报交换,避税地在其信贷法或行政管理实践中,都有典型的使经营活动和个人可以受惠于严格的保密规定及其他防止税务机关详查的规定;(3)缺乏透明度,避税地往往在立法、司法和行政规定中缺少透明度,这是判定避税地的又一大因素;(4)没有实质性经济活动。经合组织还在报告中提出了涉及国内立法和实践、税收协定以及国际合作等多方面的建议。

2000年6月26日,经合组织又发布了题为《迈向全球税收合作:认定和消除有害税收竞争行为的进展》的后续报告。在该报告中,经合组织根据1998年报告中提出的认定标准,公布了设置有害税收优惠制度的成员国名单,并将成员国所采用的47种优惠税制判定为有害税制,认为其存在潜在危害。同时,经合组织还公布了一份包含35个符合避税地标准的国家和地区的名单。经合组织为这些国家和地区提供选择,要么在12个月内作出消除有害税收行为的实质性承诺,并于2005年12月31日前,公布行动方案消除其有害税收行为,要么被自动列入非合作避税地清单。① 经合组织在报告中还呼吁非成员国参与消除有害税收的行动,并建议成员国对非合作国家采取迅速而有效的防范性措施,以消除来自这些国家的负面影响。但经合组织同意将是否单方面针对任何管辖区采取或不采取防范措施的权利保留给成员国。

2002 年,全球税收论坛成立了税收情报交换工作组,该工作组由多个经合组织国家及百慕大、巴林、开曼群岛、塞浦路斯、马恩岛、马耳他、毛里求斯、荷属安的列斯群岛、塞舌尔、圣马力诺等避税地共同组成。该工作组制定了 2002 年《税收情报交换协议范本》。该协议范本及其评注是全球税收论坛关于国际税收透明度原则的最具权威的法律文件之一,主要规定了基于请求的税收情报交换这一主流的情报交换方式,明确可以交换的信息范围,赋予了缔约国应请求提供税收情报的义务。

同年,经合组织财经委员会就对经合组织范本第 26 条及其评注进行了全面审查。2005 年 7 月 15 日,经合组织理事会批准了对经合组织范本第 26 条的修改,以使该范本与 2002 年《税收情报交换协议范本》中所反映的国际税收透明度实践相一致。2008 年,联合国税务专家委员会也将该第 26 条及其评注的内容纳入了现行的联合国范本之中;至 2009 年 12 月,最后两个国家——巴西和泰国——也撤回了它们对联合国范本中第 26 条的保留意见。经合组织范本第 26 条规定的情报交换原则与全球税收论坛的税收情报交换专项协定范本基本相同。

二、国际避税地法律监管的加强阶段

(一) 税收透明度黑名单

金融危机爆发后,为了防止国际避税,2009 年 4 月,伦敦二十国集团金融峰会决定强化实施新的国际税收透明度和情报交换的标准和原则。在打击避税和银行情报交换方面不合作的国家和地区将被经合组织列入"黑名单",并因此受到严厉制裁,比如将被排除在国际货币基金组织和世界银行的融资安排之外等。在履行国际税收透明度标准和原则方面存在着一定问题的国家和地区将被列入"灰名单",较好地履行这一标准和原则的国家及地区将被列入"白名单"。在二十国集团的推动下,国际税收透明度与情报交换的标准和原则已经为各国普遍接受。此后,为了进一步贯彻该原则,作为经合组织下设机构的全球税收论坛启动了一项同行审议程序,通过在该程序中适用税收透明度原则,改善国际税收透明度。

---

① 参见经济合作与发展组织:《有害税收竞争——经济合作与发展组织的两个研究报告》,国家税务总局国际税务司译,中国税务出版社 2003 年版,第 74 页。

(二) 美国 FATCA

美国作为当今世界上最重要的发达国家之一,在规制国际逃避税方面作出了长久而持续的努力。金融危机爆发后,美国经济遭受重创,大量税源流失海外,政府债台高筑,财政赤字严重,就业形势严峻。面对这种内忧外患的困境,美国为了缓解财政压力,在加强国内税收征管的同时,还对现行海外账户征管机制进行了大刀阔斧的改革。2010 年 3 月 18 日,美国总统奥巴马正式签署了《海外账户税收遵从法案》(Foreign Account Tax Compliance Act, FATCA),FATCA 的出台极大地加速了国际税收透明度标准升级的进程。

美国国会在"瑞银案"风波过后试图要求外国金融机构协助美国政府确认美国人直接或间接持有的海外资产,以避免他们逃避美国税法。FATCA 试图通过建立一个全新的报告机制和预提税制度,弥补美国现行税收征管机制的不足,应对金融危机带来的强烈冲击。为实现这一目标,FATCA 鼓励外国金融机构签订协议,向美国国税局报告美国人以及具有重要美国所有权的外国实体持有的金融账户的信息。对于其他非金融外国机构(NFFE),则要求向扣缴义务人提供受益所有人的信息。如果上述实体未履行信息提供义务,FATCA 规定对扣缴义务人支付给这些实体的来源于美国的款项征收 30% 的预提税。根据 FATCA 第 1471—1474 条的规定,针对不同的情况和对象,FATCA 确立了三种不同类型的信息报送义务,一般通过以下三种机制实施①:

(1)按照外国金融机构协议,要求参与的外国金融机构(PFFI)获取其维持的所有账户的每个持有人的信息,并据此判断该账户是否是美国账户或顽固型账户持有人、非参与的外国金融机构(NPFFI)持有的账户。其中,对于美国账户,外国金融机构应当向美国国税局申报这些美国账户的信息;对于顽固型账户持有人和非参与的外国金融机构持有的账户而言,外国金融机构应当对支付给这些持有人的可预提款项征收 30% 的预提税。

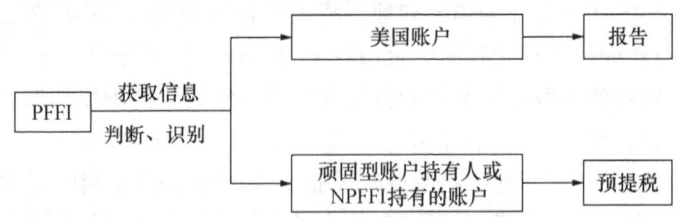

(2)对于未签订协议的外国金融机构,则要求扣缴义务人获取收款人的信息。扣缴义务人有义务对支付给任何外国金融机构的可预提款项扣缴 30% 的

---

① 参见崔晓静、熊昕:《FATCA 政府间协议范本对我国的影响及对策》,载《税务研究》2013 年第 12 期。

预提税,除非有文件证明该款项可免于预提,或者款项是根据祖父债务作出的。简言之,扣缴义务人必须确定款项的收款人,以及这些收款人的相应地位。为此,扣缴义务人必须收集、保留每一种类型的收款人的正确信息。

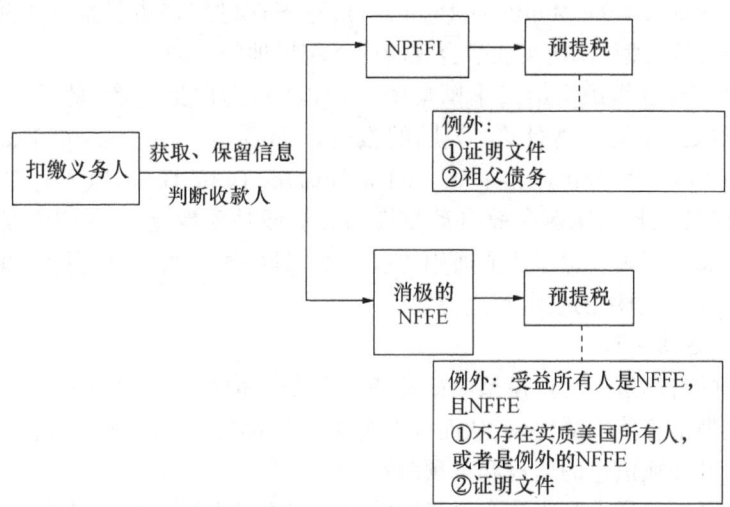

(3) 对于消极的非金融外国机构,则无需与美国国税局签订协议。非金融外国机构需要向扣缴义务人提供受益所有人的信息,否则扣缴义务人将对支付给非金融外国机构收款人的任何可预提款项扣缴30%的预提税,除非款项的受益所有人就是该非金融外国机构(或其他非金融外国机构),且扣缴义务人可以将非金融外国机构视为不存在实质美国所有人的非金融外国机构,或视为例外的非金融外国机构,或者非金融外国机构已经向扣缴义务人提供了有关实质美国所有人或其享有例外的非金融外国机构资格的文件。

2012年,为便利FATCA的实施,美国财政部于7月26日颁布了政府间协议范本一,规定就已按此范本签署政府间协议的国家,允许其境内金融机构根据本国尽职调查要求识别美国账户,并向本国政府报告FATCA要求的美国账户信息,然后再由该国政府以自动方式与美国进行情报交换。FATCA双边合作模式逐渐确立。2013年4月9日,英国、法国、德国、意大利和西班牙财长通知欧盟税务专员,他们已经同意利用FATCA政府间协议,在他们和美国之间进行多边交换的试点工作。这意味着除与美国政府交换税收情报外,他们也意图在彼此之间交换信息。2013年4月13日,比利时、捷克、荷兰、波兰和罗马尼亚也表达了他们对该方案的兴趣。截至2015年5月,先后有17国批准了该方案。

三、国际避税地法律监管的严格阶段

2013年6月18日,经合组织向八国集团领导人提出了建立一个更加公平

透明的全球税收体制所需要采取的措施。在遵循 2013 年 4 月报告的基础上,经合组织颁布了《进一步完善税收透明度报告》(A Step Change in Tax Transparency: Delivering A Standardized, Secure and Cost Effective Model of Bilateral Automatic Exchange for the Multilateral Context),意图探讨在多边背景下构建标准化双边自动交换模型,以期实现联合规制国际避税地的目的。

2012 年经合组织交给二十国集团一份以"自动情报交换:是什么、怎么运行、有何益处、还需要做什么"为题的报告(Automatic Exchange of Information: What It Is, How It Works, Benefits, What Remains To Be Done,以下简称《自动情报交换报告》),报告阐明有效自动交换的关键成功要素是:(1) 就报告和交换的范围以及尽职调查程序达成通用协议;(2) 具备国内报告和国际情报交换的法律依据;(3) 通用的技术解决方案。

(一) 通用协议

有效的自动情报交换模型应该具备一个关于本国金融机构报告以及与居民管辖区交换信息范围的协议,从而确保金融机构的报告符合居民国的利益,同时有助于提升交换信息的质量和可预测性。

为了限制纳税人利用向金融机构转移资产或对未被模型所覆盖的产品进行投资等方式来规避这一模型的适用,报告制度需要覆盖以下三方面内容:(1) 需要报告的金融信息的范围:一个全面的报告制度会涵盖不同类型的投资所得,包括利息、股息和其他同类型的所得,而且能够解决纳税人意图藏匿的所得或资产中已经部分逃避纳税义务的问题。(2) 需要报告的账户持有人的范围:一个全面的报告体制不仅要求报告个人信息,还需要通过利用中间法律实体或其他安排来尽量减少纳税人逃避被报告的可能。这意味着要求金融机构彻底审查空壳公司、信托机构或类似安排,包括可征税的实体以涵盖纳税人意欲藏匿资产但愿意就资本所得交税的情况。(3) 需要履行报告义务的金融机构的范围:一个全面的报告体制不仅包括银行,还有其他金融机构,比如经纪公司、集体投资公司和保险公司。

除了有关收集和交换信息范围的通用协议,有效的金融信息自动交换模型还需要一份明确金融机构应遵守的尽职调查程序的协议,从而识别可报告的账户,并获得账户持有人关于特定账户被要求报告的识别信息。尽职调查程序非常重要,因为它能帮助确保被报告和交换信息的质量。[1]

(二) 法律依据和保密性

标准化的多边自动交换模型要求具备国内报告义务和金融情报交换的法律依据。报告义务一般规定于国内税收立法中,伴之以尽职调查程序来确保规章

---

[1] 参见崔晓静、熊昕:《国际税收自动信息交换法律制度的新发展》,载《法学》2014 年第 8 期。

或指引所载数据的质量。自动交换可依据不同的法律基础进行,目前既存的法律基础包括以经合组织范本第 26 条为基础的双边税收协定和《多边税收征管互助公约》。《北欧公约》也提供了这样的法律依据,欧盟方面也通过其指令规定了一个成员国之间的关于自动交换利息所得的信息和其他类似信息的法律框架。

所有协定和情报交换工具都包含了严格的条款,这些条款要求秘密地或保密地交换信息,并且限定了可披露信息的人的范围和利用信息的目的。经合组织最近发布了一份题为"保证安全"的保密指引(Keeping It Safe: The OECD Guide on the Protection of Confidentiality of Information Exchanged for Tax Purposes),列举了最佳保密性的一些做法,并提供了关于如何确保充分保护措施的实践指南。在与其他国家达成自动交换信息的协议之前,非常有必要确定接收国具备一定的法律框架、行政能力和适当程序,以确保所接收信息的保密性,并且这些信息只能基于体制所限定的目的被特别地利用。

(三) 技术和 IT 方面

发展信息报告和交换的通用技术解决方案是标准化交换系统中的关键要素。首先,技术报告格式必须规范,使信息可以被接收方以一种符合成本效益的方式迅速高效地获取、交换和处理。其次,安全和兼容的数据传输和加密方法必须发展起来。许多司法辖区已经以经合组织达成的议定书为基础电子化交换应请求的信息。信息传输一般直接从一国的信息门户交换到另一国的信息门户(俗称"点到点"),在欧盟范围内这种交换则是通过一个安全网络(CCN)。北欧国家则根据《北欧公约》通过安全的网络系统自动交换信息。此外,交换的信息必须加密,而且加密与解密方法必须与发送及接收辖区的系统兼容。[①]

为推动建立一个安全的、符合成本效益分析的标准化自动情报交换模型,《进一步完善税收透明度报告》提出了四项具体的实施步骤:(1) 制定广泛的法律框架,以促进一国伙伴司法辖区关系网络的扩大;(2) 选定(或必要时生效)情报交换的法律依据;(3) 调整报告和尽职调查要求的范围,并进行协调指导;(4) 开发通用或兼容的 IT 标准。

本 章 小 结

如果一个国家为非居民纳税人提供便利,并成为非居民纳税人逃避其居住国税收的场所,则该国家可以称为是"避税天堂"。国际避税地具有低税优势明显、政治格局稳定、保密制度严格和交通相当便利等特点。但是,国际避税地利

[①] 参见崔晓静、熊昕:《国际税收自动信息交换法律制度的新发展》,载《法学》2014 年第 8 期。

用税收优惠政策所引发的有害税收竞争既影响了主权国家税收政策的制定,又扭曲了跨国纳税人正常投融资活动的决定。跨国纳税人利用国际避税地规避纳税义务的行为对国际避税地本国及在岸国的国民经济与国际整体金融秩序都有负面影响。国际避税地法律规制的核心内容是各国互相协作,促进各国充分执行税收透明度标准。国际避税地法律规制的有效开展,离不开税收透明度标准的发展和进步。国际税收透明度标准从产生到逐步完善,再到获得全球范围内的普遍认同,经历了一个渐进发展的过程。金融危机爆发后,为了防止国际避税,改善国际税收透明度,国际社会主要采取了税收透明度黑名单、加强自动情报交换等措施。

思考与理解

1. 简述国际避税地的概念与特征。
2. 简述国际避税地法律规制中的新税收主权观。
3. 简述国际避税地法律规制的依据。
4. 简述国际避税地的规制措施。

第十四章 国际税收协定滥用的法律规制

第一节 国际税收协定滥用的方式及其规制路径

一、国际税收协定滥用的方式

国际税收协定适用于缔约国的居民，非缔约国居民一般不能主张税收协定下的优惠待遇。因此，国际税收协定的滥用是指非税收协定缔约国的居民通过在税收协定缔约国设立导管公司的方式获取其本不应享有的税收协定中的利益。①

比如，甲国 X 公司准备在丙国投资设立一个子公司 Z。由于甲国和丙国之间没有税收协定，如果 Z 公司直接向对 X 公司支付股息的话，X 公司就要在丙国缴纳 20% 的预提税。不过，乙国与甲国和丙国都签订有税收协定，而且税收协定规定对子公司支付给母公司的股息都只征收 5% 的预提税。这样，X 公司可先在乙国设立一个子公司 Y，Y 公司在丙国设立一个子公司 Z。这样，Z 公司支付给 X 公司的股息就先支付给 Y 公司，然后再通过 Y 公司支付给 X 公司，该笔股息在丙国和乙国缴纳的预提税均为 5%。尽管该笔股息要缴纳两笔预提税，但预提税的总体负担减轻了。当然，作为乙国的居民公司，Y 公司从 Z 公司收取的股息应当在乙国缴纳所得税。但是，假如选择地点合适，丙国对 Y 公司境外所得股息免税的话，就可避免这一问题。

---

① 税收协定缔约国的居民也存在不当利用税收协定的情况。比如，甲乙两国的税收协定规定，缔约国一方居民公司从缔约国另一方居民公司取得股息在缔约国另一方缴纳的预提税税率不超过 5%，如果缔约国一方居民公司对缔约国另一方居民公司的持股超过 25%，预提税税率为 15%。假如甲国居民公司 A 对乙国居民公司 B 持股为 20%，那么根据税收协定 A 公司收到的 B 公司支付的股息在乙国的预提税税率应为 15%。A 公司为了享受 5% 的预提税税率，就在乙国设立了一个全资子公司 C，把 A 公司对 B 公司的持股转交给 C 公司持有。这样，C 公司把从 B 公司收取的股息汇回给 A 公司时，从形式上看，A 公司就可主张适用 5% 的预提税税率。税收协定缔约国居民对税收协定的滥用和非缔约国居民对税收协定的滥用都可归属于广义的税收协定不当利用或滥用的概念。本章只讨论非缔约国居民的情况，或者说，本章中的税收协定滥用是狭义的概念。

以上安排可通过下图说明：

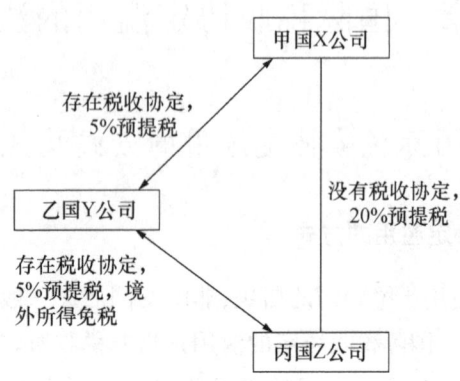

此外，非缔约国居民还可通过设立一个以上的导管公司(也称进阶导管公司)来利用税收协定的优惠。①

比如，甲国 A 公司准备在丙国投资设立一个公司 C。不过，甲国和丙国之间没有税收协定。但甲国与丁国之间缔结有税收协定，丁国对甲国居民来源于丁国的所得给予税收优惠。丁国国内法中对某一类型的居民公司也规定了税收优惠(比如境外所得免税)。在乙国，向外国公司支付的费用可以作为成本扣除，而来自于丙国的所得可以享受乙国与丙国之间税收协定的优惠。在这种情况下，甲国居民就可以在丁国设立子公司 D，D 公司向其在乙国的子公司 B 提供服务，B 公司支付给 D 公司的服务费可作为费用从 B 公司的应税所得中扣除，D 公司来源于乙国的所得可享受丁国与乙国税收协定之间的优惠。乙国的 B 公司来源于丙国 C 公司的所得可享受乙国与丙国之间税收协定的优惠。这样，来自于丙国的利润就可以很低的税收负担返回到甲国。

设立进阶导管公司的做法可用下图说明。

---

① Helmut Becker and Felix J. Wurm, *Treaty Shopping*, Kluwer Law and Taxation Publishers, 1988, p. 5.

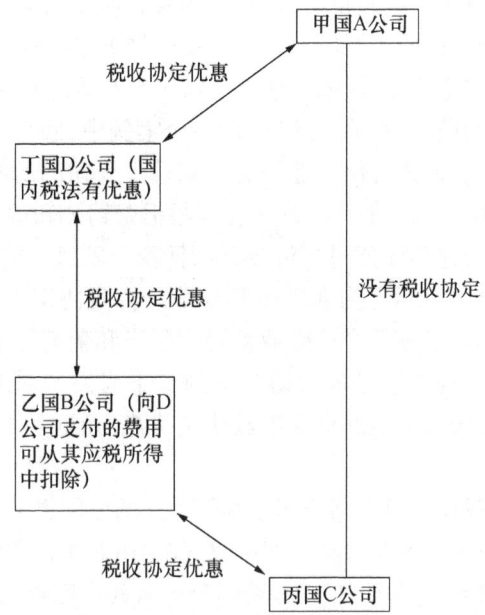

二、规制国际税收协定滥用的路径

国际税收协定滥用具有避税的一般法律特征。表面上，第三国居民公司在税收协定缔约国双方设立的导管公司是缔约国的居民公司，能够享受缔约国双方之间的税收协定给予的优惠，因为税收协定适用于"缔约国一方或缔约国双方居民"。但是，这种优惠的给予并不符合其他缔约国双方之间的税收协定的本意。税收协定是缔约国双方为各自居民的利益而谈判的，它们相互给予税收优惠和减让，如果第三国居民通过在税收协定的两个缔约国的任何一国设立一个公司，该国居民将获取利益，而该国却没有参加谈判和作出税收减让。因此，对等原则就被打破了，缔约国之间基于税收协定的平衡就改变了。税收协定的滥用使得该种利益为本不欲给予的第三国居民所获得。这样，第三国也就没有了参加税收协定谈判的热情，因为税收协定滥用使得该国纳税人可以利用现存的其他国家之间的税收协定。①

因此，实践中税收协定的缔约国是通过国内法措施或者税收协定的相关条款来规制税收协定滥用。

就规制税收协定滥用的国内措施而言，包括制定专门立法和适用反避税的一般法律规则。

---

① Helmut Becker and Felix J. Wurm, *Treaty Shopping*, Kluwer Law and Taxation Publishers, 1988, pp. 5—6.

比如,瑞士于 1962 年就颁布了《防止滥用税收协定法案》,根据其第 2 条的规定,如果一个瑞士居民的主要所得为不享受税收协定优惠的人所获得,如果非居民持有瑞士公司的主要股份,如果瑞士公司作为非居民的受托人,则上述做法属于滥用税收协定的做法。① 在 1987 年的一个案例中,四个德国自然人是瑞士一个合伙企业的合伙人,该合伙企业持有一家瑞士公司的所有股份。该瑞士公司也持有葡萄牙居民公司的股份。瑞士公司根据葡萄牙和瑞士之间的税收协定要求返还对其收取的葡萄牙公司支付股息的征税。不过,该公司的请求被拒绝了,理由是该瑞士公司实际上为非瑞士和葡萄牙税收协定缔约国的居民(德国人)所拥有。问题的关键在于合伙企业是否为瑞士和葡萄牙税收协定下的瑞士居民。瑞士法院认为合伙不是税收协定下的瑞士居民。如果将合伙认定为居民,那意味着第三国居民也能够享受税收协定优惠,而这是 1962 年的法令所禁止的。②

国内法中的一般反避税规则或司法判例确立的原则也可用于解决税收协定滥用问题。比如,在美国的艾肯实业案中,法院运用商业目的原则否定了纳税人滥用税收协定的安排。③ 该案中,一家美国公司从其在巴哈马的关联公司借款。美国公司支付给巴哈马公司的利息要在美国征收 30% 的预提税。不过,根据美国和洪都拉斯之间的税收协定,美国公司支付给洪都拉斯公司的利息可以免征预提税。于是,这家巴哈马公司就把美国公司出具的借款票据转让给了其在洪都拉斯的子公司艾肯实业公司,洪都拉斯公司没有在这笔交易中获利,因为其要支付给巴哈马公司的贷款本金和利息与其从美国母公司收取的本金和利息相同。美国法院认为,美国公司支付给洪都拉斯公司的利息不能免除预提税,因为洪都拉斯公司购买美国公司出具的票据没有商业目的,洪都拉斯公司没有从中获利。因此,法院认为洪都拉斯公司只是一个利息从美国公司向巴哈马公司支付的导管,不能认为洪都拉斯公司收取了自己的利息。法院指出,收取自己的利息不仅仅是暂时占有从一个缔约国公司支付的利息,还必须能够支配和控制这笔资金。

不过,通过国内法规制税收协定滥用可能导致国内法与税收协定的冲突。国际税收协定适用于"缔约国一方或缔约国双方居民",如果税收协定没有将具有导管性质的特定类型的居民排除在"居民"之外,适用国内反避税规则就产生

---

① Yvon de Coulon, Report from Switzerland, see Helmut Becker and Felix J. Wurm, *Treaty Shopping*, Kluwer Law and Taxation Publishers, 1988, p. 251.

② Philip Baker, *Double Taxation Convention and International Tax Law*, 2nd Edition, Sweet & Maxwell, 1994, p. 102.

③ Helmut Becker and Felix J. Wurm, *Treaty Shopping*, Kluwer Law and Taxation Publishers, 1988, pp. 291—292.

了国内法限制税收协定的情况。从国际法的角度讲,《维也纳条约法公约》第27条规定,当事国不得援引国内法规定为理由而不履行条约。

赞成通过国内法应对税收协定滥用的国家认为,一国纳税人的征税是通过国内法进行的(尽管该国征税权或税率可能被税收协定所限制),纳税人对税收协定的滥用具有与滥用国内税法相同的性质。也有的国家从税收协定的目的寻求支持,即税收协定不适用于纳税人的滥用行为是符合税收协定目的的正确解释,这也符合《维也纳条约法公约》第31条规定的应对条约进行善意解释的要求。①

不过,"约定必须遵守"的国际法原则仍应是税收协定的缔约国所应恪守的。税收协定中没有反滥用条款时,一国适用国内反避税规则的做法可能不被缔约国另一方所认同,因为一国的国内法是出于维护本国税基的考虑,而税收协定是双方谈判的结果,是为了在缔约国之间达成平衡。②缔约国一方的行为可能打破税收协定的平衡。即使缔约国一方借助解释税收协定的目的来规制纳税人的滥用安排,另一国对税收协定目的的理解可能也与之不同。

因此,在税收协定中明确缔约国国内法中反避税规则的地位能够尽可能避免国内法和税收协定的冲突。比如,我国和新加坡的税收协定第26条就规定:"本协定并不妨碍缔约国一方行使其关于防止规避税收(不论是否称为规避税收)的国内法律及措施的权利,但以其不导致税收与本协定冲突为限"。

第二节 税收协定中的反滥用条款

一、受益所有人

1977年经合组织范本在其第10、11、12条中引入了"受益所有人"(beneficial owner)的概念,并在随后的范本中延续使用而未作改动。③ 引入受益所有人的概念是专门针对股息、利息和特许权使用费预提税的滥用安排。比如,第11条第2款规定,当来源地国对利息征税预提税时,如果收取利息的受益所有人是缔约国另一方的居民,则所征税款不得超过利息总额的10%。这样,缔约国一方的居民要主张缔约国另一方适用优惠预提税税率,必须证明其为该所得的受益所有人。或者说,如果受益所有人并非税收协定缔约国的居民,即使利息的收

---

① 参见2017年OECD范本关于第1条的注释第58、59段。
② Helmut Becker and Felix J. Wurm, *Treaty Shopping*, Kluwer Law and Taxation Publishers, 1988, p. 8.
③ 受益所有人概念在税收协定中的出现要早于1977年的经合组织范本。比如,1967年英国和荷兰的税收协定第11、12、13条就引入了受益所有人。U. N. Economic and Social Council Committee of Experts on International Cooperation in Tax Matters, Progress Report of Subcommittee on Improper Use of Treaties: Beneficial Ownership, E/C. 18/2008/CRP. 2/Add1, Annex para. 5.

取人是缔约国的居民,也不能享受优惠税率。

不过,经合组织范本条文并没有关于"受益所有人"的定义,需要通过个案进行解释。① 这意味着不同国家可能有不同的理解。

在印度尼西亚食品公司案②中,印度尼西亚食品公司在 2002 年准备发行国际债券融资。根据印度尼西亚的国内税法,如果印度尼西亚食品公司直接发债,债权人(债券持有人)收到的利息要在印度尼西亚缴纳 20% 的预提税。为此,印度尼西亚食品公司通过其设立在毛里求斯的子公司发债,然后子公司再把发债募集的资金转借给印度尼西亚食品公司。根据印度尼西亚和毛里求斯的税收协定,印度尼西亚食品公司支付给子公司的利息只需要在印度尼西亚缴纳 10% 的预提税,同时毛里求斯对印度尼西亚食品公司的子公司债券持有人的利息免税。按照债券发行安排,JP Morgan Chase Bank 作为债券持有人的受托人。在成功发债之后,印度尼西亚于 2005 年 1 月终止了与毛里求斯的税收协定。这样,印度尼西亚食品公司支付给毛里求斯子公司的利息就要缴纳 20% 的预提税。在债券发行协议中有这样一个条款:如果印度尼西亚法律或税收协定发生变化并导致预提税超过 10%,债券发行人在采取一切合理手段后仍无法改变这一状况,债券发行人有权提前赎回债券。于是,印度尼西亚食品公司向债券受托人提出提前赎回债券。但是,债券受托人认为,如果印度尼西亚食品公司在荷兰设立一个子公司并受让原毛里求斯子公司的债务,根据荷兰与印度尼西亚的税收协定,在印度尼西亚的预提税仍能够低于 10%。因此,债券持有人不同意提前赎回债券。双方为此产生了争议,争议的焦点在于这种安排下设立在荷兰的子公司是否构成印度尼西亚与荷兰税收协定中的受益所有人。双方随之诉至英国高等法院。在一审中,英国高等法院认为债券持有人提出的方案是可行的,设在荷兰的子公司是受益所有人。但是,在二审中,英国上诉法院推翻了一审判决。上诉法院认为受益所有人是指享有所得完整利益的人。该案中即使采用债券发行人的安排建议,设在荷兰的子公司从印度尼西亚食品公司收取的利息需要支付给债券持有人,无法从中盈利,对利息没有支配权,不能构成荷兰与印度尼西亚税收协定中的受益所有人。

在 Prevost 汽车案③中,瑞典 Volve 公司和英国 Henlys 公司在荷兰成立了一

---

① 从 1977 年经合组织范本及其注释到 2017 年经合组织范本及其注释,只是列举了代理人(agent)、被指定人(nominee)或导管公司(conduit company)不构成受益所有人。对于如何解释受益所有人,范本注释也只是指出应根据税收协定上下文和税收协定的目的进行解释。参见 2017 年经合组织范本关于第 10 条的注释第 12 段,以及第 12.1—12.4 段。

② Indofood International Finance Limited v. JP Morgan Chase Bank N. A., London Branch, [2006] EWCA Civ. 158; [2006] STC 1195.

③ Her Majesty the Queen and Provest Car Inc, 2009 FCA 57.

家控股公司,该控股公司又持有加拿大 Prevost 公司的股份。根据加拿大和瑞典的税收协定以及加拿大和英国的税收协定,瑞典居民和英国居民从加拿大取得的股息要在加拿大缴纳的预提税的上限分别为 15% 和 10%。但是,根据荷兰与加拿大的税收协定,荷兰居民从加拿大收取的股息的预提税的上限为 5%。当然,预提税的优惠以收取人为受益所有人为前提。加拿大税务当局认为荷兰控股公司并非税收协定中的受益所有人。加拿大税务法院则认为荷兰控股公司是受益所有人。加拿大税务法院指出股息的受益所有人是取得股息并可以自行控制支配以及承担相应风险的人。荷兰控股公司是 Prevost 公司的股东,荷兰控股公司拥有自己的资产并承担相应的责任。荷兰控股公司的章程也没有为该公司附加必须分配股息的义务,即使分配股息也要遵守荷兰法律。因此,没有证据表明荷兰控股公司是瑞典 Volve 公司和英国 Henlys 公司收取股息的导管公司。该案上诉到加拿大联邦上诉法院后,联邦上诉法院维持了税务法院的判决。

我国对外签订的税收协定也有受益所有人的条款。比如,中美税收协定第 9 条规定:"缔约国一方居民公司支付给缔约国另一方居民的股息,可以在该缔约国另一方纳税。然而,这些股息也可以在支付股息的公司是其居民的缔约国,按照该缔约国的法律征税。但是,如果收款人是该股息受益所有人,则所征税款不应超过该股息总额的 10%"。

我国对外签订的税收协定中没有对受益所有人作出具体的解释。为此,国家税务总局曾于 2009 年发布了《关于如何理解和认定税收协定中"受益所有人"的通知》(国税函[2009]601 号,以下简称"601 号文件")、在 2012 年发布了《关于认定税收协定中"受益所有人"的公告》(国家税务总局公告 2012 年第 30 号,以下简称"30 号公告")等文件,明确了"受益所有人"的条件和判定标准。2018 年,国家税务总局又发布了《关于税收协定中"受益所有人"有关问题的公告》(国家税务总局公告 2018 年第 9 号,以下简称"9 号公告")。9 号公告对 601 号文件和 30 号公告部分规定进行了修订,同时延续了 601 号文件和 30 号公告的部分规定。[①]

9 号公告将"受益所有人"界定为对所得或所得据以产生的权利或财产具有所有权和支配权的人,明确规定代理人或指定收款人等(以下统称"代理人")不属于"受益所有人"。

根据 9 号公告第 2 条,判定需要享受税收协定待遇的缔约对方居民(以下简称"申请人")"受益所有人"身份时,应根据本条所列因素,结合具体案例的实际

[①] 9 号公告适用于 2018 年 4 月 1 日及以后发生纳税义务或扣缴义务需要享受税收协定待遇的事项。601 号文件和 30 号公告同时废止。

情况进行综合分析。① 一般来说,下列因素不利于对申请人"受益所有人"身份的判定:(1)申请人有义务在收到所得的 12 个月内将所得的 50% 以上支付给第三国(地区)居民,"有义务"包括约定义务和虽未约定义务但已形成支付事实的情形。(2)申请人从事的经营活动不构成实质性经营活动。实质性经营活动包括具有实质性的制造、经销、管理等活动。申请人从事的经营活动是否具有实质性,应根据其实际履行的功能及承担的风险进行判定。申请人从事的具有实质性的投资控股管理活动,可以构成实质性经营活动;申请人从事不构成实质性经营活动的投资控股管理活动,同时从事其他经营活动的,如果其他经营活动不够显著,不构成实质性经营活动。(3)缔约对方国家(地区)对有关所得不征税或免税,或征税但实际税率极低。(4)在利息据以产生和支付的贷款合同之外,存在债权人与第三人之间在数额、利率和签订时间等方面相近的其他贷款或存款合同。(5)在特许权使用费据以产生和支付的版权、专利、技术等使用权转让合同之外,存在申请人与第三人之间在有关版权、专利、技术等的使用权或所有权方面的转让合同。

根据 9 号公告第 3 条,申请人从中国取得的所得为股息时,申请人虽不符合"受益所有人"条件,但直接或间接持有申请人 100% 股份的人符合"受益所有人"条件,并且属于以下两种情形之一的,应认为申请人具有"受益所有人"身份:(1)上述符合"受益所有人"条件的人为申请人所属居民国(地区)居民;(2)上述符合"受益所有人"条件的人虽不为申请人所属居民国(地区)居民,但该人和间接持有股份情形下的中间层均为符合条件的人。"符合'受益所有人'条件"是指本公告规定综合分析后可以判定具有"受益所有人"身份。"符合条件的人"是指该人从中国取得的所得为股息时根据中国与其所属居民国(地区)签署的税收协定可享受的税收协定待遇和申请人可享受的税收协定待遇相同或更为优惠。

此外,9 号公告第 4 条还设定了安全港标准,即下列申请人从中国取得的所得为股息时,可不根据本公告第 2 条规定的因素进行综合分析,直接判定申请人具有"受益所有人"身份:(1)缔约对方政府;(2)缔约对方居民且在缔约对方上市的公司;(3)缔约对方居民个人;(4)申请人被第(1)至(3)项中的一人或多人直接或间接持有 100% 股份,且间接持有股份情形下的中间层为中国居民或缔约对方居民。《关于〈国家税务总局关于税收协定中"受益所有人"有关问题的公告〉的解读》也举了相关例子。比如,香港居民 A 投资内地居民并取得股

---

① 不过,申请人通过代理人代为收取所得的,无论代理人是否属于缔约对方居民,都不应据此影响对申请人"受益所有人"身份的判定。股东基于持有股份取得股息,债权人基于持有债权取得利息,特许权授予人基于授予特许权取得特许权使用费,不属于"代为收取所得"。

息时,其为香港政府或者在香港上市的公司或者香港居民个人,可直接判定香港居民 A 具有"受益所有人"身份。再比如,香港居民 B 投资内地居民并取得股息时,香港居民 A 通过香港居民 C 间接持有香港居民 B 100% 股份,如果香港居民 A 为香港政府、香港居民且在香港上市的公司或香港居民个人,可直接判定香港居民 B 具有"受益所有人"身份。

为了防范纳税人不当取得税收协定利益,9 号公告第 5 条还进一步规定:第 3 条和第 4 条要求的持股比例应当在取得股息前连续 12 个月以内任何时候均达到规定比例。第 10 条也明确规定:申请人虽具有"受益所有人"身份,但主管税务机关发现需要适用税收协定主要目的测试条款或国内税收法律规定的一般反避税规则的,适用一般反避税相关规定。此外,我国签订的一些税收协定中也有专门针对消极投资所得的反避税条款。比如,我国和荷兰签订的税收协定第 10 条第 7 款规定:"如果据以支付股息的股份或其他权利的产生或分配,是由任何人以取得本条利益为主要目的或主要目的之一而安排的,则本条规定不适用。"

二、利益限制条款

利益限制条款是指税收协定中规定享有优惠待遇的居民条件或将某些类型的居民排除适用优惠的条款。美国对外签订的多数税收协定都有利益限制条款。

比如,我国和美国于 1984 年 4 月签订了双边税收协定和议定书。议定书第 7 款规定:"双方同意,如果第三国的公司主要为享受本协定①优惠的目的而成为缔约国一方居民,缔约国双方主管当局可经协商,不给予本协定第 9 条、第 10 条和第 11 条的优惠。"1986 年 5 月,美国还专门与我国签订了《关于议定书第 7 款解释的议定书》,明确规定作为缔约国一方居民的人(除个人外),除符合下列条件外,不得按本协定②的规定在缔约国另一方享受减免税:(1) 该人受益权益的 50% 以上(在公司的情况下,为公司每种股份数额 50% 以上)是直接或间接由下列一个或几个人拥有:缔约国一方居民的个人;美国公民;本议定书第 1 款第 2 项中所指的公司;缔约国一方、其行政机构或地方当局。在有关本协定第 9 条(股息)、第 10 条(利息)、第 11 条(特许权使用费)的减免税,该人的全部收入不超过 50% 用来作为利息,直接或间接支付给本款前述以外的人。(2) 缔约国

---

① 即 1984 年的中美税收协定。
② 同上。

一方居民公司,并且其主要种类股票实质上和经常在公认的证券交易所交易。①不过,如果该人的建立、取得和维持及其经营行为的主要目的不是为了享受中美税收协定的优惠待遇,则不适用上述规定。

我国近年来签订的税收协定中有的也纳入了利益限制条款。比如,我国和厄瓜多尔签订的税收协定第23条(利益限制)第1款规定:除本条另有规定外,缔约国一方居民从缔约国另一方取得所得,只有在该居民是第2款所定义的"合格的人",并且符合本协定规定的享受协定待遇所需具备的其他条件时,才有资格获得本协定给予缔约国一方居民的全部优惠。该条第2款规定的"合格的人"包括个人、合格的政府实体、公司以及慈善机构或其他免税实体等。这些主体成为"合格的人"也需要满足相应的条件。比如:(1) 该公司主要种类的股票在"被认可的证券交易所"②挂牌上市,并经常在一个或多个被认可的证券交易所交易;(2) 该公司至少50%的表决权和股份价值直接或间接由5个或更少的公司所拥有,且这些公司是有资格享受协定待遇的公司。但是,在间接拥有的情况下,每个中间所有人须是缔约国一方或另一方的居民。此外,第23条也允许特定的主体在从事实质经营的情况下享受税收协定的利益,即使不是该条定义下的"合格的人"。比如,该条第3款第1项规定:如果缔约国一方居民在该缔约国一方从事积极的营业活动(但为居民本人利益的投资或管理投资业务除外,除非是由银行、保险公司或注册证券交易商从事的银行、保险或证券业务),其来源于缔约国另一方的所得与这些营业活动有关或是伴随这些营业活动而产生,并且该居民又符合本协定规定的享受协定待遇的其他条件,则该居民无论是否合格的人,都有资格就其在缔约国另一方取得的所得享受协定待遇。该条第5款也规定:缔约国一方居民既不是第2款规定的合格的人,又不能根据第3款或第4款享受协定待遇,但如果缔约国另一方主管当局认定该居民的设立、取得或维持及其经营行为不是以获取本协定优惠为主要目的之一,则该居民仍应被给予协定待遇。

利益限制条款的核心是通过设定"合格的人"的条件防范非缔约国居民在缔约国双方设立居民公司不当获取税收优惠。利益限制条款虽然设定了享受税收协定优惠待遇的严格条件,但也保持了一定的灵活性,即对于从事正常经营活

---

① 该解释议定书中的"公认证券交易所"是指:(1) 由美国证券经纪人联合会拥有的美国证券经纪人联合会自动报价机构(NASDAQ)以及按1934年的证券交易法令规定,在证券交易委员会注册为全国性的证券交易所;(2) 中国政府或其授权机构批准成立的全国性的证券交易所;(3) 由缔约国双方主管当局所同意的其他证券交易所。

② 根据该条第6款的规定,"被认可的证券交易所"是指:(1) 中国的上海证券交易所和深圳证券交易所;(2) 厄瓜多尔的基多证券交易所和瓜亚基尔证券交易所;(3) 为本条的目的,经双方主管当局同意认可的任何其他证券交易所。

动的居民予以豁免。

三、一般反滥用条款

一般性反滥用条款与国内法中的一般性反避税规则类似。

比如,以色列和巴西 2002 年签订的税收协定的第 25 条第 2 段包含了这样的条款:"缔约国的有权机关可以对任何人针对任何交易拒绝给予本协定的利益,如果其认为给予此项利益将导致本协定的滥用。"再比如,德国和加拿大 2001 年签订的税收协定的第 29 条第 6 段规定:"如果可以合理地得知给予税收协定下的利益将导致对本协定条款或者国内法的滥用,则本协定不应被解释为阻止缔约方拒绝给予此项协定下利益。"

我国签订的一些税收协定中也有类似规定。比如,我国和法国签订的税收协定第 24 条规定:"如果进行某些交易或安排的主要目的是为了获得更优惠的税收待遇,而在这些情况下获得该优惠待遇违背了本协定相关规定的目标和目的,则本协定规定的任何减少或免除税收的待遇不适用"。再比如,我国和捷克签订的税收协定第 21 条(防止不正当利用税收协定)规定:"虽有本协定其他条款的规定,本协定规定的利益不得给予本不应获得但意在获得协定利益的任何缔约国一方公司。本协定的规定应不妨碍缔约国一方运用其国内法的规定防止偷漏税,但以该缔约国一方对相关所得的征税与本协定不相冲突为限。缔约国一方主管当局在与缔约国另一方主管当局协商后,如果认为给予本协定利益将构成对本协定的滥用,可以拒绝将该协定的利益给予任何人或任何交易。"

第三节 BEPS 行动计划报告中的最低标准

一、BEPS 行动计划报告

客观地讲,税收协定滥用并非全新的问题。不过,在经济全球化和科技发展的背景下,相关经济体也都面临着税基侵蚀和利益转移(BEPS)问题。经合组织于 2013 年 2 月发表了《应对税基侵蚀和利润转移》的报告(Addressing Base Erosion and Profit Shifting,以下简称"BEPS 报告"),并于 2013 年 7 月出台了《应对税基侵蚀和利润转移的行动计划》(Action Plan on Base Erosion and Profit Shifting,以下简称"BEPS 行动计划")。其第 6 项即为防止税收协定优惠的不当授予。2015 年 10 月,经合组织发布了实施 BEPS 行动计划的一系列最终报告和成果,为应对 BEPS 问题提供了相关建议。这些建议可以分为三类:最低标准、共同方法和最佳实践。

防范税收协定滥用属于其中的最低标准。最低标准是出于建立公平税收环境的考虑(即如果一些国家不采取行动将对其他国家产生负面的倡导效应)而对现行规则的修改。所有经合组织成员和二十国集团成员都承诺要实施最低标准。BEPS 行动计划认为,税收协定滥用是导致 BEPS 问题的最重要的因素之一。在 2015 年最终报告出台之前,经合组织 2014 年关于 BEPS 行动计划第 6 项议题的报告就指出:应进一步对税收协定进行修订;澄清避免双重征税并非税收协定的唯一目的;明确一国与他国签订税收协定之前应采取的税收政策。① 2015 年关于 BEPS 第 6 项行动计划的最终报告(以下简称"税收协定滥用报告")也从这三个方面对进一步规制税收协定滥用提出了相关建议。②

二、缔结税收协定的政策考量

由于税收协定的存在是产生税收协定滥用的前提,因此税收协定滥用报告提出在经合组织范本的引言部分第 15 段之后增加标题为"与是否缔结和修订现行税收协定相关的税收政策考量"的内容,建议一国在与他国签订税收和修订现行税收协定时考虑其税收政策的如下问题③:

(1) 是否签订税收协定涉及税和非税的因素,但税收政策具有重要作用。

(2) 税收协定的一个主要目的是消除双重征税,因此,两国税收制度所带来的双重征税的风险应当是税收政策首先要考虑的。一方通过限制其征税权而对所得消除双重征税的措施应以该项所得在另一方征税为前提。同时,在缔结税收协定时,一方也应考虑对方税制是否存在导致不征税发生的因素存在(包括税收优惠)。

(3) 两国在缔结税收协定时应评估两国居民之间跨境交易所面临的现实的双重征税问题。大多数情况下,居民管辖权和来源地管辖权重叠所导致的双重征税可通过国内法的措施(比如免税法和抵免法)来解决,并不需要借助税收协定。但是,国内法的措施并不能解决所有的双重征税问题,特别是两国对所得来源的认定标准不同以及一国不允许采取单边措施消除经济性双重征税(比如转让定价调整)。

(4) 另一个与签订税收协定相关的税收政策是来源地国的预提税。在来源地国的预提税税率很高且超过了居民国对该笔所得的征税额时,居民国采取的消除双重征税的方法可能并不能完全消除双重征税,这会对跨境交易和投资带来不利影响。

---

① OECD/G20 Base Erosion and Profit Shifting Project, Preventing the Granting of Treaty Benefits in Inappropriate Circumstances: Action 6, 2014 Deliverable, p. 18.

② Ibid.

③ Ibid., paras. 75—81.

（5）其他税收政策还包括：保护外国投资者不遭受歧视性的税收待遇；纳税人能够享受税收协定优惠的确定性；税收协定能够提供的解决跨境税收争端的机制。

（6）税收协定还应以防止逃税和避税为目标。因此，也应当考虑税收协定中情报交换和征税协助条款的作用，以及缔约方能否有效实施这些条款。或者，缔约方也可通过缔结专门的税收情报交换协定或参加《多边税收征管互助公约》，如果两国税制并不导致双重征税的风险。①

三、明确税收协定的反避税目的

虽然避免双重征税是签订税收协定的一个重要因素，但自1977年经合组织范本关于第1条的注释起，防止偷税和避税也被明确为税收协定的目的之一。②为了进一步落实BEPS行动计划的要求，税收协定滥用报告也提出了如下建议③：

（1）将经合组织范本的标题修改为"甲国和乙国关于对所得和财产避免双重征税和防止逃税与避税的协定"［Convention between (State A) and (State B) for the Elimination of Double Taxation with Respect to Taxes on Income and on Capital and the Prevention of Tax Evasion and Avoidance］。

（2）将范本的前言修改为："缔约国双方为了进一步发展经济关系和加强税务合作，愿意缔结一个协定，以消除对所得和财产的双重征税，并防止逃税、避税（包括通过协定滥用安排为第三国居民获得协定下的税收减免）所造成的税收流失，兹达成协议如下"。在前言中明确防止逃税和避税是税收协定的宗旨之一，就能够以此为依据来解释税收协定并拒绝给予逃税或避税安排的当事方以协定下的税收减免或优惠，《维也纳条约法公约》第31条也为此提供了法律基础。④ 同时，经合组织范本的引言部分的第2段、第3段和第16段也应作相应

---

① 《多边税收征管互助公约》于1988年1月25日作成，1995年4月1日生效。《公约》对欧洲理事会和经合组织成员国开放。《公约》的目的是为缔约国之间在情报交换、税款征收等事务的相互协助方面建立共同的基础。2010年5月27日，欧洲理事会和经合组织通过了关于修正该《公约》《议定书》（Protocol amending the Convention on Mutual Administrative Assistance in Tax Matters）。经《议定书》修正后的《公约》不仅供欧洲理事会和经合组织的成员国签署，也对欧洲理事会和经合组织成员国以外的国家开放。《议定书》已于2011年1月6日生效。我国于2013年8月27日签署了经《议定书》修正的《公约》。该《公约》于2016年12月1日起对我国生效，并自2017年1月1日起执行。

② 参见2014年经合组织范本关于第1条的注释第7段。

③ OECD/G20 Base Erosion and Profit Shifting Project, Preventing the Granting of Treaty Benefits in Inappropriate Circumstances, Action 6, 2015 Final Report, paras. 68—74.

④ 《维也纳条约法公约》第31条第1款规定：条约应依其用语按其上下文并参照条约之目的和宗旨所具有之通常意义善意解释。第31条第2款也明确指出，上下文包括条约的前言和附件。

的修改。[①]

四、完善税收协定的反滥用条款

应对税收协定滥用最重要的是在税收协定中完善相应的反避税条款,这也是税收协定滥用报告的核心内容。该报告提出了如下建议[②]:

(1)在税收协定中纳入利益限制条款之类的反避税条款。此类条款能够应对大量的当事人利用居民法律身份和所有权结构来不当取得税收协定利益的做法。该报告还提供了利益限制条款(报告中以 Entitlement to Benefits 为该条款的标题)的模板和注释。利益限制条款通常有6款。第1款明确缔约国一方的居民如果不符合第2款"合格的人"的身份,就不能取得本协定下的优惠或利益。第2款则对于"合格的人"的条件进行了规定。第3款规定缔约国一方的居民,不论是否为第2款下的合格的人,可就来源于缔约国另一方的所得享受税收协定的优惠,如果该居民为居民的缔约国从事积极的营业活动,其来源于缔约国另一方的所得与这些营业活动有关或是伴随这些营业活动而产生。第4款允许被第三国居民控制的公司或实体在特定条件下也能够享受本税收协定的优惠。第5款规定缔约国一方的主管当局可给予不能根据第1—4款享受税收协定优惠的人特定的优惠。第6款为相关术语的定义。[③]

(2)针对滥用税收协定获取除消极投资所得之外的其他所得优惠的应对措施。纳税人除了利用税收协定获取股息、利息等消极投资所得的预提税优惠之外,也存在利用税收协定的其他条款来不当获取税收优惠的情况。税收协定滥用报告也提出了相关建议。比如,作为一国居民的公司可以设立双重居民身份并根据税收协定对于双重居民的处理条款而成为税收协定下缔约国另一方的居民,从而规避其原为居民的缔约国的国内法中居民的纳税义务。对此,税收协定滥用报告建议将经合组织范本第4条第3款修订为:当自然人之外的人由于本条第1款的原因同时为缔约国双方的居民时,缔约国的主管当局应结合该人的有效管理机构、注册地或其他相关因素通过相互协商来确定该人在税收协定之下应视为某一缔约国的居民。如果缔约国主管当局不能就此达成协议,该人就

[①] 比如,第2段增加"许多国家早已认识到加强税务合作的必要性,特别是通过税收情报交换和征税协助来为防止逃税和避税"。第3段也表明防止逃税和避税是税收协定的主要目的之一。第16段也增加了这样的内容:税收协定的目的不仅仅在于消除双重征税,缔约国同样不希望协定为逃税和避税创造机会并导致不征税和税收的减少。税收协定的标题和前言属于协定上下文的部分合并构成协定宗旨与目的的总体声明,它们在协定条款的解释中具有重要作用。

[②] OECD/G20 Base Erosion and Profit Shifting Project, Preventing the Granting of Treaty Benefits in Inappropriate Circumstances, Action 6, 2015 Final Report, para. 19.

[③] Ibid., para. 25.

不能享受税收协定给予的税收减免,除非缔约国双方主管当局同意给予这样的税收减免。

（3）在税收协定中纳入一般反避税条款。税收协定滥用报告还指出,为了应对其他形式的税收协定滥用,税收协定中应写入针对交易或安排目的的一般反避税条款。BEPS报告也提供了一般反避税条款的模板和注释,其条文表述为:不论本协定其他条款如何规定,如果在考查了所有相关事实和情况后,能够合理地得出结论,即交易或安排的主要目的之一是为了直接或间接取得本协定下的优惠,则不应将优惠给予相关的所得或财产,除非能够证明此种情况下给予优惠符合本协定相关条款的宗旨和目的。①

（4）明确国内反避税规则的地位。除了借助税收协定滥用的方法不当取得税收协定的优惠外,当事人还可利用税收协定来规避国内法的课税。② 为此,也需要明确国内法中的反避税规则在阻止当事人避税安排的同时不产生国内法与税收协定相冲突的问题。税收协定滥用报告建议对经合组织范本第1条的注释中税收协定的非正常使用部分作相应的修订。③ 修订的注释内容反映了如下观点：

首先,明确国内反避税规则和司法判例原则也能够用于防范税收协定滥用,包括应对那些旨在同时不当获取国内法和税收协定优惠的交易或安排。

其次,税务机关在处理税收协定滥用时可以首先考虑适用国内法中的特殊反避税规则,特别是这些规则适用于跨境交易并与税收协定的适用相关。尽管适用国内法的反避税规则可能因不给予当事人税收协定下的优惠而产生与税收协定的冲突,但这样的冲突是可以避免的。比如税收协定可允许国内反避税规则的适用。

此外,由于国内法的一般反避税规则与税收协定的一般反避税规则和税收协定的宗旨具有一致性,因此,在大多数情况下,与特殊反避税规则一样,适用国内法的一般反避税规则也不与税收协定相冲突。司法判例建立的实质重于形式、经济实质或商业目的测试等原则,与立法中的一般反避税规则也具有同样的作用和地位。

---

① OECD/G20 Base Erosion and Profit Shifting Project, Preventing the Granting of Treaty Benefits in Inappropriate Circumstances, Action 6, 2015 Final Report, para. 26.

② 比如,作为一国居民的公司可以设立双重居民身份并根据税收协定对于双重居民的处理条款而成为税收协定下缔约国另一方的居民,从而规避其原为居民的缔约国的国内法中居民的纳税义务。再比如,当事人可把利润转移到根据税收协定不征预提税的来源国同时利用居民国对境外所得免税的优惠。

③ OECD/G20 Base Erosion and Profit Shifting Project, Preventing the Granting of Treaty Benefits in Inappropriate Circumstances, Action 6, 2015 Final Report, para. 59.

本 章 小 结

本章阐述了滥用税收协定的方式及对其规制的措施。国际税收协定滥用的表现方式主要为设立导管公司和进阶导管公司。从国内法角度规制税收协定滥用主要是制定专门的反避税立法,或者根据反避税的一般法律原则加以规制。但是,一国通过国内法规制税收协定滥用可能产生是否违背税收协定的争议。因此,在税收协定中引入专门的反滥用条款更有针对性。税收协定中的反滥用条款包括受益所有人条款、利益限制条款等。引入反滥用条款也需要考虑对正常的商业交易予以豁免。BEPS 行动计划的最终报告也提出了相关建议,并纳入到了多边的 BEPS 公约之中。

思考与理解

1. 试述国际税收协定滥用的表现方式和规制思路。
2. 你认为"受益所有人"应如何界定?
3. 如何协调国内法中的反避税措施和税收协定之间的关系?

第十五章 受控外国公司税制

第一节 受控外国公司税制的产生与发展

一、受控外国公司税制产生的制度背景

由于资本跨国转移的便利性,一国居民向境外转移财产变得更加容易,利用各国财税管理制度差异的避税技术应运而生,这增加了纳税人延迟或逃避本国税收的能力。随着各国外汇管制的放松、资本流动自由化与经济全球化的发展,跨国公司已经成为当今世界经济的主导力量。对于跨国公司而言,从事营业活动的地点选择是其实现逃避税的重要策略之一。尤其是作为跨国企业集团的协调中心、销售中心、财务中心的地点选择,往往无需考虑劳动力价格、交通等物理性的因素,而是更多地考虑经营场所所在地的税收因素,以低税负作为选择投资业务的场所的主要考量,从而实现其税收负担的最小化。

受控外国公司由居民国纳税人设立于其他国家或地区,在税法上是作为控股股东的纳税人所在国的非居民纳税人,与该控股股东形成相互独立的纳税实体。一般而言,各国往往基于居民税收管辖权,对其居民纳税人的全球所得征税,并允许其抵免已在来源国缴纳的税款。因此,作为该国居民纳税人的控股股东只有在该受控外国公司向其分配股息时,才须向其居民国缴纳税款,而设立于境外的受控外国公司本身并不向股东居民国承担任何纳税义务,除非取得来源于股东居民国的收入。在外国公司的利润未进行分配前,控股股东对该部分利润在其居民国不发生任何的纳税义务。在此情况下,对来源于境外的所得本应课征的国内税收即可以轻而易举地通过设立外国公司或信托实现延期纳税的目的,甚至完全避免居民国的纳税义务。当来源国对外国公司或信托取得的所得征收的外国税收很低或为零时,此种延期纳税的利益最大。具体而言,居民股东可以在非居民公司产生利润时利用其控制地位决定公司的股息分配政策,决定不立即将公司的利润作为股息进行分配,而是在将来根据需要进行分配,或者不分配股息而是转让其在公司中持有的股份而取得财产转让收入。通过此种方法,居民股东即可以将其控制公司分配的股息的纳税义务推迟至未来某个对其税收负担更为有利的期间。[①] 由于外国纳税实体的使用而产生的避税问题,最

---

① 参见廖益新主编:《国际税法学》,高等教育出版社2008年版,第268页。

明显地表现在消极投资所得上,因为这些所得最容易被转移至或聚集在避税地或低税国设立的纳税实体。① 不仅如此,跨国公司的控股股东还可以通过转移定价方式,将跨国公司在全球范围内实现的利润囤积在这些税负较低的国家和地区,这样一来,这些利润一方面可以享受避税地和低税区给予的优惠,另一方面又可以延迟纳税甚至逃避在居民国纳税②。此种延迟纳税的利益大小将取决于国内外税率的差别、延迟税额的回报率和延迟时间的长短。尽管延迟纳税的优惠和免税对投资决策的影响不同,但是根据标准的现值计算,长期的延迟近乎等于免税。③

在避税地或低税国设立受控外国公司,那么从该公司获得的收入,只要不分配并且不汇回本国,就可以发生延期纳税甚至永不纳税的情况。同时,如果境外公司所在国的税率较低或是零税率,该笔收入在避税地无需纳税或仅纳很少的税,这样,居民公司就相当于无息使用了国家的税款用于经营投资。但对控股股东的居民国而言,这一做法对其税基造成了严重的侵蚀,居民国无法对本国股东境外投资所得收益乃至其他经营收益进行征税,国家利益严重受损,造成了税款的流失,并且破坏了税收公平和资本输出的中性,导致投资海外的居民公司比只投资于国内的居民公司享受了更多的税收利益。

在此背景下,为防止其居民在国外累积资金,受控外国公司规则应运而生,被主要用于防止收入所得被转移到关联的非居民公司,并与其他反避税立法相互支持,以保护母国的税基,从而实现资本输出的中性。该制度的特点在于,将受控外国公司所取得的利润,无论是否进行分配,无论是否汇回国内,都按照一定的比例,归属于居民股东在居民国征税,从而避免延期纳税的现象。该规则的目的是取消受控外国公司在境外取得的所得在其控股股东居民国推迟缴纳国内税收的利益,通过限制对某些所得如基地公司所得或非居民公司的投资所得的合法转移而打击逃避税。自 1962 年第一套受控外国公司规则颁布以来,越来越多的国家,包括 30 个参与经合组织和二十国集团的国家在立法中确立了这一规则。④ 尽管各国的具体规则内容有所差异,但在保持反避税的有效性、减少征管和遵从负担、保证消除双重征税的有效性、保持国际竞争力等方面,有着共同的

---

① 参见〔美〕Brian J. Arnold & Michael J. McIntyre:《国际税收基础》(第二版),张志勇等译,中国税务出版社 2005 年版,第 141 页。

② 刘剑文等:《〈企业所得税法〉实施问题研究——以北京为基础的实证分析》,北京大学出版社 2010 年版,第 186 页。

③ 参见〔美〕Brian J. Arnold & Michael J. McIntyre:《国际税收基础》(第二版),张志勇等译,中国税务出版社 2005 年版,第 143 页。

④ 经济合作与发展组织:《OECD/G20 税基侵蚀和利润转移(BEPS)项目——2015 年成果最终报告之三》,国家税务总局国际税务司译,中国税务出版社 2016 年版,第 9 页。

政策考量。

二、受控外国公司税制的产生与各国立法现状

美国是世界上第一个制定受控外国公司税制的国家。在1962年美国颁布受控外国公司（CFC）立法之前，美国税法中有关于延期纳税的规定，即美国对本国居民（公民）在境外设立的子公司所取得的利润等收入，在没有以股息等形式汇回母公司之前，对本国母公司不就其外国子公司的利润征税。美国纳税人常利用这一规定，通过在低税国或避税地设立一个实体（通常具有法人资格，比如一个子公司），进行所得和财产的积累，以逃避美国税收。为了有效规范利用避税地设立基地公司的避税行为，1962年由国会通过了一项专门法案（史称《肯尼迪法案》），这一法案载入美国《国内收入法典》副标题A第1章第N分章第III部第F分部，因此通称F分部条款。具体包括《国内收入法典》第951节至第971节的内容。F分部条款提出了特定意义的"受控外国公司"，即专指设立在避税地符合F分部条款规定条件的公司。① F分部条款的原则基于类似的美国1937年条例，即在1937年制定的专门针对个人利用外国避税地问题的外国个人控股公司条例。F分部条款在1962年出台时引起了很大的争议。最终通过的条文，代表了要求取消受控外国公司所有收入延迟实现纳税的初始建议和仅取消消极投资所得的延迟纳税的美国跨国公司的立场之间的妥协。② 结果，受控外国公司税制仅对多数类型的消极投资所得和某些易于被转移至避税地的积极经营所得当期予以征税。在受控外国公司规则在美国实施的五十多年来，相关的争议从未停息。美国跨国公司认为，F分部条款与其他国家的受控外国公司税制相比，适用的范围过于广泛，这使得美国本土的跨国公司在国际市场上处于不利的竞争地位。对此，美国财政部在20世纪90年代后期，对F分部条款的适用进行了研究，并于2000年年底发布了《通过美国受控外国公司取得收入的延迟实现：政策研究》报告。报告的结论是F分部条款的基本规则是正确的，且其实施并未显示出对美国本土跨国公司的国际竞争存在影响。

自从美国在其立法中制定F分部条款以来，许多资本输出国也陆续以此为蓝本，在本国立法中增加受控外国公司课税的相关规则，通过对本国股东就外国公司取得的收入进行课税而防止股东居民国的税基的侵蚀。③ 经合组织在1998年发布的《有害税收竞争——一个新兴的全球性课题》的报告中，认为受控外国

---

① 参见杨斌：《受控外国公司特别征税制度》，载《福建税务》2003年第8期。

② 参见〔美〕Brian J. Arnold & Michael J. McIntyre：《国际税收基础》（第二版），张志勇等译，中国税务出版社2005年版，第143页。

③ Michael Lang, *CFC Legislation*, *Tax Treaties and EC Law*, Kluwer Law International, 2004, p.16.

公司及相关立法是应对有害税收的有效工具,建议未采用这一规则的国家采用这一立法,已采用这一规则的国家应当确保这些法规的运用能够满足遏止有害税收行为的需要。据不完全统计,到 2019 年年底,已有超过 30 个国家颁布了受控外国公司税制,包括阿根廷、澳大利亚、巴西、加拿大、中国、丹麦、埃及、爱沙尼亚、芬兰、法国、德国、匈牙利、冰岛、印度尼西亚、以色列、意大利、日本、韩国、立陶宛、墨西哥、新西兰、挪威、葡萄牙、南非、西班牙、瑞典、土耳其、英国、美国、委内瑞拉。其中,印度尼西亚于 2008 年、德国于 2010 年、冰岛于 2011 年、英国于 2012 年,分别对其立法中的原受控外国公司税制进行了修改。尽管各国的受控外国公司课税规则各有不同,但其立法目的和基本框架则大体相同,即如外国公司为居住于股东居民国的"人"所控制,如果此种所得由股东基于税收的考量而转移到外国公司,则股东应就外国公司的所得于当期承担纳税义务。[①] 受控外国公司税制的立法反映了两大竞争性的基本政策。一方面,通过这一制度防止境外所得延迟纳税的避税策略,另一方面,通过受控外国公司税制的适用限制,避免对居民公司在国际市场上的竞争力造成过度的干预。

当前各国所制定、实施的受控外国公司税制对于跨国公司的投资和贸易结构安排产生了重要的影响,尤其是控股公司、融资公司、企业集团中的协调中心、销售中心等。

第二节 受控外国公司税制的基本内容

受控外国公司税制主要适用于本国居民公司控制的外国公司实体取得并累积起来的所得。尽管受控外国公司税制的具体内容存在差别,包括如何认定受控外国公司及其所得、累积的应税所得的判定、纳税人、如何进行征税等。但就多数国家而言,其基本框架和内容大致相同。通常情况下,如以下三个条件被满足,则股东须就受控外国公司的所得在其居民国在当期纳税:(1)外国公司;(2)该公司为居民股东所控制;(3)所得基于税收考量而被转移到外国公司。

一、受控外国公司的定义

除少数国家外,各国一般将受控外国公司税制适用于如下类型实体所取得的所得:(1) 非居民;(2) 与其投资者分别具有独立纳税资格的公司或类似实体;(3) 该公司或实体由国内股东控制或国内股东对其拥有实质利益。

(一)外国公司

受控外国公司首先是外国公司或类似的实体,即根据控股股东居民国的国

[①] Wenehed, Lars-Erik, CFC-lagstiftning, p. 436.

内税法被视为非居民纳税人的公司或类似的实体。由于只有通过将所得转移给具有独立纳税主体资格的实体,股东才能避免在其居民国的纳税义务,因此,该公司必须是基于国内税法而具有独立纳税资格的法人。① 受控外国公司法不适用于作为管道或过渡性征税的实体,如合伙企业,因为外国合伙企业的居民股东应按照其在合伙企业中的份额在居民国纳税,无法实现收入的延迟纳税。

在少数国家,非公司,如信托公司、外国常设机构,也可以被视为"受控外国公司",以确保在其管辖区内的公司无法通过改变子公司的法律形式而轻易地规避受控外国公司规则。如在法国,外国常设机构也可能被认定为"受控外国公司",在澳大利亚、加拿大和南非,信托公司也可以构成"受控外国公司"。在墨西哥,该规则则适用于外国法承认的任何公司实体。②

根据经合组织的建议,只要透明实体如合伙企业的所得按照短期原则已在居民国内纳税,则不应当被认定为受控外国公司。然而,如果一个透明实体取得的所得引发了国际社会的普遍担忧且没有在居民国纳税,受控外国公司规则可以通过两种方式之一对其适用。第一种方式,透明实体可以被视为受控外国公司,以确保所得不会因管辖区不同形式的税收待遇而免于缴纳税收。如当一个实体根据居民国的法律是纳税实体,而根据公司所在地法律却是合伙企业,则可以采用这一方法。第二种方法可以将受控外国公司拥有的透明实体取得的所得作为受控外国公司获得的所得进行征税,以确保受控外国公司无法将所得转移到透明实体以规避该规则。

公司或类似的实体是否为非居民,应按照居民国通常确定法人实体的居民身份的规则加以认定,如注册地或/和管理地标准。

(二) 控制关系的判定

受控外国公司必须是受本国居民控制的外国公司。因此,在判定一个外国公司是否适用受控外国公司法时,应当明确(1) 控股股东是否为本国的居民纳税人;(2) 该外国公司是否为本国居民纳税人所控制。

1. 控股股东的资格

控股股东是否为本国的居民纳税人,应当根据国内法予以判断。如该主体根据居民国国内法的规定应承担无限纳税义务,则该主体构成本国的居民纳税人。但该主体是否仅限于公司,或是适用于公司以外的其他主体,各国立法则存在较大的差异。有些国家明确规定只有在控股股东为本国公司的情况下,才对其适用受控外国公司规则,如英国和丹麦。有些国家则规定,控股股东可以是个

---

① Wenehed, Lars-Erik, CFC-lagstiftning, p. 41; Michael Lang, *CFC Legislation*, *Tax Treaties and EC Law*, Kluwer Law International, 2004, p. 16.

② Roy Rohatgi, *Basic International Taxation*, Kluwer Law International, 2002, p. 409.

人、合伙、公司、社会团体或行政机关。在股东的类型上,有些国家的受控外国公司规则适用于所有类型的股东,包括普通股股东和优先股股东,而有些国家则明确规定该规则仅适用于某些特定类型的股东。①

在控股股东的人数上,有些国家以该公司所有属于本国居民纳税人的股东确定居民股东是否对该公司存在控制关系,如德国、日本、葡萄牙、南非和英国。有些国家则以五个或五个以下的居民股东的控股状况确定控制关系的存在,如加拿大、新西兰和美国。也有国家以单个居民股东的控股状况确定受控关系。②但在以多数居民股东确定控股关系的国家,通常也规定了单个股东的最低持有份额,如澳大利亚、加拿大要求单个本国居民股东对该外国公司的最低持股比例为1%;美国则规定,单个股东应至少持有该外国公司的10%的股份,如低于10%,则可忽略不计。

2. 控制关系的判定

受控外国公司规则仅适用于本国居民股东对外国公司享有实质上的影响或控制的情形。认定此种"控制关系"的存在,各国的规则存在较大的差异。对此应当明确的问题主要在于控制的类型及其水平。从各国的规定来看,这种控制可以基于资产所有权或表决权,或参与利润分配的权利或参与剩余财产分配的权利,可以是名义控制,也可以是实际控制。

(1) 控制的类型。

法律控制是最为常见的控制方式,也是一种相对比较容易被税务机关和纳税人运用的方式。法律控制通常着眼于居民企业对其子公司的持股比例,该持股比例可以决定其在子公司的表决权,它所体现的是足够多的投票权,能够使居民企业选举董事会或其他类似的能负责该外国公司事务的主体,以确保外国公司按照其指示开展经营活动。但持股比例并非唯一的法律控制的认定标准,通过取得股东的权利从而获得投票权,例如期权,也是认定法律控制的重要考量因素。

由于公司根据公司法规则可以灵活设计股权结构,可以利用人为制定的股权条款和结构来规避法律控制要求,因此,经济控制标准也被大部分国家所采用。经济控制主要着眼于对利润享有的权利,当公司处于某些特定的情形,比如关停或清算时,则会着眼于对公司资产、资本享有的权利。根据经济控制标准,即使居民企业不持有大多数股权,仍可以通过对目标公司的潜在价值享有权利来实现对目标公司的控制。这一权利可能来自于对处分公司股权或是清算公司时处分其资产所享有的获利权利,也可能包括剩余财产分配享有的权利。

---

① Michael Lang, *CFC Legislation*, *Tax Treaties and EC Law*, Kluwer Law International, 2004, p. 18.
② Roy Rohatgi, *Basic International Taxation*, Kluwer Law International, 2002, p. 376.

但经济控制标准也极易被规避,如通过插入一个新的控股公司对集团架构进行重组,而保持母公司对外国公司的决策权和经营控制权不变或仅发生细微的改变。因此,实际控制标准也往往被采用。实际控制标准是指以居民股东能否实际支配公司的活动和事务为标准,通常与一国判断外国公司是否为本国税收居民所考虑的因素类似。如考虑何人在该外国公司事务上享有最高决策权或有资格指导或影响该外国公司的日常事务,或是否与外国公司缔结赋予一公司能够对该外国公司进行控制的权利的合同。如新西兰和澳大利亚规定,如果本国居民股东对该外国公司的事务施加实际控制,则该外国公司属于受控外国公司。[①] 巴西也规定,一个附属公司是指,投资者对公司有重大影响,享有参与被投资公司的经营决策的实质影响力或是投资者持有被投资公司的股权20%以上。新西兰则规定,如5个或以下的新西兰股东控制了该外国公司的事务,则该公司为受控外国公司。但该标准通常只是上述控股标准的补充,而非独立的判断标准。因为在缺乏形式持股的情况下,很难判定股权高度分散的公司的控制权的享有者。[②] 应当注意的是,实际控制标准往往被作为一个反避税规则来确保其他控制标准不被规避,因此这一标准的适用必须基于交易全部的事实与环境因素进行主观性的判断,其适用更为复杂,存在更多的不确定性。

上述控制标准往往相互结合使用,以防止规避并确保规则得以有效执行。一般而言,控制关系的判定应当使用综合的方法,至少应当包括法律控制和经济控制的标准,并以实际控制标准作为补充。

(2) 控制的水平。

外国公司构成"受控外国公司",其控制水平的要求存在极大的差异。大多数国家一般以"拥有50%以上的已发行的表决权股"作为判断是否存在"控制"的标准。一些国家将控制的概念扩展到持有相当于已发行股票总价值的50%以上的股票。还有国家规定,如持有的股权所代表的公司资本超过公司全部资本的50%,或享有的收益分配权超过50%,都将构成"控制"。[③] 在一些国家中,即使居民股东持有的表决权股低于50%,仍可能被推定为控制了该外国公司,只要其持有的股权达到了相当高的比例。如澳大利亚和新西兰规定,如果居民拥有外国公司的40%或以上的表决权股,且没有其他非居民股东享有表决控制权,则该居民股东视同控制该公司。

当外国公司只由单一股东控制时,可直接判定是否达到50%的门槛。然

[①] IFA, *Limits on the Use of Low-tax Regimes by Multinational Business——Current Measures and Emerging Trends*, Kluwer Law International, 2001, p.41.

[②] 参见〔美〕Brian J. Arnold & Michael J. McIntyre:《国际税收基础》(第二版),张志勇等译,中国税务出版社2005年版,第147页。

[③] 参见廖益新主编:《国际税法学》,高等教育出版社2008年版,第269页。

而,这一持股比例极易通过形式的股权分散予以规避。因此,在判断控制水平时,一致行动施加影响的少数股东的权益应当被合并考虑。判断"一致行动"的存在可以有三种方法。第一种方法是基于事实分析以判断股东是否存在共同行动对外国公司施加影响。如存在共同行动,则其持有的股权将被合并计算。第二种方法是考量各方之间的关联关系,如股东之间存在关联关系,则其股权将被合并计算,从而确定是否存在控股关系,以防止本国居民股东利用关联方规避受控外国公司规则的适用。① 如一居民股东持有外国公司的30%的表决权股,而另一居民股东则持有25%,如上述居民股东存在共同的控股股东或其他重大利益关系,则其持有的表决权股应当被合并计算,从而该外国公司构成受控外国公司。第三种方法是集中所有权判定。如所有居民在外国公司的权益只要高于10%,则将被合并计算。

无论哪一种方法被采用,控制均不仅是指直接的控制,也包括间接控制。尽管居民股东未持有某一外国公司的股权,但由该居民股东直接控股的子公司持有该外国公司的股权达到控制标准,则该外国公司应构成受控外国公司。

(3) 控制关系判定的时点。

在何时判断本国居民股东对外国公司存在控制关系,各国也存在较大的差异。大多数国家规定,以该受控外国公司的纳税年度的最后一天作为判断的标准,如澳大利亚、加拿大、芬兰、德国、日本、挪威、葡萄牙、南非和西班牙。但根据这一规则,只要居民股东在该天之前处分部分股权,即可避免该外国公司被认定为受控外国公司。有些国家则规定,控制关系的判断可以在该纳税年度的任何时点进行,如新西兰。巴西、瑞典则在公历年度的最后一天判定控制关系的存在。在美国,外国公司必须在一个纳税年度内不间断的30天内为美国居民所控制,才能构成受控外国公司。②

二、受控外国公司税制的适用范围

(一) 适用的地域范围

被认定为受本国居民股东控制的外国公司适用受控外国公司规则,是否考虑该外国公司的设立地,各国存在一定的差异。从各国的规定来看,主要存在全球适用法和指定低税国适用法两种类型。

1. 全球适用法

全球适用法是指一国规定其受控外国公司规则适用于由其本国居民控制的

---

① IFA, *Limits on the Use of Low-tax Regimes by Multinational Business——Current Measures and Emerging Trends*, Kluwer Law International, 2001, p. 43.

② Roy Rohatgi, *Basic International Taxation*, Kluwer Law International, 2002, p. 376.

外国公司,无论该公司在其居民国是否适用低税率,即无论该公司是低税率国家还是高税负国家的居民,该公司所取得的任何法定收入都应适用受控外国公司规则。按照这一方法,外国公司构成哪一国的居民纳税人,对确定是否适用受控外国公司规则并不重要。加拿大、丹麦①、法国②、美国即采用此法。由于所有的国家,包括高税国,均可能在其税制中对某些特定所得规定优惠税率。因此,全球适用法可以避免本国居民利用设立在非避税地国家或地区的外国公司所适用的优惠税制实现延期纳税。另外,全球适用法也可以避免有时因适用指定低税国法给试图与其改善关系的国家贴上标签而陷入政治困境。③

2. 指定低税国适用法

根据指定低税国适用法,只有设立于指定低税国或避税地的外国公司,才适用受控外国公司税制。将受控外国公司规则适用于特定区域,与全球适用法相比,其执行成本相对较低。但由于各国就相关所得项目的税率往往变动频繁,而任何所得项目的细微的税率差异都可能诱使本国纳税人将其所得转移到本国受控外国公司规则不适用的区域,从而给本国税基造成侵蚀。

确定低税国或避税地的存在,是指定低税国适用法的关键。各国立法中所指的"低税国"或"避税地"各有不同。通常是在立法上明确"低税国"或"避税地"的一般定义,然后由税务机关通过列明视为或不视为避税地的国家或地区名单来补充该定义。④ 从各国界定"低税国"或"避税地"的方法来看,主要有以下四种方法:

(1) 名义税率法。该方法往往将外国公司所在国所规定的名义税率与居民股东在本国所适用的名义税率进行对比,以便确立避税地或低税区的存在。如委内瑞拉受控外国公司规则规定,低税国是指其所得税税率低于20%的国家或地区。冰岛则规定,如一国的公司所得税税率低于冰岛税率的2/3,则该国为低税国。⑤

使用名义税率确定低税国的存在,可能忽视外国所规定的费用扣除、免税、抵免等税收优惠,从而不能准确地判定一个国家或地区是否真正的"低税"。但相较而言,采用名义税率法更加简便易行。

---

① Section 32 of the Corporate Tax Act of Denmark; Section 16H in the Tax Assessment Act for Individuals.

② Article 209-B of the French Tax Code.

③ 参见〔美〕Brian J. Arnold & Michael J. McIntyre:《国际税收基础》(第二版),张志勇等译,中国税务出版社2005年版,第149页。

④ 参见同上。

⑤ Article 57(a) of the Iceland Income Tax Act (2011). 冰岛同时颁布了低税区的黑名单,并指出如一国不在此黑名单上,则无论其适用税率如何,都不属于低税区。

(2) 实缴税额对比法。该方法是以外国公司的实缴税额判定低税国是否存在。如意大利规定,如受控外国公司所适用的实际税率低于意大利实际税率的 50%,则构成低税国。① 芬兰②、葡萄牙③则规定,受控外国公司规则适用于外国公司在其居民国所缴税款不足本国居民股东在本国所缴税款的 60% 的情形。西班牙则规定,如外国公司已缴纳的税款不足根据西班牙税法计算应纳税额的 75%,则应适用受控外国公司规则。④ 英国、墨西哥⑤等国也采用这一方法。

根据实缴税额对比法,一国或地区不会被绝对地划为"避税地"或"低税国",而必须以外国公司进行个案的判断,以确定其实际缴纳的税款是否低于本国居民股东根据居民国税法计算应当缴纳的税款。但此种方法给纳税人在计算相应的应纳税额方面造成了较大的遵从成本。

(3) 实际税率法。该方法是以外国公司实际适用的税率来判定其所在国是否为"低税国"。如埃及的受控外国公司规则规定,该规则适用于受控外国公司在其居民国不纳税、免税或适用的实际税率低于埃及公司所得税税率的 75% 的情形。⑥ 德国同样采用这一方法判定"低税国"。2010 年德国在对受控外国公司规则进行修改时,对这一方法进行了一定的修正,要求在确定一国的实际税率时,应考虑股东享有的税收抵免和退税。⑦ 日本则规定,受控外国公司规则适用于外国公司所在国的实际税率低于 20% 或该国不征收所得税的情形。韩国、匈牙利、土耳其、瑞典等国也采用这一方法。但是实际税率通常较难确定,税务机关必须对居民股东的受控外国公司逐年判定其实际税率,该法的执行成本相对较高。另外,一国的实际税率高并不意味着设立于该国的受控外国公司不能适用较低的税率。⑧

(4) 列举法。有些国家并不在其立法中对"低税国"予以定义,而是通过发布白名单或黑名单,直接列明哪些国家是适用受控外国公司规则的低税区。如立陶宛、挪威、阿根廷分别规定了低税区的黑名单和非低税区的白名单;澳大利亚和英国等国仅颁布了不属于低税区的白名单;芬兰则发布了税负明显低于芬

---

① Article 167 and 168 of Income Tax Code of Italy.
② Act on the Taxation of Shareholders in Controlled Foreign Corporations (Statute Number 16.12.1994/1217).
③ Article 66 of the Corporate Income Tax Code of Portugal.
④ Article 107 of the Corporate Income Tax Code of Spain; Article 91 of the Personal Income Tax Law of Spain.
⑤ Title VI Mexican Income Tax Law.
⑥ Article 70 of the Egyptian Income Tax Law.
⑦ Sections 7—14 of the Foreign Tax Act of Germany (1972), updated in the Annual Tax Act 2010.
⑧ 参见[美]Brian J. Arnold & Michael J. McIntyre:《国际税收基础》(第二版),张志勇等译,中国税务出版社 2005 年版,第 151 页。

兰的低税区的黑名单。

不少国家将列举法作为其判定"低税国"的补充材料。爱沙尼亚、匈牙利、冰岛、意大利、葡萄牙、瑞典、土耳其、委内瑞拉等国除在立法中明确"低税国"的判断标准外,也发布了属于或不属于低税区的名单。

(二) 适用的所得范围

哪些所得适用受控外国公司规则,各国的立法也存在较大的差异。总体上看,主要存在实体法和交易法两种不同的方法确定适用受控外国公司规则的所得范围。

1. 实体法

实体法是指不将公司所得进行性质的分类,而是将受控外国公司作为一个整体,从而确定该实体是否按受控外国公司规则纳税。基于实体法,如获取的可归属所得未达到一定金额或一定比例的实体或从事了特定经营活动的实体会被视为没有可归属所得,即使它的部分所得性质为可归属所得。但如果外国公司符合征税的条件,则所有按股权比例归属居民股东的所得都要适用受控外国公司规则。① 当前采用这一方法的国家包括:巴西、中国、丹麦、埃及、爱沙尼亚、芬兰、法国、冰岛、意大利、日本、韩国、墨西哥、挪威、葡萄牙、南非、瑞典和英国等②。实体法是根据大部分所得是否符合受控外国公司所得的定义,来判定所有或没有所得被视为受控外国公司的所得。在这一方法之下,税务机关只需要确认实体所得中计入可归属所得的金额或特定经营活动的程度符合要求,就能确定受控外国公司规则是否适用。相对而言,这一方法的征管成本和遵从成本较低,且适用结果的确定性较强。但实体法将减少公司被适用受控外国公司规则的概率。同时,也可能造成涵盖范围过广或不足的问题。

2. 交易法

根据交易法,只有受控外国公司取得的某些特定类型的所得才适用受控外国公司规则,即该规则的征税对象范围只限定于受控外国公司取得的"瑕疵所得"。税务机关需要评估每笔所得的属性以确定其是否属于可归属的利润。当前,阿根廷、澳大利亚、加拿大、德国、匈牙利、印度尼西亚、以色列、立陶宛、新西兰、西班牙、土耳其、美国、委内瑞拉等国采用交易法确定可归属于本国居民股东的所得的范围。根据这一方法,即使大部分所得不符合受控外国公司所得的定义,部分所得仍可能被计入,反之亦同。相较而言,这一方法必须逐笔考察交易

---

① 参见刘飞虎:《论我国受控外国公司税制的纳税客体》,载《重庆科技学院学报(社会科学版)》2012年第3期。

② 英国将资本利得排除在外。

所得的属性,因此,征管成本和遵从成本相对较高,但在确定所得归属时将更为精确。

在交易法下,税务机关须根据相关的因素或特征对所得进行分类和归属。各国一般首先根据所得的法定类别对其进行分类。某些所得更容易在不同的地理位置移动,从而引发侵蚀税基的担忧,因此被纳入"瑕疵所得"的范围。各国一般将消极所得纳入"瑕疵所得"的范围,但关于"消极所得"的范围,各国的规定也各不相同。一般而言,利息、股息、保险所得、特许权使用费及知识产权所得、销售服务所得被认为属于消极所得。

瑕疵所得的范围

国家	瑕疵所得
阿根廷①	股息、利息②、特许权使用费、不动产租金、股权、参与份额、债券、金融衍生产品和其他类似金融工具的转让所得等
澳大利亚	已调整的瑕疵所得,包括消极所得、瑕疵劳务所得和瑕疵销售所得
加拿大	消极所得和某些指定的所得
德国	(1) 因外国居民公司的资本使用而产生的所得; (2) 因中介公司的交付或服务产生的所得。
匈牙利	(1) 适格的直接拥有的受控外国公司的未分配税后利润; (2) 从受控外国公司取得的股息和由该公司实现的资本利得; (3) 清算收益和资本回购实现的收益; (4) 向受控外国公司支付的报酬,除非该公司足以证明该报酬是其营业活动所必需的; (5) 与无偿服务、赠与、无偿的资产转让和豁免受控外国公司的债务相关的成本和费用; (6) 受控外国公司价值的损失;外汇损失;与受控外国公司相关的资本损失。
印度尼西亚	股息
以色列	股息、利息、租金、特许权使用费和资本资产转让所得
立陶宛	不包括以下所得: (1) 某些条件满足情况下的积极所得; (2) 受控公司从控股股东取得的所得而此类所得不得进行税前扣除; (3) 未向控股股东支付的可分配股息。

---

① 阿根廷规定,受控外国公司规则仅适用于消极所得,且消极所得在受控外国公司的总所得中所占的比重应超过50%。

② 除非利息在商业活动中取得,如受控公司为银行。

(续表)

国家	瑕疵所得
新西兰	股息①、利息②、租金和特许权使用费
西班牙	不动产所有权产生的所得③、股息、因不动产和股权产生的资本利得、资金的出借产生的所得、劳务提供和保险与金融活动产生的所得
土耳其	股息、利息、租金、特许权使用费或证券转让产生的收益
美国	某些类型的保险所得、外国基地公司所得、与被制裁国家相关的所得、向外国政府或代理人支付的非法款项
委内瑞拉	投资所得

由于股息可以被用于将纯粹的"消极"所得（即所有非来源于任何基础活动的所得）转移到受控外国公司，因此，一般均被作为"瑕疵所得"。同样，利息和融资所得易于转移，可能被母公司转入受控外国公司，从而导致母公司的过度杠杆化和受控外国公司的过度资本化。保险利润亦存在类似问题，即利润可以从风险所在地转移到低税负地区。而知识产权的流动性很高，与这些资产相关的所得可以很容易从创造资产价值的所在地转移出去。可以说，易于移动性是各国将一项所得纳入受控外国公司的法定所得类别的最核心标准。

有些国家更关注所得从何处赚取而不是所得的法定类别。当前受控外国公司从关联方赚取的所得将被计入受控外国公司所得。这是由于从关联方赚取的所得更容易也更可能被转移。有些国家甚至将向关联方销售所获取的所得和销售从关联方采购的货物所取得的收入或来自于与关联方共同开发的货物的所得也包含在内。但各国对于可归属所得的关联方的参与程度的规定有所不同。

（三）经济实质判断

受控外国公司规则主要是一项反避税规则，应当仅对缺乏经济实质的交易适用。欧洲法院已经明确表态，以防止避税目的的适用于跨境交易的受控外国公司规则，必须"只能打击完全人为且不反映真实的经济活动，唯一目的是获取税收利益的安排"④。因此，在判断受控外国公司规则能否适用时往往包含一项经济实质的分析，该经济实质分析旨在判断受控外国公司是否参与实质经济活动，以确定哪些所得归属于受控外国公司。经济实质分析可以采用多种指标确定受控外国公司所得是否与内在实质相分离，包括人员、营业场所、资产和风险

---

① 通常只限于可扣除或与固定利率股权或某些组合利息相关的场合。
② 包括融资安排中的外汇收益。
③ 除非此种所得产生于构成西班牙税法意义上的营业活动的实施。
④ Haribo Lakritzen Hans Riegel BetriebsgmbH and österreichische Salinen AG v. Finanzamt Linz, Joined Cases C-436/08 and C-437/08.

等。受控外国公司自身是否具备独立的营利能力是核心的关键问题。

三、受控外国公司的应纳税额的确定

如何将受控外国公司的所得归属于适当的股东，同样是受控外国公司规则的重要内容，这就需要明确受控外国公司所得的归属对象、所得的归属金额以及该项所得的处理方式和适用的税率等问题。

为正确归属所得，一国首先必须确定所得的归属对象。多数国家将其与控制的判断相联系。因此，如果一个纳税人符合最低控制门槛，那么该纳税人就有可归属所得。在采用集中所有权规则的国家，在计算是否满足控制门槛时，受控外国公司所得通常不仅仅归属于符合整体控制门槛的纳税人，还会归属于在计算控制门槛时所有符合最低控制门槛的居民纳税人。但有些国家也设定了高于控制门槛的归属门槛。

一旦确定所得的归属对象，那么，接下来的问题就是应当确定归属的所得金额。当前现行的各国规则都按照纳税人的持股比例分配归属所得，但对持股时间不足一年的纳税人的归属规则则各不相同。大多数国家规定，受控外国公司取得的利润或收益，应当在其纳税年度或会计年度终止日所属的本国居民控股股东的纳税年度内被归属于本国居民股东，由其承担相应的纳税义务。阿根廷、澳大利亚、中国、意大利、葡萄牙采用这一方法确定受控外国公司利润归属的时点。巴西、立陶宛以公历年度的最后一日作为归属的时点。有些国家则根据受控外国公司取得或实现收益的期间确定利润归属的时点。如加拿大规定，在受控外国公司取得所得的纳税年度终止日所属的本国居民的纳税年度作为将外国公司利润计入应税所得的时间。有些国家允许本国居民在取得所得的受控外国公司的纳税年度终止后的特定期间内将其计入应税所得。如德国规定所得在外国受控公司取得所得的纳税年度的下一个纳税年度计为应税所得，日本规定在受控外国公司的纳税年度结束后的2个月的最后一天为利润归属日。韩国的规定略有不同，受控外国公司的利润应在该公司纳税年度结束后的60天所属的居民股东的纳税年度内实现归属。

应归属于本国居民股东的受控外国公司实现的所得的具体数额如何予以确定，各国的规定主要有两种不同的模式。大部分国家规定，应归属的所得的具体数额应依照本国居民公司在本国应适用的法律规则予以确定，如阿根廷、澳大利亚和英国等。少数国家允许按照受控外国公司所在国的会计准则确定应归属的所得额，如韩国。日本则允许本国居民股东选择按日本或是受控外国公司所在国的法律规则确定应归属的利润，并无需作任何纳税调整。

归属于本国居民股东的受控外国公司已实现利润的税法属性，各国的规定也存在两种不同的模式。大部分国家采取"直接获益法"，即如一外国公司被认

定为构成外国受控公司,则该公司在税法上将被忽视,其取得的所得视为由其股东直接取得。因此,各种所得将保持其税法属性而在该股东手中课税。此外,有国家则采取"推定股息"法,即尽管受控外国公司并未分配其取得的利润,但归属于控股股东的利润将被视为该公司向股东分配的利润,从而在股东手中作为股息收入进行课税。如美国、德国、印度尼西亚和韩国均采用这一方法。在这些国家,这些"推定股息"也可以根据国内法或国际税收协定享受给予股息的各种税收优惠。

当所得归属于控制股东时,通常适用母公司所在国的税率进行征税。但也可以采用"补充税",也就是仅就受控外国公司所得已缴纳税额和依据母公司所在国的税率计算的税款差额缴纳税款。

本国居民股东就归属的受控外国公司实现利润缴纳税款时,能否抵免上述利润在国外已缴纳的税款,各国规定也有所不同。大多数国家允许国外税款的抵免,如巴西、丹麦、埃及、爱沙尼亚、芬兰、法国、德国、印度尼西亚、以色列、意大利、日本、韩国、立陶宛、墨西哥、新西兰、挪威、西班牙、瑞典、英国、美国。有些国家尽管允许抵免,但对可抵免的外国税收的范围进行了限定。如澳大利亚规定,只有如下的外国税收可以由本国控股股东进行抵免:(1)受控外国公司已缴纳的与已归属所得额相关的外国所得税;(2)受控外国公司在澳大利亚缴纳的税收;(3)第一层受控外国公司最终汇回款项所负担的直接预提税。法国则将可抵免的外国税收的范围限定于相当于法国公司税的部分。土耳其规定只有在受控外国公司在其居民国缴纳的税款才能进行抵免,在居民国以外的其他国家缴纳的税款均不得抵免。阿根廷、匈牙利、葡萄牙则不允许外国税收的抵免。加拿大仅允许从所得中扣除由受控外国公司已经缴纳的税款。

四、受控外国公司税制的除外适用

尽管受控外国公司税制在维护一国的财政收入方面发挥着极为重要的作用。但这一规则的实施,对从事境外投资的公司来说极为不利,大量跨国公司因此迁离采纳这一规则的国家。以英国为例,其受控外国公司规则已经导致了超过 20 家跨国公司迁离英国,而落户到一些没有类似规则的国家,例如邻国爱尔兰。[①] 为防止该规则所产生的不利后果,除巴西、埃及、印度尼西亚和土耳其外,大多数国家在其受控外国公司规则中均规定了不予适用该规则的条款。

(一)微量所得豁免

微量所得豁免又称为小额豁免,如果受控外国公司的所得额或是瑕疵所得

---

① 参见刘天峰、何爽:《跨国避税受挫,英国通信业巨头深陷税务诉讼》,载《中国税务报》2010 年 8 月 11 日。

额未超过法定的数额，可以不予适用受控外国公司规则。采用此种微量所得豁免，主要是为了简化税收管理，降低反避税工作的成本。如澳大利亚规定，如设立于白名单中的 7 个国家的受控外国公司的应归属所得未超过 5 万澳大利亚元或受控公司总营业额的 5% 中的较小者，不适用该规则。西班牙也规定，如适用受控外国公司规则的所得未超过受控外国公司利润的 15% 或未超过其所得的 4%，不予适用该规定。英国则规定，如受控外国公司在本会计年度内的已调整的会计利润未超过 20 万英镑或可取得的利润未超过 5000 英镑的，不适用该规则。

（二）积极营业豁免

不少国家规定，如受控外国公司主要从事工商业生产经营活动并由此取得公司的主要所得，可以免予适用该规则。规定这一豁免条款的国家通常规定积极营业所得的最低比例限制，只有超过这一比例，该公司才可以不适用受控外国公司规则。各国对积极营业所得的最低比例限制的规定各有不同，澳大利亚和新西兰要求只有积极营业所得超过 95%，才可以主张不予适用该规则。在法国，设立于欧盟境外的从事工商业活动的受控外国公司的积极营业所得超过 80% 的，可以不适用该规则。阿根廷则只要求达到 50%，即可主张豁免。

（三）实际经营豁免

根据这一豁免条款，如受控外国公司主要是通过真实的营业活动获取收入，则可以不适用受控外国公司规则。爱沙尼亚规定，如受控公司的年度所得 50% 来自真实的经济活动，可以不被视为位于低税区。有些国家还要求受控外国公司必须有真实的经营活动或真正的营业场所，如冰岛、挪威、南非、瑞典等。

（四）特定经济活动豁免

如受控外国公司从事某些特定的经济活动，可以享受受控外国公司规则的豁免。如芬兰规定，如受控外国公司在其居民国从事工业或类似的生产活动、航海运输或与上述活动相关的销售或市场营销活动，可以不予适用受控外国公司法。葡萄牙政府就把此种豁免待遇给予利润 75% 以上来自农业、工业或者商业活动，且主要业务不是银行业、保险业或者持有有价证券、无形财产的受控外国公司，以此保障本国农业和工商业的竞争力。

（五）公司上市豁免

根据这一豁免条款，如受控外国公司在适格的证券交易所上市，则该公司可以主张不予适用受控外国公司规则。如匈牙利规定，如本国居民的子公司已在适格的证券交易所上市至少 5 年，该公司将不被认为构成受控外国公司。

（六）税率豁免

大多数国家的受控外国公司制度都包含了税率豁免，即当受控外国公司适用的税率超过豁免税率时，受控外国公司规则将不再适用。这种豁免意味着规则只适用于受益于较低境外税负从而利润转移风险较高的公司。税率豁免可以使税务机关的征管重点放在低税负的受控外国公司,能够为纳税人提供更大的确定性并减少总体的征管成本。各国通常会采用黑名单或白名单来确定是否适用税率豁免。

第三节 我国的受控外国公司税制

一、我国受控外国公司税制的产生

我国企业的境外投资,自改革开放以来,一直逐步增长,为国家创造了大量外汇,但也存在大量问题。在国内企业向境外投资的众多区域中,一些国际避税地成为首选,例如中国香港及英属维尔京群岛等。随之而来的问题是企业利用避税地进行逃避税活动的日益突出。虽然我国目前严格的外汇管制制度从客观上起到了防止纳税人利用避税地进行避税活动的作用,但也可能抑制境外投资。[①] 而原企业所得税体制中也缺乏有效抑制纳税人利用避税地避税的制度。因此,企业所得税法改革吸取国际经验,确立受控外国公司制度,恰好弥补了原有制度中的不足。

我国设立受控外国公司制度,可以防止收入转移到关联的非居民公司,可以支持其他反避税立法,也可以寻求资本输出中立。[②] 值得注意的是,本国居民在国外建立受其控制的公司是对外投资的重要方式之一,企业采用这一方式,并不全部是为了逃避我国的税收负担。因此,需要在受控外国公司制度中对于归属入本国居民企业的收入比例作出界定,以保证该制度的实施既不会影响到我国居民企业在外国的正常经营活动,又能够实现反避税的目的。特别在我国目前倡导民族企业走出去的情况下,该制度的采纳应当在实现反避税目的并且不打击企业对外投资积极性的情况下,引导企业海外投资的理性进行,促进国内投资企业和向海外投资企业的税负公平,实现中国企业资金在全球范围内的合理配置。

二、我国受控外国公司税制的基本内容

我国 2008 年开始实施的《企业所得税法》引入了受控外国公司税制。根据该法第 45 条的规定,由居民企业,或者由居民企业和中国居民控制的设立在实际税负明显低于本法第 4 条第 1 款规定税率水平的国家(地区)的企业,并非由

---

① 参见张美红:《建立我国 CFC 所得课税制度的构想》,载《涉外税务》2006 年第 6 期。
② 参见〔美〕罗伊·罗哈吉著:《国际税收基础》,林海宁、范文祥译,北京大学出版社 2006 年版,第 407 页。

于合理的经营需要而对利润不作分配或者减少分配的,上述利润中应归属于该居民企业的部分,应当计入该居民企业的当期收入。然而,这一规定过于原则,在实践中缺乏可操作性,因此,在《企业所得税法实施条例》第116—118条对其具体适用作了进一步的明确。2009年1月8日国家税务总局出台的《特别纳税调整实施办法(试行)》第76—84条对受控外国公司税制的具体实施作出了详细的规定,由此构建了我国受控外国公司税制的基本内容。

我国2018年修订的《个人所得税法》第8条第1款第2项增加了受控外国公司的个人所得税制度,但具体的配套规定并未出台,因此下面仅对企业所得税制度中的相关规定予以介绍。

(一) 受控外国公司的认定

1. 受控外国公司是设立于低税区的企业

根据我国《企业所得税法》第45条的规定,所谓"低税区"是指实际税负明显低于《企业所得税法》所规定的一般税率的国家或地区。"实际税负明显低于25%"的国家和地区,根据《企业所得税法实施条例》第118条的规定,是指低于《企业所得税法》第4条第1款规定税率水平(即25%)的50%的国家和地区,即所在国的实际税负低于12.5%的国家和地区。为了简化判定由中国居民企业或者由中国居民企业和居民个人控制的外国企业的实际税负,2009年1月21日,国家税务总局发布《关于简化判定中国居民股东控制外国企业所在国实际税负的通知》,公布了第一批非低税率国家(地区)名单。中国居民企业或居民个人能够提供资料证明其控制外国企业设立在美国、英国、法国、德国、日本、意大利、加拿大、澳大利亚、印度、南非、新西兰和挪威的,可免于将该外国企业不作分配或者减少分配的利润视同股息分配额,计入中国居民企业的当期所得。

2. 该企业为中国居民企业控制或由中国居民与居民企业共同控制

(1) 该企业的控股股东为中国居民企业或中国居民个人与居民企业。根据我国《企业所得税法》第2条的规定,中国居民企业是指依法在中国境内成立,或者依照外国(地区)法律成立但实际管理机构在中国境内的企业。中国居民,是指根据我国《个人所得税法》的规定,就其从中国境内、境外取得的所得在中国缴纳个人所得税的个人。

(2) 中国居民股东对该企业实施控制。所谓控制,我国主要采用实质控制标准,既包括直接控制,也包括间接控制。根据我国《企业所得税法实施条例》第117条和《特别纳税调整实施办法(试行)》第76条的规定,"控制"是指中国股东对该企业在股份、资金、经营、购销等方面构成实质控制。构成股份控制,必须满足以下条件:一是任何一个中国股东直接或间接持有的外国企业的表决权股均超过10%;二是上述股东共同持有的该外国公司的股份超过50%。在多层间接持有股份的情况下,中国居民股东多层间接持有的股份按各层持股比例相乘计算,中间层持有股份超过50%的,按100%计算。在认定控制关系时,认定存在共同控股关系的股东的人数方面并未作任何的限制。除此以外,如何认定"实质控制",则未进一步予以规定。一般而言,"实质控制"应是指中国居民股东对该外国公司的重大决议、关键性决策可以产生重大影响或者起到决定性作用,能够实际支配该公司的经营行为。

(二) 受控外国公司的适用条件

如一外国公司被认定为受控外国公司,在满足以下条件的情况下,其未分配利润将被计入居民企业的当期收入:

(1) 外国公司对利润不作分配或减少利润的分配。由于外国公司与我国居民企业分别为具有独立纳税主体资格的实体,在外国公司不分配利润或减少利润分配的情况下,公司实现的利润将在低税区实现累积,我国居民企业投资收益将会延迟实现,由此产生延迟纳税甚至不纳税的问题。所谓"不作分配",是指公司完全未将其实现的税后利润分配给股东。所谓"减少分配",一般认为是指根据合理的经营管理需要留存利润后,所分配的利润少于应分配利润。

(2) 利润未作分配并非出于合理的经营需要。如何判定"合理的经营需要",在当前的立法中并未作出规定。利润分配是否合理,应当根据外国公司所从事的特定经济行业、特定商业活动的属性、利润分配当年的经济环境等予以判断。为扩大公司的生产经营规模、便于进一步的融资需要或是反敌意收购等,均可以认定为出于合理的经营需要。此外,"合理的经营需要"的判断,也必须符合《企业所得税法》第47条规定的具有"合理商业目的",即未分配利润并非以"减少、免除或者推迟"缴纳税款为主要目的。

只有以上两个条件同时具备,才能将受控外国公司实现的利润直接归属于中国居民股东。由于这里涉及了对于企业日常经营活动的合理性判断,因此应当采取原则性与灵活性相结合的方针,避免税法对于企业自主经营活动的过度干预,也避免对企业的经营决策可能造成的不当扭曲。

(三) 受控外国公司所得的税务处理

在上述条件满足的情况下,受控外国公司未作分配的利润应当归属于该居民企业的部分,应当计入该居民企业的当期收入,即对于在避税地的受控外国公司并非由于合理的经营需要而未分配或者减少分配的利润,尽管没有汇回中国境内,仍计入中国居民企业的当期应税收入。上述应归属的利润将被视为构成股息的分配,作为居民企业的股息所得确定其纳税义务。计入中国居民企业股东当期的视同受控外国企业股息分配的所得,应按以下公式计算:

中国居民企业股东当期所得 = 视同股息分配额 × 实际持股天数
÷ 受控外国企业纳税年度天数 × 股东持股比例

其中,中国居民股东多层间接持有股份的,股东持股比例按各层持股比例相乘计算。如受控外国企业与中国居民企业股东纳税年度存在差异的,应将视同股息分配所得计入受控外国企业纳税年度终止日所属的中国居民企业股东的纳税年度。计入中国居民企业股东当期所得已在境外缴纳的企业所得税税款,可按照所得税法或税收协定的有关规定抵免。受控外国企业实际分配的利润已作为推定股息征税的,不再计入中国居民企业股东的当期所得。

中国居民企业股东应在年度企业所得税纳税申报时提供对外投资信息,附送"对外投资情况表"。税务机关应汇总、审核中国居民企业股东申报的对外投资信息,向受控外国公司的中国居民企业股东送达"受控外国企业中国居民股东确认通知书"。

(四) 受控外国公司规则的豁免适用

我国《企业所得税法》及其《实施条例》并未对受控外国公司的豁免适用作出规定。《特别纳税调整实施办法(试行)》第84条明确规定了三种类型的豁免,即"白名单"地区豁免条款、积极营业豁免条款和微量所得豁免条款。

1. "白名单"地区豁免

根据《特别纳税调整实施办法(试行)》的规定,设立在国家税务总局指定的非低税率国家(地区)的受控外国公司可以免予将未作分配的利润视同股息分配。美国、英国、法国、德国、日本、意大利、加拿大、澳大利亚、印度、南非、新西兰和挪威为上述所指的"非低税率国家(地区)"。

2. 积极营业豁免

根据《特别纳税调整实施办法(试行)》的规定,如受控外国公司取得的所得主要为积极经营活动所得,该公司可以豁免适用受控外国公司规则。然而,该规定并未对"积极经营活动"的认定及其业务范围作出明确的规定。另外,如何判定该公司的收入"主要"为积极营业所得,同样也未作规定。

3. 微量所得豁免

《特别纳税调整实施办法(试行)》还规定了微量所得的豁免。根据该规定,如受控外国公司的年度利润总额低于500万元人民币,可以不予适用受控外国公司规则。

本 章 小 结

受控外国公司制度被经合组织认为是应对避税地的国内法措施之一。自美国在其《国内收入法典》中规定该制度以来,许多国家也相继在本国立法中采用了这一制度。如何认定受控外国公司是该制度的适用前提。一般认为,由国内股东控制或拥有实质利益的外国公司或类似实体构成受控外国公司,但通常对该公司的设立地有所限定。规则并不适用于所有类型的所得,通常以消极所得为主。为防止受控外国公司制度的适用打击跨国投资,各国立法中往往包含该规则豁免适用的条款。我国在 2008 年实施的《企业所得税法》和 2018 年修订的《个人所得税法》中也采用了这一制度。

思考与理解

1. 受控外国公司税制产生的背景是什么?
2. 受控外国公司的认定标准有哪些?
3. 有哪些受控外国公司的所得应当归属于本国控制股东?

第十六章 资本弱化的税法规制

第一节 资本弱化问题的产生

一、债权投资和股权投资的区别

对于企业来说，募集资金有两种方式，即股权投资和债权投资。债权投资是指为取得债权所作的投资，投资方获得的回报对于融资方而言是一种成本；而股权投资是指为获取其他企业的股东权利进行的投资。这两大融资方式具有不同的性质和特点。

其一，债权投资中投资方的回报具有数额和时间上的相对确定性，而股权投资的投资方的回报在数额和时间上均不确定，受到融资方的经营状况的影响；其二，债权投资方本金的支付具有优先性，即企业需要首先偿付欠款，才能够分配利润；其三，股权投资方对企业重大事项享有表决权，以此参与公司的经营决策，而债权投资方则不享有这种权利；其四，一般而言，债权投资的流动性大于股权投资，投资程序也更为便捷。当然，随着经济的发展和金融工具的不断创新，一些复杂的金融工具可能同时包含股权投资和债权投资的特点，这也使得这两者的区分更加复杂。

二、债权投资和股权投资的税务处理差异

基于以上债权投资和股权投资的不同性质和特点，税法对于股权融资和债权融资产生的回报的处理也是不同的。对债权融资支付对价即是向投资方支付利息，被视为是为获得商业收入而支出的成本，因而在计算应纳税所得额时可以扣除。但是为股权融资支付的对价，即股息，被视为企业利润的分配，因而一般来说是不能税前扣除的。因此，在企业层面征税时，采用股权融资所应缴纳的税款大于采用债权融资缴纳的税款。

举例来说，在单纯的国内融资的情景下，假设某国所得税税率为20%，如果该国的B企业以股权方式对A企业进行投资，A企业有100万元的纯利润，那么在分配之前，A企业需要缴纳20%的所得税，即20万，剩余80万在分配给B企业后，B企业需要缴纳20%企业所得税，即16万元，最后所得64万元；如果B企业以债权方式对A企业进行投资，A企业有100万元纯利润可以利息的方式支付给B企业，那么在A企业层面，这100万元可以税前扣除，因此不需要缴纳

所得税,而 B 企业在收到这笔利息后,需要缴纳 20% 的所得税,即 20 万元,最后所得 80 万元。

因此,为了减少企业的税收负担,企业倾向于选择债权融资而非股权融资的方式募集资金,造成了一批"长亏不倒"的企业的出现,这就在无形中侵蚀了国家的税基。这一问题在跨境融资的情况下更加复杂,因为在跨境融资背景下,资本弱化不仅涉及相关国家的税基侵蚀问题,还涉及国家税收利益分配的问题,因为对股权投资所得和债权投资所得的税收管辖权的分配状态,一般而言也是不同的。

在跨境融资情景下,如果企业选择股权融资方式,那么由此产生的股息将会被征收三次所得税:其一,由于股息不能税前扣除,因而在融资方层面,利用投资方参股资金所获得的利益需要缴纳所得税;其二,在股息汇出境外时,东道国针对投资方的所得,将在毛收入①的基础上征收一定比例的预提税;其三,在投资方收到股息后,其居民国还要针对其所收到的股息征收所得税。而如果选择债权融资方式,那么由此产生的利息只需要征收两次所得税,即汇出时的预提税和汇到时的所得税。在相应国家签署了双边税收协定或投资方居民国国内存在税收抵免制度,即相应所得可以享受抵免或者税收优惠的情况下,相较而言,股息更多地在东道国被征税,而利息更多地在投资方居民国被征税。

不仅如此,从实践来看,利息的预提税率比股息的预提税率更低,从各国之间签订的双边税收协定来看,利息的预提税率多在 10% 以下,甚至有的国家在税收协定中约定东道国免征利息的预提税。而东道国在税收协定中少有作出免征股息预提税的约定。

这一趋势的形成主要有以下两方面的原因:一方面,相比于股权投资者而言,债权投资者的回报不取决于企业的经营状况,因此在处于强势地位时,债权投资方往往倾向于在协议中作出特殊的约定,让被投资者实际上负担东道国征收的预提税,从而使得东道国被投资企业的融资成本增加,不利于其发展;另一方面,债权融资具有较为便捷且流动性强的特点,是企业较为青睐的融资方式,也是各国争取的对象,为了吸引更多的境外融资,降低或者取消预提税也成为了国家之间展开竞争的一种手段。

基于以上原因,企业存在利用股权融资和债权融资在税法上的差别待遇,通过提高债权融资的比例、降低股权融资的比例,达到避税目的的行为,这种行为往往是通过与关联企业之间进行借贷而完成的,这就产生了资本弱化问题。为了避免国内税基被过多支付给非居民关联企业的利息所侵蚀,针对资本弱化问题,许多国家都制定了资本弱化规则以保护本国税基。

---

① 毛收入是指不扣除任何成本费用的收入。

第二节 资本弱化规则及其新发展

一般而言,企业和投资者享有选择融资方式的自由。但是,这种自由并不是毫无边界的,而是有限制的。一方面,相关的投资行为需要符合独立交易原则,即其交易不存在扭曲市场的行为;另一方面,相关的投资行为必须是正常的商业行为,而不属于非法的税收筹划行为,不能违反禁止滥用的法律原则。① 如果违反了上述原则,那么相关国家就能够在国内法的框架下对这种非法行为进行调整,这也是资本弱化规则限制企业融资自由和投资方投资自由的法理基础。

从资本弱化规则的具体适用来看,一般而言,如果相对于企业的权益资本而言,其债务占有非常高的比例,将会被认为存在资本弱化行为。然而,仅仅凭借企业的债务和权益资产之间的比例(以下简称"债资比")很高这个事实,并不能够自然而然地断定其存在滥用法律形式的行为。高债资比的资本结构也可能因为某些商业或者经济原因的存在而具有合理性。

一、资本弱化规则的类型

从世界范围内来看,不同国家采取不同的方式规制资本弱化问题。总的来看,可以大致将这些措施分为两大类:其一是将资本弱化的规制纳入一般反避税规则等一般法律规则适用的范围内;其二是针对资本弱化问题专门制定的资本弱化规则,这种规则属于特殊反避税规则。

(一)通过一般法律规则规制资本弱化行为

1. 一般反避税规则

一般反避税规则有别于特殊反避税规则,是指适用于所有避税情形的规制规则。不同国家的一般反避税规则要素不同,但是通常包括"实质重于形式""商业目的""经济实质"等方面的测试。其中,"实质重于形式"是指判断交易的性质及其相应的税收后果应当依据交易的实质而非形式去判断,实践中有多种方法去判断交易的实质,如整体观察法、分步推断法等。商业目的是指相关的交易的主要目的或主要目的之一并非税收利益上的目的,否则将构成避税安排。经济实质是指相关交易必须存在实质上的经济行为,而非仅仅出于逃避税目的而作出的税收筹划行为。在利用一般反避税规则应对资本弱化问题的情况下,相关国家并不针对资本弱化问题进行特别的规定,而是通过一般反避税规则对其进行规制。

然而,一方面,一般反避税规则因其相对于特殊反避税规则的模糊性和不确

---

① See OECD, Thin Capitalization Report, 1987, paras. 6—16, pp. 9—12.

定性而饱受争议,其适用没有明确的标准,赋予执法者的自由裁量权较大,容易造成限制资本弱化问题的标准不一、侵犯纳税人信赖利益、使融资环境恶化等不利后果;另一方面,资本弱化行为是相对而言较为普遍而常见的避税行为,其避税机理和后果方面的表现也具有相对一致性,通过一般反避税规则来对特定类型的避税安排进行规制不具有针对性,也缺乏效率。

2. 禁止权利滥用

实施债权融资是企业的合法权利,但过度的债权融资可能构成对相应税收较优待遇的滥用,从而违背禁止权利滥用原则。那么基于这种原则,相应东道国政府就可以重新审视企业的资本结构,以判断在其中作为债权融资存在的资金能否应基于税法的目的被重新定义为一种隐藏的股权融资。

通过这种规则的适用,相关国家能够更加深入地观察企业的不同投资方式,从而判断在实质上,而非在形式上,投资能否被重新定性为股权投资。在这个过程中,税务机关需要考虑所有相关的事实情况,包括相关投资约定的利润分享、风险分配等,才能够决定投资的准确定性。

在每一个不同的案件中,适用这一规则需要考虑的要素都是不同的,这种规则的适用也就变成了一种"个案分析"。实际上,与其说这是一种具有确定性的规则,不如说这是一种方向和方法上的指引。它只指导执法者应该考虑哪些要素、应该观察投资方式的哪些方面,但是对于符合何种条件才应该将其重新定性这一问题,则是完全交给了执法者。这必然会导致执法者的自由裁量权过重,各个案件的判断标准不一,进而破坏投资者的合理预期,从而导致投资环境恶化。

3. 独立交易原则

独立交易原则是指,如果一项交易能够以同样的条件发生在相互独立的交易双方之间,那么这项交易就是真实和合法的,否则就存在违法的可能性。这项原则是许多国家在处理关联方之间的交易的合法性问题时的衡量基准。根据独立交易原则,如果在相同或相似的条件下,关联方之间发生的交易在非关联方之间也能够发生,那么税法就不会对该项交易进行特别调整;反之,如果该项交易在相同或相似的条件下不会发生在非关联方之间,那么就存在对这项交易进行特别调整的可能性。

针对资本弱化问题适用独立交易原则时,执法者需要考虑的是,从商业实践来看,在相同或相似的条件下,一个非关联方是否会向企业提供相同的借贷资金。如果非关联方不能在相同或相似的条件下提供相同的借贷资金,那么超出独立交易水平的借贷就应当在税法上被重新定性并被征税。

(二) 特殊资本弱化规则

特殊资本弱化规则,是指各国针对资本弱化问题特别制定的规则。资本弱化是一种类型化的避税问题,其特征即是相关企业拥有大量的债权融资,企业资本结构中,债权融资所占比重过高。因此相关国家在制定有针对性的资本弱化规则时,也从这一特征入手,通过为企业的债资比划定范围的方式决定关联方给予企业的借贷是否应该被视为是合法的。基于这种规则,企业的债资比需要保持在法律规定的范围内,否则,超出此范围的借贷就可能在税法上被重新定性。

按照超过债资比范围后果的不同,又可以将特殊资本弱化规则分为两类,一类被称为"固定比例法",另一类被称为"安全港规则"。① 基于固定比例法,超过法定债资比范围的债权融资将会当然地被重新定性为股权融资,相应利息也将在税法上被重新定义为股息并征收相应税款,也就不可以在税前被扣除。固定比例法下的重新定性是不可抗辩的,即不能够通过提供相反证据——比如超出法定范围的债权融资是正常的商业投资行为——而推翻。相反,基于安全港规则,超出法定债资比部分的债权融资并非当然地非法,纳税人可以通过证明其行为符合独立交易原则来为自己的行为抗辩。即使企业的债资比超过了法定范围,只要企业能够提供相应的证据证明超出部分符合独立交易原则,那么这种超出法定范围的债权融资就不会在税法上被重新定性。

实际上,特殊资本弱化规则是从独立交易原则衍生而来的一种简便化的适用方法。由于寻找相同或相似的投资过于复杂且充满不确定性,立法者便通过观察商业实践,从企业的正常资本结构入手,为企业的债资比划定适当的界限,超过这一界限即被推定为接受了非独立交易下的债权投资,应该在税法上被重新定性和征税。为了提高征管效率和纳税人的合理预期,采用简便的特殊资本弱化规则而非适用抽象的独立交易规则,是一种必然性的趋势。当然,不可避免的是,这种固定的规则为纳税人寻找规则漏洞进行税收套利提供了可能性;同时因为不同的行业天然地对于不同类型的融资方式的偏好不同,这种将企业的资本结构固定化的规定,也会对吸引外资产生一定的负面影响。

二、资本弱化规则的新发展

最近几年,过度的债权融资受到了世界范围的关注,私有资本往往倾向于全部采用债权投资方式对其目标企业进行投资。在跨国企业过度使用债权融资侵蚀东道国税基的情况下,有些国家认为传统的资本弱化规则并不能够阻止企业通过过量引入债权融资的方式逃避税收,因而对资本弱化规则进行了一些创新,其中较为典型的就是收入剥离规则和综合利息限制规则。

(一) 收入剥离规则

与传统资本弱化规则不同,基于收入剥离规则,立法者所限制的不是纳税人债权融资和股权融资的比例,而是企业收入与利息支出的比例,即如果企业的收

---

① See OECD, Thin Capitalization Report, 1987, para. 25, pp. 15.

入与利息支出超出了一定的比例,那么超出部分的利息支出就会在税法上被重新定性,不允许在税前扣除。

最早将收入剥离规则纳入资本弱化规则范围内的是美国。根据其规定,如果企业的净利息支出①超出了其调整后应税收入②的一定比例,那么支付给企业关联方的利息就在超出的范围内被征税,即不得被税前扣除。同时,美国将企业的债资比超过传统资本弱化规则中的固定债资比范围作为收入剥离规则的适用条件。也就是说,仅仅在企业的债资比超过了美国的安全港规则所划定的范围,即 1.5∶1 时,收入剥离规则才会得到适用。

这就意味着,在适用收入剥离规则的时候,即使在计算企业的净利息支出、调整后应税收入以及债资比的时候,执法者需要考虑到企业所有的债权融资,包括来自关联方和非关联方的,美国的收入剥离规则也并不限制支付给非关联方的利息支出的税前扣除。这是因为美国的收入剥离规则的适用采取的是"两步法":第一步是判断相关企业是否落入收入剥离规则的适用范围,如果是,那么第二步是超过法律规定的净利息支出与调整后应税收入比例的部分中,支付给关联方的利息就不能够在税法上被税前扣除。

(二) 综合利息限制规则——以 OECD 行动计划 4 为例

BEPS 行动计划的关注焦点之一即是跨国企业利用利息支出的可扣除性侵蚀税基。经合组织阐述了跨国企业通过利息扣除进行逃避税的三种基本行为:其一,通过交易安排,使得高税率国家对独立第三方的债务征税;其二,通过集团内部的借贷,使得跨国企业产生相较于独立交易背景下更多的利息支出;其三,通过利用第三方或者是集团内部其他企业,向享有税收豁免待遇的资产投资。

为了应对上述风险,经合组织在 2015 年发布了 BEPS 行动计划 4 报告,并在 2016 年 12 月对报告进行了更新。BEPS 行动计划 4 即致力于推广防止企业利用利息支出侵蚀税基的最佳实践规则。经合组织推荐的方法是将实体的可扣除利息数额限制在税息折旧及摊销前利润(earnings before interest, taxes, depreciation and amortization, EBITDA)的一定比例之内,相应的比例可以在 10%—30%之间。该方法可以辅以集团比例规则。根据集团比例规则,一个实体将被允许扣除不超出其集团支付给第三方的净利息支出与其集团的税息折旧及摊销前利润之比的任何净利息支出。即如果一个集团比例规则和一个基于利润的固定比例规则结合在一起时,只有在相关实体净利息支出与税息折旧及摊销前利润之比同时超过集团固定比例和利息固定比例的时候,超出部分的利息才是不

---

① 净利息支出是指超出利息收入部分的利息支出。
② 调整后应税收入是指未扣除利息支出及包括折旧、摊销和任何经营亏损在内的非现金科目的应税收入。

允许被税前扣除的。①

正如经合组织关于 BEPS 行动计划 4 的报告中所阐述的那样，在处理资本弱化问题方面，使用基于利润而制定的规则相较而言是有优势的：一方面，在征税方面，利润和应纳税所得之间应当有清晰的关联性，利润应当构成相关实体能够按时支付利息的信号指标，因此在经合组织制定相关报告时，利润被认为可以用来衡量实体可从关联方及非关联方处获得的债权投资数量；另一方面，想要通过税收筹划策略绕开一个基于利润而制定的规则是较为困难的，因为企业只有通过增加利润，才能够增加它的净利息支出扣除数。②

基于以上原因，经合组织将综合利息限制规则作为最佳实践并加以推广，其认为这样的规则能够保证一个实体的净利息支出扣除数与其经济活动产生的应纳税所得直接相关。在经合组织看来，固定比例规则和集团比例规则能够使得企业在客观衡量其经济活动的基础上扣除税前利息支出，且通过利润来衡量经济活动，是保证所扣除的净利息支出与产生应税利润和创造价值的活动相匹配的最具有效率的方式。③

通过将综合利息限制规则作为最佳实践并推广，经合组织所持有的将利润作为利息扣除数量的衡量系数的理念也随之发展和扩散。同时，这也间接和默示地拒绝了一直以来适用于资本弱化问题的独立交易原则，以及由此产生的通过对企业的功能、资产、风险进行分析以决定独立交易下企业贷款能力的方法。

经合组织在处理资本弱化问题时拒绝独立交易原则主要有以下几点原因：其一，独立交易原则自始至终就不在 BEPS 行动计划 4 的磋商范围之内；其二，通过独立交易原则来处理资本弱化问题成本过高，且效率过低，其关注的是实体的特定商业实践，其相关测试对于纳税人和税务机关来说耗时过长，其结果也不能够当然地具有正确性和确定性；其三，独立交易原则并不能阻止企业主张对与享有免税待遇资产或者收入有关的利息支出进行税前扣除。

当然，这并不是说独立交易原则与综合利息限制规则完全无关。独立交易原则可以说是体现在综合利息限制规则的制定过程中的，即在决定可扣除的利息的比例时，需要结合独立交易原则来确定比例的范围。

应当注意的是，尽管经合组织偏向于选择以利润作为限制利息扣除的比例基数，它也没有排除将其他要素当作基数的可能性，比如以资产作为限制利息扣

---

① See OECD, Limiting Base Erosion Involving Interest Deductions and Other Financial Payments, 2015, Action 4——2015 Final Report, p. 11.

② Ibid., p. 43.

③ Ibid.

除的比例基数。而且在计算企业的收入基数或者是资产基数时,企业的免税收入以及产生免税收入的资产应当被排除在计算范围之外。经合组织在 BEPS 行动计划的报告中特别指出,在集团公司内,适用资产价值来衡量实体的经济活动是更加稳定和具有可预期性的做法。当然,将利息扣除数量与资产价值挂钩,仍然存在着资产定性和价值评估方面的困难,以及与会计标准相磨合的障碍。

1. 适用范围

综合利息限制规则至少应当适用于属于跨国集团一部分的实体,并且可以将适用范围扩展至作为国内集团一部分的实体,甚至并非属于任一集团的独立实体。经合组织所建议的这种适用范围的扩展是为了避免资本弱化规则对于内资企业和外资企业产生区别对待,从而受到禁止歧视原则的限制。

由此可以看出,综合利息限制规则的适用范围中,最关键的概念是跨国集团。在经合组织的 BEPS 行动计划报告中,跨国集团的定义如下:如果某实体直接或者间接地受到一个公司的控制,或者是一个直接或者间接控制一个或者多个其他实体的公司,那么这个实体就是集团的一部分;如果一个集团在超过一个司法管辖区运营,包括通过常设机构运营,那么该集团就是一个跨国集团。①

值得注意的是,当某个不属于集团的独立实体具有复杂的股权架构,且其具有的税基侵蚀与利润转移风险水平与集团架构相当,那么经合组织的综合利息限制规则也可以适用在这样的企业上。②

此外,经合组织还提议为综合利息限制规则的适用设定一定的资金门槛,以排除基于净利息支出数量而言具有较低逃税风险的实体。同时,对于一些执行与公共利益相关项目的实体,也可以将其排除在规则的适用范围之外。③ 由于银行业和保险业的业务开展是以资金借贷为基础的,因此这一行业需要特殊的资本弱化规则加以管理和限制,否则就会阻碍此行业的健康发展。因此经合组织认为目前的资本弱化规则不应当适用于银行业和保险业,具有针对性的相关规则仍在研究中。

综合利息限制规则应当适用于向关联方及非关联方支付的利息及其他在经济上相当于利息的支付。④ 经合组织并没有试图对利息这一概念作出明确的定义。相反,经合组织试图使相关方注意到,综合利息限制规则的适用客体应当足够广泛,至少应当包括所有形式债务中的利息、在经济上相当于利息且与融资有

---

① See OECD, Limiting Base Erosion Involving Interest Deductions and Other Financial Payments, 2015, Action 4——2015 Final Report, para. 45, p. 33.

② Ibid., para. 52, p. 34.

③ Ibid., paras. 64—70, pp. 39—41.

④ Ibid., para. 85, p. 47.

关的支出。① 为了减少误解的产生,一方面,经合组织对于应该被包含在适用范围内的支付进行了不完全的列举,其中包括利润分配贷款下的支付、可转换债券和零息债券等金融工具的利息以及替代融资下的到期金额安排;另一方面,经合组织对于应当被排除在规则适用范围之外的支付也进行了列举,其中包括与融资、特许权使用费和经营租赁支付无关的外汇损益等。

需要强调的是,综合利息限制规则限制的对象是支付给任何方(包括关联方和非关联方)的利息及经济上相当的支付在抵销利息收入之后的金额。这意味着综合利息限制规则是一种一般性的规则,适用于任何实体的净利息支出。

2. 适用逻辑

综合利息限制规则是基于一个以利润为基数的固定比例而制定的,各国在制定相应规则时,可以选择在此基础上结合集团比例规则。

如前所述,任何落入综合利息限制规则适用范围的实体,对超出税息折旧及摊销前利润一定比例的利息不得进行税前扣除。在其中,如何定义利润就是一个关键问题。一般而言,经合组织认为应当在息税前利润(earnings before interest and taxes, EBIT)或者是税息折旧及摊销前利润的基础上,排除所有由同一实体在同一纳税年度所收到的非应税收入,包括分支机构利润、股息收入和来自外国的房地产收入。如果相关国家选择以资产为基础决定可扣除利息支出的比例,那么同样地,在计算资产时也需要排除产生免税收入的资产。

举例来说,如果一个实体的税息折旧及摊销前利润是 100 元,但其中 20 元是股息收入,那么根据经合组织综合利息限制规则,它的调整后税息折旧及摊销前利润就是 80 元,而非 100 元。

基于固定利润比例的经合组织综合利息限制规则的适用遵循以下三个步骤:首先,计算税息折旧及摊销前利润;其次,通过立法者规定的利润比例计算纳税人可扣除的最大利息支出;最后,用纳税人的实际利息支出与可扣除的最大利息支出相比较,超出部分不得税前扣除。如此一来,就能够将相关实体税前扣除的利息控制在其税息折旧及摊销前利润的一定比例之内,从而保障对该实体的调整后利润进行有效的征税。

经合组织同时认识到,将利润作为衡量一个实体经济活动的工具的做法存在缺点:利润具有波动性,且很难计算出一个集团中的每一个实体被允许税前扣除的利润数量。为了解决这些问题,经合组织综合利息限制规则允许立法者利用一定数量的财务期间的平均利润作为计算的基数,或者是允许实体对不可税

---

① See OECD, Limiting Base Erosion Involving Interest Deductions and Other Financial Payments, 2015, Action 4——2015 Final Report, para. 36, p. 29.

前扣除利息数或者是未使用完全的可税前扣除利息数进行结转。后者对于处于亏损状态的实体非常重要，因为它可以对其不被允许扣除的利息支出进行结转，并用将来期间获得的利润抵销。①

基于利润的固定比例规则的另一个缺点是，在同一个集团中的不同经济实体可能具有不同的杠杆率和不同的风险状况。为了解决这一问题，经合组织认为可以考虑将强制性的基于利润的固定比例规则与可选性的集团比例规则结合起来，当然，具体规则如何制定还要看各国立法者的选择。

在集团比例规则的适用中，和确定"集团"的定义一样，确定供使用的财务数据的来源是十分重要的。对于这一点，经合组织认为，合并后的财务报表应该由税务机关传递并由其使用，而"集团"则包含母公司以及所有将报表合并至母公司报表的所有实体。

集团比例规则的适用包含两个步骤：其一，计算该集团支付给第三方的净利息支出与其税息折旧摊销前利润的比例，即集团比例；其二，将此比例适用于应税实体的税息折旧摊销前利润，计算出对于该应税实体的可税前扣除利息支出的数额。

3. 适用后果

依据经合组织综合利息限制规则，由集团中一实体向任何第三方、关联方或者集团实体支付的任何利息或在经济上类似的支付，在基于利润的固定比例范围内，或者在集团比例范围内，都是可以在税前扣除的。任何超出利润的固定比例范围，或是集团比例范围的利息支出，都将不允许在税前扣除，并将被重新纳入相关企业的应纳税所得额中，在债务人企业层面被征税。

因此，从世界范围内来看，经合组织综合利息限制规则的适用将会产生经济性双重征税的后果，因为超出利润的固定比例或者集团比例的利息支出在债务人企业层面不允许税前扣除，而这部分利息收入到债权人层面时，又将被征税。同时，这种经济性双重征税难以通过税收抵免的方式解决，因为一国没有义务当然地承认另一国基于反避税的原因，对一笔收入的重新定性以及在此基础上的征税调整。

BEPS 行动计划报告中也同样认识到了资本弱化规则的适用，可能导致的经济性双重征税的后果，并提出了几个解决方案供各国立法者参考。如立法者可以规定让企业结转不被允许扣除的利息支出，也可以同时允许企业结转尚未用完的可税前扣除利息支出的额度，还可以允许企业对于不被允许税前扣除的利息进行来回结转。上述措施，在某种程度上能够减轻适用综合利息限制规则

---

① See OECD, Limiting Base Erosion Involving Interest Deductions and Other Financial Payments, 2015, Action 4——2015 Final Report, para. 77, p. 44.

所造成的经济性双重征税的后果,但并不能完全消除这种风险。

第三节　中国资本弱化规则

一、中国资本弱化规则概述

中国的资本弱化规则,是由《企业所得税法》第46条、《企业所得税法实施条例》第119条、《一般反避税管理办法(试行)》第6条和财政部、国家税务总局《关于企业关联方利息支出税前扣除标准有关税收政策问题的通知》《特别纳税调整实施办法(试行)》第九章以及国家税务总局《关于完善关联申报和同期资料管理有关事项的公告》第15、17条组成的。其中具体规范多由部门规范性文件规定,法律仅仅规定了原则性的事项。

在法律层面,我国在面对资本弱化问题时,所选择的解决方案是"固定债资比"方法,即规定企业的债权融资和股权融资之比不能够超出法定的范围,并将适用对象限制在关联方所给予的投资范围内。《企业所得税法》第46条即规定,企业从其关联方接受的债权性投资与权益性投资的比例超过规定标准而发生的利息支出,不得在计算应纳税所得额时扣除。随即,《企业所得税法实施条例》第119条对"从关联方获得的债权性投资"和"股权性投资"的概念进行了解释和细化,规定债权性投资是指企业直接或者间接从关联方获得的,需要偿还本金和支付利息或者需要以其他具有支付利息性质的方式予以补偿的融资;而股权性投资是指企业接受的不需要偿还本金和支付利息,投资人对企业净资产拥有所有权的投资。同时规定,我国《企业所得税法》第46条所称"标准",由国务院财政、税务主管部门另行规定。

在对"标准"作出定义的同时,国务院财政、税务主管部门实际上对我国的资本弱化规则作出了实质性变更,即由"固定比例法"变为了"安全港规则",增加了纳税人的合法抗辩事由。财政部、国家税务总局《关于企业关联方利息支出税前扣除标准有关税收政策问题的通知》中,对上述"标准"进行了规定,对于金融企业而言,由于其行业运营的特殊性,规定其接受关联方债权性投资与权益性投资的比例为5∶1,对于其他企业而言,《通知》规定为2∶1。同时,该《通知》规定,企业如果能够按照税法及其实施条例的有关规定提供相关资料,并证明相关交易活动符合独立交易原则的;或者该企业的实际税负不高于境内关联方的,其实际支付给境内关联方的利息支出,在计算应纳税所得额时准予扣除。在国家税务总局《关于完善关联申报和同期资料管理有关事项的公告》第15条和第17条中,也明确了企业为证明相关交易活动符合独立交易原则需要准备的相关资料。

《特别纳税调整实施办法(试行)》第九章对资本弱化规则进行了细化,进一步明确了相关概念以及计算方式。

首先,该办法明确了《企业所得税法》第46条"利息支出"的范围,即包括直接或间接关联债权投资实际支付的利息、担保费、抵押费和其他具有利息性质的费用;进一步细化了债权性投资和股权性投资的范围,明确关联债权投资包括关联方以各种形式提供担保的债权性投资,而权益投资为企业资产负债表所列示的所有者权益金额,如果所有者权益小于实收资本(股本)与资本公积之和,则权益投资为实收资本(股本)与资本公积之和,如果实收资本(股本)与资本公积之和小于实收资本(股本)金额,则权益投资为实收资本(股本)金额。

其次,该办法明确了计算不得扣除利息支出额,即:不得扣除利息支出 = 年度实际支付的全部关联方利息 × (1 − 标准比例/关联债资比例)。而关联债资比例的计算公式为:关联债资比例 = 年度各月平均关联债权投资之和/年度各月平均权益投资之和。其中,各月平均关联债权投资 = (关联债权投资月初账面余额 + 月末账面余额)/2;各月平均权益投资 = (权益投资月初账面余额 + 月末账面余额)/2。

同时,对不得扣除的利息支出,该办法规定不得结转到以后纳税年度,并应按照实际支付给各关联方利息占关联方利息总额的比例,在各关联方之间进行分配。其中,分配给实际税负高于企业的境内关联方的利息准予扣除;直接或间接实际支付给境外关联方的利息应视同分配的股息,按照股息和利息分别适用的所得税税率差补征企业所得税,如已扣缴的所得税税款多于按股息计算应征所得税税款,超出的部分不予退税。

二、中国资本弱化存在的问题及改进建议

从中国目前的资本弱化规则来看,存在以下两个问题:

其一,中国资本弱化规则中的债资比门槛较低[①],企业的债资比很容易触及资本弱化规则的门槛要求,不利于企业以债权方式进行融资,对较为依赖债权融资进行运营的基础设施建设等行业影响较大。而基础设施互联互通是"一带一路"建设的优先领域,中国资本弱化规则的低门槛不利于涉外基础设施投资建设发展,不利于激励中国企业在"一带一路"沿线国家开展基础设施投资建设,影响中国企业在国外的竞争力,同时在客观上对实现基础设施互联互通造成妨碍。

---

① 日本、澳大利亚等21个国家的门槛要求为3:1及以上;包括中国在内,有11个国家的门槛要求在2:1及以下。

因此，中国应当立足本国国情，调高适用资本弱化规则的债资比门槛要求，拓宽基础设施建设行业的融资渠道，提高中国企业在国外的竞争力，也为"一带一路"发展战略提供税收政策方面的支持。

其二，中国资本弱化规则存在上位法和下位法冲突的问题，在法律层面，中国的资本弱化规则确立的是"固定比例法"，而部门规范性文件却通过增加债权人的抗辩权的方式，将中国资本弱化规则转变为"安全港"规则。相对于"固定比例法"而言，"安全港"规则更加合理，也更有利于保护纳税人的合法权益。因此，中国应该将这一规定体现在法律层面中，在《企业所得税法》第46条明确规定纳税人拥有依据独立交易原则提出抗辩的权利，从而消除上下位法之间的冲突，同时也使得中国的资本弱化规则更具合理性。

本 章 小 结

由于股息和利息在国内和国际层面税收待遇的差异性，跨国企业往往偏向于选择债权形式而非股权形式进行投融资，从而达到逃避税的效果。为了应对资本弱化问题，保护本国税基，各国在立法和实践中形成了多种多样的资本弱化规则，其中以限制企业的债资比例为主要方式。

随着经济的进一步发展，资本弱化问题愈加突出，各个国家及国际组织为应对此种挑战，对现有的资本弱化规则进行了改革创新。一方面，资本弱化规则由以企业资本结构为基数限制可税前扣除利润支出数额，向基于企业收入限制可税前扣除利润支出数额的方向发展；另一方面，资本弱化规则的适用范围也在不断扩大，将支付给非关联企业的利息也包含在内。

中国的资本弱化规则体现在法律、行政法规和规范性文件中，存在上下位法冲突、法定债资比门槛过低的问题。中国应该立足本国国情，提高法定债资比限额，修改相应的法律规定，消除上下位法之间的冲突。

思考与理解

1. 资本弱化问题出现的原因是什么？
2. 资本弱化规则有哪些类型？
3. 资本弱化规则呈现出怎样的发展趋势？
4. 什么是综合利息限制规则？其是否具有合理性？
5. 中国资本弱化规则存在什么样的问题？应该如何解决？

第五编 国际税收协调

第十七章 国际税收协调原理

第一节 国际税收协调概述

国际税收协调是国际税法的重要概念,但其具体的内涵和外延仍存在较大的争议。有学者认为国际税收协调是指两个或两个以上的主权国家(或地区)对跨国纳税人行使各自税收管辖权所产生的冲突进行协调的行为。[①] 另有学者认为,国际税收协调是基于税收制度和政策的外部性,具有独立税收管辖权的两个或两个以上的国家(地区),一个国家的中央(联邦)政府和地方政府以及不具有独立税收管辖权的不同地区为了实现共同的政治和经济目标,通过颁布共同指令、签订避免双重征税协定以及税收管理合作协议等途径,使各国(地区)以及一个国家内部各地区的税收制度及其征管在一定程度上趋同,从而消除阻碍货物、资本、服务和人员在各国(地区)之间和一个国家内部各地区之间的自由流动的税收上的障碍,使各国(地区)的资源和一个国家内部各地区的资源得到更有效配置,进而提高整体效率和综合福利水平。[②] 也有学者认为国际税收协调是国际税收竞争的必然结果,是在承认各国税制既有差异的基础上,通过协商对话、管理合作合理划分税收利益,公平分享经济全球化的成果。[③]

西方税收理论对国际税收协调的定义也存在较大的分歧。如有学者认为,国家税收协调包含了两个方面的内容,其一是各国税制完全消除差异,实现均等化,其二则是在差异化的前提下进行协调。[④] 也有学者认为,国际税收协调是指一些国家和地区为了建立共同市场或经济集团,消除税收上对商品、资金、技术、劳务、人员流动的妨碍,采取措施使集团内不同国家和地区税收政策和税收制度

[①] 参见邓子基等:《国际税收导论》,经济科学出版社1988年版,第143页。
[②] 参见陈琍:《全球视野下的税收协调理论与实践》,中国税务出版社2010年版,第1页。
[③] 参见凌岚:《竞争中的合作:国际税收协调的新机制》,载《税务研究》2003年第1期。
[④] 参见邓力平等:《国际税收竞争》,中国财政经济出版社2004年版,第145页。

互相接近或统一,以减轻彼此之间的冲突和摩擦。①

考察国际税收协调的内涵与外延,首先应当关注其产生与发展的基础。国际税收协调始于国家之间经济交往的发展,并随着经济全球化而逐步深化,是解决由此产生的国际税收利益冲突的重要手段。国际税收利益冲突是伴随着各国经济往来日益频繁和融合度不断提高所产生的国家之间的税收利益分配的矛盾。② 国际税收协调正是为了避免国际税收利益冲突对国际经济活动的不良影响而产生的。具体而言,国际税收协调应当致力于解决如下国际税收利益冲突:

(1) 税收管辖权冲突③。

税收管辖权冲突是引发国际税收利益冲突的根本原因,是有关国家对纳税人的跨国所得或财产价值上各自主张的税收管辖权发生重叠或冲突的结果。税收管辖权冲突包括居民税收管辖权与来源地税收管辖权之间的冲突、居民税收管辖权之间的冲突、来源地税收管辖权之间的冲突。由于两个或两个以上的国家对同一经济活动或财产价值主张税收管辖权,必然引发国际重复征税。国际重复征税的存在将导致跨国经济活动不得不承担更高的税收负担,从而将抑制商品、资本、技术、人才的跨国界流动,不利于资源在全球范围内的优化配置,最终将制约全球经济的发展。因此,在各国的税收管辖权发生冲突的情况下,必须对国家间的税收利益进行协调,避免因重复征税妨碍生产要素在国家间的自由流动。

(2) 税收要素冲突。

即使各国对同一经济活动或财产价值的税收管辖权并不存在冲突,各国国内法对税收要素规定的差异同样可能造成国家间的税收利益冲突。一般而言,纳税主体、应税事实及其归属是确立纳税义务的基础事实。如果各国国内税法对税收要素的规定各不相同,则同一经济活动同样可能在不同国家分别成立纳税义务,从而造成不同程度的重复征税或重复不征税。

其一,纳税主体资格的差异:如果同一主体是否作为纳税主体、构成何种纳税主体在不同国家存在差异,便可能发生税收利益的国家间的冲突。如合伙企业、集合投资工具、信托等,在不同的国家是否作为纳税实体存在较大的差异,从而产生税收协调的必要。

其二,一项经济活动或其经济收益的属性认定不同:一项经济活动可能在不同国家被认定为不同性质的应税事实,从而产生国际税收利益的冲突。如因遗产继承发生的股权转移在不同国家被视为不同的应税事实,导致国际税收利益

---

① 参见苑新丽:《国际税收协调的发展趋势》,载《财经问题研究》2002 年第 10 期。
② 参见崔晓静:《欧盟税收协调法律制度研究》,人民出版社 2011 年版,第 10 页。
③ 有关税收管辖权冲突的问题,在本书第六章中已有详细的论述,在此不作进一步的阐述。

的冲突。再如两个国家对同一笔收入或财产收益有着不同的分类,也将导致对该项收益的重复征税。

其三,经济活动或财产价值的归属关系不同:如何确立应税事实与承担纳税义务主体之间的经济联系,一旦各国国内税法作出不同的规定,同样可能导致税收的重复课征。如一项经济活动基于法律形式或是经济实质确定其经济归属,便可能导致不同国家的不同主体就此分别承担纳税义务,发生税收的重复课征。

其四,税基确定方式的差异:两个国家对税基的范围、计算方式等的差异,也可能导致重复征税。如一项费用或支出能否扣除,如国内税法的规定各有不同,也将决定该项经济活动的收益是否在不同的国家同时负担税收。

此外,不同国家对于税法概念(例如所得税、收入、居住地、住所、不动产等)的定义以及交易特征的判定各不相同,同样可能发生税收利益的冲突。[①]

与税收管辖权冲突一样,国内税法对税收要素的不同规定所造成的重复征税也要求各国之间进行税收利益的协调,以消除重复征税对跨国经济活动的限制。

(3) 国际税收竞争[②]。

由于资本的稀缺性且其对一国经济发展的重要性,各国逐渐加强以税收工具吸引资本进入本国,从而引发了各国以争夺税源与税基为目标的税收竞争。一国以税收优惠吸引外国资本,必然导致税源与税基在国家间的重新分配,进而产生国家间税收利益的重新分配。为维护各国的税收管辖权、防止各国财政恶化和公共产品提供不足,合理分配税收利益,也必须进行国家间的税收利益的重新协调。

通过对国际税收协调产生背景的分析,不难发现国际税收协调是各国为消弭国家之间客观存在的税收利益冲突,防止税收成为国际经济发展的壁垒,而采取的限制、协调其税收管辖权的法律手段。具体包含如下的三个层次的基本内涵:

第一,在国内税法存在既定差异的背景下通过一定的手段消除由此产生的国际税收利益的冲突;

第二,在国内税法存在差异的情况下,确立统一适用的国际税收规则,以消除跨国经济活动的重复征税问题。

第三,通过对国内税法的差异性规则进行修正,实现各国税制的一体化,从根本上消除国际税收利益的冲突。

---

① Roy Rohatgi, *Basic International Taxation*, Kluwer Law International, 2002, pp. 13—14.
② 国际税收竞争在本书第二十章中将进行详细的阐述,在此不再赘述。

第二节 国际税收协调的发展与基本框架

为适应经济全球化的趋势,各国为实现国际税收利益的协调进行了诸多的尝试与努力。由于国际税收协调必须建立在相关国家主权互相尊重的基础上,国际税收协调大多需要通过相关国家的谈判协商予以实现。具体而言,国际税收协调包括以下三种形式。

一、国际组织的国际税收协调

由于每一个国家在国际经济活动的参与度和方式上存在较大的差异,不同国家之间税收利益冲突的程度与形式也有所不同,其参与国际税收协调的意愿也不尽相同。因此,在全球范围内进行国际税收协调的难度最大,但一些世界性的国际组织已经着手引导各国进行税收协调。全球性税收协调是指通过权威的全球性经济组织对相关的国际税收问题进行协调、规范、引导和仲裁,以减少国际税收利益分配及税收活动的冲突,达到互利互惠、协调发展的目的。第二次世界大战以后,一系列全球性国际组织相继建立,这些机构大多由主权国家参与,具有一定官方性质。其中,最为重要的包括经合组织、世界银行、世界贸易组织(WTO)和国际税收对话机制。

(一) 经合组织的税收协调

在促进国际税收协调方面,经合组织的成就最为突出。在税收方面,经合组织工作的覆盖面极为宽泛,往往涉及国际和部分国内税法的重要争议,如反避税、有害税收竞争、电子商务、金融工具课税等。在国际税收协调方面,经合组织的主要工作包括:

(1)制定国际税收协定示范法。经合组织最突出的贡献在于制定了供成员国谈判和签订税收协定时使用的范本,从而促进国际税收协定内容及其解释和适用的统一。从1963年经合组织税收协定范本草案制定以来,范本为大多数国家所采行。[①] 不仅经合组织成员国在签署或者修订双边协定时大多与协定范本一致,成员国和非成员国之间,甚至非成员国之间也多以此为参考文本。近来签订的多边税收协定,如北欧协定,也是以经合组织范本为基础缔结的。另一个产生重要影响的税收协定范本,即联合国范本,也是以经合组织范本为蓝本制定的。其他世界性或区域性国际组织在研究双重征税和相关问题时也将此税收协定范本作为基本参考资料。与经合组织税收协定范本共同发布的是相关条款的

---

① 经合组织税收协定范本发表于1977年,分别于1992年、1994年、1995年、1997年、2000年、2002年、2005年、2008年、2010年、2014年和2017年进行了修改。

注释,该注释以协定条款为顺序编排。在税收协定的解释和适用方面,经合组织范本注释的作用越来越大。由于经合组织范本及其注释在世界范围内获得了普遍的认可并在多数双边协定中被引用,使得范本条文及其注释成为解释和执行现有的双边协定时普遍认可的指导准则,实现了许多国际税收规则的标准化。可以说经合组织范本所包含的许多原则和规范实际上已经具备了国际税收惯例的法律地位和作用,是减轻国际性双重征税的重要因素。这有利于在共同原则上进行各国间税收利益的协调。

(2) 确立多边协调的法律文件。为了堵塞国际税收规则的漏洞,打击跨国逃避税,维护税基安全,二十国集团(G20)领导人于2013年9月发布了圣彼得堡峰会公报,决定实施BEPS行动计划,并委托经合组织牵头推进该项工作。包括所有G20成员、经合组织成员和19个其他国家在内的62个国家共同参与了BEPS项目。该项目共有15项行动计划,成果报告已于2015年10月正式发布,并于当年11月举行的G20安塔利亚峰会上得到G20领导人的批准。BEPS行动计划中与税收协定相关的共有5项。其中有些行动计划中的成果被列为参与国必须实施的最低标准,有些则为可选标准或政策建议。为尽快落实BEPS项目成果,避免逐个修订双边税收协定,BEPS第15项行动计划提出制定一个多边协议来修订现有的几千个双边税收协定。根据这一行动计划的要求,经合组织财政事务委员会于2015年11月牵头成立了《关于实施税收协定相关措施以防止税基侵蚀和利润转移(BEPS)的多边公约》(以下简称《BEPS公约》)特别工作组,共同研究起草了《BEPS公约》文本,其中有47个前期未参与BEPS项目的国家,也希望利用BEPS项目成果参与国际税收协调。另外还有4个辖区应邀作为观察员参加。经过一年的艰苦谈判和集体磋商,《BEPS公约》于2016年11月24日正式获得通过,并开放给全世界签署。各国也可自行签署后报送经合组织或参加经合组织未来安排的集体签约。

《BEPS公约》是第一个在全球范围内就所得税税收协定政策进行多边协调的法律文件,开创了全球范围内投资领域税收实体法多边协调的先河。该《公约》是历史上第一个全球范围最为广泛地影响跨国投资纳税人权利和义务的实体多边规则和法律工具。在经济全球化和生产要素全球配置的条件下,为促进世界经济合作、防止跨境逃避税提供了多边税收合作法律框架,有利于促进主要经济体之间协调一致,开展务实高效合作,构建公平和现代化的国际税收体系,促进世界经济的包容性增长。① 可以说,《BEPS公约》是世界经济进入高水平全球化阶段和高级别国际税收协调与合作的又一重要标志。

(3) 制定国内税收示范法。尽管税收协定范本对确立国际税收惯例产生了

---

① 参见廖体忠:《国际税收协调的又一里程碑》,载《国际税收》2017年第6期。

积极的影响,但无法促进国内税法的趋同化。为此,经合组织也通过制定国内税收示范法,并对示范法加以详尽的解释说明,供各国自由选用,促进国内税法的统一化。到目前为止,经合组织针对各国存在较大差异的税收规则,陆续发布了一系列的研究报告。这些报告针对各国国内税法某一特定经济活动的课税规则的分歧及其产生的国际税收冲突予以研究,在此基础上制定了供成员国参考采用的基本规则。如经合组织颁布的《转让定价指南》和《有害税收竞争:一个新兴的全球性课题》等有害税收竞争等方面的规则,提供给成员国制定本国国内法时参考使用,在一定程度上促进了国内税法的趋同化。

(二) 世界银行的税收协调

世界银行内设有"税收政策与管理论题小组",是世界银行"消除贫困与经济管理网络公共部门小组"的一部分,提供运作支持、知识服务和一个活跃的电子论坛,论坛供对公共部门资源感兴趣的银行职员和其他外部人员讨论之用。"税收政策与管理论题小组"的期望是成为发展中国家在税制知识服务方面的世界先驱。其关注的主要领域是:税收管理、税收政策、税收政策与管理的制度框架。其使命是总结前沿问题的经验与教训,包括国内税收的联合管理与单独管理比较、关税与社会保障、税收管理职能的私有化、改善管理的呼吁与参与、税收管理中的反腐败策略、工资和奖金体系在税收管理中的角色。世界银行还经常举办国际税收会议与研讨会,讨论国际税收的协调管理问题,因而对世界的税收秩序有相当的影响力。

(三) 世界贸易组织的税收协调

世界贸易组织正式成立于1995年1月1日,其成员到2020年年初已经有162个。世界贸易组织是唯一的全球性国际组织,专门确立国家间的贸易规则。其核心是《世界贸易组织协定》,由世界上一大批进行贸易的国家磋商、签署,并由他们的议会予以批准,目的是帮助商品与服务的生产商、出口商和进口商管理其商业活动。世界贸易组织的活动领域涉及了货物贸易、服务贸易和知识产权贸易,其协调的关税和国内商品税领域广泛。世界贸易组织在世界范围的关税国际协调方面,致力于造就一个开放、公平、无扭曲竞争的国际贸易环境。

(四) 国际税收对话机制

国际税收对话机制(ITD)是由国际货币基金组织(IMF)、经合组织和世界银行动议发起成立的,旨在鼓励和便利一国税务官员和国际组织进行税收事务的讨论。建立ITD的主要目的是:促进组织和政府之间就税收问题进行有效的国际对话,使所有的国家都能参加到税收政策和税收管理问题的讨论中来;识别和分享良好的税收实践;避免现有税收实践上的重复努力;提供更为清晰的税收事务技术支持重点。

ITD的核心是设立了一个指导小组,由国际货币基金组织、经合组织和世界银行的代表组成。指导小组的任务是:(1)安排定期的国际会议,由政府官员、税收政策专家和管理专家参与,讨论共同感兴趣的问题,开发出一套与其他有兴趣的国家和机构进行合作的话题、地点、日期和议程的决定程序;(2)开展税收良好实践的识别与分享工作,讨论可能的实施效果;(3)鼓励更大程度上双边与多边技术支持的协调,收集与共享双边和多边计划的信息,谋求更大程度上技术支持努力上的一致;(4)指导和进一步开发即时互动的世界范围的交流网络(即ITD网络)。

此外,还有学者倡议成立一个专门的国际性组织,即世界税收组织,以处理世界范围内的税收事务。

由国际组织引导各国进行税收协调的突出特点在于,国际组织发布的范本、公约、协议等类似文件只具有指导性作用,约束力相对较弱,因此,对各国的税收协调只能起到引导的作用。①

二、区域性的国际税收协调

(一) 区域性的国际税收协调的发展

区域性的国际税收协调是指在区域经济一体化的背景下,在有关区域性经济组织的协调下,各成员国部分让渡某些税收主权,通过多边协商或者区域性组织的立法程序,制定相应的税收法律措施,以减少区域内各国的税收冲突,构建合理的区域税收制度。② 这种方式是区域经济一体化发展的较高形式,也是国际税收协调的较高形式。当前区域性的国际税收协调主要包括关税协调、避免双重征税、反避税等方面。

与其他国际税收协调形式相比,区域性的国际税收协调往往由经济发展高度一体化的区域内的主权国家所参加的超国家专门机构,如协会、联盟等,提出税收协调的相关建议,在征求成员国的意见后,起草、通过并颁布有关指令、规定或决定。此项税收协调的指令、规定以及决定对成员国具有约束力,各成员国必须遵守。成员国不仅应当在制定本国的税收政策时保证其与相关税收协调文件相一致,而且还应当自觉实施和转化税收协调的法律文件。在此基础上,往往设立一定专门机制保障各成员国的遵守。税收协调所涉及的范围,往往触及成员国国内税收制度和税收管理,最终目的在于促进各成员国的国内税法的趋同。因此,区域性的国际税收协调的力度更大、效率更高、成效也更为显著。但为实现区域性的税收协调,成员国必须让渡一部分税收主权,交由经济一体化组织统

---

① 参见陈琍:《全球视野下的税收协调理论与实践》,中国税务出版社2010年版,第1页。
② 参见崔晓静:《欧盟税收协调法律制度研究》,人民出版社2011年版,第15页。

一协调,这必然减少和削弱自身的税收主权,造成对国家主权的"软侵蚀",其特点是国际组织的行动与措施一般均需事先征得成员国的同意。可以说,区域性的国际税收协调对税收主权的影响是不容忽视的。

随着区域经济一体化的发展,区域性的国际税收协调在全球范围内不断取得新的进展。从当前实践来看,区域性的国际税收协调一般可以分为三个阶段:(1)在自由贸易区和关税同盟阶段的关税协调,最终实现成员国之间的零关税和对外的一致性关税。在这一阶段中,各成员国首先拆除彼此之间的关税壁垒,并对外设置统一的关税,同时要求成员国间协调各自的涉外税收体系。(2)在共同市场和经济联盟阶段的间接税和直接税的协调,旨在实现税基的统一和税率的接近。在这一阶段中,主要针对各成员国之间的贸易或所得进行广泛综合的调整,消除因产品或投资所在国税制上的差异所带来的负面影响。同时,要求各成员国对其税收制度进行调整,以保证生产要素在各成员国间的自由流动。(3)在完全经济一体化阶段实现税收一体化。① 在此阶段中,要求依照统一的征税原则,按照一定的标准在成员国间实现税收收入的合理分配。

(二)区域性的国际税收协调的重要实践

1. 欧盟

欧盟的税收协调最为深入,一体化程度最高。从1958年起,欧共体就开始致力于共同体内部的税收协调。1968年成功地建立了统一的关税同盟,取消了工业品内部关税,实行统一对外关税,1969年取消农产品内部关税。

1967年到1986年,欧共体连续发布21个指令协调各成员国增值税。1977年著名的第六号增值税指令(77/388/EEC)规定了共同增值税制的计算基础。1991年开始,欧共体发布91/680/EEC指令,以废除欧共体内部的税收边界,即取消成员国之间贸易的进口环节增值税和出口环节退税,实现对外目的地原则和欧共体内部来源地原则,使得成员国之间的交易如同在单一国家之内。1999年,欧盟颁布了1999/49/EC指令,要求各成员国继续执行15%的最低标准增值税税率。可以说,多年来,欧盟委员会以"废除一切影响产品和服务贸易正常进行的障碍,同等对待在各成员国之间的交易和一国内进行的交易"为指导原则,进行了增值税领域的税收协调。

欧盟在直接税方面的协调起步相对较晚,但仍取得了诸多的成果。20世纪90年代以来,欧盟连续通过了三个有关公司所得税的指令,分别是90/434指令(又称"合并指令",统一适用于成员国间公司合并、分立、转让资产和转让股份的税收规定)、90/435指令(又称"母子公司指令",统一适用于成员国间针对母

---

① 参见常世旺:《国际区域性税收协调研究》,经济科学出版社2010年版,第129页。

子公司的税收规定)、90/434公约(又称"仲裁公约",是关于避免对关联企业调整利润双重征税的公约)。这三项指令的颁布,很大程度上推动了欧盟关于直接税的协调立法。此外,在2003年6月,随着2003/48/EC指令(又称"对存款所得采用支付利息形式的税收指令")的颁布,成员国之间就利息收入的征税也实现了一定程度的协调。

2. 北美自由贸易区

1992年8月,加拿大、美国和墨西哥三国签订了《北美自由贸易协定》,该《协定》于1994年1月1日生效,北美自由贸易区正式建成。根据《北美自由贸易协定》,美国和加拿大将逐步降低墨西哥生产的纺织品、汽车和农产品征收的关税,并将在2008年年底消除贸易壁垒,实现商品和劳务的自由流通,完全实现区域经济一体化。但由于墨西哥与美国、加拿大的经济发展水平差距较大,而且在经济体制、经济结构和国家竞争力等方面存在较大的差别,因此,自《北美自由贸易协定》生效以来,美国对墨西哥的产品进口关税平均下降84%,而墨西哥对美国的产品进口关税只下降43%;墨西哥在肉、奶制品、玉米等竞争力较弱的产品方面,有较长的过渡期。同时,一些缺乏竞争力的产业部门有10—15年的缓冲期。可以说,北美自由贸易区的税收协调仍处于关税协调的低层次的税收协调阶段,间接税、直接税方面的协调尚未进入议事日程,区内的税收协调依然任重道远。

3. 中国—东盟自由贸易区

2002年11月4日,《中国与东盟全面经济合作框架协议》签署,中国—东盟自由贸易区建设正式启动。2004年1月1日,中国—东盟自由贸易区早期协调计划实施,到2006年,约600项农产品的关税降为零。2004年年底,《货物贸易协议》和《争端解决机制协议》签署,标志着中国—东盟自由贸易区建设进入实质性执行阶段。2005年7月20日,《货物贸易协议》降税计划开始实施,7000种产品降低关税。这标志着《货物贸易协议》正式进入了实施阶段,也标志着中国—东盟自由贸易区的建设全面拉开了帷幕。2010年1月1日,中国—东盟自由贸易区正式建立。根据协议所确定的关税削减时间表,中国从原东盟6国进口的93%货物将实现零关税,平均关税将降到0.1%以下,而对其他国家的平均关税为9.8%。到2015年,对从东盟成员进口除部分敏感产品以外的全部产品实现零关税。

中国—东盟自由贸易区的税收协调的目标是建立一个统一的多边国际税收协调体系,以适应区域经济一体化的发展趋势。随着自由贸易区的建立,进口关税得到了一定程度的协调。但当前自由贸易区内的税收协调同样仅限于关税,由于成员国之间的税制差异比较明显,区内的税收协调仍存在诸多的困难。

三、国家间的税收协调

无论是国际组织对国际税收协调的引导,还是区域性的超国家专门机构的税收协调,在当前税收自主权应当受到尊重、各国税制存在现实差异的情况下,都无法成为国际税收协调的基本形式。作为尊重缔约各方的课税主权、维持缔约各方的税制现状的税收协调形式,国家依照对等原则,经过谈判缔结书面协议进行税收协调,即缔结国际税收协定,在当前的国际环境下成为税收协调最重要、也是运用最为广泛的形式。

国际税收协定是有关国家签订的旨在协调彼此间税收权益分配关系的书面协议。狭义的国际税收协定是指专以规定国家间税收利益分配的书面协议,如《中华人民共和国政府和日本国政府关于对所得避免双重征税和防止偷漏税的协定》。广义的国际税收协定还包括不以国际税收协调为主要调整对象,但有专门条款处理所得税征纳方面矛盾和冲突的国际条约。如中国与古巴于1980年12月20日签订的《政府贸易协定》中对互免企业所得税和其他任何形式的税收作出了明确的规定。

税收协定通过赋予缔约国一定的权利或施加特定的义务实现国家间的税收协调。除非在国内立法中明确列入协定的内容,税收协定并不赋予缔约国的公民和居民相应的权利。税收协定是在尊重缔约国现行国内法的基础上缔结,因此,税收协定并不产生新的税种,也不直接造成国内税法的修正,而是适度地减轻跨国经济活动的纳税义务,确保跨国贸易和投资的税收待遇的确定性,以消除税收障碍促进跨国贸易和投资。

与上述两种税收协调形式相比,国际税收协定的协调具有明显的双边性,即税收协定只对缔约国居民适用,从而产生一系列的税收套利的机会。更重要的是,国际税收协定只是对国内税法差异性规则的适用限制,对促进国内税法的趋同化方面作用极为有限,导致越来越多的税收协定的缔结。下文将对国际税收协定的相关问题进行详细的阐述。

第三节 国际税收协调的基本模式——国际税收协定

一、国际税收协定的演进与发展趋势

国家之间签订税收协定的历史,最早可以追溯到1872年8月瑞士和英国之间签订的关于避免对遗产的双重征税的协定。但国际上第一个综合性的避免对所得的双重征税协定,应是1899年6月由当时的奥匈帝国和普鲁士所缔结的税

收条约。① 在一个多世纪的时间里,国际税收协定获得了蓬勃的发展,对国际税收协调产生了深远的影响。

从数量上看,国际税收协定数量剧增,协定缔结速度加快。从1920年到1939年间,欧美各国签订的双边税收协定为60个。从税收协定涵盖的国家范围来看,20世纪70年代以前,绝大多数税收协定是在发达国家之间签订的。从20世纪70年代开始,亚非拉发展中国家也逐渐开始对外谈判签订税收协定。从单一国家来看,一国对外签订的税收协定的数量也呈现逐年增长的趋势。不少国家缔结的税收协定已经接近甚至超过100个。从税收协定的规范来内来看,税收协定的操作目标已不再局限于消除双重征税。随着国际经济形势的发展,税收协定被赋予了更多的使命,防止逃漏税、禁止税收歧视待遇、国际税务争端解决和国际税收协助,已构成税收协定的重要内容。

当前正在生效执行的税收协定中,双边协定仍占主导地位,多边协定尽管已经有所签订,但所占比重仍然较小。1996年9月23日,丹麦、法罗群岛、芬兰、冰岛、挪威和瑞典等缔结的避免所得和财产双重征税的北欧税收协定,是目前较为典型的、影响较大的多边税收协定。此外,玻利维亚、哥伦比亚、厄瓜多尔、秘鲁和委内瑞拉五国也于1975年缔结了《安第斯条约组织对所得避免双重征税的协定》。

二、国际税收协定的法律属性与规则

(一) 国际税收协定的法律属性

1. 作为国际法的国际税收协定

国际税收协定是在国际公法下规范缔约国的权利义务关系的国际条约。作为国际条约,其规范依据是1969年的《维也纳条约法公约》,而非国内税法。② 因此,国际税收协定具有国际法的属性,并无疑义。因此,国际税收协定应受国际法的调整,其缔约国负有如下的义务:

(1) 缔约国应当采取必要的措施,使协定在国内获得执行,但关于执行税收协定的国内程序,可由各国自由决定;

(2) 根据"条约必须遵守"原则,缔约国应当善意地履行税收协定的内容,即必须按照税收协定的规定,行使自己的权利、履行自己的义务。

(3) 缔约国不得以其国内法为理由拒绝履行税收协定。如果国内法规范超越了协定的内容,该缔约国将构成对其国际义务的违反。

由于国际税收协定是缔约国之间缔结的协议,缔约国作为税收协定的当事

---

① A. A. Knechtle, *Basic Problems in International Fiscal Law*, Kluwer, 1979, p. 185.
② Roy Rohatgi, *Basic International Taxation*, Kluwer Law International, 2002, pp. 19—20.

人,享有协定上的权利、承担协定规定的义务,并有权在国际法下寻求救济措施。税收协定并不为缔约国双方的公民或居民创设权利,除非在国内立法中明确列入税收协定的内容。因此,缺乏国际法主体资格的纳税人不能直接主张税收协定上的权利。

各国签订税收协定的目的在于通过冲突规范协调各国的征税权冲突,因此,作为国际法的税收协定只能维持或限制国内税法已经确定的税收管辖权,而不能为缔约国创设或扩大征税权。①

2. 作为国内税法的国际税收协定

由于纳税人并非国际税收协定的当事人,不能直接主张税收协定的适用,因此,国际税收协定要真正获得实施,必须成为国内税法的一部分。将国际税收协定接受为缔约国国内法,一般采用两种方式:其一是直接将协定转化为国内法,其二是无需转变而将协定规定纳入国内法。一旦税收协定成为国内法的一部分,将对税务机关和纳税人产生约束力,税收协定的条款具有可执行力,纳税人可以根据税收协定条款享有权利和承担义务。

即使缔结了国际税收协定,缔约国的国内税法的立法权,即开征新税、制定或修改本国税法、实施减税或加税的权力,并不因此受到影响。在任何情况下,缔约国对国内税法的调整、修改和补充都是一国的内部事务,缔约国一方不能以税收协定的签署为理由而干预另一缔约国的这一自主权力。② 缔约国通过国内税法的修改赋予跨国经济活动优于税收协定的优惠的权利同样不受任何限制。在这种情况下,一般应有"孰优"原则的适用,即税收协定的签订并不能限制缔约国任何一方对其国内税法中的税收优惠条款进行修改的权力,如修改后的税收优惠措施比税收协定更加优惠或更加宽松,应当按照国内税法的规定执行。

3. 国际税收协定与国内税法之间的关系

一般认为,经过国内法接受的国际税收协定实际上成为国内税法的组成部分,构成缔约国专门调整跨国经济活动的特别法,与其他国内法属于特别法和一般法的关系。在国际税收协定与国内税法不一致时,根据特别法优于一般法的原则,税收协定在适用上优先于国内法适用,具有高于国内税法的法律效力。这也是"条约必须遵守"原则的根本要求。我国《企业所得税法》第58条即明确规定,中国政府同外国政府订立的有关税收的协定的规定与国内税法不一致时,应优先适用税收协定的规定。

国际税收协定应当被转化为国内税法,形成相对独立的法律规则体系。例

---

① 参见廖益新主编:《国际税法学》,高等教育出版社2008年版,第25页。
② 参见李旭鸿:《国际税收协定与国内税法关系研究》,载《中国青年政治学院学报》2010年第5期。

如,在协定中使用的某些法律概念的用语,在国内税法中并未采用,如"常设机构""固定基地"等。即使同一用语在税收协定和国内税法上采用,也可能具有不同的内涵和外延,国际税收协定的最终实施仍有赖于国内税法。税收协定中的冲突规范、实体规范和程序规范的实施,必须以缔约国国内税法的实体规范和程序规范为基础。税收协定中往往明确规定某些术语的内涵和外延根据国内税法予以确定,税收协定本身未明确规定定义的用语,一般也根据缔约国的国内税法予以解释。相反,即使税收协定中将某项经济活动的征税权分配给某一缔约国,如该国并未制定相应的国内税法,该税收协定条款也无法获得执行。

(二) 国际税收协定的规则

1. 冲突规则

国际税收协定以缓解和消除缔约国的税收管辖权冲突为目的,这决定了国际税收协定的主要规则是冲突规范,即一系列的征税权划分规则。以2010年的经合组织范本为例,征税权划分规则共有17条(第6—22条),占协定条款的50%以上。

当前税收协定中的冲突规范主要包括三种基本的类型:

(1) 独占的税收管辖权。即某一经济活动的税收管辖权由某一缔约国排他地独占行使。在此规则下,享有独占税收管辖权的国家享有全部税收利益,而对方国家则必须承担所有的税收成本。

(2) 共享的税收管辖权。即某一经济活动由某一缔约国首先行使征税权,但其征税的额度受到一定的限制,以保证另一缔约国可以分享一定的税收利益。在此规则下,相应的税收成本也由缔约国分别分担。

(3) 优先的税收管辖权。即由某一缔约国对某一经济活动首先行使征税权,但不能排除另一国家行使税收管辖权。因此,在此规则下,双重征税的问题并不能得到完全的解决。

通过冲突规则的设定,国际税收协定才能通过对一般国内税法所确立的国家与纳税人之间的税收征纳关系进行调整,以实现缔约国在跨国经济活动上的税收利益分配关系。

2. 减免规则

即使存在冲突规则,在优先或共享的税收管辖权规则下,仍可能产生对同一经济活动的双重征税。因此,在税收协定中,往往也包含在产生双重征税的情况下可以采用的减免方法,即在一国首先行使征税权的情况下,另一国负有在随后减免税收以避免双重征税的义务。

除上述两种最为重要的规则外,近期签订的税收协定包含的规则越来越呈现多样化,如防止国际逃避税、税收情报交换、国际税收合作等规则。这些规则的目的主要在于减轻国家对跨国经济活动进行征税的成本。

三、国际税收协定的解释规则

（一）国际税收协定解释的特性

所谓国际税收协定的解释是指在此类协定的适用和执行过程中，结合有关的案情事实，对协定的条款用语的确切含义进行阐释和说明的行为。① 国际税收协定作为法律规则，在适用过程中与其他国内法一样，均存在阐明条文和术语的具体文义的必要性。由于国际税收协定的文本行文偏于简括，甚至有意含糊不清，加上各国国内法所用术语的内涵和外延也存在较大的差异，这些都使得国际税收协定的解释更加重要。但国际税收协定作为国际法上的协议，其解释与国内税法的解释存在诸多的差异。

作为国际条约的一部分，国际税收协定是由传统国际法调整的。因此，其解释应当按照国际公法的解释规则进行，适用不同的解释规则和程序。与国内税法不同的是，国际税收协定建立在两个或者两个以上缔约国的相互理解的基础之上，必须由各缔约国税务机关和法院以统一的方式进行适用，并且此种适用可能与各国的国内法规定和法律实践并不一致。在解释的方法上，由于税收协定的规定较为粗略，因此，对其进行解释可以根据条文的规范对象和目的更为自由地进行。② 在解释原则方面，税收协定的解释强调共同解释原则，要求解释者寻求更可能为缔约国共同接受的解释方式。③ 因此，国际税收协定的解释应当区别于国内税法的解释。

（二）国际税收协定的解释主体

与国内税法不同的，国际税收协定并不存在专门解释税收协定的国际司法机关。由于国际税收协定由缔约国在相互理解的基础上订立，根据"谁制定谁解释"的原则，国际税收协定的解释主体应当为缔约国全体或经授权的某些专门机构。协定当事国全体同意的解释构成有权解释，对所有缔约国具有拘束力。此外，缔约国共同委托或指定的机构也有权对国际税收协定进行有权解释。

国际税收协定缔约国通常采用如下的方式对协定进行解释：

（1）在缔结协定的同时，双方另行签订议定书，对税收协定中难以明确的概念进行解释或作进一步的说明。如中国和美国于1986年对1984年签订的双边税收协定的议定书第7款的解释达成议定书。解释的议定书经签字生效后，作为税收协定及其议定书的补充。

（2）在协定缔结后另行签订"谅解备忘录"，对协定的相关条款作出进一步

---

① 参见廖益新主编：《国际税法学》，高等教育出版社2008年版，第78页。
② Roy Rohatgi, *Basic International Taxation*, Kluwer Law International, 2002, p. 22.
③ 参见陈延忠：《国际税收协定解释问题研究》，科学出版社2010年版，第18页。

的解释。如中国和韩国于1994年11月26日签订《税收协定谅解备忘录》，对税收协定第11条第3款中"中央银行和行使政府职能的金融机构"一词进行了解释。

（3）在协定缔结后，缔约国双方的税务主管部门根据协定中的相互协商条款，就税收协定条款的解释进行协商并达成协议。

（4）由特定专门机关对税收协定条款进行解释。如欧盟法院数次在案件审理中，如Sparekassernes Datacenter（SDC）C-2/95，对欧盟第六号增值税指令第13条中规定的享受免税待遇的金融服务和保险服务的内涵和外延进行了解释。

由于国际税收协定必须转化为国内法，才能真正规范和调整税收征纳关系，从而实现国家间税收利益的分配，因此，国际税收协定的实施大多是在国内层面实现的。税收协定适用过程中所产生的条款含义不明的问题也首先在税务机关与纳税人的税收征管活动中产生。为此，税收协定的国内适用，同样产生国内有权机关进行解释的必要。国际税收协定转化为国内法后，国内税法的有权解释机关，如立法机关、税务机关和司法机关，也应当有权解释国际税收协定，所作的解释属于国内法上的有权解释，具有国内法上的效力。然而，国内有关机关的有权解释，对缔约国另一方无拘束力。如两个缔约国的国内有权解释机关对某个术语的解释存在冲突，那么，参照国内法进行解释必然导致双重征税或不征税。只有一国的国内有权解释为另一国所接受的情况下，争议才能真正避免。为此，通常要求一国的国内有权机关在解释税收协定时原则上必须排除各种纯粹国内政策或国内法律制度的特殊因素的干扰和诱惑，尽可能克服缔约国国内法的差异，保证缔约国双方解释结果的一致性。

（三）国际税收协定的解释规则

国际税收协定在法律性质上属于国际条约的一种，税收协定的解释也属于国际条约的解释，应当遵循国际条约的一般解释规则和习惯。《维也纳条约法公约》第31条和第32条是国际税收协定的一般解释规则。

根据《维也纳条约法公约》第31条第1款的规定，条约应当根据对象和目的在条约全文的背景下依照善意原则和通常意思进行解释。根据国际法委员会的释义，该解释原则要求协定必须被推定为各条约当事国的意思的权威性表示，从而解释的出发点是阐明协定的意义，而不是从头调查各当事国的意思，即该解释原则强调的是客观解释，而非主观解释。根据这一解释原则的要求，税收协定的解释应当采用如下方法：

1. 文义解释法

文义解释法是指按照条文用语的含义以及通常使用方式进行解释，从而确定法律的意义。为此，在解释税收协定时应当首先基于文字在全文中的自然或通常含义进行。但"通常含义"并非是指日常使用中具有的意思，而是指缔约国对该术语共同选定或确定的统一的特定法律意义。① 该意思应当根据条约的上下文进行判断,而不是以若干条款为基础。

采用文义解释法能够保证条约的确定性与稳定性,却有可能降低条约的效率。大部分国家仍采用文义解释法对税收协定进行解释。

2. 体系解释法

体系解释法又被称为语境解释法,即以法律条文在法律体系中的地位,依其编、章、节、条、款、项之前后关联位置,或相关条文的法意,阐明其规范意旨的解释方法。缔约国所表述的意思必然通过现实的条约文字予以体现,因此,可以通过税收协定的全文探求缔约国的真实意愿,对协定条款进行解释。《维也纳条约法公约》第 31 条第 1 款规定按照条约"上下文"解释条约,即肯定了体系解释法的适用。

体系解释法要求在全文的语义背景下探求缔约国的真意。"全文的语义背景"包括协定全文、序言和附录。此外,还应包括在协定缔结时缔约各方达成的任何相关协议和确认书等附加资料,如议定书、照会、信件、说明以及谅解备忘录。其他一些具有解释意义的因素,如缔约国为了条约的解释而达成的新协议等,也被认为构成"全文的语义背景"。

3. 目的解释法

目的解释法是指以协议条款的规范目的为依据,阐释条文疑义的解释方法。这一方法是在条文字面含义的基础上,更多地考虑了经济目的、社会目的以及其他更为宽泛的目的。当前采用目的解释法进行更为自由的解释正在成为协议解释的一种趋势。《维也纳条约法公约》第 31 条第 1 款规定"参照条约的目的及宗旨"解释条文,即准用目的解释法。

在进行目的解释时,"目的"并不完全等同于缔约国订立协议的主观意愿,而是指协议作为整体所客观反映的目标。

4. 历史解释法

历史解释法是指通过探求缔约国在缔结协议时所作的价值判断及其所要实现的目的,以了解协议的含义。缔结协议的背景以及缔结协议过程中的有关资料,如草案、谈判会议记录、缔结协议理由书等,均为历史解释法的主要依据。《维也纳条约法公约》第 32 条规定以"准备工作及缔约的情况"作为解释条约的补充资料,即肯定历史解释法。

在上述的四种解释方法中,文义解释法是税收协定解释的起点,但"善意解释"要求在一定程度上限制文义解释法的适用。② 历史解释法的适用受到一定

---

① Roy Rohatgi, *Basic International Taxation*, Kluwer Law International, 2002, p. 23.
② 参见陈延忠:《国际税收协定解释问题研究》,科学出版社 2010 年版,第 70 页。

的限制,仅仅是作为证实文义解释法、体系解释法或目的解释法所得到的意义之用,或是按照前述三种方法进行的解释所得到的意义不明或显然荒谬时才能予以适用。

本 章 小 结

经济全球化的后果之一,是有害税收竞争的出现,因此加以国际税收协调就显得非常必要。国际税收协调可以避免由于各国税制的差异而产生的不良影响。国际税收协调经历了国际组织的国际税收协调、区域性的国际税收协调和国家间的税收协调的历史进程,并将由双边协定协调朝向多边协定协调的方向发展。

思考与理解

1. 试述国际税收协调的必要性。
2. 国际税收协定如何进行税收协调。
3. 简述国际税收协定的发展。
4. 简述国际税收协定的解释方法。
5. 简述 BEPS 行动计划下国际税收协调的最新发展。

第十八章 所得税国际协调

第一节 所得税国际协调概述

一、所得税概述

所得税亦称为收益税,是指以一定期间内的纯所得(净收入)为征税对象的税收。所得税 1799 年创始于英国,但当时仅仅是为筹集军费而开征的临时性税收,以后逐渐形成永久性的税种。由于该税收以所得作为衡量税收负担能力的标准,更符合量能课税原则,所以被大多数西方国家视为良税,并在世界各国得以推广,如美国、法国、德国、日本等均开征所得税。经过两百多年的发展,所得税已成为世界大多数国家的主要税种。

所得税的课征具有如下特点:

(1) 所得税属于直接税,纳税人通常为实际负税人,纳税人很难将税收负担转嫁给他人。正因为如此,所得税可以起到调节纳税人收入的作用。特别是在采用累进税率的情况下,所得税可以实现对个人收入差距的调节。

(2) 所得税必须遵循量能课税原则。量能课税原则是指应当按照国民彼此间不同的给付能力设定不同的税收负担,即税收的量能课征。较高的所得额即代表着较高的税收负担能力,应当承担更多的所得税纳税义务,以实现税收公平。同样,相同的所得或收入的纳税人,应当负担相同的纳税义务。

(3) 所得税以纯所得或净收入作为征税对象。为真正实现"量能课税",必须保证应税所得为"经由市场活动而创造的价值增加",这便意味着,在个人取得收入扣除相应的营业成本和费用后,才能纳入课税的范围。

尽管所得税的类型各有不同,但国际上一般以纳税人为标准,将所得税分为个人所得税和公司所得税。个人所得税是指对个人的综合收入、专业收入、权利金收入以及非居民取得上述收入课征的税收。公司所得税则是指对企业经营所得、资本利得以及非居民公司取得上述收入课征的税收。

二、所得税国际协调的必要性

(一) 所得税的税收管辖权冲突

所得税的国际协调,是国际经济交往发展到一定历史阶段的产物。随着国际经济贸易活动的发展,资金、技术和劳务在国际上实现了自由流动,纳税人所取得的所得、收入超出了固定的区域界限。在纳税人的收入来源于多个国家的情况下,如各个国家采取不同的税收管辖权,该笔收入将同时面临多个国家的税收课征,导致所得税的重复征收问题。

国际重复征税存在两种类型,即经济性重复征税和法律性重复征税。① 国际重复征税主要产生于各国税收管辖权的重叠行使,如居民税收管辖权与居民税收管辖权的冲突、来源地税收管辖权与居民税收管辖权的冲突和居民税收管辖权与来源地税收管辖权的冲突等。无论何种形式的管辖权冲突,都将导致跨国经营和投资所得的重复征收,必然加重跨国纳税人的税收负担,增加其经济活动的成本,减少其税后净收益,违背税收公平原则,将直接影响纳税人从事跨国经济活动的积极性。从经济发展的角度而言,国际重复征税的存在,将阻碍国际间资金、技术和商品的流动,不利于国际经济合作和发展。

(二) 各国所得税的制度差异

从所得税发展的历史和现状来看,各国对所得税制度的规定存在一定程度的差异。这是导致国际双重征税的重要原因之一。

(1) 纳税主体的差异。在当前大多数国家对个人和公司分别课征个人所得税和公司所得税的情况下,各国对某一经济主体是否具备个人所得税或公司所得税的纳税主体资格的规定存在一定的差异。如合伙企业在一些国家被视为公司所得税的纳税人,而在另一些国家则被视为税收上透明的主体,其所得由其合伙人缴纳企业所得税。再如信托在一些国家被视为个人所得税的纳税人,在另一些国家则缴纳企业所得税,还有些国家将其作为税收上的导管。公司所得税的纳税人是否包括非法人企业,各国的规定也有所不同。此外,各国认定居民纳税人的标准也各有不同。

纳税人主体资格的认定标准不同,一方面,将导致其在不同国家的所得税负担的差异,导致双重税收居民或双重非税收居民的产生,另一方面,在存在税收协定的情况下,还可能影响其享受税收协定优惠的资格,使得税收协定有关避免双重征税的条款失效。

(2) 征税对象的差异。尽管各国规定所得税的征税对象为所得额,但至今尚未形成各国普遍认可和接受的应税所得的内涵和外延,各国大多采用列举的方式规定纳入征税范围的所得类型,但所列举的所得类型则各不相同。

在收入和费用的确认方式上,各国一般存在权责发生制或收付实现制等确认方式的差别,这将直接影响收入和费用的确认时间与数额。而在一些国家中,对收入和费用的确认规定了一定的数额限制。如印度尼西亚税法规定,雇员免费使用的公司小汽车、手机等费用的50%可以扣除。此外,固定资产的折旧方

---

① 有关国际重复征税的问题,在本书第七章至第九章已有详细论述,在此不再赘述。

法在各国的规定也有所不同。

（3）特定类型所得的课税规则的差异。各国对股息、利息、资本利得的课税规则存在诸多的差异。如就资本利得而言，有些国家对资本利得进行了区分，采用有别于一般所得的课税方式。有些国家区分长期资本利得和短期资本利得，并分别规定不同的课税规则。如澳大利亚、奥地利、丹麦、印度、法国等税法都规定，短期资本利得视同一般所得缴纳所得税，长期资本利得则规定了减税或免税的优惠措施。在区分长期与短期资本利得课税的国家中，长期与短期资本利得的区分标准也存在一定的差异。

（4）所得税税率的差异。所得税税率的差异主要体现为比例税率与累进税率、一档比例税率与多档比例税率以及税率高低的不同。在采用比例税率的国家和地区中，有一部分国家和地区采用一档比例税率，而有些国家采用多档比例税率。有些国家采用分类所得税制，对不同的所得规定了不同的税率。

此外，各国有关所得税的减免规定也存在诸多的差异。不仅如此，各国多项不同的所得税制度差异可能相互交织，引发更为复杂的错配问题。如双重税收居民纳税人的支付按照纳税人为其税收居民的两个税收管辖区的法律均可扣除，则此项支付将造成双重扣除的错配结果。[1]

各国所得课税规则的差异，在某些情况下，也可能使得一项所得同时在两个或两个以上的国家被课以税收。由于各国所得税制度的规定各有不同，同一跨国经济活动在不同国家承担的所得税税负存在差异，企业在选择投资地点时必须考虑税收的因素，这将促使生产要素流向税负更低的国家，造成投资决策的扭曲。税负较高的国家则将因为生产要素的流出而减少税源，造成所得税税基的侵蚀。各国为避免本国税基受到侵蚀，增加对外国直接投资的吸引力，所得税税负的降低成为当前各国税法改革的重要趋势之一，甚至演化为有害的税收竞争。[2] 这些问题都促使各国之间有必要进一步加强所得税的国际协调。只有通过一定的方式进行所得税的国际协调，才能保护各国的税收主权，防止各国的税基受到侵蚀，才能实现跨国纳税人的公平税负，避免经济的扭曲，维护国际税收中性以及生产要素在全球范围内的合理流动。

第二节 所得税收协定范本

与其他税种的国际协调一样，所得税的国际协调可以采用如下的方式：

---

[1] OECD/G20 Base Erosion and Profit Shifting Project-Action 2：2015 Final Report——Neutralising the Effects of Hybrid Mismatch Arrangements.

[2] 参见陈琍：《全球视野下的税收协调理论与实践》，中国税务出版社2010年版，第158页。

(1) 签订税收协定,即国家通过签订国际税收协定,寻求解决税制冲突而发生的重复征税问题;(2) 区域性的国际税收协调,即区域经济组织通过发布协调所得税制度的相关指令,要求成员国遵照执行,如欧盟发布的《母子公司指令》《利息指令》等,目的即为协调各成员国之间的所得税制度。(3) 税制趋同,即各国的税制具备相似的特征。在当前的国际税收法治环境下,后两种所得税协调方式的实现存在较大的难度,各国当前主要采取签订避免双重征税协定的方式,实现税收协调。由于所得税在大多数国家均为主体税种,因此,避免双重征税协定在当前已生效执行的协定中占有较大的比重。

在通过协定的签订实现所得税国际协调方面,税收协定范本可谓功不可没。税收协定范本为双边税收协定的签订设定了基本的范围和框架。其本身在性质上虽不具有拘束力,但能够较好地解决条约谈判中的许多技术难题,提供了为世界各国广泛接受的协定范本,有利于达成协定解释的一致性,避免征税当局单方的特别决议,促进了税收协定规则内容的规范化。税收协定范本以所得的特点和来源对所得进行分类,提供了在缔约国间分配税收收入的规则,有利于国家签订协议消除或减轻双重征税,消除歧视性税收,并协助有关征税当局打击逃避税行为。

其中,具有世界性影响的三个税收协定范本为:经合组织《关于对所得和财产避免双重征税的协定范本》(简称为"经合组织范本"或"OECD 范本")、联合国《关于发达国家与发展中国家间避免双重征税的协定范本》(简称为"联合国范本")和美国税收协定范本。OECD 和 G20 发起的税基侵蚀和利润转移(BEPS)项目所形成的逐项报告,对于协调各国所得税制也产生了重要的积极影响。此外,许多国家也有各自的税收协定范本,如荷兰,但一般不予公布,只在进行税收协定谈判时使用。[1]

一、OECD 范本及其注释

(一) OECD 范本

OECD 范本历史悠久。第一次世界大战后,国际联盟就开始了制定专门处理所得税问题的协定范本的工作。这项工作以 1943 年和 1946 年两个税收协定范本而告终。但这两个协定并未得到各国的一致认可。20 世纪 50 年代,欧洲经济合作组织再次发起此项工作。该组织于 1961 年改组为经济合作与发展组织(简称为"经合组织"或"OECD"),并在 1963 年制定了 OECD 范本草案,作为这一协定草案的修订稿,1977 年 OECD 范本正式发表,并在 1992 年、1994 年、

---

[1] Brian J. Arnold & Michael J. McIntyre, *International Tax Primer*, Kluwer Law International, 1998, p. 150.

1995年、1997年、2000年、2002年、2005年、2008年、2010年、2014年和2017年进行了多次修改。1997年,经合组织范本及其注释的权力从理事会下放到财政事务委员会,简化了修订的程序。现在的范本以活页形式颁布,便于定期地提供最新修订的内容,从而确保协定范本不断地、及时地、准确地反映各成员的观点。

OECD范本主要包括标准条款,各国可以通过谈判进行修订。经过谈判后达成的税收协定往往还包括其他一些补充材料,共同构成一个完整的条约,比如议定书、换文和谅解备忘录等。

OECD范本共包含30个具体条文,可以根据以下标准进行分类:

1. 协定效力条款

(1) 人的效力条款。主要规定协定可以适用的缔约国的税收居民以及税收居民的判定标准和范围。

(2) 税种范围条款。主要规定了协定所涉及的主要税种,包括联邦、州和市级的所得税和资本税。

(3) 地域效力条款。协定第28条主要规定了协定适用的地理范围。

(4) 时间效力条款。协定第29—30条主要规定了协定的生效与终止时间。

2. 定义条款

协定对主要的概念,如居民、常设机构、人、公司、企业、主管当局等,进行了界定。

3. 征税权分配条款

协定第6—22条对各类所得及财产的征税权分配规则进行了规定,包括不动产所得、营业利润、船运或航空运输、关联企业、股息、利息、特许权使用费、收益、独立个人劳务等。

4. 消除双重征税

协定规定了发生法律性双重征税的情况下推荐的减免税方法,包括免税法和抵免法。

5. 特别条款

协定第24—27条主要对特殊事项进行了规定,如无差别待遇、相互协商程序和情报交换等。

(二) OECD范本注释

与OECD范本同时颁布的是一个详细的注释,该注释以协定条款为顺序进行编排。在此注释文本中,协定的每一个条款都配有详细的注释,用以说明或解释有关的规定。由于注释都是由各成员国政府指派财政事务委员会起草和同意的,因此它们在发展国际财政法方面具有特别重要的意义。OECD范本注释的修订极为频繁,最近的一次修订是在2017年11月,距离上次修订仅3年的时间。注释的频频修订,主要源于原有的协定规定不够明确,或者是随着跨境经济活动方式的不断演变以及通信技术的飞速变革,原有的协定规定无法有效地适用,因此有必要通过修订注释的方式,对有疑义的规定以及未规定的新情况进行阐释和补充。

尽管OECD所有的成员国都参与协定范本的制定,对范本的宗旨和主要规定持一致的态度,但几乎所有成员国都对某些条文规定了保留的意见,这均被记载在有关条款的注释中。当对有关条款的注释所作出的解释在各成员国中不能达成一致意见时,成员国可要求记入对注释的意见。这些意见并非反对协定条文或注释的原文,而是表明这些国家将如何适用有关条款的规定。只要一成员国有保留意见的记录,另一成员国在与其谈判双边协定时,根据互惠原则,将保有其行动的自由。

虽然注释不像范本那样具有国际性法律的约束机制,不能成为各国签署的协定的附件,然而,它们对实施和解释协定,特别是解决纠纷却有很大的帮助。注释是对协定范本的不具有约束力的解释,但OECD的成员国已经同意将其作为解释税收协定的主要基础。OECD范本注释往往被各国法院在解释税收协定时予以参考,既可以用于解决日常的细节问题,也可以用来解决协定条文背后隐含的政策和意图等较宏观的问题。纳税人在从事营业活动以及筹划交易和投资时也广泛地参考了范本及其注释,提供一定的确定性。

(三) BEPS对OECD范本的修正

为了加强国际层面上对企业所得税管理的一致性,OECD/G20税基侵蚀和利润转移行动计划提议,对税收协定范本有关条款的完善提出建议。为此OECD组织起草并于2016年11月通过了《关于实施税收协定相关措施以防止税基侵蚀和利润转移(BEPS)的多边公约》(以下简称《BEPS公约》)。

《BEPS公约》共设7章39条。第一章为"公约范围和术语解释",第二章为"消除混合错配",纳入了BEPS第2项行动计划(消除混合错配安排的影响)的成果建议,明确当某实体被协定缔约方视为税收透明时,其取得的所得应当如何适用税收协定;第三章为"协定滥用",纳入了BEPS第6项行动计划(防止税收协定优惠的不当授予)的成果建议,主要涉及在税收协定中纳入防范税收协定滥用的措施;第四章为"规避常设机构构成",纳入了BEPS第7项行动计划(防止人为规避常设机构的构成)的成果建议,主要涉及防止纳税人通过规避构成常设机构侵蚀来源国(即投资目的地国)税基;第五章为"改进争议解决",纳入BEPS第14项行动计划(更有效的争议解决机制)的成果建议,主要涉及提高税收协定缔约方主管当局解决涉税争议的效率,为纳税人增加确定性;第六章为"仲裁",根据BEPS第14项行动计划的成果建议,规定了强制仲裁条款;第七章为"最终条款",包括签署、生效、执行、退约等内容。

《BEPS公约》对OECD范本提出了若干修改建议。针对消除混合错配安排的影响,公约建议应当对范本予以修正,以确保混合工具和实体以及双重税收居民实体不会被利用来获取不适当的税收协定待遇。为此,公约建议对OECD范本第4(3)条予以修订,对双重税收居民享受双重税收协定待遇的问题以个案的方式解决,而不是根据目前的规则按照实际管理机构处理。同时,针对OECD在1999年发布的《OECD税收协定范本在合伙企业的应用》报告(以下简称《合伙企业报告》)并未明确提出如何就合伙企业以外的税收透明实体适用税收协定的解决方案,《BEPS公约》建议在OECD范本中增加相应的条文和注释,以确保就OECD范本而言,透明实体的收入能根据《合伙企业报告》的原则进行处理。这不仅可以确保税收透明实体能在适当的条件下享受税收协定待遇,也可以确保当任一缔约国根据其国内法不将实体的收入视为其居民收入时,实体不会获得协定待遇。

二、联合国范本

(一) 联合国范本的发展与主要特点

相对而言,OECD范本更有利于资本输出国。而大多数发展中国家是资本净输入国。这意味着如果发展中国家与发达国家签署税收协定,并按照OECD范本以牺牲税收来源地管辖权来换取居民管辖权,对其税收收入的取得是非常不利的。因此,发展中国家利用其在联合国的多数席位,要求联合国提供与避免双重征税相关的税收协定范本。在此种背景下,联合国在1980年首次颁布了《关于发达国家与发展中国家间避免双重征税的协定范本》,并历经多次修订,最近的一次修订是2017年进行的。

联合国范本基本上按照OECD范本的体系进行编排,除第28条"领土扩展条款"外,许多条款的规定与OECD范本完全相同或者基本相同。因此,联合国范本也分为7章,共29个条款。有人认为可以不把联合国范本视为一个完全独立的范本,而只是对OECD范本的有限但重要的修改。[①]

联合国范本制定的目的在于协助发展中国家与发达国家之间进行税收协定的谈判。联合国成员是否遵循该范本签订税收协定完全出于自愿。多年来,联合国范本得到了众多发展中国家的广泛支持。

(二) 联合国范本与OECD范本的主要差异

联合国范本与OECD范本的最大区别在于征税权分配原则的不同。与OECD范本相比,联合国范本更加强调来源地税收管辖权。联合国范本较少限制所得来源地国家的税收管辖权。因此,联合国范本中许多条款是OECD范本

[①] Brian J. Arnold & Michael J. McIntyre, *International Tax Primer*, Kluwer Law International, 1998, p. 56.

所没有或存在显著差别的。两个税收协定范本的主要区别在于：

1. 常设机构的定义

常设机构的确定直接关系着东道国对外国企业在本国从事经营活动所取得的营业利润的征税权行使。由于两个范本对来源地管辖权和居民管辖权的关注程度的差异，对常设机构也规定了宽严程度不同的判断标准。

(1) OECD 范本规定，建筑工地、建筑或安装工程的施工期连续达到 12 个月以上的才属于常设机构。联合国范本则规定连续达到 6 个月（特殊情况下 3 个月）就为常设机构。

(2) 与建筑安装工程有关的监理活动或咨询劳务是否构成常设机构，OECD 范本未作任何规定；联合国范本则规定如上述活动连续或累计达到 6 个月以上、装配项目如果连续 6 个月以上，均属于常设机构。

(3) 专为交付本企业货物或商品的目的而使用的场所，根据 OECD 范本的规定并不构成常设机构，但根据联合国范本则可以被视为常设机构。

(4) 联合国范本规定，缔约国一方的保险企业通过非独立地位的代理人在另一缔约国收取保险费或承保，应认为构成常设机构，OECD 范本对此并无规定。

2. 常设机构的利润归属原则

对于哪些营业利润可以归属于常设机构，OECD 范本采用实际联系原则，即仅以通过常设机构进行营业并可归属于常设机构本身的营业所得为限。联合国范本则采用引力原则，即对不通过常设机构进行营业，但从事与该常设机构相同或类似的活动取得的利润，也可以在常设机构所在国征税。

3. 对国际航空所得的征税权分配规则

根据 OECD 范本，企业以船舶、飞机从事国际运输取得的利润以及以船只从事内河运输取得的利润的征税权完全归属于企业居住国独享。联合国范本则规定了两个可供选择的方案，A 方案与 2017 年修改前的 OECD 范本的规定相同，即由实际管理机构所在国独享；B 方案则规定由企业实际管理机构所在缔约国和船舶经营活动经常发生地的缔约国共同分享征税权。

4. 财产收益

对于转让代表公司财产中不动产的股份价值，以及转让代表公司持有股份价值的股票取得的收益，OECD 范本规定只能由收益取得者的居民国征税，不动产所在国或股份公司所在国并不享有征税权。联合国范本则对此增加了不动产所在国和股份公司所在国享有征税权的补充规定。

5. 投资所得

对股息、利息等投资所得两个范本都采用了通过限定来源国的税率以实现居民国和来源地国共享征税权的方法。但两个范本规定了不同的来源地国税率的限定幅度。OECD 范本要求来源地国规定较低的税率,这样居住国给予抵免后仍可以征得较多的税收。如 OECD 范本第 10、11 条规定,对直接控股不少于 25% 的母公司的股息,预提税税率不得超过 5%,其他证券投资的股息,税率不能超过 15%,利息收入的税率不能超过 10%。联合国范本并未沿用这一规定,而是将控股的比例降低到 10%,限制税率的幅度则由各国在谈判中予以确定。

6. 特许权使用费征税权分配规则

关于特许权使用费的定义,两个范本的规定差异不大。但联合国范本则明确规定将为用于广播或电视播放的电影或磁带以及工业、商业或科研设备的使用而支付的报酬纳入特许权使用费的范畴。

在特许权使用费征税权归属方面,OECD 范本采用了居民国独享征税权的规定,而联合国范本则规定,居民国和来源地国共享征税权,来源地国所课征的预提税的税率上限由缔约国在谈判时予以确定。

7. 退休金征税权分配规则

OECD 对因雇佣关系支付给缔约国一方居民的退休金或其他类似报酬,应仅由该居民国征税。联合国范本则规定了两种可供选择的方案。方案之一采用了 OECD 范本的征税权的居民国独占规则,方案之二则规定了居民国和来源地国的共享征税权。

8. 对协定中未明确指明的其他所得的征税权归属

对协定中未明确指明的其他所得的征税权归属,OECD 范本规定,不论发生于何地,都仅由所得取得者的居民国征税。联合国范本则明确规定所得来源地国也享有征税权。

三、OECD 范本和联合国范本在国际所得税协调中的影响

OECD 范本和联合国范本在当前各国缔结避免双重征税协定的实践中产生了深远的影响。但根据 OECD 范本,通常是由来源地国放弃跨国经济活动的征税权,以消除重复征税。如果一个国家同时为资金输出国和输入国,则其最终的结果将维持基本的均衡:所有国家都将放弃一部分的税收收入,但同时就来源于本国境内的收入进行课税。但发展中国家在与发达国家缔结协定时并不愿采用 OECD 范本,因为发展中国家为单纯的资本输入国,采用该范本的结果将是单边的税收收入的牺牲。为此,联合国范本正是为发达国家与发展中国家之间的税收协定的谈签提供了一定的参考。

OECD 范本和联合国范本的各自影响程度如何,可以通过各国缔结的税收协定所采纳的存在差异的条款的情况予以考察。下文选取 OECD 成员国之间以及 OECD 成员国与非成员国之间缔结的税收协定,分析两个范本在国际税收协调中的影响。

(一) 常设机构条款

如前所述,OECD 范本和联合国范本对常设机构的定义存在较大的分歧。尽管 OECD 范本规定超过 12 个月以上的建筑工程才构成常设机构,但 OECD 成员国之间缔结的税收协定并未完全遵循这一标准。不少成员国之间缔结的税收协定中确定建筑工程构成常设机构所要求的施工期在 10—12 个月之间,如新西兰、澳大利亚、瑞典、比利时、挪威、德国、美国等。土耳其、韩国、希腊、卢森堡则采用了少于 10 个月的施工期标准。墨西哥所签订的税收协定完全采用了联合国范本的 6 个月的标准。只有匈牙利规定了超过 14 个月的施工期才能构成常设机构。丹麦、波兰、瑞士则完全采用了 OECD 范本的认定标准。

在 OECD 成员国与非成员国之间所缔结的税收协定中,构成常设机构所要求的施工期往往规定得较短。法国、澳大利亚、加拿大等 11 个国家规定的施工期在 6—8 个月之间,墨西哥则完全采用 6 个月的标准。大部分国家则同样规定了 8—10 个月的标准,如冰岛、芬兰、韩国、西班牙等。只有土耳其规定了超过 12 个月的认定标准。

(二) 构成常设机构的与建筑安装工程相关的监理与咨询劳务条款

在 OECD 成员国之间的税收协定中,均未采纳联合国范本关于与建筑安装工程相关的监理与咨询劳务构成常设机构的条款。相反,在 OECD 成员国与非成员国之间缔结的税收协定中,只有日本和卢森堡在其缔结的所有税收协定中均未采纳该条款。德国、法国、希腊、英国所签订的少数税收协定(低于 10%)采纳了联合国范本关于监理与咨询劳务构成常设机构的规定。大部分国家所签订的部分税收协定(超过 20%)中采纳了这一条款,如西班牙、捷克、意大利、爱尔兰、奥地利、墨西哥、土耳其、丹麦等。美国与非 OECD 成员国签订的税收协定中,有 29% 的协定采纳了联合国范本的这一规定。加拿大、新西兰、芬兰与非成员国签订的税收协定中采纳联合国范本规定的超过了 30%,冰岛更是高达 37%。

(三) 特许权使用费条款

联合国范本关于为用于广播或电视播放的电影或磁带而支付的费用构成特许权使用费的规定同样不同于 OECD 范本。联合国范本的这一条款为 OECD 国家采纳的比例相对较高。大部分 OECD 成员国在与其他成员国之间缔结的税收协定中,一半以上均采纳了联合国范本的这一特许权使用费条款,澳大利亚甚至在与其他成员国缔结的税收协定中全都采纳了这一条款。OECD 成员国与非成员国之间签订的税收协定采纳这一条款的比例更高,其中,以英国、日本、匈牙利和澳大利亚的比例最高,超过 90% 的协定采纳联合国范本的规定,澳大利亚的这一比例则达到 100%。

(四) 其他所得的来源地国征税权条款

联合国范本中规定了其他所得征税权分配的两种可供选择的方案,与 OECD 范本有所不同。

OECD 成员国之间缔结的税收协定中,采纳这一规则的比例较低。大部分国家在与其他成员国之间缔结的所有税收协定中均未包含这一条款,如澳大利亚、奥地利、比利时、芬兰、法国等。这一条款在捷克、葡萄牙与其他成员国签订的税收协定采纳的比例相对较高,但也仅在 15% 左右,只有墨西哥达到 30% 以上。

联合国关于其他所得的征税权分配的条款在 OECD 成员国与非成员国之间签订的税收协定中采纳的比例相对较高,其中以波兰、丹麦、希腊和瑞士的比例最高,达到 25% 以上。但仍有德国、日本、墨西哥、荷兰和西班牙在其税收协定中均未采纳这一条款。

从上述分析中不难看出,尽管联合国范本在世界范围内的影响力不如 OECD 范本,但仍产生了一定的影响,不仅对 OECD 非成员国,对 OECD 成员国之间缔结的税收协定也有所影响。

第三节 中国双边所得税收协定

一、中国缔结双边税收协定的实践

我国对外缔结双边税收协定的实践起步较晚。在改革开放之前,我国仅在 20 世纪 60—70 年代期间与一些友好国家签订了有关海运和空运关系的双边协定,其中包含对双方的海运或空运企业的国际运输收入互免流转税或所得税的条款,但 20 世纪 80 年代之前中国并未与其他国家缔结综合性的双边税收协定。

20 世纪 70 年代末,改革开放后,为了吸引外资和加强国际技术合作,中国开始对外谈判签订综合性的双边税收协定的工作。1981 年 1 月,我国首先与日本开始了缔结避免双重征税和防止偷漏税的税收协定的谈判。中国与日本税收协定于 1983 年 9 月 6 日签订、1984 年 6 月 26 日生效。这是我国对外缔结的第一个综合性的所得税协定。到 2020 年 5 月,我国总共对外谈签了 107 个避免双重征税的税收协定,其中 101 个已生效执行。[①]

我国对外缔结避免双重征税的税收协定可以分为两个阶段。第一阶段是 20 世纪 90 年代以前,主要是与美国、日本和欧洲等发达国家谈签避免双重征

---

① 我国最新签订的税收协定是于 2018 年 12 月与阿根廷签订的双边税收协定。除此以外,我国与乌干达、肯尼亚、加蓬、刚果、安哥拉签订的税收协定也尚未生效。

的协定。除日本外,在这一阶段,我国与美国、法国、英国、比利时等23个国家缔结了避免双重征税协定。中国与美国税收协定于1984年4月30日签订、1986年11月8日生效;中国与法国税收协定于1984年5月30日签订、1985年2月20生效;中国与英国税收协定于1984年7月26日签订、1984年12月23日生效;中国与比利时税收协定于1985年4月18日签订、1987年9月11日生效;中国与德国税收协定则于1986年5月14日生效。在这一阶段中,我国正处于经济发展的起步阶段,吸引外资、引进技术是国家经济政策的重点,我国缔结避免双重征税协定的立足点也因此被放在最大限度地坚持来源地管辖权,尽可能地维护国家的税收利益。因此,这一阶段签订的税收协定基本上同时融合了OECD范本和联合国范本的条款。以中国与德国税收协定为例,当OECD范本和联合国范本规定存在差异的条款中,该协定有6处倾向于采纳OECD范本的规定,3处倾向于采用联合国范本的规定,有的条款甚至融合两个范本的内容。同时,中国与德国税收协定区别于两个范本规定的共有23处,其中两个范本的2条规定被该协定完全舍弃。通过分别采纳与修正秉持税收居民管辖权原则的OECD范本和遵循收入来源地管辖权原则的联合国范本,既保障了作为资本输出国和经济发达国家的税收利益,又考虑了作为资本输入国和发展中国家的中国的税收利益。

我国对外谈签避免双重征税协定的第二个阶段开始于20世纪90年代。在这一阶段中,一方面,我国继续与发达国家进行税收协定的谈签,另一方面,我国与发展中国家开始了税收协定的谈判,如我国与巴西、蒙古、毛里求斯、南斯拉夫、牙买加、菲律宾、古巴等国的税收协定谈判。在这一阶段中,我国在税收协定的谈判时反而处于资本输出国的地位。因此,在缔结协定时,不再完全坚持本国税收来源地管辖权的行使,而是更加关注居民税收管辖权。以中国和土库曼斯坦于2009年12月13日签订、2010年5月30日生效的税收协定为例,中土税收协定的结构同样遵循OECD范本和联合国范本的形式,但基本框架和条文内容主要遵从OECD范本的条文设计,仅有第12条关于特许权使用费和第18条退休金条款采用联合国范本的规定,也未采纳OECD范本第28条关于适用区域的规定。①

二、我国参与BEPS行动计划的实践

2013年9月,G20圣彼得堡峰会批准启动以BEPS为主要内容的新世纪国

---

① 中国与土库曼斯坦缔结的避免双重征税协定并未涉及对财产的课税,因此OECD范本第22条对财产征税的条款在该协定中并未予以规定。此外,协定第10条关于股息课税的征税限额规定为10%。这与我国《企业所得税法》关于股息的预提税税率水平保持一致。

际税收规则重塑行动。在这一过程中,中国积极参与国际税收规则的制定,不断提升我国参与国际经济合作的税收制度建立活动的话语权和影响力。2014年11月G20布里斯班峰会,习近平主席和其他G20领袖就"加强国际税收合作,打击国际逃避税,帮助发展中国家和低收入国家提高税收征管能力"达成共识。中国全面深入参与G20税收合作与改革,并努力从被动的参与者变为积极的引领者和推动者。2016年G20杭州峰会,习近平主席主持会议并就"深化国际税收合作""实施增长友好型税收政策"以促进投资和世界经济增长与其他G20领袖达成共识。2017年6月7日,经国务院授权,中国国家税务总局局长王军代表中华人民共和国政府在法国巴黎经合组织总部,签署了《BEPS公约》。同时签署该公约的还有来自德国、英国、法国、印度、俄罗斯等66个国家的副总理、经济部长、财政部部长、税务行政长官或大使等。这是深化国际税收合作、落实G20领袖共识、实现我国国际税收环境优化的必然要求和重要成果体现。

至此,中国参与国际税收协调已蔚然形成体系。业已签署并生效的《多边税收征管互助公约》以及即将执行的"转让定价国别报告"和"金融账户信息交换共同标准",预示着税收透明时代的到来。税收管理的主权性和经济行为的全球化矛盾得以一定程度的缓解。《BEPS公约》,连同中国对外签署的双边税收协定、税收情报交换协议以及双边税收备忘录,共同构成中国国际税收合作的法律框架,有力地促进了中国参与双边、多边国际经济合作,并为经济全球化的健康和可持续发展提供了强有力的法律支撑。

三、中国缔结或修改双边税收协定的未来发展

(一)缔结或修改双边税收协定的中国立场

一国经济发展的水平、相对于另一缔约国的资本输出国或输入国的地位将影响一国在谈签税收协定时的关注焦点。21世纪以来,中国的经济地位已经发生了重要的变化,其缔结避免双重征税协定的兴趣与重点也随之发生变化。随着中国经济的发展,中国不再仅仅作为资本输入国,中国企业顺应全球化发展潮流,不断扩大对外投资。据统计,2010年之前,中国在国外的投资以每年22%的速度增长。到2008年,中国已经成为最重要的资本输出国之一,其输出的资本总额在全世界排名第13位。中国不仅向发展中国家输出资本,同样向发达国家进行了资本输出。以德国为例,到2016年,中国对德投资的资本总额已超过吸引德国的外资总额,成为净资本输出国。2009年中国已成为对德直接投资的第二大国。① 中国对德投资逐年增长,仅2011年头8个月中方在德投资就达到2.3亿美元。因此,中国政府在谈签双边税收协定时,不再完全坚持税收来源国优

---

① 参见《中国企业对德投资占对欧洲投资半壁江山》,载《经济日报》2011年12月5日。

先征税的原则,也重视其作为居民国的税收利益,因此更有兴趣遵循OECD范本的相关规则。

然而,与大部分发达国家相比,中国仍处于资本输入国的地位。确保其作为收入来源国的税收管辖权仍是中国与发达国家税收协定修订的重要立足点。总体上说,中国所秉持的原则,将由税收来源地管辖权向税收来源地管辖权和居民管辖权并重发展,从而为中国企业在境外的投资、劳务输出和人员交流等活动提供更好的国际税收环境。

(二) 缔结或修改双边税收协定的基本思路

在我国对外经济发展不断加强的情况下,为避免税收的重复课征,我国固然应当继续和未与我国缔结税收协定的国家进行税收协定的谈签。但经过改革开放四十多年的发展,20世纪80年代我国缔结的税收协定的经济环境与国际环境已经发生了根本的变化。对已经缔结的税收协定进行修改,也是未来我国进行所得税国际协调的重要工作之一。

在缔结新的税收协定或对原税收协定进行修改时,基于中国经济地位变化的事实,为促进我国企业参与国际竞争,增加外国吸引我国投资和劳务的积极性,我国应当结合当前对外经济发展的现状,灵活掌握OECD范本和联合国范本的标准条款。此外,还应当根据新经济形势的发展,结合国际税法理论的最新发展,确立更加有效的避免双重征税协定。

1. 增加对新经济活动的避免双重征税的规定

随着经济发展而产生的新经济活动,如电子商务,在缔结或修订税收协定时均应当有所考量。

电子商务对常设机构所提出的问题,本质上仍属于国际税收权益的分配问题。因此,在重新谈判或签订税收协定时仍应当在税收管辖权的框架下对电子商务的征税问题予以协商。可以考虑规定在特定条件下认定服务器构成常设机构,即如企业网站运营的主要或重要的活动通过受企业控制的固定机器设备进行,该服务器可以构成该企业的常设机构。由于网址、网络服务提供商满足不了上述条件,可以不视为常设机构,但如网络服务提供商超出经营范围,以企业名义进行跨国商业交易,则该网络服务提供商实际上以企业的身份控制了服务器,应当认定构成常设机构。以此平衡收入来源国和居民国之间的税收利益。

对于新的跨国投资形式,如跨国信托组织、证券投资基金等,是否构成协定意义上的居民,也有必要协商确定。中国仅规定了证券投资基金免缴企业所得税,但投资者从基金所分配的收益仍需要缴纳个人所得税和企业所得税。上述免税规定,可以认为证券投资基金仍为企业所得税的纳税人。假如中国取消证券投资基金免税规定,从事跨国投资的证券投资基金仍有可能产生双重征税的问题。因此,对新形式的投资组织,也应当考虑作为双边税收协定的适用主体,以避免产生新的双重征税问题。

此外,对创新金融工具的跨国交易所产生的收益的性质、如何适用协定,也有必要在双边税收协定中予以规定。

2. 吸收当前国际税收协定的最新理论成果

近二十年以来,随着双边或多边税收协定的缔结与实施,国际税收协定的理论研究也有了较大的发展,理论界提出了更多的如何避免双重征税的规则设计。尤其是OECD在这方面的研究一直处于前列,为各国缔结税收协定提供了诸多的制度选择。缔结或修订税收协定时,也应当从有利于两国经贸发展的实际出发,参考当前国际税收协定的最新理论发展成果,制定出旨在提高税收协定的执行效力、具有可操作性的规则。

常设机构的认定与利润归属一直是税收协定适用中的难题,随着经济全球化的发展,常设机构的存在形式实际上也有了更进一步发展的空间。东道国将外国公司设在本国的机构、场所视为常设机构,作为独立的纳税主体,依法对其课税。因此,OECD所提出的将常设机构作为独立的企业,在此基础上,依照转让定价方法进行税额调整的相关理论值得中国在签订或修改协定时予以参考和借鉴。此外,参考国际上对电子商务的相关问题的研究成果,包括对数字产品交易的分类和定性、电子商务所征税种和电子商务的管辖权原则等,在双边税收协定签订或修订时提出相应的解决方案。

避免双重征税协定的缔结,是为避免两国投资者的双重征税和偷漏税,由两国在坚持主权原则的前提下放弃一部分固有的税收利益,如果第三国居民滥用税收协定,则缔约国双方的税收利益都将受到损害。为此,有必要在股息、利息和特许权使用费等条款中加入反滥用条款,考虑引入"透视法",防止导管公司的设立。

缔约国双方在政治体制、法律体系、发展程度、国家利益等方面存在较大的差异,税务争议的解决方式在实践中显得尤为重要。税务争议的解决不仅涉及两国关系的和谐发展,更直接涉及对缔约国的跨国投资者利益的保护。在当前税收协定范本所规定的相互协商程序无法为税务争议提供富有效率的解决机制的情况下,有必要借鉴当前国际上被逐步接受的税务仲裁程序的制度设计,在税收协定中规定双方主管当局就税务争议问题协商解决的时限,在相互协商程序之中规定国际仲裁程序,以提高解决税务争议的效率。

第四节 中国内地与特别行政区之间的税收协调

根据我国《香港特别行政区基本法》和《澳门特别行政区基本法》的规定,香港、澳门特别行政区实行独立的税收制度,参照原在香港实行的低税政策,自行立法规定税种、税率、税收宽免和其他税务事项。因此,尽管香港与澳门均为中华人民共和国领土,但由于其实施的税收制度与内地的税制存在根本的差异。在香港和澳门回归祖国后,越来越多的香港居民到内地就业、执业或从事经营活动,也有越来越多的内地居民赴香港、澳门从事经济活动,便可能出现不同程度的双重征税,产生了地区间税收协调的必要。为此,中国内地先后与澳门、香港签订了避免双重征税的安排,给予澳门、香港居民纳税人以诸多的税收优惠,有利于促进三地的经济交流与合作。

一、内地与澳门避免双重征税安排

《内地与澳门特别行政区关于对所得避免双重征税和防止偷漏税的安排》(以下简称《内地与澳门避免双重征税安排》)于 2003 年 12 月 27 日签署,于 2004 年 1 月 1 日起执行。该《安排》适用于在内地开征的个人所得税和企业所得税以及在澳门开征的职业税、所得补充税、凭单印花税和房屋税。

《内地与澳门避免双重征税安排》全文 28 个条款,除未采用 OECD 范本第 22 条对财产征税、第 27 条外交使团和领事官员以及第 28 条适用区域的扩大三个条款外,其结构安排基本遵循 OECD 范本的模式。大部分条款依照 OECD 范本设定,只有少数条款采纳联合国范本,另有条款根据两地的税法稍作调整。《内地与澳门避免双重征税安排》与 OECD 范本相比,其不同的规则如下:

1. 常设机构规则

对于建筑工地、建筑、装配或安装工程或者与其有关的监理活动是否构成常设机构,《内地与澳门避免双重征税安排》采用了联合国范本的规定,即该工地、工程或活动连续超过 6 个月,将构成常设机构。

2. 海运、空运和陆运所得征税权分配规则

对以船舶、飞机或陆运车辆经营的运输业务所取得的收入和利润,《内地与澳门避免双重征税安排》并未采纳 OECD 范本或联合国范本的相应条款,而是规定,一方企业在另一方取得的此项所得,另一方应当予以免税。这一规定也适用于参加合伙经营、联合经营或者参加国际经营机构取得的收入和利润。

3. 股息的征税权分配规则

《内地与澳门避免双重征税安排》第 10 条关于股息的征税权分配规则,基本与 OECD 范本相同,但仍有一些差异性的规定。该条并未区分控股股东与非控股股东适用的最低税率水平。根据该条规定,来源地对支付给另一方居民的股息课征预提税,只要收款人是股息受益所有人,所征税款不得超过股息总额的 10%。但该条中并未对何谓股息受益所有人作出规定。

4. 利息的征税权分配规则

《内地与澳门避免双重征税安排》第 11 条关于利息的征税权分配规则,与

两个范本的规定均存在较大的区别。根据该条规定,利息可以由居民所在地和来源地进行征税,同时区分不同类型的利息分别规定其适用的最低预提税率:

(1) 对银行和金融机构取得的利息,为利息总额的7%;

(2) 其他所有情况下,为利息总额的10%;

(3) 发生于一方而为另一方政府、地方当局或者完全为其政府所有的金融机构或者双方主管当局取得协议认同的其他金融机构取得的利息;或者为该另一方居民取得的利息,其债权是由该另一方政府、地方当局或者完全为其政府拥有的金融机构或者由双方主管当局取得协议认同的其他金融机构间接提供的资金的,应在该一方免税。

5. 特许权使用费征税权分配规则

关于特许权使用费的征税权分配,《内地与澳门避免双重征税安排》第12条采用了联合国范本的相应条款,即发生于一方而支付给另一方居民的特许权使用费,可以在居民所在地,也可以在来源地进行征税。但如收款人是受益所有人,则所征税款不应超过特许权使用费总额的10%。在特许权使用费的外延方面,也包括为使用或有权使用无线电或电视广播使用的胶片、磁带的版权而支付的费用。

6. 独立个人劳务

《内地与澳门避免双重征税安排》第14条对独立个人劳务作出了明确的规定,该条规定采纳联合国范本的相应条款的内容。

7. 艺术家和运动员

对于艺术家或运动员从事活动取得的所得,《内地与澳门避免双重征税安排》第17条除采纳OECD范本相应条款的内容外,还增加一款免税的规定,即作为一方居民的艺术家或运动员在另一方按照双方政府的文化交流计划进行活动取得的所得,在该另一方应予免税。

8. 教师和研究人员

《内地与澳门避免双重征税安排》第20条增加了两个税收协定范本均未规定的关于教师和研究人员所得的征税权分配规则。根据该条规定,任何个人是或者在紧接前往一方之前曾是另一方居民,主要是为了在该一方的大学、学院、学校或是为该一方政府承认的教育机构和科研机构从事教学、讲学或研究的目的,停留在该一方,对其由于教学、讲学或研究取得的报酬,该一方应自其第一次到达之日起3年内免予征税。但该条规定不适用于不是为了公共利益而主要是为了某个人或某些人的私利从事研究而取得的所得。

9. 消除双重征税方法

根据《内地与澳门避免双重征税安排》第23条的规定,内地和澳门分别为消除双重征税采用不同的方法。内地居民从澳门取得的所得已在澳门缴纳的税款,在内地可以适用限额抵免法消除双重征税。而澳门居民在内地取得的除股息、利息和特许权使用费外的可以在内地征税的所得,适用免税法消除双重征税。从内地取得的股息、利息和特许权使用费则适用限额抵免法消除重复征税。

二、内地与香港避免双重征税安排

《内地与香港特别行政区关于对所得避免双重征税和防止偷漏税的安排》(以下简称《内地与香港避免双重征税安排》),于 2006 年 8 月 21 日签署,在内地于 2007 年 1 月 1 日起、在香港于 2007 年 4 月 1 日起开始执行。于 2006 年 8 月 21 日、2008 年 1 月 30 日、2010 年 5 月 27 日、2015 年 4 月 1 日和 2019 年 7 月 19 日由国家税务总局与香港特别行政区财经事务及库务局(以及后来的财政司)分别签订了五份议定书。该《安排》适用于在内地开征的个人所得税和企业所得税以及在香港开征的利得税、薪俸税和物业税,但不涉及对财产的征税。

《内地与香港避免双重征税安排》全文共 27 个条款。与《内地与澳门避免双重征税安排》相比,该《安排》对 OECD 范本的遵从度更高,只有少数条文采用联合国范本的规定。《内地与香港避免双重征税安排》与 OECD 范本相比,其不同的规则如下:

1. 一般定义

(1) 对于安排中的"人",该《安排》第 3 条明确规定,包括个人、公司、信托、合伙和其他团体,合伙与信托作为该《安排》的适用主体更加明确。

(2) 该《安排》第 4 条对"居民"的概念进行规定,首先分别规定了内地与香港认定居民身份的标准。根据该条规定,在内地,居民是指按照内地法律,由于住所、居所、总机构所在地、实际管理机构所在地或者其他类似标准在内地负有纳税义务的人。在香港,居民则是指:通常居于香港的个人;在某课税年度内在香港逗留超过 180 天或在连续两个课税年度(其中一个是有关的课税年度)内在香港逗留超过 300 天的个人;在香港成立为法团的公司,或在香港以外的其他地区成立为法团而通常是在香港进行管理或控制的公司;根据香港法律组成的其他人或在香港以外组成而通常是在香港进行管理或控制的其他人。

根据上述标准同时为双方居民的个人,其身份确定规则与 OECD 范本的相应条款基本相似。

(3) 常设机构。与《内地与澳门避免双重征税安排》相同,对于建筑工地、建筑、装配或安装工程或者与其有关的监理活动是否构成常设机构,《内地与香港避免双重征税安排》同样采用了联合国范本的规定,即该工地、工程或活动连续超过 6 个月,将构成常设机构。

2. 海运、空运和陆运所得征税权分配规则

对以船舶、飞机或陆运车辆经营的运输业务所取得的收入和利润,《内地与香港避免双重征税安排》同样规定,一方企业在另一方取得的此项所得,另一方应当予以免税。这一规定也适用于参加合伙经营、联合经营或者参加国际经营机构取得的收入和利润。

3. 股息的征税权分配规则

《内地与香港避免双重征税安排》第 10 条关于股息的征税权分配规则,基本与 OECD 范本相同。但受益所有人为直接持有支付股息公司至少 25% 资本的公司以外的其他情况,适用的预提税税率为 10%。

4. 利息的征税权分配规则

《内地与香港避免双重征税安排》第 11 条关于利息的征税权分配规则,基本与 OECD 范本相同。但来源地对支付的利息课征预提税的最低税率为 7%。此外,增加了对发生于一方而为另一方政府或由双方主管当局认同的机构取得的利息的免税条款。

5. 特许权使用费征税权分配规则

关于特许权使用费的征税权分配,《内地与香港避免双重征税安排》第 12 条的规定与《内地与澳门避免双重征税安排》基本相同,均采用联合国范本的相应条款。但根据《内地与香港避免双重征税安排》第 12 条,如收款人是受益所有人时对特许权使用费课征预提税的最低税率水平仅为 7%。

6. 财产收益的征税权分配规则

对于财产收益的征税权分配,《内地与香港避免双重征税安排》第 13 条除采纳 OECD 范本的相应规定外,增加两款关于股份转让收益的征税权分配的规定。根据该《安排》第 13 条第 4、5 款的规定,转让一个公司股份取得的收益,而该公司的财产主要直接或间接由位于一方的不动产所组成,可以在该一方征税。转让其他任何股份取得的收益,而该股份相当于一方居民公司至少 25% 的股权,可以在另一方征税。

7. 退休金

对于退休金的征税问题,《内地与香港避免双重征税安排》第 17 条在采纳 OECD 范本的相应规定的基础上,另外增加一款但书规定。根据该条第 2 款的规定,从一方政府或地方当局作为社会保障制度一部分而推行的公共计划或可让个别人士参与以确保取得退休福利的安排,且该等安排是按照一方法律为税务目的而获认可的退休金计划取得的退休金和其他类似款项(不论是分次支付或一次支付),应仅在实施计划的一方征税。

8. 其他所得的征税权分配规则

对于未明确指明的其他所得的征税问题,《内地与香港避免双重征税安排》

第21条采纳了联合国范本相应条款的规定。

9. 消除双重征税的方法

为消除双重征税,在内地,内地居民从香港取得的所得已在香港缴纳的税款适用限额抵免法。在香港,香港居民从内地取得的除股息以外的其他所得已在内地交纳的税款同样适用限额抵免法。此外,增加一款避免经济性双重征税的规定,即一方居民公司支付给另一方居民公司的股息,而该另一方居民公司直接或间接控制支付股息的公司股份不少于10%的,该另一方居民公司可获得的抵免额,应包括该支付股息公司就产生有关股息的利润(但不得超过相应于产生有关股息的适当部分)而需要缴纳的税款。

10. 无差别待遇条款

如何实现内地与香港居民的无差别待遇,《内地与香港避免双重征税安排》第22条基本采纳了OECD范本相应条款的部分规定,但同时作出了一定的修正。该条强调,虽有无差别待遇的原则性规定,但不能理解为由于民事地位、家庭负担而给予该一方居民的任何扣除、优惠或减免也必须给予该另一方居民。此外,该条并未采纳OECD范本第24条第2、3款关于常设机构、无国籍人的无差别待遇的规定。

本 章 小 结

所得税国际协调概念的提出,主要是出于对解决国际双重征税和国际税收竞争问题的考虑。国际税收负担的不正常现象,业已影响到国际投资与国际贸易的正常发展,扭曲了世界资源的优化配置,也阻碍了跨国纳税人的投资积极性。为顺应经济全球化的前进步伐,所得税的国际冲突也应得到及时的协调。如何进行所得税的国际协调,签署所得税国际协定被证实是最有效的途径之一。鉴于所得税国际协定的重大意义,OECD、联合国和美国政府等都拟定了税收协定的范本,这些范本不同程度地影响了国际所得税协调的实践。其中OECD范本一直引领着所得税国际协调的时代方向,企图实现世界各国的税制同一化与一体化。但从现实看来,对所得税国际协调的努力并没能让人们满意,税收的新问题层出不穷,国家间税制存在巨大差异,税法又是最具有变动性的法律,如何谋求国家间的妥协与利益平衡,如何订立与执行税收协定,还需要国际组织和主权国家间认识的进步与合作努力。

我国已成为WTO大家庭的一员,所得税协调的问题同样变得紧迫,这事关我国吸引外资良好环境的维持,也关系到我国企业在国际市场上的竞争力。对于发达国家,我国是资本与技术的输入国,在签署税收协定时倾向于强调收入来源地征税原则;相对于一些不发达国家,我国又是资本、技术与人力资源的输出国，我国可能要有让步地承认他国的收入来源征税原则。如何更大限度地维护我国的税收主权，又如何保持我国的经济竞争力，在所得税的国际协调上显然面临更多考验。我国实施的"一国两制"使我国存在一国中有多个独立税制与税境的现象，如何进行国内不同所得税制的协调安排，我国已有相应的法律安排与税收实践，但效果如何，尚需理论与实践的进一步检验与跟进。

思考与理解

1. 为什么需要进行所得税的国际协调？
2. 所得税国际协定的法律性质是什么？
3. 简介美国税收协定范本。
4. 我国内地与香港、澳门特别行政区如何进行所得税协调？

第十九章　增值税国际协调

第一节　增值税的税收管辖权及其冲突

一、增值税的税收管辖权

增值税税收管辖权在不同国家之间分配的方式通常遵循生产地或目的地原则,而不依据所得税中的来源地和居住地概念。① 所谓生产地原则,是指只要商品在本国生产,无论在何处消费,本国都对其课征增值税。所谓目的地原则,又称消费地原则,即只要商品在本国消费,不管在何处生产,本国都对其课征商品税。在目的地原则下,一国对出口的商品和服务将退还已经征收的增值税,并对进口的商品和服务征收增值税。

目前,大多数国家都采用目的地原则,各国对实行目的地原则形成了广泛的共识。目的地原则被 WTO 规则所认可②,并且构成了经合组织《国际增值税/商品与服务税指引》所依赖的一项重要基本原则。③ 理论上,采用目的地原则有助于使一国境内和境外的商品和服务提供者处于公平的竞争地位。但是,采用目的地原则对一国税务机关的税收征管能力有着较高的要求,同时也有赖于境外商品和服务提供者的自觉遵从和各国税务机关之间良好的税收征管合作。

二、增值税税收管辖权的冲突

(一)增值税税收管辖权冲突的表现形式

增值税税收管辖权的冲突包括积极冲突和消极冲突两种形式。增值税税收管辖权的积极冲突是指增值税的国际双重征税,增值税税收管辖权的消极冲突是指增值税的国际双重不征税。如前所述,所得税的法律性国际双重征税的原因主要包括属人管辖权和属地管辖权的冲突、属人管辖权和属人管辖权的冲突以及属地管辖权和属地管辖权的冲突。由于增值税的税收管辖权并不依据所得税中的来源地和居住地概念,因此增值税税收管辖权的冲突形式也有所不同。

---

① 参见崔威:《论跨境服务营业税征收规则》,载《税务研究》2010 年第 11 期。

② WTO《补贴与反补贴措施协定》注释 1 中规定:"对一出口产品免征其同类产品供国内消费时所负担的关税或国内税,或免除此类关税或国内税的数量不超过已计征数额,不得视为出口补贴。"

③ OECD (2018), Consumption Tax Trends 2018: VAT/GST and Excise Rates, Trends and Policy Issues, Consumption Tax Trends, OECD Publishing, Paris, at https://doi.org/10.1787/ctt-2018-en.

具体而言，主要包括以下几种情形：

第一，由于两个或以上的国家采用了不同的征税规则而产生增值税税收管辖权的冲突。例如，A国实行生产地原则，B国实行目的地原则，A国生产的商品出口到B国，则该商品在A国和B国都要缴纳增值税，从而导致双重征税。但当B国生产的商品出口到A国时，则该商品在A国和B国都不需要缴纳增值税，从而导致了双重不征税。由于目前大多数国家都采用目的地原则，故此种冲突形式在实践中较少出现。

第二，由于两个或以上的国家均认为商品或服务在本国境内消费而行使税收管辖权，从而导致双重征税。这主要是由于不同国家对于商品或服务在何处被消费存在不同的理解。在此种情况下，两个或以上的国家均认为商品或服务在本国境内消费，与本国产生了充分的联系，并对其行使税收管辖权，从而导致了双重征税。

第三，即使不同国家采取了相同的征税规则，由于各国对于事实和法律的解释可能存在不同，同样可能导致增值税税收管辖权的冲突。

与所得税的国际双重征税相似，增值税的国际双重征税同样会对跨境贸易造成阻碍。增值税的国际双重征税将增加商品和服务的出口成本。如果商品和服务提供者选择提高价格以转嫁税负，则商品和服务在进口国的需求量将会降低，竞争力下降从而影响其利润。如果商品和服务提供者为了避免价格提高而选择自行承担税负，则其利润也将会降低。可见，在两种情况下，跨境贸易均会受到阻碍。因此，有必要对增值税税收管辖权冲突的解决路径进行探讨。

（二）增值税税收管辖权冲突的解决路径

1. 单边立法路径

为了避免增值税税收管辖权的冲突，各国可以在国内增值税立法中采取相应的措施。从各国实践来看，最常见的国内立法措施便是在确立增值税税收管辖权时采用目的地原则，规定对出口的商品和服务退还已经征收的增值税。此种措施的优点在于较为简便和明确，并且能够避免不同国家由于采用不同的管辖权规则而产生冲突。但其不足之处在于：第一，如果一国对出口的商品和服务适用零税率，而其他国家未对商品和服务的进口进行征税，则会产生双重不征税的问题。第二，此种措施无法应对增值税双重征税的全部情形，因为即使各国均采用了目的地原则，但如果不同国家对商品或服务在何处被消费存在不同的理解，同样会带来增值税双重征税的问题。第三，在单边立法路径下，各国的国内立法未能受到国际协定的有效约束，因此国内立法避免增值税税收管辖权冲突的措施在稳定性上存在一定的不足。

2. 国际软法路径

为了对各国增值税立法进行指引和协调，经合组织发布了《国际增值税/商品与服务税指引》。从性质上看，《指引》属于国际软法，对各国并不具有法律约束力，但事实上，大多数国家都在不同程度上遵循着《指引》的内容。通过国际软法对各国增值税立法进行协调，具有较强的灵活性、包容性和可接受性，能够在充分尊重各国税收主权的基础上减少增值税税收管辖权立法的差异。但是，国际软法路径的不足之处也是显而易见的。《指引》并不具有强制约束力，无法得到强制执行，如果各国并不完全遵循《指引》的内容，则无法彻底消除增值税税收管辖权冲突的问题。此外，《指引》也不具有可诉性，在面临增值税国际双重征税时，纳税人也无权依据《指引》寻求救济。尽管如此，《指引》仍然迈出了重要的一步，有力地推动了增值税国际协调实践的发展。

3. 国际硬法路径

相较于国际软法路径，通过国际硬法进行增值税国际协调是一种更深层次和更具约束力的协调方式。具体而言，又可分为双边层面和多边层面的协调。

在双边层面，可以将增值税纳入现行双边税收协定的适用范围，或者签订专门的增值税双边税收协定。从国际实践来看，一方面，目前已有一些双边税收协定部分涉及增值税问题，如法国与摩纳哥签订的所得税协定第15条。但很显然，仅凭这些寄居在所得税协定之中且数量有限的增值税条款，无法全面有效地解决增值税税收管辖权冲突的问题。另一方面，目前世界上也并不存在专门的增值税双边税收协定。为此，有的学者曾主张制定专门的增值税双边税收协定，并对协定中增值税税收管辖权的分配规则进行理论探讨。[1] 然而，如同现行所得税双边税收协定那样，只有构建起完善的增值税双边税收协定网络，才能在国际层面真正有效地避免增值税税收管辖权冲突的问题，但这一庞大协定体系的构建显然是费时费力的，并且可能会增加国际税法的复杂性。可见，增值税双边税收协定仍然面临着诸多的未知与争议，从理论付诸实践还需要经历一段漫长的过程。

在多边层面，欧盟增值税协调是一个非常成功的典范。增值税指令是欧盟在其成员国间接税协调方面的重要规则，成员国有义务将欧盟增值税指令的有关规定落实在其国内增值税法律中。各国不应作出与增值税指令内容冲突的规定，否则就可能被起诉至欧洲法院。[2] 可见，欧盟国家在增值税领域实现了较高程度的协调。欧盟增值税指令不仅仅是对各成员国增值税管辖权简单地进行划分，而是从实体和程序方面对各成员国的税制进行全面协调，实现成员国税制的一体化。同时，欧洲法院的存在也为欧盟增值税一体化提供了有力的司法保障。

---

[1] See T. Ecker, Tax Treaties as Solution for Value Added Tax and Goods and Services Tax Double Taxation, IBFD, 2013, Books IBFD.

[2] 参见徐妍：《欧盟税法的理论与实践》，中国政法大学出版社2018年版，第70页。

第二节 经合组织的增值税协调

为了推进增值税的国际协调,经合组织财政委员会从2006年开始着手制定《国际增值税/商品与服务税指引》(以下简称《指引》)。《指引》的发布,标志着间接税的国际协调增强,全球税收治理走向直接税与间接税相结合的综合治理阶段。① 《指引》的目标在于减少增值税管辖权的国际冲突所带来的双重征税或双重不征税风险,其并非为各国增值税立法提出详细的硬性要求,而只是从宏观层面提供原则性的指导。目前,最新的《指引》是经合组织于2017年发布的版本,共包括四章。② 其中,第一章对增值税的核心特征进行了界定,第二章提出了跨境贸易中增值税的税收中性原则,第三章讨论了跨境服务和无形资产贸易中征税地的确定问题,第四章提出了相互合作、争议最小化以及《指引》在逃避税情形下的适用问题。

一、增值税的核心特征

《指引》指出,增值税的首要目标是对最终消费者征收宽税基的税。作为对商品和服务一般性课征的税种,增值税不同于仅对特定商品和服务课征的消费税。增值税的核心制度特征是分环节征收:在发票抵扣机制下,每个企业向其供应商全额支付增值税并作为自己的进项税额,然后向其客户全额收取增值税作为自己的销项税额。每个企业产生的进项税额可以抵扣销项税额,然后以两者的差额为基数向税务机关缴纳增值税税款。这一制度特征使得增值税在国内贸易中实现税收中性。在供应链条中,无论产品的性质、销售链的结构以及产品交付的方式如何,中间的供应商都能够扣除自身的进项税额。这就意味着增值税是"借企业之手"向最终消费者征收,在整个供应链条中,增值税的税负是由最终消费者负担而不是中间的供应商负担。从这一角度来看,增值税与仅在最终销售阶段征收的零售税(retail sales tax, RST)不同。

二、跨境贸易中增值税的税收中性原则

在《指引》第二章中,经合组织就跨境贸易中增值税的税收中性原则提出了六项指引,即指引2.1—2.6。其中,指引2.1—2.3同时适用于国内贸易和跨境贸易,指引2.4—2.6则专门适用于跨境贸易。

---

① 参见罗秦:《从全球税收治理视域看我国税制改革》,载《中国税务报》2018年3月14日。
② 参见经合组织2017年《国际增值税/商品与服务税指引》, at http://dx.doi.org/10.1787/9789264271401-en。

(一) 税收中性的基本原则

指引2.1指出,除非法律明确规定,应税企业不应负担增值税的税负。所谓的"除非法律明确规定",是指各国可以通过立法使企业负担增值税,例如以下几个情形:(1)企业的免税交易,基于销项税额难以确定(如许多金融服务)或者政策原因(如卫生、教育、文化)。(2)税收立法可以通过让企业承担增值税以确保对最终消费的有效征税。这种情况适用于企业用于非增值税应税项目的交易(如无对价的交易)或者与购进货物有关的进项税额并未完全用于应税交易。(3)各国可以通过立法规定在不满足明确的行政管理要求时不允许抵扣进项税额(如进项税额缺乏相关的证据支持)。

指引2.2指出,情况相似的企业实施相似的交易应当承担相似的税负。这是为了确保增值税经过某一供应链条后按照最终消费者支付价款总额的一定比例征收,而与交易的性质、销售链的结构、交易的次数或经营者的个数以及采用的技术方法无关。

指引2.3指出,增值税法规不应成为影响企业决策的首要因素。在现实中,影响企业决策的因素有很多,如金融、商业、社会、环境和法律等。虽然增值税也是可以考量的因素之一,但它不应当是影响企业决策的首要因素。例如,增值税法规或政策不应诱导企业采用某种法律形式来进行运作(如子公司或分公司)。

(二) 跨境贸易中的税收中性原则

在跨境贸易中,除了考虑上述三项基本原则外,还需要考虑其他因素。非常重要的一点是,法律不应为从事跨境贸易的纳税人提供相比于纯粹从事国内交易的纳税人更加有利的税收待遇,既包括适用的税率标准,也包括税务机关的征管成本以及企业的遵从成本。

为此,指引2.4指出,在增值税纳税义务发生国或征税国,与该国国内企业相比,外国企业适用的税率不应该使其处于有利或不利的境地。增值税制度应当以公平公正的方式适用,以确保国内或外国企业无法获得不公平的竞争优势,否则会阻碍国际贸易,限制消费者的选择。这需要通过目的地原则的实施来实现。在目的地原则下,出口免征增值税,而进口则按照与国内产品相同的税基和税率征税。一方面确保进口商品承担的税负与国内相同商品承担的税负相同,另一方面也确保了出口情形下的退税额或者抵扣额等于已经征收的税额。

指引2.5指出,为了确保外国企业不产生不可抵扣的增值税税款,各国政府可以采取一系列的方法,主要包括:(1)建立对在当地缴纳的增值税直接退税的制度;(2)对销售免征增值税;(3)允许在当地进行增值税注册的企业进行退税;(4)将增值税纳税义务转移到当地注册的供应商或客户;(5)授予购买货物免税的证书。以上并没有哪一种方法被认为是一般性规则,每一种方法在特定情形下都有其优缺点,因此,关键是要在企业(包括国内和外国企业)的遵从成本和税务机关的征管成本之间、税收欺诈和避税风险之间寻求一个平衡点,从而在最大程度上确保外国企业不产生不可抵扣的增值税。

指引2.6指出,在确实有必要对外国企业提出特定的征管要求时,这些要求不应为企业增加不合比例或不恰当的遵从成本。税务机关对不同行业的企业实施某些征管要求是恰当的,例如小型企业以及某些特殊行业的企业。其实,在应对没有"法律身份"的外国企业时总会不可避免地给税务机关带来风险,因此,税务机关需要采取适当的措施防止税收欺诈或者避税。但是,税务机关应当尽可能充分利用既有的信息交换和征管协助制度。同时,税务机关还应避免对外国企业造成变相的歧视。此外,这些特殊规定还必须明确、一致并且可为外国企业所知晓。

三、跨境服务和无形资产贸易中征税地的确定

在《指引》第三章中,经合组织分别就目的地原则(指引3.1)、B2B 一般规则(指引3.2—3.4)、B2C 一般规则(指引3.5)以及 B2B、B2C 特殊规则(指引3.7—3.8)提出了八项指引。

指引3.1指出,为了消费环节税收目的,跨境提供的服务和无形资产应当根据消费地国的规则征税。无论是提供商品,还是提供服务和无形资产,均需要确立消费地规则。在跨境商品贸易中,实现目的地原则主要依赖于边境管理或财政边界。相较而言,在跨境服务和无形资产贸易中,因为无法像对商品那样对其实施边境管理,实施目的地原则更加困难。因此,《指引》第三章主要关注的是跨境提供服务和无形资产。为了实现目的地原则,增值税制度对 B2B 交易和 B2C 交易通常采用不同的税收征管措施,因为对两者征收增值税的目的是不同的:对 B2C 征税是为了使最终消费者承担最终的税负,而对 B2B 征税只不过是实现对最终消费者征税这一目标的手段,其目的主要是促使由合适的国家对最终消费者施加税收负担。

对于 B2B 提供模式,指引3.2指出,消费者所在国对跨境服务或无形资产交易拥有征税权。指引3.3指出,为了适用指引3.2,客户的性质通常以商业协议来确定。如果客户仅在一个国家或地区拥有一个机构场所,则客户坐落地的国家或地区对跨境服务或无形资产提供享有征税权。根据指引3.4,如果客户在多个国家或地区拥有多个机构场所,则使用服务或无形资产的机构场所所在国享有征税权。

对于 B2C 提供模式,《指引》区分了现场提供服务和非现场提供服务。对于现场提供服务,指引3.5指出,实际提供服务的国家对满足如下条件的 B2C 提供拥有征税权:(1)该服务在一个易于确定的地点被现场提供;(2)该服务通常在其实际履行的同一时间和同一地点被消费;(3)通常要求服务或无形资产的

提供者和消费者,在服务或无形资产被实际提供的同一时间和地点现场存在。对于非现场提供服务,指引3.6指出,客户拥有习惯居所的国家对B2C非现场提供的服务和无形资产拥有征税权。

此外,《指引》还提出了若干特殊规则。指引3.7指出,如果满足以下所有的条件,对B2B跨境服务或无形资产提供的征税权可以参考一般原则所述的客户坐落地之外的一个替代因素而分配:(1)当考虑税收中性、遵从和征管的有效性、确定性、简化性和公平性标准后,参考客户的所在地进行的征税权分配并不会产生一个恰当的结果;(2)客户所在地之外的一个替代因素,在考虑同样标准的情形下将产生一个显著更好的结果。类似地,如果同时满足以上两个条件,对B2C跨境服务或无形资产提供的征税权,可以参考一般原则所述的实际履行地和客户习惯居住地之外的一个替代因素而分配。指引3.8指出,就与不动产直接相关的跨境服务和无形资产的提供而言,征税权应分配给不动产所在国。

四、相互合作、争议最小化以及《指引》在逃避税情形下的适用

在理想情况下,《指引》第二章提出的税收中性原则和第三章提出的增值税征税权分配规则都能够得以实现,并且跨境交易的各方当事人都会善意行事,所有的交易都是合法并具备经济实质的。但现实情况是,各国在执行《指引》提出的各项原则时难免会存在差异,从而引发税务争议;也难免会有一些跨境交易出于逃避税的目的,缺乏经济实质。因此,《指引》第四章还对相互合作、争议最小化以及《指引》在逃避税情况下的适用等问题进行了简要分析。

第三节 欧盟的增值税协调

一、欧盟增值税协调的进程

在欧共体成立之初,六个创始国各自采用了不同的流转税制度,这些税种是多环节征收的,即对每个生产流通环节的实际流转额进行征税。这必然导致商品的重复征税,而且对于某一产品而言,其最终的销售价格中所含有的税款无法确定,于是,各成员国总会有意无意地通过高估出口退税额的方式变相补贴本国的出口产品。因此,如果要在欧洲建立一个有效的统一市场,中立透明的流转税制必不可少,只有中立透明的流转税制,才能确保税收中性和出口退税的准确性。

1967年4月11日,欧共体理事会发布了关于协调成员国流转税的第1号(67/227/EEC)和第2号(67/228/EEC)增值税指令,旨在建立普遍的、多环节非

重复征税的增值税制,以取代各成员国现有的流转税。然而,第1号和第2号增值税指令仅仅确立了增值税制的总体框架,至于增值税的征税范围以及税率结构等都由成员国自行规定,因此,这只是部分的协调,税制的很多方面都存在差异。直到1977年5月17日,第6号增值税指令的颁布才统一了增值税的征税范围。第6号指令颁布了全新的基本覆盖所有重要领域的规则,包括适用的地区、应税交易、纳税地点、应税事项和可税性、税率和免税、抵扣以及纳税人等。另外,对于特殊情形还作出了特殊安排,例如小型企业、农民、旅行社以及二手货物等。2006年11月28日,欧盟颁布了新的增值税指令2006/112/EC,并于2007年1月1日生效,从而取代了原来的第6号增值税指令。该指令在结构和用语上进行了合理的调整,但并未对增值税立法进行实质性的修改。此后,2006/112/EC指令又被多项指令修改,这些指令包括2008年2月12日颁布的2008/8/EC指令(修改了有关服务提供地)和2008/9/EC指令(向在另一成员国成立的纳税人提供增值税退税),以及2018年6月22日颁布的2008/912/EC指令(将最低标准增值税税率设定为15%)。

欧盟发布的增值税指令具有法律约束力,所有欧盟成员国应当参照指令的立法模式并将指令条款转化为国内法。[①] 除了增值税指令,欧盟还出台了欧洲理事会实施条例(282/2011)。该实施条例包含了确保增值税指令得到统一适用的相关措施,这些措施无须各国进行转化立法即可直接适用。

二、欧盟增值税指令的主要内容

(一) 纳税人

根据增值税指令,纳税人是指在任何地点独立从事任何经济活动的人,无论该经济活动的目的或结果如何。经济活动的概念包括生产者、商人或服务提供者的任何活动,包括采矿、农业和其他职业活动。为获得持续性收入而开发有形或者无形资产的活动作为特例也被认为是经济活动。除此之外,偶然销售新型交通工具的人应当视为纳税人。国家、地方政府和其他公法主体不是纳税人,除非其进行的活动会导致竞争的严重扭曲。

(二) 应税事项

根据增值税指令,以下交易应当缴纳增值税:

(1) 纳税人在成员国境内进行有偿的货物销售;

---

① 欧盟法的渊源主要包括指令、决定和条例。其中,指令是在税收方面最常用的立法规范形式,优于条例和决定。指令规定成员国所要达到的目标,由国内机关拥有决定实现这一目标所采取的形式和方法的权限。决定仅对其在法令中明确指定的国家具有强制力,不具备普遍效力。条例具有普遍约束力,可以直接适用于所有成员国。

(2) 纳税人或者公共团体等免税法律实体在共同体境内跨成员国间的有偿货物采购；

(3) 纳税人在成员国境内进行的有偿服务提供；

(4) 货物的进口。

（三）税基

根据增值税指令的规定，成员国境内交易的应税金额是"货物或服务提供者已经或将要从买方、客户或第三方获得的构成对价的所有款项，包括与该货物或服务直接相关的补贴"。进口货物的应税金额通常是进口货物的海关完税价格。在关联方交易的情况下，协议价格可能会被货物或服务的公开市场价值替代。

（四）税率

增值税指令规定了三种类型的增值税税率：

(1) 根据2018年6月22日颁布的2008/912/EC指令，标准税率不得低于15%，这一税率必须适用于所有非免税的货物和服务提供。

(2) 对附件3列举的货物和服务提供（不包括通过数字方式提供的服务，但以数字格式提供的书籍和报刊除外），各成员国可以适用一个或两个不低于5%的优惠税率。

(3) 特殊税率，这些税率构成以上两种规则的例外，主要是基于历史性或暂时性的原因。特殊税率可以低于5%甚至为零税率，也可以适用于增值税指令所未列举的货物和服务。

2018年1月18日，欧盟委员会发布了指令COM(2018)20的最终指令提案。根据该指令提案，成员国除了可以适用两个不低于5%的优惠税率之外，还可以引入：(1) 对在前一阶段支付的费用免征增值税的优惠；以及(2) 另一个介于0%和5%之间的优惠税率。这是为了解决之前成员国之间存在的一些差异，即某些成员国拥有设定低税率的自由裁量权，而有些成员国则没有。[①] 此外，欧盟委员会还提议引入一个负面清单（附件3a）来规定不能适用优惠税率的交易，附件3a将取代现行的增值税指令附件3，即规定可以适用优惠税率的商品和服务的正面清单。

（五）税收征管

根据增值税指令，从事应税商品或服务提供的任何纳税人均应缴纳增值税。但是，如果适用逆向征收机制（或快速反应机制，Quick Reaction Mechanism，QRM），则应由接受商品或服务的人支付增值税。

增值税指令还列出了适用逆向征收机制的情形。通常，这些情况包括提供

---

① 参见周华伟：《OECD国家增值税改革的新趋势》，载《中国税务报》2018年12月5日。

者和接受者不在同一成员国内的情况,包括黄金的投资、天然气或电力的销售以及建筑工程劳务的提供。2018年12月20日的指令2018/2057/EC的规定,在2022年6月30日之前,成员国可以对非跨境的供应行为引入逆向征收机制,前提是该纳税人每笔交易的商品和服务销售额均超过1.75万欧元。

此外,增值税指令还针对发票、登记注册、纳税申报等事项作出了规定。

三、欧盟最新的增值税改革

随着单一市场的发展,欧盟区域内货物和劳务流动的规模和速度都大幅提升。现行的欧盟增值税体制是1993年制定的,难以有效服务于欧盟单一市场的发展,制度缺陷日益凸显。欧盟委员会于2017年10月4日发布了增值税改革方案,主要包括以下四项内容:

首先,对跨境货物的销售课税采用与国内课税统一的方式。对企业间跨境贸易课征增值税。增值税收入归属于最终消费者所在成员国,并按照该成员国税率课征。明确欧盟区域内货物贸易由销售商承担纳税义务(但如果购买方为"认证纳税人",购买方则承担直接向目的地成员国纳税的义务)。扩大使用"一站式注册机制",跨境提供服务的欧盟成员国企业只需在注册国进行增值税申报和缴纳。简化发票相关要求,允许买方在跨境交易时根据本国规定准备发票,且企业无须向本国税务机关提供交易清单。

其次,引入"认证纳税人"概念。"认证纳税人"即得到信赖的欧盟企业。企业无论大小,只要满足一定条件,就可被认定为欧盟可信赖的增值税纳税人。企业可向本国税务机关申请"认证纳税人"身份认定,并证明其完全具备按时纳税、具有可靠的内控体系和偿付能力等条件。"认证纳税人"身份将在欧盟所有成员国之间互认。经过认证之后,企业纳税将更便捷、更省时。

再次,实施四项"速效对策"。一是进一步简化在交易前将商品存储在目的成员国的跨境商品贸易的增值税规则。二是简化未实际运输商品的"连续交易"的增值税规则。三是简化用于申请区域内豁免增值税的跨境商品的运输证明。这三项简化措施仅限于上述"认证纳税人"。四是阐明在现行跨境增值税豁免规则中,除运输证明外,还需要合作企业在欧盟增值税号码电子验证系统(VIES)中记录的增值税识别号。

最后,扩大使用"逆向征收机制"。所谓"逆向征收机制",是将增值税纳税义务从供应环节转移到消费环节,旨在防范不法供应商的逃税行为。之前如果有证据表明企业存在重大税收欺诈行为,成员国可以引入临时"逆向征收机制"加以应对。2016年12月,欧盟委员会提议,临时性扩大"逆向征收机制"的使用,并于2017年1月提交欧盟经济与财政事务委员会。该提议允许共同体内企业间超过1万欧元的所有商品和服务贸易,全部临时性使用该机制。该机制将至少执行到 2022 年,待适用于这类交易的最终确定的增值税体制生效。①

本 章 小 结

增值税税收管辖权在不同国家之间分配的方式遵循生产地或目的地原则,而不依据所得税中的来源地和居住地概念。目前,大多数国家都采用目的地原则,各国对实行目的地原则形成了广泛的共识。在增值税国际协调实践中,经合组织和欧盟的做法最具有典型性。经合组织通过制定《国际增值税/商品与服务税指引》的方式为各国增值税立法从宏观层面提供了原则性的指导,实质上属于通过国际软法对国内立法进行协调的方式。欧盟则通过颁布一系列指令来协调成员国的增值税立法,各国参照指令的立法模式并将指令的条款转化为国内法,从而实现各成员国税制的协调。随着增值税国际协调的不断推进,未来各国也可能借鉴所得税协调的方式,通过签订双边税收协定的方式对增值税税收管辖权进行划分。

思考与理解

1. 简述增值税的税收管辖权及其冲突。
2. 简述经合组织《国际增值税/商品与服务税指引》的主要内容。
3. 简述欧盟增值税指令的主要内容。

---

① 参见燕晓春:《应对新挑战 欧盟多项税收改革"在路上"》,载《中国税务报》2018 年 10 月 9 日。

第六编 国际税法学新课题

第二十章 国际税收竞争

第一节 国际税收竞争概述

一、国际税收竞争的概念

税收竞争最初产生于一国内部各个地方政府之间。随着生产要素跨境流动的可能,税收竞争逐渐演变为主权国家之间的竞争,从而产生国际税收竞争。

对于国际税收竞争的概念,目前国内外尚未形成统一的观点。美国有学者认为,国际税收竞争是指国家部分或全部放弃对经济活动的征税权,并导致本国有效税收少于其他国家税收的结果。税收竞争是一种国家旨在吸引或阻止经济活动的有目的的典型行为。① 日本学者则认为,国际税收竞争指的是为了把国际间的流动资本吸引到本国,各国均对资本实施减税措施而引发的减税竞争。② 在我国,有学者认为,税收竞争是指各地区通过竞相降低有效税率,或实施有关税收优惠等途径,以吸引其他地区税源进入本地区的政府自利行为。③ 还有学者认为,国际税收竞争是指各国政府通过竞相降低税率等税收优惠政策,降低纳税人的税收负担,以吸引国际资本、国际贸易等流动性生产要素,促进本国经济增长的经济和税收行为,其本质是通过税收分配,使税收利益关系在全球范围内得到调整。④ 也有学者认为,国际税收竞争是指在要素跨国界流动的条件下,一国(地区)税收政策客观上对他国(地区)税基的外部性,以及各国(地区)主动

---

① W. B. Barker, Optimal International Taxation and Tax Competition: Overcome the Contradiction, *Northwestern Journal of International Law and Business*, 2002, Vol. 22.

② 参见〔日〕谷口和繁:《国际间税收竞争与 OECD 实施对策》,顾红译,载《税收译丛》1999 年第 1 期。

③ 参见薛钢、曾翔、董红锋:《对我国政府间税收竞争的认识及规范》,载《涉外税务》2000 年第 8 期。

④ 参见陈少英:《国际税法学》,格致出版社、上海人民出版社 2009 年版,第 237 页。

运用差异性税收政策来吸引流动性要素的行为。①

尽管学者们关于国际税收竞争的定义各有不同，但仍形成了一定的共识：

（1）国际税收竞争的实施主体是国家或享有独立的税收管辖权的地区政府。

（2）国际税收竞争以生产要素在国家或地区间的自由流动为前提，并以吸引流动性的生产要素进入本国或地区为直接目标。在此所指的生产要素通常指资本，一般不包括劳动力和技术。

（3）国际税收竞争的实施方式是以降低税收负担为内容的税制设计或调整，一般包括降低税率、提供税收减免的税收优惠政策、延迟纳税等，有些国家甚至将本国或本国境内的特定区域发展成为避税地。

因此，国际税收竞争是指一国或享有独立的税收管辖权的地区的政府，为实现一定的经济或社会目标，通过建立以减轻投资者税收负担为内容的税制体系或政策，吸引具有流动性的生产要素进入本国或地区的行为。

二、国际税收竞争的产生与发展

国际税收竞争是经济发展国际化乃至全球化的产物。在基本封闭的经济社会中，一国内部的税收制度虽然也对其他国家产生影响，但由于资本的流动性有限，其影响可以说是微不足道的。贸易和投资的全球化发展已经从根本上改变了国内税收制度的传统影响。20世纪80年代，随着技术进步和政治上的放松管制以及通信技术的飞速发展，资本等生产要素的流动性大大加强。由于资本的逐利性，随着贸易和投资的非税收壁垒的消除，某些具有地域流动性的经济活动在国与国之间的转移十分便利，如金融及其他服务活动，包括提供无形资产等。全球化和技术创新又进一步增强了其可移动性。资本对税收的敏感度大大增加，各国税负水平的差异成为决定资本流向的一个重要因素。各国为了吸引资本等生产要素，促进本国经济的增长，纷纷采取了降低税率、增加税收优惠等减轻投资者税收负担的措施，由此形成了各国间以减税为内容的低税政策的竞争。某些适用于这些具有流动性的经济活动的税收优惠制度潜在地扭曲了资本和服务的实际活动地点，由此不公平地侵蚀了他国的税基。有害税收实践还可能导致税收负担向流动性较低的税基转移，同时增加了税务机关和纳税人的征管成本和遵从负担。

国际税收竞争开始于西方发达国家。美国、加拿大在20世纪80年代采取了一系列的减税措施，从而带动了西方发达国家的大规模减税浪潮。1984年，

---

① 参见韩霖：《国际税收竞争的效应、策略分析：结合我国国情的研究》，经济科学出版社2006年版，第36页。

美国废除了向外国人的组合投资利息所得(portfolio interest income)征收30%预提税的规定,由此开启了这场以减税为内容的国际竞争的大幕。1986年,美国政府为避免跨国公司在其境外的"延期纳税"所造成的税收流失,将其公司所得税的最高名义税率由46%降低到34%。加拿大为防止其境内的资金因美国减税措施的刺激而流入美国,在1987年也迅速调低其公司所得税税率予以应对。这一改革使得美国和加拿大在国际资本和所得税税基的争夺战中处于十分有利的地位。为避免本国税基受到侵蚀、吸引流动性的税基,各国纷纷仿效美国实行减税。在1986—1991年间,26个OECD成员国中,除韩国、土耳其公司所得税税率有所提高外,大多数国家都降低了其税率水平,其中瑞典的降幅最大,1991年的税率水平比1986年降低了22个百分点;包括美国、丹麦在内的5个国家税率下降了10个以上百分点,其他国家下降的幅度则在3—8个以上百分点。① 个人所得税最高税率的下降幅度更大,OECD成员国平均降低了14个百分点,其中包括美国、荷兰在内的8个国家的最高税率下降幅度超过20个百分点,葡萄牙甚至高达44个百分点。② 除个人所得税与公司所得税外,不少国家也纷纷削减甚至取消资本利得税和财富税。③

进入21世纪以来,国际税收竞争不再局限于西方发达国家,韩国、新加坡等新兴工业化国家和印度、马来西亚、沙特等发展中国家也加入国际税收竞争。不仅早先形成的避税地得益于外汇管制的取消和国际贸易与投资的自由化,为国际投资者提供了税收套利的机会,新兴的避税地,尤其是生产型避税地也日益产生和发展,对国际税收竞争产生了重要的影响。④ 不仅如此,许多原本实行高税负的国家也采取了特殊的低税政策,与避税地展开竞争,如荷兰和瑞士。通过设立在荷兰和瑞士的控股公司,纳税人可以受益于两国的参股免税政策、税收管理的灵活性,以及广泛的税收协定网络,获取税收利益。此外,许多其他国家也建立了基于总机构、控股公司等各种形式的税收优惠制度。根据毕马威(KPMG)发布的2005年公司所得税率报告,仅在2004年一年,全球共有20个国家削减了公司所得税税率。从2000年至2005年,OECD的30个成员国的平均公司所得税税率从33.6%下降到29.2%。⑤

2008年美国次贷危机爆发后,各国的救市措施更是以减税为核心,展开对

---

① See OECD, Tax Rates Are Falling, OECD in Washington, March—April, 2001.
② 参见同上。
③ 参见韩霖:《国际税收竞争的效应、策略分析:结合我国国情的研究》,经济科学出版社2006年版,第43—46页。
④ 避税地是重要的国际税收竞争模式之一。为避免内容上的重复,有关避税地的讨论详见本书第十三章,在此不再赘述。
⑤ 参见黄焱:《国际税收竞争与最优资本课税研究》,中国税务出版社2009年版,第26页。

资本等流动性要素的竞争。在日本,个人从股票中获得的资本利得和股息所得享受10%的优惠税率的政策延长至2011年。在罗马尼亚,在2009年度,对证券交易的资本利得免税,个人的资本损失可以用同类型的资本利得冲销予以弥补,从2010年1月1日起,未弥补的资本损失余额可以向后结转1年。在匈牙利,35%的股息税税率被取消。在巴西,个人消费金融操作税的税率由3%降至1.5%。[1] 在韩国,资本利得税的起征点从6亿韩元提高到9亿韩元。

消极投资一贯是各国税收竞争的重点。各国对金融交易的税收负担基本上遵循了税负从轻且不断调低的趋势,赋予投资者的税收优惠措施名目繁多、形式各异。证券交易税作为证券市场的主要税种之一,在多数国家经历了"先征后废"的调整趋势,如美国于1966年、德国、瑞典于1991年、意大利于1998年、日本、丹麦于1999年、新加坡于2001年均相继废除了证券交易税。根据美国国库伯斯·里伯兰德国际税收网提供的95个国家的税收情况来看,对证券交易行为征税的国家和地区只有27个。即便在开征证券交易税的国家,其税收负担轻且呈现下降的趋势。各国或地区,无论是单方或双方征收,其总税负一般在0.1%—0.3%左右。除澳大利亚、中国香港外,各国仅对买方或卖方实行单边征收。各国对金融资产收益通常不单独设立税种,而是并入公司或个人普通所得征税,但多规定各种优惠的税收待遇。在资本利得税方面,希腊、奥地利、比利时[2]对资本利得给予免税的待遇。大多数国家则对资本利得给予特殊的减免税待遇。如法国对短期资本利得并入企业所得按1/3征税,长期利得可抵减以前损失后按普通所得征税。西班牙、爱尔兰等国则按不同资产项目和持有期长短规定了减税幅度递增的方法。此外,各国大多允许资本损失在资本利得范围内充抵和结转。美国、英国等为促进本国经济的发展,也采取诸多措施加大资本市场的税收优惠力度。

在全球范围内展开的国际税收竞争降低了跨国投资的税收负担,有利于加强跨国资本流动,促进资源的有效配置和利用,因而有利于全球经济效率的提高。然而,以低税为核心的国际税收竞争直接减少了各国的财政收入,影响其提供公共服务的水平。也正因为如此,国际税收竞争日益受到关注,成为OECD、欧盟等国际组织关注的国际税收问题之一。

三、国际税收竞争的分类

按照不同的划分标准,可以将国际税收竞争分为不同的类型:

---

[1] 对各国应对金融危机的税收措施,详见张瑛、韩霖:《部分国家应对金融危机的主要税收政策》,载《涉外税务》2009年第1期。

[2] 仅在将本国股权出售给外国公司的情况下,才按16.5%课征税收。

(1) 根据税收竞争的对象,可以将国际税收竞争划分为狭义的国际税收竞争和广义的国际税收竞争。狭义的国际税收竞争是指具有特定意图的具体的税收竞争。欧盟即是采取此种狭义的国际税收竞争,认为税收竞争包括吸引证券投资,即间接投资的税收竞争,以及旨在吸引直接投资的税收竞争。广义的国际税收竞争则是指针对国际可流动资源,诸如资本、技术、人才以及商品而展开的广泛的多种形式的税收竞争,包括税制方式、税收政策和税收征管等。[①]

(2) 根据税收竞争采取的策略,可以将国际税收竞争分为全面降低税率的国际税收竞争、税收优惠的国际税收竞争和避税地税制的国际税收竞争。避税地税制是国际税收竞争中最为极端的一种竞争策略,以主权国家完全放弃或放弃主要的征税权为核心,一般国家无法采用这一竞争手段。全面降低税率,包括公司所得税和个人所得税,能够吸引或留住账面利润,从而吸引流动性资源或要素的流入,能够使国外投资者普遍获益,是一种以吸引资本总量为目标的税收竞争策略。税收优惠通常以税基的削减为主要手段,也不排除特定情形下的降低税率。以税收优惠为策略的国际税收竞争主要是一种"区别对待"的政策,主要目的是引导外国资本在特定产业或地区之间的流向。[②]

(3) 根据税收竞争的实施后果,可以将国际税收竞争分为良性的国际税收竞争和有害的国际税收竞争。尽管对税收竞争的认识仍存在诸多的差异,但税收竞争各有利弊则基本达成了共识。相对于通常意义上的市场竞争而言,国际税收竞争是发生在税收领域中的一种特殊形态的市场竞争行为。[③] 尽管 OECD 和欧盟提出了"有害税收竞争"的概念,但仍不否认适度范围内的税收竞争仍是有益的。只要政府之间的税收竞争可以产生更高效率、更少干预的税制,则此种税收竞争为良性的。[④] 相反,如一国为吸引另一个国家的资本并掠夺其相应的税收收入,利用国家间的税制差异而采取侵蚀他国税基的措施,则构成有害的税收竞争。由于各国享有独立、自主的税收管辖权,各国是否实施低税政策参与税收竞争,应属于一国税收主权范围内的事项,原则上不应受到干预和限制。只有当一国实施的税收政策恶意地侵蚀他国税基,在强化避税动机的情况下,此种税收竞争才应受到规制。

---

① 参见李建英、薛荣芳:《税收竞争的分类及其效应》,载《税务研究》2002年第7期。
② 参见韩霖:《国际税收竞争的效应、策略分析:结合我国国情的研究》,经济科学出版社2006年版,第37—38页。
③ 参见蔡庆辉:《有害国际税收竞争的规制问题研究》,科学出版社2010年版,第14页。
④ Brian J. Arnold & Michael J. McIntyre, *International Tax Primer*, Kluwer Law International, 1998.

第二节 有害国际税收竞争的规制实践

一、OECD 规制国际税收竞争的尝试

(一) OECD 规制国际税收竞争的进展

OECD 早在 1996 年 5 月已开始关注国际税收竞争的问题。当时 OECD 各国部长理事会要求 OECD "制定措施消除有害税收竞争对投资与融资决策以及对国家税基产生的扭曲作用和不良影响,并于 1998 年提出反馈报告"。这一要求后来于 1996 年在里昂举行的西方七国峰会上得到通过。此后 1997 年举行的部长理事会和七国首脑峰会上又再次重申了反对有害税收竞争的重要性。[①] 经过两年多的工作和艰难谈判,OECD 于 1998 年 4 月发表了《有害税收竞争——一个新兴的全球性课题》的报告(以下简称 1998 年 OECD 报告)。[②]

1998 年 OECD 报告主要论及具有地域流动性的活动,如金融和其他服务活动,包括无形资产的转让。报告主要涉及 OECD 成员国、非成员国及其附属地。该报告指出,避税地和有害优惠税制对流动性活动取得的所得征税的实际税率大大低于其他国家的税率将会造成如下的危害:(1) 人为地扭曲资金流向并间接地影响实际投资方向;(2) 损害税制结构的统一和公平;(3) 不利于纳税人自觉依法纳税;(4) 破坏应有的征税水平、税种搭配和预算支出平衡;(5) 引起部分税负向流动性较差的税基如劳动力、财产和消费的转移;(6) 增加税务机关的征管成本和纳税人依法纳税的遵从负担。尽管 OECD 的报告针对的是有害税收竞争,但报告中并未对这个概念加以定义,只是提供了判定有害税收竞争的标准。针对有害税收竞争,OECD 报告提出了抵制的 19 项建议。

1998 年 OECD 报告可以说是开启了 OECD 抵制有害税收竞争的漫漫征程。OECD 财政事务委员会继而在 2000 年向部长理事会提交了《走向全球税务合作:识别和消除有害税收实践的最新进展》的报告(以下简称"2000 年报告")。[③] 该报告根据 1998 年报告所提出的识别标准,认为 OECD 成员国所采用的 47 项税收优惠制度构成"潜在有害的税收优惠税制",并相应地公布了实施这些税制的国家名单;将 35 个国家和地区认定为避税地,并决定给予 12 个月的时间,让其承诺与 OECD 合作,在 2005 年 12 月 31 日之前消除其有害税收行为,并于作出承诺后半年内与论坛合作制定兑现承诺的具体实施计划。对于不承诺合作的

---

① OECD, Harmful Tax Competition——An Emerging Global Issue, 1998.
② 瑞士和卢森堡没有对报告投赞成票。
③ OECD, Towards Global Tax Co-operation: Progress in Identifying and Eliminating Harmful Tax Practices, 2000.

避税地,将对其采取联合制裁措施。

2000年报告发布后,许多避税地迫于压力作出与OECD合作的承诺。就在OECD反有害税收竞争的行动进行得如火如荼时,2001年美国财政部长保罗·奥尼尔表示美国不再支持OECD当前形式的反有害税收竞争的工作,使得这项行动急转直下。美国态度的转变对OECD反有害税收竞争行动产生了重大的影响。OECD被迫对反有害税收竞争计划作出调整并发布了《有害税收竞争实践的计划:2001年进展报告》(以下简称2001年报告)。避税地是该项报告的重点。2001年报告主要修改了认定"不合作"避税地的标准,并对"不合作"避税地采取抵制性措施的时间问题进行了修改。按照该报告修改的结果,OECD早前公布的"不合作避税地"名单中,最后仅保留了安道尔、列支敦士登、利比里亚、摩纳哥和马绍尔群岛。

2004年OECD发布了第三个进展报告,主要对成员国反有害税收竞争的工作进展予以公布。根据2004年报告公布的结果,2000年报告中确认的47项成员国实施的潜在有害优惠税制中,18项已被取消,13项被确认为无害,只有瑞士和卢森堡的两项税制仍保留其潜在有害特征。

2006年OECD发表了一份关于成员国优惠制度的报告。在2000年报告中初步判定为潜在有害的47项制度中,46项制度被废除、修改或经过进一步分析后认为不再有害。仅有1项优惠制度被认定为实际有害,随后该相关国家即通过立法废除了这一制度。

2013年OECD财政事务委员会在会议上通过了BEPS行动计划。关于应对BEPS的报告呼吁各国"考虑透明度和实质性等因素,制定解决方案以更有效地打击有害税收实践"。OECD承诺将完成如下工作:"优先考虑提升透明度,以改进针对有害税收实践的相关工作,包括对优惠制度相关的特定裁定进行强制性的自发情报交换,同时要求任何优惠必须基于实质性活动。结合BEPS大背景,相关工作会对优惠税收制度进行全方位评估,并且在现有框架下让非OECD成员参与,同时考虑对现有框架进行修订和补充"。

(二) OECD反有害税收竞争的实施状况

有害税收竞争问题的提出具有重要的意义,它意味着一系列针对逃税和避税的国际合作的开始。但OECD的反有害税收竞争从一开始便饱受争议,其抵制有害税收竞争的制裁措施的有效性也备受质疑。

由OECD来主导消除有害税收竞争的行动,其固有的缺陷极为明显。OECD的成员国数量非常有限,并不是一个能够代表各方面利益、具有普遍权威的国际组织,其影响力也因此受到一定的限制。OECD所实施的消除有害税收竞争的范围有限,尽管OECD尽力将非成员国纳入影响的范围,但成效却非常有限,消除有害税收竞争的规则难以在非成员国间执行。有害税收竞争是一个具有全球性的问题,由 OECD 来主导解决这一问题,其实施效果自然不言而喻。

OECD 主要由发达国家组成,被认为是发达国家的俱乐部,其表达的立场、观点、识别有害税收竞争的标准等主要代表了发达国家的利益。由其提出解决税收竞争问题的方案,即使那些方案有利于发展中国家,也不易为发展中国家所接受。① 跟踪 OECD 有害税收竞争项目的进展,不难发现,最后所取得的成果实质上是各方妥协的结果,OECD 作了较大的让步。这显然是有违其初衷的。这完全是因为 OECD 初始提出的条件,仅仅体现了发达国家的利益。所谓的"有害",仅仅是因为其侵害发达国家的利益,而忽视了小国和不发达国家的利益。OECD 试图通过单边强硬的政治经济施压来改变既有状况,这也是由其主导消除有害税收竞争行动备受诟病的原因之所在。

由 OECD 本身的性质所决定,OECD 消除有害税收竞争报告所提出的建议并不具有法律约束力,只有劝导性的作用。缺乏国际法准则的支持无疑将减弱 OECD 报告在执行上的有效性,OECD 只能试图通过政治和经济手段对违背承诺的成员国和被认定为存在有害税收竞争行为的国家和地区施加压力。由于美国对 OECD 提出的措施表示反对,原本提出的 19 项建议被削减为两项,即可见该计划实际上缺乏可执行力。

就当前 OECD 为消除有害税收竞争所采取的措施来看,同样存在着诸多的问题。其中,最为重要的,莫过于此项行动对各国税收主权造成的干预。作为 OECD 成员国的美国,公开反对 OECD 消除有害税收竞争的一系列举措。美国认为 OECD 的做法在诱导别的国家减少对跨国公司的优惠,这会导致美国的财政收入的减少和促使投资者离开美国。美国甚至认为,OECD 此项消除有害税收竞争的行动的实质是为保护欧洲低效的高税负而否定所有的税收竞争,因此是不合理的。② 许多小国和不发达国家也指责 OECD 的行动只是要求其建立一种特定的所得税并遵从其设定的最低限度的税率。尽管 OECD 在其报告中多次强调,其反有害税收竞争的行动无意在 OECD 之内或之外协调所得税率或税制结构,然而,从其1998年报告中关于税收竞争的危害、识别有害税制的要素以及要求成员国和非成员国消除有害优惠税制的主张等情况仍可以看出其进行税制协调的初衷。由于来自成员国内部以及避税地的强烈反对,OECD 不得不将其行动集中在情报交换和增强税法透明度方面,最终在税制协调方面少有作为。③ 税收管辖权是一国主权的重要组成部分,是神圣不可侵犯的。OECD 力图要求

---

① 参见郑鹏程:《论国际税收竞争的法律调节》,载《财经理论与实践》2005 年第 11 期。

② A. Easson, Harmful Tax Competition: An Evaluation of the OECD Initiative, *Tax Notes International*, Vol. 34, No. 7, 2004, p. 1059.

③ 参见黄燚:《国际税收竞争与最优资本课税研究》,中国税务出版社 2009 年版,第 32—33 页。

他国无条件遵循其设定的标准,消除按此标准认定的"有害税制",显然已对他国的税收管辖权造成了一定的干预,必然招致他国的反对。

就 OECD 执行其提出的消除有害税收竞争措施的状况而言,2001 年报告消除有害税收竞争的税收协调措施有名无实。① OECD 现在所做的只是提供判定有害税收竞争的标准,只是在自我评估的基础上,成员国确定哪些税制是潜在可能有害的。除了卢森堡因拒绝提供税收情报交换被确认为有害税制外,没有任何其他成员国被确认采用有害税制。② 同时 OECD 明确承认,其对于有害税制的判断并不影响成员国基于本国法律的判断。更重要的是,OECD 在执行其提出的措施方面存在严重的双重标准。对实行有害税收竞争的发达国家未采取任何措施,而是将矛头指向避税地和非成员国。对同样存在有害税收竞争的美国,也从未采取任何的制裁措施。这也大大降低了 OECD 在主导消除有害税收竞争行动方面的权威性。

在消除有害税收竞争的范围方面,OECD 当前的举措同样有所不足。OECD 的努力一直局限于地域上流动性较强的金融服务,而排除了实体经济的直接投资,尽管实体经济的直接投资是税收竞争问题的重要组成部分。即使对于金融服务问题,OECD 也只有劝说权,而没有裁决权。③ 此外,OECD 一开始就错误地将有害税收竞争行动的矛头主要指向了国际上数量众多的避税地。实际上,避税地的形成有其特殊的历史和现实原因。为了本国税收利益而完全禁止避税地征收较低的税收,既不应该也不可能。正确的方法是从多边协调合作入手,帮助避税地建立适当征收以保证财政收入的税收体制,或给予一定的经济援助等,使各个经济体在全球化过程中发挥各自的比较优势,实现多赢的局面。④

二、欧盟规制国际税收竞争的进展

(一)欧盟规制国际税收竞争的举措

欧盟作为当前世界上一体化程度最高的区域经济组织,其税收协调已经远远超过其他区域经济体。消除区域内的税收竞争是欧盟税收协调的重要内容。欧盟内部开展的消除有害税收竞争也是针对国际税收竞争的多边规制行动,但

---

① Michael C. Webb, Defining the Boundaries of Legitimate State Practice: Norms, Transnational Actors and the OECD's Project on Harmful Tax Competition, *Review of International Political Economy*, Vol.11, No.4, 2004, pp.787—827.

② Dangan Tsilly, The Tax Treaty Myth, *New York University Journal of International Law and Polities*, Vol.32, Summer, 2000, pp.939—996.

③ 参见郑鹏程:《论国际税收竞争的法律调节》,载《财经理论与实践》2005 年第 11 期。

④ 参见沈楠:《全球化视角下 OECD 有害税收竞争项目的新进展》,载《涉外税务》2007 年第 10 期。

与 OECD 有着完全不同的背景和运作模式。①

1. 欧共体条约

受欧洲竞争法观念的影响,对于实施竞争性税收政策,欧盟在欧共体成立之初就持审慎的态度。《欧共体条约》对此已有所规定。②《欧共体条约》第100条规定,如果一成员国的税收立法将影响其他成员国的国内税收政策,那么,该项税收立法必须取得所有其他成员国的一致同意,即所谓的一致同意要求。而《条约》第87条则禁止成员国制定具有反竞争性及歧视性国家援助的国内税收政策,禁止以反竞争性或歧视性方式强制执行中立的税收政策。根据第100条的规定,理事会应当在取得欧盟委员会一致同意的基础上,并在征求欧洲议会以及经济与社会委员会的意见后,发布指令,以便其他成员国使其制定的直接影响到共同市场的建立或运行的法律、法规或行政规章与其保持一致。由于成员国的国内税收制度也属于第100条的规制范围,因此,任何影响到其他国家的国内税收政策的制定都必须得到所有成员国的支持。只要一国存在反竞争性或歧视性税收政策,受害国就可以在该国的国内法院或向欧洲法院提起法律诉讼或衡平诉讼。

2. 行动准则

1997年12月,欧盟财政部长理事会一致同意采取一揽子措施消除欧盟内部的税收竞争,作为其中的重要部分,有关工商业课税的《行动准则》也得以通过。欧盟《行动准则》要求成员国取消现有的构成有害税收竞争的税收政策,并承诺将来不再采用任何此类税收政策。欧盟理事会在通过该项《行动准则》时表示,理事会承认公平竞争的积极影响,但仍应当对通过仅给予非居民或向非居民提供更多的税收优惠而过度扭曲经济活动的税收措施予以审查。

根据《行动准则》的既定安排,欧盟于1998年3月成立了对欧盟成员国的税收措施进行审查的小组。该小组对271项潜在有害的税收政策进行了一年多的审查。在1999年11月提交的审查报告中,工作组将其中的66项税收措施确认为有害,其中40项在欧盟成员国,3项在直布罗陀,23项在成员国的附属领地。为此,上述成员国及其附属领地被责令修改或取消有害税收措施。对于有害税收竞争的受益人则规定了过渡期,即不论有害税收措施最初是否规定有效期,受益人均必须在2005年12月31日前停止享受这些措施的优惠政策。

此后,欧盟《行动准则》工作组一直负责对成员国消除及不再采用有害竞争的税收措施进行监督,并定期向欧盟理事会进行报告。

---

① 参见蔡庆辉:《有害国际税收竞争的规制问题研究》,科学出版社2010年版,第69页。
② 参见王政、郑建群:《欧盟各国税收制度竞争与协调现状分析》,载《国际经贸探索》2007年5月。

3. 政府援助规则

由于《行动准则》缺乏约束力和强制力，为了加强国家援助规则在反有害税收优惠上的适用，欧共体委员会于1998年发布了《国家援助规则适用于直接营业税措施的通告》[①]（以下简称《通告》），将国家援助规则引入到反有害税收竞争的规则体系中。所谓国家援助，是指政府为了实现特定的经济和社会目标，如区域发展、环境改善、产业鼓励等给予的相关扶持和优惠政策的行为。[②] 在《通告》中，欧共体委员会强调，发布该《通告》的目的在于保证欧共体市场的统一性并保证资本的自由流动，为此，应有必要将税收措施纳入《欧共体条约》第92(1)条的政府援助条款的规范范围予以审查，要求任何因政府援助所产生的竞争的扭曲都应当由欧共体委员会根据《条约》第93(3)条予以审查。成员国应当将其欲实施的政府援助措施报告给委员会，上述援助措施应在委员会同意后才能生效。委员会应当对其实施效果，而非形式进行审查。一旦委员会认为此项援助措施与共同体市场不相容，则成员国应当修正或废除此项援助。

为实施这一《通告》，2001年7月欧共体委员会发起了一场针对以税收优惠形式实施国家援助的大规模调查，其重点在于审查"以跨国公司或从事金融保险业的公司为优惠对象的税收安排"。这次调查共涉及12个成员国的15项措施，其中的13项被确定为"与欧洲共同体市场不相协调"。2003年11月起，欧盟理事会相继通过了有关执行《通告》情况的系列报告，在报告中，欧盟委员会就《通告》执行情况进行了简单的说明，并对直接营业税适用国家援助规则的标准作出了进一步的解释和说明。

（二）欧盟规制国际税收竞争的成效

根据《欧共体条约》，有关税收立法的规定必须由成员国一致通过才能制定，而税收制度事关国家主权，也关系到一国的财政收入的取得，影响到其在国际市场中的竞争地位，要就税收优惠政策的协调达到全体一致绝非易事。为此，欧盟采取了自愿措施而不是立法的方法，即以求同存异的"君子协议"式的协调方法予以规制。《行动准则》即是此种协调方法的产物。尽管《行动准则》并无法律拘束力，但作为一种政治承诺，《行动准则》仍然对欧盟各国有一定的约束力。

相反，在国家援助规则框架下进行的有害税收竞争规制的行为则有不同。依据国家援助规则所建立的有害税收竞争规则由一系列的条例、指令予以确立，是具有法律拘束力的，成员国均不得违反，否则即须为此承担法律责任。国家援

[①] Commission Notice on the Application of the State Aid Rules to Measures relating to Direct Business Taxation (98/C 384/03), at http://eur-lex.europa.eu/LexUriServ/LexUriServ.do?uri=CELEX:31998Y1210(01):en:HTML,2013年7月26日。

[②] C. Pinto, *Tax Competition and EU Law*, Kluwer Law International, 2003, p.98.

助规则由欧盟机构负责实施,如果一国未得到欧盟委员会的同意实施了国家援助,其他受影响国可向成员国法院或欧盟法院提起诉讼,违反规定给予的援助原则上也需取回。

尽管一开始欧盟对规制国际税收竞争的态度极为强硬,但其执行却较为宽松。欧盟部长会议决定,消除有害税收竞争必须于2003年7月31日前(OECD规定的期限为4月30日)基本结束,个别案件经裁定可以延至2005年12月31日。另外,欧盟部长会议对普里马罗洛小组提出的处理成员国内的66项有害税收竞争措施,只表示对其"削减",而非废止,更未对"削减"的办法、未削减情况下的制裁作出任何的说明。① 2003年8月,欧盟委员会尽管认为即将入盟的东欧10国,包括捷克、爱沙尼亚、匈牙利等,均存在有害的税收竞争行为,却强调因其分别对本国有关法令已经承诺修改,所以不违反《行动准则》的规定,也不影响其加入欧盟。

与OECD相同,欧盟同样是发达国家的代表,因此,其采取的规制国际税收竞争的措施也因多数代表了发达国家的利益而备受诟病。欧盟规制国际税收竞争所存在的最大问题在于,欧盟的所有文件,无论是政治承诺还是立法,均只能在成员国间进行适用,而无法对非成员国适用。这决定了其对税收竞争的规制只能是区域性的,同样无法解决国际税收竞争这一全球性的问题。

但在规制的范围上,与OECD相比,欧盟的《行动准则》的范围更加宽广,并未局限于地理上具有流动性的活动。

第三节 规制有害国际税收竞争的主要措施

一、有害税收优惠政策的判断标准②

(一) OECD有关有害税收优惠政策的识别因素

1998年OECD有害税收竞争报告中对有害优惠税收政策的识别因素予以了明确。报告认为,高税率国家税制的某些方面,对于流动性经营活动,与传统的避税地一样具有有害的作用。因此,同样有必要对高税率国所实施的优惠税制采取必要的规制措施,防止流动性经营活动转移到上述国家。该报告所涉及的优惠税制主要是"能据此轻易改变公司经济活动,尤其是金融或其他服务活动流向的税制","这些优惠税制的存在会激励人们由于经营场所所在国国内市场税收利益的不足而重新选择经济活动所在地"。要使一项制度被认定为税收

---

① 参见蔡庆辉:《有害国际税收竞争的规制问题研究》,科学出版社2010年版,第82页。
② 有关避税地的识别标准已在本书第十三章进行了讨论,在此不再赘述。

优惠,该制度必须是提供了与该国普遍税收原则相比更优的某种形式的税收利益。一项制度所提供的税收优惠可能有多种形式,包括降低税率或税基,或者在缴税或退税方面提供优惠政策。即使所提供的优惠幅度很小但也足以使该制度被认定为优惠制度,重点在于该制度与本国普遍税收原则相比是否更为优惠,而不是与其他国家相关制度相比。1998年OECD税收竞争报告指出,以下四个关键因素可以用来确认一项优惠税制是否"有害":

(1) 零税率或低有效税率。对有关所得实施低税率或零税率是检验优惠税制是否有害的基础。判断一项制度是否潜在有害,首先应考虑的关键因素是"不征税或虽征税但实际税率极低"。由于规定的税率本身很低,或者由于适用特定税率的税基的确定方式特殊,其实际税率为零或税率很低。如果某项制度在国家和地方层面均提供优惠,那么判定该制度是否满足"不征税或虽征税但实际税率极低"这一因素,则取决于结合国家和地方税率共同考量后的有效税率。

(2) "栅围"税制。"栅围"税制是指一些税收优惠制度部分或全部地和国内市场所适用的税收制度隔绝开来[①],即一种税制部分或全部孤立于国内经济。由于税制的"栅围"效应,该制度可以有效地保护发起国,使其免受自己优惠税制的危害,只对他国税基产生不良的影响。实施此种税制的国家对自己的优惠税收立法承担很小甚至不承担财政负担。同时,适用该税制的纳税人将受惠于提供优惠税制国家的基础条件,而不必为此付出成本。"栅围"税制一般采用如下几种形式:

第一,该优惠税制仅适用于非居民纳税人。在优惠税制的适用条件方面,明确或不明确地排除居民企业获益,将政策的减税影响转移至他国,从而使得该税制具有显著的有害溢出效应。

第二,受惠于该税制的投资者被明确或不明确地拒绝进入国内市场。适用该税制的投资者被明令禁止在国内市场经营;对已在国内市场营业的企业则不允许享受该优惠或采取可以中和该优惠的措施,使这些企业客观上失去国内市场准入的资格。

此外,该税制还可以明确禁止享受该优惠的企业以国内货币进行交易,借此保证本国货币体系不受该税制的影响。

(3) 缺乏透明度。实施缺乏透明度的税制会使得居民国难于采取保护措施。一项在税收征管上透明的税制应当满足以下的条件:第一,税制明确地表明对纳税人适用的条件,这些规定可以为纳税人据以与税务机关谈判;第二,税制

[①] A. Easson, Harmful Tax Competition: An Evaluation of the OECD Initiative, *Tax Notes International*, Vol. 34, No. 7, 2004, p. 1068.

的具体规定,包括对特定纳税人如何予以应用,可以为他国税务机关所了解。凡不符合上述条件的税制都容易导致有害税收竞争,因为缺乏透明度的税制的优惠享受者可以通过与税务机关的谈判获取不同程度的优惠,从而导致纳税人税负的不公平。在 OECD 的报告中,列举了可能导致缺乏透明度的情况:第一,税收征管中给予纳税人税收优惠的裁定,从而使得某些行业或部门享受比其他行业或部门更优惠的税收负担;第二,特定税收征管实践可能与法律规定的程序相悖。这可能引发纳税人之间的差别待遇,并加大其他国家实施其税法的难度。如果一种税制的税率和税基不容协商,但征管实践和税法施行却与法律不符,或不明文规定其适用条件,也可以被视为潜在有害。

(4) 缺乏有效情报交换[①]。一国向另一国提供情报的能力和自觉程度是审视其实施的税制是否潜在有害的关键因素。如一国在执行国内法或税收协定时,可能由于保密法的规定妨碍另一国税务机关获取有关适用一国优惠税制的纳税人的情报,由此使其在情报交换方面受到限制,这将影响检查和防范纳税人利用有害优惠税制。

在 OECD 报告中,其他可以用于识别有害优惠税制的因素还包括:人为随意确定税基;违背国际转让定价原则;外国来源所得在居民国享受免税待遇;税率与税基的可协商性;存在银行保密规定;缔结广泛的税收协定网络;为实现税负最小化而设计的税制;鼓励纯粹为获取税收利益而从事经营或投资。

当一项制度满足"不征税或虽征税但实际税率极低"这一因素后,评估该制度是否潜在有害则取决于对其他 3 项关键因素以及 8 项其他因素(如适用)的整体综合评估。当"不征税或虽征税但实际税率极低"这一关键因素以及其他一个或多个因素满足时,该制度将被判定为潜在有害。如果某一项制度基于以上分析被判定为潜在有害,但并未对经济造成实际有害影响,该制度可以不被认为实际有害。为此必须考察该税收制度是否导致经济活动从一个国家转移至提供相关优惠的国家,而不是鼓励产生新的此类经济活动,经济活动在该投资所在国的总量和水平是否与其投资额或所得额相匹配,获得该优惠制度是否为导致选择在相关地点开展某种经济活动的主要动机。在考虑其经济影响之后,如果一项制度已经实际产生有害影响,将被归类为有害优惠制度。

为了更加有效地打击有害税收竞争,OECD 在 BEPS 第 5 项行动计划中提出了有害税收实践的两大焦点,即关注信息透明度与实质性因素。其中实质性因素要求的重要性被大大提升,要求必须与其他关键因素一并予以考虑。实质性因素的要求即是将税收与实质经济活动相匹配,确保应税利润不再被人为地从价值创造地转移到别的地方。这一因素着眼于审视一项制度是否"鼓励纯粹以

---

① 关于税收情报交换,本书将在第二十一章中详细予以阐述。

税收利益为目的的经营或安排",并指出"很多有害的税收优惠制度都允许纳税人从该优惠制度中获得利益,即使它们的经营纯粹以税收利益为目的却没有实质性的活动"。因此,这一因素被要求适用于所有优惠制度。

(二) 欧盟认定有害优惠税制的标准

根据《行动准则》的规定,通过税收措施实施了显著低于成员国一般所适用的实际税率或是零税率,而不管是通过名义税率、税基或是其他方式实施,均构成优惠税制。在认定税收措施是否有害时,以下因素应当予以考虑:(1) 此种优惠是否仅给予非居民或与非居民发生的相关交易;(2) 此种优惠是否与国内市场相隔离,从而不会影响国内税基;(3) 此种优惠是否即使在提供此种税收优惠的国家并无任何真实的经济活动或实质经济存在也将被授予;(4) 认定跨国集团的内部活动的利润确定规则是否与国际普遍接受的原则相背离,尤其是在OECD内部达成一致的规则;(5) 税收措施是否缺乏透明度,包括法律条文在税收征管层面中以非透明的方式放宽执行。

1998年欧共体委员会颁布的《国家援助规则适用于直接营业税措施的通告》中对构成国家援助的税收优惠的认定标准作出了规定:

(1) 优惠性,即通过减轻或免除其通常应当承担的税收负担而给予优惠,优惠可以采取多种方式,如减少税基、全部或部分的税收减免、延期纳税等。

(2) 优惠由国家授予或以国家资源给予,可以通过立法的方式明确给予优惠,也可以由税务机关在税收征管活动中视情况授予。

(3) 优惠措施影响了成员国间的贸易和竞争。根据已有的案例,只要受益人由于该优惠措施而从事了成员国间贸易活动,就达到了贸易被影响的标准。如优惠使得获益企业获得更强的竞争地位,这就足够得出贸易被影响的结论,即使优惠数额很小或者受益人规模很小或者其在共同体的市场份额很小,甚至受益人没有出口或全部出口到共同体以外的市场也不影响上述结论。

(4) 优惠政策具有选择性和专项性,即优惠只授予特定的企业与特定的生产部门,而不构成普遍实施的税收政策。税法中的例外性规定或者税务机关的区别对待都造成了这种选择性。

应当注意的是,并非所有的税收优惠措施都将进入国家援助制度的规范视野。一方面,国家援助只规范"个别"优惠,一般优惠措施并不受该制度的规范,即使一般优惠措施具有选择性,此种选择性也是正当的。[①] 如果一项税收优惠制度可以无差别地适用于所有企业或所有产品,就不构成国家援助。另一方面,尽管某些国家援助制度会造成一定程度上的竞争扭曲,但如有助于实现特定的社会、经济和政治目标,同样是允许实施的。

---

① Case 173/73 Italy v. Commission, [1974] ECR 709.

二、有害税收优惠政策的主要规制措施

(一) OECD关于有害税收优惠政策的主要规制措施

在1998年OECD有害税收竞争报告中,共提出了19项应对有害税收竞争规制措施的建议,分别涉及单边国内立法和实践、税收协定、国际合作等方面:

1. 单边国内立法和实践

(1) 受控外国公司法或相关法规的建议。为取消本国居民股东的控股外国公司取得的境外所得推迟缴纳国内税收的利益,OECD建议未采取此项法规的国家考虑采用此法,从而通过限制某些所得的合法转移,打击逃避税。

(2) 外国投资基金法或相关法规的建议。由于居民纳税人可以通过拥有外国共同基金的份额而推迟履行其国内税收义务。为此,OECD报告建议采用外国投资基金法或相关法规,从而取消外国公司因推迟履行其消极投资所得所产生的国内纳税义务而取得的税收利益。

(3) 关于在有害税收竞争条件下对参股免税和其他境外所得免税予以限制的建议。OECD报告建议,为消除双重征税而对境外所得采取免税法的国家应当考虑采纳此法,以确保其居民从有害税收竞争中获益的境外所得不享受免税法的待遇。具体限制可以分别从境外所得来源国、所得类型、该项所得实际适用税率等方面予以设定。

(4) 关于境外税收情报报告制度的建议。

(5) 关于事前裁定的建议。对拟发生的交易行为,在行为发生之前可以通过行政手段确定纳税人应纳税额的国家,并应当公布事先裁决的适用条件、不适用条件、否决限制等内容。

(6) 关于转让定价指南的建议。①

(7) 关于为税收目的获取银行信息的建议。OECD报告建议,各国应审查本国的有关法律法规和税收征管实践,清除有关的障碍,使税务机关能够获得银行信息。

2. 税收协定

(1) 关于加大税收情报交换力度和提高税收情报交换效率的建议。

(2) 关于协定获益权的建议。为限制从事有害税收竞争行为的实体以及由此获得的所得从协定中受益,各国应考虑在其税收协定中对协定获益权予以限制。

(3) 关于明确国内法中反滥用规则和协定条文的建议。OECD报告建议应当消除国内反滥用规则与税收协定协调方面的不明确和不清楚之处,协助国内

---

① 有关转让定价的问题,参见本书第十二章中的阐述。

反滥用及有关法规与税收协定实现一致。

（4）关于拟定协定中排除受益规定清单的建议。OECD报告建议就各国协定中排除某些法人和所得享受协定待遇的规定拟定并掌握一份清单,供成员国在谈签税收协定时参考,并作为部长论坛讨论的基础,从而保证受益规定在执行中的协调一致。

（5）关于与避税地之间的税收协定的建议。各国应考虑终止与避税地之间的税收协定,并不再考虑与这类国家或地区谈签税收协定。

（6）关于联合行动的建议。各国应对涉及从有害税收竞争中受益的所得或纳税人考虑实施联合行动计划,如同期检查、专项情报交换或联合培训活动等。

3. 国际合作

OECD报告中强调,尽管严格而规范地执行单边国内立法或税收协定的措施可以在一定程度上解决有害税收竞争的问题。然而,由于有害税收竞争问题本身具有全球性,因此仅靠单边或双边的行动成效是有限的。第一,一国税务机关的权力受管辖权的限制,其抵制某些形式的有害税收竞争的能力是有限的;第二,一国取消本国居民某些由有害税收竞争带来的利益而他国并不相应地予以取消时,将会使本国居民处于不利的竞争地位;第三,对所有形式的有害税收竞争行为进行必要的监督并采取有效的抵制措施,将给受到有害税收竞争不利影响的国家带来高昂的管理成本;第四,缺乏相关国家的配合,一国单方面行动将会增加纳税人的依法纳税成本。因此,在应对有害税收竞争问题上,虽然抵制措施将继续以单边为主,但非常有必要加强国际合作。OECD建议在如下方面加强消除有害税收竞争的国际合作:

（1）关于指南和有害税收论坛的建议。OECD要求成员国支持其提出的处理有害优惠税制的指南,并决定以论坛的形式执行这一指南及其他建议。指南建议,成员国应防止通过税收立法或税收征管,采用新的、扩大或加强已有的可能构成有害税收实践的措施,并审查现行的措施,以便识别那些可能构成有害税收实践的现行税收法规或征管措施。

（2）关于准备避税地清单的建议。

（3）关于与避税地建立特殊的政治、经济或其他联系问题的建议。

（4）关于确立并积极推行良性的税收管理原则的建议。

（5）关于与非成员国建立联系的建议。

4. 提高与税收优惠制度有关的特定裁定的透明度

OECD在BEPS第5项行动计划中提出建立就优惠制度有关的特定裁定开展强制性自发情报交换的框架,并支持更为广泛的透明度。因为一项优惠措施,尤其是一项具备行政管理规范性质的优惠制度,可以通过一个预约定价协议或事先税收裁定来部分或全部达成。在这种情况下,只有通过将裁定所包含的信息进行情报交换,才能借此在充分知情的情况下作出准确的判断。这一制度的目的在于确保透明度的同时,亦提高确定性和可预见性。

根据这一行动框架,纳入强制性自发情报交换的裁定包括:优惠制度相关的裁定;单边预约定价或与转让定价相关的其他跨境单边裁定;下调应税利润的跨境裁定;常设机构的裁定;关联方导管公司的裁定以及因缺乏自发情报交换而可能引发 BEPS 问题的其他任何类型的裁定。其中所谓的"裁定"是指税务机关向特定纳税人或纳税人群体提供的有关其税收待遇而相关纳税人有权予以信赖的任何通知、信息或保证。强制性的自发情报交换框架只适用于针对纳税人的特定裁定,且此裁定必须建基于纳税人对事实的准确陈述同时信守裁定的条款。如果跨境纳税人相关裁定与税收优惠有关且符合"不征税或免税或虽征税但实际税率极低"要素,则裁定作出国将负有进行自发情报交换的义务。

(二) 欧盟关于有害税收优惠政策的主要规制措施

由于欧盟《行动准则》只是政治承诺,不具有法律约束力,因此,该《准则》并未规定不履行的法律后果。但《准则》提示成员国可以通过相关税收立法和税收协定的反滥用条款来抵制有害税收措施。为敦促各成员国履行《行动准则》所确定的义务,欧盟理事会专门成立了《行动准则》工作组对成员国税制进行审查。根据透明度原则和公开原则,准则要求成员国向彼此通报现存的或打算采行的属于准则范围内的税收措施。任何成员国可要求就其他成员国可能属于准则范围内的税收措施进行讨论和评价,这就意味着可对有疑问的税收措施进行有害性评估,以考虑其对共同体内部可能造成的影响。在评估时,有必要结合此类行为在欧共体内部的有效税率,认真评估相关税收措施可能对其他成员国产生的影响。

国家援助制度的重要特征是实现事前的监控。如果一项税收措施构成国家援助,则必须在得到欧盟委员会审查批准后才能实施。对于那些不相协调的措施,委员会可要求成员国修改或废除。如果违反规定而给予援助,原则上必须收回。

本 章 小 结

发达国家停止对证券金融投资征收预提税和生产性避税地的兴起是全球化驱动下国际税收有害竞争的主要表现。欧盟和 OECD 的法律文件肯定了国际税收不当竞争问题的存在,指出问题的内容、性质和影响,提出了解决问题的初步的办法和措施,建立了组织基础和制度框架,跨出了限制国际税收不当竞争的第一步。从国际税法学术研究的角度看,它提出的问题和一系列新概念、措施、制度和解决问题的新思路,都值得重视和研究。

思考与理解

1. 有害国际税收竞争的产生背景是什么?
2. 如何认定有害优惠税制?
3. OECD 规制有害国际税收竞争的主要措施有哪些?
4. 欧盟如何规制有害国际税收竞争?

第二十一章 国际税收合作与情报交换

第一节 国际税收征管合作概述

《多边税收征管互助公约》是全球范围内首个多边税收公约,也是合作内容更广泛、形式更多样的国际税收征管公约。《公约》从实体层面规定了三种征管合作方式——情报交换、追索协助及文书送达,三种合作方式既相互独立又彼此联系。情报交换是税收征管合作中最重要、最基础的合作方式,追索协助是情报交换的延伸与深化,文书送达则主要针对纳税评估阶段,旨在确保向纳税人有效送达纳税评估通知书等文件,以避免对确不知情或因过失未申报纳税的纳税人采取执行措施。

一、税收情报交换

(一)税收情报交换的内涵及形式

税收情报交换是国际税收征管合作的一项重要内容,对于保障税收协定及国内税法的正确执行、遏制国际税收有害竞争、打击国际逃避税等非法活动、切实维护国家税收权益具有重要意义。依据《多边税收征管互助公约》、OECD范本及税收情报交换协定范本的规定,税收情报交换主要包括基于请求的情报交换、定期自动情报交换、自发情报交换、同期税务稽查、境外税务检查和行业范围内的情报交换六种,每种实施方式都有其自身的特点与优点。

基于请求的情报交换是指缔约国双方中,一方请求另外一方提供税收情报,而相对应的一方根据情况决定是否接受,若接受则作出相对回应的一种情报交换方式。基于请求的情报交换在国际税收情报交换实践中历史最悠久,也是目前被采用最多的一种税收情报交换方式。具体情报交换流程是:申请国准备和作出请求——被申请国接收及核对请求——提供国收集情报——提供国给予答复——申请国对后续问题进行反馈。

定期自动情报交换是指缔约国在定期的时间内,成批量、同种类地传递本国国内所得的情报,主要包括个人所得、个人净资产评估、不动产情况、股息、利息等方面的情报。这种自动情报交换,对于纳税人依法纳税有极好的促进意义,从长久看来,对于整个社会、国家乃至国际征税都将产生良好的带动作用。自动情报交换在交换过程中最需要注意保密问题,可以通过不同的载体传递,但是必须经过机密的安全措施传送,如通过安全的邮件传送或通过外交邮袋递交。根据经合组织于2012年7月23日发布的题为"自动情报交换:是什么、怎么运行、有何益处、还需要做什么"的报告(Automatic Exchange of Information: What It Is, How It Works, Benefits, What Remains To Be Done),自动情报交换的基本过程可分为以下七个步骤(如下图所示):

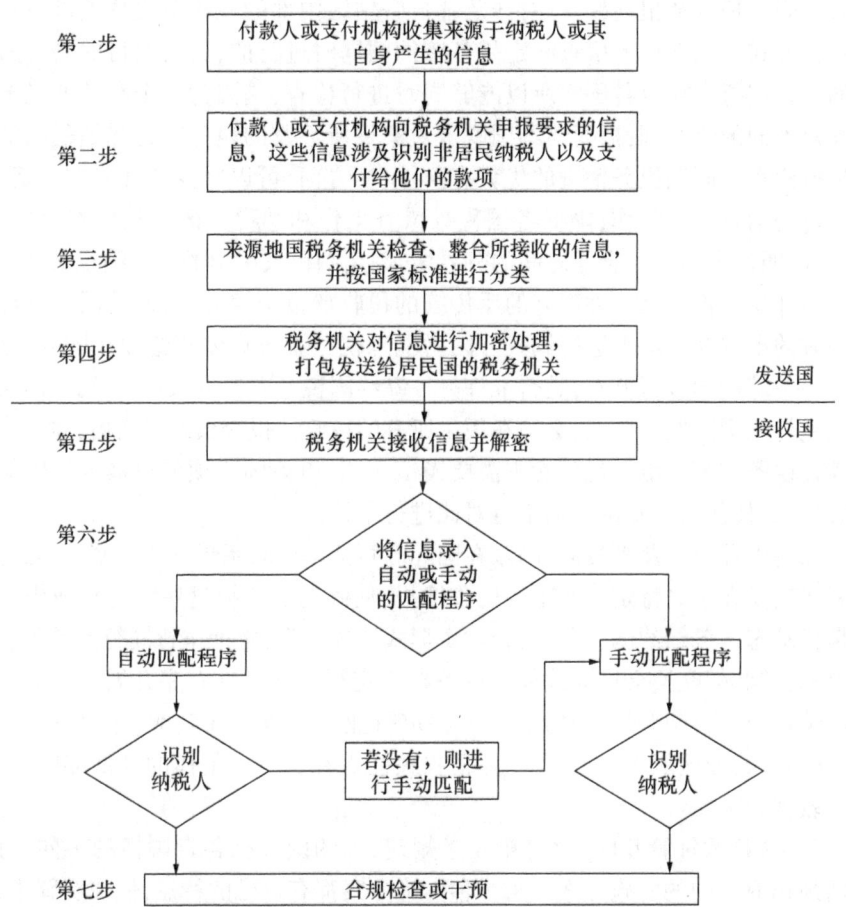

自发情报交换是指缔约国双方或者多方中,一方税务机关在日常的税务工作中掌握了另外一方或者多方的税收情报信息,根据本国税收工作开展的状况和国际税收情报交换的惯例,认为其获得的税收情报对其他国家的税收工作具有价值,因而主动向对方缔约国税务机关提供所掌握的情报的方式。主要有以下几个步骤,首先缔约国一方税务机关在本国的税务工作中发现其他缔约国的税务情报信息;然后通过甄别和选择,不需要缔约国的事前特别要求,将所获得的情报信息向相关的缔约国税务机关提供;最后,收到情报信息的缔约国应给发出国当局及时信息反馈。通过发现——提供——反馈三步实现税收的情报交换,但是,最重要的是需要缔约国国内的税务交换工作的自觉。自发情报交换制度对接收国具有十分重大的意义和价值,同时,也为防止国际逃税和避税起到带动作用。在实践中,自发情报交换是最需要国际社会认可的一种税收情报交换方式,同时,也需要有利于税收情报交换的缔约国国内环境。

同期税务稽查是指缔约国(双方或者多方)根据所签订的协议,就双方或者多方之间的税务情报问题,针对涉及各自管辖区内部的税收情报事项进行检查的一种方式。同期税务稽查必定是各缔约国同时进行的,最后的目的是将所获得的信息进行交换。各国之所以能够同时进行检查,是因为一个案件的税务问题涉及不同的缔约国,需要缔约国联手对案件所涉及的税务问题和纳税人的情况进行检查。同期税务稽查的优势有两点:一方面,可以减少稽查成本浪费,减少重复的信息收集工作,降低各国税务稽查工作和纳税人的遵从成本;另一方面,可以明确各国税务合作之间的分界线,确定纳税人承担的国际纳税义务。

境外税务检查是一种新兴的反传统的税收情报交换方式,缔约国一方经过另一方的申请在其境内进行调查。因为境外税务调查具体实施地在国外,是否准许另一缔约国进行调查,是否准许另一缔约国税务人员进入本国,已经涉及一国的主权原则问题。所以,必须在用尽所有的税收情报交换方式之后,才考虑申请境外税务调查。境外税务检查需要谨慎实施,申请国必须取得被申请国的同意和批准,任何组织和国家都不得对此进行干预。

随着世界经济蓬勃发展,国家在国际商贸活动中联系越来越紧密,国与国之间需要交换在一些特定行业中的税收情报,使缔约国掌握这些特定行业中的税收情报动态。各缔约国以条约、合约等形式达成共识,定期举行同行业的税收情报交换,彼此的交换会极大地促进税务在特定行业的良性有序开展。行业范围内的情报交换有两个显著特点:(1)特定行业主要集中在金融、保险、信息、石油、通信等行业区域内;(2)同行业情报关注点在于一个整体的经济部门,针对性比较强。

《多边税收征管互助公约》第4条规定,缔约国依据各自国情的不同,可以灵活地选取不同的实施方案。每一种实施方案都有自己的特点,但在实践中,缔约国究竟采用何种或哪几种方式来实施税收情报交换,完全依据国家主权原则由缔约国规定。此外,《多边税收征管互助公约议定书》解释报告第52段明确说明第4条所规定的交换方式并不局限于上述形式。所以,在某一具体情形下采用何种税收情报交换方式,可以由缔约国的主管机关自行决定,这也反映出缔约国之间在税收情报交换方式上具有相当的灵活性。

(二)税收情报交换的重要性

(1)打击国际逃避税的重要手段。在经济全球化的背景下,人员、资本、技术、服务等生产要素在全球范围内的自由流动不断增强。纳税人的经济活动遍布全球,但税务机关的征管权力则仍然停留在一国境内,由此造成了纳税人与税务机关之间活动范围、信息来源的不对称与不平衡。跨国纳税人越来越多地利用各国税制的差异、地理位置的阻隔以及税务机关的征管盲区,试图隐藏所得、逃避申报,进而规避纳税义务,给各国的税收征管提出了新的挑战。为了解决信息不对称问题,各国税务机关都付出了大量的人力、物力和财力,相继采取了一系列的措施,但都收效甚微。

全球金融危机爆发之后,一些发达国家的财政状况持续恶化,一些有名的大公司或富豪个人通过筹划进行逃税或避税的案例层出不穷,社会对跨国企业加强税收征管的呼声愈演愈烈。各国政府意识到,单独依靠一国力量已不足以应对日益"全球化"的国际逃避税行为,必须加强税收征管的国际合作。由于各国税务机关打击跨国逃避税的工作必须建立在准确、及时了解纳税人的跨国经济状况及涉税活动的基础之上,因此税收情报交换再次成为防范和打击跨国逃避税的重要合作机制。由经合组织首倡并引领,国际社会对各国主管税务机关之间加强情报交换、增加透明度、防范税基侵蚀和利润转移的要求更加强烈,其主要措施之一就是修订了税收协定的情报交换条款,强化了缔约国双方进行情报交换的义务。

(2) 推动全方位税收合作的重要突破口。由于税收涉及一国主权等政治敏感问题,国际税收合作的发展在很大程度上受到制约。税收情报交换是当前被各国采用较多且较为有效的税收征管合作手段。与需要放弃国家的税收利益或是其他有损国家主权的合作方式相比较,税收情报交换在充分尊重各国的国家主权的基础上,通过构建情报交换的网络,逐渐培养各国对国际税收合作的信心,树立相互信任、相互理解的合作态度,加深各国之间配合,推进国际税收合作。一国可以利用双边税收协定等合作框架,加强与各国沟通,以税收情报交换为突破口带动区域税收合作的发展,按照先易后难、循序渐进的原则,先启动税收情报交换等专项领域税收合作,再逐渐发展到综合性的区域税收合作,扩大区域内多层次、差异化的税收合作。①

二、税收追索协助

税收情报交换打破了领土范围对一国税务机关获取税收情报的限制,最大程度上消除了税收情报不对称给跨国逃避税带来的"便利"。各国税务机关通过税收情报交换,更全面地了解对本国负有纳税义务的纳税人的跨境经济活动和跨境收入,最终实现依法足额征缴税款、巩固本国税基的目的。但是,如同前述税收情报受到领土范围限制一样,税务机关的征管权力仅限于本国境内,对跨国征税往往无能为力。当纳税人在未完全缴纳其应纳税款之前离境,或者纳税

---

① 参见熊昕:《中国与"一带一路"沿线国家税收情报交换制度的完善》,载《法学》2018 年第 9 期。

人在境内已没有任何财产时,该国税务机关根本无法采取任何有效的执行措施。即使通过税收情报交换,税务机关发现该纳税人在其他国家有可供执行的财产,也不能对纳税人在其他国家的财产进行任何形式的执行或追缴。纳税人及其财产在全球范围内可以相对自由地流动,而税务机关征管权力仍以其领土范围为限,这种不对称恰恰为国际税收追索协助提供了现实的土壤。税收追索协助作为《多边税收征管互助公约》规定的一项重要制度,是对传统国际税收情报交换的拓展及延伸,是一种深度开展国际税收征管合作的方式,是国际社会打击日益猖獗的国际逃避税"组合拳"的最新组成部分。

(一) 税收追索协助的内涵

传统的国际税法认为,一国不应协助另一国执行其税收主张。因此,最初只有一些政治、经济联系较为紧密的邻国才会通过区域性税收合作条约相互提供税收征收协助①,双边税收协定中鲜有税收征收协助形式的征管合作。直到2003年,经合组织范本才首次引入了税收征收协助条款。依据经合组织范本,税收征收协助是指缔约国一方在用尽按照其法律或行政惯例可以采取的一切合理的征收或保全措施后仍无法执行其税款请求权的情况下,可以就此向缔约国另一方提出征收协助请求,缔约国另一方应当按照本国关于相关国内税收的执行和征收的法律规定,对缔约国一方提出的税款请求权加以征收或保全的行为。2010年《多边税收征管互助公约》修订后也增加了税收追索协助的内容,即缔约国有义务以与对待本国税收主张同等的方式,采取必要措施协助其他缔约国追索欠缴税款。

(二) 税收追索协助的特点

(1) 适用范围广。税收追索协助征收的税款请求权不限于税收协定通常适用的所得税和财产税,还包括与纳税人向缔约国一方欠缴的税款相关的利息、行政罚款以及征收或保全费用。

(2) 尊重被请求国的税收主权。这主要体现在:第一,税收追索协助适用被请求国的程序规则。经合组织范本和《多边税收征管互助公约》都规定,被请求国应按照本国关于相关国内税收的执行和征收的法律提供协助,此种规定可以最小化征收协助对被请求国的影响,降低被请求国提供协助的行政成本。根据这一规定,被请求国在提供协助时,会按照与请求国提出的税款请求权相同的本国税款请求权所适用的程序和措施进行征收。如果缔约国一方提出征收协助请求所涉的税种在被请求国不存在,被请求国可以要求请求国说明税款请求权的

---

① 比如1952年比利时、荷兰和卢森堡缔结的三国互助条约(Benelux Mutual Assistance Treaty),1972年丹麦、芬兰、冰岛、挪威、瑞典五国缔结的北欧税收互助公约(Nordic Convention on Mutual Assistance in Tax Matters)等。

性质、构成、请求的时效期限以及可能追索税收的财产,被请求国将依据与请求国税款请求权类似的国内税款请求权适用的程序或者其他适当程序(如没有类似税收存在)进行征收。经合组织范本和《多边税收征管互助公约》还规定,被请求国在提供协助时,没有义务采取与本国或请求国的法律和行政惯例不相一致的行政措施。比如,如果请求国允许对复议或诉讼中的税款进行执行,但被请求国的国内法律却规定不得对处于复议或诉讼阶段的国内税款请求权进行执行或征收,在此情况下,被请求国不得为请求国的税款请求权提供征收协助。再比如在保全措施中,如果根据请求国国内税收征收程序,请求国无权采取保全措施,则被请求国可以拒绝代表请求国采取相应措施。同样,如果被请求国不允许基于税款请求权进行资产查封或冻结,无论请求国国内税法是否允许,被请求国在提供税收征收协助时均无义务查封或冻结纳税人资产。第二,缔约国双方主管当局可以通过相互协商来确定实施税收征收协助的方式及相关具体问题,包括就以现金形式征收税款时所适用的汇率以及如何将协助征收的税款转移给请求国等。第三,征收协助费用由纳税人和请求国承担。根据经合组织范本,除缔约国另有约定外,税收征收的常规费用由纳税人承担,非常规费用由请求国承担。常规费用是指国内常规税收征收过程中的成本费用,非常规费用是指应缔约国另一方请求而使用特定类型程序所产生的费用,包括专家费、翻译费、司法及破产程序的费用等。如果被请求国认为,因税收征收协助产生的成本及行政负担将明显超过税款请求权的金额,被请求国还可以拒绝提供征收协助。①

(3) 尊重请求国的税收主权。缔约国提出的征收协助应当是在本国未超过追索时效的税款请求权,且根据该国法律系终局性的并具有可强制执行性。有关缔约国一方的税款请求权的产生、效力以及争讼数额,被请求国不得就前述事项采取法律或行政程序。这种规定的主要目的是防止被请求国的行政和司法机构就税款数额等作出认定,从而干预或侵犯请求国的税收主权。

三、文书送达

缔约国间协助代为向纳税人送达各自主管税务机关签发的税务文书(包括税务司法文书),是《多边税收征管互助公约》规定的另一项国际税务合作内容。《公约》第 17 条规定了宽松的文书送达条件和多样化的送达方式,我国目前尚未在税务行政方面开展过文书送达性质的国际合作。

目前,意大利、荷兰、斯洛文尼亚、美国等缔约国对追缴协助或者文书送达作出了保留。例如,意大利、斯洛文尼亚对于《公约》第 30 条第 1 款第 1 项所列明

---

① 参见崔晓静、熊昕:《中国与"一带一路"国家税收征管合作的完善与创新》,载《学术论坛》2019年第 10 期。

的税种不提供文书送达援助;荷兰则对所有税种的文书送达不提供援助,同时,对于荷属安的列斯和阿鲁巴群岛,不允许根据《公约》第 17 条第 3 款所规定的以邮寄方式进行文书送达;美国依据《公约》规定,对于任何税收按照《公约》第 17 条进行的文书送达不提供援助,但又例外地规定该项保留对于通过邮件方式提供的文书送达不适用。

第二节 税收自动情报交换的国际新标准的确立与发展

一、国际税收情报交换的发展历程

税收情报交换从无到有、从零散到成熟,已经走过了一百多年的历程。税收情报交换作为国际税收征管合作的重要内容,其产生、发展和成熟也是伴随着国际税收关系的不断发展而演变的。

（一）萌芽阶段

国际税收关系的发展促使了国际税收情报交换的产生。19 世纪中后期,经济全球化逐渐形成,纳税人的财产和所得不再局限于本国,各国也开始针对纳税人的海外所得和财产进行征税,国际间的税收征管合作也拉开了序幕。

在税收情报交换产生之初,用于调节和分配国家之间税收利益的重要手段是税收协定。1843 年,比利时和法国基于互利互惠的原则,签订了双边税收协定,以加强两国之间的税收征管事务的合作。在学术界,这份协定被认为是全球最早的双边税收协定,也是最早出现的涉及国际税收情报交换的协定。随后,比利时又和荷兰、卢森堡签署了类似的协定。

1928 年,国际联盟发表了《关于避免双重征税和防止逃避税的双边协定草案》。从 1929 年到 1946 年,在草案的基础上,国际联盟不断改进并制定了《关于避免对所得双重征税的协定范本》(1943 年)和《关于避免对所得和财产双重征税的协定范本》(1946 年)。这两个范本都对税收情报交换作出了初步的规定。

这一时期,人类历史上第一次出现了税收情报交换的条款,而这些条款只是避免双重征税协定中的某一条款,并未单独成为独立的协定,故而被称为"协定中的协定"。这些条款的出现,使得税收情报交换这种国际税收征管合作的方式开始进入世界各国的视野。然而在此之后,国际税收关系的进程一直没有重大的发展,在后续几十年的时间里,国际税收情报交换制度也一直停滞不前,没有得到进一步的发展。

（二）成型阶段

直到 20 世纪 60 年代,国际税收情报交换制度才迎来了第二次发展机遇,在这一时期,经合组织和联合国分别出台了 OECD 范本和联合国范本。这两个范本奠定了国际税收情报交换的基础,也为后来国际税收情报交换制度的进一步发展提供了国际法律层面的依据。

1946 年国际联盟解散后,其有关国际税收的工作由当时的欧洲经济合作组织(OEEC,后更名为经济合作与发展组织即经合组织)接手,继续开展对国际税收协定范本的研究和修订。1963 年,经合组织发布《关于对所得和财产避免双重征税的协定范本草案》(以下简称《草案》),该《草案》第 26 条就对国际税收情报交换作出了相关规定。经过经合组织的完善和修改,经合组织于 1977 年正式发布《关于对所得和财产避免双重征税的协定范本》(简称为经合组织范本或 OECD 范本)。经合组织范本详细规定了国际税收情报交换所针对的主体、情报交换的范围以及方式,明确了实施国际税收情报交换的目的是为了实施与本协定有关的国内税收法律,同时要求在实施该协定的过程中,信息接收国应对接收到的信息保密,其保密程度应与该国按照本国法律获得的信息相同。除此之外,经合组织范本还规定了一些税收情报交换义务的例外原则。

联合国范本在信息保密上,除了要求获得的信息同信息接收国依照国内法获取的信息同样保密外,还规定如果被交换的信息在信息发送国被视为机密,则该信息只能披露给相关协定规定的机构和工作人员。联合国范本还建议实施情报交换的双方平等协商情报交换的具体实施条款。

经合组织范本和联合国范本出台后,国际税收情报交换进入到规范、快速的发展时期。两个范本中第 26 条关于国际税收情报交换的规定,确立了国际税收情报交换在国际社会的地位,为后续的发展提供了国际法律基础。

(三) 发展阶段

经合组织范本和联合国范本为 20 世纪末国际税收的快速发展奠定了基础,在此期间,国际税收情报交换从"协定中的协定"发展成为专项协定,税收情报交换的合作层次从双边向区域合作深化,税收情报交换的内容也更加丰富详尽。

(1) 专项税收情报交换协定。在税收情报交换最初产生时,只是出现在税收协定中的少数条款,到了 20 世纪 80 年代,税收情报交换越来越受到西方发达国家和国际社会的重视,国际税收情报交换的专项协定开始出现。

世界上第一个专项税收情报交换协定范本是 1984 年美国发布《税收情报交换协定范本》(以下称为"美国范本"),并且成为美国和其他国家签订国际税收情报交换协定的蓝本。美国范本出台的目标在于确定应该征收的税款、防止税收欺诈和打击国际避税。当进行税收情报交换时,不论信息是否涉及缔约国的纳税人或者是否被缔约国居民掌握,缔约国都应当按照协定规定交换相关纳税人的涉税信息。另外,该范本还规定缔约国国内法律、行政法规中如果有禁止披露由银行、受托人掌握的账户信息,或是有信息保密的规定,不能影响该信息的交换,并且被请求国应当在规定的时间内、以规定的方式收集和交换涉税信息。在费用分摊上,该范本规定税收情报交换的费用一般由被请求国承担,额外的费用则由请求国承担。该范本从内容上更多地体现了被请求国的义务,被请求国所承担的义务十分繁重,但能够享受到的权利却十分有限,这无不体现着美国最大化其国际税收利益分配的意图。

(2) 区域性多边合作。1988年,经合组织和欧洲理事会共同颁布了《多边税收行政互助公约》,这是国际上第一个综合性的区域性多边税收协定。在范围上,协定规定税收情报交换的范围涵盖了除关税之外的所有直接税和间接税;在互助形式上,包括税收情报交换、税款征税协助和文书送达服务;该协定创造性地提出了"可预见相关性",是对当时经合组织范本第26条规定的重大突破,进一步拓宽了税收情报交换的范围和深度;第一次在正式的法律文本中写入纳税人权利保护的条款。该协定的创新性是前所未有的,它为后来全球性《多边税收征管互助公约》的出台和税收透明度标准的形成奠定了基础。

(3) 交换内容的丰富。国际税收情报交换内容的丰富和发展首先体现在国际税收情报交换概念上的创新和突破。1998年,经合组织发布的《有害税收竞争:一个新兴的全球性课题》报告中首次提出了"有效税收情报交换"的概念。这一概念的提出是对既有的税收情报交换概念的深化和提升,更加强调了税收情报交换的效率和有效性,从侧面反映出税收情报交换制度正在向新的高度发展。

这一时期,除了国际税收情报交换内容本身的发展,其相应的纳税人权利保护、费用分摊等问题也都一一在相关的法律文件中被规定下来,进一步丰富了国际税收情报交换的外延。

二、税收自动情报交换的发展实践

(一) 美国FATCA法案及政府间协议

2007年次贷危机爆发后,美国经济遭受重创,大量税源流失海外,政府债台高筑,财政赤字严重,就业形势严峻。面对这种内忧外患的困境,美国为了缓解财政压力,在加强国内税收征管的同时,还对现行海外账户征管机制进行了大刀阔斧的改革。2010年3月18日,美国总统奥巴马正式签署了《海外账户税收遵从法案》(Foreign Account Tax Compliance Act, FATCA),FATCA的出台极大地加速了税收自动情报交换国际化的进程。

美国财政部和国税局为外国金融机构遵从执行FATCA提供了两套方案,即直接报告模式和政府间协议模式。[①]

1. FATCA的第一阶段:直接报告模式

---

① 参见崔晓静、熊昕:《国际税收自动信息交换法律制度的新发展》,载《法学》2014年第8期。

美国国会在"瑞银案"风波过后试图要求外国金融机构协助美国政府确认美国人直接或间接持有的海外资产，以防止他们逃避美国税法。为实现这一目标，FATCA 鼓励外国金融机构签订协议，向美国国税局报告美国人以及具有重要美国所有权的外国实体持有的金融账户的信息。外国金融机构需报告的信息包括每个美国账户持有人的类别、姓名、住址和纳税人身份识别号，每个美国账户的账户号码、余额或价值，可计入该美国账户的股息、利息、其他收益和销售财产的所得总额，以及此账户的存、提、汇出、汇入款项等。

FATCA 的目的在于"迫使外国金融机构披露其美国账户持有人，或者为保密支付高额的罚款"。因此，FATCA 对不合规的外国金融机构，就来源于美国的特定款项及处置特定美国投资的所得（即可缴纳预提税款项）和"可归因于可缴纳预提税款项"（即过手付款）设定了一种税率为30%的全新的惩罚性预提税。预提规则的目的在于诱使那些并未直接在美国投资，但在参与的外国金融机构投资或通过参与的外国金融机构投资的外国金融机构加入 FATCA 管辖，并且促使参与的外国金融机构考虑是否在 FATCA 施行后终止其与非参与的外国金融机构的业务往来。需要明确的是，FATCA 的目的不是通过征收预提税来增加财政收入，而是将其作为一种威慑，迫使外国金融机构向美国国税局报告潜在的藏匿海外资产的美国纳税人的信息。

FATCA 试图通过建立一个全新的报告机制和预提税制度，弥补美国现行税收机制的不足，应对金融危机带来的强烈冲击。但是，由于 FATCA 采取的这种单边方式严重地侵犯了他国主权，因而受到国际社会和相关行业的批评与抨击。

2. FATCA 的第二阶段：政府间协议模式

政府间协议模式则是美国财政部和国税局为解决法律障碍和行政成本等焦点问题所提出的替代方案。美国财政部和国税局希望与其他国家政府开展合作以实现 FATCA 的既定目标。

FATCA 通过建立信息报告机制和预提税制度表明其对离岸逃税采取了强硬的立场，并且非常清楚地表明了政府不容许逃避税者利用离岸机构破坏美国税制的决心。然而，毋庸置疑的是，美国极大地延伸了其权责范围，颁布了一个范围广泛、成本高昂、有违常理的全新管理计划。可以说，FATCA 是迄今为止美国"长臂管辖权"在税收征管领域最大范围的延伸[1]：首先，美国无视外国银行立法乃至外国税收主权，通过国内立法的形式强制要求外国金融机构披露信息。具有单边性质的 FATCA，已经突破了属人管辖权和属地管辖权的限制，将其税收征管行为的触角延伸至另一主权国家，对另一国的税收主权形成巨大挑战。

---

[1] See Scott D. Michel & H. David Rosenbloom, FATCA and Foreign Bank Accounts: Has the U. S. Overreached, *Tax Analysts*, 2011, pp. 709, 713.

其次，美国要求外国金融机构耗费大量的时间、人力、物力、财力对其所有客户群开展广泛、深入、详细的尽职调查，给外国金融机构施加了因技术开发和人员配备导致的高额的合规成本和巨大的管理负担。国际银行家协会预计全球主要银行为遵守 FATCA 可能耗费逾 2.5 亿美元，而部分企业担心每年的成本会高达数十亿美元。最后，FATCA 迫使外国机构为追踪美国逃税者买单。鉴于上述原因，许多国家及外国金融机构都对是否签订外国金融机构协议、是否执行 FATCA 持观望态度，更有部分国家纷纷声称将制定类似 FATCA 的国内立法并以此要求美国金融机构向本国提供税收情报。基于国际趋势和外国金融机构的现状考量，美国意识到继续采取这种单边行动、要求外国金融机构与美国国税局直接签订协议缺乏可行性，因此在不断完善法规的同时也开始考虑其他替代方法。

2012 年 2 月 7 日，美国与法国、德国、意大利、西班牙、英国共同发表了一份联合声明，宣布他们已经就实施 FATCA 达成了政府间协议，并且承诺他们将齐心协力、共同确定金融机构尽职调查和报告的标准。不同于 FATCA 原立法要求金融机构直接地、单向地向美国国税局报告，联合声明采用了以金融机构向其所在地国的税务机关报告信息为基础，随后再由该国与美国进行政府间互惠的自动情报交换的制度框架。联合声明确定的信息报告机制奠定了双边交换模式的基础，并且催化了国际社会关于多边自动情报交换制度的讨论。

直到 2012 年 7 月，美国财政部和上述五国才将联合声明转化为一个详细的政府间协议，并据此改善以自动情报交换为基础的税收遵从情况。美国财政部分别于 2012 年 7 月 26 日和 2012 年 11 月 14 日颁布了两份政府间协议范本（以下分别简称《范本一》和《范本二》）。《范本一》进一步贯彻了联合声明的设想，允许位于签署了《范本一》政府间协议的国家或地区的外国金融机构根据本国规定的尽职调查要求识别美国账户，并向本国政府报告 FATCA 要求的美国账户信息，然后再由该国政府以自动方式与美国进行情报交换。《范本二》则仍然遵循 FATCA 规定的合规模式，即签署了《范本二》政府间协议的国家或地区同意指导其境内的金融机构向美国国税局注册，并且直接向美国国税局报告 FATCA 要求的美国账户的信息。

《范本一》的许多技术特点表明了美国将其构建成为一个全球性模式的目标。《范本一》在很大程度上取消了对伙伴国的过手付款规则和对所得总额的预提。对按《范本一》签订协议的国家而言，调整 FATCA 最具强制性，并且也是最具域外性部分的决定与联合声明的内容一致，相较于美国的单方行动，这种合作方式更易达到使各国全面或近乎全面遵守 FATCA 的目标。《范本一》的这些特征和优势在一定程度上催化了国际社会关于多边自动情报交换的实践进程。2013 年 4 月 9 日，英国、法国、德国、意大利和西班牙财长表示，他们已经同意利用 FATCA 政府间协议，在五国和美国之间进行多边交换的试点工作。后来，其他12个国家也相继表示希望加盟该试点项目。这意味着除了与美国政府自动交换税收情报外,这些国家也意图在彼此之间自动交换FATCA类型的信息,也标志着政府间协议逐渐发展成为一种可行的多边自动情报交换方式。

随着越来越多的国家参与到政府间协议的谈判中,美国试图将FATCA打造成为一种普遍遵守的国际税收自动情报交换标准。不幸的是,以FATCA为基础建立多边跨境报告制度的进程,却因为美国互惠主义潜在的局限性而变得异常艰难。

首先,FATCA虽然采用了替代性的政府间协议方式,但此举并未改变其本质——美国单方强制推行其国内法:(1)《范本一》中美国只向其伙伴国提供部分互惠。具体说来,《范本一》要求伙伴国收集的信息一般包括美国人持有的金融账户的所有所得、所得总额以及账户余额。应报告的美国账户通常包括储蓄账户、证券账户、私募股权投资基金以及其他投资安排。但是美国的报告义务仅限于美国现行法律法规中规定的美国政府有权收集信息的账户类型。此外,就应报告的信息而言,美国将提供的信息范围基本上限定于这些应报告账户接收的来源于美国的利息和股息的信息,而不包括账户余额的报告。(2)《范本一》规定将签署了政府间协议的伙伴国的金融机构视为合规的外国金融机构,一旦该外国金融机构没有履行信息报告义务,则应当承担扣缴预提税的义务。但是,《范本一》对预提税内容只有一个原则性的规定,而美国国内有关税收立法对预提税有明确的规定,因此签订政府间协议的国家不仅仅要遵守范本的规定,还需要遵守其他美国国内的税收立法,这无疑对缔约国的国家主权造成了严重的侵害。

其次,美国国内政治因素可能会对美国与其他伙伴国实现完全互惠造成制约。据调查显示,佛罗里达州和得克萨斯州的一些银行以接收拉丁美洲的投资作为其主要业务之一,并且帮助这些投资者逃避本国的纳税义务,因此FATCA所要求的自动情报交换可能受到他们的强烈抵制。另一方面,少数美国参议员曾提议将美国打造为保密管辖区以保持美国的竞争力,他们的煽动可能会限制美国财政部与伙伴国通过国际安排转向完全互惠化的能力,因为这些安排需要美国参议院的批准。

(二) 欧盟《利息税指令》及《合作指令》

1.《利息税指令》

2003年6月3日,欧盟理事会颁布了《对存款所得采用支付利息形式的税收指令》(Council Directive 2003/48/EC of 3 June 2003 on Taxation of Savings Income in the Form of Interest Payments,以下简称《利息税指令》)。《利息税指令》规定,当受益所有人是一成员国居民,而支付机构位于另一成员国境内(不包括比利时、卢森堡、奥地利)时,支付机构应当向其所在国主管当局报告最低限度的信息。自2005年7月1日起,支付机构所在成员国的主管当局应当与其他任何成员国的主管当局就上一纳税年度内所收集的信息进行自动交换。对于以金融业为支柱产业,并规定了严格的银行保密制度的三个成员国——比利时、卢森堡、奥地利,允许他们在过渡期内对利息所得征收预提税以代替自动信息报告。一旦过渡期结束,比利时、卢森堡、奥地利必须同其他欧盟成员国同样开展自动情报交换。

《利息税指令》适用于大约40个国家,自动情报交换为成员国带来了大量税款,具有实质的经济利益。但是,以《利息税指令》作为国际税收情报自动交换的标准仍然存在一些问题。

首先,《利息税指令》作为欧盟区域税收协调的重要举措,建立在欧盟各成员国高度一体化的基础之上。一方面,成员国间紧密联系的经济关系、相互融合的政治立场和日趋统一的法律基础加深了成员国间相互信任与相互依赖的程度,为《利息税指令》的实施提供了强有力的保障;另一方面,欧盟成员国大多为发达国家,它们之间具有共同的利益诉求,《利息税指令》的推广符合大多数国家的长远利益。但是就世界范围而言,各国差异巨大,贫富悬殊,发达国家和发展中国家存在利益上的矛盾冲突。如果将《利息税指令》在全球范围推广,可能会牺牲发展中国家的利益,其效力也会有所减损。

此外,《利息税指令》规定了利息所得的报告制度,但是仅限于通过传统的储蓄或托管账户所获取的利息所得,并且仅限于个人以其本名直接持有或通过特定实体持有的账户。而且《利息税指令》不包括非欧盟支付机构向欧盟个人支付的利息,也不涉及支付给大多数法律实体的款项。因此,《利息税指令》在适用范围、所涉税种等方面的规定都过于狭窄。

2.《合作指令》

《利息税指令》后,自动情报交换受到越来越多的关注与应用。2011年2月15日,欧盟通过了《税收领域行政合作指令》(Council Directive 2011/16/EU of 15 February 2011 on Administrative Cooperation in the Field of Taxation,以下简称《合作指令》),将《利息税指令》规定的自动情报交换范围扩大至适用于欧盟法律尚未涵盖的所有直接税和间接税。《合作指令》规定自2015年1月1日起,成员国的主管当局应当通过自动途径与另一成员国交换上一纳税年度内的信息,其涉及的所得和资产包括劳动所得、董事费、尚未被其他有关情报交换的欧盟法律涵盖的人寿保险产品、退休金、不动产所有权和不动产收益等,日后还可扩大适用于股息、资本收益和特许权使用费。

《合作指令》包含了一个"最惠国待遇"条款,该条款被理解为要求与美国签订FATCA协议的欧盟国家也参与《利息税指令》的报告制度。在欧盟委员会将FATCA和最惠国待遇条款相结合所施加的压力下,抵制自动情报交换制度数十年的卢森堡宣布，他们决定放弃银行保密制度，并于 2015 年开始根据现有的《利息税指令》自动报告利息所得的信息。奥地利随后也表示，他们最终至少会接受利息所得领域的自动情报交换。奥地利和卢森堡的立场转变为在欧盟范围内进行有限的自动情报交换彰显了胜利的前景。

《合作指令》的最惠国待遇条款也可以理解为要求欧盟成员国就所有的税收情报交换义务为彼此提供最惠国待遇。根据最惠国待遇条款的广义解释，如果一个国家签订《范本一》协议并且向美国国税局报告，那么它必须也向其他欧盟成员国提供同一范围和层面的自动信息报告。因此，2013 年 6 月欧盟委员会提议，基于《合作指令》的最惠国待遇条款以及《利息税指令》关于客户尽职调查的规则，成员国自 2015 年起在欧盟内部就利息、股息、资本收益和账户余额等信息进行报告。从内部市场的角度及效率与有效性角度都足以说明欧盟范围内自动交换信息框架的必要性：它确立了一种在单一市场中自动交换信息的明确、一致和全面的方法，从而避免了单边或双边方式的漏洞和重复；它为税务机关和经济活动参与者提供了法律确定性；它确保了对不同类型的资产提供平等待遇，从而避免了投资组合的不良再分配；它有效降低了税务机关和经济活动参与者的成本。

然而，最惠国待遇条款的广义解释颇具争议。根据广义解释，无论欧盟国家与美国就实施 FATCA 达成怎样的情报交换协议，它都可能转化为欧盟成员国内部的交换规则。这意味着在极端情形下，美国不仅能改变欧洲范围内应报告的信息类型，更能通过双边协议改变其识别程序、尽职调查义务和欧盟范围内的跨境自动情报交换系统的验证过程。因此，欧盟委员会强烈抵制彻底的最惠国待遇，其部分原因正是此种解释会削弱委员会在欧洲范围内自动情报交换框架中的决定性作用。

（三）瑞士双边匿名预提协议

瑞士所倡导的匿名预提协议从本质而言是欧盟和瑞士之间达成的一种妥协，作为自动情报交换制度的一种例外来适用。

2004 年 10 月，瑞士与欧盟签署了双边关系第二阶段谈判的一揽子协定，其中就包括《申根协定》。① 瑞士虽然地处欧洲中部，风光名满天下，但由于它入境手续烦琐、费用高昂，使得大量别国游客过其门而不入。瑞士希望通过加入《申根协定》简化本国的入境手续，融入一个更统一、更具潜力的旅游大市场，共享申根成员国的旅游资源，从而促进作为经济支柱产业之一的旅游业的发展。因

---

① 1985 年 6 月，德国、法国、荷兰、比利时、卢森堡五国在卢森堡边境小镇申根签署了《关于逐步取消共同边界检查的协定》，又称《申根协定》。《申根协定》的核心内容是实现成员国之间人员的自由往来，加强警察合作与司法协助。

此,欧盟以《申根协定》为谈判筹码,要求瑞士加入自动情报交换。为了维护一贯坚持的银行保密制度,瑞士提出了以匿名预提协议代替自动情报交换制度的设想。根据瑞士与欧盟签订的协议,在瑞士支付机构持有相关资产的相关人员可以被征收匿名的预提税,随后由瑞士税务机关将这些税款移交给欧盟成员国的税务机关。一旦纳税人被扣缴这种匿名的预提税,他就无需再向本国的主管税务机关进行信息报告。在此之后,瑞士又分别与英国和德国签订了类似的匿名预提协议,希腊和意大利等国也与瑞士就协议展开了协商。

这类协议是十分重要的,因为瑞士是世界上最重要的离岸金融中心,掌握着大约26%全球离岸财富,因此瑞士有能力通过其实践活动影响其他离岸金融中心,进而促进匿名预提协议在全球范围的推广。但是,匿名预提协议的缺陷在于,其要求金融机构密切关注世界上每个国家不同种类的所得税税率及其变化,并且根据相应的扣缴规则进行扣缴,而不是仅仅单纯跟踪收入并粗略地报告这些所得的价值,因此这种制度操作起来比信息报告制度更复杂。其次,匿名预提税中有关外国政府对资本所得征税的规定,可能会威胁到本国主权的独立性和权威性。因此,匿名预提协议不太可能发展成为一种为全球普遍接受的制度。

更为重要的是,匿名预提协议是一种不完全、不透明的合作方式,它可能导致居民国无法真正获取纳税人在瑞士银行持有资产的真实信息,与目前国际社会所倡导的税收透明度与情报交换的标准和原则背道而驰。

(四) 三者的弊端

我们从美国、欧盟和瑞士对待自动情报交换的态度,可以看出这三种标准分别存在一些问题:首先,美国的标准仅限于两国之间的双边税收情报的交换,但国际经贸交易的开展往往涉及第三方甚至多方,如果仅仅依赖于双边的信息,无法获取完整、全面和真实的税收情报,不利于提升国际税收征管水平。其次,欧盟达成的区域间自动税收情报交换的指令,仅仅限于欧盟的27个成员国之间,但实际上在欧盟金融机构的金融安排下,利用欧盟境外的银行之间的关系,同样可以达到隐匿财产,逃避税收的目的。因此,欧盟的《利息税指令》与《合作指令》在实践中的适用效果往往大打折扣。最后,瑞士标准实际上回避了自动情报交换制度,转而用匿名预提协议换取其长期赖以生存的银行保密制度。它既构成了欧盟自动情报交换制度的例外,同时也破坏了自动情报交换制度的完整性,给自动情报交换制度留下了空白和缺陷。[①]

面对多种自动情报交换标准所造成的混乱局面,各国税务机关都感到莫衷一是、无所适从,也逐渐意识到需要进一步加强合作,确定自动情报交换统一的国际标准。全球化背景下的多边自动情报交换标准呼之欲出。更为重要的是,

---

① 参见崔晓静、熊昕:《国际税收自动信息交换法律制度的新发展》,载《法学》2014年第8期。

尽管新兴国家和金融机构的出发点大相径庭,但二者的利益诉求却不谋而合,即都支持建立一个统一、广泛和多边的自动情报交换平台。

一方面,当前的碎片化的合规架构可能会导致跨国金融机构的重复成本。虽然 FATCA 政府间协议试图为跨国金融机构提供一个统一的实施模式,但是就目前情形来看,从事跨境业务的金融机构仍然需要熟悉多个不同的合规制度——《范本一》《范本二》以及 FATCA 原有的监管机制。而且《范本一》的合规模式也可能演变为当地国的合规模式,换言之,金融机构需要制定其所在的每个司法辖区的合规流程。事实上,美国政府发言人现在已经提醒各金融机构,新的 FATCA 规定不适用于那些《范本一》政府间协议国家的金融机构,因为这些金融机构的合规属于当地法律问题。英国实施 FATCA 的指引足以说明,在缺乏多边性协调的情况下,每个国家可以发布不同的指引意见解决在 FATCA 有关认证、客户识别、尽职调查和验证合规等方面的核心问题。从跨国金融机构角度而言,针对 FATCA 的本国合规性,其成本可能比广泛统一的 FATCA 合规体系更加昂贵。因此,一个统一的合规体制和确定的信息报告及尽职调查规则能够避免金融机构在不同国家遵守不同的合规标准,有利于大型跨国金融机构依据标准化的程序获取账户持有人的相关信息,从而有效降低其合规成本。

另一方面,离岸逃避税问题正在影响着新兴国家。据统计,就全球而言,大约 7.8 万亿美元的资产(代表着超过 6% 的家庭财富)是通过离岸账户管理的,其中超过 1/3 的中东和非洲财富(约为 1.5 万亿美元)以及超过 1/4 的拉丁美洲家庭的财富(约为 9000 亿美元)被离岸持有。离岸逃避税问题对于新兴经济体的威胁和打击可能是最严重的。鉴于发展中国家和新兴经济体离岸私人财富迅猛增长的趋势,有学者认为解决发展中国家的离岸逃避税问题迫在眉睫。然而在现有的环境下,新兴国家低效的征管能力严重限制了他们在打击离岸逃避税方面的行动力。因此,对于发展中国家而言,多边交换体制有助于更好地解决日益棘手的国际逃避税问题,最大限度地维护本国的国家利益。

在后危机时代的大环境下,发展中国家和新兴经济体可以利用来自金融机构的专业知识及其潜在的政治影响力,金融机构也可以借助国际社会对于发展中国家的担忧与同情获得更多的关注。从这个意义上说,发展中国家与跨国金融机构不仅具有利益的一致性,而且也具有合作的必要性。

三、国际税收透明度新标准:自动情报交换

2013 年 4 月 19 日,经合组织秘书长安赫尔·古利亚(Angel Gurria)向二十国集团财政部长和中央银行行长提交一份报告,该报告将 2010 年修订后的《多边税收征管互助公约》视为开展自动情报交换的理想方式。2013 年 9 月 6 日,二十国集团峰会领导人在俄罗斯圣彼得堡发表了关于税收问题的声明。此次二

十国集团峰会是首次将税收问题作为一个重要议题的国家元首级别的国际峰会,显示出税收问题已经成为国际政治经济交流与合作的核心话题。该声明强调当前工作的重点在于税收情报透明度和自动交换方面,并且支持将自动情报交换确定为税收透明度与情报交换的国际新标准。这一标准的确定标志着全球打击逃避税合作迈入一个新纪元,俄罗斯总统普京称之为"百年来最大的一步"。2013年7月20日,经合组织向二十国集团财政部长又提交了打击企业和个人逃避税双管齐下的计划,其中尤为重要的一点正是建立多边自动情报交换机制。经合组织指出,为使自动交换信息有效运行,必须保证配有正确的法律和行政框架,以确保传输数据的保密性同时避免滥用。在此基础上,经合组织呼吁二十国集团支持发展一个标准化的协议,允许《公约》成员国选择自动交换信息。根据报告的安排,2013年年底最终完成了协议范本的起草工作,详细的指引也已在2014年上半年出台。在这个多边机制下,各国通过主管税务机关交换金融信息,同样可以起到打击离岸避税的目的。

(一)金融账户涉税信息自动交换标准

《多边税收征管互助公约》并未规定情报交换的具体操作要求或程序,为了进一步确立统一的自动情报交换标准,经合组织于2014年7月发布了《金融账户涉税信息自动交换标准》(Standard for Automatic Exchange of Financial Account Information in Tax Matters,以下简称《AEOI标准》),该标准由主管当局协议(Competent Authority Agreement)和共同报告准则(Common Reporting Standards, CRS)两部分组成,其中后者规范了金融机构搜集和报送外国居民账户涉税信息的程度和要求,界定了需报告的金融涉税信息、需报告的账户持有人和需履行报告义务的金融机构范围。2014年10月,经合组织在《AEOI标准》主管当局协议的基础上,正式发布了《关于金融账户涉税信息自动交换的多边主管当局协议》(Multilateral Competent Authority Agreement on Automatic Exchange of Financial Account Information,以下简称《CRS多边主管当局协议》),并开放给所有国家签署。《CRS多边主管当局协议》是一个多边法律框架协议,明确规定了需要交换的信息及时间,其标准化与高效的机制促进了《AEOI标准》的自动情报交换的实施。

作为金融危机后二十国集团主导的税改政策的重要一环,近几年《AEOI标准》及CRS在世界范围内得到了广泛的推广和执行。中国于2015年12月16日签署《CRS多边主管当局协议》,并于2018年9月开始与他国进行自动交换。

(二)跨国企业国别报告自动交换标准

实施跨国企业国别报告交换是经合组织税基侵蚀和利润转移(Base Erosion and Profit Shifting, BEPS)第13项行动计划重新审视转让定价文档资料的要求。根据该行动计划的要求,转让定价文档资料将包括主体文档、本地文档、国别报三,我国税收情报交换的方式增加了自发情报交换,并取得了良好的实践效果,同时应请求的专项税收情报交换数量有很大提高。第四,国际社会对税收情报交换工作日益重视,相关理论研究成果迭出,国际税收情报交换实践也不断丰富。早年制定的《税收情报交换管理规程(试行)》和《税收情报交换工作保密规则》已经不能适应新的国际税收形势。为进一步提高我国国际税收情报交换工作的质量和效率,国家税务总局在2006年整合《税收情报交换管理规程(试行)》和《税收情报交换工作保密规则》,制定了《国际税收情报交换工作规程》。该《规程》对我国国际税收情报交换的种类、范围、保密、管理程序等各个方面都作出了具体规定,既贴近中国的实际又具有一定的前瞻性,情报交换工作起到了很好的指导作用。2007年,针对我国情报交换工作的新情况,国家税务总局制定了《关于核查德国自发信息的函》,解决了德国批量自发信息的核查问题。2008年,国家税务总局借鉴经合组织等国际组织及相关国家经验,颁布了《关于进一步规范国际税收情报交换英文写作的通知》,该《通知》向基层税务机关颁发了涵盖专项、自发、核查情况反馈等11类英文和中文函模板,规范了基层税务机关信息交换的公文写作。

二、我国税收情报交换的成果与现状

(1) 双边情报交换的网络不断扩大。我国最早的税收情报交换双边协作始于1983年。这一年,我国与日本签订了含有税收情报交换条款的避免双重征税协定,从国际法层面开创了我国税收情报交换的先河。但因处于初期的探索阶段,该协定对于税收情报交换的规定较为简单,几乎没有取得什么实际效果。之后,随着国内外对税收情报交换工作的重视,我国陆续与其他国家和地区开展合作。截至2019年10月,我国与巴哈马、英属维尔京群岛、开曼、列支敦士登等10个国家和地区签署了专项税收情报交换协定。

中国对外直接投资数额最大的前三个地区为中国香港、英属维尔京群岛和开曼群岛,而这些地区的逃避税现象又比较普遍,因此,中国与这些地区进行双边税收情报交换至关重要,对防止我国税收流失有积极作用。我国税收情报交换的规模也不断扩大,覆盖了我国的主要贸易伙伴以及与我国经济往来较为频繁的低税负国家或地区,为开展税收情报交换工作奠定了坚实的法律基础。

(2) 情报交换的数量、质量稳步提升。20世纪90年代,我国主要开展基于请求的税收情报交换,核查来自美国、英国等十余个国家的情报交换请求80余份;对外提出的专项税收情报交换请求对象仅限于日本、美国等6个国家,每年利用交换的税收情报查补税款仅数百万元。当时的税收情报交换工作处于主要履行国际义务而享受权利相对较少的状态。进入21世纪,随着我国对外投资的迅速扩大,我国税收情报交换工作也加速发展。2004年,我国主动向7个国家发出税收情报交换请求 18 份,打破了长期以来以接受信息核查为主而几乎不主动对外请求的局面。2012 年,我国利用外国或地区提供的信息 400 余份,直接查补税款(包括滞纳金和罚款)10.8 亿元,其中最大案值达 1.9 亿元。这些进步表明了我国的税收情报交换机制正在日趋完善,在国际税务合作中,不再是一味地被动配合,而是主动出击,发挥情报交换的作用。

(3) 多边税收情报交换合作不断深化。除双边合作形式外,我国也积极参与多边税收合作,响应国际发展新趋势,配合实施新标准。

其一,我国于 2013 年签署了《多边税收征管互助公约》,并于 2017 年 1 月 1 日起执行,这是我国签署的第一份多边性质的国际税收协议,促进了我国与其他缔约国的税务合作。《多边税收征管互助公约》对所有国家开放,加入《公约》的国家和地区数量在不断增加,如此一来,便免去了我国逐个与其他国家谈判签署合作协议的烦琐程序,有利于我国与其他缔约国间互通信息,共同应对跨国逃避税问题。

其二,中国于 2010 年 12 月 20 日加入国际联合反避税信息中心(JITSIC),全面参与各项工作。国际联合反避税信息中心是打击跨国逃避税的产物,也是国际社会上重要的税收征管合作平台,其目的是解决国家与跨国企业之间信息不对称问题,达到实时交换涉税信息,提高跨境交易的透明度,追踪调查逃避税行为,分享成功经验,进而提高纳税人的税收遵从度,防止税收流失,有效行使税收管辖权。

其三,我国支持并配合全球税收论坛同行审议小组的工作,该小组的主要审议内容为一国国内与税收情报交换有关的法律法规体系以及税收透明度和情报交换标准在各个国家和地区的执行情况。中国在 2011 年正式接受同行审议,并顺利地以高标准通过了该审议。

其四,中国相继签署《CRS 多边主管当局协议》《CbC 多边主管当局协议》等多边情报交换协议,在我国税收情报交换合作上迈出了重大一步。自动情报交换标准的重要内容之一就是共同报告准则(CRS),要求金融机构履行信息报告和尽职调查义务。一方面,2015 年 12 月 16 日,中国签署了《CRS 多边主管当局协议》,并于 2018 年 9 月开始与他国进行自动交换。截至 2020 年年初,中国已经选择向阿根廷、澳大利亚、奥地利、比利时、巴西、加拿大、法国、德国、印度、日本、韩国、毛里求斯、英国等 67 个国家和地区自动提供涉税金融账户信息;巴巴多斯、开曼群岛、维尔京群岛、塞浦路斯、丹麦、德国、芬兰等 96 个国家和地区选择向中国自动提供涉税金融账户信息。另一方面,由于我国《国际税收情报交换工作规程》只在登记建档、分类审核、转发查证和请求(提供)情报等程序上作了简单的规定,不足以指引我国税务机关有序地进行自动情报交换。为此,国家税务总局、财政部、中国人民银行等 6 部门还于 2017 年发布了《非居民金融账户涉税信息尽职调查管理办法》，对金融机构、消极非金融机构、金融账户、控制人等作出了明确定义，规范了对个人、机构账户尽职调查的开展方式。中国于2017年7月1日开始实施CRS，对我国境内新开立的个人、机构账户进行尽职调查，并识别其中的非居民账户；2017年12月31日前，完成对金融账户加总余额超过100万美元的个人账户的尽职调查；2018年12月31日前，完成对其余所有存量客户的尽职调查程序，并识别其中的非居民账户。《非居民金融账户涉税信息尽职调查管理办法》是《自动交换标准》在我国得以顺利实施的配套制度安排，表明我国融入国际税收合作趋势的决心。在跨国企业国别报告交换领域，中国已选择41个交换伙伴，有44个国家和地区选择中国作为交换伙伴国，我国已建立的国别报告交换关系数量处于世界前列。

三、我国税收情报交换的工作机制

国家税务总局先后制定颁布的《国际税收情报交换工作规程》《关于进一步规范国际税收情报交换英文写作的通知》等规范性文件，对我国开展情报交换的具体程序、各级税务机关的工作职责以及情报交换的标准格式提供了较为清晰、明确的指引。

我国税收情报交换的主管部门是国家税务总局，开展国际税务合作交流的部门是国际税务司。根据《国际税收情报交换工作规程》的有关规定，国家税务总局是我国税收情报交换的唯一主管机关，所有交换情报的请求、提供等必须经由国家税务总局与缔约国另一方主管机关进行沟通和传递，我国情报交换都是在国家税务总局的统筹领导下，经过县级、市级、省级、国家级四级税务机关协调配合完成。省以下税务机关协助总局管理本辖区内的情报交换工作，具体工作由国际税务管理部门或其他相关管理部门承办。实践中，省市县选择性地根据自身机构的情况组织设立税收情报交换的独立负责部门或专职人员，履行涉税信息的收集、整理、归纳、调查、审核、交换工作。

首先，任何地方税务机关认为需要相关缔约国主管机关协助提供税收情报时，必须将情报交换请求逐级上报国家税务总局审核。总局审核通过后，才向缔约国另一方主管机关发出情报交换的请求。在缔约国另一方主管当局提供情报后，也由总局首先对收到的情报进行审核，审核完毕后再逐级转发至提出该交换请求的地方税务机关。

其次，缔约国另一方主管机关也只能向国家税务总局提出情报交换的请求。总局在收到缔约国另一方主管机关提供的情报交换请求后应当进行审核，确保该交换请求符合我国与有关国家的税收协定或税收情报交换协定；如果请求不完整，总局会通知缔约国另一方主管机关进行澄清或补充。经总局审核通过的有效请求，将转送相关省级税务机关，省级税务机关再逐级转发至其辖区的相关基层税务机关进一步调查。基层税务机关负责请求情报的收集和核查,其完成情报收集后再逐级上报至总局,由总局将请求情报提供给缔约国另一方主管机关。在基层税务机关将相关情报逐级上报总局的过程中,上级税务机关应当对下级税务机关提供的情报进行分类审核,对于不充分的回复,可以退回并要求下级税务机关进行修正或者提供补充资料、重新核查等。

21世纪是信息科技高速发展的时代,我国税务机关也改变了传统的工作方式,建立了税收网络数据库,目前,国家税务总局正在推行金税三期工程,旨在建立覆盖所有税种,集征收管理、纳税服务、情报交换等功能为一体的统一信息化平台,使得税务部门与其他部门联网,进而实现快捷高效、成本低廉、监控严格的税收情报管理,提高纳税人税收遵从度。电子科技化手段将能够更准确、及时地收集、整理、核查纳税人信息,也便于税务机关之间的信息共享。

四、税收情报交换的域外发展趋势

为了提高税收情报交换的效率,一方面,各国在坚持中央税务机关集中管理原则的同时,通过适当简政放权,扩大情报交换授权代表机构的范围,简化情报交换的程序。俄罗斯、法国、德国等多国都突破了单一主管税务机关的税收情报交换规则,指定两个或多个授权代表机构直接负责与不同国家或区域的税收情报交换。另一方面,各国也在巩固传统情报交换类型的基础上,越来越多地运用同期税务检查、境外税务检查等新型方式进行情报交换。[①]

(一)税收情报交换授权代表机构的多元化

以俄罗斯税收情报交换为例,财政部是俄罗斯国际税收情报交换的主管机关,财政部将此职权授予俄罗斯联邦税务局(FTS),俄罗斯联邦税务局代表财政部作为税收情报交换的主管机关。除联邦税务局外,联邦税务局运营控制局、联邦税务局数据集中处理区域稽查局及地方税务机关均可作为授权代表机构,负责与不同国家的税收情报交换。其中,运营控制局是联邦税务局的下属单位,负责除独联体国家和格鲁吉亚之外其他所有缔约国的情报交换请求;数据集中处理区域稽查局负责除哈萨克斯坦及白俄罗斯之外其他独联体国家和格鲁吉亚的情报交换;授权的地方税务机关则可直接与哈萨克斯坦、白俄罗斯两国进行情报交换。

在法国,税收协定和税收情报交换协定中通常指定法国预算部担任税收情报交换的主管机关。除预算部之外,法国还针对提出交换和提供情报的不同情况分别规定了不同的授权代表机构。在应缔约国请求提供税收情报的程序中,

---

① 参见崔晓静、熊昕:《中国与"一带一路"国家税收征管合作的完善与创新》,载《学术论坛》2019年第10期。

一般由中央授权代表机构国际事务办公室负责接收缔约国提出的情报交换请求。但是,海外税务专员负责的缔约国所提出的税收情报交换要求,由税务专员负责接收;区域性税务征管部门可以接收与法国缔结相关跨境协议的邻国提出的交换请求。在向缔约国提出税收情报交换的程序中,国际事务办公室、相关中央税务审计部门、区域性税务审计部门以及海外税务专员等多个部门都可以直接向缔约国提出情报交换的请求。具体来说,向缔约国提出税收情报交换的请求一般由当地税务机关发起,根据所涉缔约国不同,请求的提出主体和提出程序有所差异:一般情况下,当地税务机关的局长签字后,该机关即可向区域性税务审计部门提交协助请求,税务审计部门同意后可直接向缔约国另一方主管机关提出税收情报交换请求;如缔约国属于海外税务专员负责的缔约国,则当地税务机关和税务审计部门应当将请求转交给海外税务专员,由相应税务专员提交给缔约国另一方主管机关;某些国家和区域的协助请求,需提供给国际事务办公室。

具体而言,法国海外税务专员所负责的税收情报交换伙伴国如下:派驻在柏林的税务专员负责德国;派驻在布鲁塞尔的税务专员负责比利时、荷兰;派驻在伦敦的税务专员负责英国、爱尔兰、马恩岛、泽西岛、根西岛;派驻在马德里的税务专员负责安哥拉、西班牙和葡萄牙;派驻在罗马的税务专员负责意大利;派驻在华盛顿的税务专员负责美国、加拿大、墨西哥;派驻在北京的税务专员负责中国内地及香港地区、韩国、新加坡。

(二) 地方层面直接情报交换的常态化

税收情报交换通常应由国家中央税务机关进行统一组织安排,地方税务机关一般不得直接提出情报交换请求或者接收情报。但是,为了提高交换的及时性和针对性,部分国家也会允许特定边境城市的地方税务机关,直接同与本国具有地缘关系且政治、经济往来较紧密的国家或其部分地区进行情报交换。

如前所述,俄罗斯指定的地方税务机关可以直接与哈萨克斯坦、白俄罗斯进行情报交换。法国区域性税务征管部门可以接收德国、西班牙、比利时等与法国缔结相关跨境协议之邻国提出的交换请求。根据法国与德国签订的跨境协议的规定,法国东部的当地税务机关可以与德国巴登符腾堡州、萨尔州、莱茵兰—普法尔茨州的税务机关相互直接提出情报交换请求。德国与奥地利、捷克签订的类似协议也规定,德国巴伐利亚州与奥地利萨尔茨堡的当地税务机关可以进行直接的情报交换,德国巴伐利亚州提出的情报交换请求可以由该州各地方税务机关直接传递给捷克税务主管机关。

(三) 情报交换类型的多样化

法国《增值税条例》第 11 条规定了在行政调查期间,请求国可以委派官员参与调查。这项措施在一个纳税人还未在一国建立实体,没有税务代表,或者企业全部的账务在其住所地以外的国家的情况下是十分奏效的。日本税务部门也在经济交往密切国家的重点城市设立了"国际税务调查官办公室",建立境外税收征管与延伸服务体系。

五、拓展创新税收情报交换制度

我国应当借助当前国际税收制度改革的契机,充分吸收借鉴其他国家和地区税收情报交换的经验,完善我国与各国税收情报交换的制度设计,通过广泛实践提升我国税收情报交换的能力。

(一)建立区域税收情报交换中心

我国签署的双边税收协定一般规定主管机关是指"国家税务总局或其授权的代表"[1];《国际税收情报交换工作规程》第4条也规定国家税务总局是税收情报交换的主管机关,情报交换由通过税收协定确定的主管机关或其授权代表进行。但实践中,国家税务总局并未授权任何机构或个人作为我国税收情报交换的授权代表。我国地域范围广阔、对外经济合作伙伴国众多,目前由国家税务总局完全组织管理税收情报交换的现状一定程度上限制了税收情报交换的发展。俄罗斯、法国、德国的经验和实践都表明,授权地方税务机关进行直接合作有助于提高税收情报交换的效果和效率。

我国共有18个临海、临边省级行政区域(不含港澳台地区)[2],临海、临边省级行政区域的对外投资、贸易整体较为活跃,与各国之间的经济贸易联系紧密。我国可以仿效俄罗斯、法国、德国的做法,由国家税务总局授权建立区域税收情报交换中心,由地方税务机关进行直接的税收情报交换。在授权代表机构的选择上,可以综合考虑各临海、临边省份的经济发展情况、与各国的经贸活跃程度以及税收征管水平,从中选择人员配备充分、业务能力较强、情报交换经验丰富的省级税务局进行授权。在税收情报交换伙伴国的选择上,可以选择区域内各省份投资、贸易较集中,与我国具有长期友好合作关系,且税收制度相对较为健全的国家。在税收情报交换的类型上,可以规定授权的省级税务机关只能直接向缔约国另一方主管机关提出应请求的情报交换,不得直接进行自动或自发情报交换,也不得直接接收别国提出的情报交换请求。我国可以在东北、西北、西南、华南、华东分别建立区域税收情报交换中心,经过实践后再将区域税收情报交换中心的交换范围逐步拓展至韩国、日本等其他主要经贸伙伴国

---

[1] 我国在1994年前缔结的双边税收协定中曾将我国主管当局表述为"财政部或其授权的代表""财政部税务总局或其授权的代表""国家税务局或其授权的代表"。1994年中国与韩国签署税收协定后,双边税收协定中我国主管当局已经统一为"国家税务总局或其授权的代表"。

[2] 包括天津、山东、河北、辽宁、吉林、黑龙江、内蒙古、甘肃、新疆、西藏、云南、广西、广东、海南、福建、江苏、浙江、上海。

家和地区。

(二)积极参与国际税务审计合作

税务审计是税务机关对纳税人应缴税款依法进行的审核和稽查。国际税务审计合作的方式主要包括同期税务审计①和联合税务审计②。目前,很多国家对跨国公司和全球高净值个人的审计通常都是以单独或者同期税务审计的方式进行的。《多边税收征管互助公约》关于同期税务检查的规定为国际税务审计合作奠定了基础。可以说,国际税务审计合作是税收情报交换的一种延伸和加强,与税收情报交换制度相比,国际税务审计是一种更加有组织的税务合作。尤其是联合税务审计,由各国共同组成的审计团队共同参与、共同实施,纳税人可以通过审计团队同时向各国税务主管机关提供信息并进行及时沟通。联合税务审计既有助于降低纳税人税务合规成本、减少各国税务机关的调查成本,同时也有利于税务机关了解纳税人及其生产经营活动的全貌,提高税务审计的水平和质量。联合税务审计对于消除税收欺诈、打击国际逃避税具有积极作用,被认为是一种更为直接、紧密的国际税收征管合作模式。③

我国很早就在涉外企业税收征管领域引入了"联合税务审计"的概念。为规范外商投资企业和外国企业税收管理、提高税收征管效率,国家税务总局于2004年4月和2007年3月相继颁布了《涉外企业联合税务审计暂行办法》《涉外企业联合税务审计工作规程》等文件。根据前述规范性文件的规定,涉外企业税收征管过程中的联合税务审计分为两种情况:第一,跨区域联合税务审计,即对跨区域经营并实行汇总(合并)缴纳企业所得税的涉外企业,各主管税务机关同期开展税务审计;第二,国地税联合税务审计,即对在同一地区经营的涉外企业,负责税收征管的国税局和地税局联合开展的税务审计。④《涉外企业联合税务审计工作规程》对两种联合税务审计的实施程序进行了明确的规定。但随着国地税合并的完成,国地税联合税务审计也不复存在。

当前国际税务审计合作仍然处于前期探索试验阶段,各国对国际税务审计合作缺乏充分的实践和系统的理论研究。我国应当积极参与国际税务审计合作,结合此前国内开展涉外企业联合税务审计的经验,对审计合作的法律基础、

---

① 同期税务审计,是指两个或多个国家达成安排,在其领土范围内,同时独立地对两国共同感兴趣或相关联的纳税人的税收事务进行核查,以便相互交流各自获取的信息。

② 联合税务审计,是指两个或两个以上国家联合组成一个审计团队,审核一个或多个关联纳税人跨境商业经营活动中的问题或交易。

③ 参见叶莉娜、张景华:《联合审计:国际税收征管合作新思维》,载《河北经贸大学学报》2016年第3期。

④ 根据2018年3月13日十三届全国人大一次会议公布的国务院机构改革方案,省级和省级以下国税地税机构合并,具体承担所辖区域内的各项税收、非税收入征管等职责。

程序规则等进行深入研究,为下一步参与制定税务审计合作的国际标准做好充分准备。

(三)鼓励外派税务官参与境外税务检查

截至2018年年底,国家税务总局共向我国驻美国、印度、日本、德国、欧盟、埃塞俄比亚等27个国家或地区的使领馆及国际组织派驻了税务人员。目前,我国外派税务官主要由商务部进行统一选拔,并派往驻外使领馆经济商务参赞处(室)工作。驻外使领馆经济商务参赞处(室)是商务部派驻境外管理和促进经贸合作的机构,是驻外使领馆的组成部分,其职责包括宣传中国的对外经贸政策,收集经贸信息,疏通拓展经贸合作渠道,为企业提供经贸咨询和服务,协助企业解决经贸投资纠纷等。我国应当进一步完善外派税务官工作体系,向重点国家广泛派驻税务官员。外派税务官除了履行收集、学习派驻国的国内税收法律法规及双边税收协定,了解驻在国税制和征管情况,关注派驻国的税收立法、执法和司法的动态发展等常规职责外,也应当强化自身作为授权访问官员的角色定位,参与到派驻国税务主管机关对中国企业的检查、调查和税收争议处理中。

本章小结

情报交换、追索协助及文书送达三种合作方式既相互独立又彼此联系。其中,情报交换是税收征管合作中最重要、最基础的合作方式,主要包括基于请求的情报交换、定期自动情报交换、自发情报交换、同期税务稽查、境外税务检查和行业范围内的情报交换六种。税收追索协助是对传统国际税收情报交换的拓展及延伸,是一种深度开展国际税收征管合作的方式,是国际社会打击日益猖獗的国际逃避税"组合拳"的最新组成部分。文书送达则主要针对纳税评估阶段,旨在确保向纳税人有效送达纳税评估通知书等文件,以避免对确不知晓或因过失未申报纳税的纳税人采取执行措施。税收情报交换从无到有、从零散到成熟,已经走过了一百多年的历程。税收情报交换作为国际税收征管合作的重要内容,其产生、发展和成熟也是伴随着国际税收关系的不断发展而演变的。税收自动情报交换的发展实践,主要包括美国FATCA及政府间协议、欧盟《利息税指令》及《合作指令》和瑞士双边匿名预提协议等。如今,自动情报交换已经成为了国际税收透明度的最新标准。当前,中国在税收征管合作方面仍然存在诸多局限,税收情报交换、税收追索协助均未能得到有效落实,种种问题亟待解决。中国应当借鉴税收情报交换的域外发展趋势和税收追索协助的域外实践经验,完善创新税收情报交换和税收追索协助机制。

思考与理解

1. 简述国际税收征管合作的主要方式。
2. 简述税收情报交换的内涵和形式。
3. 简述税收追索协助的内涵和特点。
4. 简述文书送达的基本内涵。
5. 论述国际税收情报交换的发展历程。

第二十二章 国际税务争议的解决

第一节 概 述

一、国际税务争议的表现形式

国际税务争议包括政府与纳税人之间的涉外税务争议和政府之间的税务争议。①

(一) 政府与纳税人之间的税务争议

在一国国内,税务机关对居民和非居民纳税人征税时均可能产生涉外因素的税务争议。比如,一国采用免税法消除双重征税,当居民纳税人有境外所得时,首先要确定该居民纳税人哪些所得属于可享受免税法的境外所得,税务机关可能与纳税人存在不同看法,从而会产生争议。非居民纳税人有来源于一国的所得时,纳税人和税务机关对该笔所得性质的观点分歧也会产生争议。比如,非居民纳税人认为该笔所得是营业所得,且该纳税人在当地没有常设机构时,此时根据税收协定来源地国就不能征税;而税务机关认为该笔所得属于特许权使用费,则根据税收协定来源地国能够对此征税。

此外,在税收优惠的给予、税收行政处罚和转让定价调整等方面,税务机关和纳税人也可能产生争议。

(二) 政府之间的税务争议

税收协定的缔约国双方在税收协定的解释和适用过程中也会产生争议。比如,缔约国一方对本国居民纳税人在缔约国另一方缴纳的预提税给予税收抵免时,假如另一国扩大了预提税的征税权,则给予抵免的一国就会遭受损失。这就需要两国税务机关进行协商,讨论是否存在违反税收协定义务的问题。②

此外,缔约国税务机关和纳税人的争议也可能转化为缔约国政府之间的税务争议。非居民纳税人与来源地国的税务机关产生争议时,可请求其居民国税

---

① 本章的税务争议限于所得税方面的争议,而不包括关税等方面的争议。就政府与纳税人的关税争议而言,也通过行政复议和行政诉讼来解决。政府间的关税争议实质上属于国际贸易争端,如果当事方政府都是 WTO 的成员,可通过 WTO 的争端解决机制来解决。政府间所得税领域的争议与关税不同。所得税的国际争议主要围绕着税收管辖权的协调、国际双重征税的消除、防范国际避税等问题产生。

② Tillinghast, Issues in the Implementation of the Arbitration of Disputes Arising under Income Tax treaties, BIFD, 2002, p. 91. in M. Zuger, Conflict Resolution in Tax Treaty Law, *Intertax*, Vol. 30, 2002, p. 342.

务机关出面与来源地国税务机关协商解决。

因此,有的学者将政府之间的税务争议划分为直接的国际税务争议和间接的国际税务争议。因纳税人和缔约国税务机关的税务争议引起的缔约国之间的税务争议称为间接的国际税务争议。某项争议起始即为缔约国之间的纠纷,就称为直接的国际税务争议。虽然直接的国际税务争议会影响到纳税人,但纳税人并未直接涉及纠纷之中。①

二、国际税务争议的解决

政府与纳税人之间的税务争议和政府之间的税务争议由于主体不同,其解决方法也不同。

(一) 政府与纳税人之间的税务争议的解决

一国与纳税人之间的涉外税务争议主要通过国内法机制来解决。这类争议的主体为一国税务机关和纳税人。由于税务机关的涉税行为是一种行政行为,故处理纳税人与税务机关间争议的方式主要为行政复议和行政诉讼。

(二) 政府之间的税务争议的解决

政府之间的税务争议不同于政府与纳税人之间的税务争议,尽管后者可导致前者的产生,但纳税人不是政府之间的税务争议的主体。基于主权平等的国际法原则和税收管辖权独立原则,政府之间的税务争议不能通过一国国内法机制解决,只能通过国际机制解决。一国税务机关与纳税人的涉外争议可转化为两国税务机关之间的争议从而需要通过税收协定的相互协商或仲裁机制来处理。

税收协定一般规定了相互协商程序来处理政府之间的税务争议。一些税收协定还规定了间接的国际税务争议无法通过相互协商解决时可采用仲裁方式。仲裁是将争议提交第三方处理,裁决结果对当事方具有法律约束力。对于转让定价调整中纳税人与相关国家税务机关的争议,欧盟成员国还签订了仲裁公约,以仲裁方式专门处理此类争端。此外,从理论上讲,政府之间的税务争议也可提交国际司法途径解决。

第二节 国内法机制

国内法中的行政复议和行政诉讼制度是解决政府与纳税人之间的涉外税务争议的主要方式。本章主要以我国的相关法律制度为例进行阐述。

---

① Gerrit Groen, Arbitration in Bilateral Tax Treaties, *Intetax*, Vol. 30, 2002, p. 4.

一、税务行政复议

从学理上讲,行政复议是指政府行政机关在行使其行政管理职权时,与作为被管理对象的相对方发生争议,根据行政相对方的申请,由上一级政府行政机关或者法律法规规定的其他机关依法对引起争议的具体行政行为进行复查并作出决定的一种活动。① 税务领域的行政复议,即税务行政复议,是指纳税人、扣缴义务人、纳税担保人等税务当事人或者其他行政相对人认为税务机关及其工作人员作出的税务具体行政行为侵犯其合法权益,依法向上一级税务机关或者本级人民政府提出复查该具体行政行为的申请,由复议机关对税务具体行政行为的合法性和适当性进行审查并作出裁决的制度。②

在法律制度方面,我国有《行政复议法》以及《行政复议法实施条例》。我国《行政复议法》第2条规定:公民、法人或者其他组织认为具体行政行为侵犯其合法权益,向行政机关提出行政复议申请,行政机关受理行政复议申请、作出行政复议决定,适用本法。就税务行政复议来讲,国家税务总局还根据《行政复议法》《行政复议法实施条例》和《税收征收管理法》制定了《税务行政复议规则》。《税务行政复议规则》就税务行政复议的机构和人员、税务行政复议范围和管辖、税务行政复议的主体(申请人和被申请人)、税务行政复议的申请、受理以及审查和决定等方面作出了具体规定。

根据《税务行政复议规则》第2条的规定,公民、法人和其他组织(即申请人)认为税务机关的具体行政行为侵犯其合法权益,向税务行政复议机关申请行政复议,税务行政复议机关办理行政复议事项,适用本规则。此外,《税务行政复议规则》第102条还规定,外国人、无国籍人、外国组织在中华人民共和国境内向税务机关申请行政复议,同样适用该规则。因此,非居民纳税人与我国税务机关的争议也可通过行政复议解决。

根据《税务行政复议规则》第14条的规定,税务行政复议机关受理申请人对税务机关下列具体行政行为不服提出的行政复议申请:(1) 征税行为③;(2) 行政许可、行政审批行为;(3) 发票管理行为,包括发售、收缴、代开发票等;(4) 税收保全措施、强制执行措施;(5) 行政处罚行为④;(6) 不依法履行职责

---

① 参见罗豪才、湛中乐主编:《行政法学》,北京大学出版社1996年版,第334页。
② 参见刘佐、刘铁英编著:《中国涉外税收概览》,中国民主法制出版社2002年版,第382页。
③ 包括确认纳税主体、征税对象、征税范围、减税、免税、退税、抵扣税款、适用税率、计税依据、纳税环节、纳税期限、纳税地点和税款征收方式等具体行政行为,征收税款、加收滞纳金,扣缴义务人、受税务机关委托的单位和个人作出的代扣代缴、代收代缴、代征行为等。
④ 包括罚款、没收财物和违法所得、停止出口退税权。

的行为①；(7) 资格认定行为；(8) 不依法确认纳税担保行为；(9) 政府信息公开工作中的具体行政行为；(10) 纳税信用等级评定行为；(11) 通知出入境管理机关阻止出境行为；(12) 其他具体行政行为。

根据《税务行政复议规则》第15条的规定，申请人认为税务机关的具体行政行为所依据的下列规定不合法，对具体行政行为申请行政复议时，可以一并向行政复议机关提出对有关规定的审查申请；申请人对具体行政行为提出行政复议申请时不知道该具体行政行为所依据的规定的，可以在行政复议机关作出行政复议决定以前提出对该规定的审查申请：(1) 国家税务总局和国务院其他部门的规定；(2) 其他各级税务机关的规定；(3) 地方各级人民政府的规定；(4) 地方人民政府工作部门的规定。不过，这些规定不包括规章。

根据《税务行政复议规则》第75条的规定，税务行政复议机构应当对被申请人的具体行政行为提出审查意见，经行政复议机关负责人批准，按照下列规定作出行政复议决定：(1) 具体行政行为认定事实清楚，证据确凿，适用依据正确，程序合法，内容适当的，决定维持。(2) 被申请人不履行法定职责的，决定其在一定期限内履行。(3) 具体行政行为有下列情形之一的，决定撤销、变更或者确认该具体行政行为违法②；决定撤销或者确认该具体行政行为违法的，可以责令被申请人在一定期限内重新作出具体行政行为：(ⅰ) 主要事实不清、证据不足的；(ⅱ) 适用依据错误的；(ⅲ) 违反法定程序的；(ⅳ) 超越职权或者滥用职权的；(ⅴ) 具体行政行为明显不当的。(4) 被申请人不按照本规则第62条的规定提出书面答复，提交当初作出具体行政行为的证据、依据和其他有关材料的，视为该具体行政行为没有证据、依据，决定撤销该具体行政行为③。

此外，《税务行政复议规则》第86条还允许申请和被申请人就特定复议事项在行政复议机关作出行政复议决定前按照自愿、合法的原则达成和解，行政复议机关也可以调解。④

申请人对行政复议结果不服的，可依法提起行政诉讼。

---

① 包括颁发税务登记，开具、出具完税凭证，外出经营活动税收管理证明，行政赔偿，行政奖励以及其他不依法履行职责的行为。

② 《税务行政复议规则》第77条规定，有下列情形之一的，行政复议机关可以决定变更：(1) 认定事实清楚，证据确凿，程序合法，但是明显不当或者适用依据错误的。(2) 认定事实不清，证据不足，但是经行政复议机关审查明事实清楚，证据确凿的。

③ 《税务行政复议规则》第62条规定，行政复议机构应当自受理行政复议申请之日起7日内，将行政复议申请书副本或者行政复议申请笔录复印件发送被申请人。被申请人应当自收到申请书副本或者申请笔录复印件之日起10日内提出书面答复，并提交当初作出具体行政行为的证据、依据和其他有关材料。

④ 这些事项包括：(1) 行使自由裁量权作出的具体行政行为，如行政处罚、核定税额、确定应税所得率等。(2) 行政赔偿。(3) 行政奖励。(4) 存在其他合理性问题的具体行政行为。

二、税务行政诉讼

税务行政诉讼是指公民、法人和其他组织认为税务机关及其工作人员作出的税务具体行政行为违法或者不当,侵害了其合法权益,依法向人民法院提起行政诉讼,由人民法院对税务具体行政行为的合法性、适当性进行审查并作出判决的司法制度。①

税务行政复议和税务行政诉讼都是解决税务争议的法律途径,但二者的法律性质不同:税务行政复议仍然是在行政领域内解决争议,税务行政复议决定仍然是一种行政行为;税务行政诉讼是司法机关对行政机关行政行为的司法审查,是司法行为。

在行政诉讼的具体制度方面,我国于1989年颁布了《行政诉讼法》,自1990年10月1日起开始实施。2014年、2017年全国人大常委会对该法进行了两次修订。最高人民法院也制定了相关的司法解释。② 我国没有专门的行政法院或税务法院③,有关税务行政诉讼由人民法院依照其管辖权受理,法院内部设立行政审判庭专门负责审理行政案件。税务行政诉讼适用《行政诉讼法》。对于行政诉讼的基本法律制度,本章在此不予阐述。

需要指出的是,在税收行政复议和税收行政诉讼的关系上,根据我国《税收征收管理法》第88条的规定,有两种情况:(1)纳税人、扣缴义务人、纳税担保人同税务机关在纳税上发生争议时,必须先依照税务机关的纳税决定缴纳或者解缴税款及滞纳金或者提供相应的担保,然后可以依法申请行政复议;对行政复议决定不服的,可以依法向人民法院起诉。也就是说,在这种情况下,行政复议是行政诉讼的前置程序。同时,纳税人对税务机关的征税决定不服提起行政复议的前提是先缴纳税款或提供相应的担保,即纳税是行政复议的前置条件。(2)当事人对税务机关的处罚决定、强制执行措施或者税收保全措施不服的,可以依法申请行政复议,也可依法向人民法院起诉。也就是说,第二种情况下,当事人可以选择直接提起行政诉讼,而不需经过行政复议程序。

---

① 参见刘佐、刘铁英编著:《中国涉外税收概览》,中国民主法制出版社2002年版,第401页。

② 最高人民法院曾于2000年制定了《关于执行〈中华人民共和国行政诉讼法〉若干问题的解释》(法释〔2000〕8号)。2015年,最高人民法院又发布了《关于适用〈中华人民共和国行政诉讼法〉若干问题的解释》(法释〔2015〕9号)。2018年,最高人民法院再次发布了《关于适用〈中华人民共和国行政诉讼法〉的解释》(法释〔2018〕1号)。2018年的司法解释自2018年2月8日起施行,之前的两个司法解释同时废止。

③ 在德国,税务法院是专门处理当事人提出的税务诉讼的法院。在法国,受理当事人税务诉讼的法院有地区行政法庭和低等民事法庭,两类法院的管辖权不同。大多数税务案件都是由行政院系统受理判决的。在美国,纳税人可以在美国税务法院、美国地区法院以及美国权利申诉法院中任意选择一个进行起诉。参见廖益新主编:《国际税法学》,北京大学出版社2001年版,第433—434页。

以下以儿童投资主基金诉杭州市西湖区国家税务局税务征收案来说明税务诉讼的程序。该案是最高人民法院公布的行政审判十大典型案例之一。该案经过了一审、二审和最高人民法院的再审。

该案的基本案情如下：2003年11月，儿童投资主基金（The Children's Investment Master Fund）在开曼群岛注册成立。2004年3月，香港国汇公司与浙江国叶公司签订合同设立国益路桥公司，香港国汇公司占国益路桥公司95%的股份。国益路桥公司于2005年10月获准受让杭州绕城高速公路收费经营权，同月，CFC公司在开曼群岛注册成立，该公司持有香港国汇公司100%股权。2005年11月，儿童投资主基金通过股权转让和认购新股方式取得了CFC公司26.32%的股权，该份股权又于2011年9月转让给MDL公司，转让价格为2.8亿美元，另收取利息约380万美元。其后，杭州市西湖区国家税务局（以下简称西湖区国税局）对上述交易展开调查并呈报国家税务总局审核。国家税务总局于2013年7月明确批复：本案存在有关公司仅在避税地或低税率地区注册，不从事制造、经销、管理等实质性经营活动，股权转让价格主要取决于国益路桥公司估值，股权受让方对外披露收购的实际标的为国益路桥公司股权等事实，税务机关有较充分的理由认定相关交易不具有合理商业目的，属于以减少我国企业所得税为主要目的的安排。据此，西湖区国税局在与儿童投资主基金沟通后于2013年11月作出《税务事项通知书》，要求其就上述交易申报缴纳企业所得税人民币1亿余元。儿童投资主基金不服，向杭州市国税局申请复议未果后诉至法院，请求判决撤销上述《税务事项通知书》。

浙江省杭州市中级人民法院一审认为，我国有关税收法律法规已规定非居民企业须就其来源于中国境内的所得缴纳企业所得税，并规定了确定所得发生地的规则。此外，我国《企业所得税法》第47条规定了企业实施其他不具有合理商业目的的安排而减少其应纳税收入或者所得额的，税务机关有权按照合理方法调整。国家税务总局《关于加强非居民企业股权转让所得企业所得税管理的通知》第6条亦明确规定了"境外投资方（实际控制方）通过滥用组织形式等安排间接转让中国居民企业股权，且不具有合理的商业目的，规避企业所得税纳税义务的，主管税务机关层报税务总局审核后可以按照经济实质对该股权转让交易重新定性，否定被用作税收安排的境外控股公司的存在"。本案中，税务机关适用上述规定具有正当性和必要性，遂判决驳回儿童投资主基金的诉讼请求。其提出上诉后，浙江省高级人民法院二审以基本相同的理由判决驳回上诉、维持原判。

儿童投资主基金申请再审，最高人民法院经审查认为，原审认定事实来源于税务机关通过调查所得出的结论，围绕涉案公司的注册地点、股权转让的具体数额与方式、股权收购的实际标的、转让所得的实际来源、转让价格的决定因素以及股权交易的动机与目的等要素,均有充分证据予以证明。有关征税对象、标准的确定亦符合中国相关法律规定和税收政策的具体要求。本案事关税收法律法规和政策的把握,事关如何看待我国税务机关处理类似问题的基本规则和标准,事关中国政府涉外经贸管理声誉和外国公司与中国公司合法权益的平等保护,在经过人民法院严格的司法审查且再审申请人缺乏充分证据证明被诉行政行为违法的情形下,原审生效裁判效力应予维持。故裁定驳回儿童投资主基金的再审申请。

第三节　税收协定的相互协商程序

税收协定中的相互协商程序可用来解决缔约国政府间直接或间接的税收争议。税收协定中关于相互协商程序的规定,基本采用 OECD 范本或联合国范本的模式。下面先以 2017 年 OECD 范本为例进行阐述。

一、相互协商程序的条文与释义

(一) 条文

OECD 范本中有关相互协商程序的内容规定在第 25 条的第 1 款至第 4 款:

当一个人认为缔约国一方或双方的措施已经导致或将要导致对其不符合本税收协定的征税时,他可不考虑上述缔约国国内法的救济手段,将案件提交其本人为居民的缔约国主管机关,在案件属于本协定第 24 条第 1 款的情况时[①],可提交到其本人为国民的缔约国主管机关。案件必须在不符合本税收协定的征税措施第一次通知该人时起 3 年内提出。

如果缔约国主管机关认为案件所提意见合理,又不能单方面满意地解决时,应努力与缔约国另一方主管机关相互协商解决本案,以避免不符合本税收协定的征税。主管机关达成的协议应予以执行,而不受缔约国国内法律规定的任何时间限制。

缔约国双方主管机关应努力通过相互协商解决本税收协定在解释或适用时产生的任何困难和疑义。缔约国主管机关也可就消除本协定未作规定的双重征税问题进行协商。

缔约国双方主管当局为达成上述各款中的协议,可以相互直接联系,包括通

---

① OECD 范本第 24 条是关于"无差别待遇"的规定,其第 1 款的要求为,缔约国一方国民在缔约国另一方的税收负担和条件,不应比相同情况的缔约国另一方国民的税负和条件为重。

过双方主管当局或其指派的代表组成的联合委员会进行联系。①

(二) 释义

1. 第1款和第2款适用于间接国际税务争议

第1款赋予了纳税人向其居民国提出申诉的权利,第2款则规定了一国税务机关如何将纳税人与税务机关的争议转化为两国税务机关之间的争议。因此,第1款和第2款适用于间接的国际税务争议。

相互协商程序用于处理间接税务争议时,具有外交保护的特点。② 纳税人居民国的税务机关受理了纳税人的申请后,并不一定要启动相互协商程序。如果税务机关认为申诉合理,其问题主要由于纳税人居民国采取措施所致,即可单方面解决,不必启动相互协商程序。从税务机关没有义务启动相互协商程序这一点来看,该程序与国际法中的外交保护存在类似之处,都是一国保护本国居民或国民利益的制度,而且一国在该程序中占据主动,是否启动不在于当事人。不过,相互协商程序又不同于一般意义的外交保护,因为相互协商程序的启动不以用尽当地救济为前提。

但是,如果居民国税务机关认为纳税人申诉的税收问题全部或部分是由于另一国采取措施所致,就有义务启动相互协商程序。③ 不过,如果居民国税务机关在该种情况下仍不启动相互协商程序时,纳税人是否有救济手段,要看国内法中是否允许纳税人就税务机关不启动相互协商程序的决定向法院提出司法审查。

由于相互协商程序的启动与纳税人诉诸国内法院救济是两类不同的程序,居民国税务机关不能仅以纳税人将案件提交法院为理由而拒绝启动相互协商程序。为了避免税务机关相互协商达成的协议与司法判决可能存在的冲突,缔约国税务机关可以要求纳税人接受相互协商的结果,并要求纳税人撤回其在相互协商协议中已经解决问题的法律诉讼。④

需要明确的是,第1款适用的是与税收协定不符的征税,而不单单限于与税收协定不符的双重征税。比如,缔约国一方对某类所得征税,而根据税收协定此类所得的征税权是划归缔约国另一方独享的,尽管事实上该缔约国另一方并没

---

① 2017年联合国范本的第25条相互协商程序推荐了A和B两种选择。第25A条有4款,第25B条有5款,第25A条和第25B条的前4款是相同的。联合国范本的第25A条和第25B条的前3款与OECD范本第25条的前3款也是一样的。不过,联合国范本第25A条和第25B条的第4款除了包含OECD范本第25条第4款的内容外,还多了这样一句话:"主管当局通过协商可协商确定进行相互协商的适当的双边程序、条件、方法和技术"。

② M. Zuger, Conflict Resolution in Tax Treaty Law, *Intertax*, Vol.30, Issue 10, 2002, p.343.

③ 参见OECD范本关于第25条注释的第33段。

④ 参见OECD范本关于第25条注释的第45段。

有行使征税权。再比如,缔约国一方的国民是缔约国另一方的居民,但在缔约国另一方受到了歧视性税收待遇。①

2. 第3款适用于直接税务争议

第3款为缔约国双方税务机关通过相互协商程序来解决税收协定在解释和适用中的问题提供了基础。这些问题具有一般性,或涉及某类纳税人。比如,税收协定中的某个术语定义不清,澄清其含义就能够消除适用的困难。缔约国双方税务机关就此达成的协议对它们是有约束力的。② 因此,第3款是关于直接税务争议的处理方式。此外,缔约国双方税务机关还可根据相互协商程序来处理不属于税收协定适用范围的双重征税问题,比如第三国居民在税收协定缔约国双方都有常设机构时的双重征税问题。③

3. 第4款是缔约国双方税务机关相互协商具体做法的规定

缔约国双方税务机关可以直接联系,而并不必然通过外交渠道。缔约国双方税务机关也可以通过信函、电话、传真进行通讯,或建立联合委员会。联合委员会的人员构成和议事规则由缔约国双方来决定。④

二、相互协商程序的不足

相互协商程序可将纳税人与税务机关的争议转化为缔约国之间的税务争议。但是,这一程序并不一定就能够保证争议得到满意的解决,纳税人也不能当然从中受益。事实上,相互协商程序存在着下列不足之处:

(1) 缔约国税务机关只是被要求努力解决税务争议,但仅有义务尽力谈判,并没有义务一定达成结果。⑤

(2) 纳税人在相互协商程序中没有法律地位。税收协定为缔约国创设权利与义务,纳税人并不是该协定的缔约方,只可根据税收协定享受税收利益。因此,缔约国通过相互协商程序解决税务争议时,纳税人也不是相互协商程序的当事人。即使程序启动后,纳税人不一定有机会陈述其观点。税务机关的协商结果对政府之间来讲可能是公平的,但对纳税人不一定公平。税务机关的协商结论一般不公开因而缺乏透明度。⑥

(3) 税务机关根据相互协商程序达成的协议受制于缔约国的国内法。尽管OECD范本规定缔约国主管机关通过相互协商程序达成的协议应予以执行,但

---

① 参见OECD范本关于第25条注释的第13段。
② 参见OECD范本关于第25条注释的第50、52、54段。
③ 参见OECD范本关于第25条注释的第55段。
④ 参见OECD范本关于第25条注释的第57—59段。
⑤ 参见OECD范本关于第25条注释的第37段。
⑥ M. Zuger, Conflict Resolution in Tax Treaty Law, *Intertax*, Vol. 30, Issue 10, 2002, p. 345.

相互协商协议在缔约国国内法中的地位仍需根据其宪法或国内法来确定。例如荷兰认为协商协议是主管机关之间的君子协定(gentleman's agreement),对荷兰没有法律约束力,不能成为荷兰国内法的部分,也不能为个人创设权利和义务。大多数学者认为具有解释效果的协商协议属于条约,如被纳入国内法,则对法院有约束力。不过,在不将协商协议转化为国内法的情况下,该协议也不能为个人创设权利和义务。[①] 此外,相互协商协议能否偏离税收协定以及能否偏离法院判决,在不同国家也有不同的观点。[②]

三、BEPS 行动计划最终报告的最低标准

由于相互协商程序存在上述不足,BEPS 第 14 项行动计划也明确提出了更有效的税收争端解决机制的要求。2015 年通过的关于第 14 项行动计划的最终报告(以下简称"争端解决报告")提出了相关建议[③],这些建议包括最低标准、最佳实践和监督程序等方面。在此就最低标准的相关内容作简要的介绍。还需要指出的是,争端解决报告的相关内容也被纳入了《BEPS 公约》的第五章。

确保有关税收协定争议及时有效解决的最低标准包括:

(1) 各国应确保与相互协商程序有关的税收协定义务被全面和善意地履行,并且相互协商程序下的相关案件应及时解决。

为此,各国应在其税收协定中规定 OECD 范本第 25 条第 1—3 款的内容。争端解决报告还特别提出各国应为下列情况的案件提供相互协商的渠道:第一,转让定价调整案件,因为转让定价调整可能导致经济性双重征税且与税收协定的宗旨和目的不符。第二,纳税人与税务机关在适用反避税规则时的争端,比如税收协定的反滥用条款的适用条件是否满足,或是适用国内反避税规则是否与税收协定相冲突。

同时,各国应承诺力求在 24 个月内解决相互协商程序下的案件。

各国也应加入 OECD 财政事务委员会下属的税收征管论坛(Forum on Tax Administration, FTA)下的相互协商程序论坛(FTA MAP Forum),以加强各国税收主管机关之间的联系,并及时和完整地报告相互协商程序的统计数据,允许参加相互协商程序论坛的其他国家对其遵从最低标准的情况进行检查。

(2) 确保税收征管程序的执行促进税收协定相关争议的预防和解决。

适当的税收征管程序对于税务机关全面有效地履行职责及以公平一致的方

---

① Gerrit Groen, Arbitration in Bilateral Tax Treaties, *Intetax*, Vol. 30, Issue1, 2002, p. 7.
② 参见 OECD 范本关于第 25 条注释的第 34、35 段。
③ OECD/G20 Base Erosion and Profit Shifting Project, Making Dispute Resolution Mechanisms More Effective, Action 14: 2015 Final Report.

式对待纳税人有着重要意义。因此,各国应发布关于相互协商程序的申请和使用的规则、指南和程序,并使纳税人知晓。这些规则或指南应明确税务机关和纳税人的审计和解并不影响纳税人申请相互协商程序,并应当清晰和便于公众获取。各国也应当确保负责相互协商程序的工作人员具备按照税收协定的规定通过相互协商程序处理案件的权限,且不以税收数额等指标作为对从事相互协商程序的机关和人员的考核标准。各国也应保证负责相互协商程序的部门拥有充足的资源。

(3) 各国应确保符合 OECD 范本第 25 条第 1 款的纳税人能够申请启动相互协商程序。

为此,争端解决报告建议对 OECD 范本第 25 条第 1 款进行修订。修订后的条文为:当一个人认为缔约国一方或双方的措施已经导致或将要导致对其不符合本税收协定的征税时,他可不考虑上述缔约国国内法的救济手段,将案件提交给任何一个缔约国的主管机关。案件必须在不符合本税收协定的征税措施第一次通知该人时起 3 年内提出。争端解决报告也对 OECD 范本关于第 25 条第 1 款的注释提出了修改意见。修改的注释说明,这样修改的目的在于给予当事人选择权,当事人也可同时将案件提交给缔约国双方的税务主管机关。

由于 OECD 范本并非法律上的税收协定,因此,争端解决报告还指出,在税收协定的条款不允许纳税人向任何一个缔约国税务主管机关提出启动相互协商程序的申请时,如果收到纳税人申请的税务主管机关不认为纳税人的异议是合理的,则应通过缔约国双方之间的通知或磋商程序告知缔约国另一方(此处的措施不应理解为对解决案件的磋商)。

争端解决报告还指出,缔约国主管机关关于相互协商程序的规则或指南应当明确纳税人申请相互协商程序时所需提交的具体信息和文件。

第四节 仲 裁 程 序

虽然 BEPS 行动计划对于相互协商程序进行了改进,但并没有给缔约国税务主管机关附加必须达成解决协议的义务。因此,也就产生了通过仲裁机制解决国际税务争议的需要。事实上,早在 20 世纪 80 年代起,就有学者开始探讨解决国际税务争议的仲裁机制。① 仲裁程序的特点是:仲裁裁决由独立的仲裁庭作出,而非以相关缔约国的税务机关的名义作出;仲裁庭必须作出仲裁裁决,仲

---

① David R. Tillinghast, The choice of Issues to Be Submitted to Arbitration under Income Tax Conventions, *Essays on International Taxation*, Edited by Herbert H. Alpert and Kees van Raad, Kluwer Law and Taxation Publishers、1993, p. 349.

裁结果是终局的,具有法律约束力。采用仲裁方式解决国际税务争议的主要做法是在双边税收协定中设定专门的仲裁条款或订立专门的仲裁公约。

一、税收协定的仲裁条款

(一) 税收协定中的仲裁条款

2008年之前,OECD范本并没有仲裁条款。不过,现实中的税收协定已经出现了仲裁条款的实例。税收协定中的仲裁条款可分为两大类[①]:

一类以美国和墨西哥签订的双边税收协定中的仲裁条款(第26条第5款)为代表,其条文表述为:"任何本协定的解释或适用的困难和异议,缔约国主管机关如果不能通过本条前款的相互协商程序解决,如果缔约国双方主管机关和纳税人同意,可提交仲裁解决,只要纳税人事先书面说明受仲裁庭决定的约束。仲裁决定对缔约国双方具有个案的约束力。缔约国应通过外交渠道的换文来建立仲裁程序。本款规定在缔约国通过外交换文达成同意后生效"。

第二类以爱沙尼亚和荷兰签订的税收协定中的仲裁条款(第27条第5款)为代表,其条文表述为:"任何本协定的解释或适用的困难和异议,缔约国主管机关如果不能通过本条前款的相互协商程序在争议产生之日起两年内解决,应任何缔约国请求,该争议可提交仲裁解决,但这应在用尽本条第1—4款的程序后以及获得另一缔约国主管机关同意,并且纳税人以书面承诺受仲裁庭决定约束。仲裁庭的决定对缔约国和纳税人有约束力"。

(二) 税收协定范本中的仲裁条款

1. OECD范本

2008年修订的OECD范本在第25条增加了第5款,也引入了仲裁机制。以2017年OECD范本为例,其条文表述如下:"当一个人认为一方或双方缔约国的行为导致了对其与税收协定不符的征税并根据本条第1款提请缔约国一方机关启动相互协商程序后,缔约国双方当局如果不能根据本条第2款在3年内达成协议,此人可就任何未能解决的事项提请通过仲裁解决。如果这些未能解决的事项已由任何一国法院或行政法庭作出裁决,则不能提交仲裁。除非受该案直接影响的人不接受缔约国双方为履行仲裁裁决所达成的协议,仲裁裁决对缔约国是有约束力的。缔约国应履行仲裁裁决且不受国内法中时限的限制。缔约国当局应通过相互协商来确定适用本款的具体模式。"

2. 联合国范本

2011年修订的联合国范本也同样引入了仲裁机制。其第25条推荐了A、B两种选择。A方案共包含4款,是关于相互协商程序的;B方案共5款,前4款

[①] Gerrit Groen, Arbitration in Bilateral Tax Treaties, *Intetax*, Vol.30, Issue 1, 2002, p.7.

与 A 方案相同,第 5 款是关于强制性税收仲裁的,其条文表述为:"当一个人认为一方或双方缔约国的行为导致了对其与税收协定不符的征税并根据第 1 款提请其居民国当局启动相互协商程序后,缔约国双方当局如果不能根据本条第 2 款在 3 年内达成协议,应缔约国任何一方主管当局提请可就任何未能解决的事项通过仲裁解决,并应通知根据本条第 1 款提出案件申请的人。如果未能解决的事项已由一国法院或行政法庭作出裁决,则不能提交仲裁。仲裁裁决对缔约方是有约束力的并应履行,且不受国内法时限的限制,除非缔约国双方主管当局在收到仲裁裁决后 6 个月内达成与仲裁裁决不同的协议,或者受该案直接影响的人不接受缔约国双方为履行仲裁裁决达成的协议。缔约国当局应通过相互协商来确定适用本款的具体模式。"

相比较而言,联合国范本的仲裁条款和 OECD 范本的仲裁条款大致相同,但也存在以下两点不同①:(1) 联合国范本下仲裁的启动是由缔约国任何一方的主管当局提起,这意味着如果缔约方主管当局双方认为该案不适宜通过仲裁解决和任何一方都不提出请求时就不能仲裁。而 OECD 范本中则是由提请相互协商程序的纳税人提起。(2) 与 OECD 范本不同的是,联合国范本允许缔约方主管当局偏离仲裁裁决,如果它们在收到仲裁裁决后 6 个月内达成与仲裁裁决不同的协议来解决争议的事项。

(三) 仲裁程序的特点

以上税收协定(包括范本)中的仲裁程序具有下列特点:

(1) 解决国际税务争议的仲裁不同于国际商事仲裁。

国际商事仲裁解决的是私人主体之间的民商事争议,而税务仲裁解决的是政府之间的争议,而这种争议具有公法的性质。税务仲裁适用的法律应当是税收协定和缔约国相关的国内法。税收协定的解释应适用《维也纳条约法公约》。②

(2) 税务仲裁是相互协商程序的延伸。

税收协定的仲裁条款只有当相互协商程序不能解决税务争议时才能启动。缔约国双方根据相互协商程序达成协议且并不存在未解决的问题,纳税人就不能要求进行仲裁,即使纳税人并不认可相互协商程序达成的协议。因此,仲裁是相互协商程序的延伸,是就相互协商协商程序未能解决的问题进行仲裁,这也是为了提高相互协商程序的效率。税务仲裁不同于国际商事仲裁。国际商事仲裁

---

① 参见联合国范本关于第 25B 条第 5 款的注释第 13 段。

② OECD 范本关于第 25 条的注释附件中的仲裁机制范本还提出要适当考虑 OECD 范本注释。关于 OECD 范本注释在税收协定解释中的法律地位,可参见陈延忠:《国际税收协定解释问题研究》,科学出版社 2010 年版,第 4 章。

的当事人可以选择仲裁,也可选择调解、诉讼等方式,而且一旦选择了仲裁就排除了司法管辖。

(3) 税务仲裁可用于解决直接和间接的税务争议。

如前所述,政府间的税务争议包括间接和直接的两类。税务仲裁适用于哪些争议,取决于缔约国双方在谈判税收协定时的态度。OECD 范本和联合国范本的仲裁是明确适用于间接税务争议的。OECD 范本关于第 25 条的注释第 73 段指出如果缔约方希望仲裁也适用于第 3 款的直接争议也是可以的。① 前述美国和墨西哥以及爱沙尼亚和荷兰签订的税收协定中的仲裁适用于税收协定的解释和适用中产生的争议,这实际上指向直接的国际税务争议。不过,这两个税收协定都要求纳税人事先同意仲裁裁决,这意味着只有涉及纳税人的案件才能提交仲裁。加拿大与智利签订的税收协定中的仲裁条款并没有要求纳税人同意提起仲裁,也没有要求纳税人的事先书面受仲裁决定约束,这意味着直接和间接税务争议都可仲裁。②

(4) 仲裁具有自愿性和强制性。

如果税收协定的仲裁条款要求缔约国双方主管当局的同意才能启动仲裁,这意味着仲裁是自愿的。前述美国和墨西哥签订的税收协定的仲裁就是自愿性的。如果仲裁经纳税人或缔约国任何一方的主管当局提请即可启动,则仲裁就是强制性。OECD 范本和联合国范本的仲裁都是强制性的。

(5) 具有可仲裁的事项。

在税收协定中允许哪些争议可以仲裁,是缔约国来决定的。有的国家只是在与特定国家的税收协定中引入仲裁条款,有的国家的国内法可能不允许仲裁员就税收问题进行裁决。③ 美国的一些税收协定中明确将"税收政策和国内法"排除出仲裁范围。④ 有些国家希望将仲裁事项限定在事实争议方面,比如转让定价争议或认定常设机构是否存在的争议。⑤

(6) 关于纳税人的地位。

即使税收协定规定经纳税人提请,仲裁程序就能启动,纳税人也不是仲裁程序的主体。⑥ 税收协定的仲裁条款一般不规定仲裁员的任命和仲裁庭的组成、

---

① 参见 OECD 范本关于第 25 条的注释第 73 段。
② Gerrit Groen, Arbitration in Bilateral Tax Treaties, *Intetax*, Vol. 30, 2002, p. 10.
③ 参见 OECD 范本关于第 25 条的注释第 65 段。
④ Gerrit Groen, Arbitration in Bilateral Tax Treaties, *Intetax*, Vol. 30, 2002, p. 10.
⑤ 参见 OECD 范本关于第 25 条的注释第 66 段。
⑥ OECD 范本关于第 25 条的注释中所附的仲裁机制范本指出,纳税人可提交书面材料,也可在仲裁中出庭进行口头陈述。

作出仲裁的期限、仲裁适用的法律和仲裁程序等。① 因此,OECD 范本和联合国范本都规定由缔约国双方来具体协商。② 前述美国和墨西哥签订的税收协定也规定缔约国应通过外交渠道的换文来建立仲裁程序。之所以如此,是因为即使是间接税务争议也是发生于缔约国之间的。

(7) 关于仲裁裁决的效力。

仲裁裁决是终局的,对缔约国双方是有约束力的。③ 尽管纳税人并非仲裁程序的主体,但 OECD 范本和联合国范本仍给予了纳税人不接受仲裁裁决的权利。有的税收协定则要求纳税人事先同意受仲裁裁决的约束。

仲裁裁决不具有先例的作用。这是由于仲裁不公开进行,仲裁裁决一般也不公开④,公众无法获知;作出仲裁裁决所依据的法律个案也可能不同;每个案件的仲裁程序也可能不同。

二、BEPS 行动计划关于仲裁的建议

BEPS 行动计划也同样重视税收仲裁的作用。前述关于 BEPS 第 14 项行动计划的最终报告也指出:多个国家和纳税人认为具有强制约束力的仲裁机制是确保税收争端能够通过相互协商程序得到有效解决的最佳途径。虽然 OECD 和 G20 成员未就采用仲裁机制来确保相互协商程序下的案件的解决达成一致,但一些国家已经承诺采用具有强制约束力的仲裁机制。⑤

关于 BEPS 第 15 项行动计划"制定用于修订双边税收协定的多边协议"的一部分,具有约束力的仲裁机制也纳入了谈判内容。《BEPS 公约》第六章专门规定了仲裁的内容,供缔约方选择适用,即《BEPS 公约》所适用的双边税收协定的缔约方都选择第六章时才在双方之间适用。第六章的具体内容包括建立强制性的有约束力的仲裁机制、仲裁员的任命、仲裁程序的保密、仲裁程序的类型、仲裁程序的费用等。

---

① 相比之下,国际商事仲裁条款一般都包含将争议提交仲裁的意思表示、仲裁的事项、仲裁庭的组成、仲裁程序等事项。

② OECD 范本关于第 25 条的注释中所附的仲裁机制范本规定:仲裁员由缔约方各指定一名,被指定的仲裁员再指定第三名仲裁员。仲裁员可以是政府官员,但不应参与仲裁之前的程序。

③ OECD 范本关于第 25 条的注释中所附的仲裁机制范本指出,缔约国主管当局应在 6 个月内就实施仲裁裁决达成协议并通知纳税人。在仲裁裁决作出前,缔约国双方可达成协议,仲裁程序相应终止。

④ OECD 范本关于第 25 条的注释中所附的仲裁机制范本规定,如果纳税人和缔约国双方同意,仲裁裁决也可公开,但不公开当事方的名称和身份。

⑤ 明确表示有意采用仲裁的国家有:澳大利亚、奥地利、比利时、加拿大、法国、德国、爱尔兰、意大利、日本、卢森堡、荷兰、新西兰、挪威、波兰、斯洛文尼亚、西班牙、瑞典、瑞士、英国和美国。

三、欧盟的仲裁公约

除了税收协定的仲裁条款外,相关国家还可就相关争议的解决订立仲裁的专门公约。比如,欧盟成员国就制定了关于转让定价调整的仲裁公约。

1990年7月23日,欧盟当时的12个成员国①代表通过了《消除关联企业利润调整中的双重征税的公约》(Convention on the Elimination of Double Taxation in Connection with the Adjustment of Profits of Associated Enterprises,以下简称《仲裁公约》)。该《公约》于1995年1月1日生效。1995年奥地利、芬兰和瑞典3国加入欧盟,《仲裁公约》也对这3国适用。由于《仲裁公约》第20条规定其有效期为5年,因此上述15国于1999年5月25日通过了修改《仲裁公约》的议定书,将《公约》第20条修改为:公约在5年期限届满后将自动每次延长5年,除非成员国在任何一个5年期限届满前6个月以书面方式通知欧盟部长理事会反对延长。② 2004年,捷克等10国加入欧盟。③ 2007年,罗马尼亚和保加利亚加入欧盟。2013年,克罗地亚加入欧盟。《仲裁公约》也随之扩展适用于这些国家。④

《仲裁公约》的目的在于避免成员国的主管机关对欧盟境内的关联企业(包括一个成员国企业在另一国的常设机构)的利润或损失进行调整时所可能导致的双重征税。

成员国主管机关进行转让定价调整时应遵循独立交易原则。如果一个企业认为主管机关在转让定价调整中未能遵循独立交易原则,可提交其所在或其常设机构所在的成员国的主管机关处理。该成员国主管机构应努力与相关成员国的主管机关通过相互协商程序来解决双重征税问题。

如果在案件第一次提交给有关主管机关后2年内,主管机关未能通过相互协商程序达成协议以消除双重征税,它们就必须设立一个咨询委员会。该委员会负责就案件的消除双重征税问题提供意见。委员会应当在案件提交后6个月

---

① 这12个国家是:比利时、丹麦、德国、希腊、西班牙、法国、爱尔兰、意大利、卢森堡、荷兰、葡萄牙、英国。

② 不过,该议定书2004年才生效,这意味着《仲裁公约》在1999年12月31日届满后直到2004年才重新生效。为此,缔约国专门规定《仲裁公约》具有追溯力,即从2000年1月1日就有效力。参见欧盟网站:http://ec.europa.eu/taxation_customs/taxation/company_tax/transfer_pricing/arbitration_convention/index_en.htm,2019年8月21日。

③ 这10个国家是:捷克、塞浦路斯、爱沙尼亚、匈牙利、拉脱维亚、立陶宛、马耳他、波兰、斯洛伐克、斯洛文尼亚。

④ 根据欧盟部长理事会2014年12月9日的决定(Council Decision of 9 December 2014 Concerning the Accession of Croatia to the Convention of 23 July 1990 on the Elimination of Double Taxation in Connection with the Adjustment of Profits of Associated Enterprises),《仲裁公约》自2015年1月1日适用于包括克罗地亚在内的欧盟成员国。

以内根据独立交易原则给出意见。在委员会给出意见后6个月内,相关主管机关有义务分别根据委员会的意见行事。在下列情况下,双重征税应认为是消除了:(1) 利润只在一个缔约国被计入应税所得;(2) 利润在一个缔约国的应税额在另一国被从应税额中等额扣除。

《仲裁公约》的突出特点是引入了强制性的仲裁机制。此外,欧盟还于2006年制定了关于有效实施《仲裁公约》的行为守则(Code of Conduct for the Effective Implementation of the Arbitration Convention),并于2009年对守则进行了修订。守则对《仲裁公约》的具体适用范围、相关期限的计算、仲裁员的名单和仲裁程序、咨询委员会的组成和职责、咨询委员会意见应包含哪些内容等方面作了进一步的说明。①

需要明确的是,《仲裁公约》只适用于转让定价调整方面。从理论上讲,涉及税收协定适用的事实争议比税收协定解释的争议更适合于仲裁:因为仲裁员是相关领域的专家,比税务主管机关更有经验处理税收协定适用的事实纠纷,其裁决也不会影响缔约国的财政主权。② 当然,税收协定的仲裁条款也同样适用于转让定价调整中争议的解决。

第五节 国际司法方式

相互协商程序和仲裁是处理政府间税务争议的主要方式。理论上讲,政府间争端的解决还可通过国际司法的方式解决,即将争议提交国际性的法院来裁判。1927年的国联税收协定范本草案就设想将常设国际法院(Permanent Court of International Justice)作为解决税收协定适用争议的最后机制。③ 不过,迄今为止,国际间仍然没有设立处理国际税务争议的国际税收法院(International Tax Court)。不过,欧盟法院作为区域性的常设司法机构,在推动欧洲一体化的过程中,尝试了解决国际税务争议的新模式。国际法院(International Court of Justice, ICJ)作为处理国际争议的司法机构,也有学者主张其处理国际税务争议的可能性。

---

① Ben J. M. Terra and Peter J. Wattel, *European Tax Law*, 6th Edition, Kluwer Law International, 2012, pp. 716—718.

② David R. Tillinghast, The Choice of Issues to be Submitted to Arbitration under Income Tax Convention, in Gerrit Groen, Arbitration in Bilateral Tax Treaties, *Intetax*, Vol. 30, Issue 1, 2002, p. 10.

③ Edwin van der Bruggen, Compulsory Jurisdiction of the International Court of Justice in Tax Cases: Do We Already Have an "International Tax Court", *Intertax*, Vol. 29, Issue 8/9, 2001, p. 250.

一、欧盟法院的作用

欧盟法院是欧洲联盟的司法机构。根据《欧洲联盟运转条约》第 258 条,欧盟委员会认为某一成员国未能履行《欧洲联盟条约》和《欧洲联盟运转条约》(以下简称"两条约")的义务时,委员会在提请该成员国发表意见后,委员会应就此问题提出意见并说明理由。如果成员国在委员会规定的期限内未能执行委员会的意见,委员会可将该成员国诉至欧盟法院。

根据《欧洲联盟运转条约》第 259 条,如果一个成员国认为另一成员国未能履行两条约的义务,该成员国可将其诉至欧盟法院。

因此,如果欧盟机构或成员国认为某成员国的税法违反了两条约下的义务,欧盟法院对此有权管辖并作出裁决。

此外,《欧洲联盟运转条约》第 267 条,应成员国国内法院的请求,欧盟法院可对涉及欧盟法律的解释问题或欧盟机构所作决议的效力问题进行先决裁决。先决裁决程序对欧盟法院来讲是一个独立的司法程序,而相对于成员国法院而言,则是其具体案件审理中的一部分。先决裁决程序是欧盟法院独具特色的司法程序,对解决纳税人和成员国之间的国际税务争议具有重要作用。欧盟法院在先决裁决程序下就欧盟法作出的解释对引用该程序的成员国法院有约束力。同时,由于欧盟法院的判决具有先例效力,其对欧盟法的解释对其他成员国法院也有约束力。[①]

下面以欧盟法院裁决的舒马赫案(Case C-279/93)为例说明欧盟法院处理税务争议的作用。

德国税法将纳税人分为居民纳税人和非居民纳税人两类,居民纳税人承担无限纳税义务,非居民纳税人只就其来源于德国的所得纳税。不过,已婚的居民纳税人享受某些税收优惠,但已婚的非居民纳税人不能享受给予已婚居民纳税人的税收优惠,而按未婚纳税人纳税。

舒马赫先生是比利时国民,与其妻子和孩子居住在比利时,但在德国受雇工作。根据德国税法,舒马赫先生按非居民纳税。这意味着他的婚姻和家庭状况不被考虑而作为单身征税,不能享受已婚居民纳税人的优惠。由于舒马赫先生在比利时没有应税收入,因此他不能享受给予比利时居民纳税人的税收减免优惠。舒马赫先生认为他应当享有给予德国已婚纳税人的优惠。德国税务机关拒绝了其要求。舒马赫先生诉至德国法院,德国法院依先决裁决程序向欧盟法院

---

① 欧盟法院在 CILFIT 案(Case 283/81)中指出,只要案例涉及的欧共体法律问题业已为欧盟法院所解释,成员国法院就可在随后的案例中援引。

寻求《欧洲共同体条约》第39条的解释。①

第39条是有关共同体内人员的自由流动的规则。该条第2款要求消除任何对成员国国民基于国籍的歧视。欧盟法院认为该条并不允许一个成员国在征收直接税方面歧视在其境内工作的另一成员国国民。本案中，德国法的规定并不是以纳税人国籍为标准实施的。但是，这种做法通过区分居民和非居民纳税人而拒绝给予非居民纳税人以税收优惠，就会对其他成员国国民的利益造成损害，因为非居民纳税人大多为外国人。因此，只给予一个成员国的居民纳税人以税收优惠的做法就构成基于国籍的间接歧视。

欧盟法院也承认，一般来讲，成员国不给予非居民纳税人某些居民纳税人的特有的税收优惠并非歧视，因为歧视只有在对相同情况实施不同规则或是对不同情况实施相同规则的条件下出现，居民和非居民纳税人的情况不同。但是，本案中，非居民纳税人在受雇工作的成员国获得其大部分收入，在其居民国却没有什么收入，故其居民国不给予税收优惠。此时，在德国，从事相同或类似工作的居民和非居民纳税人之间没有实质区别，德国没有理由给予不同税收待遇。因此，在非居民纳税人在非其居民国的成员国获得其个人或家庭大部分收入时，其个人和家庭状况不被工作国和居民国考虑就构成歧视。

二、国际法院的作用

国际法院在理论上也可用于解决税务法律争议。根据《国际法院规约》第36条第2款，国际法院受理的案件为"法律性争议"。"争议"是指对法律或事实的不同观点以及双方法律观点或利益的冲突；"法律性"是指条约的解释、任何国际法问题、事实的存在使得违反国际法义务成立等事项。② 缔约国之间税收协定的适用和解释的纠纷属于"法律争议"，因此理论上国际法院可用于解决政府间的税务争议。

在实践中，德国和瑞典签订的税收协定规定：缔约国双方同意，如果它们不能达成合意通过仲裁解决税务争议时，将根据1957年4月29日签订于斯特拉斯堡的《关于和平解决争端的欧洲公约》来解决，而该公约允许基于缔约国一方的请求即可诉诸国际法院。③

此外，《国际法院规约》第65条第1款规定，根据《联合国宪章》授权或依照《联合国宪章》有权提出此种请求的任何机构一旦提出请求，国际法院得就任何

---

① 《欧洲共同体条约》的第39条如今是《欧洲联盟运转条约》的第45条。

② Edin van der Brggen, Compulsory Jurisdiction of the International Court of Justice in Tax Cases: Do We Alreary Have an "International Tax Court", *Intertax*, Vol. 29, Issue 8/9, 2001, p. 252.

③ Dahlberg, Settlement of Disputes in Swedish Tax Treaty Law, in M Zuger, Conflict Resolution in Tax Treaty Law, *Intertax*, Vol. 30, Issue 10, 2002, p. 353.

法律问题提出咨询意见。《联合国宪章》授权联合国大会和安理会提出此种请求,且联合国大会可以授予其他机构和联合国专门机构类似的权力。[①] 因此,有关税收协定的法律解释纠纷也可通过这种途径寻求国际法院的意见。

不过,实践中使用国际法院解决税务争议的可能性微乎其微,因为国际法院的管辖权需要争议当事国的事先同意,国际法院裁决的案件以领土、外交、人权等方面的国际公法争议为主。

本 章 小 结

本章讲授了国际税务争议的分类和解决方法。政府与纳税人之间的涉外税务争议主要通过行政复议或行政诉讼解决。税收协定的相互协商程序用于处理缔约国政府之间的税务争议。政府与纳税人之间的税务争议也可转化为政府之间的税务争议并通过相互协商程序解决。不过,相互协商程序存在着一些缺陷,因此税收协定开始引入仲裁条款来解决国际税务争议。税务仲裁程序是相互协商程序的延伸,用于解决相互协商程序未能解决的问题。此外,欧盟法院具备处理成员国间税务争议的职能。通过国际法院解决政府间的税务争议只是理论上可行。

思考与理解

1. 试述国际税务争议的表现形式和解决思路。
2. 试述我国税务行政复议和行政诉讼的机制。
3. 试述税收协定中的相互协商程序的特点。
4. 试述税收协定中的仲裁程序的特点。

---

① 〔英〕伊恩·布朗利:《国际公法原理》,曾令良、余敏友等译,法律出版社2003年版,第293页。

第二十三章 金融衍生品的税收管辖权

第一节 跨境金融交易所得的来源地规则

一般而言,来源地规则的适用往往与所得的属性直接相关。当前对金融工具相关所得的来源地判定尚未形成统一的规则。相比而言,传统金融工具(主要是股票和债券)的跨境交易所得的来源地规则和避免双重征税的规则在各国国内法和税收协定中一般都有所规定。对于股息所得,OECD 范本第 10 条确定以付款公司的居住地作为来源地,即如付款人为一国境内的居民公司,则股息为来源于该国的所得。大多数国家基本沿用这一标准,如中国[①]、美国、阿根廷等。但也有国家采用基础利润的来源地或股份登记地作为股息所得的来源地。[②] 利息所得,OECD 范本第 11 条规定以付款人的居住地确定其来源地。中国[③]、美国、阿根廷也采用这一标准。此外,债务人的居住地[④]、债务合约缔结地、资金借出地、借入资金使用地[⑤]、支付资金产生地、债务可执行地、担保资产所在地和利息汇出地被作为认定利息所得来源地的标准。[⑥] 金融资产相关的转让所得[⑦],各国规定则存在较大的差异。有些国家以债权人居住地作为债券转让所得的来源地,以股份和有价证券的登记地作为其转让所得的来源地。[⑧] 美国对金融资产相关的转让所得,按转让方所在地为其来源地。在中国,债券转让所得以转让债券的企业所在地为来源地,转让股权所得则以被投资企业的所在地作为来源地。在加拿大,上市交易证券的转让所得以其上市的交易所所在地或转让合同签订地为其来源地。[⑨] 对于保险收入,各国则通常以保险风险所在地作为所得来源

---

① 我国《企业所得税法实施条例》第 7 条第 4 项规定,股息、红利等权益性投资所得,按照分配所得的企业所在地确定。
② Roy Rohatgi, *Basic International Taxation*, Kluwer Law International, 2002, p. 156.
③ 我国《企业所得税法实施条例》第 7 条第 5 项规定,利息所得按照负担、支付所得的企业或者机构、场所所在地确定,或者按照负担、支付所得的个人的住所地确定。
④ 日本对债券利息采用这一标准。
⑤ 日本对贷款利息采用这一标准。
⑥ Roy Rohatgi, *Basic International Taxation*, Kluwer Law International, 2002, p. 156.
⑦ 我国《企业所得税法实施条例》第 7 条第 3 项规定,动产转让所得按照转让动产的企业或者机构、场所所在地确定,权益性投资资产转让所得按照被投资企业所在地确定。
⑧ Roy Rohatgi, *Basic International Taxation*, Kluwer Law International, 2002, p. 156.
⑨ Income Tax Act of Canada (1985), Section 115. See Li Jinyan, Rethinking Canada's Source Rules in the Age of Electronic Commerce: Part 1, *Canadian Tax Journal*, Vol. 47, 1999, pp. 1094—1102.

地,如美国。[1]

在大多数国家,利息和股息都必须在其来源国课征预提税。但越来越多的来源国为吸引境外资本而放弃对股息和/或利息课征预提税。如美国国会通过两种方式免除非居民所取得的利息的预提税:(1)将所得视为非来源于美国的所得;(2)对来源于美国的所得给予免税待遇。从1984年开始,支付给债务人的非控股股东(控股权在10%以下)的利息免予课征预提税。[2]

从各国的征税实践来看,衍生金融工具的跨境交易产生的收益通常并不在来源地课征,而是由居民国征税。[3] 与股息或利息不同的是,各国对衍生金融品项下的现金流很少课征以毛收入为基础的预提税,即如非居民投资者与本国居民投资者缔结衍生金融合约,除非该非居民投资者在该国拥有常设机构,非居民投资者通常并不因合约项下的收益而在该国被课征预提税。但各国对衍生金融合约免予课征来源地税收的规定仍各有不同。一些国家不将衍生工具所得计入预提税的税基,另一些国家则规定衍生品所得不适用预提税规则。在美国,尽管并无法律明确规定衍生品产生的所得可以免予来源地课税[4],但通常以居住地为基础的来源地规则放弃对非居民投资者取得的衍生金融工具所得的税收管辖权[5],如对名义本金合约项下的定期支付的现金流以收款人的居住地确定所得的来源地,而非参照纳税人的对方当事人的居住地确定。[6] 由于远期合约/期权构成多数投资者手中的个人财产,根据《国内收入法典》的规定,个人财产的转让所得的来源地将根据财产所有人的居住地予以确定。因此,外国投资者转让远期合约、终止合约上的权利和义务,将确认为外国来源的所得。[7] 在英国,与衍生品合约相关的支付通常并不课征预提税。但衍生品合约可能包含如利息支

---

[1] Internal Revenue Code of United States, Section 861(a)(7).

[2] Yoram Keinan, The Case for Residency-Based Taxation of Financial Transactions in Developing Countries, *Florida Tax Review*, Vol.9, No.1, 2008, pp.25—26.

[3] Charles T. Plambeck, H. David Rosenbloom, Diane M. Ring, General Report, International Fiscal Association, Tax Aspect of Derivative Financial Instruments, *IFA Cahier de Droit Fiscal International*, Volume LXXXb, Kluwer Law International, 1995, p.684.

[4] H. David Rosenbloom, Source-Basis Taxation of Derivative Financial Instruments: Some Unanswered Questions, *University of Miami Law Review*, 1995—1996, p.611.

[5] Gregory May, National Report-United States, International Fiscal Association, Tax Aspect of Derivative Financial Instruments, *IFA Cahier de Droit Fiscal International*, Volume LXXXb, Kluwer Law International, 1995, p.633.

[6] Regulation Section 1.863-7(b).

[7] David F. Levy, Towards Equal Tax Treatment of Economically Equivalent Financial Instruments: Proposals for Taxing Prepaid Forward Contracts, Equity Swaps, and Certain Contingent Debt Instruments, *Florida Tax Review*, Vol.3, No.8, 1997, pp.484,490.

付的项目,则将被课征预提税。① 有些国家则试图以衍生品合约所管理的风险所在地为来源地,如阿根廷和哥伦比亚,如果所承担的风险发生于本国境内,则该项所得来源于本国境内。② 根据阿根廷1997年颁布的关于衍生品所得的来源地规则,如果所承担的风险位于阿根廷境内,则衍生品中承担的权利和义务的结果被视为来源于阿根廷。然而,该规则同时规定,如果取得此项结果的当事人是阿根廷居民或外国公司在阿根廷的常设机构,则可以认为该项风险发生于阿根廷。因此,只有当取得衍生品所得的收款人是阿根廷居民或在阿根廷成立的公司,该收款人才承担阿根廷的纳税义务。从这个意义上说,尽管阿根廷规定以风险为标准确定衍生品所得的来源地,实际上与收款人的居住地标准并无实质的区别③,对外国人与阿根廷居民缔结衍生品合约而取得的所得并不在阿根廷予以课税。

由此可见,对于跨境金融衍生品交易所产生的收益,国际上似乎已经就以居住地为基础的税收管辖权达成了基本的共识。但来源国为何不能对衍生品所得进行课税,存在各种不同的观点。有学者认为,此种所得取得者的居住地为基础的来源地规则反映了"所得的流动性"和此种所得"不代表与股息和利息相同意义的资本所得"④。经合组织2001年发布的《创新金融工具:税收政策隐喻》报告则认为这是由于以毛收入为基础的预提税难以征管,可能破坏合同中的经济关系,由于合同的流动性也意味着预提税并非取得财政收入的有效方法。但一方面对衍生品所得无来源地为基础的课税,是来源国对衍生品所得并不享有税收管辖权使然,还是来源国基于实践的考量而放弃其享有的税收管辖权,不无疑问。另一方面,对股息和利息的来源地课税实际上极易通过无来源地税收的衍生品交易而予以避免,造成来源国税基的流失。⑤ 为此,下文将首先探讨来源国对创新金融工具,尤其是衍生金融工具是否享有来源地税收管辖权,在此基础上分析来源国是否有必要课征来源地为基础的税收。

---

① Yoram Keinan, The Case for Residency-Based Taxation of Financial Transactions in Developing Countries, *Florida Tax Review*, Vol. 9, No. 1, 2008, p. 47.

② Ibid., p. 46.

③ Leandro M. Passarella, Taxation of Derivatives: Risk as the Criterion for Determining the Source of Income, *IBFD Publications BV*, 1999, p. 54.

④ Charles T. Plambeck, H. David Rosenbloom, Diane M. Ring, General Report, International Fiscal Association, Tax Aspect of Derivative Financial Instruments, *IFA Cahier de Droit Fiscal International*, Volume LXXXb, Kluwer Law International, 1995, p. 684.

⑤ Jeffrey M. Colon, Financial Products and Source Basis Taxation: U.S. International Tax Policy at the Crossroads, *University of Illinois Law Review*, 1999, p. 789.

第二节 衍生金融产品的来源地管辖权的合法化基础

一、经济联结点

居民和来源地是当前普遍接受的国际税收管辖权的两大基础。居民税收管辖权的行使是基于量能课税原则。要准确确定纳税人的税收负担能力,有必要对所有所得,只要足以导致消费和投资的市场价值的增加,无论收入形式、来源地,都应当纳入应税所得。就此而言,衍生品交易所产生的收益,由该收益取得者的居民国行使税收管辖权,并无太大的争议。来源地管辖权的行使主要关注的是所得的经济起源。一国只对产生于来源国或与该国存在经济联结点的所得行使来源地税收管辖权。[1] 那么,对衍生品交易所得是否成立来源地为基础的课税,应有必要考察其与来源国之间是否存在经济联结点。只有纳税人与该国之间的经济联系具有实质性,来源国才能行使征税权。[2]

资金的投入与使用被视为传统的金融资产收益与其来源国的经济联结点。由于付款人所在国提供的基础设施和公共服务使得付款人能够取得构成股息和利息经济来源的经营利润,来源国与股息和利息之间存在实质的经济联结点,从而有必要承担该国政府提供公共产品的必要成本。但衍生产品都是缺乏或只有很少真正的资本投资的衍生性权利,投资者并未对这些衍生品合约投入资金,一般不会直接产生净所得。[3] 由于不涉及资本或财产的国内投入和使用,仅仅是对未来收益的博弈[4],其收益的取得只与市场变动有关,而与其交易对方的生产经营活动并无直接的关系。[5] 由于衍生金融工具与付款人居住地的生产性活动之间的联系过于单薄,衍生金融工具项下的付款人作为本国居民的事实也无法为来源地征税提供充分的联结点。[6] 就此看来,衍生金融工具似乎与来源国缺乏实质的经济联系,对其进行来源地课税并无合法性。然而,衍生金融工具的实

---

[1] Jeffrey M. Colon, Financial Products and Source Basis Taxation: U.S. International Tax Policy at the Crossroads, *University of Illinois Law Review*, 1999, p. 781.

[2] Pamela M. Krill, Quill Corp. v. North Dakota: Tax Nexus under the Due Process and Commerce Clauses No Longer the Same, *Wisconsin Law Review*, 1993, p. 1411.

[3] 即使部分衍生品合约需要初始的余额支付,这也仅仅用于保证交易的履行,并不代表任何资金的投入。

[4] David P. Hariton, Equity Derivatives, Inbound Capital and Outbound Withholding Tax, *Tax Lawyer*, Vol. 60, No. 2, 2007, p. 321.

[5] David P. Hariton, Withholding on Cross-Border Stock Loans and Other Equity Derivatives, *Taxes*, December 1994, p. 1055.

[6] H. David Rosenbloom, Source-Basis Taxation of Derivative Financial Instruments: Some Unanswered Questions, *University of Miami Law Review*, 1995—1996, p. 614.

质在于"衍生",而非"金融"。因此,纯粹的衍生品与反映资本转移的金融工具之间存在着本质的差别。① 衍生金融工具的交易目的不是实现资金的融通,而是转移某一特定的风险。衍生金融工具的价值尽管衍生于另一金融工具,但其交易机制、交易目的、收益来源和属性等均与基础金融工具有所不同。资本的转移与使用既非衍生金融工具的交易核心,衍生金融工具甚至可以不包含任何的资金投入,以此作为判定该交易与来源国之间的经济联系存在与否,显然是不合逻辑的。只有从衍生金融工具的交易实质出发,才能真正判定是否有经济联系的存在。

衍生合约的基础资产可能是代表全球范围内的价格波动风险或与交易双方当事人居住地无关的第三国境内的风险,如基础指数是全球油价或第三国与第四国之间的汇率波动,被认为是衍生金融工具难以确定与某一特定地点的实质经济联系的又一原因。② 但即使衍生品的基础资产代表了全球范围内的风险变化,也不意味着衍生品交易双方所承担的风险具有"国际性",因为基础资产的风险并不代表衍生品相关的风险。衍生品相关的风险是交易双方当事人因缔结衍生品合约而由该合约创造的可能发生亏损或取得盈利的额外风险,是独立于基础资产甚至交易双方从事的除衍生品以外的经济活动的风险。③ 衍生品合约仅仅由于合约的价值必须参照经济活动所产生的结果或基础资产的变化予以确定而涉及基础资产。衍生品合约的缔结并不使当事人实际承担基础资产的价格波动等风险,而仅仅以基础资产价值变化作为量化双方当事人损益的参照物。④ 因此,基础资产风险的泛地域性并不意味着衍生品交易及其所得的泛地域性。

"联结点"意味着"结合",因此,被定义为"联系"或"因果关系"。⑤ 在税法领域中,如个人或公司与一国之间存在明确的关系或最低程度的联系,将被视为存在"联结点"。⑥ 传统税法上的"联结点"通常是指外国个人或公司与一国之间的物理联系。⑦ 如有形财产、雇员或代理人等,被认为构成税法上的联结点。

---

① H. David Rosenbloom, Source-Basis Taxation of Derivative Financial Instruments: Some Unanswered Questions, *University of Miami Law Review*, 1995—1996, p. 605.

② Ibid., p. 614.

③ Leandro M. Passarella, Taxation of Derivatives: Risk as the Criterion for Determining the Source of Income, IBFD Publications BV, 1999, p. 49.

④ 如在巨灾债券中,购买巨灾债券并不会使投资者面临某一特定类型的自然灾害所造成的损失,只是其未来收益按照该自然灾害所造成的损失程度予以计算。

⑤ *Merriam Webster's Collegiate Dictionary*, 10th Edition, 1993, p. 783.

⑥ Christina R. Edson, Quill's Constitutional Jurisprudence and Tax Nexus Standards in An Age of Electronic Commerce, *Tax Lawyer*, Vol. 49, 1995—1996, p. 909.

⑦ Richard Lieberman & Lipeles Stewart, The Geoffrey Case: A Failed Attempt to Provide Content to the Economic Nexus Principle, *State Tax Notes*, March 7, 1994.

然而,随着经济联结理论的发展,物理存在已非确立税法联结点的必要条件。多种不同的方式,包括无形财产或设施的存在,在某些情况下单纯从居住国获取经济利益,如当地消费者或位于该地的无形资产,都可能确立税法上的联结点。① 在消极所得的情况下,由于此种所得往往产生于取得者只享有很小程度的控制权的活动②,只要产生用于支付该项所得的收益的活动与该国存在经济联系,即可认为该消极所得与该国之间存在税法上的联结点。为此,有必要考察纳税人是否有意识地使自己获得在该国境内从事营业活动的实质权利。

从经济的角度而言,全球范围内的所得均来自公司或个人以生产形式所创造的价值。公司创造的新增价值实际上表现为其未分配收益和对不同投资形式的投资者进行的不同分配方式,如股息、利息、特许权使用费或租金等。③ 就传统的投资形式而言,可以是股权投资或债务资本。其区别在于投资者愿意承担的风险水平和类型的不同。在现代经济中,风险管理是经济发展的主要原因之一,能够产生实质的效率收益。④ 公司的所得在很大程度上取决于其承担的经营风险的结果。⑤ 因此,公司通过参与衍生品交易,对其承担的各种风险进行管理,改变其风险组合,避免损失结果的确定性将会有所增加。一方面,以衍生品进行的风险管理将减少企业为防止损失发生而不得不维持的巨额准备金,这些资金由此可以用于投资而产生更多的利润。另一方面,损失的结果也将由于风险的转移或减少而有所缓解。公司能够留存的净利润将由此有所增加。由于所有金融工具都包含债务因素和博弈因素,所有公司缔结或发行的金融工具的组合将产生一定的时间价值回报和因公司经营相关风险的承担而取得一定数额的收益或损失。由此支付的款项是将公司在其经济活动承担的风险基于合同转移给对方当事人所支付的成本。⑥ 换句话说,与债权人、股东或出租人一样,金融合约的当事人基于该合约承担公司从事特定经济活动的风险而有权参与该公司的利润分配,即使他并无任何的初始投资。因此,衍生品合约项下的款项支付构成分配公司经营成本的新的方式。衍生金融产品的交易所得与产生此风险回报

---

① Craig J. Langstraat & Emily S. Lemmon, Economic Nexus: Legislative Presumption or Legitimate Proposition, *Akron Tax Journal*, Vol. 14, 1999, p. 2.

② Reuven S. Avi-Yonah, The Structure of International Taxation: A Proposal for Simplification, *Texas Law Review*, Vol. 74, 1996, p. 1309.

③ Ibid.

④ Yoram Keinan, The Case for Residency-Based Taxation of Financial Transactions in Developing Countries, *Florida Tax Review*, Vol. 9, No. 1, 2008, p. 43.

⑤ Robert A. Green, The Future of Source-Based Taxation of the Income of Multinational Enterprises, *Cornell Law Review*, Vol. 79, 1993, p. 30.

⑥ Robert H. Scarborough, How Derivatives Use Affects Double Taxation of Corporate Income, *Tax Law Review*, Vol. 55, 2002, p. 467.

的支付款项的公司的生产经营活动同样有着密切的关系,这也使得衍生金融产品所得的取得与付款人的经营所在地之间的经济联结点得以确立,从而产生来源地税收管辖权。

二、受益者负担理论

来源地税收管辖权建基于税收的受益负担理论,来源国为收入的赚取提供了必要的服务和保护,因此享有对此种所得征税的主要权利。[1] 对于外国人而言,一项收入被认定为来源于某一特定国家,往往表明该国认为其为该外国人取得此项收入提供了某些特定的便利,从而有权要求分享部分收益。外国人从该国获取的便利,主要来自于该国政府提供的公共服务和由此形成的特殊市场环境与地理等特殊属性。与本国居民一样,外国投资者在该国境内从事获取收入的活动,必然会对该国的法律、基础设施等公共服务体系有所利用。这些公共服务体系对于提高外国投资者在该国获取收入的能力具有重要的作用。这些经营与交易活动所必需的基础设施是政府活动的结果。因此,该国政府有权要求外国居民与本国居民共同分担其提供公共产品和服务产生的必要成本,包括公共产品和服务的成本以及外部成本。[2]

来源地税收也可以被认为是对外国投资者进入和利用本国市场的收费。不同国家基于本国特殊的地理环境、经济传统、法制状况、市场需求等而具有不同的属性,此种属性可能成为外国投资者取得该特定收益的决定性因素之一。因此,该国可以要求外国投资者对利用本国具有特殊属性的市场给予一定的补偿,从而使得来源地征税具有合理性。不仅如此,基于特殊属性的市场利用而课征来源地税收是有效率的。具有特殊属性的市场的不可替代性较强,对此进行征税并不会扭曲投资者的投资决策。[3]

因此,对于衍生金融工具是否进行来源地课税,应当考察其收益的取得是否与特定国家政府所提供的公共服务相关或因特定市场属性而取得。如前所述,参与衍生金融工具交易的投资者因享有风险博弈权而得以参与对方当事人经营成果或财产增值的分配,从而使得衍生品的交易与产生风险回报资金来源的生产经营活动或财产增值过程存在密切的联系。生产经营活动的进行必须对所在地的基础设施有所利用,而财产的使用与保护同样对各种公共服务,尤其是市场秩序和司法体制有所依赖。因此,衍生品交易所得的取得受益于该风险回报支

---

[1] Jeffrey M. Colon, Financial Products and Source Basis Taxation: U. S. International Tax Policy at the Crossroads, *University of Illinois Law Review*, 1999, p. 781.

[2] Robert A. Green, The Future of Source-Based Taxation of the Income of Multinational Enterprises, *Cornell Law Review*, Vol. 79, 1993, p. 29.

[3] Ibid., p. 30.

付者所在地政府所提供的公共产品,衍生品交易所得的取得者也应当在一定程度上分担政府发生的公共开支。但有学者认为,与股息、利息等单向支付义务不同的是,衍生品交易当事人均承担风险,任何一方均可能发生或取得对方当事人支付的风险回报,风险回报的支付者的居民国与从事衍生品的经济活动之间缺乏必要的联系,因此,无需为此承担支付者居民国的税收。① 但风险承担义务的双向性仅表明当事人持有的衍生品合约部位的风险博弈权利与义务的复合性,哪一方当事人可以以及如何分享对方当事人的经营或财产增值的程度和数额取决于该部位项下由于特定经济事项的发生或不发生而确立的净值。但这并不足以否认当事人的经营成果或财产增值是衍生品交易收益的支付来源。从这个意义上说,衍生品交易所得的取得同样得益于付款人所在国所提供的公共服务,衍生品交易所得的取得者应当为此而承担一定的纳税义务。

从形式上看,衍生金融产品交易对物理性的公共基础设施,如道路交通等,并无太大的依赖,这在某种程度上似乎削弱了衍生品交易所得与特定来源地政府公共服务之间的受益关系。但衍生金融产品所得的最终实现在一定程度上取决于特定的市场交易环境。衍生品交易能否获益以及获益的程度取决于当事人对未来市场风险变化的合理预期。当此种预期与未来风险的实际变化相符,才能产生获益的机会。只有在一个具有成熟的交易秩序、完善的金融交易规则、健全的司法体系的市场中,市场风险的未来发展趋势才具有可预见性。获益的最终实现不仅取决于对方当事人的履约状况,更取决于当地市场变现的难易程度,即市场的流动性。而只有金融市场的结构、主体、产品、风险以及投资组合等方面具有足够的多样性和个性化,金融资产的变现才不会存在市场障碍。无论金融市场的可预见性还是流动性,都依赖于政府的有效金融监管、金融法律法规体系、公平的竞争与发展环境和完善的信用体系以及市场失序情况下的救市措施。此外,一国特定的商业环境、金融交易的规模、衍生品在该国的接受程度与交易管理等等,也都使得该国的金融市场具有特殊属性,从而影响投资者作出金融衍生品的交易决策乃至其收益的最终实现。可以说,一国的金融市场是该国公共服务的创造物,应当可以对进入并利用该市场的非居民投资者课征相应的税收。

风险回报以当事人创造的经营成果或财产增值作为经济来源,从而确定了衍生金融交易产生的所得与经营场所或财产所在地之间的实质经济联系。衍生金融交易中风险回报的取得也受益于承担最终付款义务的当事人所在地政府所提供的公共服务,当事人通过衍生金融交易实现收入的能力得益于特定金融市场的特殊属性。因此,无论从经济联结点还是从税收的受益有负担来看,在衍生

---

① Yoram Keinan, The Case for Residency-Based Taxation of Financial Transactions in Developing Countries, *Florida Tax Review*, Vol. 9, No. 1, 2008, p. 50.

金融交易中实现收益的当事人同样有必要分担该地区政府提供公共服务而发生的成本。来源地管辖权的行使仍具有一定的合法性。

第三节 来源地为基础的衍生金融工具的所得课税的必要性

对衍生金融工具所得的来源地课税具有合法性并不意味着来源国必然对该所得课征税收。如前所述，当前大多国家基于经济效率或税收征管的考量而放弃对非居民从金融衍生产品取得的所得课征来源地税收。但这是否意味着来源国应当放弃行使其管辖权，值得予以进一步讨论。

金融交易的经济效率是反对对金融衍生品交易课征来源地税收的主要原因。市场参与者反对来源地税收，尤其是以毛收入为基础的预提税的原因，在于认为此种税收将干预金融市场的运作效率。① 通常情况下，非居民市场参与者参与本国的金融交易将显著地提高本国市场交易的质与量，能够使得市场更加具有流动性和效率，这往往被视为一国经济增长的重要因素。② 金融市场的流动性和效率对于本国公司利用衍生品而管理风险有着极其重要的意义。但相关的衍生品交易在来源国课征预提税无疑将减少从交易中实现的收益，由此可能对外国投资者与本国公司缔结衍生品交易产生一定的阻遏效果。③ 由于来源地税收往往是以毛收入为基础的预提税为主，这仅仅关注了纳税人的部分收入，其征税主张与纳税人的净利润或真实收入往往不成比例，这在一定程度上增加了纳税人的税收负担，更加进一步妨碍了外国投资者在本国境内从事衍生品交易。④ 在金融市场全球化的背景下，对非居民投资者来源于本国衍生品交易所得的课税，将促使其退出本国市场而转向税负较低的相同或类似的金融市场，从而减少本国金融市场的交易量，进而降低市场流动性和运作效率。因此，对衍生品交易所得不课征来源地税收，将使衍生品相关的跨境市场能够更加有效地运作，也有利于本国公司利用衍生金融产品取得风险转移的利益。

虽然从理论上说，最有效率的市场是无税的市场。⑤ 从世界经济效率的角

---

① H. David Rosenbloom, Source-Basis Taxation of Derivative Financial Instruments: Some Unanswered Questions, *University of Miami Law Review*, 1995—1996, p. 606.
② Yoram Keinan, The Case for Residency-Based Taxation of Financial Transactions in Developing Countries, *Florida Tax Review*, Vol. 9, No. 1, 2008, p. 10.
③ Ibid., p. 8.
④ H. David Rosenbloom, Source-Basis Taxation of Derivative Financial Instruments: Some Unanswered Questions, *University of Miami Law Review*, 1995—1996, p. 606.
⑤ Ibid.

度来看,最好的税收制度是产生尽可能少的效率成本的制度。① 对于资本产生的收益而言,最具有经济效率的税率是零,即只对工资或消费进行课税,对资本产生的收益不予征收所得税。② 然而,任何税收的课征都可能增加交易成本,减少收益的数额。这意味着任何税收都将产生效率成本,税收将改变从事各种活动的激励,影响资源的分配。③ 对经济效率的担忧为何仅仅阻止来源国对衍生品交易行使管辖权,而不包括同样可能因来源国课税而受到扭曲的商品、劳务或资本等生产要素?资本的流动性和金融市场的可替代性似乎足以使此种管辖权行使差异得以合理化。然而,如果因放弃对衍生品交易所得的课税而使本应由外国投资者承担的税收转由本国居民承担,尤其是工人或劳务提供者,另一种替代效应将无法避免,即劳动者可能选择以休闲替代工作以避免承担额外的税负。这无疑也将对一国国内经济产生重要的影响。如果说来源地税收的课征将减少非居民投资者在本国的衍生品交易,从而影响金融市场的效率,劳动投入的减少同样将影响实体经济活动的发展。如果税负的确定遵循量能课税原则,劳动并不应当由于其相对稳定性而负担比投资更高的税收。因此,经济效率不应当排除税法的其他价值,而成为选择对衍生品交易所得行使居民或来源国管辖权的唯一价值基础。

以金融衍生品对来源国经济增长的贡献为由主张对其所得免予来源征税是值得怀疑的。风险管理固然已经成为一国经济增长的重要因素,但衍生品交易本身并不创造新增价值,而只能以转移企业特定风险的方式减少企业发生损失的概率和数额。相反,劳动不仅创造工资等劳动回报,从根本上看资本或风险回报同样也来源于劳动所创造的价值。从这个意义上说,衍生品交易的风险管理功能对经济增长的贡献并不足以使其产生的收益享有优于劳动回报的税收待遇。

对衍生品所得的税收来源地管辖权的削弱似乎是对具有弹性和税收敏感性的资本和金融活动的税收竞争的必然后果。基于境外投资者转移具有可替代性的资本的可能性的担忧,来源国纷纷放弃对衍生品所得的税收管辖权。但此种税收竞争的后果必然是提供公共服务所必需的财政资金的大量削减。

一直以来,金融衍生品交易被视为一项"零和博弈",即交易一方的收益正是对方当事人的损失。如双方当事人均为本国居民,政府在对获取收益一方征税的同时,给予损失一方亏损扣除的待遇,在收益和亏损的税收待遇对称的情况

---

① Michael J. Graetz, The David R. Tillinghast Lecture: Taxing International Income: Inadequate Principles, Outdated Concepts, and Unsatisfactory Policies, *Tax Law Review*, Vol.54, 2001, p.282.

② Ibid., p.283.

③ Ibid., p.282.

下,政府并不会因为对衍生品征税而取得额外的财政收入。① 但这一状况在交易一方甚至双方均为非居民投资者的情况下将发生根本的改变。此时风险以及风险承担所附随的价值将在不同的国家之间发生转移,本应于本国征税的价值将流出本国境内。② 本国境内的财富价值总额将随之减少,本国居民将因该风险回报的支付而降低其税收负担能力,税源也随之减少。如放弃对此部分流出本国境内的财产价值的征税,国家财政收入必然由此而减少。但如前所述,外国投资者参与一国的金融交易,必然在一定程度上享受该国政府提供的公共服务。因未对金融衍生品交易所得课征来源地税收而减少财政收入,意味着政府提供公共服务所必需的成本将不得不转移给本国金融市场参与者甚至是非金融市场参与者承担,否则,除非移用本应用于其他领域的财政资金或向不当移动的生产要素的所有者征收更高的税收③,政府只能削减用于金融市场基础设施或其他公共服务的财政收入,其结果必然影响金融领域甚至该国整体的公共服务提供的水平。尽管税收优势可能在一定程度上会影响外国投资者选择本国作为交易场所的决策,但金融市场甚至宏观经济环境的秩序、稳定以及交易的便利等等市场特性对吸引外国投资者的进入有着更为深远的影响。

放弃对衍生品所得的税收来源地管辖权还可能创造以操纵金融交易所得来源地为方式的更多套利机会。如前所述,利息和股息在大多数国家将被课征预提税。在衍生品所得无来源地税收的课征的情况下,由于相同的现金流可以利用衍生品予以创造,境外投资者将可能利用衍生金融工具规避对利息和股息的预提税,如股权互换和股权具有经济上的替代性。为规避任何预提税,外国投资者可以避免直接持有股权,而是通过缔结股权互换合约实现相同的经济后果。因此,放弃衍生品交易所得的税收来源地管辖权将大大削弱对股息或利息预提税的课征。此外,税收来源地管辖权的放弃也将促使外国投资者更多地从事衍生品交易,而非投资于包含资本实际投入的债券、股票或其他传统金融工具。衍生品实质上仅仅是对特定事项的博弈,其中并不发生资本的转移。由于衍生品的供给是无限的,可能远远超过任何反映资本转移的金融产品的供给。④ 那么,

---

① Joseph Bankman & Thomas Griffith, Is the Debate between an Income Tax and a Consumption Tax A Debate about Risk? Does It Matter, *Tax Law Review*, Vol. 47, 1992, p. 392.

② Malcolm Gammie, The Source Taxation of Derivative Financial Instruments, "Synthetic Securities", Financial Hedging Transactions and Similar Innovative Financial Transactions, *IBFD Publications BV*, September/October 1999, p. 233.

③ Robert A. Green, The Future of Source-Based Taxation of the Income of Multinational Enterprises, *Cornell Law Review*, Vol. 79, 1993, p. 59.

④ Malcolm Gammie, The Source Taxation of Derivative Financial Instruments, "Synthetic Securities", Financial Hedging Transactions and Similar Innovative Financial Transactions, *IBFD Publications BV*, September/October 1999, p. 233.

虽然可以轻易地找到相对方缔结衍生品合约而转移风险,国内生产者却可能将无法方便地取得国内生产过程所必要的外国资本。此种扭曲不仅有害于金融市场的发展,更将对实体经济的企业融资产生消极的影响。

基于金融合约的流动性而不得进行来源地征税的观点同样值得怀疑。经合组织2001年发布的《创新金融工具:税收政策的隐喻》报告认为金融合约的流动性将导致预提税的税收征管问题。然而,由居民国对金融交易所得进行课税同样无法回避相同的税收征管问题。居民国执行税法的能力在很大程度上依赖于物理的存在或充分信息的获取。[1] 一方面,金融资产一般并无物理上的存在,即使以纸面形式存在的金融资产,其占有人也往往并不必然为所有人,因此,物理场所与其价值或使用价值无关。随着金融市场流动性不断加强,纳税人可以将金融资产置于一国而从另一国予以控制。[2] 一国投资者所缔结的金融交易甚至可能基于监管的要求而记载于另一主体的账簿中。这将使得税务机关难以确定所得的来源地。另一方面,衍生品交易是一项只需很少甚至没有初始资本的投资。作为税务机关查明境外交易或投资发生的一般经济要素,包括资金的境外流动、物理性生产资源的转移或是员工的流动等等在衍生品金融交易中往往并不存在,而仅仅在到期时发生净值的结算。如该项净值并未汇回本国,税务机关便很难确知该项境外应税所得的存在。由于对境外机构无直接的管辖权,居民国并无有效的方法保证纳税人的遵从甚至监视金融活动的发生。因此,除非存在健全且易于执行的双边情报交换协议,居民国税务机关将很难获取境外衍生金融产品交易所得相关的课税资料。相反,由于来源国处于课税的最优地位,能够获取其征收税款所必需的信息,能够通过本国金融市场参与者、金融机构、金融交易所等监控此种所得,要求其报告发生的所得的支付并协助进行税款的扣缴,由来源国对衍生品交易所得课税更有效率。[3] 可征收性是任何税收的核心属性,制定的税法规则如无法执行或需付出高昂的执行和遵从成本,在经济上是无效率的。[4] 以居住地为基础对衍生品交易进行课税不得不依赖于来源国税务机关的合作和跨境投资者的自觉税法遵从,与来源地为基础的课税相比,其执行力明显较弱。放弃来源地征税,仅由居民国对跨境金融衍生品交易所得课税,

---

[1] Stephen E. Shay, J. Clifton Fleming, JR., Robert J. Peroni, The David R. Tillinghast Lecture: "What's Source Got to Do with It?" Source Rules and U. S. International Taxation, *Tax Law Review*, Vol. 56, 2002, p. 120.

[2] Ilan Benshalom, The Quest to Tax Financial Income in a Global Economy: Emerging to an Allocation Phase, *Virginia Tax Review*, Vol. 27, 2007—2008, p. 165.

[3] Robert A. Green, The Future of Source-Based Taxation of the Income of Multinational Enterprises, *Cornell Law Review*, Vol. 79, 1993, p. 31.

[4] Michael J. Graetz, The David R. Tillinghast Lecture: Taxing International Income: Inadequate Principles, Outdated Concepts, and Unsatisfactory Policies, *Tax Law Review*, Vol. 54, 2001, p. 312.

很可能造成此类所得无法真正被课以税收。

以经济效率为由主张对衍生品金融工具免予课征来源税，必然是以本国税制公平的牺牲为代价的。单边放弃对衍生品金融工具的来源地税收将不会加强反而可能降低税收公平。① 税收公平始终应当作为税法选择的核心价值，不能仅仅因为所得的流动性和可替代性而被忽视，不能因所得易于跨境流动而放弃对征税公平的关注。因此，经济效率不应当凌驾于税制公平和税收征管效率之上而成为决定来源国放弃对跨境金融交易所得的税收管辖权的唯一价值。每个国家均有权对产生于本国境内的所得课征以来源地为基础的税收。② 对工薪所得、资本回报、风险回报同等地课征来源地税收，是税制公平的必然要求。③ 从税收征管的角度来看，来源国通常处于对跨国金融交易所得征税的更有利地位。就此而言，来源国并无必要也不必然应当放弃对跨国金融交易所得的来源地征税。

第四节 衍生金融产品的来源地确定规则

衍生品交易所得的来源地课税的核心问题并不在于基于经济效率的考虑是否有必要放弃来源地的课税，而在于由于衍生品交易所得的特性应采用截然不同的来源地确定规则。为此，有必要考察哪一场所与衍生品交易所得存在经济上的联结点，从而应被视为其来源地。

一、基础资产所在地作为来源地确定标准

由于衍生金融工具项下的支付权利和义务衍生于基础资产的价值，基础资产的提供与交易地往往被认为与衍生品交易所得关系最为密切。如美元相对于其他外汇的价值是美国政府从事与美国经济相关活动的结果。任何以美元作为支付工具或基础资产的证券，即使由外国投资者发行，仍至少间接因美国政府的活动和政策获取部分价值，都可以被认为与美国存在密切的联系。④ 然而，即使

---

① Stephen E. Shay, J. Clifton Fleming, JR., Robert J. Peroni, The David R. Tillinghast Lecture: "What's Source Got to Do with It?" Source Rules and U.S. International Taxation, *Tax Law Review*, Vol. 56, 2002, p. 105.

② Michael J. Graetz, The David R. Tillinghast Lecture: Taxing International Income: Inadequate Principles, Outdated Concepts, and Unsatisfactory Policies, *Tax Law Review*, Vol. 54, 2001, p. 298.

③ Ibid., p. 295.

④ Stephen E. Shay, J. Clifton Fleming, JR., Robert J. Peroni, The David R. Tillinghast Lecture: "What's Source Got to Do with It?" Source Rules and U.S. International Taxation, *Tax Law Review*, Vol. 56, 2002, p. 92.

衍生金融工具涉及某项基础资产,却并非对该项特定资产的直接投资和持有。[①]衍生品存在的目的在于使投资者能够以较低的交易成本从基础资产的风险规避中获益。衍生品交易并不包含基础资产的购买,投资者无需拥有基础资产,而是对某些利率、价格或指数的运作进行博弈。因此,衍生品交易的关键是存在愿意接受弥补性风险的双方当事人,而非基础资产。[②]基础资产的存在形式、所处场所、交易地点、相关收益的产生与衍生品交易的所得并无任何直接的关联。基础资产价值是否因特定国家提供的公共服务、特定市场的特殊属性而发生改变,不直接持有基础资产的衍生品交易双方对该公共服务或市场也并无任何直接的利用。因此,衍生品交易所得与基础资产所在地仅存在间接且抽象的经济联系,不足以将其作为所得的来源地。

二、风险所在地作为来源地确定标准

以风险转移、集中和分散为核心功能的保险合约的收益以风险所在地为其来源地,那么,具有类似于保险合约的风险转移和管理功能的衍生品合约是否也能够以风险所在地确定来源地,同样值得关注。

风险创造、减弱和转移是衍生品的重要特性。同样,风险的转移、集中和分散是保险合约的重要属性。作为保险合约标的风险必须是投保人已经承担的特定事项的风险,即其某些利益因特定的不可预知事件处于风险中。由于此风险已经客观存在,其所在地也能够从客观上予以认定。然而,衍生金融产品与标准保险合约的风险的主要差别在于,当事人在衍生品交易中所承担的风险是合约创造的产物,在缔结合约前并不为当事人现实地承担。由于衍生品金融工具创设了交易双方当事人根据金融风险变化而支付特定金额款项的权利和义务,衍生品所涉及的金融风险实际上转化为双方当事人是否履约的风险,即信用风险。这一风险是主观的、合约性的创造,与保险风险的客观存在显然有着根本的区别。衍生品的履约风险又取决于作为合约权利义务参照物的金融风险和当事人的经营风险。就金融风险而言,衍生品所涉及的是一般风险而非特定事件的风险,可以是任何价格、指数的波动风险,不受任何区域的限制。在全球金融市场日趋形成的背景下,金融风险往往具有系统性,易于转移、蔓延和扩散。各个区域的市场价格波动受到全球范围内的重大事件的影响,很难判定此风险的所在

[①] Adam H. Rosenzweig, Imperfect Financial Markets and the Hidden Costs of a Modern Income Tax, *SMU Law Review*, Vol. 62, 2009, p. 248.

[②] Ibid., p. 246.

地①,也很难判定哪一区域内的服务与市场属性对该风险的变化最具有决定意义。而就当事人的经营风险而言,与当事人所处的经营场所有着更为密切的联系,其经营风险所在地往往即为当事人经营场所所在地。也正因为如此,阿根廷尽管确认以风险为确定衍生品所得的来源地标准,但仍将实际承担这一风险的当事人所在地确认为风险所在地。就此而言,风险所在地并非直接和客观的存在,而是依赖于其他标准,因此,无法作为判定衍生品来源地的独立标准。

三、付款人所在地作为来源地确定标准

如前所述,一方面一方当事人因享有衍生品合约所规定的特定资产价值变化的风险博弈的合同权利而得以分享对方当事人取得的经营成果。② 另一方面,在衍生品交易中,当事人以违约风险的承担替代基础资产的直接投资风险,实现以较低的交易成本产生类似于基础资产投资的经济效果。③ 当事人的违约可能性取决于其经营状况。因此,从根本上说,衍生品交易所得与当事人生产经营活动有着密切的关系,从而与当事人所在地存在实质的经济联结点。

从理论上说,根据交易合约而最终承担付款义务的当事人的所在地可以作为衍生品交易所得的来源地。这对于不可上市流通的金融衍生品合约是具有可执行性的。由于不可上市交易,承担付款义务的一方当事人最终用于履行其付款义务的经济资源的创造与其所在地政府提供的公共服务有着更为紧密的联系。此类金融衍生品合约的权利义务确定时,双方当事人将根据合同条款直接进行交割或净值结算。此时,承担付款义务的一方当事人可以根据对方当事人是否承担预提税义务而在付款时进行税款的扣缴。

但从税收征管实践来看,以付款人所在地作为衍生品交易所得的来源地将产生税收征管的困难。由于来源地税收往往采用以毛收入为基础的预提税的扣缴征管方式。这意味着付款人必须明确知悉对方当事人是否为外国投资者,以便履行其扣缴义务。但对于上市交易的衍生品合约,交易市场的流动性和交易

---

① H. David Rosenbloom, Source-Basis Taxation of Derivative Financial Instruments: Some Unanswered Questions, *University of Miami Law Review*, 1995—1996, pp. 598,613.

② 与一般的赌博合同不同的是,一般赌博合同仅仅基于现有财产价值的博弈,而金融衍生产品则是对双方当事人未来特定期间内发生未来收益可能性的博弈。

③ Adam H. Rosenzweig, Imperfect Financial Markets and the Hidden Costs of a Modern Income Tax, *SMU Law Review*, Vol. 62, 2009, p. 246.

合约的可替代性使得投资者无需判定交易对方①,无需确认交易对方的真实身份。在合约到期时,双方当事人也并不发生直接的交割或结算,而是通过作为中介的结算系统履行其合约义务。同样可能的是,衍生金融产品的当事人在合约到期前以对冲或转让持有的衍生品而了结其合约义务。在对冲的情况下,尽管该当事人的合约义务并未消灭,但在结算时则因其持有方向相反的合约而发生抵消的效果。当事人支付的对象已并非原衍生合约的对方当事人。同样,在衍生品转让的场合,其受让方也可能是市场上的任何潜在投资者。因此,在不发生当事人之间直接交割或结算,且对方当事人是否为外国投资者的身份并不明确的情况下,要求付款一方承担对外国人预提税款的扣缴义务,显然是不现实的。

四、交易场所所在地作为来源地确定标准

如前所述,一国政府提供的公共产品和服务是金融市场形成并得以顺利运作的基础因素之一,因此,金融交易与其交易场所所在国之间存在密切的经济联系。由于现代金融市场采用了交易所的集中交易等中介交易的模式,交易场所所在地对于上市集中竞价交易的金融产品所得的取得有着更为密切的关系。缔结衍生品交易的当事人必须接受一项全新的风险,即对方当事人可能违约的风险。由于交易所集中所有的违约风险,任何一个衍生品投资者承担的并非特定对方当事人可能违约的风险,而是此种违约超过交易所的总资源的风险。交易所通过此种方式将单个主体的违约风险分散到交易所的所有成员。基于特定事项的发生所可能实现的风险回报将取决于交易所所集中的违约风险的程度及其资产总值规模。从这个意义上说,交易场所所在地应当成为上市交易的衍生品交易所得的来源地。

与不具有流通性的衍生品合约相同的是,上市交易的衍生品合约的当事人同样与付款人所在地存在密切的联系。但相较而言,以交易场所所在地确定上市交易的衍生品所得的来源地更具有可执行性。在以交易所为中介的交易模式下,寻求在流动市场上进行衍生品交易的投资者只需向交易所发出交易指令,再由该机构与对方当事人独立地执行该指令。② 交易所为减轻所承担的违约风险

---

① Menachem Brenner et al., The Price of Options Illiquity, *Journal of Finance*, Vol. 56, 2001, pp. 789, 803.

② Adam H. Rosenzweig, Imperfect Financial Markets and the Hidden Costs of a Modern Income Tax, *SMU Law Review*, Vol. 62, 2009, p. 255.

而采用的三种机制,包括保证金、盯市和净额清算管理①,使其不仅最为了解在交易所进行交易的投资者的基本状况,也能够随时了解外国投资者对所持有合约的处分行为,能够掌握外国投资者所持有部位的盈利或亏损状况。双方当事人必须通过交易所的结算机构进行结算,也使得结算结构将成为任何已缔结合约的一方当事人。衍生品交易的双方当事人都对结算机构,而非初始对方当事人,负有交割基础资产或净值结算的义务。这使得交易所对外国投资者根据其盈利或亏损状况进行相应的税收扣缴提供了更大的可行性。这一标准对所有衍生品所得的来源地税收的课征将越来越重要,因为越来越多的柜台交易的衍生品被要求必须通过结算机构进行结算。②

综上所述,对于衍生金融产品交易,基础资产所在地和风险所在地均不足以作为其所得的来源地。衍生品交易所得的取得与其交易场所所在地和付款人所在地均存在密切的经济联系。从税收征管的可行性考虑,非上市交易的衍生品所得可以付款人所在地为其来源地,由付款人在款项支付时进行税款的扣缴;上市交易的衍生品所得则以交易场所所在地为其来源地,由交易所在进行净值结算时扣缴相应的预提税。

本 章 小 结

基于经济效率的考量,由投资者的居民国对衍生品所得进行课税似乎是更为恰当的选择。然而,一旦税收公平纳入考量范围,情况将截然不同。每个国家都有权基于经济联结和受益者负担对金融所得行使管辖权。事实上经济效率不足以使得放弃行使来源地管辖权获得合理化的基础。在一方或双方当事人为境外投资者的情况下,境内承担风险所获得的应税价值将流出本国,从而造成税收的流失。更为重要的是,放弃对衍生品所得的来源地课税可创造更多的税收套利机会。因此,来源国并不必然应当放弃对衍生品所得的税收管辖权。

然而,金融交易所得的来源地较难确定。由于基础资产并非衍生品合约的必要因素,其所在地不应作为衍生品所得的来源地。由于风险易于转移且易改

---

① Jerry W. Markham, "Confederate Bonds", "General Custer", and the Regulation of Derivatives Instruments, *Seton Hall Law Review*, Vol. 25, 1994, pp. 1, 61—68.

② In United States, Dodd-Frank Wall Street Reform and Consumer Protection Act (Pub. L. No. 111—203, 124 Stat. 1376) which was enacted on July 21, 2010, requires that most over-the counter derivatives should be cleared through a regulated central counterparty and traded on a regulated exchange. Also see Erika W. Nijenhuis, New Tax Issues Arising from the Dodd-Frank Act and Related Changes to Market Practice for Derivatives, *Columbia Journal of Tax Law*, Vol. 2, 2011, p. 12.

变存在的形态,不同主体所承担的风险也可能被集中统一进行管理。因此,风险所在地并不足以作为衍生品所得的来源地。虽然付款人的居住地通常被视为金融所得的来源地,但在衍生品上市交易的情况下,这一标准将引发诸多的税收征管问题。因此,柜台交易的衍生品所得可以付款人所在地为来源地,而上市交易的衍生品所得则应当以其上市的交易所所在地为来源地。

思考与理解

1. 试述金融交易与一般商品交易的税收管辖权判定规则的异同。
2. 试述各项金融交易所得的来源地判定规则。
3. 试述金融交易的来源地税收管辖权的规范化基础。
4. 试述金融交易的来源地判定标准。

北大法学·学术专著书目·财税法

财税法治的建设离不开财税法学的研究支撑。从出版第一本有关财税法的教材，北京大学出版社在财税法出版领域精耕细作近二十年。希望可以继续助力中国财税法学的研究发展。仅以此书单向财税法学人致敬！

北大法学·教材书目·21世纪系列

"教材书目·21世纪系列"是北京大学出版社出版的法学全系列教材，包括"大白皮""博雅""博雅应用型"等精品法学系列教材。教材品质精良，皆由国内各大法学院优秀学者撰写，既有理论深度又贴合教学实践，是国内法学专业开展全系列课程教学的最佳选择。

教师反馈及教材、课件申请表

尊敬的老师：

您好！感谢您一直以来对北大出版社图书的关爱。北京大学出版社以"教材优先、学术为本"为宗旨，主要为广大高等院校师生服务。为了更有针对性地为广大教师服务，满足教师的教学需要、提升教学质量，在您确认将本书作为教学用书后，请您识别下方二维码，填写相关信息并提交，我们将为您提供相关的教材、思考练习题答案及教学课件。在您教学过程中，若有任何建议也都可以和我们联系。

我们的联系方式：
北京大学出版社法律事业部
地　　址：北京市海淀区成府路205号　　　联系人：孙嘉阳
电　　话：010-62752027　　　　　　　　　传　真：010-62256201
电子邮件：bjdxcbs1979@163.com
网　　址：http://www.pup.cn
北大出版社市场营销中心网站：www.pupbook.com